ERWIN GRÖTZBACH · AFGHANISTAN

WISSENSCHAFTLICHE LÄNDERKUNDEN

HERAUSGEGEBEN
VON
WERNER STORKEBAUM

BAND 37

WISSENSCHAFTLICHE BUCHGESELLSCHAFT
DARMSTADT

AFGHANISTAN

EINE GEOGRAPHISCHE LANDESKUNDE

VON
ERWIN GRÖTZBACH

Mit 46 Karten, 5 Figuren im Text
sowie 31 Tabellen und 16 Fotos im Anhang

WISSENSCHAFTLICHE BUCHGESELLSCHAFT
DARMSTADT

Die Drucklegung wurde mit Mitteln des „Fonds für Afghanistan-Studien" und der „Eichstätter Universitätsgesellschaft" unterstützt.

CIP-Titelaufnahme der Deutschen Bibliothek

Grötzbach, Erwin:
Afghanistan: eine geographische Landeskunde / von
Erwin Grötzbach. – Darmstadt: Wiss. Buchges.,
1990
(Wissenschaftliche Länderkunden; Bd. 37)
ISBN 3-534-06886-6
NE: GT

Bestellnummer 06886-6

Das Werk ist in allen seinen Teilen urheberrechtlich geschützt.
Jede Verwertung ist ohne Zustimmung des Verlages unzulässig.
Das gilt insbesondere für Vervielfältigungen,
Übersetzungen, Mikroverfilmungen und die Einspeicherung in
und Verarbeitung durch elektronische Systeme.

© 1990 by Wissenschaftliche Buchgesellschaft, Darmstadt
Gedruckt auf säurefreiem und alterungsbeständigem Offset- und Bilderdruckpapier
Satz: Maschinensetzerei Janß, Pfungstadt
Druck und Einband: Wissenschaftliche Buchgesellschaft, Darmstadt
Printed in Germany
Schrift: Linotype Garamond, 9.5/11

ISSN 0174-0725
ISBN 3-534-06886-6

INHALTSVERZEICHNIS

Verzeichnis der Karten IX
Verzeichnis der Figuren XI
Verzeichnis der Tabellen im Anhang XII
Verzeichnis der Fotos im Anhang XIV
Zur Transkription und Aussprache von Namen XV
Jahres- und Währungsangaben XVI
Vorwort XVII

1 Lage, Entwicklung und Gliederung des Staates 1
   1.1 Die Lage 1
   1.2 Zur historischen Entwicklung des Landes 3
      1.2.1 Das heutige Afghanistan als historischer Schauplatz bis Ende des 17. Jh. 3
      1.2.2 Entstehung und Entwicklung des afghanischen Staates 9
   1.3 Staatliche Raumorganisation und -gliederung 14

2 Natürliche Grundlagen und Ressourcen 17
   2.1 Das Relief: Grundzüge seiner Entwicklung und Formen . . 17
   2.2 Das Klima 23
      2.2.1 Die Niederschläge 23
      2.2.2 Die Lufttemperaturen 31
      2.2.3 Sonstige Klimaelemente 33
      2.2.4 Klimageographische Gliederung 35
   2.3 Wasservorkommen und hydrologische Verhältnisse . . . 36
      2.3.1 Flüsse und Seen 37
      2.3.2 Gletscher und Firn 41
      2.3.3 Grundwasservorkommen und Quellen 43
   2.4 Die Böden 45
   2.5 Die Vegetation 47
   2.6 Rohstoff- und Energiepotential 52

3 Die Bevölkerung 56
   3.1 Zahl, Entwicklung und strukturelle Merkmale der Bevölkerung 56
      3.1.1 Zu den demographischen Daten 56

Inhaltsverzeichnis

    3.1.2 Bevölkerungszahl und Bevölkerungsbewegung . . .   57
    3.1.3 Sozioökonomische Merkmale der Bevölkerung . . .   60
3.2 Bevölkerungsverteilung und Bevölkerungsdichte   61
3.3 Die ethnisch-kulturelle Vielfalt   65
    3.3.1 Religion und Sprachen   66
    3.3.2 Die ethnischen Gruppen   67
        3.3.2.1 Die Paschtunen   69
        3.3.2.2 Tadschiken und Farsiwan   71
        3.3.2.3 Die Turkvölker: Usbeken, Turkmenen u. a. .   73
        3.3.2.4 Die Hazara   75
        3.3.2.5 Die Aimaq   76
        3.3.2.6 Die kleinen Ethnien   77
3.4 Die traditionellen Lebensformen: Nomaden und Seßhafte .   79
    3.4.1 Voll- und Halbnomaden   80
    3.4.2 Halb- und Vollseßhafte   86
3.5 Bevölkerungsverschiebungen durch Binnenwanderungen . .   87

4 Wirtschaft und Infrastruktur   90
4.1 Die Landwirtschaft   90
    4.1.1 Agrarverfassung und Landreform   90
        4.1.1.1 Grundzüge der traditionellen Agrarverfassung   90
        4.1.1.2 Eigentums- und Betriebsgrößenstruktur sowie
                  Pachtwesen bis 1978   92
        4.1.1.3 Die Landreform von 1979   98
    4.1.2 Landwirtschaftliche Bodennutzung und Agrarproduktion   102
        4.1.2.1 Bewässerungs- und Regenfeldbau   102
        4.1.2.2 Fluren und Fruchtfolgen   106
        4.1.2.3 Die Agrarproduktion   108
        4.1.2.4 Die Viehwirtschaft   115
        4.1.2.5 Wald- und Sammelwirtschaft   121
4.2 Das Produzierende Gewerbe   123
    4.2.1 Bergbau und Energiewirtschaft   124
    4.2.2 Die Industrie   129
    4.2.3 Handwerk und Heimgewerbe   135
4.3 Das Verkehrssystem   138
4.4 Binnen- und Außenhandel   146
    4.4.1 Binnenhandel und Dienstleistungsgewerbe   146
    4.4.2 Außenhandel   148
4.5 Tourismus und Erholungsverkehr   151
4.6 Soziale Infrastruktur: Schul-, Gesundheits- und Kommunikationswesen   156

Inhaltsverzeichnis VII

    4.6.1 Das Schulwesen 156
    4.6.2 Das Gesundheitswesen 159
    4.6.3 Das Kommunikationswesen 162

5 Die Siedlungen 164
  5.1 Die ländlichen Siedlungen 164
    5.1.1 Die Behausungen: Zelte, Häuser und Gehöfte . . . 164
    5.1.2 Typen ländlicher Siedlungen und ihre Verbreitung . . 167
  5.2 Die städtischen Siedlungen 171
    5.2.1 Stadtbegriff und historische Entwicklung der Städte . 171
    5.2.2 Verbreitung, Hierarchie und Funktionen der Städte . . 173
    5.2.3 Die räumliche Struktur der Städte: Basare und Wohnviertel 176
    5.2.4 Städtebau und Stadtplanung 180

6 Entwicklungspolitik, Regionalentwicklung und Regionalisierung . 183
  6.1 Die afghanische Entwicklungspolitik im Lichte der Entwicklungspläne 183
  6.2 Regionalentwicklung 186
  6.3 Regionalisierung als Grundlage raumorientierter Entwicklungsplanung 188

7 Landschaften und Städte Afghanistans 191
  7.1 Ostafghanistan 192
    7.1.1 Das Kabul-Panjsher-Becken 194
        7.1.1.1 Kabul und sein näheres Umland 196
        7.1.1.2 Das nördliche Kabul-Panjsher-Becken: Koh Daman, Kohistan und die Parwan-Kapisa-Ebene 206
    7.1.2 Wardak/Maydan und Logar 214
    7.1.3 Die Ebenen von Ghazni und Katawaz 218
    7.1.4 Paktya mit Urgun 223
    7.1.5 Das Becken von Jalalabad und seine Randgebiete (Laghman, Konar) 230
  7.2 Das Hochgebirge im Nordosten: Hindukusch, Pamir und Nordbadakhshan 240
    7.2.1 Der Afghanische Hindukusch 240
        7.2.1.1 Abgrenzung, Gliederung und Gebirgsnatur . 240
        7.2.1.2 Der Hindukusch als Lebensraum: Täler und Talschaften 245
        7.2.1.3 Die Südabdachung: Nuristan, Panjsher und Ghorband 247
        7.2.1.4 Die Nordabdachung 250

7.2.2	Ostbadakhshan, Wakhan und afghanischer Pamir	255
7.2.3	Die Gebirge und Hochländer Nordbadakhshans	259
7.3	Nordostafghanistan ohne Hochgebirge (Qataghan mit West- und Zentralbadakhshan)	261
7.3.1	Naturraum, Bevölkerung und Wirtschaft	261
7.3.2	Die Einzellandschaften	266
7.3.2.1	Die Flußebenen Qataghans	266
7.3.2.2	Lößbergland und Gebirgsfußebenen	280
7.4	Nordafghanistan	286
7.4.1	Naturraum, Bevölkerung und Wirtschaft	286
7.4.2	Die Baktrische Ebene	291
7.4.3	Die Lößbergländer Nordafghanistans	307
7.5	Westafghanistan	315
7.5.1	Naturraum und Abgrenzung	315
7.5.2	Bevölkerung und Wirtschaft	317
7.5.3	Das nördliche Westafghanistan: Die Landschaft Badghis	320
7.5.4	Herat und die Hari Rod-Oase	321
7.5.5	Das südliche Westafghanistan	328
7.6	Südafghanistan	330
7.6.1	Naturraum, Bevölkerung und Entwicklungsprobleme – Das Helmand-Arghandabtal-Projekt	330
7.6.2	Kandahar und das östliche Südafghanistan	336
7.6.3	Das westliche Südafghanistan: Helmandgebiet und Sistan	344
7.7	Das Hochland von Zentralafghanistan	352
7.7.1	Das zentrale Hochland als peripherer Raum	352
7.7.2	Das östliche zentrale Hochland (Hazarajat)	356
7.7.3	Das westliche zentrale Hochland (Ghor)	364

Nachwort 369

Anhang

Tabellen 375

Literatur 403

Ortsnamenregister 431

Sach- und Personenregister 443

Bildtafeln

VERZEICHNIS DER KARTEN

Karte 1:	Provinzgliederung 1982	16
Karte 2:	Gebiete unterschiedlichen Erdbebenrisikos	19
Karte 3:	Verteilung der mittleren Jahresniederschläge	24
Karte 4:	Jahreszeitliche Verteilung der Niederschläge	26
Karte 5:	Natürliche Vegetation	48
Karte 6:	Verteilung der seßhaften Bevölkerung 1978	62
Karte 7:	Dichte der seßhaften Bevölkerung 1979	64
Karte 8:	Die ethnischen Gruppen	68
Karte 9a, b:	Verbreitung der Vollnomaden im Sommer und Winter	82
Karte 10:	Verbreitung und Größe des landwirtschaftlichen Grundbesitzes nach Provinzen 1967/68	94
Karte 11:	Landverteilung im Rahmen der Bodenreform 1979 nach Provinzen	101
Karte 12:	Handelsdünger-Verkäufe 1977/78 nach Provinzen	110
Karte 13a, b:	Bestand und Dichte an Klein- und Großvieh der seßhaften Bevölkerung nach Provinzen 1967/68	117
Karte 14:	Energiequellen und Kraftwerke 1978/79	127
Karte 15:	Industrie- und Bergbaustandorte nach Beschäftigtenzahl und Hauptbranchen etwa 1976/77	133
Karte 16:	Verkehrsbelastung der Straßen 1973/74	141
Karte 17:	Kraftfahrzeuge: Bestand und Dichte nach Provinzen 1975	143
Karte 18:	Standorte und Infrastruktur des Tourismus 1978	154
Karte 19:	Schulbesuch nach Provinzen 1977/78	158
Karte 20:	Zahl und Dichte der Ärzte nach Provinzen 1977/78	160
Karte 21:	Städte und Provinzhauptorte 1979	174
Karte 22:	Die Großlandschaften und ihre Abgrenzung	192
Karte 23:	Das Kabul-Panjsher-Becken	195
Karte 24:	Kabul und Umgebung	197
Karte 25:	Baulich-funktionelle Gliederung von Kabul	201
Karte 26:	Bewässerte Blockflur im mittleren Logartal bei Sheikhabad (Provinz Wardak)	216
Karte 27:	Zentrale Orte und Paschtunenstämme in der Provinz Paktya	225
Karte 28:	Becken von Jalalabad, Laghman, Unter-Konar	232
Karte 29:	Koran und oberes Kokchatal	243
Karte 30:	Siedlung und Anbauflächen in Warsaj	252

Verzeichnis der Karten

Karte 31: Ostbadakhshan, Wakhan, Pamir 257
Karte 32: Mittel- und Südqataghan 267
Karte 33: Kunduz 275
Karte 34: Die Oase von Tashqurghan/Khulm 293
Karte 35: Tashqurghan/Khulm 296
Karte 36: Östliche Oase von Hazhdah Nahr: Mazar-i-Sharif – Balkh . . 297
Karte 37: Mazar-i-Sharif 301
Karte 38: Erdgas- und Erdölvorkommen bei Sheberghan und Sar-i-Pul . 305
Karte 39: Herat 322
Karte 40: Herat und die Hari Rod-Oase 326
Karte 41: Kandahar und die Arghandab-Oase 337
Karte 42: Kandahar 339
Karte 43: Helmand-Projektgebiet bei Lashkargah 345
Karte 44: Lashkargah/Bost 349
Karte 45: Die Seengruppe von Band-i-Amir 358
Karte 46: Bamyan 363

VERZEICHNIS DER FIGUREN

Figur 1: Klimadiagramme ausgewählter Stationen 27
Figur 2: Mittlerer monatlicher Abflußgang ausgewählter Flüsse 38
Figur 3: Altersaufbau der seßhaften Bevölkerung 1979 59
Figur 4: Schema der Land-Stadt- und Stadt-Stadt-Wanderungen in Afghanistan bis 1978 88
Figur 5: Vegetationsprofil durch den Zentralen Hindukusch 244

VERZEICHNIS DER TABELLEN IM ANHANG

Tab. 1:	Administrative Gliederung (1981/82), Fläche und seßhafte Bevölkerung der Provinzen (1978)	375
Tab. 2:	Variabilität und Ergiebigkeit der Niederschläge	376
Tab. 3:	Lufttemperaturen	378
Tab. 4:	Abflußverhalten wichtiger Flüsse in Afghanistan	379
Tab. 5:	Die ethnischen Gruppen nach Stärke, Sprache und Konfession (bis 1978)	381
Tab. 6:	Zahl der grenzüberschreitenden paschtunischen Nomaden in Ostafghanistan 1877–1978	382
Tab. 7:	Beschäftigte und Nationaleinkommen nach Wirtschaftssektoren	382
Tab. 8:	Landwirtschaftliche Grundeigentümer nach Größenklassen 1955 und 1978	383
Tab. 9:	Besitzrechtliche Struktur landwirtschaftlicher Betriebe nach verschiedenen Stichprobenerhebungen	384
Tab. 10:	Flächennutzung 1977/78	385
Tab. 11:	Erntemengen wichtiger Feld- und Gartenfrüchte 1967–1981	385
Tab. 12:	Weizen-Einfuhren 1957–1983	386
Tab. 13:	Erzeugung von Rohbaumwolle nach Anbaugebieten 1937–1975	387
Tab. 14:	Viehbestände 1960–1981	387
Tab. 15:	Bergbauproduktion 1965–1985	388
Tab. 16:	Kraftwerkskapazität und Stromerzeugung 1956–1987	388
Tab. 17:	Installierte Leistung der Elektrizitätswerke nach Regionen und Energiequellen 1978	389
Tab. 18:	Produktion ausgewählter Industriegüter 1960–1985	390
Tab. 19:	Beschäftigte und Produktionsleistung der Teppichknüpferei nach Provinzen	391
Tab. 20:	Im Rahmen der ersten zwei Fünfjahrespläne 1961–1971 fertiggestellte bzw. begonnene neue Fernstraßen	391
Tab. 21:	Passagieraufkommen der Fluggesellschaften Ariana und Bakhtar 1965–1987	392
Tab. 22:	Exporte und Importe 1961–1984 nach Haupthandelspartnern	393
Tab. 23:	Hauptexportgüter (ohne Erdgas) nach Hauptabnehmer-Ländern, Anteilen am Exportwert und Mengen 1976–1982	394
Tab. 24:	Ankünfte von Auslandstouristen nach Nationalitäten 1963–1980	396
Tab. 25:	Städte mit mehr als 10 000 Einwohnern (1979)	397

Verzeichnis der Tabellen im Anhang XIII

Tab. 26: Ausgabenverteilung der staatlichen Entwicklungspläne nach Sektoren 398

Tab. 27: Seßhafte Bevölkerung, Fläche und Bevölkerungsdichte der Großlandschaften (1978) 399

Tab. 28: Ethnische Struktur der Bevölkerung in den Flußebenen Süd- und Mittelqataghans (1965) 399

Tab. 29: Bewässerte Anbauflächen in den Flußebenen Süd- und Mittelqataghans (1965/70) 400

Tab. 30: Flächennutzungs-Potentiale in der Baktrischen Ebene 400

Tab. 31: Anbaustruktur im Helmand-Arghandab-Projektgebiet (nach Teilgebieten 1970) 401

VERZEICHNIS DER FOTOS IM ANHANG

Bild 1: Kabul
Bild 2: Staudamm und Kraftwerk Sarobi
Bild 3: Karez bei Ghazni
Bild 4: Kiefern-Zedern-Wald am Sate Kandau-Paß in Paktya
Bild 5: Kamdesh (Ostnuristan)
Bild 6: Salangstraße in Khinjantal
Bild 7: Rakhoytal (Khwaja Mohammed-Gebirge)
Bild 8: Khanabad
Bild 9: Grabmoschee in Mazar-i-Sharif
Bild 10: Teppich- und Kelim-Markt in Maymana
Bild 11: Herat: nördliche Neustadt
Bild 12: Obst- und Gemüsemarkt in Herat
Bild 13: Arghandabtal
Bild 14: Hamun-i-Puzak
Bild 15: Sommerlager von Taraki-Paschtunen im südöstlichen Hazarajat
Bild 16: Hochtal von Bamyan

(Sämtliche Aufnahmen von Erwin Grötzbach)

ZUR TRANSKRIPTION UND AUSSPRACHE VON NAMEN

Die Transkription topographischer Namen folgt hier der Ortsnamenschreibung in den amtlichen afghanischen Kartenwerken, allerdings in vereinfachter Form, da sich dieses Buch ja hauptsächlich an Nichtorientalisten wendet. So wurde auf die Verwendung diakritischer Zeichen völlig verzichtet. Im allgemeinen handelt es sich um eine Transkription ins Englische, wie die Aussprache von Buchstaben wie j = dsch (in Jalalabad), ch = tsch (in Chechaktu), sh = sch (in Sharan), z = stimmhaftes s (in Zabul) zeigt. Dem persisch-arabischen Alphabet eigene Konsonanten werden mit gh, kh und q wiedergegeben wie in Ghelmin, Khanabad und Muqur; gh ist ein leichter, kh ein rauher Reibelaut in der Kehle, q ein als Kehllaut gesprochenes k. Das persische *ezafe* wird in den amtlichen afghanischen Karten sowjetischer Provenienz mit -i-, in den mit Hilfe der USA hergestellten Karten als nachgestelltes e (mitunter auch -e) geschrieben. Hier wurde die erstgenannte Schreibweise verwendet, weil sie die Konstruktion deutlicher erkennen läßt.

Geben die verschiedenen amtlichen Karten einen Namen unterschiedlich wieder, so wurde die gängigste oder zutreffendste Schreibweise gewählt, die andere Form aber in der Regel gleichfalls genannt (vgl. das Ortsnamenregister). Unterschiedliche Möglichkeiten der Schreibung ergeben sich vor allem bei Vokalen, zumal bei kurzen Vokalen, die im Persischen und Paschtu – wie im Arabischen – nicht geschrieben werden, z. B.: Sheberghan oder Shibirghan, Taluqan oder Taloqan, Hari Rod oder Heri Rud, Helmand oder Hilmend. Deshalb darf es nicht verwundern, wenn die Transkription nicht immer konsequent in gleicher Weise vorgenommen wurde.

JAHRES- UND WÄHRUNGSANGABEN

Das afghanische Jahr währt vom 21. März bis zum 20. März des Folgejahres, also von einer Tag- und Nachtgleiche zu Frühjahrsbeginn (*nauruz* = Neujahr) zur nächsten. Es wird seit der Flucht des Propheten Mohammed von Mekka nach Medina *(hejra)* im Jahre 622 gezählt. Das Jahr 1368 entspricht demnach der Zeit vom 21. März 1989 bis 20. März 1990 unserer Zeitrechnung, hier wiedergegeben als 1989/90.

Die afghanische Währung lautet auf Afghani, abgekürzt Afs. 1978 betrug der Kurs etwa 20 Afs, im Herbst 1989 etwa 220 Afs für 1 DM (jeweils freier Basarkurs).

VORWORT

„Während des größeren Teils der letzten
fünftausend Jahre seit dem Beginn der
Zivilisation hat Afghanistan als Versammlungsplatz
von Völkern, Kulturen, Religionen und Reichen
eine Schlüsselrolle in der Geschichte gespielt."

Arnold Toynbee

Als Arnold Toynbee 1960 die obigen Zeilen veröffentlichte, ahnten weder er noch die Weltöffentlichkeit, daß Afghanistan bald wieder seine historische Schlüsselrolle spielen werde, ähnlich wie zur Zeit des "Great Game" zwischen dem Britischen Empire und dem Zarenreich im 19. Jahrhundert. Der kommunistisch inspirierte Militärputsch im April 1978 und noch mehr die sowjetische Invasion Ende 1979 rückten das Land für ein Jahrzehnt in den Brennpunkt der Weltpolitik. Der durch eine kleine Gruppe von Verschwörern ausgelöste Krieg hat Afghanistan und seine Bewohner in tiefes Leid und Elend gestürzt. Millionen von Flüchtlingen, Verwundeten und Toten, zerstörte Dörfer und Städte, eine deformierte Infrastruktur und Wirtschaft sind die Folgen, welche die entwicklungspolitischen Errungenschaften der 60er und 70er Jahre fast ganz zunichte gemacht haben. Alte Gegensätze zwischen ethnischen Gruppen und Religionsgemeinschaften sind erneut aufgebrochen, nunmehr überlagert und kompliziert durch die unversöhnliche Feindschaft zwischen den Marxisten der Kabuler Regierung und den islamischen Fundamentalisten. Nach dem Rückzug der sowjetischen Truppen im Februar 1989 ist der Afghanistankonflikt wieder zum Bürgerkrieg geworden, dessen Ausgang sich z. Z. noch nicht absehen läßt.

In dieser Situation eine Länderkunde von Afghanistan zu veröffentlichen, mag manchem Leser gewagt, ja unverständlich erscheinen. Deshalb glaube ich, hierfür eine Erklärung schuldig zu sein. Die politischen Ereignisse in und um Afghanistan haben auch das Entstehen dieses Buches beeinträchtigt. Schon vor 1978 konzipiert und teilweise niedergeschrieben, blieb das angefangene Manuskript jahrelang in der Schublade, weil die Ereignisse große Teile seines Inhalts rasch überholten. Daran hat sich bis heute nichts geändert. Gleichwohl gaben mir die ersten politischen Signale, die auf einen Rückzug der Sowjetunion aus Afghanistan deuteten, den Anlaß, die Arbeit an dem Manuskript wiederaufzunehmen. Dazu wurde ich von verschiedenen Seiten ermuntert, namentlich von meinen Kollegen Professor Dr. Carl Rathjens (Saarbrücken) und Professor Dr. Eugen Wirth (Erlangen), denen ich für den

Zuspruch herzlich danke. Der vorliegende Text ist überwiegend von 1986 bis 1988 niedergeschrieben worden, mit einigen Ergänzungen und Nachträgen bis zum Sommer 1989. Das „Nachwort" stellt den Versuch dar, die Situation des Landes zu Beginn des Jahres 1990 aus geographischer Sicht zu skizzieren.

Dieses Buch ist ein weitgehend historisches Werk, hat es doch im wesentlichen die Verhältnisse während der letzten Normaljahre vor 1978 zum Inhalt. Dennoch schien es mir notwendig, es der Öffentlichkeit vorzulegen. Denn jeder Neubeginn und Wiederaufbau Afghanistans kann nicht von einem Nullpunkt ausgehen, sondern hat – auf welche Weise auch immer – an den 1978 erreichten Entwicklungsstand anzuknüpfen. Jenen Stand der Landesentwicklung für Afghanistan und seine Teilgebiete darzustellen ist ein Hauptanliegen dieses Buches. Dessen Inhalt geht jedoch weit darüber hinaus, galt es doch auch, die wichtigsten Faktoren aufzuzeigen, die zu der spezifischen sozioökonomischen Situation Afghanistans geführt haben, das schon vor 1978 zu den am wenigsten entwickelten Ländern *(least developed countries)* zählte. Bei diesen Faktoren handelt es sich in erster Linie um die natürlichen Ressourcen und die historischen Prozesse, welche die Bevölkerung und deren Vielfalt an Ethnien, Lebens- und Wirtschaftsformen geprägt haben. Ohne die Kenntnis von Lage, Natur, Geschichte und Bevölkerung des Landes lassen sich auch die jüngsten Ereignisse in und um Afghanistan schwerlich verstehen.

Mehr noch als der historische Aspekt bestimmt die räumliche Dimension Inhalt und Anlage des Buches, wie es einer Länderkunde oder geographischen Landeskunde zukommt. Dabei ergaben sich freilich gewisse Schwierigkeiten, die hier nur kurz genannt seien. Zwar ist die geographische Differenzierung Afghanistans nach Relief, Klima, Bevölkerung und wirtschaftlicher Nutzung in großen Zügen bekannt, doch bestehen im einzelnen empfindliche Kenntnis- und Forschungsdefizite. Vor allem fehlen noch immer wirklich zuverlässige statistische Daten aller Art, namentlich solche in regionaler Gliederung nach Provinzen und Bezirken, die als Grundlage einer quantifizierenden Regionalanalyse unerläßlich sind. Des weiteren mangelt es an umfassenden Übersichten der Verbreitung von Reliefformen, Wasservorkommen, Böden, Bevölkerung, Bodennutzungssystemen, sektoralen und regionalen Entwicklungsmaßnahmen u.dgl. mehr.

Als noch gravierender erwies sich der höchst ungleiche Stand wissenschaftlicher Kenntnis von den einzelnen Regionen oder Landschaften. Dennoch nimmt deren Darstellung etwa die Hälfte des gesamten Textes ein. Ihr liegt allerdings kein einheitliches methodisches Konzept zugrunde, und stellenweise mußte die Analyse durch Beschreibung ersetzt werden. Für diese durch Materiallage und Forschungsstand bedingte Schwäche des Kapitels 7 bitte ich den kritischen Leser um Nachsicht. Immerhin handelt es sich hierbei um den ersten Versuch überhaupt, die Teillandschaften Afghanistans systematisch abzugrenzen, zu charakterisieren und zu interpretieren. In dieser Hinsicht unterscheidet sich das vorliegende Buch von allen bisherigen geographischen oder sonstigen landeskundlichen Werken über Afghanistan. Der Schwerpunkt der regionalen Darstellung liegt auf den jeweiligen natürlichen Umweltbedingungen und Ressourcen, dem historischen Bedeutungswandel von Regionen und Standorten, ihrem Entwicklungsstand und ihrer Stellung im Gesamtgefüge des Landes.

Der Inhalt dieses Buches stützt sich in der Hauptsache auf dreierlei Grundlagen: auf eigene Landeskenntnis, auf eine weitgestreute Literatur und auf amtliche Karten, Luft- und Satellitenbilder. Die Kenntnis großer Teile Afghanistans verdanke ich fünf von der Deutschen Forschungsgemeinschaft geförderten Forschungsreisen in den Jahren 1963, 1965, 1971, 1973 und 1978 von zusammen eineinhalb Jahren Dauer. Die erste davon führte mich als Teilnehmer an einer Münchener Alpenvereinsexpedition in den Hindukusch, den ich 1965 und – nunmehr bereits durch das kommunistische Regime manchen Beschränkungen unterworfen – 1978 erneut besuchen konnte. Auf allen meinen Reisen erhielt ich vielerlei Unterstützung und Informationen durch Vertreter von Provinz- und Lokalbehörden (weniger durch die Kabuler Bürokratie), durch Grundbesitzer, hohe und niedere Geistliche, aber auch durch einfache Bauern, Pächter und Nomaden. Dabei hatte ich reichlich Gelegenheit, die liebenswürdige und oft beschämende afghanische Gastfreundschaft erfahren zu dürfen. Daß meine Reisen wissenschaftlich so ertragreich waren, habe ich nicht zuletzt meinen afghanischen Dolmetschern zu danken, von denen mir der erste, Dr. Baschir Ahmed Samii (nunmehr in Hildesheim), seit 1963 als Freund besonders nahesteht.

Die Literaturauswertung schloß auch wichtige Werke afghanischer Wissenschaftler (auf deutsch und englisch), russischer Autoren und die meist schwer erreichbare „graue" Literatur ein. Die amtlichen afghanischen Kartenwerke sowie Luft- und Satellitenbilder waren mir eine unschätzbare Hilfe besonders für die Beschreibung wenig bekannter peripherer Teile des Landes.

Für die Überlassung oder Beschaffung von Daten, Literatur, Karten oder Luftbildern danke ich zahlreichen Afghanistanexperten, insbesondere den Herren Daniel Balland (Paris), Paul Bucherer-Dietschi (Liestal/Schweiz), Dr. A. Davydov (Moskau), Dr. Albrecht Jebens (Stuttgart), Professor Dr. Christoph Jentsch (Mannheim), Jonathan L. Lee (Sheffield), Dr. Gerhard Lindauer (Essen), Professor Guy Mennessier (Amiens), Professor Dr. Clas Naumann (Bielefeld), Dr. Gerald P. Owens (University of Wyoming, seinerzeit Kabul), Dr. Ernst Reiner (Gummersbach), Professor John F. Shroder Jr. (Omaha) und Professor Dr. Dietrich Wiebe (Kiel).

Daß dieses Buch in seinem jetzigen, über das ursprüngliche Limit weit hinausgehenden Umfang erscheinen konnte, verdanke ich dem „Fonds für Afghanistan-Studien" beim Stifterverband für die deutsche Wissenschaft und der „Eichstätter Universitätsgesellschaft", die Druckkostenzuschüsse gewährten.

Folgenden Mitarbeiterinnen und Mitarbeitern, die zur Entstehung dieses Buches beigetragen haben, sage ich an dieser Stelle meinen herzlichen Dank für ihre Hilfe: Fräulein Hildegard Alberter für die Reinschrift des Textes per EDV, Fräulein Sigrid-Elke Carabenci und Frau Rosemarie Marx für das Korrekturlesen, Frau Dr. Annelore Rieke-Müller für die Berechnung meteorologischer Daten, Frau Christiane Grätsch und vor allem Herrn Hubert Hillmann für die Reinzeichnung der Karten und Figuren.

Ich widme dieses Buch meinen afghanischen Freunden und Helfern, den lebenden wie den toten.

Eichstätt, im Juli 1989   Erwin Grötzbach

1 LAGE, ENTWICKLUNG UND GLIEDERUNG DES STAATES

1.1 Die Lage

Die Lage im Großraum hat nicht nur das historische Schicksal Afghanistans beeinflußt, sondern auch die moderne Landesentwicklung, und selbst die politischen Ereignisse seit 1979 sind ohne ihre Berücksichtigung – namentlich in geostrategischen Dimensionen – schwer erklärbar. Deshalb seien zunächst die großräumigen Lagemerkmale dargelegt.

Besonders augenfällig ist die Lage Afghanistans im Großrelief Asiens. Der größte Teil des Landes liegt im Iranisch-Afghanischen Hochland, dessen nördliche und südöstliche Randketten im Raume Ostafghanistans konvergieren. Aus ihnen entwickelt sich nordostwärts der Hindukusch, das südwestlichste der großen zentralasiatischen Hochgebirge. Ihm sind im Norden das Darwaz-Gebirge und der Pamir angelagert. Fast ganz Zentral- und Ostafghanistan wird von Hochländern und Gebirgen eingenommen, so daß große Höhen über dem Meer für weite Gebiete des Landes charakteristisch sind. Auch der überwiegend flache Südwesten Afghanistans gehört trotz geringer Meereshöhe dem Iranisch-Afghanischen Hochland an: Die tiefste Stelle der Depression von Sistan mit dem Gaud-i-Zirreh liegt bei 456 m ü. M. Eine noch tiefere Lage erreicht das Becken von Jalalabad in Ostafghanistan mit 420 m ü. M. Hierbei handelt es sich um eines jener Becken in der Ostabdachung des Iranisch-Afghanischen Hochlandes, die, meist schon in Pakistan gelegen, zur Indusebene hinabführen.

Abgesehen von den Gebirgen Nordostafghanistans liegt nur ein schmaler Streifen des Staatsgebietes entlang der Nordgrenze, vom Hari Rod im Westen bis ins nördliche Takhar, außerhalb des Iranisch-Afghanischen Hochlandes. Er nimmt dessen Nordabdachung und einen kleinen Teil des Tieflandes von Turan (Westturkistan) ein, das entlang dem Amu Darya, dem Oxus der Antike, buchtartig in die Gebirge nach Osten eindringt. Hier erstreckt sich die Baktrische Ebene, das einzige echte Tiefland Afghanistans, in einer Höhenlage von etwa 260 bis 400 m ü. M.

Das zweite Merkmal ist Afghanistans Lage im altweltlichen Trockengürtel. Der größte Teil des Landes besteht aus Wüsten, ein Teil aus Steppen, ein noch kleinerer aus natürlichen Waldgebieten. Deshalb ist fast überall das Wasser der entscheidende Minimumfaktor für menschliches Leben und Wirtschaften. Infolge der kontinentalen Binnenlage und der meist großen Höhe über dem Meeresspiegel tritt die Winterkälte hinzu, die in weiten Teilen des Landes mit Frost und Schneefall eine längere Vegetationspause bedingt.

Die räumliche Konfiguration dieser beiden natürlichen Faktoren, Relief und Klima, begründet Gunst- und Ungunsträume. Erstere sind in der wechselvollen Geschichte Afghanistans weitgehend stabil geblieben. So hat sich der heutige demographische und wirtschaftliche Schwerpunkt des Landes nördlich und südlich des Hindukusch entwickelt, über den eine orographisch begünstigte uralte Verkehrsroute verläuft. Wie der Blick auf eine Reliefkarte Asiens zeigt, weist hier der gewaltige asiatische Kettengebirgsgürtel samt seinen weiten Hochländern eine markante Einschnürung auf, während er ostwärts in riesiger Breite und Höhe ausfächert. Diese Schmalstelle wird durch die leicht passierbaren intramontanen Becken von Jalalabad und Kabul–Panjsher von Südosten her weiter aufgeschlossen; es bleibt der kurze Übergang über den Kamm des westlichen Hindukusch oder das nordöstliche zentralafghanische Hochland auf relativ niedrigen Pässen. Diese Routen dienten in der Vergangenheit nicht nur als wichtige Karawanenwege, sondern auch als Einfallstore zahlreicher Eroberer aus Turan nach Nordwestindien; unter ihnen war Alexander der Große der berühmteste.

Reliefgunst und ausreichende Wasservorkommen zeichneten auch andere wichtige Handels- und Heerstraßen vor. Dies gilt gleichermaßen für den Süd- und den Nordfuß des zentralafghanischen Hochlandes. Im Südwesten und Süden verlief die alte Route aus Khorassan (Nordostiran) über Herat und Kandahar nach Sindh (Südpakistan), im Norden ein Zweig des als „Seidenstraße" bekannten Handelsweges von Herat durch die Flußoasen des heutigen Nordafghanistan, durch Badakhshan, das Wakhantal und den Pamir nach Sinkiang und China.

Entlang dieser Fernverkehrswege wirkten sich die wechselnden Einflüsse der jeweiligen großen Kulturzentren auf den Raum aus, den heute Afghanistan einnimmt. Hierbei handelt es sich um kulturbestimmte Lagemerkmale. Auf dem Boden Afghanistans bildeten sich nur wenige Male kurzlebige Macht- und Kulturzentren von subkontinentaler Ausstrahlung. Von diesen Episoden abgesehen, lag das Land abseits der Herrschaftspole und zählte zur Peripherie der benachbarten großen Kulturräume. Deswegen konnten sich hier unterschiedlichste kulturelle Strömungen und Einflüsse treffen: von Westen her die arabisch-islamische, vor allem aber die persische Kultur, die bis heute große Teile des Landes prägt; von Südosten die indische Kultur, die namentlich entlang der Haupthandelswege (Khaiber- und Bolanpaß) nach Afghanistan eindrang; von Norden her wirkten turanische und andere zentralasiatische Kräfte, während die Einflüsse von Osten, aus China, stets gering waren. Es ist gerade diese Zwischen- und Übergangslage im kulturellen und politischen Spannungsfeld, welche den häufigen Wechsel in der historischen Entwicklung Afghanistans förderte und es heute problematisch erscheinen läßt, das Land einem der asiatischen Kulturerdteile eindeutig zuzurechnen. Zwar zeigt Afghanistan durch den Islam, die dominierende persische Sprache und viele kunsthistorische Züge eine starke vorderasiatische Prägung, doch zählt es insgesamt nicht mehr zu Vorderasien im eigentlichen Sinne. Trotz enger Beziehungen zu Indien gehört es nicht zu Vorderindien oder Südasien, und auch Zentralasien läßt es sich in seiner Gesamtheit nicht zurechnen. So bildet es im Grunde einen vielfach überprägten sekundären Kulturraum für sich, den man mit einem gewissen Recht als Wegekreuz Asiens (CASPANI & CAGNACCI 1951: ›Crocevia dell'Asia‹) bezeichnet hat.

Schließlich bleibt noch ein letztes Lagemerkmal zu nennen, das den modernen afghanischen Staat kennzeichnet: die Meerferne. Afghanistan ist ein Binnenstaat, was die ohnedies schwierigen Entwicklungsprobleme dieses Landes noch weiter verschärft hat.

1.2 Zur historischen Entwicklung des Landes

Einen Überblick über die höchst wechselvolle Geschichte Afghanistans als solche zu geben, kann nicht Aufgabe einer geographischen Landeskunde sein. Wenn im folgenden dennoch versucht wird, die historische Entwicklung des Raumes von Afghanistan kurz darzustellen, so geschieht dies aus ganz spezifischer Sicht. Es geht darum, die schon genannten äußeren Einflüsse und Beziehungen aufzuzeigen und Schwerpunkte, Zentren, Grenzen und Wandel politischer, ökonomischer und kultureller Raumbildungen wenigstens zu skizzieren.

Diese Aufgabe stellt sich für zwei sehr ungleiche Perioden der Geschichte: zum ersten für die lange Zeit bis zur Bildung eines afghanischen Staates und zum zweiten für die fast zweieinhalb Jahrhunderte, die seit der Errichtung des afghanischen Königtums verstrichen sind. Erst seit dem 18. Jh. läßt sich von einer Geschichte Afghanistans im eigentlichen Sinne sprechen.

1.2.1 Das heutige Afghanistan als historischer Schauplatz bis Ende des 17. Jh.

Afghanistan hat sich, dank immer neuer überraschender Funde und Ausgrabungen, als ein Dorado der Archäologie erwiesen, das freilich noch manche ungelöste Probleme birgt. Die bisherigen Forschungen wurden namentlich von französischen, britischen, italienischen und sowjetrussischen, zunehmend aber auch von afghanischen Archäologen getragen und galten überwiegend historischen Zeugnissen. Die Vorgeschichte des Landes hingegen ist erst seit den 50er Jahren in Umrissen bekanntgeworden (ALLCHIN & HAMMOND 1978).

Die älteren prähistorischen Funde, soweit sie als zuverlässig datiert gelten, stammen aus dem Mittelpaläolithikum, wobei sich die Fundplätze fast vollzählig auf Nord- und Nordostafghanistan beschränken. Spätestens im Neolithikum (ca. 8000–4000 v. Chr.) waren das Lößbergland nördlich des Hindukusch und die Baktrische Ebene durch Siedlungsplätze von Jägern und Sammlern weitgehend erschlossen. Doch vollzog sich hier der Übergang zur seßhaften Ackerbauern- und zur nomadischen Viehzüchterkultur vermutlich später als im südlichen Afghanistan, wie mehrere Fundorte bei Kandahar und in Sistan aus dem 4. und 3. Jt. v. Chr. nahelegen. Die bedeutendste dieser Akkerbauernsiedlungen, Mundigak, unweit von Kandahar, nahm gegen Ende des 3. Jt. mit Palast und Tempel städtische Züge an. Die Funde belegen ihre engen Beziehungen nach Sistan, Turan, Belutschistan und zum Indusgebiet und gleichzeitig die Lage an den alten Handelswegen, die diese Räume verbanden. Während die prähistorischen Siedlungen Südafghanistans im 2. Jt. verfielen, existierte in Baktrien eine Oasenkultur, wobei jede Oase eine Festung als Zentrum besaß. Diese Oasenkultur mit ihrer reichen kunsthandwerklichen Produktion sowie die Entwicklung von Mundigak haben in der späten Bronzezeit (erste Hälfte des 2. Jt. v. Chr.) die Grundlagen einer städtischen Zivilisation altorientalischen Typs im Raume Afghanistans geschaffen (W. MASSON 1981).

Die frühe Geschichte Afghanistans setzte mit dessen Zugehörigkeit zum Reich der persischen Achämeniden (6.–4. Jh. v. Chr.) ein, das sich von der Westküste Kleinasiens bis Nordwestindien erstreckte. War die Sicherung des Fernhandels eines der Motive für Kyros' II. Eroberung Baktriens und Gandharas gewesen, so nahm der Ost-West-Handel, der Ost- und Südasien mit dem Mittelmeergebiet verband, rasch zu. Seide und Jade aus China und Lapislazuli aus Badakhshan gelangten auf der „Seidenstraße" bis Ephesos, und aus Indien kamen Baumwolle, Zuckerrohr und Reis bis Persien. Schwerpunkte achämenidischer Macht und Kultur auf afghanischem Boden lagen in Baktrien, das eine der mächtigsten Satrapien des Reiches bildete, sowie in Areia (Herat). Die übrigen östlichen Satrapien waren Drangiana (Sistan), Arachosien (Kandahar), Sattagydia (später Paropamisadae, das Gebiet um Kabul–Bamyan) und Gandhara (Jalalabad–Peshawar).

Schon während der Achämenidenherrschaft begann der Einfluß griechischer Kultur im Gebiet Afghanistans, vermittelt durch griechische Kaufleute, Handwerker, Gelehrte und Söldner in persischen Diensten. Er erreichte seinen Höhepunkt durch Alexander den Großen, der 330–327 v. Chr. auf seinem Zug nach Indien das Gebiet Afghanistans eroberte und als Vermittler des Hellenismus, aber auch als Zerstörer wirkte. Immerhin hinterließ er einige neugegründete Garnisonstädte, die seinen Namen trugen, darunter als bedeutendste wohl Kapisa beim heutigen Bagram (Alexandria sub Caucasum). Bemerkenswerterweise ist sein Andenken in weiten Kreisen der afghanischen

1.2 Historische Entwicklung

Bevölkerung, selbst auf dem Lande, noch immer lebendig. Manche Herrscherfamilien, wie die Mire von Badakhshan im 19. Jh., erhoben sogar den Anspruch, Nachfahren des *Iskander Schah* (König Alexander) zu sein (GREVEMEYER 1982).

Unter den Seleukiden, die aus den Diadochenkämpfen im Osten des Reiches als Nachfolger Alexanders hervorgegangen waren, kam griechisch-hellenistische Kultur für zwei Jahrhunderte zu hoher Blüte, freilich bald abgewandelt durch orientalisch-indische Einflüsse. Nachdem 304 Arachosien und Gandhara an das indische Maurya-Reich gefallen waren, verlagerte sich das Zentrum des östlichen Hellenismus immer mehr nach Baktrien. Diese Satrapie machte sich um die Mitte des 3. Jh. als gräco-baktrisches Reich unabhängig, doch war es zunehmender Gefährdung durch die Nomadenvölker Turans ausgesetzt. Die gräco-baktrische Kultur stand in engen Beziehungen zur hellenistischen Welt am östlichen Mittelmeer, von wo sogar Kolonisten nach Baktrien gerufen wurden. Ein glänzendes Beispiel damaligen Städtebaus bietet das von französischen Archäologen freigelegte Ai Khanum (vermutlich Alexandria Oxiana) an der Einmündung des Kokcha in den Amu Darya (vgl. Fußnote 27).

Trotz seiner Wehrhaftigkeit erlag der gräco-baktrische Staat um 130 v. Chr. dem Ansturm der nomadischen Saken aus dem Norden, denen kurz darauf die aus Kansu in China abgedrängten Yüe-tschi folgten. Die Saken wandten sich weiter nach Drangiana, das durch sie den Namen Sakastan (= Sistan) erhielt. Sistan wurde bald dem Reich der Parther einverleibt, ebenso wie Arachosien und die sogenannten indo-griechischen Fürstentümer von Badakhshan und Kabul im Westen bis Taxila und Jammu im Osten.

Indessen entwickelte sich unter den Yüe-tschi in Baktrien die Keimzelle des Kuschanreiches, das die parthische Herrschaft im Gebiet des heutigen Afghanistan und Pakistan allmählich zurückdrängte. Die kuschanische Expansion zielte vornehmlich über den Hindukusch nach Indien. Das Kuschanreich erstreckte sich im 1. und 2. Jh. n. Chr. von der unteren Gangesebene bis zum Aralsee und nach Sinkiang. Die Kuschanen, obwohl ursprünglich Nomaden, übernahmen die gräco-baktrische Kultur und entwickelten sie weiter fort. Namentlich das Städtewesen erlebte unter ihnen eine neue Blüte. Beispiele kuschanischer Stadtanlagen bieten Kapisa (Bagram), Alt-Kandahar und Dilbarjin (nordöstlich Aqcha). Obwohl unter den Kuschanherrschern, vor allem unter Kanishka (1. Jh. n. Chr.), der Buddhismus weite Verbreitung fand, ließ ihre Toleranz auch andere Religionen zu. Neben der fortlebenden Verehrung griechisch-römischer Götter finden sich Zeugnisse des Hinduismus und ein vermutlich zoroastrischer Feuerkult. Dessen hervorragendstes Relikt ist die Tempelanlage von Surkh Kotal bei Pul-i-Khumri. Zahlreich sind buddhistische Denkmäler in Ostafghanistan, die freilich nicht nur aus der Zeit der Kuschanen, sondern auch aus den Jahrhunderten danach bis zur islamischen Invasion stammen. Unter ihnen haben die kolossalen, aus der Felswand gehauenen Buddhastatuen von Bamyan die größte Berühmtheit erlangt. Weiterhin sind hier die Stupas von Guldara und Shewaki (bei Kabul), von Tapa Sardar (bei Ghazni) und von Takht-i-Rustam (bei Aybak) zu nennen, dazu die buddhistischen Klosteranlagen von Bamyan, Fondukistan (Ghorband) und Hadda (bei Jalalabad).

Das Kuschanreich, das wie jenes der Achämeniden weitgespannte Handelsbeziehungen zwischen China, Vorderindien und dem Mittelmeerraum unterhielt, erlag im 3. und 4. Jh. den Angriffen der persischen Sassaniden, die einen großen Teil des heutigen Afghanistan unter ihre Herrschaft brachten. Der östliche Teil des Landes wurde im 5. Jh. von dem zentralasiatischen Nomadenvolk der Hephtaliten oder „weißen Hunnen" erobert, welche die Nachfolge der Sassaniden bzw. der Kuschanen antraten. Doch schon 565 wurden sie von den aus Zentralasien hereindrängenden Türken besiegt, welche das Land nördlich des Oxus unter ihre Gewalt brachten, während das Gebiet Afghanistans wieder an die Sassaniden fiel.

Schon im ersten Jahrtausend der afghanischen Geschichte, wie es hier skizziert wurde, scheint immer wieder jene ungefähre Aufgliederung des Landes in politische Einfluß- oder Herrschaftsgebiete auf, die sich auch in islamischer Zeit fortsetzt: Der Westen und Südwesten mit Herat und Sistan ist weit enger an Persien gebunden als der Osten (Kabul, Ghazni, Nangarhar) und der Norden (Baktrien), wo sich – im Wechsel mit Einflüssen aus Indien bzw. Zentralasien – wiederholt eigene regionale Dynastien etablieren können.

Die Araber, die den Islam verkündeten, vermochten das Land nur durch ständig wiederholte Eroberungszüge zu unterwerfen. Bald nach ihrem Sieg über die Sassaniden nahmen sie bereits 652 Sistan und Herat ein. Balkh folgte 707, Kabul erst um 800. Die drei Jahrhunderte währende arabisch-islamische Durchdringung Afghanistans (7.–10. Jh.) brachte tiefgreifende Umwälzungen mit sich. Nicht nur die neue monotheistische Religion mit ihren unterschiedlichen Richtungen und Sekten etablierte sich in Afghanistan; auch Gruppen arabischer Bevölkerung haben sich seitdem bis heute erhalten. Allmählich entwickelten sich neue, einheitliche Formen einer persisch-mittelasiatisch-islamischen Kultur, wobei Religion, Kultsprache und Schrift von den Arabern entlehnt waren.

Die endgültige Islamisierung und politische Vereinigung des Raumes von Afghanistan gelang jedoch nicht den Arabern, sondern erst den turkstämmigen Ghaznaviden. Sie waren von den turanischen Samaniden als Statthalter von Ghazni eingesetzt worden, machten sich jedoch bald unabhängig und eroberten, namentlich unter Mahmud von Ghazni (998–1030), ein Reich, das sich von Iran bis Nordindien erstreckte, wo sie den Islam einführten. Ghazni war für eineinhalb Jahrhunderte das Zentrum des Reiches und gleichzeitig

1.2 Historische Entwicklung

eine Stätte persischer Dichtkunst und Gelehrsamkeit, bis es 1149 oder 1151 durch den Ghoriden Alauddin zerstört wurde; seitdem ist es eine Stadt von untergeordneter Bedeutung geblieben. Nur mehr einige Ruinen bei Ghazni und bei Bost (Lashkari Bazar) am Helmand geben vom einstigen ghaznavidischen Großreich Zeugnis.

Die Ghoriden, einheimische Herrscher aus Ghor im westlichen Teil des Hochlandes von Zentralafghanistan, festigten ihre Macht zwischen den Ghaznaviden im Osten und den von Westen herandrängenden türkischen Seldschuken. Sie folgten auf die Ghaznaviden als Herrscher von Ghazni und drangen wie diese bis Indien vor. Die nur wenige Jahrzehnte währende Herrschaft der Ghoriden ist eines der faszinierendsten Kapitel in der Geschichte des afghanischen Raumes, gerade aus geographischer Sicht; denn damit tritt das fern aller städtischen Zentren gelegene, schwer zugängliche Hochland von Ghor (oder Ghorat) für kurze Zeit ins Licht der Geschichte. Aus dieser Zeit sind zahlreiche Ruinen in Ghor erhalten, deren berühmteste das Minarett von Jam im Engtal des Hari Rod westlich von Chaghcharan ist.

Schon bald nach 1200 wurde das Ghoridenreich durch den turanischen Khorezm-Schah erobert, der nur wenige Jahre später dem Ansturm der Mongolen Dschingis Khans unterlag. Zahlreiche Städte wie Kabul, Ghazni, Bamyan, Herat, Balkh und viele Festungen in Ghor und Sistan leisteten Widerstand und wurden 1221/22 von den Mongolen zerstört, die Bevölkerung wurde getötet. In der Zeit der mongolischen Herrschaft, die unter den Ilkhanen bis Mitte des 14. Jh. währte, begann ein allmählicher Verfall der Oasenkultur, der sich über ein halbes Jahrtausend bis ins 19. Jh. fortsetzte. Dieser Prozeß, von PLANHOL (1975) als „Beduinisierung" für große Teile des islamischen Orients beschrieben, wurde durch die nomadische Lebensform zahlreicher herrschenden Dynastien und deren Geringschätzung städtischer Kultur und seßhaften Oasenbauerntums gefördert. Der Verfallsprozeß wurde freilich noch mehr durch das von den Mongolen eingeführte ausbeuterische Lehenswesen und das Fehlen einer beständigen zentralisierten Staatsmacht verstärkt. Aus der Zeit der Ilkhane stammt das ethnische Substrat der Hazara, die sich später in das östliche Hochland von Zentralafghanistan zurückgezogen haben.

Ab 1370 suchte Timur Leng oder Tamerlan (Timur „der Lahme"), ein Nachfahre Dschingis Khans, dessen Reich zu erneuern. Während er seiner Hauptstadt Samarkand künstlerischen Glanz verlieh, verwüstete er in mehreren Feldzügen große Teile Afghanistans und Indiens und übertraf dabei noch die Mongolen. Unter seinen Nachfolgern hingegen blieb das Land ein Jahrhundert lang von Verheerungen verschont. Sie verlegten ihre Residenz nach Herat, das schon vorher eine bedeutende Stadt gewesen war. Herat bildete im 15. Jh. als Hauptstadt des Timuridenreiches das Zentrum einer reichen, persisch-türkisch geprägten Kultur, während die staatliche und militärische Organisation türkisch-mongolischer Tradition folgte. Am Herater Hof von

Schah Rukh und Husain Baiqara versammelten sich zahlreiche Dichter, Gelehrte, Miniaturenmaler und andere Künstler ihrer Zeit. Die Musalla von Herat zählt ebenso wie die Grabmoschee des Hazrat Ali in Mazar-i-Sharif und das Mausoleum des Abu Nasr Parsa in Balkh zu den kunsthistorisch hervorragendsten Bauwerken jener Zeit.

Anfang des 16. Jh. führten zwei Ereignisse zu einem raschen Ende der timuridischen Glanzzeit: der Einbruch der Usbeken in Turan und der Aufstieg Babur Schahs, der das Reich der Großmoghuln in Indien schuf. Beide standen miteinander im Zusammenhang. Noch einmal war ein nomadisches, diesmal türkisches Volk, die Usbeken, im Norden des heutigen Afghanistan eingefallen und setzte sich dort bis heute fest. Vor ihnen floh ein Großteil der timuridischen Oberschicht, darunter auch Babur, der aus Ferghana stammte, ein Nachkomme Dschingis Khans und Timurs. Er wandte sich nach Kabul, eroberte von dort aus einen großen Teil des östlichen Afghanistan und ab 1525 Nordindien, wo er die Moghuldynastie begründete. Durch ihn und seine Nachfolger gelangten persisch-zentralasiatische Kultur und die persische Sprache nach Indien. Er selbst fühlte sich jedoch bis zu seinem Tode 1530 nach Kabul hingezogen, wo er, seinem Wunsche gemäß, auch begraben liegt (im Bagh-i-Babur).

Etwa zwei Jahrhunderte lang gehörte das östliche Afghanistan, soweit es nicht Land freier Paschtunenstämme war, zum Reich der Großmoghuln, der Westen mit Herat zu jenem der schiitischen Safawiden in Persien. Kandahar lag im umstrittenen Grenzgebiet beider Mächte und fiel 1649 an die Safawiden. Der Norden des Landes war in usbekische Fürstentümer (Khanate oder Mirate) aufgeteilt, deren sich – bis ins 19. Jh. hinein – die Emire von Bukhara zu bemächtigen suchten. Diese staatliche Zerrissenheit und Fremdbestimmung kennzeichneten die politische Situation vor der Errichtung des afghanischen Staates. Sie war begleitet von einem wirtschaftlichen Niedergang, der insbesondere durch den Rückgang des Fernhandels und eine allgemeine Unsicherheit bedingt war. Die afghanischen Außenprovinzen der Safawiden wie auch der Großmoghuln unterlagen nur geringer staatlicher Kontrolle, gleichzeitig aber auch der Ausbeutung durch Feudalherren und Steuereintreiber, die sich großenteils aus paschtunischen Khanen rekrutierten.

Im 16. Jh. beginnend, wuchs der Widerstand gegen die Herrschaft der Großmoghuln im 17. Jh. in Ostafghanistan. Er wurde zunächst durch die religiöse und soziale Bewegung der Roshani-Sekte in Nangarhar getragen, später durch verschiedene Paschtunenstämme. Auch in Kandahar und Herat flammte die Opposition gegen die persisch-schiitische Bedrückung immer wieder auf, am stärksten zu Beginn des 18. Jh. Diese Aufstände, obgleich ohne eigentlich nationalen Charakter, leiteten die Entstehung eines afghanischen Staates um die Mitte des 18. Jh. ein.

1.2.2 Entstehung und Entwicklung des afghanischen Staates

Begründer und Träger des afghanischen Staates wurden paschtunische Stämme, namentlich die Abdali, deren Siedlungsgebiet sich von Kandahar bis nahe Herat erstreckt, weniger die Ghilzai, die zwischen Kandahar und Jalalabad siedeln. Es waren aber zunächst Ghilzai, welche unter Führung des Mir Wais vom Unterstamm der Hotaki 1709 in Kandahar das safawidische Joch abschüttelten, um die Unabhängigkeit zu erringen. Die Unruhen griffen auf Herat über, wo schließlich ein allgemeiner Aufstand unter Führung der Abdali 1716 gleichfalls ein selbständiges Fürstentum entstehen ließ.

Beide paschtunisch dominierten Staatsgebilde existierten nur kurze Zeit. Der safawidische Kriegsherr türkischer Abstammung Nadir Quli Beg Afshar, der 1736 als Nadir Khan den persischen Thron bestieg, besetzte 1732 Herat und nahm 1738 Kandahar ein, das zerstört wurde. Nach dem Fall von Herat und Kandahar setzten andere paschtunische, aber auch nichtpaschtunische Gruppen im Gebiet von Ghazni, Kabul und Jalalabad die Rebellion fort. Nadir, der die Moghuln besiegte und 1739 Delhi plünderte, vermochte sie nur zum Teil zu unterdrücken.

1747 wurde Nadir Khan von seinen eigenen Offizieren ermordet. Ahmed Khan, einer der paschtunischen Heerführer Nadirs, konnte mit seiner Reitertruppe dem folgenden Aufruhr entkommen. Er wurde im selben Jahr, erst 25 Jahre alt, von den Abdali in Kandahar zum afghanischen König ausgerufen und nannte sich Ahmed Schah Durrani. In kurzer Zeit vereinte er fast das gesamte Gebiet des heutigen Afghanistan unter seiner Herrschaft und unterwarf 1750–52 auch die usbekischen Khanate in Afghanisch-Turkistan. Er eroberte, Nadir Khan und vielen historischen Vorläufern folgend, auf zahlreichen Kriegszügen große Teile Nordwestindiens, wenn auch nur vorübergehend. Sein Titel Dur-i-Durrani („Perle der Perlen") führte zur Umbenennung seines eigenen Stammes, der Abdali, die seitdem Durrani heißen.

Nach den kurzlebigen und wenig konsolidierten paschtunischen Fürstentümern von Kandahar und Herat gilt 1747 mit Recht als Gründungsjahr des Staates Afghanistan. Auch wenn das Reich Ahmed Schah Durranis bald nach seinem Tode (1772 oder 73) zerfiel, blieb die von ihm geschaffene Staats- und Militärorganisation für die weitere Entwicklung Afghanistans von großer Bedeutung. Er begründete die politische Vorherrschaft der Durrani. Bis 1818 herrschten seine recht unfähigen Nachfolger, die Sadozai aus dem Unterstamm der Popalzai, sodann bis 1973 die Emire und späteren Könige der Mohammedzai-Dynastie, die dem Unterstamm der Barakzai zugehörte. Hatte Ahmed Schah durch Einzug von Ländereien eine umfangreiche staatliche Domäne geschaffen, so wurde gegen Ende des 18. und Anfang des 19. Jh. der größte Teil davon als eine Art Lehen an paschtunische Khane (z. T. als *jagir* mit Militärdienstpflicht) ausgegeben. Diese Maßnahme trug, zusammen mit den dynastischen Intrigen und Palastrevolten namentlich unter den Sadozai, zur Schwächung der Zentralgewalt und zum Erstarken regionaler und lokaler Herrscher bei. Große Teile Afghanistans, namentlich im zentralen Hochland, im Hindukusch und im Stammesgebiet gegen Indien, bildeten damals und bis in die 1880er Jahre de facto unabhängige „gauhafte Siedlungsgebiete" oder „Kabyleien" im Sinne von H. BOBEK. Kandahar war bis 1855, Herat bis 1863 selbständig, letzteres in ständigen Auseinandersetzungen mit Persien. Afghanische Emire wie Dost Mohammed (1836–39 und 1843–63) und Sher Ali (1863–66 und 1869–79) waren fast unablässig damit beschäftigt, sich gegen Rivalen durchzusetzen, gegen abtrünnige Gouverneure vorzugehen, die unter den Nachfolgern Ahmed Schahs verlorengegangenen Nordprovinzen zurückzugewinnen (1849–55) und schließlich das Land gegen die Briten zu verteidigen.

Durch das Vordringen der damaligen Großmächte in diesem Raum, Großbritanniens in Nordwestindien und des zaristischen Rußland in Turan, geriet Afghanistan im 19. Jh. bald in das weltpolitische Spannungsfeld. Zweimal glaubten die Briten einer russischen Einflußnahme zuvorkommen zu müssen und drangen mit ihrer indischen Armee nach Afghanistan ein: 1839–42 und 1878–81. Beide Male vermochten sie aber weder nach Herat noch bis Turkistan vorzustoßen, und beide Male erlitten sie empfindliche Niederlagen, die sie durch Strafexpeditionen rächten. Das Ergebnis war die afghanische Neutralität, die freilich unter britischer Vormundschaft stand. Als „Pufferstaat" zwischen Britisch-Indien und Rußland schloß sich Afghanistan nach außen hin ab. Diese Isolationspolitik erreichte unter dem Emir Abdur Rahman (1880–1901) ihren Höhepunkt. Erst ihm gelang es, in einer letzten Wiederbelebung der traditionsreichen orientalischen Despotie und nach Niederschlagung zahlreicher Aufstände, Afghanistan zu einem einheitlichen Staat zusammenzufügen. Dazu zählte die Unterwerfung und zwangsweise Islamisierung der heidnischen Kafiren (nunmehr Nuristani genannt) im Südhindukusch 1896. Unter Abdur Rahman setzte auch die Politik der Paschtunisierung ein, d. h. die Zuweisung von Weideland an paschtunische Nomaden und die Ansiedlung paschtunischer Bauern außerhalb ihrer Stammesgebiete, besonders im zentralafghanischen Hochland bzw. in Nordafghanistan. Durch britische Grenzkommissionen wurden die Grenzen des Landes vermessen; jene gegen Pakistan folgt bis heute der 1893 festgesetzten Durand-Linie, welche den Lebensraum der östlichen Paschtunenstämme (Afridi, Mohmand, Shinwari, Waziri u. a.) durchschneidet.

Wenn Afghanistan in seinem heutigen Umriß erst kurz vor der letzten Jahrhundertwende ein geeinter Staat geworden ist, so vollzog sich dieser langwierige Prozeß vor dem Hintergrund eines erschreckenden wirtschaftlichen und kulturellen Niederganges. Dazu hatten nicht nur die politischen Wirren beigetragen, sondern auch die Tatsache, daß die politisch-militärische Elite,

1.2 Historische Entwicklung

ihrer nomadischen Herkunft entsprechend, wenig Verständnis für städtische Kultur und die Förderung der Oasenlandwirtschaft gezeigt hatte und der Fernhandel mehr und mehr zurückgegangen war. In diesem Zustand erstarrte das Land, und traditionelle Lebens- und Wirtschaftsformen wurden bis ins 20. Jh. konserviert.

Erst durch den kurzen dritten britisch-afghanischen Krieg errang Afghanistan 1919 unter König Amanullah Khan die volle Unabhängigkeit. Nunmehr öffnete es sich der übrigen Welt, indem es besonders enge Beziehungen zur Sowjetunion, zum Deutschen Reich und zur kemalistischen Türkei suchte. Nach zögernden Anfängen unter Sher Ali Khan in den 1870er Jahren und unter Habibullah Khan (1901–1919) verfolgte Amanullah als erster afghanischer Herrscher eine entschiedene Politik der Modernisierung seines Landes. Doch führte er seine Reformen überstürzt, ohne ausreichende psychologische, organisatorische und finanzielle Grundlagen durch. Er wurde durch einen Aufstand traditionalistischer und reaktionärer Kräfte unter Führung des Tadschiken Bacha-i-Saqab („Sohn des Wasserträgers") aus Koh Daman nördlich von Kabul gestürzt und mußte 1929 das Land verlassen. Nach einem kurzen anarchischen Schreckensregiment konnte ein anderer Mohammedzai, Mohammed Nadir Schah (1929–1933), mit britischer Hilfe den afghanischen Thron zurückgewinnen. Er verfolgte eine vorsichtige Modernisierungspolitik, die unter seinem Sohn, dem letzten afghanischen König Mohammed Zahir Schah (1933–1973), zunächst fortgeführt wurde.

In den 30er und 40er Jahren wurde das unter Amanullah begonnene System einfacher Autostraßen ausgebaut, und das Kraftfahrzeug begann die Kamelkarawane zu verdrängen. Nach jahrhundertelanger Stagnation erhielt die Stadtentwicklung neue Impulse, was sich in der Anlage zahlreicher Neustädte *(Shahr-i-nau, Shahr-i-jadid)*, aber auch in der Neugründung von Städten äußerte. Industrie- und Außenhandelsgesellschaften, teils mit privatem, teils mit staatlichem Kapital, und die ersten Industriebetriebe außerhalb Kabuls entstanden. Gleichzeitig wurde die Binnenkolonisation fortgeführt, namentlich in den gering bevölkerten Oasen Nord- und Nordostafghanistans (GRÖTZBACH 1972a).

Nach dem Zweiten Weltkrieg nahmen die Modernisierungsprogramme und Entwicklungsprojekte dank ausländischer Hilfe größere Dimensionen an. Dies begann mit dem Helmand-Projekt, zu dessen Durchführung Afghanistan bald auf US-amerikanische Finanzhilfe angewiesen war. Nachdem die USA mehrere afghanische Gesuche um Militärhilfe abgelehnt hatten, wandte sich die afghanische Regierung mit Zustimmung des Königs an ihren nördlichen Nachbarn. Die Sowjetunion gewährte 1955 einen 100-Mio.-Dollar-Kredit und sicherte sich damit den ersten Platz unter den Entwicklungshilfegebern und Außenhandelspartnern Afghanistans. Die USA beantworteten diese sowjetische Herausforderung ihrerseits mit massiver Entwicklungshilfe. Afghanistan, das bis 1978 eine Politik der Blockfreiheit (*bi-tarafi*, d. h. „ohne Seite") verfolgte, nahm die Hilfe beider Großmächte bereitwillig an, die über zwei Jahrzehnte lang miteinander friedlich im Lande wetteiferten. Dagegen blieben die Hilfeleistungen anderer Geberländer, wie der Bundesrepublik Deutschland (an dritter Stelle) oder der Volksrepublik China, an Umfang zurück. Die wirtschaftliche Kooperation mit der Sowjetunion wurde durch deren Militärhilfe ergänzt. Die afghanische Armee erhielt dadurch nicht nur sowjetische Ausrüstung und Instruktoren, sondern viele ihrer Offiziere wurden auch in der Sowjetunion ausgebildet. Es waren solche prosowjetischen Offiziere, die bei den Umstürzen 1973 und 1978 die entscheidenden Rollen spielen sollten.

Während sich die Beziehungen zur Sowjetunion immer enger gestalteten und immer mehr Aufgabenbereiche unter die Kontrolle sowjetischer Berater gerieten – u. a. die Exploration der Erdöl-, Erdgas- und Erzlagerstätten; Wirtschaftsplanung, auch Stadtplanung und Städtebau; Kartographie –, gestaltete sich das Verhältnis zu Pakistan seit dessen Unabhängigkeit (1947) gespannt, ja zeitweise feindselig. Der Grund hierfür lag in der Paschtunistanfrage, die von den afghanischen Regierungen bis 1963 mit großem Propagandaaufwand hochgespielt wurde. Als „Paschtunistan" bezeichnet man afghanischerseits das von Paschtunen (in Pakistan Pathanen) bewohnte Gebiet östlich der Durand-Linie bis zum Indus, das letztendlich von Afghanistan beansprucht wurde. 1950, 1955 und 1961–63 erreichte der Konflikt mit der Schließung der Grenze für den Transitwarenverkehr seine Höhepunkte. Dadurch wurde die wirtschaftliche Entwicklung Afghanistans schwer beeinträchtigt, das einen Großteil seines Außenhandels via Pakistan abwickelt. Der Abschluß von Transitabkommen mit der Sowjetunion und Iran schuf nur teilweisen Ersatz, band aber das Land noch mehr an den sowjetischen Nachbarn. Eine logische Folge dieser Politik war der mit Hilfe der Sowjetunion bewerkstelligte Bau leistungsfähiger Beton- oder Asphaltstraßen von der Nordgrenze nach Herat und Kandahar bzw. nach Kabul. Auf diesen Straßen sollten schließlich Ende 1979 die sowjetischen Panzer nach Süden rollen.

Die schwelende innenpolitische Krise kündigte sich Anfang der 70er Jahre im raschen Wechsel der Regierungen in Kabul an, die sicher durch die Auswirkungen der katastrophalen Dürre von 1970 und 1971 noch verschärft wurde. Am 17. Juli 1973, während der König in Europa weilte, wurde durch dessen Vetter und früheren Ministerpräsidenten Mohammed Daud im Verein mit einer Gruppe junger Offiziere die Monarchie durch einen Staatsstreich gestürzt und die Republik Afghanistan ausgerufen. Doch das autokratische Regime Dauds, das trotz einiger ökonomischer Erfolge die Probleme des Landes ebensowenig zu lösen vermochte, hatte keine fünf Jahre Bestand. Am 27. April 1978 führte ein blutiger Putsch linksgerichteter Offiziere mit einigen Eliteeinheiten der Armee zur Ermordung Dauds und vieler seiner Familienangehörigen. Zum

1.2 Historische Entwicklung

Teil handelte es sich dabei um dieselben Militärs, die Daud 1973 zur Herrschaft verholfen hatten, von ihm aber überspielt worden waren.

Die neue Regierung der nunmehrigen „Demokratischen Republik Afghanistan" unter Nur Mohammed Taraki, dem Vorsitzenden der vorher im Untergrund wirkenden Demokratischen Volkspartei Afghanistans, schloß ein breites Spektrum von Kommunisten bis zu Linksnationalisten in sich. Zum Teil blutige Fraktionskämpfe, aus denen bald die *khalq*-Gruppe als Sieger über die *parcham*-Fraktion hervorging, die überhastet durchgeführte Landbesitzreform, eine oft mit Gewalt durchgesetzte Alphabetisierungs- und Indoktrinationskampagne und zunehmender brutaler Terror heizten die innenpolitische Situation immer stärker an. Ganze Bevölkerungsgruppen, wie höhere, besonders schiitische Geistliche und Provinznotabeln, fielen der Repression zum Opfer (ROY 1985). Schon im Sommer und Herbst begann sich sporadisch – insbesondere in Nuristan (Provinz Konar) – Widerstand gegen das neue Regime zu regen, der sich 1979 über das ganze Land ausweitete. Die Lage wurde vollends verworren, als der vorherige Außenminister Hafizullah Amin im September 1979 Taraki stürzte und ermorden ließ. Dazu kam ein gespanntes Verhältnis zwischen Amin und Moskau. Am 27. Dezember 1979 wurde auch er, und zwar durch ein sowjetisches Sonderkommando, getötet. Eine neue Regierung und ein neuer Revolutionsrat unter Babrak Karmal übernahmen die Macht, während sowjetische Truppen in Afghanistan einrückten – offiziell auf der Grundlage des am 5. Dezember 1978 geschlossenen sowjetisch-afghanischen Beistandsabkommens. Karmal war schon im Sommer 1978 als Führer der unterlegenen *parcham*-Fraktion ins Exil geschickt worden und hatte sich zuletzt in der Sowjetunion aufgehalten. Da er es nicht vermochte, den Widerstand zurückzudrängen und einigermaßen geordnete Verhältnisse im Lande zu schaffen, wurde er 1986 durch Dr. Najib, den früheren Leiter des gefürchteten Geheimdienstes, ersetzt. Er versuchte, eine breitere politische Basis zu gewinnen und führte deshalb durch eine neue Verfassung 1987 wieder die Bezeichnung „Republik Afghanistan" ein, doch mit geringem Erfolg.

Die sowjetische Besetzung Afghanistans brachte eine Verschärfung der weltpolitischen Lage mit sich, rief namentlich in den Nachbarstaaten Iran und Pakistan tiefe Beunruhigung hervor und löste weltweit Proteste aus. Im Innern des Landes versteifte sich der Widerstand, der nunmehr in gleicher Weise auch der Besatzungsmacht galt. Die sowjetischen Truppen und die afghanische Armee kontrollierten zwar die Städte und die wichtigsten Verbindungsstraßen. Einige schwer zugängliche Gebiete, namentlich Zentralafghanistan, der Hindukusch und das Bergland an der pakistanischen Grenze, sind aber seit 1978 oder 1979 größtenteils außerhalb jeder Kontrolle durch die afghanische Regierung, andere Gebiete sind umkämpft geblieben.

Eine völlig neue Situation ergab sich durch das am 14. April 1988 zwischen der Sowjetunion, den USA, Afghanistan und Pakistan abgeschlossene Genfer Abkommen, in dem sich die Sowjetunion nach vorausgegangenen längeren Verhandlungen zum Rückzug aus Afghanistan verpflichtete. Dieser begann am 15. Mai 1988 und wurde am 15. Februar 1989 vertragsgemäß abgeschlossen. Damit ist aus dem Afghanistankonflikt wieder ein Bürgerkrieg geworden, in dem die Regierung massive Hilfe von der Sowjetunion, der Widerstand Unterstützung von Pakistan, den USA, Saudi-Arabien und anderen Staaten erhält.

Die Widerstandskämpfer *(mujahedin)* sind in zahlreiche Gruppen unterschiedlicher politischer Richtung, Volks-, Stammes- oder Klientelzugehörigkeit und Konfession aufgesplittert. Hierin äußert sich nicht nur die Neigung zum Partikularismus, die in Zeiten schwacher Zentralmacht eine so unheilvolle Rolle in der afghanischen Geschichte gespielt hat, sondern auch der geringe Grad nationaler Integration in der heterogenen Bevölkerung Afghanistans. Die Führer dieser Widerstandsgruppen oder -parteien sitzen zumeist in Peshawar, wie denn Pakistan nicht nur Hauptzufluchtsziel des afghanischen Flüchtlingsstromes, sondern auch die wichtigste Basis für den afghanischen Widerstand ist. Dagegen spielt Iran trotz dessen Unterstützung der schiitischen Minorität in Afghanistan eine untergeordnete Rolle.

Durch die kriegerischen Wirren sind seit 1979 Entwicklungsprojekte behindert oder eingestellt, Infrastruktureinrichtungen (namentlich Schulen) sowie zahlreiche Dörfer vernichtet, aber auch Städte wie Kandahar und Herat schwer in Mitleidenschaft gezogen worden. Ganze Landstriche, vor allem im östlichen Afghanistan, veröden, da die Bewohner teils ins Ausland, teils in sicherere Landesteile (bevorzugt nach Kabul) geflohen sind. Über eine Million Menschen sind überdies durch Kämpfe, Luftangriffe und durch politische Verfolgung umgekommen. Die Wirtschaft hat durch Zerstörungen, Unterbrechungen der Transportwege und durch den Ausfall von Arbeitskräften enorme Produktionsrückgänge erlitten. Angesichts dieser Verluste werden der Wiederaufbau und die Reorganisation des Landes nur mit massiver Hilfe des Auslandes möglich sein. – (Zur aktuellen Situation s. „Nachwort".)

1.3 Staatliche Raumorganisation und -gliederung

Die Grundzüge staatlicher Raumorganisation spiegeln sich insbesondere im Verhältnis zwischen der Zentralgewalt der Regierung einerseits und den regionalen und lokalen Instanzen andererseits wider. Daß die letzteren nur ausführende Organe der Regierungsbehörden in Kabul sind, ist in Afghanistan eine relativ junge Erscheinung. Bis ins späte 19. Jh. konnten die Provinzgouverneure weitgehend unabhängig handeln, sofern sie Ruhe und Ordnung in ihrem Gebiet aufrechterhielten und die Steuern regelmäßig an das Schatz-

1.3 Staatliche Raumorganisation und -gliederung

amt des Emirs abführten (KAKAR 1979). Die Bindungen der Provinzen an die meist schwache Zentralgewalt waren deshalb gering, Unabhängigkeitsstreben, Wechsel der Loyalität und Abfall von Gouverneuren, zumal wenn es sich um Söhne des Emirs handelte, dementsprechend verbreitet.

Dies änderte sich, nach ersten Ansätzen unter Sher Ali Khan, während der Herrschaft Abdur Rahmans, der 1888 letztmalig den Aufstand eines rivalisierenden Verwandten, Mohammed Ishaq Khans, des Gouverneurs von Afghanisch-Turkistan, niederschlug. Andere Rebellionen bzw. Feldzüge unter diesem Herrscher hatten ihren Grund in der Ausweitung der Staatsmacht in Gebiete, die bis dahin faktisch unabhängig geblieben waren. Dies galt vor allem für die Feldzüge gegen die Hazara (1891–93) und gegen die Kafiren im heutigen Nuristan (1895–96). Erst seit Ende des vorigen Jahrhunderts ist Afghanistan der zentralistisch organisierte Staat, wie er bis 1978 existierte. Freilich gab es darin noch immer Landesteile, in denen die staatliche Macht allenfalls de jure vertreten war, nämlich die paschtunischen Stammesgebiete an der pakistanischen Grenze in Paktya, Katawaz und südlich davon. Inzwischen ist die territoriale Einheit des Landes durch die Wirren seit 1978, wie sie im vorigen Kapitel skizziert wurden, erneut zerrissen worden.

Die administrative Gliederung Afghanistans wurde seit der Herrschaft des Emirs Sher Ali Khan, der sie zu fixieren suchte, mehrmals verändert und vor allem verfeinert. Unter ihm gab es die großen Provinzen Kabul, Kandahar, Herat und Afghanisch-Turkistan *(Chahar Vilayet).* Turkistan wurde unter Abdur Rahman aufgegliedert in die Provinzen ›Badakhshan und Qataghan‹ im Osten, Turkistan (Mitte) und Maymana im Westen; außerdem erfuhr die dem Emir direkt unterstellte Provinz Kabul eine erhebliche Erweiterung. Die Provinzen waren in Verwaltungsbezirke gegliedert, welchen jeweils ein *hakim* vorstand.

Nach wiederholten Änderungen von Zahl und Abgrenzung der Provinzen brachte schließlich die große Gebietsreform von 1964 eine neue administrative Gliederung, die im Grunde bis heute beibehalten worden ist. Begründet mit der rasch zunehmenden Verkehrserschließung des Landes, der Zunahme der Verwaltungsaufgaben und der Bildung demographisch etwa gleich großer Einheiten – und vermutlich auch, um die Macht der Gouverneure in den früheren Großprovinzen zu schwächen –, wurde damals die Zahl der Provinzen auf 28 erhöht (L. DUPREE 1973). Bei der Benennung der Provinzen wählte man in mehreren Fällen historische, bis in achämenidische Zeit zurückgehende Namen. Je nach Größe und politisch-ökonomischem Gewicht wurden die Provinzen *(welayat, vilayat)* hierarchisch in drei verschiedene Grade gestuft, ihre nachgeordneten Bezirke *(waluswali, uluswali)* in vier. In einigen Provinzen Ostafghanistans schaltete man Unterprovinz-Behörden dazwischen, wovon 1979 zwei zu der neuen, aber schon 1964 vorgesehenen Provinz Paktika vereint worden sind (Urgun, Katawaz). Dadurch erhöhte sich die

Karte 1: *Provinzgliederung 1982.*

Zahl der Provinzen auf 29, sank aber vorübergehend – durch Herabstufung von Logar, Wardak und Kapisa zu Unterprovinzen – auf 26 (DRAA 1981). Die Provinzgliederung änderte sich zuletzt durch die Schaffung einer neuen Provinz Sar-i-Pul im März 1988, welche die südlichen Bezirke der Provinzen Jauzjan und Balkh umfaßt[1]. Die unterste administrative Ebene bilden die Unterbezirke *(alaqadari)*, die aber nur in größeren Bezirken existieren. Zahl und Zuordnung der mittleren und unteren Verwaltungseinheiten unterlagen seit 1964 häufigem Wechsel. – Einen Überblick über die räumliche Verwaltungsgliederung nach dem Stand von 1981/82 geben Tabelle 1 und Karte 1.

[1] Außerdem wurde die Errichtung einer Provinz Nuristan gemeldet (KNT v. 22. 7. 88), doch ist sie anscheinend nicht wirksam geworden.

2 NATÜRLICHE GRUNDLAGEN UND RESSOURCEN

Der folgende Überblick über die Natur des Landes dient in erster Linie dazu, naturgegebene Grundlagen und Rahmenbedingungen für Wirtschaft, Gesellschaft und Siedlung aufzuzeigen. Die Natur eines Landes bietet durch ihr ökonomisch nutzbares Potential Chancen, deren Nutzung freilich durch andere Faktoren erschwert, ja verhindert werden kann. Stark verallgemeinert läßt sich feststellen, daß Afghanistan über ein vergleichsweise beschränktes Naturpotential verfügt, das durch natürliche Ungunstfaktoren wie Gebirgsrelief, Aridität und knappe Wasservorkommen stark eingeengt wird.

2.1 Das Relief: Grundzüge seiner Entwicklung und Formen

Bei der Darstellung der Oberflächenformen sind zwei Betrachtungsdimensionen zu unterscheiden, die jeweils unterschiedliche Erklärungsansätze bedingen: das Groß- oder Makrorelief, dessen Entstehung auf tektonischen Vorgängen beruht, und die feinere Reliefgestaltung, das Meso- und Mikrorelief, an der neben der Tektonik auch die Gesteinsarten und das Klima beteiligt sind.

Die Gliederung Afghanistans nach seinem *Großrelief* wurde bereits im Kapitel 1.1 angedeutet. Die Verbreitung von Gebirgen, Hochländern und tiefer gelegenem Land, die z. T. Großeinheiten subkontinentalen Ausmaßes angehören, ist durch tektonische Prozesse während langer geologischer Zeiträume angelegt worden. Die das heutige Großrelief am stärksten prägenden Züge wurden in der Zeit der jüngsten, der alpidischen Gebirgsbildung im Oligozän/Miozän und durch die seit dem Jungtertiär z. T. bis heute anhaltende Hebung bzw. Senkung geschaffen.

Ein Blick auf die tektonische Karte von Afghanistan (z. B. bei WOLFART & WITTEKINDT 1980) zeigt, daß das Land hauptsächlich von zwei großen Verwerfungszonen durchzogen wird, der Hari Rod-Störung (Herat-System) und der Chaman-Muqur-Störung (Chaman-Muqur-System), die nördlich von Kabul aufeinandertreffen und sich nach Nordosten zum Pamir fortsetzen. Beide Störungslinien trennen Teile großer Schollen mit unterschiedlicher erdgeschichtlicher Entwicklung voneinander: Nordafghanistan als Teil der Turan-Scholle, Südwestafghanistan als Teil der Ostiranisch-westafghanischen Scholle und Südostafghanistan als Teil des Vorderindischen Schildes. Die beiden letztgenannten gehörten dem alten Südkontinent des Gondwanalandes an, das, den Vorstellungen der modernen Plattentektonik zufolge, im Mesozoikum (Erdmittelalter) nach Norden driftete und mit dem alten asiatischen Nordkontinent verschmolz. Die Hari Rod-Störung und ihre nordöstliche Fortsetzung sind demnach als Nahtstelle der beiden Urkontinente zu deuten.

Diese tektonischen Störungszonen prägen sich auch im heutigen Relief aus. Dies gilt vor allem für die Hari Rod-Störung und ihre Fortsetzung nach Nordosten, die Panjsher-Faydzabad-Störung. Während ihre Umgebung z. T. stark herausgehoben wurde, markieren auffallende Längstalfurchen und abgesunkene Becken den Verlauf der Störungslinie selbst: Das langgestreckte, Ost-West verlaufende Tal des Hari Rod und, weiter östlich, die Becken von Yakaulang und Bamyan, Ghorband-, Panjsher- und Anjomantal im Hindukusch.

Das in sich gegliederte intramontane Kabul-Panjsher-Becken wird durch die Chaman-Muqur-Störungslinie und eine zweite, nur wenig westlich davon verlaufende Verwerfung (Muqur-Paghman-Linie) nach Osten bzw. Westen begrenzt. Auch in ihrem südlichen Teil ist die Chaman-Muqur-Störung im Relief erkennbar: Etwa von Muqur südwärts bildet sie als Bruchstufe die geradlinige östliche Begrenzung des Tarnaktals und des unteren Arghestangebietes. Weitere intramontane Becken schließen an diese Zone an: die hochliegende Dasht-i-Nawar westlich von Ghazni und die tief abgesunkenen Becken von Jalalabad und Laghman östlich des Kabul-Panjsher-Beckens. Noch größere Absenkungsgebiete stellen die von quartären Sedimenten erfüllten extramontanen Ebenen im Süden (Sistan-Becken) und im Norden (Afghanisch-Tadschikische Senke) dar.

Die tektonischen Vorgänge waren immer wieder von Granitintrusionen, aber auch von Vulkanismus begleitet. Größere Granitmassive finden sich im Hindukusch, im Gebiet des Arghandab, des oberen Helmand und bei Ghazni. Vulkanite erreichen in der Dasht-i-Nawar, die von über 4000 m hohen Vulkanbergen gesäumt wird, und im südwestlichen Registan an der pakistanischen Grenze ihre größte Verbreitung und landschaftsprägende Wirkung. Sie sind in beiden Gebieten jungtertiären bis altquartären Alters. Nicht nur die Jugendlichkeit vulkanischer Ereignisse, auch die seismische Aktivität in einigen Gebieten Afghanistans zeigt an, daß zumindest dort die tektonischen Bewegungen noch nicht zur Ruhe gekommen sind.

Erdbeben sind vor allem im Nordosten Afghanistans sehr häufig, von wo ihr Verbreitungsgebiet sich nach Usbekistan und Tadschikistan erstreckt (Karte 2). Während Mantelbeben, d. h. mitteltiefe Erdbeben, vor allem im Nordhindukusch auftreten, konzentrieren sich die seichten Beben auf den Westrand des Hindukusch und sein Vorland bis gegen Kunduz, auf große Teile Badakhshans und den nördlichen Wakhankorridor. Auch die Umgebung von Mazar-i-Sharif ist immer wieder Beben ausgesetzt, wie jenes von

2.1 Das Relief 19

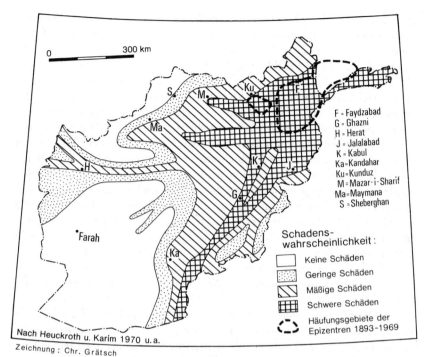

Karte 2: *Gebiete unterschiedlichen Erdbebenrisikos.*

Tashqurghan 1976 gezeigt hat. Im Steilrelief des Hindukusch sind wiederholt große Massenbewegungen durch Erdbeben ausgelöst worden.

Wie HEUCKROTH & KARIM (1970) gezeigt haben, ist die seismische Aktivität z. T. an tektonische Störungslinien geknüpft. Dies gilt namentlich für die Chaman-Muqur-Linie und für die Verwerfungen am Rande des Beckens von Jalalabad. Dagegen sind Beben entlang der Hari Rod-Störung eher selten, der Westen und Süden Afghanistans sind nahezu bebenfrei. In Kabul, wo seit 1907 kein Epizentrum registriert wurde, verspürt man häufig leichte Erdstöße. Obwohl nur der Osten und insbesondere der Nordosten Afghanistans – mit Ausläufern bis in die Gegend von Maymana und nördlich von Bamyan – als erdbebengefährdet gelten, muß man auch in anderen Landesteilen, namentlich entlang der Hauptverwerfungszonen, in größeren Abständen mit Beben rechnen (Karte 2). Daß selbst im bebenreichen Badakhshan kaum Katastrophen hervorgerufen werden, ist der dort geringen Bevölkerungszahl und -dichte zu verdanken.

Wie schon aus einer geologischen Übersichtskarte von Afghanistan (z. B. bei WOLFART & WITTEKINDT 1980) hervorgeht, sind viele der intramontanen

Becken, aber auch frühere Vortiefen am Westrand des Hindukusch sowie das Sistan-Becken von neogenen, d. h. jungtertiären Ablagerungen erfüllt. Dabei handelt es sich um den z. T. fein aufgearbeiteten Erosionsschutt der aufsteigenden Gebirge und Hochländer. RATHJENS (1957a) hat gezeigt, daß dabei ein älteres tertiäres Flachrelief, das in Resten noch vorhanden ist, gehoben und zerschnitten wurde. Die Verschüttung von Becken und Tälern war im Neogen so stark, daß zahlreiche Flüsse bei erneuter Tiefenerosion ihren alten Lauf nicht wiederfanden, sondern schluchtartige Engtäler neben oder abseits des verschütteten früheren Tals einschnitten. Entlang mancher Flüsse folgen deshalb weite, ausgeräumte Talabschnitte und Schluchtstrecken aufeinander, wobei letztere neben verschütteten vor-neogenen Talstücken verlaufen. Beispiele für solche epigenetische Durchbruchstäler sind die Schluchtstrecke des Kabulflusses zwischen Kabul und Sarobi (Tang-i-Gharu), südlich welcher die verschüttete alte Tiefenlinie unter dem heutigen Latabandpaß verläuft, und das Panjshertal zwischen Nijrab und Sarobi (Karte 23), das im Miozän in einer breiten Talung weiter östlich verlief (MENNESSIER 1963). Auch kleinräumig sind solche Engtalstrecken verbreitet, die dem modernen Straßenbau große Schwierigkeiten bereiten und vom früheren Karawanenverkehr umgangen wurden.

In den weitgespannten Sedimentbecken südlich, westlich und nördlich des zentralafghanischen Hochlandes herrscht meist der *Reliefformenschatz der Wüste*. Gegen das Beckeninnere hin werden die Sedimente immer feiner. Dies gilt namentlich für das Gebiet der Endseen von Sistan und für die zahlreichen, mit Salzton erfüllten flachen Pfannen *(kewir, kawir; takyr)*, deren Oberfläche meist hart ist, nach den seltenen Regenfällen aber tiefgründig aufweicht und unpassierbar wird. An einigen Stellen konnten sich dank hoher Verdunstung und Salzkonzentration Salzseen oder -sümpfe mit abbaubaren Salzkrusten bilden, die *namaksar* westlich von Herat, südlich von Andkhoy und nordwestlich von Tashqurghan. Große Teile der Wüstenbecken sind von Sanden erfüllt. Dazu zählen Registan („Sandland"), das riesige Gebiet vom unteren Arghandab und mittleren Helmand südwärts bis zur pakistanischen Grenze, sowie der Südwestrand der Dasht-i-Margo zwischen Helmand und Khash Rod. Auch in der Baktrischen Ebene gibt es größere Sandfelder entlang des Amu Darya unterhalb von Imam Sahib sowie bei Andkhoy. Vor allem in Registan, aber auch in der Dasht-i-Margo bilden die Flugsande Dünen, teils große Sicheldünen (Barchane), teils langgestreckte Walldünen. In einigen Teilen Registans tritt der tonige Untergrund in Deflationswannen zwischen den Dünen zutage, wo sich nach den seltenen Regenfällen vorübergehend kleine seichte Seen bilden *(nawar)*. Die Flugsande Registans und der südwestlichen Dasht-i-Margo sind vermutlich Produkte der Windauswehung in Sistan und namentlich im Gaud-i-Zirreh-Becken, wo die Deflation überaus wirksam ist.

2.1 Das Relief

Auf den Fußflächen am Rande von Gebirgen, intramontanen Becken und weiten Tälern wird kaum sortierter, mehr oder minder grober Schutt abgelagert. Gegen das Gebirgsvorland bzw. gegen das Beckeninnere oder die Tiefenlinie der meist trockenen Täler hin nehmen die Korngrößen dieser Sedimente ab: Auf den Grobschutt (Fanglomerat) folgen immer schwächer geneigte Flächen feinen Schuttes und schließlich, im Falle abflußloser Becken, die Salztonebenen. Die weiten schutt- oder schotterbedeckten Flächen werden *dasht* genannt. Sie bilden ein weitverbreitetes Landschaftselement.

In den eigentlichen *Hochgebirgen*, nämlich im Hindukusch (bis 7492 m), Koh-i-Baba (5143 m), Spin Ghar (4790 m) und Koh-i-Hissar (4555 m), im Darwaz-Gebirge Nordbadakhshans (5326 m) und im Pamir (6320 m) herrschen andere Formungsvorgänge und Reliefformen als in den niedrigeren Wüstengebirgen. Sie zeigen in der Höhe die typischen Merkmale des Hochgebirgsreliefs. Bedingt durch die mit der Höhe abnehmenden Temperaturen spielen Frostwechsel, Schnee und Gletscher eine bestimmende Rolle. Oberhalb etwa 3300–3400 m ü. M. sind die Frostverwitterung und die durch Frostwechsel bedingte Solifluktion (Bodenfließen) verbreitet (RATHJENS 1965). Letztere prägt vor allem die sonnenexponierten Hänge, die oft als Glatthänge ausgebildet sind. Dagegen wurden die Nordhänge oberhalb etwa 4000 m durch Wand- oder Kargletscher versteilt, und eine wirksamere Frostverwitterung ließ hier oft mächtige Schutthalden entstehen.

Die eiszeitlichen Gletscher haben in allen genannten Hochgebirgen zumindest nordseitig charakteristische Glazialformen hinterlassen: Kare mit steilen Rückwänden, überschliffene Karböden mit zahlreichen Karseen und -schwellen; Trogtäler, die freilich nur in widerständigen Gesteinen erhalten und zudem oft verschüttet sind; Reste von Moränen und schließlich Blockströme und Blockgletscher (GRÖTZBACH 1965b). Es handelt sich dabei durchweg um Spuren einer jüngsten Vereisung, die der Würmeiszeit in den Alpen entspricht, oder späterer Gletscherstände. Eindeutige Relikte einer älteren Vereisung konnten bisher nicht nachgewiesen werden; dies wäre wohl nur möglich, wenn es sich um eine Vorlandvergletscherung gehandelt hätte. In Hindukusch und Koh-i-Baba lag die jungeiszeitliche klimatische Schneegrenze rund 1000 m unter der heutigen (GRÖTZBACH & RATHJENS 1969). Somit konnte keiner der Hindukuschgletscher den Gebirgsrand erreichen. Auch in den großen Tälern sind Moränen selten zu finden, da sie inzwischen starker Erosion unterlagen. Dagegen blieben auf der kurzen Nordabdachung des Koh-i-Baba deutliche Endmoränenwälle erhalten. – (Zur heutigen Vergletscherung und Schneegrenze s. S. 42f.)

Eigene Reliefformen zeigt der *Karst*, der an das Vorkommen kalkiger Gesteine gebunden ist. Insbesondere kreidezeitliche bis alttertiäre Kalke haben im nördlichen Hochland von Zentralafghanistan weite Verbreitung. Oft viele hundert Meter mächtig, bilden sie vom mittleren Murghab südlich des Band-i-Turkistan bis jenseits des Surkhab im Osten weite Plateaus oder Bergländer. Die Durchlässigkeit des klüftereichen Kalkes hat vermutlich die Grundzüge des vor-neogenen Altreliefs in diesem Gebiet weitgehend konserviert, dessen Hochflächen im Süden zwischen 2500 und 3500 m ü. M. liegen. In die weitläufigen Kalkplateaus haben sich die Flüsse wie Murghab, Balkhab, Samangan und Ajar/Kahmard mit schluchtartigen jungen Tälern eingeschnitten. Die Karsthochflächen sind weitgehend wasserlos. Das Wasser tritt in zahlreichen kleinen und großen Quellen an stauenden Schichten tief unten zutage, so daß die Plateauflächen hauptsächlich wegen Wassermangels, weniger wegen ihrer hohen Lage unbesiedelt und weitgehend ungenutzt sind. Ältere, vorwiegend permische Kalke stehen im Süden des zentralafghanischen Hochlandes zwischen Tirin, Musa Qala, Kajran und Gizab am Helmand zusammenhängend an, treten dort aber weniger als Plateaubildner auf. Über die Ausprägung und Verbreitung des Karstformenschatzes ist im einzelnen noch wenig bekannt.

Ein geomorphologisches Element von besonderer agrargeographischer Bedeutung ist der *Löß*. Obwohl in Afghanistan weit verbreitet, fehlt bislang eine vollständige Übersicht über seine Vorkommen. Das größte zusammenhängende Lößgebiet erstreckt sich entlang der Nordabdachung von zentralem Hochland und Hindukusch von Gulran bis ins nordwestliche Badakhshan; von hier setzt es sich am Rande der pamirischen Gebirge in Tadschikistan und Usbekistan weiter nach Norden fort.

Während die Flußterrassen der Täler Nordafghanistans von Schwemmlöß bedeckt sind, werden die Hänge hoch hinauf von äolischem Löß verhüllt, der stellenweise, namentlich im Lößbergland von Qataghan und Westbadakhshan, Mächtigkeiten von über 50 m erreichen kann. Die Tatsache, daß hier die südexponierten Hänge oft lößfrei sind, läßt darauf schließen, daß der Löß von Norden angeweht worden ist. Nach PIAS (1976) geschah dies in vier Phasen seit etwa 35 000 Jahren. Die Umlagerung dieses Feinsediments geht jedoch noch heute weiter, zumindest in Nordostafghanistan; hier ist nach den häufigen Staubstürmen die Luft tagelang bis hoch hinauf von Löß erfüllt, der sich nur allmählich absetzt. Entlang dem Südrand des zentralafghanischen Hochlandes ist Löß inselhaft verbreitet, z. B. von Zamin Dawar bis ins Tarnaktal, doch beträgt seine Mächtigkeit hier nur maximal 8–9 m (LANG 1971). Im übrigen enthalten auch zahlreiche intramontane Becken und die breiten Hochtäler Ostafghanistans, ja selbst einige Täler des Hindukusch und die Hochflächen bei Band-i-Amir Lößdecken, die aber nur geringe Mächtigkeit haben. Im Kabul-Panjsher-Becken nimmt meist abgeschwemmter Löß den Tal- oder Beckenboden und Terrassenflächen ein, während die steileren Hänge lößfrei sind.

Lößgebiete unterliegen freilich auch besonders starker Bodenerosion, zumal dort, wo der Niederschlag vorzugsweise in Form von Starkregen fällt, die

2.2 Das Klima

eine intensive Abspülung hervorrufen (s. S. 30f.). Dort sind sowohl Fluglößhänge, z. B. im Lößbergland Westbadakhshans, als auch Schwemmlößdecken, z. B. bei Khanabad und westlich von Kabul, oft von tiefen Erosionsschluchten durchsetzt. Verstärkt wird die Bodenerosion durch die Abholzung der Wald- und Strauchvegetation. In Paktya haben der übermäßige Holzeinschlag und namentlich die Rodung von Wurzelstöcken die Hangabtragung derart intensiviert, daß große Gebiete kaum mehr agrarisch nutzbar sein dürften (RATHJENS 1974a). Durch Starkregen hervorgerufene Hochwässer können in sonst trockenen Fluß- und Bachbetten verheerende Muren auslösen, die als *sel* oder *selau (selab)* bezeichnet werden.

2.2 Das Klima

Das Klima Afghanistans wird durch die Lage des Landes im altweltlichen Trockengürtel bestimmt und durch Meerferne und Reliefgestalt abgewandelt. Die Niederschlagsperiode im Winter und Frühjahr kennzeichnet es als eine aride Variante des Mittelmeerklimas, dessen Einfluß, freilich stark abgeschwächt, sich bis in den Westhimalaya fortsetzt. Lediglich ein schmaler Saum entlang der pakistanischen Grenze in Ostafghanistan empfängt regelmäßig Sommerregen, gehört also zum nordwestlichen Randbereich des vorderindischen Sommermonsuns und seiner tropischen Luftmassen (SIVALL 1977; RYCKE & BALLAND 1986). Ein weiteres Merkmal ist die Kontinentalität des Klimas als Folge der Binnenlage und der Abschirmung durch Gebirge gegen den Indischen Ozean hin.

Im folgenden sei eine kurze Analyse der wichtigsten Klimaelemente versucht, wobei deren Bedeutung für menschliche Wirtschaft und Siedlung im Vordergrund steht. Die Darstellung stützt sich auf die Daten des seit 1959 funktionierenden Meteorologischen Dienstes von Afghanistan, der mit sowjetrussischer und französischer Hilfe aufgebaut wurde und 1978 über etwa 70 Meßstationen verfügte. (Seitdem mußten zahlreiche Stationen infolge der Kriegswirren ihre Tätigkeit einstellen.) Für die ältesten neun dieser Stationen lagen bis 1979 Meßreihen aus 21 Jahren vor, für zehn weitere Stationen solche aus 15–20 Jahren, so daß zumindest für diese 19 Stationen klimatologisch zuverlässige Mittelwerte gewonnen werden konnten. Sie werden ergänzt durch frühere systematische Messungen namentlich in Kabul, die H. E. IVEN (1933) und STENZ (1957) ausgewertet haben.

2.2.1 Die Niederschläge

Wichtigstes Klimaelement in einem ariden Land wie Afghanistan sind die Niederschläge, stellen sie doch nach Menge, Zuverlässigkeit und zeitlicher Verteilung den Minimumfaktor für die Landwirtschaft weiter Gebiete dar.

24 2 Natürliche Grundlagen und Ressourcen

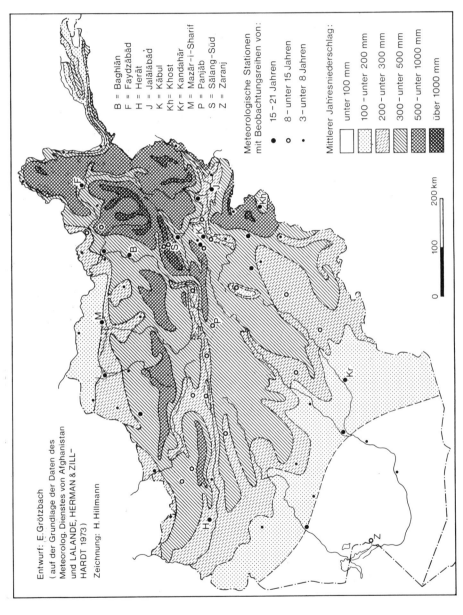

Karte 3: Verteilung der mittleren Jahresniederschläge.

2.2 Das Klima

Rund 60 % aller meteorologischen Stationen erhalten 200–400 mm pro Jahr, so daß man Niederschlagsmengen dieser Größenordnung als charakteristisch für Afghanistan bezeichnen kann. Dabei ist freilich einzuschränken, daß die meisten Stationen in Tälern oder Becken liegen und daher geringere Niederschläge empfangen als das höhere Gelände in ihrer Umgebung. Ihre Meßwerte sind deshalb nur für Tal- oder Beckenlagen, nicht aber für Hang- oder Berglagen repräsentativ (RATHJENS 1975).

Die *räumliche Verteilung* der Niederschlagsmittel (Karte 3) läßt eine deutliche Differenzierung erkennen, die durch das Relief und seine Luv- und Lee-Effekte hervorgerufen wird. Generell empfängt der südliche Teil Afghanistans weniger Niederschlag als der Norden und insbesondere der Nordosten. Die beiden oberhalb 3000 m gelegenen Stationen am Salangpaß nördlich von Kabul verzeichneten mit jeweils knapp über 1000 mm die höchsten Niederschlagssummen. FLOHN (1969) rechnet sogar mit 1500–2000 mm in den Hochlagen des Hindukusch. Hohe Niederschläge fallen auch im Darwaz-Gebirge Nordbadakhshans sowie im Bergland von Khost und am Spin Ghar an der pakistanischen Grenze. Gegen Westen nehmen die Niederschläge im zentralen Hochland generell ab, erreichen aber am Band-i-Turkistan und Paropamisos noch über 600 mm (LALANDE u. a. 1973/74).

Relativ feucht sind die Nordwestflanke des Hindukusch und die Nordabdachung des zentralafghanischen Hochlandes gegen die Baktrische Ebene hin. Khwahan am Amu Darya, Faydzabad und Taluqan erhalten jeweils um 500 mm, obwohl sie in Tälern bzw. Becken und damit geländeklimatisch geschützt liegen. Die benachbarten Lößberge und der Rand des Hindukusch dürften deshalb noch mehr empfangen, vermutlich um 800 mm. Diese Zone erhöhter Niederschläge, die z. T. üppige Steppenvegetation trägt und sicheren Regenfeldbau ermöglicht, erstreckt sich von Westbadakhshan entlang dem Hindukusch und der Nordabdachung des zentralen Hochlandes folgend weit nach Westen. Kunduz (316 mm), Maymana (356 mm) und Qala-i-Nau (357 mm) bezeichnen in etwa ihre Nordgrenze.

Auch große Teile des Hochlandes von Zentralafghanistan erhalten Niederschlagsmengen, die für einen – allerdings weniger ergiebigen – Regenfeldbau ausreichen, und ähnliches gilt für einige Gebiete des Berglandes von Paktya. Lediglich in den abgeschirmten Tälern und Becken, wie am Hari Rod bei Chaghcharan (193 mm), im Tal von Bamyan (151 mm), in der Dasht-i-Nawar (Okak: 192 mm), aber auch in Nangarhar (Jalalabad: 215 mm) sind die Niederschläge deutlich geringer, so daß man hier von Trockenheitsinseln sprechen kann. Das gilt nicht für das Kabul-Panjsher-Becken, wo Kabul selbst zwar nur 310 mm registriert, der Gebirgsrand nördlich und westlich davon aber feuchter ist: Jabal-us-Saraj erhält 474, Karez-i-Mir 405, Paghman 409 mm pro Jahr.

Im grenznahen Nordafghanistan und im Südwesten des Landes fallen die

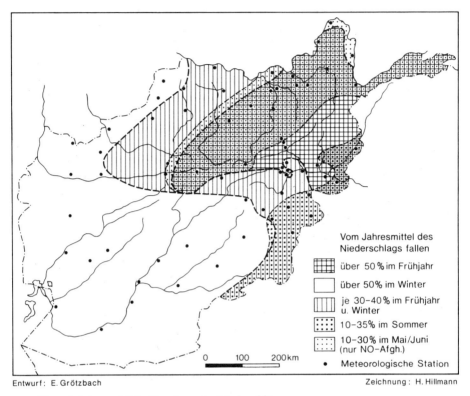

Karte 4: Jahreszeitliche Verteilung der Niederschläge.

geringsten Niederschläge. In der Baktrischen Ebene sinken sie über nur kurze Distanz von 201 mm in Mazar-i-Sharif auf etwa 111 mm in Shor Tapa am Amu Darya. Auf dessen rechtem Ufer verzeichnet die sowjetische Station Termez 128 mm; hier schließt gegen Nordwesten hin die Wüste Kara Kum an. Noch niedriger sind die Niederschlagswerte in Südwestafghanistan. Verzeichnen Farah, Bakwa und Lashkargah jeweils nur 100–105 mm, so sinken die Niederschläge zum unteren Helmand noch weiter ab: Darweshan meldete 85, Deshu 46 und Zaranj in Sistan 58 mm, Zabul in Iranisch Sistan 54 mm. Auch wenn diesen Angaben z. T. nur kurze Beobachtungsreihen (ab 3 Jahren) zugrunde liegen, wird daraus doch die extreme Aridität Südwestafghanistans deutlich, die sich nach Pakistanisch- und Iranisch-Belutschistan und bis Zentraliran fortsetzt.

Auch die *zeitliche Verteilung* der Niederschläge bzw. ihrer Maxima unterliegt einer deutlichen räumlichen Differenzierung (Karte 4 und Figur 1). In Süd- und Westafghanistan und in der südlichen Hälfte des zentralafghani-

2.2 Das Klima

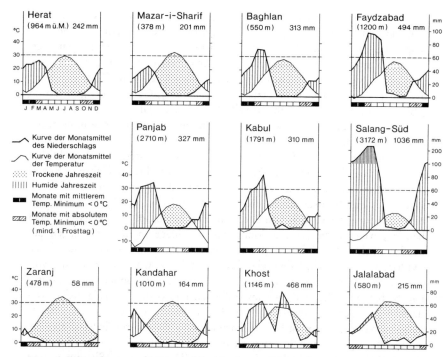

Figur 1: *Klimadiagramme ausgewählter Stationen* (Entwurf: E. GRÖTZBACH, Zeichnung: H. HILLMANN).

schen Hochlandes fällt das Gros der Niederschläge, und zwar bis zu drei Viertel der Jahressummen, in den Wintermonaten Dezember bis Februar; die Maxima werden meist im Januar verzeichnet. Im Nordosten des Landes hingegen ist das Frühjahr mit den Monaten März, April, Mai die niederschlagsreichste Jahreszeit, auf die bis zu zwei Drittel der Jahresmengen entfallen. Hier werden die höchsten Monatsmittel im März (vor allem in Qataghan und Badakhshan) oder im April (im Gebiet von Kabul–Jalalabad) gemessen, doch sind die Unterschiede zwischen diesen beiden Monaten meist sehr gering. Alle Stationen Nordostafghanistans nördlich des Hindukusch sowie im nordöstlichen Hochland empfangen noch im Mai bedeutende Niederschläge. Sie machen in Bamyan und Ishkashim je etwa 25 % der Jahresmittel aus, in Faydzabad 18 %, in Baghlan, Kunduz, Taluqan und Imam Sahib sowie in Chaghcharan, Lal und Ghelmin (Ghor) 10–13 %. Diese späten Frühjahrsniederschläge bilden eine wichtige Grundlage für den großflächigen Regenfeldbau.

Zwischen den Gebieten maximalen Niederschlags im Winter bzw. im Frühjahr liegt ein Übergangsraum mit ausgeglichenen Niederschlagssummen in beiden Jahreszeiten. Er erreicht im Kabul-Panjsher-Becken sowie im Gebiet Mazar-i-Sharif – Chaghcharan seine größte Breite. Östlich davon, entlang der pakistanischen Grenze von Nuristan bis südöstlich von Qalat, werden die Winter- und Frühjahrsniederschläge durch monsunale Sommerregen überlagert. Sie liefern in Khost 35% des Jahresmittels (vgl. Figur 1), in den Stationen Asmar (Konar), Ghaziabad (Nangarhar), Gardez, Kotgay, Urgun (Paktya) und Sardeh (Ghazni) jeweils 10–17%. In Jalalabad und Laghman scheint die schützende Beckenlage einen höheren Anteil der Sommerregen (7%) zu verhindern.

Die *Reichweite der Monsunniederschläge* nach Westen ist eine vieldiskutierte, bislang aber noch nicht befriedigend geklärte Frage. Während RATHJENS (1974a) annimmt, daß die flache Monsunströmung nirgends den Hauptkamm des Hindukusch überschreitet, rechnet SIVALL (1977) das ganze Gebirge zu den gelegentlich von Monsunregen beeinflußten Gebieten. Recht häufige, wenn auch geringe Sommerniederschläge in den Hochlagen des nordwestlichen Hindukusch (GRÖTZBACH 1972a) dürften nicht nur durch Zyklonen der Westwindzone oder durch gesteigerte Konvektion auf der Vorderseite von Höhentrögen (FLOHN 1969) bedingt sein, sondern auch monsunal. Selbst einige Talstationen im südlichen und östlichen Badakhshan verdanken ihre Sommerregen teilweise dem Monsun, wie das untenstehende Beispiel nahelegt, namentlich Ishkashim (6% des Jahresniederschlags im Sommer). Dagegen sind die schwachen, aber ziemlich regelmäßigen Sommerniederschläge im nördlichen Badakhshan (Darwaz 5%, Sheghnan und Khwahan 3%) mit Sicherheit außermonsunal verursacht, da dieses Gebiet weitab vom Hindukusch liegt.

Monsunale Luftmassen können über den Raum Ghazni und durch die Täler von Logar und Maydan weit nach Westen auf das Hochland von Zentralafghanistan vordringen. Die Stationen Gardez, Muqur, Ghazni und Okak (Dasht-i-Nawar) empfangen immerhin 8–10% der jeweiligen Jahresniederschläge im Sommer, Logar und Paghman unweit Kabul 6%, Bamyan 5%, die Hauptstadt selbst nur 3%. In der Regel treten die ersten Monsunschauer im Laufe des Juni oder in der ersten Julihälfte auf (SIVALL 1977).

Daß einzelne Monsunvorstöße bis weit nach Westen wirksam sind, ohne die Mittelwerte nennenswert zu beeinflussen, konnte wiederholt beobachtet werden. Dies geschah z. B. vom 5. bis 7. Juli 1978, als Starkregen um Kabul, in Maydan und Ghorband die Straßen nach Bamyan zerstörten. Das Niederschlagsgebiet erstreckte sich über Bamyan und Panjab (Tagessummen unter 1 mm) bis ins oberste Flußgebiet des Hari Rod (Lal: 2 mm). In den Hochlagen fielen dort weit stärkere Niederschläge, als in den genannten Stationen gemessen wurden; dies zeigten die kräftigen Hochwasserwellen von Hari Rod, Surkhab und Helmand an. Zur gleichen Zeit wurden die höchsten Tagessummen mit 64–68 mm bei Khost (Omna), bei Ghazni (Sardeh) und in Paghman bei Kabul gemessen; im südlichen Hazarajat meldeten Malistan 51 mm, Raqol (Beh-

2.2 Das Klima

sud) 36 mm, Shahristan 15 mm. In Kabul fielen 28 mm, am Salangpaß hingegen nur wenige Millimeter. Auffallend waren die gleichzeitigen Niederschläge in Teilen von Badakhshan: in Jurm, Kishem, Ishkashim und Khandud im Wakhan. Sie deuten auf einen Vorstoß des Monsuns über den Hindukusch nach Norden hin.

Ein anderer, insbesondere für die landwirtschaftliche Nutzung wichtiger Aspekt liegt in der *Variabilität der Niederschläge*, d. h. der Schwankungsbreite der Jahresmengen über einen längeren Zeitraum. Wie in allen Trockengebieten unterliegen auch in Afghanistan die Jahresniederschläge großen Schwankungen, was durch die Mittelwerte verschleiert wird. Trockenjahre, die zu folgenschweren Dürren führen, und Feuchtjahre können unmittelbar aufeinanderfolgen wie 1970/1971 bzw. 1972 (vgl. RATHJENS 1975).

Wie Tabelle 2 zeigt, hatten neun Stationen ihr Niederschlagsmaximum 1972, sechs 1976, fünf 1969, drei weitere 1965, doch war keines dieser Jahre für alle Teile des Landes ein Feuchtjahr. 1965 verzeichneten nur Stationen in Ostafghanistan, 1969 solche in Nord- und Nordostafghanistan, 1972 und 1976 lediglich Stationen außerhalb dieses Gebietes ihr Maximum. Die Minima konzentrierten sich viel ausgeprägter auf zwei Jahre, nämlich auf 1970 (zwölf Stationen) und 1971 (elf Stationen), und ließen keine deutlichen Unterschiede in der Verbreitung der Dürre erkennen. 1973 meldeten nur drei Stationen in Südwestafghanistan ihr Minimum. Dürren scheinen demnach zeitlich konzentrierter und räumlich umfassender aufzutreten als die hohen Niederschläge der Feuchtjahre.

Die Niederschlagsvariabilität zeigt, abgesehen von solchen außergewöhnlichen Schwankungen, auch reguläre Unterschiede. Sie kann auf verschiedene Weise ermittelt werden: als mittlere Abweichung der Jahressummen vom langjährigen Mittelwert des Niederschlags (V_2 in Tabelle 2) oder als das Verhältnis zwischen der jeweils höchsten und der niedrigsten Jahresniederschlagssumme (V_1 in Tabelle 2) einer Station. Letzteres kann allerdings durch einzelne exzeptionell trockene oder feuchte Jahre verzerrt werden, wie z. B. in Bamyan. Fast alle Stationen in Nord-, Nordost- und Zentralafghanistan verzeichnen niedrige Werte ($V_1 < 3$), also eine relativ geringe Schwankungsbreite der Jahresniederschläge. Sie ist in Südwest-, Süd- und Ostafghanistan und im westlichen zentralen Hochland deutlich höher ($V_1 \geq 4$) und erreicht im Wüstengebiet des Südwestens (Zaranj und Farah) ihr Maximum. Während Kabul und seine nächste Nachbarschaft (Karez-i-Mir, Paghman) eine geringe Variabilität zeigen, ist sie 65 km weiter nördlich, in Jabal-us-Saraj am Südfuß des Hindukusch, erstaunlich hoch. Die Werte für V_2 verhalten sich zu jenen für V_1 überwiegend proportional: Im Norden und in der Mitte des Landes sind sie zumeist niedrig (bis 21%), im gesamten Süden und in Jalalabad hingegegen hoch (32–65%).

Einen weiteren unterscheidenden Faktor bilden die *Häufigkeit, Art und Ergiebigkeit der Niederschläge*. Die Häufigkeit ist ablesbar aus der durchschnittlichen Zahl der Niederschlagstage pro Jahr (Tabelle 2). Sie streuen zwischen 10 und 122, wobei sie sich ungefähr proportional zum jeweiligen Niederschlagsmittel verhalten: Die Stationen im vollariden Südwestafghanistan melden lediglich 10–20, jene im Nordosten, um Kabul, in Paktya sowie ein Teil der Stationen im zentralen Hochland 60 und mehr Niederschlagstage.

Da die Niederschlagsperiode auch den Winter umfaßt, fällt in den meisten Stationen ein Teil des Niederschlags als Schnee. Die höchsten Anteile an Schneetagen verzeichnen verständlicherweise die hochgelegenen Stationen am Salangpaß und in Zentralafghanistan, und zwar mit 56–83 % aller jeweiligen Niederschlagstage. 13 weitere Stationen in Tabelle 2 erhalten an 25–50 % der Niederschlagstage Schnee: im Hochland, in Hochbecken Ostafghanistans und in höheren Lagen im Norden des Landes. Im wintermilden Khost gibt es im Durchschnitt nur einen, in Jalalabad und Laghman überhaupt keinen Tag mit Schneefall. Letzteres gilt ebenso für Süd- und Südwestafghanistan. Die regelmäßige Bildung einer Schneedecke ist demnach vor allem im Norden und Nordosten, in den Hochländern des Ostens und der Mitte des Landes zu erwarten. Sie hat insbesondere für den Regenfeldbau größte Bedeutung, durchfeuchtet doch der schmelzende Schnee den Boden sehr intensiv, namentlich auf Schatthängen. Die mächtigsten Schneedecken sind, wie zu erwarten, am Salangpaß gemessen worden, nämlich 4,55 m, sodann im zentralen Hochland, am Rande des Kabul-Panjsher-Beckens und in Gardez und Ghazni (60–90 cm). Auffallend gering hingegen ist die Schneedecke in Nordafghanistan entwickelt (maximal meist 15–25 cm).

Die Ergiebigkeit oder Intensität der Niederschläge ist namentlich im Hinblick auf deren geomorphologische und agrarische Wirksamkeit wichtig. Sie kann jedoch nur mittelbar erfaßt werden: durch die für jede Station monatlich ausgewiesene größte Tagessumme (Niederschlag in 24 Stunden) und durch die Berechnung der durchschnittlichen Niederschlagsmenge pro Niederschlagstag (Tabelle 2). Wie bereits RATHJENS (1978b) gezeigt hat, treten die höchsten Tagessummen und damit die ergiebigsten Niederschläge in ausgeprägten Luvlagen am Fuß von Gebirgen sowie im Wüstengebiet Südafghanistans auf. Die höchste in Afghanistan gemessene Tagessumme meldete Jabal-us-Saraj (101 mm), gefolgt von Darwaz (96 mm), den Stationen am Salangpaß und Taluqan. Relativ große Tagesmengen (60–80 mm) empfingen auch die übrigen Stationen im Kabul-Panjsher-Becken, Orte im ostafghanischen Monsungebiet (Khost, Laghman, Jalalabad, Asmar), Kishem im Nordosten und Maymana im Norden, im Südwesten lediglich Farah. Das Hauptgebiet hoher Tagessummen und damit von Starkniederschlägen umfaßt demnach die luvseitigen Lagen nahe dem südlichen und dem nordwestlichen Rand des Hindukusch. Das zentrale Hochland erscheint davon weit weniger betroffen. Bei den Werten der Stationen in Südwestafghanistan ist zu beachten, daß sie zwar nicht absolut, jedoch relativ sehr hoch sind: In Farah fiel

2.2 Das Klima 31

1972 fast ein Drittel, in Zaranj 1975 ein Viertel des ganzen Jahresniederschlags an einem einzigen Tag im Januar!

2.2.2 Die Lufttemperaturen

Die mittlere *Jahresschwankung* der Temperatur, d. h. die Differenz zwischen den jeweiligen Mittelwerten des wärmsten und des kältesten Monats, gibt einen wichtigen Hinweis auf die Kontinentalität des Klimas: Je höher diese Schwankung, desto kontinentaler ist das Klima. In Afghanistan streut sie zwischen 20° und 33 °C, ist also z. T. sehr beträchtlich (Tabelle 3). Die höchsten Jahresschwankungen, nämlich 29°–33 °C, verzeichnen die Stationen des zentralen Hochlandes, an erster Stelle Panjab (Figur 1), aber auch tiefgelegene Orte in Nordafghanistan von Sheberghan bis Taluqan und in Sistan (Zaranj). Während das Hochland kontinental geprägt ist, zeigen die Hochlagen des Hindukusch ozeanische Einflüsse: Die beiden Stationen am Salangpaß melden mit nur 20°–21 °C die geringsten Jahresschwankungen.

Beträchtlich sind auch die *Tagesschwankungen* der Lufttemperatur, die für die meisten Stationen nur als Durchschnittszahlen, d. h. aus den Differenzen der Monatsmittel der täglichen Maxima und Minima, ermittelt werden können. Sie erreichen in den strahlungsreichen, wenig bewölkten Landesteilen mit etwa 17°–19 °C für das ganze Jahr die höchsten Werte, namentlich in Südwestafghanistan (Zaranj, Lashkargah) und im zentralen Hochland (Shahrak, Chaghcharan, Panjab). Am geringsten ist die mittlere Tagesschwankung mit 6°–9 °C wiederum am Salangpaß und an dessen Südfuß (Jabal-us-Saraj). Diese täglichen Temperaturschwankungen sind in den Monaten Januar bis März durchweg am niedrigsten, im September oder Oktober am höchsten; dann nämlich herrscht tagsüber noch immer angenehme Wärme, in der Nacht jedoch bereits starke Abkühlung, die in höheren Lagen zu Nachtfrösten führt. Die auffälligste Ausnahme bildet Khost, wo – vermutlich infolge der Monsunbewölkung – im Juli/August die geringsten Schwankungen verzeichnet werden, im November die höchsten.

Den *Jahresgang* der Temperaturen, ausgedrückt in den Monatsmitteln, geben Tabelle 3 und die Klimadiagramme in Figur 1 für ausgewählte Stationen wieder. Wärmster Monat ist fast überall der Juli. Ausnahmen bilden lediglich Jalalabad und Khost, wo das Junimittel geringfügig höher ist als jenes des Juli. Ebenso erreichen die mittleren Tagesmaxima in den grenznahen Stationen Ostafghanistans schon im Juni ihren höchsten Stand und sinken dann im Juli deutlich ab. Auch dies ist eine Folge des Monsuneinbruchs, der mit starker Bewölkung und hoher Luftfeuchte die Tagestemperaturen dämpft, wie im benachbarten Pakistan und in Indien.

Das Mittel der täglichen Maxima übersteigt in einigen Stationen Süd- und

Südwestafghanistans (Zaranj, Farah, Lashkargah) zwei bis drei Monate lang 40 °C, in Jalalabad nur im Juni. Temperaturen über 40 °C werden während des Sommers in den tiefer gelegenen Teilen des Landes allgemein erreicht, auch in Faydzabad, Maymana und Khost. Der Hitzepol Afghanistans liegt im Südwesten: In Zaranj wurden (schon vor 1970) 51 °C gemessen, in Farah 48 °C. Weitere extreme Temperaturen meldeten Jalalabad mit 48,4 °C, Kandahar und Lashkarghah mit 46,5 °C und Mazar-i-Sharif mit 46 °C (HERMAN u. a. 1971).

Die Zahl der „Tropentage", d. h. der Tage mit einem Temperaturmaximum über 30 °C, ist gleichfalls in Zaranj mit 202 am höchsten (Tabelle 3). In den übrigen Stationen Süd- und Südwestafghanistans und in Jalalabad herrschen diese hohen Temperaturen etwa ein halbes Jahr (170–185 Tage), in Nord- und Westafghanistan rund vier Monate (105–143 Tage) lang. Im Gebiet Kabul–Logar–Ghazni–Muqur beträgt die Zahl der Tropentage etwa 60–90. Im Kabul-Panjsher-Becken nimmt sie auf nur 20 km Distanz von der Hauptstadt (82) zum Gebirgsrand bei Paghman (35) sehr beträchtlich ab. Dies ist eine Folge des Höhenunterschiedes von über 300 m, höherer Niederschläge und stärkerer Bewölkung am Gebirgsfuß, denen Paghman seinen Ruf als kühler Sommererholungsort verdankt. Im Hochland von Zentralafghanistan treten meist nur wenige Tropentage auf, in den Stationen am Salangpaß kein einziger.

Kältester Monat ist überall der Januar. In den Stationen oberhalb etwa 1500 m ü. M. liegt das Januarmittel fast stets unter 0 °C. Die tiefsten Monatswerte verzeichnen die Stationen Okak (−15,4 °C) und Panjab (−14,4 °C) im zentralen Hochland. Die höchsten mittleren Januartemperaturen melden Jalalabad (8,1 °C), Laghman (7,4 °C) und Farah (7,1 °C), das extrem sommerheiße Zaranj nur 6,1 °C. Den Kältepol Afghanistans bildet demnach das zentrale Hochland, bedingt durch seine Höhenlage und seine ausgeprägte Kontinentalität, die durch das strahlungsreiche Klima verschärft wird. So beträgt das mittlere tägliche Januar-Minimum in Okak, Panjab und Lal zwischen −25° und −20 °C. Selbst in der recht kurzen Meßperiode bis 1970, auf die sich HERMAN u. a. (1971) stützten, wurden hier extrem tiefe absolute Minima gemessen: in Shahrak −52,2 °C, in Lal −45 °C, in Panjab −42 °C. In Kabul sank das Thermometer bis −25,5 °C, in Kandahar auf −12,1 °C und im wintermilden Jalalabad, wo im Januar durchschnittlich nur fünf Frosttage vorkommen, noch bis −5,5 °C.

Im Hinblick auf die Landwirtschaft sind Zahl und zeitliche Verteilung der „Frosttage", d. h. der Tage mit einem Temperaturminimum unter 0 °C, aussagekräftiger als Temperaturangaben. Wie aus Tabelle 3 hervorgeht, hat man in allen Teilen Afghanistans regelmäßig mit Frosttagen zu rechnen, die freilich in höchst unterschiedlicher Zahl auftreten. Diese ist in den Becken von Jalalabad und Laghman mit 10–21 am geringsten, wobei die Frostgefährdung

2.2 Das Klima

immerhin noch zwei bis drei Monate lang währt. In der Hauptstadt und deren nächster Umgebung steigt ihre Zahl auf 122–144, verteilt auf etwa sechs Monate (Figur 1). Lediglich Jabal-us-Saraj am Südfuß des Hindukusch hat auch im Hinblick auf die Zahl der Frosttage (51 in vier Monaten) relativ kurze Winter. Die nahegelegene sonnseitige Station Salang-Süd verzeichnet deren 180 (in über acht Monaten), Salang-Nord in ausgeprägter Schattlage hingegen 239 (in elf Monaten). Es wird hierin nur von Okak mit 255 Frosttagen übertroffen, wo im Mittel kein einziger Monat des Jahres völlig frostfrei ist. Gleichwohl wird hier, am Rande der Dasht-i-Nawar, noch Regenfeldbau bis fast 3700 m getrieben (JENTSCH 1981). Die übrigen Stationen im zentralen Hochland melden als Mittel 157 (Bamyan) bis 224 (Lal) Frosttage. Die Frostperiode dauert hier sieben bis fast elf Monate. Wenig geringer ist die Zahl der Frosttage in den Hochländern und -becken Ostafghanistans (Logar, Ghazni, Sardeh, Gardez, Urgun, Muqur) mit 136–148, verteilt auf etwa sieben Monate. In Südafghanistan werden immerhin noch etwa 40–50 verzeichnet, so daß selbst Zaranj über vier Monate lang frostgefährdet ist (Figur 1). Die Stationen in Nord- und Westafghanistan melden 50–90 Frosttage in etwa fünf Monaten, Khost 55 in über vier Monaten.

2.2.3 Sonstige Klimaelemente

Die Temperaturen sind außer von der Höhenlage auch von der *Sonneneinstrahlung* (Insolation) abhängig, deren Werte aber nicht für alle Stationen in der Meßreihe bis 1970 vorliegen (vgl. HERMAN u. a. 1971; JENTSCH 1980b). Die längste Sonnenscheindauer pro Jahr (3200 bis fast 3500 Stunden) verzeichneten Süd- und Südwestafghanistan sowie Ghazni, Gardez und Bamyan, die in strahlungsreichen Hochbecken oder -tälern liegen. Relativ gering ist die Insolation hingegen in Nord- und Nordostafghanistan (2500–2800 Stunden), wo sie durch besonders häufige Sichttrübung infolge Staubstürmen beeinträchtigt wird. Die Sonnenscheindauer kann freilich durch das Relief in der Umgebung einer Station und durch deren Exposition stark beeinflußt werden, wie im Fall der Stationen Salang-Nord und -Süd (2218 bzw. 2755 Stunden pro Jahr).

In engem Zusammenhang damit steht der *Bewölkungsgrad*. Am häufigsten sind Tage mit starker Bewölkung in Nordostafghanistan, was durch die Stauwirkung des Hindukusch und des Darwaz-Gebirges bedingt sein dürfte, sowie am Salangpaß. In Süd- und Südwestafghanistan hingegen sind solche Tage relativ selten. Starke Bewölkung herrscht während des Sommers im Einflußbereich des Monsuns in Ostafghanistan, namentlich in Nuristan. Hier bildet sich im Sommer fast täglich ein Wolkenniveau heraus, das die Gipfel verhüllt.

Ein weiteres wichtiges Klimaelement bildet die relative *Luftfeuchte*. Wie für die ariden Gebiete der Subtropen charakteristisch, verzeichnet auch Afghanistan geringe Luftfeuchtewerte, namentlich im Sommer. Über dem größten Teil des Landes liegt dann eine trockene Hitze, die sich physiologisch relativ gut ertragen läßt. Nach HERMAN u. a. (1971) sind die Monatsmittel der relativen Luftfeuchte in Kandahar (mit 20% im Spätsommer!) und in Jabal-us-Saraj (24%) am niedrigsten. In der letztgenannten Station dürfte dies durch die häufigen föhnartigen Fallwinde vom Hindukusch bedingt sein. Auch die nahe, aber mehr als 1500 m höher gelegene Station Salang-Süd meldet eine geringe relative Luftfeuchte im Gegensatz zu Salang-Nord. Verhältnismäßig hohe Luftfeuchtewerte werden in Zentralafghanistan und in einigen Stationen Nordostafghanistans registriert.

Die Stationen im Bereich des Sommermonsuns zeigen einen sehr spezifischen monatlichen Gang der Luftfeuchte mit dem Minimum im Juni, wie er ähnlich aus Vorderindien bekannt ist. Das Vordringen des Monsuns läßt die relativen Feuchtwerte vom Juni zum Juli um rund ein Drittel ansteigen, und sie bleiben auch im August und September hoch. In dieser Zeit erhöhter sommerlicher Luftfeuchte herrscht in Jalalabad und Laghman oft drückende Schwüle, ohne daß nennenswerte Niederschläge fallen. Entsprechendes gilt für den Südosthindukusch mit Nuristan. Dagegen sind im größeren Teil des Landes Juli, August und September die Monate mit der größten Lufttrockenheit.

Schließlich bleiben die *Winde* zu erwähnen, die regional und jahreszeitlich recht unterschiedlich wehen. Die höchsten Windgeschwindigkeiten sind in Farah (bis 48 m/sec) registriert worden, danach in Ghazni, Herat, Jabal-us-Saraj, Kabul, Kandahar und Salang-Süd mit 30–40 m/sec, was Orkanstärke entspricht (HERMAN u. a. 1971).

Im Falle von Farah und Herat handelt es sich um den „Wind der 120 Tage", der normalerweise von Juni bis September relativ beständig aus nördlicher Richtung weht. Dieses regionale Windsystem in Westafghanistan und Ostiran ist als Ausgleichsströmung zu dem hohen sommerlichen Tiefdruckgebiet über dem Industiefland anzusehen. Daneben gibt es auch lokale Windsysteme wie den Wechsel von Berg- und Talwinden in den Hochgebirgstälern während des Sommers. Ein föhnartiger Fallwind aus nördlicher Richtung weht häufig über die Salangkette des Hindukusch. Er ruft die schon genannten orkanartigen Winde auf der Südseite des Salangpasses und in Jabal-us-Saraj hervor und mindert hier die Zahl der Frosttage. Er bewirkt auch die auffallende südgerichtete Windschur vieler Bäume am Nordrand des Kabul-Panjsher-Beckens.

Höchst unterschiedlich ist die mittlere Häufigkeit von Tagen mit Sand- oder Staubsturm, wovon namentlich die letzteren tagelang die Luft trüben und die Sicht auf einige hundert Meter bis wenige Kilometer beschränken können. Die höchste Zahl (52) meldet Kandahar, doch dürfte sie durch die Nähe der meteorologischen Station am Flughafen zu den Sanddünenfeldern der Wüste Registan beeinflußt sein. Im größten Teil des Landes hat man zumeist mit 20–40 solcher Tage pro Jahr zu rechnen, wobei es sich im Süden und Westen vornehmlich um Sandstürme, im Norden und Osten um Staubstürme handelt. Geringer ist ihre Zahl im Kabul-Panjsher-Becken, am geringsten im zentralen Hochland, wo solche Stürme nur vereinzelt auftreten.

2.2.4 Klimageographische Gliederung

Daß Afghanistan schon auf Grund seines Reliefs in Gebiete unterschiedlicher Temperaturen gegliedert ist, geht aus volkstümlichen Bezeichnungen hervor. So nennen die Nomaden jene Hochländer und Gebirge, wo ihre Sommerweiden liegen, *sardsir* („kaltes Land"), die tiefgelegenen Winterweidegebiete Süd- und Westafghanistans *garmsir* („warmes Land"). Obwohl inzwischen eine Fülle meteorologischer Meßdaten vorliegen, fehlt noch immer ein umfassender Versuch zur klimageographischen Regionalisierung des Landes. Einen wichtigen Ansatz hierzu lieferten FRANKENBERG u. a. (1983), die eine solche Gliederung auf der Grundlage von Häufigkeitsanalysen monatlicher Niederschlagsmengen der Jahre 1965–1975 sowie der Zahl humider und arider Monate vornahmen. Unter Berücksichtigung der Vegetation grenzten sie sieben Klimaregionen ab, die sich mit der folgenden vereinfachten Gliederung nur z. T. decken.

Auf Grund der oben genannten Klimaelemente lassen sich folgende Klimagebiete unterscheiden:

1. Ein relativ klar zu definierendes, aber nicht leicht abzugrenzendes Klimagebiet stellt der Einflußbereich des Sommermonsuns in Ostafghanistan dar, von HUMLUM (1959) als „Monsun-Afghanistan" bezeichnet. Ein zweites Niederschlagsmaximum durch monsunale Sommerregen, starke Bewölkung, erhöhte Luftfeuchte und ein spezifischer Temperaturgang im Sommer bilden für Afghanistan außergewöhnliche Merkmale. In diesem Gebiet nimmt das Becken von Jalalabad dank seiner milden Winter eine Sonderstellung ein.

2. Die Stationen am Salangpaß geben das Hochgebirgsklima des Hindukusch außerhalb des unmittelbaren Monsun-Einflußbereiches wieder. Hohe, ergiebige und wenig variable Niederschläge, eine lange Frost- und Frostwechselperiode, eine hohe und lange währende Schneedecke, geringe Jahres- und Tagesschwankungen der Temperatur und starke Bewölkung kennzeichnen vor allem die Hochlagen, nicht die ariden Täler.

3. Im Hochland von Zentralafghanistan wird das Klima durch Höhenlage und Relief bestimmt. Extreme Temperaturschwankungen sind Ausdruck der

Kontinentalität dieses Raumes, wo die tiefsten Wintertemperaturen des ganzen Landes gemessen werden. Die lange Frostperiode, der hohe Anteil des Schneeniederschlages, eine regelmäßig ausgebildete Schneedecke sowie die geringe Menge der Niederschläge sind Faktoren, die Pflanzenwuchs und Anbaumöglichkeiten einengen.

4. Nord- und Nordostafghanistan sind klimatisch weniger eindeutig zu kennzeichnen, da hier recht unterschiedliche Niederschlagsmengen auf nur geringe Entfernung fallen. Verhältnismäßig hohe und zuverlässige Niederschläge am Gebirgsrand, ein ziemlich kontinentaler Temperaturgang, geringe Schneefälle und relativ geringe Insolation infolge häufiger Bewölkung und Staubstürme bilden z. T. scharfe Gegensätze zum Süden des Landes.

5. Süd- und Südwestafghanistan *(garmsir)* verzeichnen die höchsten Sommertemperaturen und die längste Sonnenscheindauer bei sehr geringen, stark variablen Niederschlägen und niedriger Luftfeuchte. Dabei ist dieses Gebiet kontinental geprägt, wie die etwa vier Monate während Frostperiode zeigt, in welcher aber kein Schnee fällt.

6. Das Gebiet von Herat südostwärts, den West- und Südrand des zentralen Hochlandes umfassend, trägt Züge des Überganges zwischen Zentral- und Südafghanistan, ist aber mangels genügender Meßstationen schwer zu fassen. Es unterscheidet sich vom Nordrand des zentralen Hochlandes durch geringere Niederschläge.

7. Auch die Hochflächen und -becken Ostafghanistans außerhalb des engeren Monsunbereiches bilden einen Übergangsraum, wo sich Merkmale des zentralen Hochlandes und Monsun-Afghanistans überlagern. Dies trifft auch für das Kabul-Panjsher-Becken zu, dessen Nordrand bei Jabal-us-Saraj eine gewisse klimatische Gunstlage erkennen läßt.

2.3 Wasservorkommen und hydrologische Verhältnisse

Als arides Land ist Afghanistan in besonderem Maße von seinen Wasservorräten abhängig, was speziell für die Landwirtschaft gilt. Die mit Abstand wichtigsten Wasservorkommen bilden die Flüsse, doch wird in weiten Gebieten West-, Süd- und Ostafghanistans auch Grundwasser genutzt. Dagegen sind Seen wegen des Trockenklimas selten. Die Wasserführung der größeren Hochgebirgsflüsse wird durch die Gletscher des mittleren und östlichen Hindukusch erheblich beeinflußt; deshalb seien im folgenden auch Gletscher und Firn als hydrologische Erscheinungen behandelt.

2.3.1 Flüsse und Seen

Über das Abflußverhalten afghanischer *Flüsse* liegt bereits reichhaltiges Datenmaterial vor, konnte doch im Laufe der letzten drei bis vier Jahrzehnte ein landesweites Netz von Pegelmeßstationen eingerichtet werden. Deren Zahl betrug 1977 schon 167 (RADOJICIC 1977). Leider sind diese Daten nur z. T. publiziert worden, namentlich für das Kabulgebiet durch die frühere deutsche Wasserwirtschaftsgruppe. Eine Darstellung der Abflußverhältnisse auf der Grundlage aller vorhandenen, weit verstreuten Meßdaten fehlt jedoch noch immer, wenn man von dem frühen Versuch von SHULC (1968) absieht. Der folgende Überblick beruht deshalb auf einem lückenhaften und nur z. T. synchronen Zahlenmaterial, das zudem aus unterschiedlichen Quellen stammt. Doch vermag es immerhin eine Vorstellung von Abflußgrößen und -verhalten der wichtigeren Flüsse Afghanistans zu vermitteln.

Anders als z. B. das benachbarte Persien verfügt Afghanistan über große Mengen an Flußwasser. Doch fließt dieses überwiegend Nachbarstaaten zu, im Falle der beiden wasserreichsten Flüsse Amu Darya (Panj) und Konar der Sowjetunion bzw. Pakistan. Auch andere Flüsse, wie Hari Rod, Murghab und Helmand, bewässern große Flächen in der Sowjetunion bzw. in Iran.

Die nach ihren mittleren Abflußmengen größten afghanischen Flüsse – von Amu Darya (2000 cbm/sec bei Kerki/UdSSR) und Konar (373 cbm/sec bei Asmar) abgesehen – sind Helmand und Kokcha mit jeweils etwa 200 cbm/sec, gefolgt von Surkhab und Khanabad, Panjsher, Pech und Laghman. Auch Balkhab, Farah Rod, Murghab, Hari Rod und Arghandab sind wasserreich, unterscheiden sich aber z. T. beträchtlich in ihrem Abflußverhalten (Tabelle 4).

Die Quellgebiete der bedeutenderen Flüsse Afghanistans liegen entweder im Hindukusch oder im Hochland von Zentralafghanistan. Von diesen relativ niederschlagsreichen Räumen verteilen sich die Abflüsse auf drei große Flußeinzugsgebiete. Auf das Kabulgebiet, das zum Indus entwässert, entfallen 43,5 % der mittleren jährlichen Abflußmengen aller afghanischen Flüsse, auf das Amu Darya-Becken (Turan) 32,5 % und auf das Sistanbecken 24 % (RADOJICIC 1977). Während der Indus zum Weltmeer fließt, bilden das Turan- und das Sistanbecken Binnenentwässerungssysteme. In Sistan sammelt sich der größte Teil der Abflüsse im Beckentiefsten und bildet dort Endseen (Hamune). Im weit flacheren Becken von Turan erreichen nur die großen Hochgebirgsflüsse Nordostafghanistans durch den Amu Darya den Aralsee. Die kleineren Flüsse Nordafghanistans werden in sekundären Depressionen durch die Bewässerungswirtschaft aufgezehrt: Hari Rod und Murghab in den Oasen von Tedzhen bzw. Merv (UdSSR), Khulm, Balkhab, Sar-i-Pul und Shirin Tagab in den Oasen am Nordfuß des zentralen Hochlandes noch innerhalb Afghanistans.

Die Flüsse des Landes lassen sich nach ihrem jahreszeitlichen Regime in zwei Typen gliedern:
1. Die vom Hindukusch und vom zentralen Hochland kommenden Flüsse

2 Natürliche Grundlagen und Ressourcen

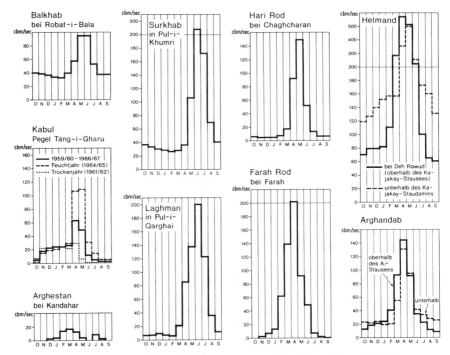

Figur 2: Mittlerer monatlicher Abflußgang ausgewählter Flüsse (Entwurf: E. GRÖTZBACH, Zeichnung: H. HILLMANN).

erreichen ihre Abflußspitzen im späten Frühjahr bis Sommer (Mai–Juli), wobei das Maximum meist im Juni liegt (vgl. Surkhab und Laghman in Figur 2); der Balkhab als Hochlandfluß verzeichnet es im Mai und Juni. Die Hochwässer dieser Flüsse sind hauptsächlich durch die Schneeschmelze bedingt, da die Niederschläge in den Hochlagen überwiegend als Schnee fallen. Bei den Flüssen des mittleren und östlichen Hindukusch ist auch die Gletscherablation während des Sommers daran beteiligt. Die Abflußminima fallen in die Herbst- und Wintermonate (Oktober bis März). Auch sie haben vorwiegend thermische Ursachen: Durch die lange Frostperiode in den Hochlagen wird Wasser in fester Form gebunden. Alle diese Merkmale gelten auch für den Konar, dessen Abflußmaximum allerdings in den Juli verschoben ist.

2. Der zweite Typ des Abflußregimes zeigt eine völlige Abhängigkeit des Abflusses vom Niederschlagsgang mit einem frühen Maximum im März. Die Abhängigkeit ist um so enger, je weniger Niederschlag im jeweiligen Einzugsgebiet als Schnee fällt oder durch Frost gebunden wird. Diesen Typ vertreten z. B. Arghestan und Khash Rod, die während der Niedrigwasserperiode oft

2.3 Hydrologische Verhältnisse

völlig versiegen; so wurde für den Arghestan bei Kandahar in den Monaten September bis November in 13 Jahren überhaupt kein Abfluß registriert. Lediglich im März ist regelmäßig mit Abfluß zu rechnen, der aber minimal sein kann. Auch für andere Flüsse im südlichen und südöstlichen Afghanistan wird in manchen Jahren während des Sommers und Herbstes Abflußlosigkeit gemeldet. So lag der Khash Rod bei Dilaram in den Monaten August bis November zweimal in 15 Jahren trocken.

Die Variabilität der Jahres-Abflußmengen ist, soweit dies die meist kurzen Meßreihen erkennen lassen, sehr unterschiedlich. Die im Hochgebirge und in den höchsten Teilen des Hochlandes entspringenden Flüsse weisen geringe Schwankungen von Jahr zu Jahr auf; hier beträgt das Verhältnis zwischen wasserreichstem und wasserärmstem Jahr jeweils um 2 : 1. Weit größer ist die Variabilität der Flüsse vom Typ 2 im südlichen Afghanistan (Farah Rod, Khash Rod, Arghestan u. a.). Sie führen nicht nur jahreszeitlich, sondern auch von Jahr zu Jahr höchst unterschiedliche Wassermengen und bilden deshalb eine unsichere Grundlage für die Bewässerungslandwirtschaft, sofern ihre schwankenden Abflüsse nicht durch Stauanlagen ausgeglichen werden.

Staubecken sind bisher erst an wenigen afghanischen Flüssen zur Regulierung des Abflusses geschaffen worden, namentlich im Rahmen des Helmand-Arghandab-Bewässerungsprojektes. Durch den größten Staudamm, Kajakay am Helmand, werden die Hochwasserspitzen des Mai und Juni gekappt und die Abflüsse von Juli bis Februar erhöht. Auf diese Weise reduziert sich die mittlere Jahresschwankung unterhalb des Dammes auf weniger als die Hälfte (Figur 2 und Tabelle 4). Der Arghandab-Staudamm wirkt sich im gleichen Sinne aus, doch ist hier der zeitliche Ausgleich wegen des kleineren Stauraumes geringer. Weitere größere Ausgleichsbecken befinden sich am Kabulfluß (Sarobi, Naghlu, Darunta) sowie an der Jilga bei Ghazni (Sardeh). Diese Stauanlagen dienen nicht nur dem Ausgleich des Abflusses, sondern auch oder primär der Elektrizitätserzeugung (Sarobi, Naghlu, Darunta, Kajakay) oder der Speisung von Bewässerungskanälen (Darunta, Sardeh).

Die Schaffung von Staubecken ist auf längere Sicht die wohl wichtigste Wasserbaumaßnahme in Afghanistan, bilden sie doch die Voraussetzung für eine möglichst gleichmäßige und beständige Wasserversorgung der Irrigationslandwirtschaft. Sie unterliegen allerdings einer raschen Sedimentation infolge der starken Schwebstoffführung der Flüsse. So werden dem Kajakay-Staubecken durch den Helmand jährlich etwa 7,7 Mio. t Sedimentfracht zugeführt, wodurch es nach 23 Jahren 12 % seines Stauraumes verloren hat, das Arghandab-Becken nach 24 Jahren sogar 16 % (PERKINS & CULBERTSON 1970; USAID 1976). Das Staubecken Sarobi am Kabulfluß war nur zwei Jahre nach seiner Inbetriebnahme schon zu 37 % verlandet (HOFFMANN 1963).

Afghanistan hat nur wenige beständige *natürliche Seen*. Ihre Verbreitung, Größe und Spiegelschwankungen zeigen regional unterschiedliche Relief-,

Niederschlags- und Abflußverhältnisse an. Nach den Entstehungsbedingungen lassen sich hauptsächlich drei Typen von Seen unterscheiden: Endseen, glaziale Seen und natürliche Stauseen.

Endseen bilden sich im ariden Klima in flachen Becken, wo zwischen Wasserzufluß und Verdunstung im langjährigen Mittel ein Gleichgewicht besteht. Sie sind seicht und verändern ständig ihre Uferlinien, da die zufließenden Wassermengen jahreszeitlich und von Jahr zu Jahr beträchtlich schwanken können. Die größten Endseen Afghanistans liegen im Becken von Sistan, wo sie als Hamune bezeichnet werden. Der Helmand ergießt sich teils in den Hamun-i-Puzak (oder Jehil-i-Puzak), teils in den auf iranischem Gebiet liegenden Hamun-i-Helmand. Der Hamun-i-Saberi nimmt die Hochwässer von Farah Rod und Harut Rod auf. Auch infolge der häufigen Laufverlegungen der Flüsse, namentlich des Helmand, auf den überaus flachen Binnendeltas unterliegen Lage und Größe dieser Seen dauerndem Wechsel. Für den Hamun-i-Puzak, der bei 470 m ü. M. liegt (Bild 14), ermittelte FÖRSTNER (1973) eine Wasserfläche von 380–400 qkm bei nur 2,7 m maximaler Tiefe. In Jahren geringen Zuflusses stark schrumpfend, kann dieser See in Feuchtjahren bis zu 1050 qkm bedecken (IECO 1973). Extreme Hochwässer füllen das zusammenhängende System flacher Becken in Sistan auf und fließen durch das Bett des Rod-i-Shela nach Süden in den Gaud-i-Zirreh. Dieses Wüstenbecken liegt zumeist völlig trocken, weithin bedeckt von Salztonablagerungen. Satellitenbilder zeigen lediglich an der tiefsten Stelle (456 m ü. M.) einen restlichen See; dessen Fläche betrug am 12. Mai 1977 etwa 110 qkm, am 23. Mai 1975 aber nur ein Drittel hiervon.

Die übrigen Endseen des Landes sind deutlich kleiner als die Hamune Sistans. Der Ab-i-Istada, dessen Fläche im Mittel etwa 130 qkm beträgt bei einer Tiefe bis 3,1 m, liegt im Hochland östlich von Muqur und wird vom Ghazni-Fluß sowie von kleineren temporären Zuflüssen gespeist. Von einem bis 7 km breiten Sumpfgürtel umgeben, unterliegt auch dieser See erheblichen Schwankungen bis zur völligen Austrocknung (1971). Die vermehrte Ableitung von Irrigationswasser im Flußeinzugsgebiet (Sardeh-Projekt) dürfte auf längere Sicht eine Verkleinerung der Seefläche bewirken, was die reiche Vogelwelt des Ab-i-Istada, namentlich die Flamingos, bedroht (SHANK & RODENBURG 1977). Noch kleiner und unbeständiger ist der Ab-i-Nawar im Hochbecken der Dasht-i-Nawar westlich von Ghazni. Für ihn gab FÖRSTNER (1973) eine mittlere Fläche von 46 qkm bei nur 0,8 m Tiefe im Juni 1969 an.

Das Wasser dieser Endseen ist leicht bis mittelstark salzhaltig, wobei der Hamun-i-Puzak den geringsten, der Ab-i-Istada den höchsten Salzgehalt aufweist (FÖRSTNER & BARTSCH 1970). Stärker ist die Salinität der episodischen Endseen, die nur nach starken Niederschlägen Wasser führen, meist aber als Salztonebenen trocken liegen. Hierzu gehören die Namaksare an der irani-

2.3 Hydrologische Verhältnisse

schen Grenze und südlich von Andkhoy, an denen Kochsalz abgebaut wird. Auch die zahlreichen Kewire oder *daghal* in Westafghanistan und die *numerous dry lakes*, welche die Topographische Karte 1:100 000 südlich von Farah verzeichnet, sowie der Gaud-i-Zirreh sind ihnen zuzurechnen.

Während die Endseen durch geringe Tiefe, wechselnde Größe und Salinität gekennzeichnet sind, handelt es sich bei den beiden anderen Typen um stabile Süßwasserseen. Glaziale Seen finden sich in der subnivalen Stufe im Hochgebirge als Überreste der eiszeitlichen Vergletscherung. Die beiden größten sind der bekannte und in älteren Karten übertrieben groß dargestellte Shiwa-See in Nordbadakhshan und der Kol-i-Chaqmaqtin im östlichen Wakhankorridor mit jeweils etwa 15 qkm. Der Shiwa-See, bei 3110 m gelegen, ist ein Moränenstausee mit unterirdischem Abfluß, der etwa 2 km östlich des Sees austritt und zum 10 km entfernten Darya-i-Panj (Amu Darya) fließt. Der im Pamir liegende Zor Kol (früher Lake Victoria), durch den die sowjetisch-afghanische Grenze verläuft, übertrifft sie noch an Fläche. Dagegen sind die zahlreichen durch Glazialerosion geschaffenen Karseen viel kleiner; ihre Fläche überschreitet nur in wenigen Fällen 1 qkm. Sie kommen in den weniger schroffen Teilen des Hindukusch vor, wo in der Höhe ausgedehnte Verebnungen glazial überformt wurden, wie südlich des Panjshertales.

Natürliche Stauseen – soweit nicht durch Moränen bedingt wie der Shiwa-See – sind durch Blockströme, Bergsturzmassen, Kalksinter- oder Travertinbildungen abgedämmt worden. Am bekanntesten ist die Seengruppe von Band-i-Amir westlich von Bamyan (s. S. 357 und Karte 45). Größter sonstiger See dürfte der 5 km lange See von Ishkamish (4,5 qkm) am Nordwestfuß des Hindukusch sein, der von mehreren starken Quellen gespeist wird.

2.3.2 Gletscher und Firn

Gletscher und Firnfelder bilden natürliche Wasserspeicher im Hochgebirge. Ihr durch Ablation bewirkter Abfluß trägt im trockenen Sommer und Frühherbst zur Stabilisierung der Wasserführung jener Flüsse bei, die in vergletscherten Hochlagen entspringen. Dies ist für die Bewässerungslandwirtschaft der Vorländer von größter Bedeutung, benötigt sie doch gerade in dieser Zeit viel Irrigationswasser für Sommerfrüchte wie Reis und Baumwolle.

Hauptsächlich von Gletschern gespeiste Flüsse wie Konar und Kokcha erreichen ihre maximalen Abflußmittel im Juli (Konar) oder Juni (Kokcha). Ihre hohen Abflüsse halten dank kräftiger Eis- und Schneeablation bis in den September an, während sie in anderen Flüssen im gleichen Zeitraum auf einen Bruchteil des Maximalwertes absinken: Verzeichnen Konar und Kokcha im September noch 50 bzw. 34 % ihres jeweiligen höchsten Monatsmittels, so sind es bei Panjsher und Laghman nur mehr 10 bzw. 6 %.

Infolge der hohen Schneegrenzlage ist selbst der Hindukusch nur relativ schwach vergletschert, der Pamir und das Darwaz-Gebirge in Nordbadakhshan hingegen stärker (SHRODER O. J.). Die kleineren Hochgebirge, wie Spin Ghar und Koh-i-Hissar, tragen lediglich Spuren eiszeitlicher Vergletscherung. Die heutige klimatische Schneegrenze wurde von GRÖTZBACH & RATHJENS (1969) vom Koh-i-Baba bis zum mittleren Hindukusch und Pamir dargestellt. Sie erreicht im Gebiet des Salangpasses mit über 4700 m ihre tiefste Lage und steigt in der Längsachse der Gebirge nach Westen und Nordosten deutlich an. Im Koh-i-Baba ist sie bei 5100 m, im mittleren Hindukusch (Munjan-Gebiet) bei 5200 m anzusetzen; im nördlichen Großen Pamir (Wakhankorridor) muß man nach PATZELT (1978) sogar mit noch größerer Höhe rechnen. Gegen den Gebirgsrand im Nordwesten, der höhere Niederschläge empfängt, fällt sie stark ab: Im westlichen Darwaz-Gebirge, wo – der Topographischen Karte 1:100000 zufolge – selbst Gipfel um 4300 m nordseitig vergletschert sind, dürfte sie etwa in dieser Höhe zu suchen sein.

Im Westhindukusch und Koh-i-Baba, wo die klimatische Schneegrenze etwa im Niveau der höchsten Gipfel verläuft, gibt es nur wenige kleine, schattseitige Wand- oder Kargletscher und Firnfelder. Stärker vergletschert ist der mittlere Hindukusch, namentlich im Gebiet der Kokcha-Quellflüsse und im obersten Farkhartal. Bei hoher Gletscherdichte bleiben aber die einzelnen Gletscher an Fläche klein, was hauptsächlich durch das Steilrelief bedingt sein dürfte. Die Bestimmung ihrer Länge und Fläche aus Karten und Luftbildern ist allerdings etwas problematisch, da die meisten größeren Gletscher nach unten hin immer mächtigere Schuttmassen als Obermoräne tragen, ja z. T. in Blockströme übergehen (Karte 29). Legt man nur die Blankeis- oder Firnflächen zugrunde, so bleiben die größten Gletscher des mittleren Hindukusch wohl sämtlich unter 10 qkm.

Sogar die Gletscher im Osthindukusch südlich des Wakhantales scheinen, trotz Gipfelhöhen bis über 7000 m, jene des mittleren Hindukusch an Fläche nur wenig zu übertreffen. So mißt der kartographisch genau aufgenommene Große Mandaras-Gletscher 11–12 qkm. Größere Gletscher finden sich im afghanischen Pamir, wo der nördliche Issik-Gletscher 28,6 qkm umfaßt, unter Abzug seiner schuttbedeckten Teile noch immer 24 qkm (PATZELT 1978)[2]. Im westlichen Darwaz-Gebirge nehmen die größten Gletscher trotz geringer Gipfelhöhen (um 4400 m) immerhin Flächen von 5–6 qkm ein.

Sporadischen Hinweisen in der Literatur läßt sich entnehmen, daß in den vergletscherten afghanischen Hochgebirgen recht unterschiedliche Gletschertypen vorkommen. Für den Großen Pamir sind, von kleinen Kar- und Hanggletschern abgesehen, bis 11 km lange Talgletscher charakteristisch. Sie ent-

---

[2] Nach den Karten „Koh-e-Keshnikhan" 1:5000 in: GRATZL (1972) und „Koh-e-Pamir" 1:5000 in: SENARCLENS DE GRANCY & KOSTKA (1978).

wickeln sich aus mächtigen Hängegletschern und Flankenvereisungen, deren Eis- und Schneemassen sich in Firnbecken sammeln, aus welchen die meist schuttbedeckten Zungen hervorgehen. Im mittleren Hindukusch zeigt sich die Abhängigkeit des dominierenden Gletschertyps vom jeweiligen Relief besonders deutlich. Im Steilrelief gehen die Flankenvereisungen in Firn- oder Lawinenkesselgletscher und diese in Zungen mit langen Blockströmen über, in flacherem Relief herrschen Gletscher des Firnmuldentyps mit nur kurzen Zungen vor. Hier vertreten frische Moränenwälle im Gletschervorfeld die Blockströme, beides Zeugen eines jungen Eisrückganges (GRÖTZBACH 1965b).

Im Pamir wie im Hindukusch sind fast nur die schattseitigen Flanken und Felswände von Gletschern oder Firnfeldern bedeckt. Während das Gebirge von Süden gesehen kaum vergletschert erscheint, gleicht es von Norden einer Eiswüste. Doch nehmen im oberen Munjangebiet immerhin etwa ein Viertel der Gletscher südliche Exposition (meist Südost) ein. Dies wird weniger auf das Relief als vielmehr auf den Einfluß des Monsuns zurückgeführt (BRECKLE & FREY 1976b).

2.3.3 Grundwasservorkommen und Quellen

Die Verfügbarkeit von ganzjährig fließendem Oberflächenwasser ist, wenn man den gesamten Raum Afghanistans ins Auge faßt, auf relativ kleine Flächen beschränkt. In weiten Gebieten des Landes, namentlich im Süden und Westen, gibt es überhaupt keinen, nur episodischen oder bestenfalls kurzzeitig jahreszeitlichen Oberflächenabfluß. Hier beruhen die Dauersiedlungen und die Landwirtschaft weitgehend auf der Nutzung von Grundwasser, wobei recht unterschiedliche Techniken angewendet werden (s. S. 103 ff.).

Die Grundwasservorkommen unterscheiden sich nach Größe, Tiefe, Ergiebigkeit und Qualität beträchtlich, was von den jeweiligen hydrologischen und klimatischen Verhältnissen, vom Relief sowie vom Oberflächenabfluß abhängt. Größere Grundwasservorkommen sind, vor allem in Flußnähe, in den von jungen, unverfestigten Sedimenten erfüllten Ebenen, Becken und Tälern zu erwarten. Dies gilt für die Baktrische Ebene in Nordafghanistan, wo auch außerhalb der Oasen Grundwasser in zahlreichen Brunnen bis 60 m Tiefe erschlossen worden ist. Doch die wasserführenden Schichten (Aquifere) führen größtenteils salziges oder bitteres Wasser, was hier auf die Lösung von Salzen und Gips im neogenen Untergrund zurückzuführen ist (RADOJICIC 1977). In der großen Oase des Balkhab findet sich „süßes" Grundwasser nur in dem flachen alluvialen Schwemmkegel nahe dem Austritt des Flusses in die Ebene bei Balkh und Mazar-i-Sharif; um Aqcha ist es bereits salzhaltig. In Nordafghanistan dürfte die Salinität von Böden und Grundwasser dadurch verstärkt werden, daß mehrere Flüsse oder Kanäle in der Halbwüste durch Verdunstung und Versickerung enden, ohne den Amu Darya zu erreichen, wie Shirin Tagab, Sar-i-Pul, Balkhab, Samanganfluß u. a. Im Gegensatz dazu verfügen die bewässerten Ebenen Qataghans über reichliches und gutes Grundwasser.

Gleiches gilt für die Hari Rod-Oase um Herat, wo der Grundwasserspiegel nach Westen und zu den Talrändern hin von fast Null auf über 30 m Tiefe absinkt. Südwestlich davon, im wüstenhaften Grenzgebiet zu Iran, ist gutes Grundwasser selten. In Südafghanistan beschränkt sich ein hoher Stand des Grundwassers auf die unmittelbare Nachbarschaft des Helmand und auf Teile von Sistan, wo es, bei meist schwachem Salzgehalt, 5-12 m unter der Oberfläche ansteht. Reich an Grundwasser ist die Dasht-i-Bakwa östlich von Farah, wo sein Spiegel von etwa 28 m im Norden auf 6 m im Süden ansteigt. Die wenigen Brunnenbohrungen in Shorawak, am Südrand der Wüste Registan, förderten leicht salzhaltiges Wasser, das aber noch genießbar ist, aus etwa 60 m Tiefe. Mit Annäherung an das Hochland im Norden steigt der Grundwasserspiegel im allgemeinen an, und Qualität wie Quantität des Wassers nehmen zu. In der unmittelbaren Umgebung von Kandahar steht das Grundwasser nur 0,5 bis 2 m tief, und an einigen Stellen erreicht es zeitweilig die Oberfläche, was zu Vernässungen und Salzanreicherungen der Böden geführt hat. In Kandahar konnte auch artesisches Wasser in etwa 60 m Tiefe erbohrt werden (SAMMEL 1971; RADOJICIC 1977).

In Ostafghanistan enthalten die intramontanen Becken beträchtliche, z. T. oberflächennahe Grundwasservorkommen in überwiegend gut durchlässigen Sedimenten. Östlich und nördlich der Stadt Kabul tritt Grundwasser sogar an die Oberfläche und bildet Sumpfgelände. Die Becken von Parwan und Jalalabad sind – dank der Wasserzufuhr aus dem Hochgebirge – besonders reich an Grundwasser, doch liegt dessen Spiegel z. T. 20-40 m unter der Oberfläche. Einen mächtigen Aquifer enthalten auch die Ebenen von Ghazni und Katawaz, wo der hohe Grundwasserstand durch zahlreiche Dieselpumpen genutzt wird.

Im zentralen Hochland ist Grundwasser in den größeren Tälern vorhanden, wo perennierende Flüsse fließen. In einigen Gebieten bilden Quellaustritte eine wichtige Grundlage von Siedlung und Landwirtschaft, wie in Jaghori und Behsud, wo die Landschaft von kleinen Bewässerungsflächen wie gesprenkelt erscheint. Reich an Quellen mit oft sehr starker Schüttung sind die Verbreitungsgebiete kalkiger Gesteine, insbesondere die großen verkarsteten Kreidekalkplateaus im nördlichen zentralen Hochland, wo das Wasser in den Tälern an wasserstauenden Schichten austritt: im Einzugsgebiet von Samangan, Balkhab, Sar-i-Pul und Murghab und im Bergland unmittelbar südlich von Mazar-i-Sharif und Tashqurghan.

Die kleine Ebene von Ishkamish am Rande des Hindukusch südlich von

Taluqan wird sogar gänzlich aus Quellen bewässert. Hier handelt es sich jedoch um Wasser, das aus den mächtigen Schwemmkegeln am Fuß des Gebirges austritt. Schließlich sei noch das aus kristallinen Gesteinen bestehende, niederschlagsreiche Bergland in Zentralbadakhshan (nördlich und südlich von Faydzabad) erwähnt, über dessen zahlreiche Quellen (der Topographischen Karte 1:100 000 zufolge) aber nichts Näheres bekannt ist.

Noch wenig erforscht sind auch die Mineral- und Thermalquellen Afghanistans. Die wichtigste Therme des Landes ist die Quelle von Obeh etwa 110 km östlich von Herat, die, bei einer Temperatur von 41 °C, zu Heilzwekken viel benutzt wird. Bitterquellen gibt es bei Balkh und Mazar-i-Sharif; als bekannteste sei jene von Chashma-i-Shafa am Balkhab genannt. Eher touristisch als balneologisch von Bedeutung sind die karbonatreichen Quellen, die zu Kalksinterbildungen geführt haben, wie die „Drachen" bei Istalif und Bamyan und am Shatupaß. Diese und andere Sinterquellen sowie die Therme von Obeh reihen sich entlang der Hari Rod-Störung, sind also geologisch-tektonisch bedingt (FISCHER & HAUSER 1954).

2.4 Die Böden

Neben Klima und Wasser bilden die Böden den wichtigsten natürlichen Produktionsfaktor für die Landwirtschaft. Die im Lande vorkommenden Bodentypen sind zwar sämtlich charakteristisch für Trockengebiete, weisen aber, je nach den lokalen oder regionalen Niederschlags-, Gesteins-, Relief-, Vegetations- und Abflußverhältnissen, eine beträchtliche Variationsbreite auf. Leider fehlt bislang noch immer eine zuverlässige Gesamtdarstellung der Böden und ihrer Verbreitung in Afghanistan. Den jüngsten, freilich stark generalisierten Überblick hierüber gewährt die Welt-Bodenkarte 1:5 Mio. In ihr sind jedoch, dem kleinen Maßstab entsprechend, nicht einzelne Bodentypen, sondern Vergesellschaftungen wichtiger Böden dargestellt, und zwar in der neuen internationalen Terminologie der UNESCO/FAO. Da diese wenig anschaulich ist, sei im folgenden auch auf die ältere Arbeit von ROZANOV (1945) zurückgegriffen.

Bei den Ackerböden in Afghanistan handelt es sich zumeist um die bereits seit langem genutzten Böden der bewässerten Alluvialebenen sowie um braune bis graue Steppenböden. Die produktivsten Grauböden, durch ihren Humusgehalt von mittlerer bis dunkler Färbung, sind in der wechselnd breiten Lößsteppenzone Nordafghanistans von Westbadakhshan bis Gulran auf der Nordabdachung von Hindukusch und zentralem Hochland entwickelt. Die Grauböden können dort örtlich fast den Charakter von Schwarzerden annehmen, wie auf den Lößplatten von Bangi und Chal und bei Nahrin nahe dem Fuß des Hindukusch (GRÖTZBACH 1972a). Nach Norden zeigen die

Böden mit abnehmendem Niederschlag und flacherem Relief immer hellere Färbung. Im Baktrischen Tiefland sind diese Grauböden (Serosome) von Takyren und Sandfeldern durchsetzt. Nach Süden bzw. Osten hingegen gehen sie ab etwa 1800 m ü. M. allmählich in braune Böden über.

Diese braunen Böden in ihren unterschiedlichen Varianten sind in den Hochländern und Hochgebirgen weit verbreitet, namentlich im Osten des Landes von Nordbadakhshan bis Zabul im Süden. In steilerem Gelände handelt es sich um steinige Rohböden oder Ranker, in flachen, breit entwickelten Hochtälern oder Mulden oft um torfartige feuchte Böden. In Nuristan kommen unter Misch- und Nadelwald sogar podsolige Böden vor (PIAS 1976).

Auf der Südabdachung des zentralen Hochlandes, zwischen Herat und dem Tarnaktal nordöstlich von Kandahar, überwiegen steinige, hellgraue Böden mit verbreiteten Gipskrusten oder -horizonten. Sie gehen nach Südwesten, gegen Sistan und zur iranischen Grenze hin, in Wüstenböden über, die durchsetzt sind von Alkaliböden (Solonez), von Salzböden (Solontschak), namentlich im Gaud-i-Zirreh-Becken, von feuchten, oft salzhaltigen Aueböden (Fluviosols) um die Hamune, sowie in Sanddünenfelder (Regosols). Registan besteht, wie schon sein Name besagt, größtenteils aus Sandablagerungen, die in Senken auch Grauböden und Takyre enthalten.

Die jungen alluvialen Ablagerungen in den Oasen bilden überwiegend kalkhaltige, lehmige Grauböden aus äolischem bis sandigem Material (Arenosols), aber auch hydromorphe oder Grundwasserböden (Gleysols). Für die Bewässerungslandwirtschaft besonders geeignet erscheinen Böden auf Schwemmlöß, wie er sich auf Talterrassen häufig findet, z. B. im Logartal und um Kabul (PIAS 1976, Karte), vor allem aber in den Oasen Nordafghanistans.

Schon dieses grob skizzierte Verbreitungsbild der wichtigsten Bodentypen zeigt deutliche großräumige Unterschiede auf: Während im Süden und Westen alkalische, gips- oder salzhaltige Wüstenböden überwiegen, variiert die Bodenbeschaffenheit im Norden und Osten des Landes infolge der Höhen-, Relief-, Gesteins- und Klimaunterschiede sehr beträchtlich. Eine Sonderstellung nehmen dabei stets die seit langem bewässerten Böden der Oasen ein, in denen das Irrigationswasser häufig eine Konzentration an Alkalien und Salzen bewirkt hat. Solche künstlichen Alkali- oder Salzböden zeigen einen meist hohen, jahreszeitlich wechselnden Grundwasserspiegel und sind schlecht entwässert, wie in der südlichen Oase von Kandahar oder in den grundwassernahen Teilen der Ebene von Kabul. Durch Entwässerungsmaßnahmen, Durchspülung und Gipsbehandlung können aber auch solche Böden verbessert werden.

Vergleichende Bodenuntersuchungen und die Datierung von jungen Kalkablagerungen haben ergeben, daß sich unter den heutigen klimatischen Bedingungen nur wenig entwickelte Böden sowie Salz- und Feuchtböden bilden können. Dagegen hat während der letzten Eiszeit (ca. 35 000-10 000 Jahre vor heute) eine erheblich intensivere Bodenbildung stattgefunden (PIAS 1976). Durch Vegetationszerstörung, insbesondere durch die Abholzung natürlicher Wälder und Baumfluren, hat in jüngster Zeit die Bodenabtragung gebietsweise stark zugenommen, so in den Waldgebieten Paktyas und in den Lößbergländern Nordafghanistans.

2.5 Die Vegetation

Die Vegetation ist in engem Zusammenhang mit Klima, Relief und Böden, aber auch mit Eingriffen des Menschen zu sehen, unterliegt sie doch durch diese Variablen zeitlichen und räumlichen Veränderungen unterschiedlichen Ausmaßes. Vor allem die jahrtausendealte menschliche Nutzung hat die natürliche Vegetation so weit zurückgedrängt, daß sie nur mehr in Resten erhalten ist: an schwer zugänglichen Standorten wie Steilhängen oder Schluchten im Gebirge, in unbesiedelten Gebieten der Wüsten und der Hochgebirge, aber auch in geschützten Hainen um Heiligengräber oder *zyarate* (FREITAG 1971). Die Rekonstruktion der natürlichen Vegetation ist deshalb nicht einfach. Karte 5 stellt ihre Verbreitung auf der Grundlage charakteristischer Pflanzenformationen oder -gesellschaften dar. Der Karteninhalt gibt also nicht die heutige reale Vegetation wieder, sondern jene natürliche Vegetation, wie sie sich ohne jeden menschlichen Eingriff darböte.

Die großen Vegetationseinheiten zeigen ein zweifaches Anordnungsmuster: Sie verlaufen nördlich und südlich von zentralem Hochland und Hindukusch in etwa Ost-West-, im monsunbeeinflußten Ostafghanistan eher in Nord-Süd-Richtung. Dabei lassen sich im zusammenfassenden Überblick folgende Einheiten unterscheiden (nach FREITAG 1971):

a) Halbwüstenvegetation
im Süden, Westen und mittleren Norden. Sie zeigt außerhalb der Niederschlagsperiode im Winter und Frühjahr einen geringen Deckungsgrad des Bodens (meist um 10 bis 20%) bei mittleren Jahresniederschlägen von weniger als 250 mm. Je nach Niederschlagsmenge, Boden und Wasserhaushalt kommen unterschiedliche Pflanzengesellschaften vor. In den Sandwüsten trifft man dank des günstigen Bodenwasserhaushaltes der lockeren, tiefgründigen Sande immer wieder kleinere Bäume und größere Sträucher an, selbst in Registan. Auf salzhaltigen Böden tritt eine Halophyten-Vegetation auf, namentlich im Südwesten des Landes.

Die *Amygdalus*(Strauch)-Gesellschaften bilden im Süden und Westen, die Ephemeren-Gesellschaften im Norden am Saum des Hochlandes bei Niederschlägen zwischen etwa 150 und 250 mm den Übergang zu den höhergelege-

2 Natürliche Grundlagen und Ressourcen

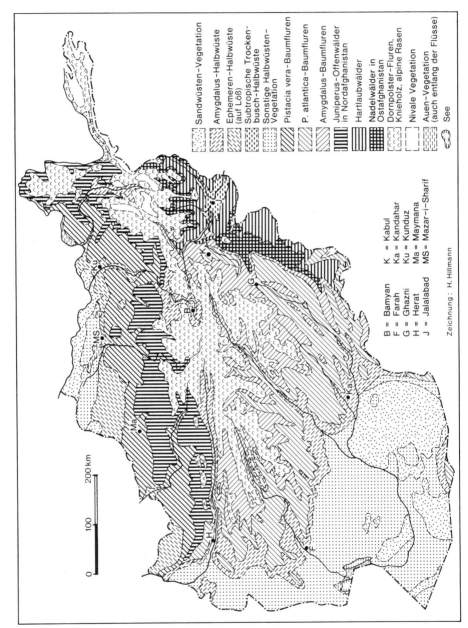

Karte 5: *Natürliche Vegetation* (nach H. FREITAG 1971).

nen Baumfluren. Dabei entwickelt die Ephemeren-Halbwüste, welche die Lößebenen und niedrigen Lößhügelländer Nordafghanistans einnimmt, während der Niederschlagsperiode im Spätwinter und Frühjahr eine dichte steppenartige Kraut- und Grasvegetation mit Deckungsgraden bis über 90 %. Sie wird deshalb zu dieser Jahreszeit stark beweidet, was in ähnlicher Weise auch für andere Halbwüstengebiete gilt, z. B. für Registan.

Im Becken von Jalalabad herrscht eine „subtropische Trockenbusch"-Vegetation dank milder Winter und heißer, trockener Sommer. Sie besteht aus dornigen oder immergrünen Sträuchern, Zwergsträuchern und kleinen Bäumen, die freilich stark dezimiert worden sind.

b) Sommergrüne Baumfluren und Offenwälder

Die sommergrünen Baumfluren und Offenwälder sind infolge ihrer höheren Lage etwas stärker beregnet (mindestens 250–300 mm pro Jahr) als die Halbwüsten-Gesellschaften, wobei sich der Übergang ganz allmählich vollzieht. Heute lassen sich beide Formationen physiognomisch kaum mehr unterscheiden, sind doch die Baum- und Strauchbestände weitgehend vernichtet worden. Sommergrüne Baumfluren und Offenwälder bilden in großen Teilen des gebirgigen Afghanistan die natürliche Vegetation.

Für den Süden und Westen des zentralen Hochlandes sind *Pistacia atlantica*- (etwa 1200 bis 1800 m) *und Amygdalus*(Mandel)-Baumfluren (ca. 1600 bis 2900 m) charakteristisch. Letztere erstrecken sich bis ins Kabul-Panjsher-Becken und auf die Südabdachung des Hindukusch, wie z. B. im Salangtal. In Nordafghanistan nehmen *Pistacia vera*-Baumfluren von Gulran im Westen bis Badakhshan im Osten das Lößbergland zwischen etwa 600 und 1600 m ü. M. (im Hindukusch bis über 2000 m) ein. Ihre grauen bis braunen Lößböden tragen eine dichte Kraut- und Grasschicht, die den Boden bis 100 % bedeckt. Diese Zone mit relativ hohen und zuverlässigen Niederschlägen (300 bis etwa 800 mm) und dichter Steppenvegetation bildet ein agrargeographisches Vorzugsgebiet ersten Ranges, das die Möglichkeit sicheren Regenfeldbaus, hervorragende Viehweide und reiche Ernten an Pistaziennüssen bietet. Die Ausweitung des Regenfeldlandes und eine rücksichtslose Holznutzung haben freilich die Pistazienfluren stark zurückgedrängt.

c) Immergrüne Hartlaubwälder Ostafghanistans

Diese Hartlaubvegetation ist weitgehend auf den Einflußbereich der monsunalen Sommerregen in Ostafghanistan beschränkt und ähnelt der entsprechenden Formation des Mittelmeergebietes (RATHJENS 1958). Sie besteht im unteren Teil (bis etwa 1300 m ü. M.) aus einer *Reptonia-Olea*(Ölbaum)-Gesellschaft, die Buschwaldcharakter trägt. Darüber folgen immergrüne Eichen, nämlich *Quercus baloot* (bis 2000/2300 m), *Quercus dilatata* (ca. 2000–2400 m) und *Quercus semecarpifolia* (bis gegen 2900 m). Die beiden unteren Stufen (mit *Reptonia-Olea* bzw. *Quercus baloot),* die auch die größten Flächen einnehmen, sind durch Holzentnahme, Schneiteln und Beweidung stark degradiert bis hin zur völligen Vernichtung.

d) Die Nadelwälder Ostafghanistans
Sie stellen die westlichsten Ausläufer der Nadelwälder vom Himalaya-Typ dar. Nach Höhenstufen, Niederschlagsmenge und Exposition stark differenziert, sind sie nur mehr z. T. als geschlossene Bestände vorhanden. Auf trokkenen Standorten schließt sich Kiefernwald *(Pinus gerardiana)* als geschlossener Gürtel ab 2000/2300 m an die *Quercus baloot-*Wälder nach oben hin an. Er wird bei erhöhten Sommerregen durch dichte *Quercus dilatata-*Gesellschaften (siehe c), bei geringeren Niederschlägen gegen Westen hin von Baummandelfluren (siehe b) abgelöst. *Pinus gerardiana* hat nicht nur als Holzlieferant, sondern auch durch seine eßbaren Samen *(chelghoza)* große wirtschaftliche Bedeutung.

Zwischen etwa 2400/2700 m und 3100 m ü. M. liegt die Stufe der Zedernwälder *(Cedrus deodara),* deren ökologischer Spielraum gleichfalls recht eng ist. Bei hohen Niederschlägen von mehr als 800 mm wird der Zedernwald nach unten hin von *Quercus semecarpifolia* (siehe c), nach oben von Fichten-Tannen-Wäldern abgelöst; mit zunehmender Trockenheit geht er in Baumwacholderbestände über. Da die Zeder ein besonders gesuchtes Holz liefert, sind die *Cedrus deodara-*Bestände in leicht erreichbaren Lagen Paktyas zerstört worden (Bild 4); im schwerer zugänglichen Nuristan blieben sie bislang noch weitgehend erhalten.

Die oberste Waldstufe zwischen etwa 2900 und 3300 m besteht in den niederschlagsreichsten Gebieten Ostafghanistans – in Nuristan und am Spin Ghar – aus Fichte *(Picea smithiana),* Tanne *(Abies webbiana)* und Kiefer *(Pinus wallichiana).* Da diese „subalpinen" Nadelwälder meist steile Hanglagen einnehmen, bilden sie noch ziemlich ursprüngliche, dichte Bestände, namentlich in Nuristan. Nach oben hin schließen sich Baumwacholderfluren (meist *Juniperus semiglobosa)* an, die auf trockenen Standorten auch den Fichten-Tannen-Wald ersetzen. Juniperus bildet von Nuristan (bei 3500 m) südwärts bis ins östliche Katawaz (Provinz Paktika) wie auch nordwärts im Hindukusch die obere Waldgrenze.

e) Die Juniperus-Offenwälder in Nordafghanistan
Die nördliche Abdachung von zentralem Hochland und Hindukusch nehmen offene Baumwacholderwälder ein, die vor allem aus *Juniperus seravtschanica* bestehen. Diese Juniperus-Stufe zwischen etwa 1400 und 2900 m im Westen und 1500 und 3600 m im Osten schließt nach oben hin an den *Pistacia vera-*Gürtel an. In schwer zugänglichem Gelände bilden die bis 15 m hohen Wacholderbäume dichte, waldartige Bestände, z. B. im Khinjantal längs der

2.5 Die Vegetation 51

Salangstraße und im Vorhindukusch bei Nahrin (Provinz Baghlan). In der Juniperusstufe kann man selbst dort, wo die Baumbestände zerstört sind, eine dichte Schicht von Sträuchern und Halbsträuchern und von jahreszeitlichen Kräutern und Gräsern antreffen, die entsprechend stark beweidet werden.

f) Knieholz- und Dornpolster-Fluren der Hochgebirge und Hochländer
Echte Knieholz-Gesellschaften sind nur im Gebiet monsunaler Sommerregen in Ostafghanistan entwickelt, namentlich im Bereich der Fichten-Tannen-Wälder von der Waldgrenze bis gegen 4000 m ü. M. Sie bestehen aus strauchartigem Wacholder, Zwergweiden *(Salix)*, Rhododendron u. a. Nach Westen und Norden hin werden sie mit der Abnahme der Niederschläge von Dornpolsterfluren abgelöst, die bis gegen 4200 m reichen (mit *Acantholimon, Artemisia, Astragalus, Cousinia, Ephedra*). Diese Vegetationsformation, die einen Großteil des zentralen Hochlandes und der trockenen Hindukuschtäler einnimmt, ist durch Abholzung und Beweidung stark beeinträchtigt.

g) Auen-Vegetation
Sie kommt auf feuchten und zeitweilig überschwemmten Böden vor, namentlich im Gebiet der Hamune Sistans, entlang größerer Flüsse (am Amu Darya, am Surkhab bei Baghlan usw.) sowie am Ende von Flüssen und Bewässerungskanälen, wo sich Sümpfe (z. T. Salzsümpfe) gebildet haben. Häufigstes Grundwassergehölz ist die Tamariske.

Daß in weiten Teilen Afghanistans eine natürliche Baum- oder Waldvegetation fehlt, ist in erster Linie auf zu geringe Niederschläge zurückzuführen, stellen doch etwa 250 mm pro Jahr das Minimum für die Entwicklung von Baumfluren dar (FREITAG 1971). Doch selbst bei höheren Niederschlägen fehlt Baumwuchs häufig (z. B. im Hazarajat), was auf ihre ungünstige jahreszeitliche Verteilung zurückzuführen ist. Denn die Trockenzeit von fünf bis acht Monaten fällt mit der Vegetationsperiode zusammen und wirkt sich deshalb hemmend auf das Pflanzenwachstum aus, das durch die Winterruhe noch weiter eingeengt wird.

Nur in Ostafghanistan wird die lange Trockenperiode durch den Einfluß des Sommermonsuns verkürzt, der Baumwuchs ermöglicht. Allerdings ist bezweifelt worden, ob die rasch abfließenden Monsunregen derart dichte natürliche Waldbestände hervorrufen können. RATHJENS (1969, 1974a) hat sicher zu Recht darauf hingewiesen, daß die Wälder Ostafghanistans Wolkenwälder sind, die ihre Existenz weniger den Niederschlägen als vielmehr der monsunalen Wolkendecke verdanken. Durch die sehr regelmäßige sommerliche Bewölkung, die besonders nachmittags Beschattung, Nebel und hohe Luftfeuchtigkeit mit sich bringt, wird die Wolkenwaldstufe vor starker Einstrahlung und hoher Verdunstung geschützt.

Wie in den Subtropen häufig, spielen Expositionsunterschiede kleinräumig eine wichtige Rolle für die Vegetation. So sind die nordexponierten Hänge durchweg bevorzugt, da auf ihnen Schneeschmelzwasser nur langsam einsickert und den Boden tiefer durchfeuchtet als auf Südauslagen, wo weit höhere Verdunstung herrscht. In Nordafghanistan tragen die nordexponierten Hänge zudem eine Lößdecke, die den Pflanzenwuchs begünstigt. So unterscheiden sich nord- und südgerichtete Hänge durch Dichte und Zusammensetzung ihrer jeweiligen Vegetation sehr deutlich.

Die natürliche Ungunst für Baum- und Strauchwuchs wurde durch die seit Jahrtausenden wirksamen menschlichen Eingriffe noch verschärft. Abholzung (für Brenn- und Bauholzgewinnung und die Köhlerei), Schneitelung (vor allem der immergrünen Eichen in Ostafghanistan) und Überweidung haben die Gehölze radikal zurückgedrängt und großenteils durch eine Zwergstrauchvegetation ersetzt. Nur in wenigen Gebieten ist diese Devastierung für die junge Vergangenheit belegbar, namentlich in der Gegend von Kabul; FREITAG (1971) nennt hierfür Babur Schah als Kronzeugen. Entsprechendes gilt für die Pistazienfluren in Qataghan (GRÖTZBACH 1972a) und insbesondere für die Wälder von Paktya (RATHJENS 1974a). Doch nicht nur Gehölze sind dezimiert worden oder völlig verschwunden. In der Nachbarschaft vieler Orte gibt es keine verholzten Zwergsträucher mehr, da sie als Brennmaterial benutzt werden. Insbesondere *Acantholimon, Artemisia, Astragalus, Cousinia und Ephedra* werden im Herbst in großen Mengen zu den Siedlungen transportiert und neben oder auf den Häusern gestapelt oder im Basar verkauft. Die Brennholznutzung trägt in stärkerem Maße zur Degradation bei als die Beweidung, wie CASIMIR u. a. (1980) für das nomadische Winterweidegebiet von Farah Rod - Shindand gezeigt haben. – (Zur heutigen Holznutzung s. S. 121 f.)

2.6 Rohstoff- und Energiepotential

Durch die seit den 50er Jahren rasch vorangetriebene geologisch-lagerstättenkundliche Erforschung des Landes wurden zahlreiche Erz-, Nichtmetall- und Erdgasvorkommen festgestellt, doch dürften nur wenige davon weltwirtschaftliche Bedeutung haben oder leicht erschließbar sein. Deshalb ist Afghanistan als „ein an armen Lagerstätten reiches Land" bezeichnet worden (WOLFART & WITTEKINDT 1980, S. 397).

Die Kenntnisse über die Rohstoffvorkommen Afghanistans sind noch immer recht unvollständig. Dies liegt weniger an der lückenhaften Prospektierung als an einer höchst zurückhaltenden Informationspolitik. Denn die Exploration – namentlich auf Erdgas und Erdöl – ist seit 1957 mehr und mehr in die Hände sowjetischer Experten übergegangen und mit einem immer dichteren Schleier der Geheimhaltung umgeben

2.6 Rohstoff- und Energiepotential

worden. Erst ein ausführlicher Bericht sowjetischer Experten (zitiert bei SHRODER 1983), der – obwohl im Rahmen des UNO-Entwicklungsprogrammes (UNDP) entstanden – gleichfalls als geheim behandelt wurde, brachte genauere Angaben über Verbreitung und Größe der Rohstoffvorkommen Afghanistans. Darin werden nicht weniger als 78 Mineral-Lagerstätten von wirtschaftlicher Bedeutung aufgeführt, darunter 22 mit seltenen Metallen und 17 mit Nichteisenmetallen; überdies listet er entsprechende Vorkommen von Salz (13), Steinbrüche, Sand- und Lehmabbaue (67) auf. Das sowjetische Interesse für die afghanischen Rohstoffvorkommen, das in einer großzügigen Hilfe für ihre Erforschung zum Ausdruck kam, wäre kaum verständlich, hätten dahinter nicht handfeste Erwartungen im Hinblick auf eine spätere Nutzung gestanden. Dies gilt vor allem für die Prospektion auf Erdöl und strategisch wichtige Rohstoffe wie Uran, über die man aber nichts Näheres verlauten ließ [3].

Bislang sind nur Eisen- und Kupfererze sowie Erdgas in außen- oder weltwirtschaftlich verwertbarem Umfang bekanntgeworden. Die wichtigsten Eisenerzvorkommen liegen am Hajigakpaß zwischen Kabul und Bamyan. Die Vorräte von Hajigak werden meist mit 1,8–2 Mrd. t angegeben, doch differieren die Schätzungen beträchtlich. Bei einem Metallgehalt von etwa 63 % sollen diese Magnetite, Pyrite und Hämatite das drittgrößte Eisenerzvorkommen der Erde darstellen (GENTELLE 1980). Wegen ihrer schwierigen Zugänglichkeit (bei 3250–3800 m ü. M.) und der bislang fehlenden Möglichkeit zur Verhüttung oder zum Export sind die Hajigak-Erze ebensowenig genutzt worden wie die kleineren Eisenerzvorkommen im Lande, z. B. jene in Nordbadakhshan (75–80 Mio. t). Bei zunehmender Verknappung und steigenden Preisen der Rohstoffe dürften auch diese Lagerstätten ökonomisch interessant werden, zumal für die Sowjetunion. Dies gilt ebenso für zahlreiche sonstige Rohstoffvorkommen, wie Chrom (Logar), Blei-Zink (nördlich von Kandahar, bei Tulak/Ghor, in Ghorband), seltene Erden (Pegmatite mit Beryllium, Lithium usw. in Nuristan), Gold (in Nordbadakhshan und bei Muqur), Zinn (südwestlich von Herat), Schwerspat (Baryt, nördlich von Herat und in Ghorband), Flußspat (bei Tirin/Oruzgan), Asbest (bei Khost) u. a. Kupfererze sind in Afghanistan weit verbreitet, insbesondere in Logar, südwestlich von Herat, am mittleren Arghandab und in Andarab. Das größte dieser Vorkommen, überaus verkehrsgünstig bei Ainak im Logartal unweit Kabuls gelegen, wurde auf 2–4,7 Mio. t Kupfermetall geschätzt und mit sowjetischer Hilfe erschlossen.

Seit langem bekannt und genutzt sind die Edelsteinvorkommen Ost- und Nordostafghanistans: Lapislazuli (Lasurit) aus dem Kontaktbereich von Marmor und Granit bei Sar-i-Sang im oberen Kokchatal (mit Vorräten von 1300 t?),

---

[3] Die erste (zurückgezogene) Ausgabe des Nationalatlasses von Afghanistan (GEOKART 1985) verzeichnet ein Uranvorkommen bei Khanneshin am unteren Helmand. Überdies soll Uran von den Sowjets bei Khwaja Rawash unmittelbar nördlich von Kabul abgebaut worden sein.

Smaragde in Marmoren und kristallinen Schiefern im mittleren Panjshertal, Rubine in Marmor bei Jigdalik südöstlich von Kabul. Lediglich binnenwirtschaftliche Bedeutung haben die zahlreichen Salzvorkommen, teils als Salzpfannen (westlich von Herat, bei Andkhoy und Tashqurghan), teils als Steinsalz (am Rand des Hindukusch bei Taluqan). Reichlich vorhanden sind auch für die Zementproduktion geeignete Kalke.

Das Hauptinteresse bei der Rohstofferschließung, namentlich von sowjetischer Seite, galt bislang der Erdöl- und Erdgasexploration. Sie führte zur Entdeckung großer Erdgaslager bei Sheberghan und Sar-i-Pul (Provinz Jauzjan), die seit 1967 genutzt werden. Die dortigen Reserven wurden 1977 auf 120 Mrd. cbm geschätzt, doch hat sich diese Zahl inzwischen durch die Entdeckung weiterer benachbarter Gasfelder noch erhöht. Das Gas ist in Unterkreide- und Juraschichten in 1500–1800 m bzw. 2000–3000 m Tiefe gespeichert und enthält wenig Schwefel. In Nordafghanistan gelten etwa 45 000 qkm als erdgas- oder erdölhöffiges Gebiet, und auch in anderen Teilen des Landes – Helmandbecken (SW), Tirpulbecken (W), Kundar-Urgun-Becken (SO) – werden Gas- oder Öllager vermutet. Doch beschränken sich die bisherigen Funde auf Nordafghanistan, das den Südflügel der Afghanisch-Tadschikischen und der Karakum-Senke bildet; in deren Nordflügel, in Sowjetisch-Mittelasien, werden gleichfalls große Erdgas- und Erdöllagerstätten ausgebeutet.

Im Gegensatz zum Erdgas sind die bisher bekanntgewordenen Vorräte an Erdöl mit 10–14 Mio. t recht bescheiden. Auch sie konzentrieren sich auf das Gebiet von Sar-i-Pul. Etwas reicher ist Afghanistan mit Kohlenlagerstätten ausgestattet. Kohle findet sich in jurassischen Ablagerungen des nördlichen Afghanistan in neun bedeutenderen Lagerstätten, deren Reserven meist auf insgesamt etwa 100 Mio. t geschätzt werden, mitunter auch weit höher (bis über 600 Mio. t). Doch diese Kohle ist vermutlich nicht verkokbar und z. T. infolge wenig mächtiger, stark gestörter Flöze schwer zu fördern. Die größten Kohlenlager, jene von Darrah-i-Suf (Provinz Samangan), liegen in einem bislang wenig erschlossenen Gebiet und werden daher nur in geringem Maße abgebaut. Erheblich günstiger ist die Lage des Kohlenvorkommens von Karkar bei Pul-i-Khumri. Die gleichfalls genutzten Kohlenlager von Ishpushta (Surkhabtal, Provinz Baghlan) und Sabzak (nordöstlich von Herat) enthalten nur geringe Reserven. Gemessen an weltwirtschaftlichen Maßstäben sind die Kohlenvorräte Afghanistans unbedeutend, binnenwirtschaftlich jedoch sehr wichtig.

Verfügt Afghanistan über recht beschränkte Reserven an fossilen Energieträgern außer Erdgas, so ist es mit Hydroenergie reich ausgestattet. Deren Potential wird nach Angaben der Weltbank (IBRD 1972) auf über 20 000 Megawatt geschätzt. Dazu tragen vor allem die Flüsse aus dem vergletscherten Hindukusch mit ihrem ganzjährigen Abfluß bei. Allein im Osten und Nordosten des Landes, d. h. auf 20–25 % der Gesamtfläche, sind über 60 % des

2.6 Rohstoff- und Energiepotential

Hydroenergiepotentials lokalisiert, freilich z. T. in schwer zugänglicher Lage im Innern des Hindukusch. Darin sind die Wasserkräfte des Grenzflusses Amu Darya, die nur gemeinsam mit der Sowjetunion genutzt werden könnten, nicht eingeschlossen.

Die im ganzen Lande so reichlich vorhandene Sonnenenergie wird bislang noch kaum genutzt, doch hat man dieses Potential immerhin erkannt. 1983 wurde ein Institut für Sonnenenergie durch die Regierung eingerichtet, über dessen Aktivitäten freilich nichts Näheres bekannt geworden ist.

Sonstige wichtige Energieträger finden sich nur in bestimmten Gebieten Afghanistans. Windenergie steht vor allem im Westen des Landes zur Verfügung, wo während des Sommers der „Wind der 120 Tage" kräftig und beständig weht. Auch am Nordrand des Kabul-Panjsher-Beckens, bei Jabal-us-Saraj, herrschen häufig nördliche Fallwinde. Bis heute hat man aber diese Energiequelle völlig vernachlässigt; in Westafghanistan wurden sogar die alten Windmühlen stillgelegt und statt dessen Dieselmühlen installiert. Dagegen spielt Holz als Brennmaterial gebietsweise eine wichtige Rolle, insbesondere in Ostafghanistan (Paktya, Nuristan), wo die Wälder starkem Raubbau unterliegen. In den übrigen Teilen des Landes werden außer getrocknetem Viehdung vor allem Zwergsträucher und Dornpolster aller Art verheizt.

In regionaler Sicht sind die Rohstoff- und Energievorkommen Afghanistans – soweit bislang bekannt – recht ungleich verteilt. Als *begünstigte Räume* lassen sich erkennen:
- Das Kabulgebiet in Ostafghanistan mit reichlich vorhandenen Wasserkräften und wichtigen Erzlagerstätten (Eisen, Kupfer, Chrom u. a.);
- das mittlere und östliche Nordafghanistan mit Erdgas- und Kohlelagerstätten und Hydroenergie;
- in geringem Maße auch das Gebiet nördlich und nordöstlich von Kandahar mit Erzlagerstätten (Blei-Zink, Kupfer, Gold) und Wasserkraft (an Helmand und Arghandab).

Dagegen erscheint der aride Süden, Südwesten und Westen des Landes recht dürftig ausgestattet. Abgesehen von Helmand und Hari Rod gibt es hier nur geringe, saisonal und von Jahr zu Jahr stark schwankende Wasserkräfte, dazu wenige isolierte Rohstoffvorkommen.

3 DIE BEVÖLKERUNG

Die Bevölkerung Afghanistans zu analysieren erweist sich als ein problematisches Unterfangen, gibt es doch über ihre Zahl, ihre Entwicklung, räumliche Bewegung und Struktur keine gesicherten Angaben. Die erste Volkszählung, die 1979 durchgeführt wurde, aber nur Teilergebnisse erbrachte, bildet die bisher umfassendste und zuverlässigste Datensammlung. Im übrigen ist man auf Stichprobenerhebungen oder auf Schätzungen angewiesen. Hinzu kommt, daß Millionen von Afghanen seit 1979 ins Ausland geflüchtet sind, wodurch sich nicht nur die Gesamtzahl der Bevölkerung, sondern auch deren Verteilung und Zusammensetzung im Lande verändert haben.

3.1 Zahl, Entwicklung und strukturelle Merkmale der Bevölkerung

3.1.1 Zu den demographischen Daten

Eine erste systematische Bevölkerungszählung im Jahre 1965 erfaßte nur die Hauptstadt Kabul einschließlich Vororten. Der für 1978 vorgesehene, mit Hilfe von Experten der Vereinten Nationen lange vorbereitete allgemeine Zensus mußte infolge des Umsturzes vom 27. April 1978 um ein Jahr verschoben werden. Der bewaffnete Widerstand gegen die neue Regierung ließ aber seine Durchführung nicht überall zu. Die amtlichen Zensusergebnisse setzten sich deshalb, regional unterschiedlich, aus Zähl- und Schätzwerten zusammen (vgl. BALLAND 1988ff., Stichwort „Census").

Vor 1979 beruhten die amtlichen afghanischen Bevölkerungszahlen zumeist auf Erhebungen und Schätzungen verschiedener Behörden, insbesondere des Innen- und des Landwirtschaftsministeriums; ihnen lagen teils die Zahlen der ausgegebenen Personalausweise, teils die Ergebnisse des Landwirtschaftszensus von 1967 zugrunde, die jeweils fortgeschrieben wurden. Auf diesen unsicheren Grundlagen beruht auch das Dörferverzeichnis (ADS/CSO 1975). Daneben gab es fundierte umfangreichere Stichprobenerhebungen, so 1954 durch die Weltgesundheitsorganisation (WHO) im Raum Kabul und 1972/73 durch das „Afghan Demographic Studies Project" (ADS) mit US-amerikanischer Hilfe im ganzen Land; letzteres hat freilich im einzelnen recht unterschiedliche Ergebnisse hervorgebracht. Die genannten Erhebungen beschränkten sich ganz oder vorwiegend auf die seßhafte Bevölkerung, während der nomadische Bevölkerungsteil lange Zeit eine völlige statistische Unbekannte blieb. Zwar wurde vom ADS auch eine Nomadenenquete durchgeführt, doch sind deren Ergebnisse nicht publiziert worden. Ein umfassender Nomadenzensus, der 1978 im Rahmen der Vorberei-

3.1 Zahl, Entwicklung, strukturelle Merkmale

tungen zur allgemeinen Volkszählung stattfand, erbrachte erstmals genaueren Aufschluß über die nomadische Population.

Seit 1979 sind Angaben über die Bevölkerung Afghanistans infolge der politischen Entwicklung des Landes noch unsicherer geworden. Die Flucht von Millionen Afghanen nach Pakistan und Iran und eine große Zahl von Opfern kriegerischer Aktionen, von Terror, Flucht und politischer Verfolgung haben die Gesamtbevölkerung des Landes zahlenmäßig stark reduziert, doch ist das Ausmaß dieses Rückganges schwer zu bestimmen. SLIWINSKI (1988) rechnet z. B. mit 9 % Getöteten, 33 % Auslands- und 11 % Binnenflüchtlingen. Von dieser Realität nimmt freilich die amtliche afghanische Statistik keine Notiz, sondern fährt fort, die Bevölkerungszahl Jahr für Jahr um etwa 2,6 % fortzuschreiben (vgl. CSO 1983)!

3.1.2 Bevölkerungszahl und Bevölkerungsbewegung

Die Entwicklung der Bevölkerung seit der Konsolidierung des afghanischen Staates Ende des 19. Jh. läßt sich nicht statistisch fassen. Älteren britischen Angaben zufolge kann man für den Anfang dieses Jahrhunderts etwa 5 Mio. Einwohner annehmen. Falls diese Zahl annähernd zutrifft, würde dies fast eine Verdreifachung der Bevölkerung in acht Jahrzehnten (bis 1979) bedeuten.

Noch in den 60er und 70er Jahren klafften die für Afghanistan ermittelten Bevölkerungszahlen in grotesker Weise auseinander: Während die Ergebnisse des ADS eine Gesamtbevölkerung von 11–13 Mio. für 1973 nahelegten, kam eine gleichzeitige Schätzung der UNO auf über 17 Mio.! Die statistische Unsicherheit betraf in gleicher Weise die seßhafte wie die nomadische Bevölkerung des Landes. Die seßhafte Bevölkerung im Jahr 1973 wurde z. B. nach den Daten des ADS mit 10,0 bis 11,5 Mio. angegeben (KERR 1977), wogegen der Zensus sechs Jahre später (1979) 13,1 Mio. ergab. Die nomadische Population bezifferten amtliche Quellen in den 60er und 70er Jahren jeweils auf 2–3 Mio. Dem Nomadenzensus von 1978 zufolge gab es jedoch maximal nur 1 Mio. Nomaden (BALLAND 1988b). Dieses niedrige Ergebnis, das recht gut abgesichert erscheint, ist in Afghanistan amtlicherseits nicht akzeptiert worden; vielmehr wurden 1982 nach wie vor 2,6 Mio. Nomaden ausgewiesen (CSO 1983). Hierzu ist anzumerken, daß die Zahlen für die nomadische Bevölkerung selbstverständlich variieren mußten, da ihnen keine klare und einheitliche Definition des „Nomaden" zugrunde lag.

Auf Grund der Zensusergebnisse von 1978 (gegen 1 Mio. Nomaden) und 1979 (13,05 Mio. Seßhafte) betrug die Bevölkerungszahl Afghanistans kurz vor Beginn der großen Fluchtbewegung ziemlich genau 14 Mio.

Leider liegen regional gegliederte Daten des Zensus von 1979 fast nur provinzweise vor, nicht jedoch für die Verwaltungsbezirke[4]. Deswegen mußten in Kapitel 7 zu Bevölkerungsangaben unterhalb der Provinzebene (*waluswali* und *alaqadari*) die geschätzten amtlichen Zahlen für 1978 herangezogen werden (CSO 1978a); sie sind zum besseren Vergleich auch in Tabelle 1 für die Provinzen angegeben. Diese Schätzwerte lagen mit 13,66 Mio. für das ganze Land um 4,7% über dem Zensusergebnis von 1979. Für die meisten Provinzen stimmen die Ergebnisse beider Erhebungen recht gut überein, doch gibt es auch erhebliche Abweichungen, wie in Farah, Konar und Laghman (mit um 51–24% niedrigeren Zensusresultaten); sie lassen sich hier nur z. T. durch den Bürgerkrieg erklären, der eine Zählung in manchen Bezirken unmöglich machte (GRÖTZBACH 1986).

Die bisherigen Erhebungen über den natürlichen Zuwachs der afghanischen Bevölkerung legen es nahe, den Geburtenüberschuß im Vergleich zu anderen Entwicklungsländern als mittelhoch einzustufen. Der Zensus von 1979 ergab eine Geburtenziffer von 48,5‰ und eine Sterbeziffer von 23,5‰, mithin einen Geburtenüberschuß von 25‰ (das ADS 22‰). Wie zu erwarten, gibt es hierbei deutliche Unterschiede zwischen ländlicher und städtischer Bevölkerung. In den Städten ist der Geburtenüberschuß trotz geringerer Geburtenziffern höher als auf dem Lande, was durch die deutlich niedrigere städtische Sterblichkeit bedingt ist (KERR 1977).

Der hohen Geburtenziffer entsprach eine Fruchtbarkeitsziffer von 6 bis 7 Lebendgeburten je Frau bei einem durchschnittlichen Heiratsalter von etwa 18 Jahren (Männer: rund 26 Jahre). Allerdings ist die Kindersterblichkeit sehr hoch. Sie wurde auf Grund der ADS-Daten für die ländliche Bevölkerung auf ein Drittel, für die Städter auf ein Viertel der Kinder vor dem fünften Lebensjahr geschätzt. Durch die hohe Kindersterblichkeit verkürzt sich auch die mittlere Lebenserwartung entsprechend. Sie betrug für die ländliche Bevölkerung 36, für die Stadtbevölkerung 47 Jahre (TRUSSELL & BROWN 1979).

Die durch die Volkszählung 1979 ermittelte Geschlechterproportion von 106 Männern je 100 Frauen (Geschlechterverhältnis 51,4% zu 48,6%) kam vermutlich der Wirklichkeit nahe. Fest steht auch nach allen Stichprobenerhebungen, daß Afghanistan bis 1979 einen Männerüberschuß aufwies, was auf die höhere Sterberate der Frauen zurückzuführen sein dürfte. Vor allem die Kindbettsterblichkeit war mit 7 Todesfällen auf 1000 Lebendgeburten pro Jahr ungewöhnlich hoch (KERR 1977).

Die Altersstruktur der Bevölkerung Afghanistans nach Figur 3 beruht auf den fortgeschriebenen Zahlen des Zensus von 1979. Das Diagramm zeigt

---

[4] Bezirksweise gegliederte Zensusergebnisse veröffentlichte bislang nur D. BALLAND (1988 ff.). Da erst einige Lieferungen der Encyclopaedia Iranica erschienen sind, liegen die Daten nur für die Provinzen am Anfang des Alphabets vor. Im allgemeinen unterscheiden sie sich nur wenig von den Schätzwerten des CSO (1978a).

3.1 Zahl, Entwicklung, strukturelle Merkmale 59

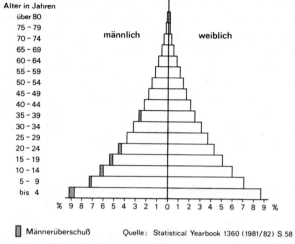

Figur 3: *Altersaufbau der seßhaften Bevölkerung 1979.*

deutlich den pyramidenförmigen Altersaufbau der Bevölkerung mit einer breiten Basis von Kindern: Nicht weniger als 44,6 % der Bevölkerung waren unter 15 Jahre, doch nur 2,5 % über 65 Jahre alt. Die mit zunehmendem Alter immer schwächere Besetzung der Altersgruppen ist charakteristisch für die rasch wachsende Bevölkerung der meisten Entwicklungsländer. Sie ist ein Ergebnis hoher, aber leicht rückläufiger Sterblichkeit namentlich im Kindesalter bei weiterhin hoher Geburtenziffer.

Die Entwicklung der Bevölkerungszahl eines Landes wird nicht nur durch die natürliche Bevölkerungsbewegung gesteuert, sondern auch durch die *Außenwanderungen* über die Landesgrenzen hinweg. Diese haben in Afghanistan bis vor kurzem eine recht untergeordnete Rolle gespielt. Die letzte bedeutendere Einwanderungswelle verzeichnete Afghanistan in den 30er Jahren, als Zehntausende von Turkmenen, Usbeken und Tadschiken, den Repressionen der sowjetischen Kollektivierung ausweichend, aus Sowjetisch-Mittelasien nach Afghanistan flohen. In den 70er Jahren entwickelte sich eine rasch zunehmende Emigration von Arbeitskräften in die Erdölländer am Persischen Golf. Zwar handelte es sich dabei nur um temporäre Wanderungen meist junger Männer, doch gewannen sie bald volkswirtschaftliches Gewicht. Um 1978 schätzte man die Zahl dieser Arbeitsemigranten auf 300–700000, von denen die meisten in Iran tätig waren. Ihre auf jährlich 100–200 Mio. US-$ geschätzten Geldüberweisungen ins Heimatland trugen entscheidend zur Verbesserung der afghanischen Zahlungsbilanz bei und führten zu einer raschen Ausbreitung der Geldwirtschaft in peripheren Gebieten, aber auch zu einer Verknappung von Arbeitskräften (WIEBE 1979c). Diese Arbeitsemigration wurde 1979 abgelöst von einer Fluchtbewegung ins Ausland, die nach dem kommunistischen Umsturz 1978 zögernd begann, nach der Besetzung Afghanistans durch die Sowjets Ende 1979 aber zur Massenflucht anschwoll. Anfang 1989 rechnete man offiziell mit 5,5 Mio. afghanischen Auslandsflüchtlingen, davon 3,3 Mio. in Pakistan und über 2 Mio. in Iran[5]. Dazu kamen etwa 1–1,5 Mio. Kriegstote. Wie alle Zahlenangaben aus orientalischen Ländern wird man auch diese mit Vorsicht aufnehmen müssen. Immerhin gilt als gesichert, daß 1988 nur mehr gegen 60–65% der potentiellen Bevölkerung Afghanistans im Lande lebten (ERMACORA 1988; SLIWINSKI 1988; UNOCA 1988). – (Zur Binnenwanderung s. S. 87ff.)

3.1.3 Sozioökonomische Merkmale der Bevölkerung

Verstädterungsgrad:
Der Verstädterungsgrad der afghanischen Bevölkerung war bis 1979 vergleichsweise niedrig. Das ADS ermittelte 1,5 Mio. Einwohner in 61 städtischen Siedlungen, was bei Annahme einer Gesamtbevölkerung von 12 Mio. lediglich etwas über 12% entsprochen hätte (ähnlich auch GRÖTZBACH 1979). Die Volkszählung von 1979 ergab eine Stadtbevölkerung von knapp 2 Mio. Diese Zahl entspricht fast genau der Fortschreibung des Schätzwertes von 1973, wenn man, wie in amtlichen Veröffentlichungen, eine Zuwachsrate der städtischen Bevölkerung von 4,7% pro Jahr zugrunde legt. Demzufolge betrug 1979 der Verstädterungsgrad etwa 14%. Er war damit erheblich niedriger als in den Nachbarstaaten Iran (47% 1976) und Pakistan (28% 1981), was die erst wenig fortgeschrittene städtische Entwicklung in Afghanistan verdeutlicht. Nach 1979 ist der Anteil der Stadtbewohner infolge des Zustroms von Flüchtlingen in große Städte wie Kabul und Mazar-i-Sharif aber stark angestiegen; 1987 dürfte er ein Viertel bis ein Drittel der in Afghanistan lebenden Bevölkerung betragen haben.

Haushaltsgröße:
Das ADS bestätigte die aus früheren Stichprobenerhebungen bereits bekannte Tatsache, daß Afghanistans Bevölkerung in relativ großen Haushalten lebt. Die durchschnittliche Zahl von 6,2 Personen (in Städten sogar 6,6 Personen) je Haushalt beruht auf verschiedenen Faktoren: der hohen Kinderzahl, der noch immer verbreiteten Haushaltsgemeinschaft von Großfamilien und

---

[5] Die von Iran angegebene Zahl von über 2 Mio. afghanischen Flüchtlingen erscheint weit übertrieben, wenn man bedenkt, daß die Provinzen im Westen Afghanistans, aus denen jene Menschen weit überwiegend stammen, 1978 und 1979 nur 2,3 Mio. Ew. zählten (Herat, Farah, Nimroz, Badghis, Ghor, Helmand).

der Polygamie, die, vom islamischen Recht sanktioniert, unter wohlhabenden, traditionsgeleiteten Afghanen recht häufig anzutreffen ist. So stellte das ADS fest, daß in 12% aller erfaßten Haushalte zwei und in 1,4% sogar drei oder vier Ehefrauen des Familienvorstandes lebten (YODER 1978).

Erwerbstätigkeit:
Durch das ADS und den Zensus von 1979 liegen auch Angaben zur Erwerbstätigkeit der Bevölkerung vor, die etwas zuverlässiger sein dürften als frühere Schätzwerte. Sie sollten aber nicht darüber hinwegtäuschen, daß die Anwendung von Begriffen wie Erwerbstätigkeit und Arbeitslosigkeit auf eine noch weitgehend traditionelle Agrargesellschaft wie die afghanische höchst problematisch ist. Der Zensus von 1979 gab den Anteil der Erwerbstätigen an der gesamten seßhaften Bevölkerung mit 26% an. Daß die Erwerbstätigkeit oft schon früh als Kinderarbeit einsetzt, wurde durch das ADS belegt; ihm zufolge war bereits ein Drittel der männlichen Zehn- bis Fünfzehnjährigen wirtschaftlich aktiv. Die ermittelte Arbeitslosenquote von 4% ließ freilich die Unterbeschäftigung oder verdeckte Arbeitslosigkeit, die weit verbreitet ist, unberücksichtigt (KERR 1977). – (Zur Aufgliederung der Erwerbstätigen nach Wirtschaftsbereichen s. Tabelle 7.)

Bildungsstand:
Das ADS lieferte schließlich auch Daten über Schulbesuch und formalen Bildungsstand der über fünf Jahre alten seßhaften Bevölkerung. Der Anteil der Schreib- und Lesekundigen betrug demnach etwa 11%, und zwar 19% beim männlichen, aber nur 3% beim weiblichen Teil. Während von den Jungen im Alter von neun bis elf Jahren bereits die Hälfte die Schule besuchte, war es unter den gleichaltrigen Mädchen nur ein Zehntel. Das in diesen Zahlen aufscheinende Bildungsdefizit der weiblichen Bevölkerung ist charakteristisch für eine traditionell-islamisch orientierte Gesellschaft, in der sich die Rolle der Frau lediglich auf Haus und Familie beschränkt. Doch bestanden im Schulbesuch der Mädchen erhebliche räumliche Unterschiede (vgl. Karte 19).

3.2 Bevölkerungsverteilung und Bevölkerungsdichte

Die Verteilung der seßhaften Bevölkerung in Karte 6 läßt bereits auf den ersten Blick große räumliche Unterschiede erkennen:
a) Häufungsgebiete sind die von größeren Flüssen ganzjährig bewässerten Oasen, namentlich im Norden und Osten des Landes, im Westen nur am Hari Rod (Herat), im Süden am Arghandab (Kandahar) und Helmand. Die stärksten Bevölkerungskonzentrationen treten in den Becken von Kabul-Panjsher und Jalalabad südlich des Hindukusch auf.

3 Die Bevölkerung

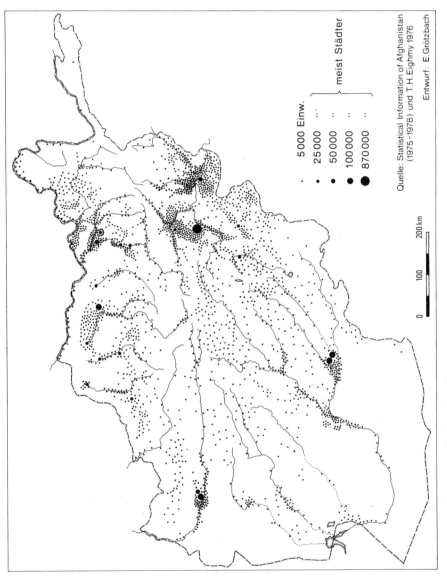

Karte 6: Verteilung der seßhaften Bevölkerung 1978.

3.2 Bevölkerungsverteilung und -dichte

b) Eine ziemlich gleichmäßige Streuung der Bevölkerung herrscht im südlichen Teil des zentralen Hochlandes und ostwärts zunehmend bis an die pakistanische Grenze in Paktya. Dieses Verteilungsbild beruht gleichfalls auf Bewässerungsland, das in Tälern oder in intramontanen Becken streifenförmig bzw. fleckenhaft aufgelöst ist. In der Streuung der Bevölkerung kommt hier die Diskontinuität des Kulturlandes zum Ausdruck. Eine disperse Bevölkerungsverteilung weist auch der Nordsaum von Hindukusch und zentralem Hochland auf. Sie beruht hier auf dem großflächigen Regenfeldbau.

c) Weithin leer von seßhafter Bevölkerung sind die Wüsten abseits der Flüsse im Süden und Westen des Landes, die allenfalls jahreszeitlich von Nomaden mit ihren Herden aufgesucht werden wie Registan. Entsprechendes gilt für die Halbwüsten im äußersten Norden. Auch große Teile des zentralen Hochlandes nördlich der Hari Rod-Surkhab-Linie sowie Nordostafghanistans (Hindukusch, Pamir, Nordbadakhshan) werden wegen Wassermangels, der Höhenlage oder des Hochgebirgsreliefs nur saisonal bewohnt.

Insgesamt läßt das Verteilungsbild einen scharfen Gegensatz zwischen der nordöstlichen und der südwestlichen Landeshälfte erkennen: Liegen im Nordosten die dichtest bevölkerten Gebiete und das Gros der Städte, so umfaßt der Südwesten riesige unbewohnte Gebiete und darin einige inselhafte Oasen mit den Regionalzentren Kandahar und Herat.

Bei einer Gesamtfläche Afghanistans von 652 225 qkm und einer Bevölkerungszahl von etwa 14 Mio. betrug 1979 die Bevölkerungsdichte knapp 22 Ew./qkm. Dieser Mittelwert verwischt allerdings die großen Dichteunterschiede, die zwischen den einzelnen Landesteilen bestehen.

Die Bevölkerungsdichtekarte (Karte 7), nach Verwaltungsbezirken auf der Grundlage der Volkszählung 1979, ergibt ein differenzierteres, freilich noch immer flächig generalisiertes Bild. Maximale Dichten von über 200 Ew./qkm wurden in Koh Daman, bei Jalalabad, Kunduz und Kandahar erreicht. Die Oasen von Qataghan, von Balkh – Aqcha, von Herat, von Lashkargah am Helmand, von Nangarhar – Laghman – Konar, Ghazni und Muqur sowie Teile von Paktya verzeichneten immerhin noch 50–200 Ew./qkm.

Deutlich ist die Verdichtung der Bevölkerung in Ostafghanistan südlich des Hindukusch, wo selbst Gebirgsbezirke wie Panjsher und Ghorband, aber ebenso die Ebene von Katawaz noch mehr als 30 Ew./qkm aufwiesen. Auch in der Lößzone Nordafghanistans von Maymana bis Badakhshan waren mehrere Bezirke mit 30–50 Ew./qkm überdurchschnittlich bevölkert. Das zentrale Hochland bildet mit 5–20 Ew./qkm den größten zusammenhängenden Raum mit zwar geringer, aber noch ziemlich flächenhaft verteilter Bevölkerung. Gegen Westen und Süden geht es allmählich in die Wüstengebiete über, in denen seßhafte Bevölkerung nur mehr inselhaft verbreitet ist. Als eine isolierte Siedlungskammer erscheint Afghanisch-Sistan mit der nach der Bevölkerungszahl kleinsten Provinz Afghanistans, Nimroz. Hier hatten Einwoh-

3 Die Bevölkerung

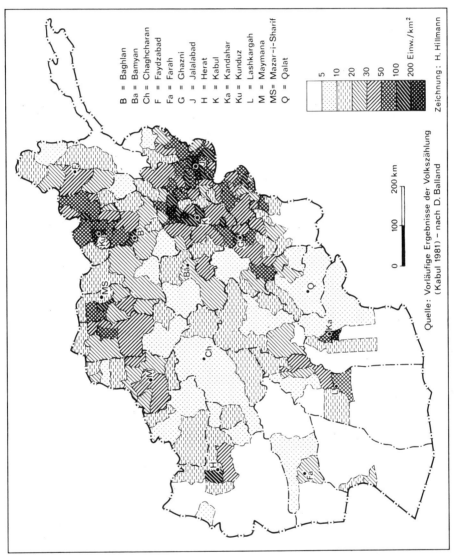

Karte 7: Dichte der seßhaften Bevölkerung 1979.

nerzahl und Bevölkerungsdichte seit den Dürrejahren 1970/1971 sogar durch Abwanderung abgenommen.

Die Zahlen der arithmetischen Bevölkerungsdichte sagen freilich nichts über die Beziehung Bevölkerungszahl zu Tragfähigkeit in einem Gebiet aus. Hierüber könnte die „physiologische Dichte" eher Aufschluß geben, d. h. das Verhältnis Bevölkerungszahl zu landwirtschaftlicher Fläche oder besser Ackerfläche; doch fehlen hierfür halbwegs zuverlässige Zahlen. Sie würden zeigen, daß manche Gebiete trotz geringer arithmetischer Dichte in Wirklichkeit übervölkert sind, z. B. viele Täler im Hindukusch (GRÖTZBACH 1969) oder im Hazarajat. Dagegen haben manche Oasen in Qataghan trotz mittlerer bis hoher arithmetischer Dichte die Grenze ihrer Tragfähigkeit noch nicht erreicht.

Das hier wiedergegebene Bild von Bevölkerungsverteilung und -dichte hat sich infolge der innenpolitischen Entwicklung Afghanistans seit 1978 erheblich verändert. Aus einigen Gebieten ist ein Großteil der ländlichen Bevölkerung durch Kampfhandlungen zwischen Widerstandsgruppen und afghanisch-sowjetischen Truppen oder durch gezielte Repressalien der Besatzungsmacht verdrängt worden. Dies gilt vor allem für Ostafghanistan, wo aus den Provinzen Konar, Laghman, Logar, Paktya, Ghazni und Paktika 1988 jeweils über 50 % der Bevölkerung nach Pakistan geflüchtet waren, ebenso wie aus der Provinz Kandahar. Eine ähnlich hohe Fluchtrate verzeichneten die Provinzen Herat, Farah und Nimroz, doch war hier Iran das Ziel. Am geringsten (unter 5 %) soll der Anteil der Auslandsflüchtlinge in den Provinzen Balkh, Jauzjan und Faryab, in Takhar, Bamyan, Kapisa und Kabul gewesen sein (UNOCA 1988). Doch war um Kabul, in Kapisa und Balkh die Zahl der Binnenflüchtlinge besonders hoch, die vorzugsweise in Kabul und Mazar-i-Sharif Zuflucht fanden. Auch das Hazarajat erfuhr auf diese Weise einen Bevölkerungszuwachs (GUILLO u. a. 1983). Die Zahl der Kriegstoten, bezogen auf die jeweilige Bevölkerungszahl 1978, war bis 1987 in zwei Gebieten des Landes besonders hoch: im Norden von Kunduz bis Faryab, von wo nur ein kleiner Teil der Bewohner ins Ausland flüchten konnte, und in den Provinzen Kabul, Kapisa und Logar (SLIWINSKI 1988).

3.3 Die ethnisch-kulturelle Vielfalt

Afghanistan ist ein Vielvölkerstaat, dessen Bevölkerung nicht nur verschiedensten Ethnien, sondern auch unterschiedlichen Sprach- und Konfessionsgruppen angehört. Während die größeren Ethnien sprachlich relativ einheitlich sind, zeigen sie im Hinblick auf die Konfession größere Vielfalt. Leider ist die Religions-, Sprach- und Volkszugehörigkeit niemals zahlenmäßig erfaßt worden, so daß hierüber keinerlei gesicherte Daten vorliegen. Alle im folgenden genannten Zahlen beruhen deshalb lediglich auf Schätzungen.

3.3.1 Religion und Sprachen

Sieht man von den kleinen Gruppen der Hindus, Sikhs und Juden ab, so gehört die Bevölkerung Afghanistans vollzählig dem Islam an. Afghanische Christen gibt es nicht, ist doch jeglicher Bekehrungsversuch zu einer nichtislamischen Religion strikt verboten. Der Islam ist nicht nur Staatsreligion – dies sogar nach der Verfassung von 1987 –, sondern auch nahezu allgegenwärtig. Er durchdringt den privaten Alltag ebenso wie das öffentliche Leben, selbst unter dem kommunistischen Regime.

Als Staatsreligion gilt der sunnitische Islam der hanefitischen Schule, dem etwa 85 % der Bevölkerung angehören dürften. Die größte konfessionelle Minorität bilden die Schiiten (Zwölferschiiten) mit 13–14 %, denen fast alle Hazara, viele Farsiwan Westafghanistans, die Qizilbash in Kabul und kleine Gruppen von Paschtunen in Kandahar und Logar angehören (ROY 1985). Dagegen sind die Ismaeliten (Siebenerschiiten) mit rund 1 % der Gesamtbevölkerung weit weniger zahlreich. Zu ihnen zählen ein Teil der Tadschiken Badakhshans (Pamirtadschik) und der Hazara im Gebiet zwischen Bamyan und Doshi. Die Schiiten und noch mehr die Ismaeliten unterliegen mancherlei sozialer Diskriminierung, die in erster Linie auf konfessionellen Gegensätzen beruht.

Religiöse Zentren waren und sind vor allem die Sitze von Sufi-Orden und ihrer Führer, oftmals in Verbindung mit einem berühmten Heiligengrab *(zyarat)*. Zu den bedeutendsten zählen Herat und Kabul, Kandahar, Mazar-i-Sharif und Maymana, aber auch kleine, entlegene Orte wie Karukh und Chesht-i-Sharif bei Herat, Purchaman (Ghor) und Chaharbagh (Nangarhar). Manche Zyarate werden als Wallfahrtsorte viel besucht, allen voran Mazar-i-Sharif (s. S. 300 f.).

Die moderne Bewegung des Islamismus begann sich in Afghanistan ab 1958 politisch zu formieren. Sie fand ihren Nährboden hauptsächlich in Ostafghanistan (Kabul, Nangarhar, Laghman, Konar, Panjsher, Ghorband und Tagab), in Herat und Mazar-i-Sharif und deren Umgebung sowie in den Provinzen Baghlan und Takhar. In diesen Gebieten haben auch die sunnitisch-fundamentalistischen Widerstandsorganisationen seit 1979 ihre breiteste Basis gefunden, jene der Schiiten im Hazarajat (ROY 1985).

Ethnolinguistisch ist die Bevölkerung Afghanistans stärker zersplittert, gehört sie doch unterschiedlichen Sprachen und Sprachfamilien an. Dabei dominieren insgesamt iranische Sprachen, nämlich Paschtu, Persisch und Belutschisch. Die größte und geschlossenste Sprachgruppe bilden die Paschtunen, die sämtlich das den ostiranischen Sprachen zugehörige *Paschtu* als ihre Muttersprache sprechen. Nur in der linguistischen Diaspora, namentlich in Kabul und Südwestafghanistan, unterlag ein kleiner Teil der Paschtunen einer „Tadschikisierung", indem er das Persische als Umgangssprache übernahm.

3.3 Die ethnisch-kulturelle Vielfalt 67

Eine ähnlich weite Verbreitung wie das Paschtu hat das *Dari*, die in Afghanistan gesprochene Version des Persischen, das als alte Literatur- und Hofsprache dem gröberen Paschtu überlegen ist. Es wird von unterschiedlichen ethnischen Gruppen, z. T. mit eigener Dialektfärbung, gesprochen, vor allem von Tadschiken und Farsiwan, Hazara und Aimaq. Darüber hinaus dient es als *Lingua franca* für viele Paschtunen, Usbeken, Turkmenen usw., die in ethnischen Mischgebieten leben. Das Belutschische *(Baluchi)* ist eine nordwestiranische Sprache, die auch in Iranisch- und Pakistanisch-Belutschistan gesprochen wird. Der indo-arischen Sprachfamilie gehören die Nuristani-Sprachen *(Prasun, Kati, Ashkun, Tregami, Waigali)* sowie das den Dard-Sprachen zuzuordnende, stark zurückgedrängte *Pashai* im Südhindukusch an. Indisch-pakistanische Muttersprachen haben schließlich die durchweg städtischen Hindus und Sikhs, die Gujars und z. T. die Jats.

Zu einer ganz anderen Sprachfamilie zählen die innerasiatischen Turksprachen in Nordafghanistan: Usbekisch, Turkmenisch und Kirgisisch, die auch in der benachbarten Sowjetunion gesprochen werden. Eine Sonderstellung nimmt schließlich das *Brahui* ein, das den drawidischen Sprachen Südindiens zugerechnet wird und in Pakistanisch-Belutschistan (um Kalat) und im äußersten Süden Afghanistans inselhaft verbreitet ist. – (Zur Sprachverbreitung vgl. die Karte von BEHNSTEDT & KIEFFER, TAVO 1984.)

Trotz dieser sprachlichen Vielfalt sind bis vor kurzem nur Paschtu und Dari als Amts- und Schulsprachen anerkannt gewesen, wobei die Verfassung von 1964 für Paschtu als Nationalsprache sogar eine besondere Förderung durch den Staat vorsah. Erst die neue kommunistische Regierung anerkannte die wichtigeren linguistischen Minoritäten, indem sie ihnen ab 1978 eigene Publikationsorgane und Radiosendungen in usbekisch, turkmenisch, belutschisch, nuristanisch *(Kati)* und *pashai* einräumte.

3.3.2 Die ethnischen Gruppen

Das Bewußtsein der ethnischen Identität ist nicht bei allen Gruppen der Bevölkerung Afghanistans in gleicher Weise ausgeprägt. Es hat sich vor allem unter der modern gebildeten Stadtbevölkerung verwischt. Völlig verschwunden ist es aber auch in den städtischen Eliten nicht. Bis heute ist die Angabe einer ethnischen Stammes- oder Regionalgruppe Ausdruck des Bewußtseins traditioneller Zugehörigkeit innerhalb der Gesellschaft des Landes geblieben (CENTLIVRES 1980). Diese Tatsache haben die afghanischen Regierungen und Behörden lange Zeit ignoriert, widersprach sie doch der offiziellen Fiktion eines einheitlichen Nationalstaates.

Die einzelnen Ethnien haben das Interesse der Völkerkundler in höchst unterschiedlichem Maße erregt. So sind einige kleine, unbedeutende Gruppen, wie die Jat,

68 3 Die Bevölkerung

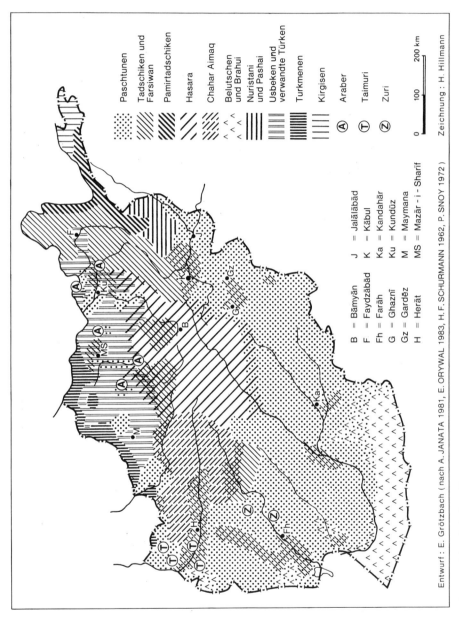

Karte 8: Die ethnischen Gruppen.

3.3 Die ethnisch-kulturelle Vielfalt

Moghol und Kirgisen, weit besser erforscht als z. B. die Tadschiken und Usbeken. Zu diesem ungleichen Forschungsstand gesellen sich für manche Gruppen auch taxonomische Probleme: Ihre Einschätzung von außen und ihr eigener Anspruch können divergieren, was ihre objektive Zuordnung erschwert. Wenn hier dennoch in aller Kürze versucht wird, die einzelnen Ethnien in angemessener Weise darzustellen, so geschieht dies ohne Berücksichtigung fachspezifischer Probleme, die in der ethnologischen Literatur breiten Raum einnehmen, wie Ethnogenese, Genealogien, Stammesgliederungen und Verwandtschaftsbeziehungen.

Die Stärke der einzelnen Ethnien wird mitunter sehr unterschiedlich angegeben (vgl. ORYWAL 1986). So klaffen die Angaben für die Paschtunen als der stärksten Volksgruppe mit 4,8–7 Mio. besonders weit auseinander, was 40 bzw. 55 % der jeweils zugrundegelegten Gesamtbevölkerungszahl entspräche.

In Tabelle 5 ist versucht worden, die am fundiertesten erscheinenden Schätzwerte für die einzelnen ethnischen Gruppen zusammenzustellen. Bei ihrer Analyse muß man sich aber darüber im klaren sein, daß auch sie subjektiver Bewertung unterliegen und lediglich Größenordnungen angeben können. Karte 8 gibt die räumliche Verbreitung der wichtigeren Ethnien wieder. Deren jüngste und wohl genaueste kartographische Darstellung stammt von ORYWAL (TAVO 1983).

Das zahlenmäßige Gewicht der einzelnen Ethnien hat sich durch die Fluchtbewegung seit 1979, an der die Paschtunen weit überproportional beteiligt waren, z. T. erheblich verschoben. Für 1987 wurde der Anteil der Paschtunen an der in Afghanistan verbliebenen Bevölkerung auf nur mehr 22 % geschätzt, gegenüber 34 % Tadschiken, 14 % Hazara, 14 % Usbeken und 16 % Sonstige (SLIWINSKI 1988). Somit hat das paschtunische Element zumindest vorübergehend seine zahlenmäßige Vormachtstellung eingebüßt.

3.3.2.1 Die Paschtunen

Die Paschtunen bilden nicht nur die stärkste ethnische Gruppe Afghanistans, sondern auch das dominierende Staatsvolk. Ihre früher allgemein übliche Bezeichnung als „Afghanen", die bis heute von Angehörigen anderer Ethnien verwendet wird, hat dem gesamten Staat den Namen gegeben. Während zwischen „Afghanen" und „Paschtunen" im Lande selbst kaum unterschieden wird, gilt „Afghane" heute im internationalen Gebrauch als Bezeichnung der Staatsangehörigkeit. In diesem staatsrechtlichen Sinne sollen „Afghane" und „afghanisch" auch hier verwendet werden, während „Paschtune" und „paschtunisch" sich als ethnische Begriffe auf die betreffende Volksgruppe beziehen.

Das Verbreitungsgebiet der Paschtunen, das tief nach Pakistan bis an den Indus reicht, wird durch die erst 1893 gezogene Durand-Linie, die heutige internationale Grenze, zerschnitten. In Pakistan, wo man sie als Pathanen

(*Pathans*) bezeichnet, lebte vor 1979 eine ähnlich große Zahl von Paschtunen wie in Afghanistan. Die Paschtunen haben ihren Siedlungsraum von den Solaimanketten im heutigen Pakistan seit dem Mittelalter weit nach Norden, Nordwesten und Westen ausgedehnt. Innerhalb Afghanistans liegt nunmehr ihr Hauptverbreitungsgebiet im Osten, Süden und Südwesten des Landes. Es erstreckt sich als ein breiter, halbkreisförmiger Saum von Nangarhar und Konar bis in die Provinz Herat. Seit den 1880er Jahren haben sich Angehörige verschiedener Paschtunenstämme auch im Norden Afghanistans niedergelassen, wo ihnen vom Staat Ackerland und Weidegründe zugewiesen wurden. Diese Paschtunisierung des damals nur schwach bevölkerten und durch die russische Expansion bedrohten Nordens ging teils freiwillig, teils unter staatlichem Druck, teils als Zwangsumsiedlung unbotmäßiger Stämme vor sich. Starke Gruppen paschtunischer Bauern und Nomaden findet man heute in fremdvölkischer Umgebung vor allem vom unteren Murghab bis Shirin Tagab und bei Archi–Kunduz–Baghlan. Auch das Eindringen paschtunischer Nomaden in die Sommerweidegebiete des zentralen Hochlandes, des Hindukusch und Nordbadakhshans ist ähnlich jungen Datums. Die Bevorzugung und Förderung des paschtunischen Bevölkerungsteils zieht sich wie ein – mitunter freilich verdeckter – roter Faden durch die Geschichte des Landes seit dem 19. Jh. (N. TAPPER 1983).

Stammesgliederung und Stammesbewußtsein sind neben der eigenen Sprache ein Hauptmerkmal der Paschtunen. Die Stammesgliederung zeigt an der Spitze einige große Stammesverbände, die sich nach unten hin entsprechend den vielen genealogischen Verzweigungen in eine kaum überschaubare Vielzahl von Stämmen und Unterstämmen auflösen. Die gesellschaftliche Identität des Individuums ist durch seine Zugehörigkeit zu Unterstamm, Stamm und Stammesverband klar fixiert.

Den größten Stammesverband unter den Paschtunen Afghanistans bilden die *Ghilzai*. Sie siedeln im Osten des Landes, etwa zwischen Kandahar, Kabul und Jalalabad. Zu ihren wichtigsten Stämmen zählen die Solaimankhel (in Katawaz), Taraki (bei Muqur), Tokhi und Hotaki (bei Qalat), Andar (bei Ghazni). An die Ghilzai schließen sich westwärts die *Durrani* an. Ihr Verbreitungsgebiet erstreckt sich von Kandahar bis südlich von Herat. Wichtigste Stämme der Durrani sind die Popalzai, Alikozai, Barakzai, Achakzai, Nurzai, Alizai und Ishakzai.

Eine gesonderte Gruppe bilden die Paschtunenstämme im mittleren afghanisch-pakistanischen Grenzgebiet, die östlichen Nachbarn der Ghilzai und Durrani. Von Norden nach Süden handelt es sich um die Safi (in Laghman und Konar), Afridi (am Khaiberpaß), Shinwari, Mohmand und Khugyani (in Nangarhar), Mangal, Jaji, Jadran u. a. (in Khost) sowie die Waziri und Kakar südlich davon. Diese Stämme im schwer kontrollierbaren Grenzbergland genossen und genießen weitgehende Unabhängigkeit von staatlicher Aufsicht. Ihr freies Stammesland, Yaghistan, liegt hauptsächlich auf pakistanischem Boden, reicht aber bis ins südliche Paktya, nach Paktika und Zabul. Gerade in diesem Gebiet haben sich paschtunische Eigenart und Tradition in reiner Form erhalten können.

Die sozialen Beziehungen innerhalb der paschtunischen Stammesgesellschaft werden weniger durch staatliche oder islamische Gesetze als durch das *paschtunwali* geregelt, das als Stammesrecht und Ehrenkodex umschrieben wird. Es ist Ausdruck eines egalitären sozialen Systems, in welchem die Ratsversammlung *(jirgah)* eine große Rolle spielt. Gleichwohl hat es weder mit einer Anarchie noch mit einer Demokratie im modernen Sinne etwas zu tun. Auch die paschtunische Stammesgesellschaft kennt ökonomische und soziale Rangunterschiede, wie jenen zwischen einem Khan und dessen Gefolgsleuten, doch sind sie in der Regel nicht erblich. Ein ausgeprägter Sinn für soziales Prestige, für Ehre und Unabhängigkeit charakterisiert die Paschtunen. Er drückt sich aus in großzügiger Gastfreundschaft, im Tragen von Waffen, aber auch in der Blutrache und einem oft extremen Stammespartikularismus. Schon die britischen Kolonialherren und die afghanischen Emire suchten sich, wenn nicht die Loyalität, so doch das politisch-militärische Stillhalten von den Grenzstämmen zu erkaufen, freilich mit unzuverlässigem Erfolg, was bis heute gilt.

Noch immer ist die Zahl der Nomaden unter den Paschtunen relativ hoch. Insbesondere die Nurzai-, Ishakzai- und Achakzai-Durrani sowie die Taraki und Solaimankhel unter den Ghilzai leben mehr oder minder von nomadischer Viehhaltung. Dagegen sind die Paschtunen in den afghanischen Städten unterrepräsentiert, namentlich in der Händler- und Handwerkerbevölkerung der Basare. Nur an den staatlich-administrativen Führungspositionen hat das „Staatsvolk" überdurchschnittlich Anteil. Als einzige große Stadt Afghanistans ist Kandahar fast ganz paschtunisch geprägt.

3.3.2.2 Tadschiken und Farsiwan

Im Vergleich mit den Paschtunen stellen Tadschiken und *Farsiwan* („Persisch-Sprecher") eine ethnisch und konfessionell heterogenere Volksgruppe dar. Ihre gemeinsamen Merkmale sind die persische Sprache *(Dari)*, die seßhafte Lebensweise und das Fehlen einer Stammesorganisation, an deren Stelle ein lokal oder regional bestimmtes Zugehörigkeitsbewußtsein tritt. Ein Tadschik pflegt deshalb auf die Frage nach seiner Identität anders als ein Paschtune mit einer räumlichen Herkunftsbezeichnung zu antworten: Herati, Kabuli, Badakhshani usw.

Ähnlich wie die Bezeichnung *Afghan* werden auch *Tadschik* und *Farsiwan* in der Umgangssprache mit unterschiedlichem Bedeutungsinhalt verwendet. *Farsiwan* (oder *Farsiban*) sind z. B. aus paschtunischer Sicht alle Darisprecher des Landes in ihrer Gesamtheit; hierbei handelt es sich also eher um eine linguistische Sammelbezeichnung. Als Farsiwan im engeren ethnologischen Sinne gelten jedoch die persisch sprechenden Bewohner West- und Südwestafghanistans, soweit es sich nicht um Tadschiken oder Aimaq handelt. Durch persischen Kultureinfluß geprägt, gehören sie großenteils der Schia an, im Gegensatz zu den Tadschiken, die fast sämtlich Sunniten sind. Doch ist die Unterscheidung dieser beiden eng verwandten Gruppen durchaus unscharf. Dies darf nicht verwundern, bedeutete doch die Bezeichnung *Tadschik* ursprünglich nur die Nichtzugehörigkeit zu Türken und Arabern (später auch zu den Paschtunen) und die Zugehörigkeit zur persischen Kultur (SCHURMANN 1962).

Heutige Hauptverbreitungsgebiete der Tadschiken und Farsiwan sind einmal der Nordosten des Landes zwischen Kabul und der sowjetischen Grenze in Badakhshan, jenseits derer sich ihr Lebensraum in der Sowjetrepublik Tadschikistan fortsetzt, bzw. die Hari Rod-Oase von Herat. Mehr oder minder isolierte Vorkommen finden sich auch in anderen Teilen des Landes: Farsiwan in Sistan und Farah, Tadschiken im Becken von Jalalabad, im östlichen Hazarajat, in den Oasen Nordafghanistans, im Grenzgebiet der Provinzen Farah und Ghor, bei Ghazni und sogar bei Gardez und Urgun. Die Diskontinuität ihres Verbreitungsgebietes, welche auch die ethnologische Erforschung erschwert, ist vermutlich der Hauptgrund dafür, daß die Zahl der Tadschiken und Farsiwan in Afghanistan oft unterschätzt worden ist, zumal als Minorität im paschtunischen Siedlungsgebiet (JANATA 1975). Auch hier hat sich ein Teil der tadschikischen Vorbevölkerung, von den vordringenden Paschtunen unterworfen und als *hamsaya* (Hörige) in wirtschaftliche Abhängigkeit gebracht, erhalten können. Dieses Verbreitungsmuster stützt die These, wonach die Tadschiken rassisch und kulturell die eigentlichen Nachfahren der altiranischen Bevölkerung Afghanistans und Zentralasiens seien.

Tadschiken und Farsiwan sind in Städten und im ländlichen Raum gleicherweise verbreitet. In den Städten bilden sie einen Großteil der Händler und Handwerker und der unteren bis mittleren Beamtenschaft. Selbst in paschtunisch oder usbekisch dominierten Städten wie Kandahar, Jalalabad und Kunduz sind sie im Basar zahlreich vertreten, eine Eigenschaft, die bereits ELPHINSTONE (1815) festgestellt hat. Als Oasenbauern trifft man sie auch in den großen Bewässerungsgebieten an, und zwar meist räumlich durchmischt mit anderen Ethnien.

Als eine besondere Untergruppe werden mitunter die Bergtadschiken betrachtet. Diese Bezeichnung scheint auf den ersten Blick nur einen Hinweis auf ihre natürliche Umwelt zu geben, weshalb sie auch von Ethnologen abgelehnt worden ist (FERDINAND 1964–65; JANATA 1975). Tatsächlich sagt sie aber wesentliches über das historisch-politische und räumliche Schicksal dieser Tadschiken aus: Sie befinden sich in schwer zugänglichen Bergländern

3.3 Die ethnisch-kulturelle Vielfalt 73

und Gebirgen in ausgesprochener Rückzugs- und Schutzlage, oft unter prekären ökologischen Bedingungen ihr Dasein fristend. Unter diesen Umständen haben sie ihre traditionellen Sitten, Lebens- und Wirtschaftsformen weit besser bewahren können als die stets gefährdeten Tadschiken in den offenen Oasen und Ebenen. SCHURMANN (1962) hat in überzeugender Weise für die Bergtadschiken von Purchaman im südwestlichen zentralen Hochland die gleichen sozialen, wirtschaftlichen und Siedlungsstrukturen nachgewiesen, wie sie auch aus Badakhshan und Sowjetisch-Tadschikistan, aus Warsaj und Panjsher bekannt sind (GRÖTZBACH 1972a). Zu den Merkmalen der Bergtadschiken zählen die große Bedeutung der patrilokalen Großfamilie mit Brüderkollektiven, die auch die traditionelle ländliche Siedlungsstruktur bestimmt, die sorgfältige, den jeweiligen Naturbedingungen angepaßte Landwirtschaft und ein vielseitiges Dorfhandwerk, wie es sich bei keiner anderen Ethnie findet.

Noch altertümlichere Züge zeigen die „Pamirtadschik" oder *Galcha* in Badakhshan, die meist als gesonderte Ethnie betrachtet werden. Diese Sonderstellung beruht sowohl auf ihrer Zugehörigkeit zur Ismaelia als auch auf der Tatsache, daß ihre Sprachen oder Dialekte der nordostiranischen Sprachgruppe zugerechnet werden. Dabei unterscheidet man das *Munji* (in Munjan), *Sanglichi* (in Sanglich), *Ishkashimi* (in Ishkashim), *Sheghni* (in Sheghnan), *Roshani* (in Roshan) und das *Wakhi* (in Wakhan). Mehr und mehr vom Dari verdrängt, werden diese Restsprachen nur mehr von etwa 30 000 Menschen gesprochen.

3.3.2.3 Die Turkvölker: Usbeken, Turkmenen u. a.

Etwa ein Achtel der Bevölkerung Afghanistans gehört osttürkischen Völkern an, die in einigen Provinzen Nordafghanistans (Takhar, Jauzjan, Faryab) die Mehrzahl der Bewohner ausmachen dürften. Unter ihnen bilden die Usbeken die stärkste Ethnie, gefolgt von den Turkmenen, denen sich noch kleinere Splittergruppen wie Kirgisen, Kasachen (Qasakh), Karakalpaken (Qaraqalpaq), Qarluq, Qipchak, Uiguren und „Türken" hinzugesellen.

Obwohl der Norden des heutigen Afghanistan seit der usbekischen Invasion zu Beginn des 16. Jh. fast dreieinhalb Jahrhunderte lang von diesem Volk dominiert worden ist, sind viele afghanische Usbeken Zuwanderer des 20. Jh. oder deren Nachkommen. Entsprechendes gilt auch für die Turkmenen und die übrigen türkischen Ethnien. Die Sowjetisierung Russisch-Turkistans zu Beginn der 20er Jahre, der dortige Basmachi-Aufstand und schließlich die Zwangskollektivierung in den 30er Jahren veranlaßten immer erneute Wellen meist turkstämmiger Bewohner zur Flucht nach Afghanistan. Diese Flüchtlinge *(mohajerin)* haben sich als enormer wirtschaftlicher Gewinn für das Land erwiesen. Sie brachten großenteils ihre Herden mit, wodurch die Zucht von Karakulschafen (Persianern) durch die Turkmenen und von Fettschwanzschafen durch Usbeken und Araber entscheidend gefördert wurde. Auch handwerkliches Können, wie die Teppichknüpferei der Turkmenen, die Stickerei und das Kunstschmiedehandwerk der Usbeken, kam damit ins Land. Das binnen- und außenwirtschaftliche Gewicht der Turkmenen und in geringerem Maße auch der Usbeken übersteigt ihre geringe innenpolitische Bedeutung bei weitem. Durch Teppichherstellung, Karakulschafzucht, Wollerzeugung, Baumwoll-, Getreide- und Ölfruchtanbau tragen sie mit einem Viertel bis einem Drittel zum afghanischen Exportwert bei.

Dennoch sind die türkischen Völker Afghanistans, abgesehen von den Kirgisen, bisher wissenschaftlich erst wenig untersucht worden. Immerhin lassen sich für sie außer der Sprachverwandtschaft gewisse gemeinsame Charakteristika erkennen: eine nur mehr in Resten vorhandene Stammesstruktur und eine weitverbreitete halbseßhafte Lebens- und Siedlungsweise (mit Verwendung von Rundzelten), die ein Nachklang der nomadischen Vergangenheit sein dürften.

Usbeken sind in Nordafghanistan von Chechaktu westlich von Maymana bis Badakhshan verbreitet, im Süden bis an den Fuß des zentralen Berglandes bzw. nahe dem Nordwestfuß des Hindukusch. Noch in der Mitte des 19. Jh. lag die politische Macht in diesem Raum in den Händen usbekischer Fürsten (Khane, Mire), die erst nach langwierigen Kämpfen der afghanischen Zentralgewalt unterlagen[6].

Heute lebt der größte Teil der Usbeken als Bauern in den Lößbergländern Nord- und Nordostafghanistans, wo sie hauptsächlich Regenfeldbau mit etwas Viehwirtschaft treiben. Aus den gutbewässerten Oasen sind sie durch Paschtunen und andere Neusiedler großenteils verdrängt worden; lediglich in der Oase von Taluqan waren sie noch in den 70er Jahren die weitaus stärkste Bevölkerungsgruppe. Eng mit den Usbeken verwandt sind die „Türken" *(Turki)* Qataghans und Badakhshans. Sie bezeichnen sich oft selbst als zu den Usbeken gehörig, wie die großenteils halbnomadischen „Moghol" von Taluqan und Argu (SCHURMANN 1962; GRÖTZBACH 1972a).

Die *Turkmenen* schließen sich nördlich bis nordwestlich an die Usbeken an und nehmen damit innerhalb Afghanistans eine recht periphere grenznahe Lage ein (FRANZ 1972). Noch bis gegen Ende des 19. Jh. als Räuber gefürchtet, hatten sie vor der Afghanisierung Nordafghanistans einen Großteil des Gebietes zwischen Herat und Maymana durch ihre Sklavenraubzüge von Norden her weitgehend entvölkert. Paradoxerweise wechselte ein Teil davon

---

[6] Der scharfe Gegensatz zwischen dem damaligen feudalistischen, despotischen System der Usbeken und der egalitären paschtunischen Stammesgesellschaft ist schon von ELPHINSTONE (1815) erstaunlich klar erfaßt und beschrieben worden.

3.3 Die ethnisch-kulturelle Vielfalt   75

nach der Sowjetisierung Russisch-Turkistans über die Grenze nach Süden. Die turkmenische Population Afghanistans besteht seitdem überwiegend aus solchen Flüchtlingen und deren Nachkommen.

Die Turkmenen als die führenden Teppichhersteller und Karakulschafzüchter Afghanistans leben fast vollzählig auf dem Lande. Ihr heutiger unzusammenhängender Siedlungsraum reicht von der Oase von Herat und der nördlich davon gelegenen Landschaft Gulran bis Imam Sahib bei Kunduz. Aqcha ist die einzige Stadt mit einem größeren Anteil turkmenischer Bevölkerung.

Werden die afghanischen Usbeken und Turkmenen nur durch die internationale Grenze von ihren Brüdern in der Sowjetunion getrennt, so haben sich die afghanischen *Kirgisen* von ihrem Volk räumlich völlig abgesplittert. Zumeist erst seit den 30er Jahren von sowjetischem und chinesischem Territorium auf den afghanischen Pamir zurückgewichen, sahen sie sich nach der Schließung der Grenzen gezwungen, dort in Höhen von 3500 bis über 4000 m auch zu überwintern (SHAHRANI 1979). Von den rund 3000 nomadisierenden Kirgisen ist ein großer Teil 1978 nach Pakistan geflohen; von dort wurden sie schließlich 1982 in die Osttürkei umgesiedelt.

Auch die *Qizilbash* waren ursprünglich Türken, die unter Nadir Khan (1736–47) als Soldaten nach Afghanistan kamen. Sie sind zwar Schiiten geblieben, haben aber die persische Sprache angenommen. Sie leben in den größeren Städten des Landes, namentlich in Kabul, wo sie vorwiegend als Beamte und Lehrer tätig sind.

3.3.2.4 Die Hazara

Die Hazara stammen aus dem nach ihnen benannten Gebiet im östlichen Hochland von Zentralafghanistan, dem Hazarajat, dessen Bevölkerung sie fast vollzählig bilden. Doch finden sie sich auch in anderen Landesteilen: in Kabul, am Nordrand des zentralen Hochlandes bei Maymana und Sar-i-Pul, südlich von Mazar-i-Sharif, im Lößbergland und in einigen Oasen Qataghans und in kleinen Gruppen sogar in Panjsher im zentralen Hindukusch. Diese Zerstreuung ist einmal ein Ergebnis von Zwangsumsiedlungen nach dem großen Hazara-Aufstand 1891–93, zum anderen eine Folge von Wanderungen, die oft durch die Expansion anderer Ethnien ausgelöst wurden, vor allem durch Paschtunen. Das Hazarajat mit seinem exzessiven Klima und geringen landwirtschaftlichen Potential ist seit langem auch ein naturbedingtes Abwanderungsgebiet. Schon aus dem frühen 19. Jh. werden winterliche Arbeiterwanderungen von Hazara nach Kabul berichtet. Inzwischen ist auch die definitive Abwanderung hinzugekommen, so daß die Hazara bis vor kurzem in den großen Städten des Landes, voran in Kabul, bedeutende Gemeinden bildeten.

Die Hazara sprechen einen eigenen Dialekt des Dari, das *Hazaragi*, das zahlreiche mongolische Elemente enthält. Dies und die z. T. stark mongoliden Gesichtszüge haben dazu Anlaß gegeben, daß man in den Hazara die Nachkommen der mongolischen Eroberer Afghanistans im 13. Jh. erblicken wollte. Durch neuere Forschungen ist dieses Bild jedoch etwas revidiert worden. Ihnen zufolge sollen die Hazara hauptsächlich aus den türkischen Hilfstruppen der Mongolen hervorgegangen sein. In der Folge in das zentralafghanische Hochland abgedrängt, haben sie dort Kultur und Sprache der tadschikischen Vorbevölkerung weitgehend übernommen (JANATA 1975).

Hauptmerkmal der Hazarajat-Hazara ist ihre schiitische Konfession, die zu vielerlei Diskriminicrungen durch die sunnitische Bevölkerungsmehrheit Afghanistans Anlaß gegeben hat. Dementsprechend niedrig ist ihr sozialer Status, zumal in den Städten, wo sie mit Fleiß und Ausdauer auch die niedrigsten Arbeiten verrichten. Hinzugefügt sei, daß es in Nord- und Nordostafghanistan auch sunnitische, im Gebiet von Bamyan–Shibar–Doshi ismaelitische Hazara gibt.

3.3.2.5 Die Aimaq

Die Aimaq bilden einen besonders heterogenen Verband kleinerer Ethnien, welche die ethnische Vielfalt des nordwestlichen Afghanistan prägen. Ihren Kern bilden die *Chahar Aimaq* („Vier Stämme"), denen die Jamshidi nördlich von Herat (Provinzen Herat und Badghis), die Aimaq-Hazara in Badghis, die Firozkohi in Badghis und Nord-Ghor und die Taimani in Süd-Ghor angehören. Dabei haben die sunnitischen Aimaq-Hazara (auch als Hazara von Qala-i-Nau bezeichnet) mit den Hazarajat-Hazara nur den Namen gemeinsam. Auch andere, kleinere Ethnien werden meist den Aimaq zugerechnet, wie Taimuri (Timuri) und Zuri, die verstreut nördlich und südlich der Oase von Herat leben. Schließlich gibt es Aimaqgruppen noch weit im Osten, in Qataghan.

Das einigende Band all dieser Ethnien ist offensichtlich sehr lose. Sie sind vermutlich aus politisch-militärischen Zusammenschlüssen von Gruppen höchst unterschiedlicher Herkunft im 16./17. Jh. hervorgegangen (JANATA 1975). Mit den Tadschiken haben die Aimaq die persische Sprache und die sunnitische Konfession gemeinsam, unterscheiden sich von ihnen aber durch die Gliederung in eine Vielzahl von Unterstämmen *(taifa)* und durch die Lebensform. Die Aimaq leben großenteils halbseßhaft bis halbnomadisch, kleinere Gruppen der Taimuri und Zuri auch vollnomadisch. Vor allem die Taimuri sind bedeutende Teppichknüpfer, die Belutsch-Teppiche herstellen. Der mobilen Lebensform entsprechend, spielen Zelte bei den Aimaq jahreszeitlich eine große Rolle. Dabei verraten die Formen der verwendeten Zelte

3.3 Die ethnisch-kulturelle Vielfalt 77

einiges über den Grad der kulturellen Anpassung an benachbarte Ethnien: Nur die Taimani haben eine eigenständige Zeltform entwickelt, das hausförmige schwarze Rechteckzelt; die Aimaq-Hazara, Firozkohi und Jamshidi im Norden verwenden das Rundzelt der Türken Innerasiens, die übrigen Gruppen das schwarze Zelt der Durrani-Paschtunen.

3.3.2.6 Die kleinen Ethnien

Unter den kleinen Ethnien des Landes, sofern sie nicht den Aimaq zugerechnet werden, sind Belutschen, Araber und Nuristani zahlenmäßig am bedeutendsten.

Die Belutschen *(Baluch)* stellen einen Teil des gleichnamigen Volkes dar, das auch in Iranisch- und Pakistanisch-Belutschistan lebt. Am stärksten sind die afghanischen Belutschen in der Provinz Nimroz vertreten. Hier leben sie als Seßhafte, wogegen sie in anderen Teilen des Landes seit etwa dem Ende des 19. Jh. weit verstreut nomadisieren: in Registan, im Grenzgebiet westlich von Farah und Herat, in Shirin Tagab bei Maymana, in der Lößsteppe südlich von Sar-i-Pul und Mazar-i-Sharif und im Raum nördlich von Rustaq. Während die Belutschen im Süden des Landes ihre Sprache bewahrt haben, sind die isolierten Gruppen in Nordafghanistan Paschtu- oder Darisprecher geworden, und die alte Stammesgliederung ist bei ihnen im Schwinden begriffen (BALLAND & BENOIST 1982; ORYWAL 1982).

In ihrer Kultur eng mit den Belutschen verwandt und sich selbst als einen Belutschi-Stamm bezeichnend, bilden die *Brahui* doch eine gesonderte Gruppe. Vor allem auf Grund ihrer drawidischen Sprache sind sie als ein Rest der Vorbevölkerung Belutschistans aufzufassen. Ihre Gesamtzahl dürfte in Süd- und Westafghanistan 20 000 kaum übersteigen.

Über die *Araber* Afghanistans hat erst die Arbeit von BARFIELD (1981) einigen Aufschluß gebracht, die sich freilich auf Nordqataghan beschränkt. Die ersten Araber kamen bereits im 8. Jh. als islamische Eroberer nach Turkistan. Ob die heutige arabische Bevölkerung Nordafghanistans auf diese frühe Arabisierung zurückgeht oder auf Gefangene, die Tamerlan 1401 aus Syrien nach Samarkand verschleppte, läßt sich nicht mehr feststellen. Fast alle afghanischen Araber leben im Norden des Landes zwischen Maymana und dem Rand des Hindukusch bei Taluqan. Weit überwiegend dürften sie erst nach der russischen Eroberung Westturkistans seit etwa 1870 von Bukhara zugewandert sein, wobei sie ihre großen Herden an Fettschwanzschafen mitbringen konnten. Vor Beginn der Paschtunisierung bildeten die Araber die zweitstärkste Ethnie Nordafghanistans nach den Usbeken (ADAMEC 1979). Doch nur mehr in vier Dörfern von Balkh und Jauzjan sprechen sie noch die arabische Sprache, im übrigen haben sie das Dari angenommen. Überwiegend als Halb- oder Vollnomaden lebend, wandern sie mit ihren Schafherden oft über weite Strecken zu den Sommerweiden.

In einer ganz anderen Situation befinden sich die *Nuristani*, die infolge ihrer kulturellen Sonderstellung ungewöhnlich viel Aufmerksamkeit von seiten der Ethnologen auf sich gelenkt haben. Ihr karger Lebensraum in den oberen Tälern des Südhindukusch bot ihnen über Jahrtausende hinweg Schutz vor Invasoren. Hier konnten die früheren Kafiren in mehreren Talschaften ihre kulturelle Eigenart, Sprache und insbesondere ihre heidnische Religion erhalten (SNOY 1962), welch letztere Beziehungen zur alten indo-iranischen Götterwelt erkennen ließ. 1895/96 wurde dieses Kafiristan („Land der Ungläubigen") durch den Emir Abdur Rahman mit militärischer Macht dem afghanischen Staat eingegliedert und die Bevölkerung zwangsweise islamisiert. Danach erst erhielt Kafiristan die heute übliche Bezeichnung Nuristan („Land des Lichtes").

Noch immer stellt die materielle Kultur der Nuristani, die auf der Verwendung des reichlich vorhandenen Holzes beruht, im waldarmen Afghanistan eine Besonderheit dar (EDELBERG & JONES 1977). Die Landwirtschaft, die Ackerbau und Viehhaltung (vor allem Ziegenzucht) mit einer hochentwickelten Almnutzung kombiniert, ist den ökologischen Gegebenheiten des Lebensraumes optimal angepaßt. Eigentümlich ist die traditionelle Arbeitsteilung der Geschlechter: Bei den Nuristani sind die ackerbaulichen Tätigkeiten Aufgabe der Frauen, während die Viehwirtschaft den Männern obliegt.

Auch anthropologisch unterscheiden sich die Nuristani von ihrer Umgebung. Der zwar geringe, aber auffällige Anteil blonder und blauäugiger Menschen hat zu vielerlei Spekulationen Anlaß gegeben, namentlich zu jener in populären Schriften bis heute vertretenen These, daß die Nuristani Nachfahren von Soldaten Alexanders des Großen seien. Wie schon die Deutsche Hindukusch-Expedition 1935 feststellte, ist dieser somatische Typ als ein rassisches Erbe der frühen indo-arischen Einwanderer zu deuten, die sich z. T. ins schwer zugängliche Hochgebirge zurückzogen (HERRLICH 1937). Dafür spricht auch die Tatsache, daß dieser helle Menschentyp von Nuristan ostwärts bis Kaschmir vorkommt.

Den Nuristani benachbart und kulturell eng verwandt sind die *Pashai* (WUTT 1981). Von Paschtunen mehr und mehr ins Gebirge abgedrängt, unterliegen sie der Gefahr einer allmählichen Paschtunisierung, doch dürfte die Ausstrahlung von Radiosendungen (seit 1981) ihr ethnisches Selbstbewußtsein gestärkt haben.

Unter den Gruppen mit nordindischen Muttersprachen sind die *Hindus* und *Sikhs* die wichtigsten, die im Basarhandel, namentlich in Kabul, Kandahar und Jalalabad, eine starke Position einnehmen (WIEBE 1982). Heute zumeist afghanische Staatsbürger, sind ihre Vorfahren bereits im 18./19. Jh. nach Afghanistan eingewandert. Handelt es sich bei ihnen um eine wohlhabende städtische Bevölkerungsgruppe, so müssen die moslemischen Jats und Gujurs den sozialen Randgruppen zugerechnet werden.

Die *Jats* – eine Sammelbezeichnung für sechs verschiedene Gruppen – üben bestimmte Wanderberufe aus (als Siebmacher, Hausierer, Musikanten, Wahrsager, Erntearbeiter, Prostituierte usw.), leben zumindest einen Teil des Jahres in weißen Militärzelten und gelten im Lande als Zigeuner. Sie sprechen teils iranische, teils indische Idiome (RAO 1982). Die aus dem nordwestlichen Indien stammenden *Gujurs (Gujars)* sind erst im Laufe des 20. Jh. aus dem afghanisch-pakistanischen Grenzgebiet bei Bajaur und Asmar nach Nuristan und Nordostafghanistan zugewandert (BALLAND 1988c). Sie siedeln in kleinen Gruppen am Rand des Hindukusch in ungünstigen, oft steilen Lagen zwischen 1000 und 2500 m. Als Gebirgshalbnomaden haben sie hier eine ökologische Nische ausgefüllt, die ihnen Ziegenhaltung und etwas Feldbau (meist Mais) erlaubt.

In der Literatur finden sich zahlreiche Hinweise auf sonstige ethnische Gruppen, wie Ormur, Parachi, Moghol, welch letzteren SCHURMANN (1962) sogar eine umfangreiche Studie gewidmet hat. Da es sich um Restvölker handelt, die ganz oder fast ganz in anderen Ethnien aufgegangen sind, seien sie hier nicht weiter behandelt.

3.4 Die traditionellen Lebensformen: Nomaden und Seßhafte

Die weit überwiegend ländlich-agrarische Gesellschaft Afghanistans war zumindest bis 1979 noch vornehmlich traditionellen Lebensformen verhaftet. Dabei sei unter „traditionellen" Lebensformen im allgemeinsten Sinne jene Dreiheit von seßhaften Bauern, Nomaden und Städtern verstanden, die in der Literatur als für den Orient so charakteristisch hervorgehoben worden ist (z. B. WISSMANN 1961). Waren Bauerntum und Nomadentum in Afghanistan weit verbreitet und hoch entwickelt, so lag die Stadtkultur noch im 19. Jh. darnieder; sie wurde vorwiegend vom Lande her gespeist, was z. T. bis heute gilt. Damit erschien die überkommene Dreigliederung bis vor kurzem im wesentlichen auf den Dualismus von seßhaften Ackerbauern und nomadischen Viehhaltern reduziert. Doch dieses dualistische Modell vereinfacht die Wirklichkeit in zu grober Weise, läßt es doch die zahlreichen Zwischen- oder Übergangsformen zwischen voller Seßhaftigkeit und vollem Nomadismus außer acht. Manche davon tragen überwiegende Züge des Nomadismus, weshalb sie als Halbnomadismus bezeichnet werden; bei anderen herrschen Merkmale seßhafter Lebensform vor, so daß man von Halbseßhaftigkeit sprechen kann. Stark generalisiert läßt sich demnach das Spektrum traditioneller Lebensformen folgendermaßen darstellen (nach GRÖTZBACH 1972a, S. 101):

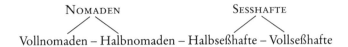

Vollnomaden – Halbnomaden – Halbseßhafte – Vollseßhafte

In dieser Skala stellen Vollnomaden und Vollseßhafte sozusagen die Extreme dar, die idealtypisch und meist auch im Einzelfall ohne Schwierigkeiten identifiziert werden können. Viel problematischer ist es, Halbnomaden und Halbseßhafte voneinander abzugrenzen. Gerade hier, im Mittelfeld des Lebensformenspektrums, gibt es Sonder- und Zwischenformen, die für große Teile der ländlichen afghanischen Gesellschaft charakteristisch sind.

Zur begrifflichen Abgrenzung von Halbnomaden und Halbseßhaften seien zwei Hauptmerkmale herangezogen: die Dauer des jahreszeitlichen Wohnens im Zelt und die Entfernung, die beim Wechsel von festem Haus und Zelt zurückgelegt wird. Je länger diese Dauer und die zurückgelegte Entfernung, desto eher wird man von Halbnomadismus, desto weniger von Halbseßhaftigkeit sprechen müssen.

Hinzugefügt sei noch, daß die im obigen Schema aufgeführten Zwischenformen des Halbnomadismus und der Halbseßhaftigkeit nicht im Sinne einer Entwicklung vom Nomadismus zur Seßhaftigkeit interpretiert werden sollten. Im Einzelfall kann sich zwar eine Gruppe von Halbnomaden oder Halbseßhaften in einem solchen Übergangsprozeß befinden, doch darf man dies nicht von vornherein annehmen. Es handelt sich hierbei lediglich um eine Skala idealtypischer Lebensformen, denen eine gewisse Stabilität innewohnt.

3.4.1 Voll- und Halbnomaden

Afghanistan zählt zu jenen Staaten des Orients, in welchen das Nomadentum noch immer relativ stark verbreitet ist, ein Eindruck, der sich bis 1978 bereits dem flüchtigen Reisenden aufdrängte. Ging es aber darum, die Zahl der afghanischen Nomaden anzugeben, so differierten die Daten in geradezu erschreckendem Ausmaß (vgl. S. 57). Der Nomadenzensus von 1978, noch unter ziemlich normalen Verhältnissen durchgeführt, ergab 370–390 000 Vollnomaden und 500–620 000 Halbnomaden. Demnach zählte die nomadische Bevölkerung rund 1 Mio. Menschen (BALLAND 1988b).

Die Nomadenerhebung von 1978 wandte zur Definition des Nomaden viel strengere Kriterien an als die amtliche Statistik, vor allem das jahreszeitliche Wandern und Wohnen im Zelt. Nomaden (paschtu *kuchi*, pers. *maldar*) wohnen demnach ganzjährig oder jahreszeitlich in Zelten. Vollnomaden im Sinne des Zensus sind jene Nomaden, die ganzjährig im Zelt leben, ohne Rücksicht auf die jeweilige Wanderungsdistanz. Als Halbnomade wurde klassifiziert, wer zeitweise, d. h. saisonal ein Zelt bewohnt. Hier blieb freilich die Abgrenzung zum Halbseßhaften unklar.

3.4 Nomaden und Seßhafte

Der Nomadenzensus bestätigte die seit langem bekannte Tatsache, daß der Vollnomadismus in Afghanistan größtenteils ein paschtunisches Phänomen ist (BALLAND 1982): Etwa 80 % der Vollnomaden waren Paschtunen, davon wiederum die Hälfte (etwa 150 000) Ghilzai. Unter den nichtpaschtunischen Nomaden (ca. 75 000) bildeten die Belutschen und Brahui (etwa 23 000), dazu Araber, Gujars und Aimaq (Taimuri, Zuri) die wichtigsten Gruppen. Hinzu kamen die Kirgisen sowie wenige Turkmenen und Usbeken.

Die Viehwirtschaft stellte 1978 durchaus nicht mehr, wie oft behauptet, die alleinige ökonomische Grundlage der Vollnomaden dar. Den Ergebnissen der Erhebung zufolge lebte etwa die Hälfte überwiegend von anderen Erwerbsquellen, hauptsächlich von eigenem Feldbau, von Erntearbeit, Handel oder Transport. Rein viehwirtschaftlich orientierte Nomaden bildeten in Nord-, West- und Südafghanistan die große Mehrheit, dagegen dominierte in Ostafghanistan ein ökonomisch vielseitiger Nomadismus. Hier waren die Erntenomaden besonders zahlreich, während Handel und Transport viel von ihrer früheren Bedeutung eingebüßt hatten (BALLAND 1988b).

Winteraufenthaltsplätze und Wanderungen der Voll- und Halbnomaden zu ihren Sommerweiden, differenziert nach ethnischer Zugehörigkeit, sind von BALLAND (TAVO 1989) auf der Grundlage des Zensus von 1978 kartographisch sehr detailliert wiedergegeben worden. Auf denselben Daten beruht eine Analyse der jahreszeitlichen Verteilung der Vollnomaden (BALLAND 1982), die Karte 9 bezirksweise darstellt. Dabei zeigte sich, daß das Verbreitungsbild von zwei Hauptfaktoren bestimmt wird, nämlich von den unterschiedlichen Klima- und Reliefgegebenheiten und von den internationalen Grenzen Afghanistans.

Die Winterlager (Karte 9b) ordneten sich um das zentrale Hochland und den Hindukusch an, abgesehen von einer kleinen Zahl von Nomaden, die in Pakistan überwinterten. Die Obergrenze des *Winterweidegebietes* folgt ungefähr dem Verlauf der 0 °C-Isotherme des kältesten Monats (Januar), die im größten Teil des Landes etwa der 1500-m-Höhenlinie entspricht, im Norden aber auf 900–1000 m absinkt.

Im Winter fällt die Konzentration von Nomaden in einigen wenigen Teilen des Landes auf: in Nordwestafghanistan von der iranischen Grenze westlich Herats bis in das Gebiet von Sar-i-Pul und hier besonders in der Dasht-i-Laily; in Teilen Qataghans und bei Aybak; in den tiefgelegenen, wintermilden Becken von Jalalabad – Konar und Khost (Paktya); schließlich südlich (Registan) und nördlich der Oase von Kandahar. Im Nordwesten des Landes, wo neben Paschtunen auch Taimuri-, Zuri- und Belutsch-Nomaden überwintern, werden nicht die tiefer gelegenen Halbwüsten um Herat, sondern das Lößbergland von Badghis und Gulran bevorzugt. Hier wiegt die reichere Steppenvegetation im Berg- und Hügelland die tieferen Temperaturen mehr als auf.

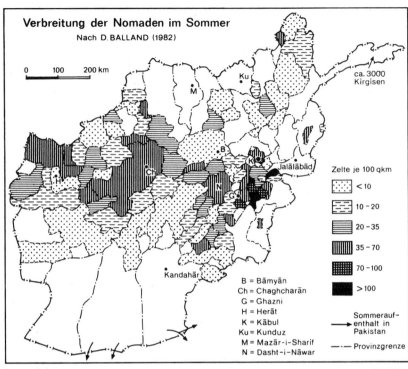

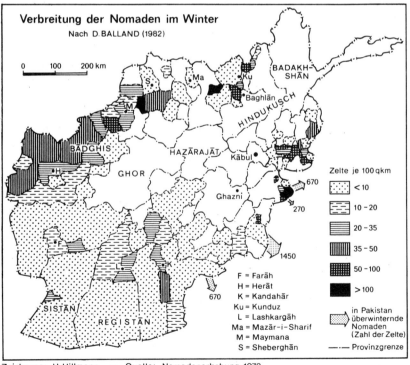

Karte 9a und b: Verbreitung der Vollnomaden im Sommer und Winter.

3.4 Nomaden und Seßhafte

Die winterliche Konzentration der ostafghanischen Nomaden in Nangarhar, Konar und Khost ist zwar primär klimatisch bedingt, entspricht aber auch einem Rückstau an der Grenze zu Pakistan, jenseits derer die Indusebene liegt, ein altes Winterweidegebiet paschtunischer Nomaden aus Afghanistan. Die grenzüberschreitenden Nomaden, früher als *powindah* bezeichnet, überwinterten am Westrand der Ebene bei Dera Ismael Khan. Über diese Nomaden, die großenteils auch Handel trieben, ist viel geschrieben worden (vgl. JENTSCH 1973; BALLAND 1988b). Tabelle 6 enthält einige Angaben über ihre zahlenmäßige Stärke, die aber sämtlich unvollständig und damit zu niedrig sind. Ihnen zufolge scheint der grenzüberschreitende Nomadismus in den 30er Jahren einen Höhepunkt erreicht zu haben, obwohl er schon damals durch Kontrollen der britischen Kolonialverwaltung beeinträchtigt war. Die Schwierigkeiten des Grenzübertritts nahmen nach 1947 infolge der wiederholten Spannungen zwischen Afghanistan und Pakistan noch zu. Den entscheidenden Rückgang brachte die Schließung der Grenze 1961–63 mit sich, die viele Nomaden zwang, den Winter innerhalb Afghanistans zu verbringen. So ist die geringe Zahl grenzüberschreitender Nomaden im Sommer 1978 weniger als Folge des politischen Umsturzes, sondern als Ergebnis einer schon länger währenden Rückentwicklung zu erklären (BALLAND 1988b).

Der Zensus von 1978 ermittelte auch Zahlen für die einzelnen Grenzübertrittsorte oder -abschnitte (Karte 9b). Fast die Hälfte aller grenzüberschreitenden Nomaden benutzte die traditionelle Gomal-Route (durch Katawaz und das Gomaltal nach Dera Ismael Khan), knapp ein Drittel zog aus dem Gebiet Khost – Chamkani nach Pakistan. Daraus wird die Schlüsselposition Paktyas und Paktikas für die grenzüberschreitenden Nomadenwanderungen deutlich.

Die *Sommerweidegebiete* (Karte 9a) liegen weit überwiegend in den Hochländern und Gebirgen Afghanistans, insbesondere in Zentralafghanistan (Ghor, Dasht-i-Nawar), im östlichen Hochland von Qalat über Katawaz, Gardez und Logar bis nahe Kabul, in Nordbadakhshan (Ish, Shiwa) sowie in Gulran. Auch für diese Areale gibt BALLAND (1982) eine thermische Grenze gegen die sommerheißen Becken und Tiefländer an: Die 30 °C-Isotherme des heißesten Monats (Juli), die meist bei 1000–1200 m, in Nordafghanistan bei 400 m verläuft. Im Nordwesten des Landes, in Badghis und Gulran, überschneiden sich die beiden thermischen Höhengrenzen, weshalb dort die Sommer- und Winterweideareale teils identisch, teils dicht benachbart sind. Infolgedessen bilden dort Nahwanderungen auf nur kurze Distanz, oft innerhalb desselben Distriktes, die Regel. Auch im afghanisch-iranischen Grenzgebiet westlich von Herat und Farah wandern die belutschischen „Lokalnomaden" von Qala-i-Kah, Adraskan und Ghoryan über kurze Entfernungen ohne nennenswerte Höhenunterschiede zu ihren Sommer- bzw. Winterweiden (BALLAND & BENOIST 1982).

Auffallend gering ist die Nomadendichte im südlichen Hazarajat (Shahristan, Daykundi) und nördlich des Koh-i-Baba (Bamyan, Yakaulang). Dies gilt noch mehr für den größten Teil des Hindukusch. Die inneren bzw. oberen Täler in Nuristan und Badakhshan sind sogar völlig frei von Nomaden. Hier wie auch in anderen Teilen des Gebirges nutzt die einheimische Bergbauernbevölkerung die Hochweiden des Gebirges selbst.

Die Wanderwege der afghanischen Nomaden hat JENTSCH (1973) eingehend beschrieben, so daß hier nur einige der wichtigsten genannt seien (vgl. auch BALLAND, TAVO 1989). Aus Nangarhar, Laghman und Konar ziehen zahlreiche Nomaden unter Umgehung der Tang-i-Gharu über den Latabandpaß auf der alten Autostraße nach Kabul (Karte 23) und über den Unaipaß weiter ins Hazarajat. Andere Wege führen von Jalalabad süd- bzw. nordwestwärts: durch das Surkhrodtal und über den 3300 m hohen Shotur Gardan-Paß nach Logar und Wardak bzw. über Sarobi durch Tagab ins nördliche Kabul-Panjsher-Becken und nach Panjsher. Als Hauptroute der grenzüberschreitenden Nomaden ist jene durch das Gomaltal nach Ghazni und Katawaz schon genannt worden; sie ermöglicht den Anstieg vom Indusbecken ins Hochland ohne Überwindung steiler Pässe und waldreicher Grenzberge. Aus Südafghanistan verlaufen die wichtigsten Wanderwege durch die Täler des Tarnak, Arghandab und Helmand aufwärts bis ins Hazarajat, von Girishk durch Zamin Dawar ins südliche Ghor. Die westlichen Durrani-Nomaden ziehen entweder aus dem Gebiet von Shindand–Adraskan über Farsi oder von Ghoryan durch das Tal des Hari Rod nach Ghor. Im Norden finden sich vielbegangene große Nomadenrouten hauptsächlich in Qataghan. Sie führen aus Baghlan und Ghori zum Khawakpaß, aus den nördlichen Oasen nach Nordbadakhshan (Dasht-i-Ish, Dasht-i-Shiwa).

In den Sommerlagern (Bild 15) geht man unterschiedlichen Aktivitäten nach: Während die Frauen Schafe und Ziegen melken, die Milch verarbeiten und Brot backen, sammeln ein Teil der Männer und die größeren Kinder Brennmaterial, und auch die Schafschur, Verhandlungen aller Art und Handelsgeschäfte sind Männersache (GLATZER 1977). Im Handel fanden früher viele Nomaden einen lukrativen Erwerb, wobei ihre kommerziellen Beziehungen vor 1947 von Turkistan bis Bengalen reichten. Doch die Zunahme des Autoverkehrs, der Bau neuer Basare und eine restriktive Politik der afghanischen Regierungen haben in den 70er Jahren zu einem scharfen Rückgang des Nomadenhandels geführt.

Das Verhältnis paschtunischer Nomaden zur Bevölkerung der Sommerweidegebiete war oft ambivalent. Es reichte von friedlicher Symbiose – mit dem Austausch von Getreide und Viehprodukten wie in Ghor – bis zu blutigen Auseinandersetzungen um Weiderechte und Landbesitz. Vor allem aus dem Hazarajat, wo das Verhältnis durch den konfessionellen Gegensatz von vornherein getrübt war, sind solche Konflikte berichtet worden (FERDINAND 1962; BINDEMANN 1987). Diese Verhältnisse haben sich allerdings seit 1979 grundlegend geändert (vgl. S. 364).

3.4 Nomaden und Seßhafte

Über die *Halbnomaden* Afghanistans liegen weit weniger Informationen vor als über die Vollnomaden, obwohl jene zahlenmäßig weit stärker sind. Dies mag daran liegen, daß zwischen beiden Gruppen oft überhaupt nicht unterschieden wird, wobei das wissenschaftliche Interesse hauptsächlich den Vollnomaden als den Vertretern des „reinen" Nomadismus gilt. Hinzu kommt, daß Halbnomaden nur jahreszeitlich nomadisieren und deshalb im Winter von Seßhaften, im Sommer von Vollnomaden kaum zu unterscheiden sind.

Legt man die jeweiligen Winterquartiere nach dem Nomadenzensus von 1978 zugrunde, so unterscheiden sich Voll- und Halbnomaden in ihrer Verbreitung recht klar (BALLAND 1988a, Fig. 6; TAVO 1989). Vollnomaden sind im Süden und Westen des Landes weit in der Überzahl, von Paktya im Osten bis Faryab im Norden. Im Nordosten hingegen, von Jauzjan bis Nangarhar, überwiegen die Halbnomaden bei weitem. Ob sich dieses Verteilungsbild durch die unterschiedlichen ökologischen Bedingungen oder auch auf andere Weise erklären läßt, muß dahingestellt bleiben.

Die Ergebnisse des Zensus von 1978 machen deutlich, daß sich der afghanische Nomadismus in vollem Niedergang befand, wie BALLAND (1988b) auch an Hand einiger Vergleichsdaten zeigen konnte. So war die Zahl der überwinternden Nomadenfamilien im Gebiet um Girishk–Zamin Dawar und bei Shindand seit 1887/88 um 87% bzw. 82% zurückgegangen.

Der Nomadismus in Afghanistan erreichte zu Beginn des 20. Jh. den Höhepunkt seiner räumlichen und wirtschaftlichen Entfaltung. Vermutlich schon in den 30er Jahren setzte allmählich der Niedergang ein, der sich seit den 60er Jahren beschleunigte und eine fortschreitende Marginalisierung der Nomaden bewirkte. Die Gründe hierfür waren und sind vielfältig. An erster Stelle ist die Einengung des nomadischen Lebensraumes zu nennen, zum einen verursacht durch die Umwandlung gerade der besten Weideflächen in Ackerland, zum anderen durch die Schließung und Kontrolle der Grenze zu Pakistan, wodurch die Winterweideareale erheblich schrumpften. Auch der rückläufige Nomadenhandel und die enormen Viehverluste der Dürrejahre 1971/1972 setzten dem Nomadismus zu. Dessen Krise erreichte ihre höchste Intensität in Ostafghanistan, wo 1978 fast die Hälfte der Nomadenfamilien in den Sommerlagern von Erntearbeiten lebte, also vermutlich verarmt war (BALLAND 1988b). Staatliche Ansiedlungsprogramme dürften am wenigsten zum Rückgang des Nomadismus beigetragen haben. Zwar wurde im Rahmen des Helmand-Arghandab-Projektes anfangs Land an Nomaden vergeben, doch mit geringem Erfolg. Mehr als staatliche Förderung sind ökonomische Zwänge für die Seßhaftwerdung von Nomaden entscheidend (JANATA 1975).

Seit 1979 ist der Nomadismus in Afghanistan erneut scharf zurückgegangen. Während die ostafghanischen Erntenomaden nach Pakistan flüchteten, sind die flexibleren Viehnomaden überwiegend im Lande geblieben. Doch mußten sie in vielen Fällen auf andere Weidegebiete ausweichen und bei ihren Wanderwegen und -terminen auf militärische Operationen Rücksicht nehmen. So ist z. B. der Kern des zentralen Hochlandes paschtunischen Nomaden unzugänglich geworden, nicht aber seine Randgebiete wie die Dasht-i-Nawar oder das Murghabplateau.

3.4.2 Halb- und Vollseßhafte

Vollseßhafte, die in den größeren Oasen auch auf dem Lande dominieren, lassen sich einfach definieren: Sie wohnen ganzjährig in ein und demselben festen Haus. Dagegen bieten die Halbseßhaften ein buntes Spektrum unterschiedlicher Erscheinungsformen. Almwanderungen, Transhumanz, Zeltaufenthalte auf dorfnahen Feldern und Weiden zählen ebenso dazu wie das Wohnen in Obstgärten (vgl. GRÖTZBACH 1972a). Während der Halbnomadismus von echten, aber jahreszeitlich ortsfesten Nomaden getragen wird, handelt es sich hier um primär seßhafte Bevölkerungsgruppen.

Ihr gemeinsames Merkmal besteht darin, daß sie während des Sommers nicht in ihrem festen Haus oder Gehöft, sondern in einem Zelt oder einer Hütte wohnen, ohne dabei in der Regel ihr Dorf oder dessen nähere Umgebung zu verlassen. Die Aufenthalte auf Feldern oder in Gärten dienen jeweils einem bestimmten Zweck: der Bewachung reifender Früchte wie Obst oder Melonen oder dem Hüten des Weideviehs auf Stoppel- und Brachflächen. Der Zeltaufenthalt im Hofe des eigenen Gehöftes wird meist mit dem Vorteil der luftigeren, von Ungeziefer weniger heimgesuchten, leichten Behausung begründet. Dieser Typ der Halbseßhaftigkeit ist insbesondere bei den Usbeken verbreitet. Er dürfte, da eigentlich zweckfrei, am ehesten als Nachklang einer früheren nomadischen Lebensweise zu deuten sein.

Einen Sonderfall bilden die durchweg von Tadschiken bewohnten Obstbaudörfer, deren Bevölkerung während des Sommers nicht im engen Dorf, sondern in den benachbarten Obstgärten wohnt (GRÖTZBACH 1972a). Am Nordrand des Hindukusch verwendet man hierfür meist Rundzelte, in Kohistan, Koh Daman und anderswo feste Häuser, früher sogar Türme wie in Istalif und in Raudza bei Ghazni. Die Gartenaufenthalte dienen zwar dazu, das reifende Obst zu bewachen und zu ernten, haben aber auch Erholungscharakter. Diese Zeit verringerter sozialer Kontrolle bildete früher einen Höhepunkt im Jahreslauf, gleichzeitig aber auch einen Anlaß zu oft blutigen Streitigkeiten, wie dies Ch. MASSON (1842, III) für Istalif so anschaulich geschildert hat.

Generell läßt sich die Halbseßhaftigkeit teils ökologisch, teils ökonomisch, teils ethnokulturell deuten. In den Hochgebirgen und z. T. auch in den Hochländern stellt sie eine spezifische Form der Anpassung an die klimatische Höhenstufung dar, wie z. B. die Almwirtschaft der Tadschiken und Nuristani im Hindukusch. Noch ausgeprägter kommt die Halbseßhaftigkeit bei den Turkvölkern Nordafghanistans und ihren unmittelbaren Nachbarn vor, bei nördlichen Hazara, Tadschiken am Hindukuschrand, Paschtunen und Aimaq; hier dürfte sie eher ethnokulturelle Wurzeln haben.

3.5 Bevölkerungsverschiebungen durch Binnenwanderungen

Vor dem Einsetzen des großen Flüchtlingsstromes nach Pakistan und Iran 1979 waren Binnenwanderungen innerhalb Afghanistans weitaus zahlreicher als Außenwanderungen über die Staatsgrenzen hinweg (s. S. 59f.). Eine klare Unterscheidung von Außen- und Binnenwanderungen ist allerdings erst seit Ende des 19. Jh. möglich, als die Grenzen Afghanistans international festgelegt wurden.

Die Binnenwanderungen zeigten und zeigen nach Ursache, beteiligten Gruppen, Umfang, Richtung und Häufigkeit eine verwirrende Vielfalt. Grundlegend ist die Unterscheidung von definitiven Wanderungen, die eine Verlegung des Dauerwohnsitzes bewirken, und mehr oder minder regelmäßig wiederkehrenden, meist jahreszeitlichen Wanderungen. Definitive Wanderungen waren bis gegen Ende des 19. Jh. meist zwangsweiser Art. Die ständigen Fehden zwischen lokalen Herrschern oder Stämmen führten zur Verdrängung, ja Flucht ganzer Bevölkerungsgruppen. Die strafweise Verpflanzung unbotmäßiger Stämme, eine traditionsreiche Maßnahme orientalischer Herrscher, wurde mit dem Erstarken der Zentralgewalt in Kabul wieder häufiger angewendet. Seit den 1880er Jahren schickte man auf diese Weise paschtunische Stammesangehörige nach Turkistan, was den Prozeß der Paschtunisierung des Nordens beschleunigte. Doch auch vom Staat gewährte Anreize, wie die Vergabe von Land, machten das nur dünn besiedelte nördliche Afghanistan zum bevorzugten Wanderungsziel paschtunischer Gruppen. Diese bilden inzwischen um Bala Murghab (Badghis) und in Dasht-i-Archi (Kunduz) die große Mehrheit der Bevölkerung.

Von den 20er und 30er Jahren an gewannen vorwiegend soziale und wirtschaftliche Motive für die Binnenwanderung Bedeutung, so daß die Migrationen nunmehr meist auf freiwilligen Entscheidungen beruhten. Sieht man von Kabul ab, so erfuhr die Landschaft Qataghan unter allen Regionen des Landes seit den 20er Jahren die stärkste Zuwanderung. Hier zogen die Kolonisation der früher nur extensiv genutzten Flußebenen und die Errichtung von Industriebetrieben zahlreiche Migranten an. An der Zuwanderung nach Qataghan waren aber nicht nur Paschtunen, sondern auch Angehörige anderer Ethnien beteiligt (s. S. 263). Die modernen Bewässerungsprojekte haben hingegen keine bedeutenden Zuwanderungsströme ausgelöst.

88   3 Die Bevölkerung

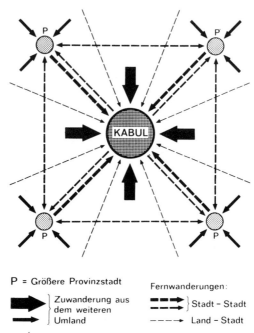

P = Größere Provinzstadt

➡ } Zuwanderung aus dem weiteren
➡ } Umland

Fernwanderungen:

⇒ } Stadt – Stadt
----→ Land – Stadt

Figur 4: Schema der Land-Stadt- und Stadt-Stadt-Wanderungen in Afghanistan bis 1978 (Entwurf: E. GRÖTZBACH, Zeichnung: H. HILLMANN).

Vergleichsweise gering blieb in Afghanistan die *Land-Stadt-Wanderung*. Unter allen Städten des Landes nahm allein Kabul eine große Zahl von Zuwanderern auf. Dem Zensus von 1965 zufolge waren immerhin 28 % der Einwohner Groß-Kabuls auswärts geboren, also zugezogen. Als Hauptherkunftsgebiet erwies sich Ostafghanistan mit der Provinz Wardak (Maydan) als Schwerpunkt. Dagegen war die Zuwanderung aus den übrigen Landesteilen mit 16 % aller Zugezogenen recht gering. Selbst aus den Provinzen Kandahar, Herat und Balkh mit ihren großen Städten kamen nur jeweils 2–3 % der Zuwanderer Kabuls (SoP 1967/68).

Leider sind Umfang und Richtungen der Land-Stadt- und Stadt-Stadt-Wanderungen in Afghanistan zahlenmäßig nicht bekannt. Figur 4 stellt deshalb nur einen Versuch dar, ihr räumliches Geflecht in der Zeit vor 1978 schematisch zu verdeutlichen. Kabul bildete den Motor der Wanderungsdynamik. Die Hauptstadt erhielt jedoch nicht nur Zuwanderer; vielmehr gab sie auch Migranten in die größeren Provinzstädte ab. Dabei handelte es sich überwiegend um Angehörige gehobener Berufsgruppen, wie Verwaltungsbeamte, Lehrer, Ärzte, Techniker usw., die in die Provinzen versetzt wurden. Auch zwischen Provinzstädten fand ein wenn auch schwacher Bevölkerungs-

3.5 Bevölkerungsverschiebungen

austausch statt, namentlich von Kaufleuten, Handwerkern und anderen Vertretern von Basarberufen. Im übrigen zogen die größeren Provinzstädte Zuwanderer aus ihrer jeweiligen Region an, freilich in sehr unterschiedlichem Ausmaß. Sie kanalisierten gleichzeitig die Fernwanderer in die Hauptstadt, wobei es sich wiederum großenteils um qualifiziertere Berufsgruppen und um Studenten handelte. Die direkte Zuwanderung aus entfernteren Provinzen in die Hauptstadt ist dagegen sehr gering geblieben.

Dieses räumliche Wanderungsmuster ist inzwischen völlig zusammengebrochen. Flüchtlinge aus umkämpften oder zerstörten Gebieten haben in Städten Zuflucht gesucht, die, weil fest in der Hand afghanischer oder sowjetischer Truppen, als sicher galten. Dazu zählen vor allem Kabul, das einen Großteil der Bewohner seines weiteren Umlandes aufgenommen hat, Mazar-i-Sharif und Sheberghan. Dagegen haben Kandahar und Herat die Mehrzahl ihrer früheren Bevölkerung durch Flucht verloren.

Für den ländlichen Raum Afghanistans waren bis 1978 nicht definitive, sondern jahreszeitliche Wanderungen unterschiedlichster Art charakteristisch. Überwiegend an landwirtschaftliche Aktivitäten und insbesondere an die Viehweidewirtschaft geknüpft, bewirkten sie mancherorts die fast völlige Mobilisierung ganzer Dorfbevölkerungen, wie in Teilen von Ghor und am Nordrand des Hindukusch. – (Diese Wanderungen von Nomaden und Halbseßhaften wurden in den Kapiteln 3.4.1 und 3.4.2 bereits beschrieben.)

Weit verbreitet waren auch *Saisonarbeiterwanderungen*. Dabei handelt es sich um Migrationen jüngerer Männer, die zur Zeit der Arbeitsspitzen in der Landwirtschaft beschäftigt werden, falls nicht genügend eigene Arbeitskräfte zur Verfügung stehen. Wichtigstes Ziel solcher Saisonarbeiterwanderungen sind die Oasen Qataghans, wo das Auspflanzen von Reis wie auch die Reis- und Baumwollernte den Einsatz zusätzlicher Arbeitskräfte erfordern. Die in Qataghan tätigen Saisonarbeiter kommen überwiegend aus dem Hindukusch und aus Badakhshan, also aus Herkunftsgebieten, in denen Übervölkerung und – zumindest jahreszeitlich – Unterbeschäftigung und damit ein erheblicher Überschuß an Arbeitskräften herrschen (vgl. ZURI 1981). Weitere Zielgebiete landwirtschaftlicher Saisonarbeiter sind die Oasen von Balkh – Aqcha, Herat und Kandahar.

Saisonarbeiter finden sich auch in allen größeren Städten des Landes ein, und zwar meist im Winter, wenn die landwirtschaftliche Arbeit ruht. Seit langem bekannt sind die winterlichen Wanderungen aus dem Hazarajat nach Kabul, wo die Hazara als Schneeräumer, Träger usw. tätig waren. Einen Sonderfall bilden die Migrationen von Handwerkern, meist Webern, aus Warsaj im Hindukusch in die Städte Qataghans und bis Mazar-i-Sharif, wo sie während des Winters ihrem Beruf nachgehen (GRÖTZBACH 1969).

4 WIRTSCHAFT UND INFRASTRUKTUR

Afghanistan ist ein Agrarland, dessen Bevölkerung bis 1978 nach allen Schätzungen zu 80-85 % direkt oder indirekt von der Landwirtschaft abhing. Die beherrschende Stellung der Landwirtschaft wurde auch durch einige Daten der amtlichen Statistik belegt (Tabelle 7). Dabei ist freilich zu berücksichtigen, daß das Produzierende Gewerbe und der Dienstleistungssektor zahlreiche Personen einschlossen, die gleichzeitig einem landwirtschaftlichen Neben- oder Zuerwerb nachgingen oder Einkommen aus landwirtschaftlichem Grundeigentum bezogen. Der Beschäftigungs- und Einkommenseffekt der Landwirtschaft war also sicher breiter als die bloßen Zahlen vermuten lassen.

Im Produzierenden Gewerbe waren vor allem Handwerker und Bauarbeiter tätig, während auf die moderne Industrie nur etwa ein Zehntel dieser Beschäftigtenkategorie entfiel. Der Dienstleistungssektor erschien mit 25 % aller Beschäftigten stark aufgebläht. Da die Landwirtschaft unter allen drei Wirtschaftssektoren ökonomisch und räumlich bei weitem dominiert, sei sie im folgenden ausführlich dargestellt.

4.1 Die Landwirtschaft

Die Landwirtschaft beruht auf zweierlei Grundlagen: erstens auf den natürlichen Ressourcen des Landes wie Klima, Wasservorkommen und Böden, die bereits im Kapitel 2 abgehandelt worden sind, und zweitens auf der Agrarverfassung, welche die Eigentumsverhältnisse an Boden und Wasser und die Arbeitsorganisation regelt. Die Agrarverfassung Afghanistans sei nachfolgend kurz umrissen, da ihre Kenntnis für das Verständnis der landwirtschaftlichen Entwicklungsprobleme und der agrarsozialen Verhältnisse unerläßlich ist.

4.1.1 Agrarverfassung und Landreform

4.1.1.1 Grundzüge der traditionellen Agrarverfassung

Die Eigentums- und Arbeitsverhältnisse in der Landwirtschaft waren bis vor kurzem in traditioneller Weise geregelt. Das Bodenrecht folgte überwiegend islamischen Rechtsnormen *(shariat)* und nur in einigen Gebieten oder

4.1 Die Landwirtschaft

bei einzelnen ethnischen Gruppen – vor allem einigen Paschtunenstämmen – dem Gewohnheitsrecht *(adat)*. Dem traditionellen Recht zufolge ist z. B. natürliches Weideland öffentliches Eigentum oder Gemeineigentum, das der Staat zur Nutzung vergibt. Durch das afghanische Weidegesetz von 1970 wurde der Staat zum Eigentümer des Weidelandes erklärt und dessen Umwandlung in Ackerland verboten (GLATZER 1977). Dagegen stellt das tatsächlich angebaute Land Individualeigentum von juristischen (Staat) oder natürlichen Personen dar. Eine Sonderstellung nimmt das Land religiöser Stiftungen *(waqf)* ein, das als gemeinnützig gilt und nicht verkauft werden kann; es wurde durch ein 1970 erlassenes *waqf*-Gesetz unter besondere staatliche Verwaltung gestellt. Die rechtlichen Grundlagen für ein vom Staat geschütztes Privateigentum an agrarisch genutztem Boden legte König Amanullah in der Verfassung von 1923. Damals erst wurden auch das staatliche Obereigentum am Land und die Reste des Lehenswesens abgeschafft. Diese Rechtsordnung ist durch die Gesetzgebung der kommunistischen Regierungen seit 1978 modifiziert worden, namentlich durch das Dekret über die Landreform, das Obergrenzen für privates Individualeigentum festsetzte und dem Staat das Recht zu entschädigungsloser Landenteignung gab.

Die Vererbung des landwirtschaftlich genutzten Bodens ist durch das *shariat* geregelt. Es herrscht Realerbteilung, wobei die Töchter die Hälfte des Anteils der Söhne erhalten sollen. Ausnahmen gibt es lediglich bei einigen Paschtunenstämmen in Südafghanistan und bei den Hazara, wo eine Art geschlossener Vererbung stattfindet. In manchen Fällen teilen die Söhne nach dem Tod des Vaters das Erbe nicht auf, sondern nutzen es gemeinsam im Brüderkollektiv. Insgesamt hat die Realteilung zu starker Besitzzersplitterung und -verkleinerung geführt, namentlich in Gebieten vorherrschenden bäuerlichen Grundeigentums.

Auch das Wasserrecht orientiert sich am *shariat*. Das Recht, Wasser zur Bewässerung zu nutzen, ist durchweg an Grundbesitz gebunden. In der Regel bilden die Nutzungsberechtigten eine Art von Genossenschaft zur Erhaltung der Kanäle und Kareze; für die Kontrolle werden Wasseraufseher *(mirab)* bestimmt. Die Wasserentnahme aus einem Kanal ist genau geregelt, wobei die Berechtigten einen bestimmten Turnus einzuhalten haben. Trotzdem sind Streitigkeiten um Bewässerungswasser häufig, insbesondere dort, wo es knapp ist. Fehlt eine überörtliche Regelung der Wasserentnahme, so wirkt sich dies besonders nachteilig aus: Während am Oberlauf eines Flusses oder Kanals Wasser verschwendet wird, herrscht weiter abwärts Wasserknappheit. Nur in manchen Fällen gibt es ein festes Quotensystem für die Oasen an ein und demselben Fluß, wie für Sheberghan und Sar-i-Pul, für Andkhoy und Shirin Tagab, für Tashqurghan und Aybak in Nordafghanistan.

4.1.1.2 Eigentums- und Betriebsgrößenstruktur sowie Pachtwesen bis 1978

Über die Landeigentums- und Pachtverhältnisse liegen leider keine umfassenden genauen Zahlen vor. Immerhin lassen einige amtliche Daten sowie Stichprobenerhebungen die Eigentums- und Betriebsgrößenstruktur der Zeit vor 1978 zumindest im Umriß erkennen (z. B. LOBASHEV 1967). Nach einer in der Literatur immer wieder genannten Statistik von 1955 besaßen 85 % aller Landeigentümer weniger als 4 ha Ackerfläche, und nur 0,2 % waren echte Großgrundbesitzer mit jeweils 100–3000 ha (Tabelle 8)[7]. Da es sich hierbei um Zahlen der afghanischen Finanzbehörden handelte, sind sie mit größter Vorsicht zu betrachten, wurde doch erfahrungsgemäß ein Teil des Eigentums an landwirtschaftlich genutztem Boden steuerlich gar nicht deklariert. Die Fragwürdigkeit dieser Daten erhellt auch daraus, daß die Zahl der Grundeigentümer für 1967 mit 1,26 Mio. doppelt so hoch wie für 1955 angegeben wurde. Dabei dürfte die Angabe für 1967 der Wirklichkeit sehr nahe gekommen sein. Auf ihr beruhte anscheinend auch die Zahl von 1,2 Mio. Grundeigentümern, die für 1978 veröffentlicht wurde. Während demnach die absoluten Summen in der letzten Zeile von Tabelle 8 nicht miteinander vergleichbar sind, stimmen die Prozentanteile der Größenklassen recht gut überein. Diese und alle anderen bekannten Zahlen deuten darauf hin, daß in Afghanistan der kleine bis mittlere Grundbesitzer dominierte (vgl. auch HAHN 1972b; TOEPFER 1972). Doch verdeckte der Durchschnittswert von 3,5 ha je Eigentümer (1967) erhebliche regionale Disparitäten. Sie erklären sich einmal aus der stark variierenden Nutzungsintensität in den einzelnen Teilen des Landes, zum anderen aus der unterschiedlichen Verbreitung von Großgrundbesitz und bäuerlichem Kleinbesitz.

Für den *Großgrundbesitz* läßt sich keine einheitliche Flächengröße als Untergrenze angeben. Dazu ist die Nutzungs-, Ertrags- und Arbeitsintensität des Ackerbaus zu unterschiedlich. Vielmehr muß sich eine Abgrenzung nach der jeweiligen Qualität des

---

[7] Aus der genannten, bei DAVYDOV (1962) abgedruckten Tabelle geht hervor, daß diese 1208 Großgrundbesitzer nicht weniger als 50 % der gesamten Ernteflächen Afghanistans besaßen. Diese Angabe ist mit Sicherheit übertrieben, beruht sie doch auf einer unzulässigen statistischen Annahme. Man hat einfach das arithmetische Mittel der Größenklasse 100–3000 ha, nämlich 1550 ha, mit der obigen Zahl der Eigentümer multipliziert, um so die Gesamtfläche des Großgrundbesitzes zu ermitteln. Die tatsächliche Durchschnittsgröße in dieser Größenklasse dürfte aber, nach den Regeln statistischer Verteilung, bei höchstens 1000 ha gelegen haben. Daraus ergäben sich als Gesamtfläche des Großgrundbesitzes rund 1,2 Mio. (statt fast 1,9 Mio.) ha, was einem knappen Drittel der Erntefläche des Landes entsprochen hätte und weitaus wahrscheinlicher wäre. Dies ist ein Beispiel für den so häufigen unkritischen Umgang mit afghanischen Statistiken, wie er sich leider auch bei sachverständigen Autoren findet!

4.1 Die Landwirtschaft

Bodens und der Wasserversorgung richten. In Qataghan z. B. betrachtete man einen Landeigentümer dann als Großgrundbesitzer *(zamindar)*, wenn er sein Land an mindestens etwa 10 Pächter ausgeben konnte. Ein solcher Pächter benötigte im Regenfeldland 10–20 ha, in den gut bewässerten, intensiv genutzten Tälern des Hindukusch aber nur 2 ha als „Ackernahrung" (GRÖTZBACH 1972a). Daraus läßt sich das Minimum dessen, was jeweils als Großgrundbesitz angesehen wurde, unschwer ableiten.

Der Großgrundbesitz war in Afghanistan räumlich recht ungleich verbreitet. Seine Schwerpunkte lagen im Südwesten, Westen, Norden und Nordosten des Landes. Die Provinzen Nimroz und Herat waren davon besonders betroffen. Hier äußerte sich der Einfluß des benachbarten Persien, dessen Agrarverfassung bis Anfang der 60er Jahre als Inbegriff des „Rentenkapitalismus" gegolten hatte. Doch herrschten in Afghanistan nur ausnahmsweise jene Dimensionen und jene Auswüchse des Großgrundbesitzes, wie sie aus Persien bekanntgeworden sind. Grundherren als Eigentümer mehrerer Dörfer – wobei das Pächterdorf als Recheneinheit diente – kamen wohl nur in Nimroz und bei Herat vor. Völligen Absentismus und damit Entfremdung des Grundherrn von seinen Pächtern, verbunden mit dem Transfer der abgeschöpften „Renten" in die Städte, gab es vor allem im Umland der größeren Städte, namentlich bei Herat. In Nimroz soll die größte Grundeigentümerfamilie immerhin 7500 ha Ackerland besessen haben; ansonsten galten hier und in Takhar Besitzungen um 2000 ha als extrem groß. Generell herrschte bäuerlicher Kleinbesitz vor. Dieses räumliche Gemenge von Klein-, ja Kleinstbesitz und Großgrundbesitz war bzw. ist für viele Gebiete Afghanistans charakteristisch.

Der Großgrundbesitz leitete sich aus unterschiedlichen Wurzeln her. An erster Stelle standen die traditionellen Stammesführer *(Khan, Malek, Sardar)*, in Nordafghanistan auch Nachkommen der früheren Fürstenfamilien *(Mir)*. Erstere umgaben sich mit zahlreichen abhängigen Gefolgsleuten *(hamsaya)* und pflegten großzügige Gastfreundschaft namentlich für ihre Klientel; diese soziale Funktion ist in letzter Zeit immer mehr durch eine rein ökonomische verdrängt worden (ANDERSON 1978). Auch manche einflußreichen religiösen Führer *(Pir, Shaykh,* auch *Maulawi)* sind oder waren Großgrundbesitzer. Daneben konnten viele städtische Kaufleute Ländereien insbesondere in Stadtnähe erwerben, sei es durch Kauf, sei es durch Pfändung von Schuldnern.

Das Verhältnis Grundherr–Pächter hat in Afghanistan nur in Ausnahmefällen jene unpersönlich-ausbeuterischen Züge entwickelt, wie sie bis 1962 in Persien herrschten. Der Hauptgrund hierfür lag wohl in der Tatsache, daß die afghanischen Großgrundbesitzer in ihrer Mehrzahl dorfsässig blieben. Sie waren deshalb im Umgang mit ihren Bauern kaum auf Mittelsmänner wie Aufseher, Verwalter oder Zwischenpächter angewiesen. Häufig genug hatte sich, begünstigt durch ethnische oder verwandtschaftliche Bindungen, ein

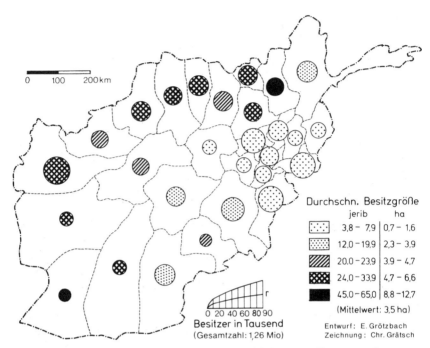

Karte 10: *Verbreitung und Größe des landwirtschaftlichen Grundbesitzes nach Provinzen 1967/68* (Quelle: DoS 1971/72).

patriarchalisches Verhältnis entwickelt, das dem Grundherrn auch eine gewisse Fürsorgepflicht für seine Pächter auferlegte. Die daraus hervorgegangenen Loyalitäten erwiesen sich z. B. als unerwartetes Hindernis für die Verwirklichung der Landreform von 1979.

Die regional unterschiedliche Besitzgrößenstruktur schlägt sich auch in den Durchschnittswerten des landwirtschaftlichen Grundbesitzes je Provinz (1967) nieder, die aus Karte 10 hervorgeht. Sie zeigt für Nimroz und Takhar Mittelwerte von 12,7 bzw. 8,8 ha an, die weit über dem damaligen gesamtafghanischen Durchschnitt von 3,5 ha lagen. Auch die westlichen und nördlichen Grenzprovinzen von Nimroz bis Takhar verzeichneten überdurchschnittliche Besitzgrößen (3,9–6,6 ha). Ganz anders dagegen stellt sich Ostafghanistan dar, wo im Dreieck Bamyan–Konar–Paktya die Mittelwerte zwischen nur 0,7 und 1,6 ha lagen. Dabei meldeten die Provinzen Parwan, Kapisa, Laghman, Nangarhar, Konar und Wardak (Maydan) jeweils weniger als 1 ha. In diesem altbesiedelten Raum intensiver Bewässerungslandwirtschaft herrscht demzufolge Kleinstbesitz vor, der häufig nur agraren Nebenerwerb zuläßt. Entsprechendes gilt für den übrigen Hindukusch.

4.1 Die Landwirtschaft

Im Unterschied zu den Besitzgrößen zeigten die *Betriebsgrößen* ein viel einheitlicheres Bild. Für die afghanische Landwirtschaft war der Klein- bis Mittelbetrieb kennzeichnend, während echte private Großbetriebe mit moderner, d. h. mechanisierter Bewirtschaftung eine seltene Ausnahme bildeten.

Zur Verdeutlichung der Betriebsgrößenstruktur ist man auf Stichprobenuntersuchungen angewiesen. Solche liegen zwar in beträchtlicher Zahl vor, doch lassen sie sich nicht immer miteinander vergleichen, da sie auf uneinheitlichen Erhebungskriterien beruhen und unterschiedliche Größenklassen ausweisen. Immerhin zeigen sie, daß Kleinst- und Kleinbetriebe bis 2 ha in Afghanistan stark vertreten waren, ja gebietsweise dominierten. Dies gilt vor allem für Ostafghanistan, wo ja auch besonders geringe Besitzgrößen verzeichnet werden. So hat man in Konar und Kapisa (mit Panjsher) für die Betriebe unter 2 ha Anteile von 75 bzw. 93 % ermittelt (ELECTROWATT 1977; GREENE & FAZL 1974). Bei Herat entfielen 72 % auf diese Kategorie (VARGHESE 1970b). Eine andere Betriebsgrößenstruktur kennzeichnete das Helmand-Arghandab-Gebiet und die Oase von Kunduz und Khanabad, wo rund die Hälfte der erfaßten Betriebe mit 2–10 ha mittelgroß waren; dazu kamen 23 bzw. 8 % große Betriebe mit über 10 ha (OWENS 1971; CSO 1978b). Diese räumlichen Unterschiede wurden auch durch die Untersuchungen von HAHN (1972b) und TOEPFER (1972) bestätigt. Sie waren vor allem durch unterschiedliche Bodenqualität, Wasserversorgung und Bearbeitungsintensität bedingt. So lassen sich die überdurchschnittlich großen Betriebe im Helmand-Arghandab-Gebiet (über 11 ha im Mittel) u. a. durch Mangel an Irrigationswasser oder Versalzung von Böden erklären, weshalb jeweils nur ein Teil der Ackerfläche angebaut werden kann. In Nordafghanistan erfordert das Regenfeldland, das in der Regel jedes zweite Jahr brachliegt, größere Betriebsflächen.

Familienfremde Arbeitskräfte als Lohnarbeiter wurden nicht nur in den wenigen Großbetrieben eingesetzt. Sogar Inhaber von Mittel-, ja Kleinbetrieben neigten dazu, Familienfremde zu beschäftigen, obwohl sie selbst kaum ausgelastet waren, denn „sie fühlen sich als Landbesitzer und Arbeitgeber" (HAHN 1972b). Der Arbeitskräftebesatz war deshalb hoch, die Produktivität der Arbeitskraft dementsprechend gering, namentlich in den Kleinbetrieben. Dies erscheint bezeichnend für eine Agrargesellschaft, in der ein Überfluß an billigen Arbeitskräften und gleichzeitig eine moralische Verpflichtung zur Beschäftigung landloser oder auf Zuerwerb angewiesener Dorfbewohner, häufig Verwandter, herrscht.

Die Unterschiede zwischen Besitz- und Betriebsgrößenstruktur wurden durch die *Landpacht* ausgeglichen, die in Afghanistan bis 1978 eine große Rolle spielte und z. T. noch heute spielen dürfte. Großer Landbesitz wurde nur in Ausnahmefällen durch Großbetriebe genutzt, die einen schwer zu bewältigenden organisatorischen und technischen Aufwand erfordern. Vielmehr war es, der Tradition entsprechend, üblich, Großeigentum zu zerstükkeln und durch Pächter in Klein- bis Mittelbetrieben bewirtschaften zu lassen.

Neben privaten Grundeigentümern tritt auch der Staat als Verpächter auf, sind doch in manchen Gebieten Afghanistans große Ländereien Staatseigentum, wie in den Provinzen Takhar und Baghlan (GRÖTZBACH 1972a). Dieses Staatsland geht großenteils auf Konfiskationen nach der Eroberung der Nordprovinzen im 19. Jh. oder nach dem Bürgerkrieg von 1928/29 zurück, als die Regierung Land der geflohenen usbekischen Mire bzw. der Parteigänger des Bacha-i-Saqab einzog. Durch die Landreform von 1979 ist sein Umfang erneut angewachsen.

Man unterscheidet in Afghanistan verschiedene Pachtverhältnisse. Die Fest- oder Fixpacht *(ejara)*, bei der eine jährliche feste Abgabe in Geld oder – häufiger – *in natura* zu leisten ist, kommt fast nur in stadtnahen oder gut erschlossenen Bewässerungsgebieten vor. Sie hat sich insbesondere im Gemüse- und Traubenanbau bei Kabul durchgesetzt, aber auch um Kandahar und um die Städte Qataghans. Weitaus häufiger, ja Regelfall, ist die traditionelle Teilpacht, die auch als Teilbau bezeichnet wird. Diesem Pachtverhältnis liegt die Aufteilung des Ernteertrages zwischen Landeigentümer und Pächter zugrunde.

Einem in der Literatur viel zitierten Modell zufolge entfällt auf Boden, Wasser, Saatgut, Pflugochsen und Arbeitsgeräte sowie auf die Arbeitskraft je ein Fünftel der Erntemenge. Das Wasser wird allerdings nur im Bewässerungsland, namentlich dort, wo es knapp ist, als eigener Produktionsfaktor betrachtet. An den Wertmaßstäben der modernen Industriegesellschaft gemessen, fällt die Überbewertung des Produktionskapitals (Boden, Wasser, Saatgut, Arbeitstiere und -geräte) im Vergleich zur menschlichen Arbeitskraft auf. Gerade diese Wertrelationen sind für den Rentenkapitalismus des Orients und seine traditionellen agrarsozialen Verhältnisse charakteristisch. In Wirklichkeit weicht die Aufteilung der Erntemengen oft vom Schema der fünf Fünftel ab. Dafür sind die Nachfrage nach Pachtland, dessen Qualität und Lage, die Zahl der Ernten pro Jahr und vermutlich auch gewisse örtliche Traditionen entscheidend. Eigene Erhebungen in Nordostafghanistan ergaben, daß der Anteil des Pächters von 9/10 (auf dorffernen unbewässerten Feldern) bis 1/10 (auf dorfnahen Reisfeldern mit einer Zweiternte) schwankte (GRÖTZBACH 1972a).

Hierbei sind zwei Typen von Pächtern zu unterscheiden, nämlich jene, die außer ihrer Arbeitskraft auch andere Produktionsmittel stellen (Saatgut, Arbeitstiere und -geräte) und solche, die nur ihre Arbeitskraft einbringen. Erstere werden als echte Teilpächter oder Teilbauern, letztere als Anteilsarbeiter bezeichnet. In Afghanistan werden sie alle meist *dehqan* oder *bozgor (bazgar)* genannt, doch haben diese Bezeichnungen regional etwas unterschiedliche Bedeutung. Die *Teilpächter* erhalten verständlicherweise höhere Ernte-

4.1 Die Landwirtschaft

anteile, nämlich 1/4 bis 9/10, meist 1/2 (*nisfat-kari* = Hälfte-Arbeit), als die Anteilsarbeiter mit 1/10 bis 1/4 (meist 1/5). Letzteren wird aber in der Regel auch Verpflegung, etwas Kleidung, Unterkunft und mitunter ein Handgeld gewährt. Obwohl zwischen beiden Gruppen im allgemeinen nicht scharf unterschieden wird, wie schon die uneinheitlichen Bezeichnungen zeigen, ist ihre Stellung doch recht unterschiedlich. Teilpächter sind echte Bauern, die z. T. eigenes Land besitzen und weitere Flächen hinzupachten (Zupachtbetriebe), z. T. aber nur Pachtland bewirtschaften (reine Pachtbetriebe). Letztere bilden das Gros der Pächter auf Großgrundbesitz. Mitunter wurden auch große Flächen in Pacht genommen und an Unterpächter ausgegeben oder von Anteilsarbeitern bewirtschaftet, doch bildeten solche Zwischenpachtverhältnisse Ausnahmen.

Bei Mißernten verbleibt dem Pächter in der Regel weniger als das Existenzminimum. Deshalb sind gerade die Inhaber von Pachtbetrieben verschuldet, oft genug mit großen Beträgen. In manchen Fällen handelte es sich sogar um Landeigentümer, die ihr Land gegen ein Darlehen verpfändet und es vom Gläubiger zurückgepachtet hatten. Durch dieses Pfandsystem (*gerau*) haben viele ehemalige Landbesitzer ihr Land völlig verloren und sind zu Pächtern abgesunken.

Der *Anteilsarbeiter*, der nur seine Arbeitskraft zur Verfügung stellen kann, bildet den Übergang vom Teilpächter zum bloßen Lohnarbeiter (*mazdur*). Er bewirtschaftet meist das Land kleinerer Eigentümer, die über Saatgut, Arbeitstiere und -geräte verfügen. In der Regel handelt es sich um Männer ohne eigenen Besitz und, wenn sie jung sind, noch ohne eigene Familie. Sie sind Ernterisiken und damit der Verschuldungsgefahr in ähnlicher Weise ausgesetzt wie Teilbauern.

Auch über die besitzrechtliche Struktur der landwirtschaftlichen Betriebe gaben nur einige Stichprobenerhebungen Aufschluß. Wie Tabelle 9 angibt, bildeten Eigentümerbetriebe die große Mehrzahl, eventuell zusammen mit Zupachtbetrieben. Reine Pachtbetriebe waren weit weniger zahlreich und überdies räumlich sehr ungleich verteilt; sie wurden vor allem für die Gebiete von Herat und Baghlan – Kunduz angezeigt. Unter ihnen befanden sich die Teilpachtbetriebe (Teilbauern) in der Überzahl, was aus der Tabelle nicht zu ersehen ist.

Besitzzersplitterung, Kleinbetriebe und insbesondere der Teilbau, zumal in seiner Verbindung mit rentenkapitalistischem Großgrundbesitz, haben sich für eine Modernisierung der afghanischen Landwirtschaft als sehr hinderlich erwiesen. Was den Teilbau betrifft, so liegt dies an seinem Charakter als „Minimumswirtschaft", bei welcher jeder der Beteiligten nur ein Minimum an Mitteln zur Produktion einsetzt. Weder Grundeigentümer noch Teilpächter haben Interesse an einseitigen Investitionen, da ja die damit erzielte Ertragssteigerung automatisch auch dem jeweiligen Partner zugute kommt.

Allerdings sind die Teilpächter kaum in der Lage, nennenswerte Verbesserungen zu finanzieren. Hinzu kommen die kurze Dauer und die unsichere Verlängerung der Pachtverträge. Häufig, namentlich mit Anteilsarbeitern, werden sie nur für ein Jahr oder für eine Ernteperiode abgeschlossen. In der Regel wird ein Vertrag allerdings verlängert.

Bei allen Nachteilen, welche das Teilpachtsystem mit sich bringt, hat es sich doch als sehr flexible Institution zum Ausgleich von Eigentums- und Betriebsstruktur erwiesen. Da keine wirksame Alternative hierfür in Sicht ist, wird man es beibehalten, aber seine Mängel mildern müssen. Dazu zählen die Senkung der Pachtabgaben, die Förderung der Fixpacht, die Verlängerung der üblichen Pachtvertragsdauer, die Einführung eines leistungsfähigen Agrarkredits und eine wirkungsvolle Um- oder Entschuldung der Bauern (HAHN 1972b). Die 1953/54 gegründete Landwirtschaftliche Entwicklungsbank hat, insbesondere seit ihrer Reaktivierung 1970, Agrarkredite vergeben. Da diese auf hypothekarischen Sicherheiten beruhten, konnten davon fast nur wohlhabendere Bauern und Grundherren profitieren, kaum jedoch Kleinbauern oder gar Pächter. Schließlich hat das kommunistische Regime 1978/79 durch Schuldenerlaß und Landreform versucht, Agrarverfassung und agrarsoziale Wirklichkeit durch Dekrete zu verändern.

4.1.1.3 Die Landreform von 1979

Schon vor dem kommunistischen Umsturz von 1978 hatte es nicht an Versuchen gefehlt, durch gesetzgeberische Maßnahmen Einfluß auf die besitzrechtlichen und agrarsozialen Verhältnisse zu nehmen. 1975 erließ die republikanische Regierung unter Präsident Daud ein erstes Landreformgesetz, das, von steuerlichen Zielen abgesehen, auch eine Änderung der Eigentumsstruktur bewirken sollte. Als Obergrenze des Landbesitzes waren darin 20 ha für Land bester Qualität bzw. entsprechende Äquivalente für mittlere und schlechte Qualitäten festgesetzt. Das überschüssige Land sollte an Bauern verteilt werden, wobei für die besten Böden 4 ha als Maximum vorgesehen waren. Das Gesetz ist jedoch nicht verwirklicht worden, da der politisch-administrative Wille zu seiner Durchsetzung fehlte.

Von größerer Tragweite war das Dekret Nr. 8 vom 28. November 1978, das die „Eliminierung der feudalen und vorfeudalen Beziehungen aus dem sozioökonomischen System des Landes" und die Steigerung der landwirtschaftlichen Produktion (Artikel 1) zum Ziele hatte. Diesem Zweck dienten die Begrenzung des privaten Landeigentums auf 6 ha Land ersten Grades (und entsprechende Obergrenzen für Land 2. bis 7. Grades)[8] und die Enteignung der

---

[8] Die sieben Grade entsprachen Güteklassen des Garten- und Ackerlandes, die

überschüssigen, d. h. über diese Limits hinausgehenden Flächen. Das enteignete Land sollte an besitzlose Pächter, Landarbeiter, Nomaden und Kleinbauern verteilt werden, wobei für Land 1. Grades ein Maximum von 1 ha (mit entsprechenden Äquivalenten für den 2. bis 7. Grad) vorgesehen war.

Die Abstufung in sieben Güteklassen entsprach durchaus der Realität von Landnutzung und Bodenertrag, was in dem Gesetz von 1975, das nur drei Qualitätsgrade unterschieden hatte, weit weniger der Fall gewesen war. Doch wurde dadurch die praktische Anwendung des Gesetzes kompliziert. Die Obergrenzen für verbleibendes Landeigentum – 6 bis 60 ha je nach Güteklasse – erschienen, gemessen an den existierenden Betriebsgrößen, nicht zu niedrig angesetzt. Im Gegensatz dazu waren die Landzuweisungen mit 1 bis 10 ha pro Familie viel zu knapp bemessen. Man hatte dieses niedrige Limit wohl gesetzt, um möglichst vielen neuen Kleinbauern Land zu geben in der Hoffnung, sie würden sich zu Genossenschaften zusammenschließen, um so ihre Existenz zu sichern.

Tatsächlich reichte aber die enteignete Fläche nicht aus, um allen landlosen Familien Land zuzuteilen. Zudem war die genaue Zahl dieser Familien ebensowenig bekannt wie jene der zu enteignenden Grundeigentümer und Flächen. In den amtlichen Verlautbarungen zur Landreform fanden sich deshalb sehr unterschiedliche Zahlen. Im folgenden sei GLUCHODED (1981) gefolgt, der versucht hat, alle Flächenangaben auf Land der 1.Güteklasse zu reduzieren und somit vergleichbar zu machen. Die afghanische Regierung rechnete mit etwas über 50 000 von Enteignungen betroffenen Grundeigentümern. Die enteignete und zu verteilende Fläche wurde auf 430 000 bis 500 000 ha geschätzt, die Zahl der besitzlosen ländlichen Familien auf 420 000 bis 670 000, wozu noch zahlreiche Nomaden kamen. Im Laufe der Landreform wurden aber nur etwa 330 000 ha beschlagnahmt (de facto, d. h. unreduziert, 840 000 ha) und noch weniger davon, nämlich 287 000 ha (de facto 765 000 ha) an insgesamt 296 000 Familien verteilt. Jede begünstigte Familie erhielt demnach im Durchschnitt, umgerechnet auf die erste Güteklasse, knapp 1 ha, de facto aber etwa 2,5 ha Land.

Daß nur ein Teil des Großgrundbesitzes enteignet wurde und auch die Zahl der Landempfänger hinter den Erwartungen zurückblieb, hing mit der sich rasch verschlechternden innenpolitischen Lage und der Durchführung des Dekrets Nr. 8 zusammen. Enteignung und Neuverteilung begannen kurz nach seiner Verkündigung ohne entsprechende Vorbereitungen, aber mit großem Propagandaaufwand. Ab Januar

---

sich an der Intensität seiner Nutzung, d. h. an der Verfügbarkeit von Wasser und der Häufigkeit der Ernten orientierten. Der 1. Grad umfaßte bewässerte Obst- und Weingärten, der 3. Grad z. B. Bewässerungsland mit einer Ernte pro Jahr, der 7. Grad Regenfeldland, das seltener als jedes zweite Jahr angebaut wird. Das entsprechende Äquivalent oder Umrechnungsverhältnis zum 1. Grad (= 1,00) betrug in diesen Fällen 0,67 bzw. 0,10. Das heißt, das Gesetz erlaubte einem Eigentümer bis 9 ha Land 3. Grades oder bis 60 ha Land 7. Grades; für die Landzuteilung galten entsprechend 1,5 bzw. 10 ha (GRÖTZBACH 1982).

1979 wurde die Landreform in den tiefgelegenen, wintermilden Provinzen Süd- und Ostafghanistans durchgeführt, ab März bzw. April in den übrigen Provinzen. Bereits am 30. Juni 1979 erklärte man die ganze Aktion für abgeschlossen, doch wurde laut Presseberichten auch danach noch Land verteilt.

Die Zahl der Landempfänger war in der Provinz Kunduz am höchsten, gefolgt von Balkh, Helmand und Herat. Aus Ostafghanistan, wo Großgrundbesitz kaum existiert hatte, wurden weit niedrigere Zahlen gemeldet (Karte 11 und DAVYDOV 1984). Doch ist hierbei auch zu berücksichtigen, daß manche Gebiete des Landes im Frühjahr 1979 bereits für Regierungskommissionen unzugänglich waren. In anderen Fällen, wie in Nimroz und Helmand, standen zwar große Flächen zur Verteilung bereit, doch gab es hier nicht genügend besitzlose Familien, die das enteignete Land übernehmen konnten. Deshalb veranlaßten die Behörden Tausende landloser Interessenten aus Ostafghanistan (insbesondere aus Laghman und Nangarhar) zur Umsiedlung nach Nimroz. Doch waren die organisatorischen Vorkehrungen so unzulänglich, daß ein Großteil der mittellosen „Neusiedler" wieder in ihre Heimat zurückkehrte (OLESEN 1982).

Auch sonst erfuhr die Landverteilung vielerlei Rückschläge. Die neuen Kleinbauern vermochten ihr Land oft kaum zu nutzen, da vielen von ihnen Saatgut, Pflugochsen und Arbeitsgeräte fehlten und der Staat außerstande war, mit Krediten zu helfen. Zwar versuchten die Machthaber, die Kleinbauern durch Propagierung von Bauernhilfsfonds und landwirtschaftlichen Genossenschaften zur Selbsthilfe zu veranlassen, doch zeigten diese Einrichtungen mangels Mitteln und Sachkenntnis keinen Erfolg und bestanden meist nur auf dem Papier. Zudem hatte das neue Regime Stärke und Dauerhaftigkeit der traditionellen dörflichen Sozialbeziehungen unterschätzt. In vielen Fällen sahen sich die mittellosen neuen Kleinbauern nach Empfang der Landzuweisungsurkunden von den Behörden verlassen und kehrten in ihre alte Abhängigkeit von den Grundherren zurück.

Unter diesen Umständen konnte die Landreform nur dort verwirklicht werden, wo die Regierung ihre Macht ausübte: im näheren Umkreis der größeren Städte, Garnisonen und Verwaltungszentren. Aber selbst hier ist sie seit 1980 in vielen Fällen faktisch außer Kraft gesetzt worden, besonders infolge der zunehmenden Kämpfe zwischen Mujahedin und sowjetischen Truppen und der Repressionsmaßnahmen der Besatzungsmacht. Andernorts ist jedoch die Landreform fortgeführt worden, wenn auch in geringem Umfang.

1981 machte die Regierung die Landenteignungen für einen Teil der Betroffenen faktisch rückgängig, um damit die Loyalität der Eliten zu gewinnen. 1987 schließlich wurde der Plafond für Eigentum an Ackerland bester Qualität auf 20 ha erhöht und selbst diese Beschränkung unter bestimmten Bedingungen, z. B. für private mechanisierte Großbetriebe, aufgehoben (KNT v. 20. 6. 87).

Ein Teil des enteigneten Landes wurde nicht an Bauern verteilt, sondern

4.1 Die Landwirtschaft

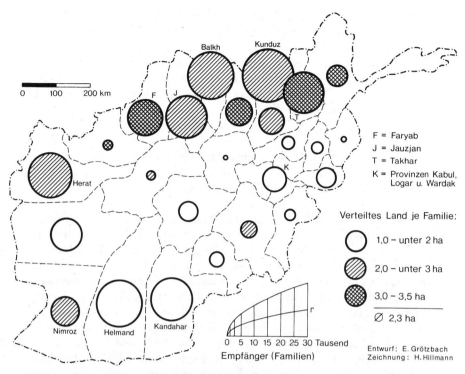

Karte 11: *Landverteilung im Rahmen der Bodenreform 1979 nach Provinzen* (nach DAVYDOV 1984).

Staatsgütern reserviert, die es mit Einsatz von Maschinen bewirtschaften sollten. Gleichzeitig nahm man die Errichtung neuer Staatsgüter in elf Provinzen in Angriff. Bis dahin hatten solche Großbetriebe in Hadda und Ghaziabad (Nangarhar), Marja (Helmand), Tarnak (Kandahar) und Sardeh (Ghazni) bestanden, die im Rahmen von Bewässerungsprojekten errichtet worden waren. 1984 sollen 46 Staatsfarmen mit zusammen 57000 ha existiert haben, die aber nur etwa ein Sechstel dieser Fläche selbst bewirtschafteten. Daneben wurden sechs Mechanisierte Landwirtschaftsstationen (nach dem Vorbild der früheren sowjetischen Maschinen-Traktoren-Stationen) in den Provinzen Kabul, Baghlan, Balkh, Jauzjan, Herat und Nangarhar gegründet (KNT v. 19. 3. 87). Dieser kleine staatliche Agrarsektor arbeitete allerdings wenig effektiv und unrentabel (MICHALSKI 1985). Auch das Genossenschaftswesen, das als ein Grundpfeiler der neuen Agrarverfassung gedacht war, machte kaum Fortschritte, im Gegenteil. Wurden 1981 insgesamt 1211 landwirtschaftliche Genossenschaften mit 191000 Mitgliedern gemeldet, so belief sich deren

Zahl im Frühjahr 1987 nur mehr auf 504 mit 70 000 Mitgliedern (KNT v. 15. 10. 81 und 17. 6. 87). Inwiefern diese Kooperativen wirklich funktionierten, ist nicht bekannt.

Die Landreform, eines der wichtigsten Anliegen der kommunistischen Regierungen, hat de jure die afghanische Agrarverfassung völlig verändert. De facto aber bestehen bis heute (1989) die traditionellen Verhältnisse in großen Teilen des Landes weiter.

4.1.2 Landwirtschaftliche Bodennutzung und Agrarproduktion

4.1.2.1 Bewässerungs- und Regenfeldbau

Infolge des ariden Klimas, begrenzter Wasservorkommen und des weithin gebirgigen Reliefs sind die Möglichkeiten landwirtschaftlicher Bodennutzung in Afghanistan recht beschränkt. Dies gilt vor allem für den Ackerbau. Die anbaufähige Fläche wird amtlicherseits auf über 79 000 qkm geschätzt, das sind rund 12 % der Gesamtfläche Afghanistans. Davon galt aber nur rund die Hälfte als tatsächlich angebaut (= Anbaufläche), sei es mit einer oder zwei Ernten pro Jahr. Die andere Hälfte bestand teils aus noch unerschlossenem Boden, teils aus Brachfeldern, die namentlich im Regenfeldland und im teilbewässerten Land große Areale einnehmen. Anbaufläche und die Flächen mit Zweitfrüchten, d. h. mit Doppelernte, ergeben zusammen die Erntefläche.

Tabelle 10 gibt einen Überblick über die Grundzüge der Flächennutzung, wobei es sich wiederum nur um Schätzwerte handelt. Der dort genannte Anteil von 3 % für die Waldfläche erweckt einen zu optimistischen Eindruck von den Waldreserven Afghanistans; darin sind auch lockere Baumfluren (Pistazien-, Wildmandel- und Baumwacholderbestände), Niederwälder aus immergrünen Eichen und die Reste abgeholzter Nadelwälder in Paktya enthalten. Erstaunlich hoch ist die Angabe für das Weideland. Da jahreszeitlich sogar Wüsten und Hochgebirge beweidet werden, dürfte der Anteil des faktischen Weidelandes, zu dem auch noch Brachflächen und Baumfluren kommen, tatsächlich fast 90 % betragen.

Amtlichen Angaben zufolge werden zwei Drittel der Anbaufläche, d. h. rund 26 000 qkm, bewässert. Demzufolge wären etwa 13 000 qkm der Anbaufläche Regenfeldland. Auch diese Flächenangabe ist höchst unsicher, wird doch das unbewässerte Ackerland amtlicherseits, z. B. durch die Steuerbehörden, nur sehr unvollständig erfaßt; de facto dürfte also seine Fläche über den offiziellen Angaben liegen. Wie sehr diese variieren, zeigte die Landwirtschaftserhebung von 1967, der zufolge sogar 48 % der Anbaufläche auf Regenfeldland entfielen (CSO 1978b).

Zwischen bewässertem Land *(abi)* und Regenfeldland *(lalmi, daimi)* wird

4.1 Die Landwirtschaft 103

im allgemeinen streng unterschieden, ist doch ersteres intensiver nutzbar, produktiver und weniger von der Niederschlagsmenge abhängig als *lalmi*-Land. Je nach Zeitpunkt, Häufigkeit und Dauer der Wassergaben gibt es aber auch Zwischenformen. Während vollbewässertes Land ganzjährig Irrigationswasser erhält, wie in den Flußoasen nördlich und südlich des Hindukusch, herrscht anderswo Teilbewässerung vor. Hierbei reicht das Wasser nicht zur Bewässerung der gesamten Ackerfläche aus, so daß man jährlich nur einen Teil der Flur anbauen kann. Teilbewässertes Land, das dem *abi* zugerechnet wird, nimmt vor allem im südwestlichen Afghanistan (Nimroz, Farah) große Flächen ein. Anderen Feldern kann nur etwas Regenwasser aus der Umgebung oder einem zeitweise fließenden Bach zugeleitet werden, womit man den Boden nachhaltiger durchfeuchtet. Diese Zusatz- oder Sturzwasserbewässerung ist oft nur im Anschluß an starke Niederschläge im Frühjahr möglich, also zu Beginn der Vegetationsperiode, weshalb sie auch als Anfangsbewässerung bezeichnet wird. Während der übrigen Zeit gelten diese Flächen als Regenfelder.

Das *Bewässerungsland* ist seit den 30er Jahren in einigen Teilen Afghanistans beträchtlich ausgeweitet worden. Den Anfang machte Qataghan, wo man im Rahmen der Binnenkolonisation bei Kunduz – Khanabad und Baghlan, in Ghori und Dasht-i-Archi ehemals sumpfige, aber auch *dasht*-Flächen bewässerte, wobei man sich auf traditionelle Techniken beschränkte. In den 50er und 60er Jahren bildeten zwei Großbewässerungsvorhaben, die mit hohem finanziellen und technischen Aufwand durchgeführt wurden, die Schwerpunkte der Neulandgewinnung: das von den USA unterstützte Helmand-Arghandab-Projekt und das von der Sowjetunion getragene Nangarhar-Projekt, durch die jeweils über 20000 ha wüstenhaften Geländes neu bewässert wurden. In den 60er und 70er Jahren folgten das Parwan-Projekt (ca. 9500 ha Neuland) und das Sardeh-Projekt (gegen 18000 ha). Noch größer waren allerdings die altbewässerten Flächen, deren Irrigationssysteme im Rahmen dieser Projekte verbessert wurden. Hauptsächlich diesem Zwecke dienten das Khanabad-, das Gawargan- und das Chardarrah-Projekt bei Kunduz bzw. Baghlan. Im übrigen sah der Siebenjahresplan die Neubewässerung von 62000 ha sowie eine modernisierte Irrigation von 335000 ha bereits bewässerten Landes vor. Dazu zählten das Khosh Tepa-Projekt, das der Überleitung von Amu Darya-Wasser mit Hilfe von Pumpen in die Ebene von Balkh dienen soll, das Kokcha-Projekt, das Farah Rod-Projekt, das Salma-Projekt am Hari Rod, das Kelagay-Projekt und das Balkhab-Projekt (MoP 1976).

Nach der Wassergewinnung werden folgende Arten der Feldbewässerung unterschieden: Fluß- oder Kanalbewässerung, Quell-, Karez- und Brunnenbewässerung. Am verbreitetsten ist die Fluß- oder Kanalbewässerung, die 1967 auf 84 % der bewässerten Flächen angewendet wurde (DoS 1971/72). Dabei wird das Wasser überwiegend noch immer in traditioneller Weise aus dem Fluß dem Hauptkanal *(nahr)* und von diesem in kleineren Kanälen oder Gräben *(jui)* den Feldern zugeführt. Einfache Wehre aus losen Schottern quer zum Fluß leiten das Wasser in die Kanaleinläufe. Durch Hochwässer regelmäßig zerstört, müssen sie immer wieder von neuem errichtet und bei Niedrigwasser im Spätsommer entsprechend erhöht werden. Einläufe mit Flußwehren aus Beton oder Staudämme gibt es nur in den genannten Projektgebieten, wo man auch moderne Wasserverteiler, betonierte Kanäle, Düker u. ä. errichtet hat, die zur Kontrolle der Wasserzufuhr, zur Minderung von Sickerverlusten und zur Überwindung von Geländehindernissen unerläßlich sind.

Immerhin 8 % der Irrigationsflächen wurden aus Quellen bewässert. Weit überdurchschnittlich ist die Quellbewässerung, der amtlichen Statistik zufolge, in den Provinzen Oruzgan, Wardak, Badghis, Bamyan, Ghor, Parwan, Zabul, Samangan, Takhar und Ghazni verbreitet. Namentlich in Teilen des Hazarajat (Jaghori, Behsud), im Bergland südlich von Tashqurghan und nordwestlich von Faydzabad und am Fuß des Hindukusch bei Ishkamish (Takhar) bilden Quellen die Grundlage der Bewässerungslandwirtschaft. Aus Quellen starker Schüttung wird das Wasser durch Gräben unmittelbar den Feldern zugeführt, Wasser schwacher Quellen wird meist erst in einem Stauteich *(nawar)* gesammelt.

7 % des bewässerten Landes erhielten ihr Irrigationswasser aus unterirdischen Wasserstollen *(karez, qanat)*. Die Verbreitung der Kareze hat JENTSCH (1970) in einer sehr instruktiven Karte dargestellt. Sie reicht von Gulran und Herat über Farah – Kandahar – Ghazni bis Kabul, Parwan und Nangarhar, wogegen Kareze in Nord- und Nordostafghanistan fast völlig fehlen. Dies entspricht ihrem großräumigen Verteilungsbild: Sie sind für das Hochland von Iran charakteristisch, nicht aber für Turan. Die höchsten Anteile von karezbewässertem Land verzeichneten 1967 die Provinzen Kabul (26 %), Nangarhar, Farah, Zabul und Ghazni. Vor allem abseits der perennierenden Flüsse werden hier große Gebiete ausschließlich aus Karezen bewässert. Diese liefern zwischen weniger als 1 l und 300 l Wasser pro Sekunde (UNDP 1972).

Die Kareze bilden ein sehr auffallendes Element in der Agrarlandschaft. Vom Grundwasservorkommen am Berg- oder Gebirgsfuß bis zum Austritt in einen Kanal oder Graben oft mehrere (bis zu 15) Kilometer lang, haben die Stollen ein geringeres Gefälle als die Oberfläche. Sie sind an den reihenweise angeordneten Schachtöffnungen erkennbar, um die das Aushubmaterial ringförmig abgelagert wird. Diese Schächte, jeweils 20–30 m voneinander entfernt, können am Anfang eines Karezes bis über 20 m tief sein. Sie dienten nicht nur dem Bau des Stollens, sondern ermöglichen auch dessen Reinigung. In Süd- und Westafghanistan verzeichnete JENTSCH (1970) zahlreiche verfallene Kareze, wie bei Bakwa, Khash, Shindand, in Sistan und östlich von Kandahar. Ein Teil davon ist während oder nach der Dürre von 1970/1971 reaktiviert worden (Bild 3), doch davon abgesehen scheint die Zahl der aktiven Kareze generell rückläufig zu sein.

4.1 Die Landwirtschaft

Dagegen hat die Anlage von Schachtbrunnen, aus denen Grundwasser durch Dieselpumpen gefördert wird, seit den 50er Jahren stark zugenommen. Dieselwasserpumpen, die freilich nur bei hohem Grundwasserstand wirtschaftlich sind, erfordern niedrigere Investitionskosten als Kareze und bieten zudem die Möglichkeit, die Wasserführung nach Bedarf zu regulieren. Ihr Einsatz wird überdies durch die Landwirtschaftliche Entwicklungsbank gefördert. Ob dieses Konzept energiepolitisch sinnvoll ist, soll hier nicht diskutiert werden. Dieselwasserpumpen waren 1973 vor allem in Katawaz (Provinz Paktika) und in den Provinzen Farah und Kandahar in Betrieb. Eigentümer waren meist mittlere bis große Grundbesitzer, bei Farah auch Kleingrundbesitzer, welche die Pumpen gegen 50 % des Naturalertrages vom bewässerten Feld vermieteten (GRÖTZBACH 1976a). Die Pumpen fördern zwischen 10 und 30 l/sec.

Selten sind Göpelwerke *(arat)*, die, von Ochsen, Eseln oder Kamelen angetrieben, oberflächennahes Grundwasser heben. Infolge ihres geringen Leistungsvermögens werden sie nur zur Bewässerung wertvoller Kulturen auf kleinen Flächen eingesetzt. Im näheren Umland von Kabul dienen sie dem Gemüseanbau. Bei Bakwa (Provinz Farah) hat sich ihre Zahl ebenso wie jene der Dieselpumpen seit den 60er Jahren besonders stark erhöht.

Auch der *Regenfeldbau* ist seit Beginn des 20. Jh. erheblich ausgeweitet worden, besonders auf den produktivsten Lößböden in Nord- und Nordostafghanistan. Da gerade die besten Weideflächen dieser Steppenkolonisation zum Opfer fielen, wurde sie 1970 durch ein Gesetz verboten (s. S. 120). Das Regenfeldland dominierte 1967 in den Provinzen Takhar, Badghis und Samangan mit je rund 80 % der Anbaufläche, in Herat, Badakhshan, Baghlan, Faryab und Ghor mit 67–57 %, während es in Südafghanistan (Helmand, Nimroz[9], Kandahar) fehlte.

Die natürliche Produktivität des Regenfeldlandes ist sehr unterschiedlich. Sie hängt von der Höhe des Niederschlags und von der Bodenqualität ab, da *lalmi*-Felder kaum Dünger erhalten, es sei denn unmittelbar durch das Weidevieh. Auf den dunkelgrauen Böden der Lößsteppe Nordafghanistans kann bei Niederschlagsmengen von über 500 mm sogar jährlicher Anbau getrieben werden. Im allgemeinen wechselt hier aber ein Anbaujahr mit einem Brachjahr ab, das der Trockenbrache dient. Dieses System entspricht bei Niederschlägen um 300–400 mm dem Trockenfeldbau oder *dry farming*. Hierbei wird das Regen- oder Schmelzwasser durch Pflügen der Brachfelder für das

---

[9] Die amtliche Statistik (CSO 1978b, S. 28) gab für Nimroz 75 % Regenfeldland an! Dabei handelte es sich entweder um einen Schreib- oder Rechenfehler oder um eine Verwechslung mit anfangs- oder teilbewässerten Flächen, die in Sistan vorherrschen (ORYWAL 1982). Die dortigen minimalen Niederschläge lassen Regenfeldbau überhaupt nicht zu.

nächste Saatjahr im Boden weitgehend konserviert. Im zentralafghanischen Hochland und in Ostafghanistan hingegen können die oft steinigen Regenfelder erst nach mehrjähriger Pause wieder genutzt werden, was meist nur unregelmäßig geschieht, vor allem nach schneereichen Wintern. Dies entspricht einem Feld-Weide-Wechselsystem.

Das Regenfeldland (und ähnlich das Land mit Teil- oder Anfangsbewässerung) wird weit einförmiger genutzt als vollbewässertes Land. Mit großem Abstand wichtigste Regenfeldfrucht ist der Weizen, gefolgt von Gerste und anspruchslosen Hülsenfrüchten. Im Lößgebiet Nord- und Nordostafghanistans werden auch Leinsaat und Melonen ohne Bewässerung angebaut, in den tieferen Lagen Paktyas Mais und Hirse.

4.1.2.2 Fluren und Fruchtfolgen

Die *Flurformen* zeigen ein recht einheitliches Bild, doch gibt es einige sehr charakteristische Ausnahmen. Die unregelmäßige Blockflur herrscht bei weitem vor (vgl. Karte 26). In den gut bewässerten, altbesiedelten Oasen von Parwan, Laghman, Herat und Kandahar und in Gebirgstälern ist sie kleinparzelliert, auf teil- oder anfangsbewässerten Flächen und im Regenfeldland dagegen großblockig aufgeteilt. Regelmäßige Blockfluren finden sich in eng begrenzten Gebieten planmäßiger junger Agrarkolonisation: bei Baghlan, in Nad-i-Ali und Marja am Helmand usw. Daneben gibt es vereinzelt auch Streifenfluren oder streifige Fluren, die namentlich aus Wardak (JENTSCH 1966, 1969) und Qataghan (GRÖTZBACH 1972a) beschrieben worden, aber auch von Bamyan, Yakaulang, Aybak, Ghazni, aus Paktya und anderen Gebieten bekannt sind (LOOSE 1980). Hierbei handelt es sich meist um junge Kolonisationsfluren kleinerer Gruppen von Siedlern oder um Ausbaufluren, die im Rahmen einer kollektiven Neulandaufteilung angelegt wurden. Die Form der Flurgliederung kann mithin als eine Art Indikator für die Unterscheidung von Alt- und Jungsiedelland dienen. Dabei gilt als Faustregel: Je regelmäßiger die Flurform, desto jünger ist sie.

Die Ackerfluren sind oft auch nach der Intensität ihrer Nutzung gegliedert. Dorfnahe Flurteile werden am besten gedüngt und bewässert und tragen daher die wertvollsten Kulturen in jährlichem Anbau. Von diesen Innenfluren unterscheiden sich die Außenfluren durch die einförmigere Nutzung mit Getreide und den hohen Anteil von Brachfeldern. Im Gebirge liegen die Außenfluren häufig als Bergfelder völlig isoliert von den Innenfluren, wie im oberen Andarab- und im Panjshertal (GRÖTZBACH 1972a, Karte 9), und bilden somit eigene Nutzungs- und Siedlungsstaffeln. Innen- und Außenfluren unterscheiden sich auch durch die jeweiligen Fruchtfolgen.

Geregelte *Fruchtfolgen* scheinen in der Vergangenheit weiter verbreitet

4.1 Die Landwirtschaft

gewesen zu sein als heute. Sie sind nicht nur durch marktorientierten Anbau wie z. B. bei Kabul (HAHN 1965) verdrängt, sondern auch infolge stark gestiegener Nachfrage nach landwirtschaftlichen Erzeugnissen, der Einführung neuer Feldfrüchte und des chemischen Düngers aufgegeben worden. Aus den gleichen Gründen wurden auch die Brachflächen reduziert, soweit genügend Irrigationswasser zur Verfügung stand. Geregelte Fruchtfolgen fanden sich 1978 noch immer unter folgenden Bedingungen: 1. beim Anbau von Zweit- oder Zwischenfrüchten (Doppelernte) und 2. bei Zelgenbindung der Fluren.

Der Anbau von Zweitfrüchten wurde schon von ELPHINSTONE (1815) genannt für Gebiete, wo genügend Dünger und Irrigationswasser vorhanden waren. Dies galt insbesondere für Laghman und Nangarhar, wo – wie in Indien – der Wechsel von *Rabi-* oder Winterfrucht (Weizen, Gerste) und *Kharif-* oder Sommerfrucht (Reis, Zuckerrohr, Baumwolle) praktiziert wurde (Ch. MASSON 1842, II). In den 1920er Jahren wurde von Doppelernten in den Oasen von Herat, Kandahar und Kohistan berichtet (VAVILOV & BUKINICH 1929; R. NIEDERMAYER 1929). Seitdem hat sich der Zweifruchtanbau auch bei Kunduz – Khanabad und bei Taluqan durchgesetzt, wobei Reis und Mais die wichtigsten Sommerfrüchte, Weizen und Klee Winter- bzw. Zwischenfrüchte sind (GRÖTZBACH 1972a). Auch im Gebiet des Helmand-Arghandab-Projektes haben Zweitfrüchte beträchtlich zugenommen (Tabelle 31). Selbst um Kabul gibt es bei etwa 1800 m ü. M. verbreitet Doppelernten mit Getreide (Winterweizen – Mais) und im Gemüsebau. HAHN (1965) schätzte diese Flächen auf 20% des vollbewässerten Landes. Im Becken von Khost (Paktya) belief sich dieser Anteil sogar auf etwa 70% (WALD 1969; OSTERKAMP, PTP 1972). Hier sei noch ergänzt, daß es auch Zwischenformen zwischen Einfach- und Doppelernten gibt, nämlich drei Ernten in zwei Jahren. Ohne Zweifel ließe sich die Erntefläche durch eine Förderung des Zweifruchtanbaus in den tiefergelegenen Landesteilen noch erheblich ausweiten. Voraussetzung dafür ist die ganzjährige Verfügbarkeit von Irrigationswasser, was den Bau weiterer großer Staubecken erfordert.

Feste Fruchtfolgen herrschen auch überall dort, wo die Fluren der Zelgenbindung unterliegen. Zelgen sind Flurteile mit Flurzwang, d. h. mit einheitlicher Nutzung auf allen darin befindlichen Parzellen. Sie bilden meist eine physiognomisch sehr auffallende Erscheinung in der Agrarlandschaft, z. B. im mittleren Panjshertal, in Andarab und anderen Tälern des Hindukusch und bei den Tadschiken von Purchaman (SCHURMANN 1962; GRÖTZBACH 1970). Die Zelgenbindung einer Flur beruht auf der Einhaltung einer festen Fruchtfolge oder Rotation, die von allen beteiligten Bauern als verbindlich anerkannt und eingehalten wird. Diese Kooperation dient in der Regel sehr konkreten Zwecken. So werden oft die viel Wasser erfordernden Reisfelder in einer Zelge zusammengefaßt, die entsprechend der mehrjährigen Folge über die Flur rotiert, wie in Andarab. Meist bildet die Stoppelweide den Hauptgrund für den Flurzwang: Das auf der Brachzelge weidende Vieh kann leichter beaufsichtigt, die auf der Nachbarzelge stehende Frucht besser davor geschützt werden als bei Gemengelage der einzelnen Felder.

Auch die Feldsysteme mit regelmäßiger Brache beruhen oft auf geregelten Fruchtfolgen. Während ganzjährige Brachen im vollbewässerten Land kaum vorkommen, bilden sie in großen Teilen des teilbewässerten und des unbewässerten Landes die Regel, namentlich auf den produktiveren *lalmi*-Böden Nordafghanistans. Hier wechseln normalerweise ein Anbau- und ein Brachjahr miteinander ab (Zweifelderbrachwirtschaft). Ist das Brachjahr reich an Niederschlag, wird das Feld sogar mit Brachfrüchten (Melonen, Sesam) bestellt, wie in Qataghan und südlich von Sheberghan. Erhalten teilbewässerte Fluren sehr wenig Wasser, so können auch zwei oder mehr Brachjahre auf ein Saatjahr folgen, wie in großen Teilen Süd- und Südwestafghanistans.

4.1.2.3 Die Agrarproduktion

Bei der Interpretation der afghanischen Agrarstatistik sind mehrere Einschränkungen zu treffen. Bei ihren Zahlen handelt es sich zumeist um amtliche Schätzwerte, die lediglich Größenordnungen wiedergeben. Die Flächen- und Produktionsstatistik änderte überdies 1967 und erneut 1975 ihre Erhebungsgrundlagen, so daß ein Vergleich mit früheren Daten noch problematischer ist. Ein weiterer Mangel besteht darin, daß Flächen mit Zweifrüchten nicht gesondert ausgewiesen werden.

Den Zahlen der amtlichen Agrarstatistik zufolge haben sich die Anteile der wichtigeren Kulturpflanzen an der Ernteflächen von 1967 bis 1981 nur wenig verändert. Auf Weizen entfielen jeweils um 60%, auf Mais 12–16%, Gerste 8–9%, Reis 5–6%, Baumwolle um 2–3%, auf Obst und Gemüse 4 bzw. 3%. Bis 1977 nahmen die Weizen- und Baumwollflächen zu, während die übrigen Getreidearten zurückgingen oder stagnierten. Erheblich größeren Schwankungen waren die Erträge ausgesetzt. Sie unterliegen dem Niederschlagsrisiko teils unmittelbar (im Regenfeldland), teils mittelbar (im Bewässerungsland). Dies gilt besonders für den Weizen, der als Brotfrucht die mit Abstand wichtigste Nahrungspflanze bildet.

Die *Weizenproduktion* schwankte von 1967 bis 1977 beträchtlich, wie die Zahlen in Tabelle 11 zeigen. Stieg sie 1967–1969 auf 2,5 Mio.t, so sank sie in den Dürrejahren 1970 und 1971 bis auf 1,9 Mio.t ab und betrug im Rekordjahr 1976 (und ähnlich 1978) sogar 2,9 Mio. t. Der beträchtliche Produktionsanstieg vor und nach 1970/1971 war nicht nur der günstigen Witterung, sondern auch agrarpolitischen Maßnahmen zu verdanken, die 1966 mit dem Weizen- und dem Handelsdüngerprogramm eingesetzt hatten. Doch erst nach dem schweren Rückschlag durch die Dürre ging man daran, diese Maßnah-

4.1 Die Landwirtschaft

men mit der erforderlichen Energie zu verwirklichen. Dies äußerte sich nicht nur in steigenden Produktionszahlen, sondern noch mehr in den sinkenden Weizenimporten der Jahre 1973–1976 (Tabelle 12). Die Einfuhren vor 1973 und nach 1976 spiegeln das Auseinanderklaffen von Eigenproduktion und Bedarf an Weizen recht drastisch wider.

Nachdem 1974 die Selbstversorgung mit Weizen faktisch erreicht worden war, führten die geringen Niederschläge 1977 erneut zu höherem Einfuhrbedarf. Ab 1978 ist dieser nochmals angestiegen. Diesmal liegt der Grund für die unzureichende Eigenproduktion in der politischen Situation des Landes. Die Kriegshandlungen und die Flucht von Millionen von Menschen hatten zur Folge, daß weite Ackerflächen verlassen oder verwüstet wurden. Andererseits erfordert die Konzentration ländlicher Flüchtlinge in einigen Städten wie Kabul und Mazar-i-Sharif eine erhöhte Nahrungsmittelzufuhr. Dazu aber ist die geschrumpfte einheimische Landwirtschaft, die nur mehr z. T. Zugang zu den städtischen Märkten hat, nicht in der Lage. Hinzu kommt, daß die Agrarbehörden und die Landwirtschaftsbank einen Großteil der noch tätigen Bauern nicht mehr erreichen können, da sich die Regierungskontrolle nur auf recht eng begrenzte, meist stadtnahe Gebiete erstreckt.

Durch die Einführung neuer Weizensorten und den Einsatz von chemischem Dünger seit 1966 konnte auch der Flächenertrag gesteigert werden. Der Durchschnittsertrag an Weizen, jeweils für mehrere gleichartige Jahre zusammengefaßt, entwickelte sich wie folgt: 1961–1966: 9,4 dz/ha, 1967–1969: 11,6 dz/ha, 1970–1972: 8,7 dz/ha, 1973–1981: 12,2 dz/ha. Der Einbruch zu Anfang der 70er Jahre war auch hier eine Folge der Dürre. Danach spielten sich die Erträge auf einer Höhe ein, die nur wenig über jenen von 1967 bis 1969 lag. Daraus ist zu ersehen, daß der Erfolg der Intensivierungsprogramme schon vor den Dürrejahren 1970/1971 eingetreten, seitdem aber recht bescheiden geblieben ist.

Der Einsatz von chemischem Dünger stieg von 9000 t 1966/67 auf 100 000 t 1977/78 (CSO 1978b). Seine räumliche Verteilung war sehr unterschiedlich, wie Karte 12 zeigt. Die Schwerpunkte der Düngeranwendung lagen im Osten und Nordosten, von Nangarhar bis Kunduz, sowie im Helmand-Projektgebiet. In Provinzen mit wenig Bewässerungsland (Faryab, Badghis, Zabul, Samangan) oder schwerer Erreichbarkeit (Nimroz, Ghor, Badakhshan) war er am geringsten (vgl. auch GRÖTZBACH 1976a).

Im internationalen Vergleich erscheinen die Flächenerträge für Weizen wie auch für andere Agrarprodukte niedrig, doch weichen sie nur wenig von jenen der Nachbarstaaten Sowjetunion, Pakistan und Iran ab. Die Durchschnittswerte verdecken ganz erhebliche Ertragsunterschiede im bewässerten und unbewässerten Feldbau. Auf vollbewässertem Land werden in der Regel, je nach Anwendung traditioneller Methoden oder der neuen Produktionsmit-

4 Wirtschaft und Infrastruktur

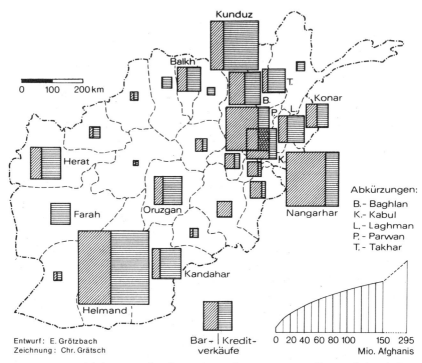

Karte 12: *Handelsdünger-Verkäufe 1977/78 nach Provinzen* (Quelle: Landwirtschaftsbank Kabul).

tel, etwa 10 bis 25 dz/ha erzielt, auf Regenfeldern bestenfalls die Hälfte hiervon. Da der Regenfeldbau besonders starken Ertragsschwankungen unterliegt, sind für ihn Durchschnittswerte nur schwer zu ermitteln. Der Weizenertrag der Regenfelder kann in niederschlagsreichen Jahren und auf guten Böden fast jenes des Bewässerungslandes erreichen, in Trockenjahren und auf armen Böden jedoch völlig ausfallen. Für Normaljahre wird der Anteil des *lalmi*-Weizens an der gesamten Jahresernte auf 20–25% geschätzt, obwohl die unbewässerte Weizenfläche fast ebenso groß sein dürfte wie die bewässerte (DAWLATY u. a. 1970).

Weizen bildet die Hauptfrucht auf unbewässertem Ackerland, so daß seine Produktion schon deshalb beträchtlichen Schwankungen unterliegt. In reichlich mit Wasser versorgten Oasen steht der Weizenanbau unter dem Konkurrenzdruck anderer Feldfrüchte, namentlich von Reis, Baumwolle und Ölpflanzen. Dadurch wurde der Weizen in manchen Oasen zurückgedrängt oder, wie bei Khanabad – Kunduz, in die Rolle einer winterlichen Zweitfrucht (mit Reis als Sommerfrucht) verwiesen. Auch in der Verdrängung des

4.1 Die Landwirtschaft

Weizens von den produktivsten Flächen liegt ein Grund für die bisher unzureichende Steigerung der Erzeugung.

Hauptanbaugebiete des Weizens *(gandum)* sind – von den Oasen mit Zweifachanbau in Ost- und Nordostafghanistan abgesehen – die Flächen mit Zusatz- oder Teilbewässerung und vor allem das Regenfeldland in Turkistan. Weizen wird weit überwiegend als Winterfrucht angebaut; in den Gebirgen und Hochländern kommt er mit zunehmender Höhe aber auch als Sommergetreide vor. Sommerweizen reicht im Hindukusch bis 3150 m, Winterweizen bis etwa 2800 m ü. M.

Ähnliches gilt auch für die *Gerste (jau)*, die in den Tief- und Vorländern durchweg als Futterpflanze dient. In den Hochländern und Hochgebirgen hingegen spielt die wenig anspruchsvolle Sommergerste auch als Brotfrucht eine Rolle. Sie wird im Hindukusch, z. T. zusammen mit Hülsenfrüchten, bis etwa 3500 m ü. M., in Zentralafghanistan und im Pamir bis gegen 3700 m angebaut (NAUMANN 1974; JENTSCH 1981).

Mais (jauari) als die an zweiter Stelle stehende Kulturpflanze ist fast überall, namentlich aber in Ostafghanistan, bis etwa 2400 m ü. M. zu finden. Er wurde erst seit dem 19. Jh. aus dem damaligen Britisch-Indien übernommen und hat sich seitdem im ganzen Lande ausgebreitet. Ausgereifter Mais, meist als Hauptfrucht angebaut, dient als Nahrungsmittel, während Zweitfruchtmais auch als Viehfutter verwendet wird.

Reis (shali) ist nach dem Weizen die wichtigste Nahrungsfrucht. Infolge seines hohen Wasserbedarfs ist aber sein Anbau auf bestimmte Gunstgebiete beschränkt, namentlich auf die tiefgelegenen, flußnahen Areale der Ebenen von Jalalabad und Laghman, des Konartals, der Oasen von Kunduz – Khanabad, Baghlan und Taluqan sowie jener des Hari Rod oberhalb von Herat. In diesen Hauptanbaugebieten herrscht der sehr geschätzte langkörnige Reis *(shali-i-mahin)* vor. Soweit er im Rahmen des Zweitfruchtanbaus die Sommerfrucht bildet, wird er in Saatbeeten vorgezogen und auf die Felder ausgepflanzt, wodurch sich dort die Wachstumszeit verkürzt. Oberhalb etwa 1000 m ü. M. tritt runder Reis *(shali-i-lok)* an seine Stelle, der kühleres Wasser verträgt und von Hand ausgesät wird. Er ist im nördlichen Kabul-Panjsher-Becken, in Logar, Wardak und Maydan, in Andarab und in anderen Tälern der Hindukusch-Nordabdachung bis rund 2000 m ü. M. verbreitet. Am begehrtesten und teuersten ist der Reis aus Jalalabad und Laghman, gefolgt von jenem aus Khanabad.

Der Reisanbau ist bislang von der staatlichen Agrarpolitik noch kaum gefördert worden. Im Gegenteil, die Landwirtschaftsbehörden sahen sich sogar veranlaßt, der Ausweitung der Reisflächen entgegenzuwirken, und zwar überall dort, wo forcierter Reisbau zu einer kritischen Verknappung des Irrigationswassers für andere Kulturen führen würde. Dies geschah durch ein Verbot des Reisbaus auf bestimmten Flächen, z. B. in den höhergelegenen Teilen der Oasen von Baghlan – Ghori und von Taluqan

(GRÖTZBACH 1972b). Die Neigung der Bauern und Großgrundbesitzer, die Reisflächen auszuweiten, ist aus dem hohen Geldertrag des Reisbaus erklärlich. Dabei liegen dessen Flächenerträge mit etwa 20 dz/ha im internationalen Vergleich eher niedrig, aber ähnlich hoch wie in Indien, Bangladesch und Thailand. Zudem erfordern Auspflanzen und Ernte des Reises zusätzliche Arbeitskräfte, auf die – nach Stichprobenuntersuchungen in den Provinzen Kunduz und Baghlan – etwa die Hälfte der hohen Produktionskosten entfällt (CSO 1978b). Dennoch ist der Reinertrag von Reis deutlich höher als der jeder anderen Feldfrucht.

Als „sonstiges Getreide" in Tabelle 11 ist die Hirse *(arzan)* zu nennen, die meist als Rispenhirse vorkommt. Noch in den 20er Jahren weit verbreitet, fand sie sich 1965 fast nur mehr in Nuristan, Panjsher und Paktya.

Unter den Industriepflanzen ist die *Baumwolle* mit Abstand am wichtigsten, und zwar nicht nur als Rohstoff für die einheimische Textilindustrie, sondern auch als Exportgut. Baumwollanbau wurde bereits im 19. Jh. bezeugt. Um 1900 lag sein Schwerpunkt im Gebiet von Herat bis Balkh; in den 30er Jahren verschob er sich ostwärts, nach Qataghan, wo die neue Baumwollgesellschaft Spinzar den Anbau förderte. Hier wurden um 1940 nicht weniger als 80–90 % der afghanischen Industriebaumwolle geerntet, im mittleren Nordafghanistan fast der gesamte Rest (Tabelle 13). Seit den 60er Jahren nahm die Baumwollproduktion auch im Westen bei Herat und im Süden am Helmand erheblich zu. Dabei handelt es sich um Industriebaumwolle *(pomba* oder *pakhta)* ausländischer, meist amerikanischer Varietäten, die an Baumwoll-Handelsgesellschaften abgeliefert wird. Daneben gibt es nur mehr wenig Anbau von kurzstapeliger heimischer Baumwolle *(ghoza)*, die handwerklich verarbeitet wird und nicht in die Statistik eingeht.

Kein anderes Agrarprodukt hat in Afghanistan soviel staatliche und industrielle Förderung erhalten wie die Baumwolle. Die Maßnahmen hierzu reichten von der Einführung verbesserter Sorten in den 30er Jahren, dem Einsatz von Handelsdünger und der Propagierung neuer Anbaumethoden bis zum Anbauzwang in bestimmten Gebieten namentlich in Qataghan (GRÖTZBACH 1972a, b; BALLAND 1973a). Dennoch unterlagen Anbaufläche und abgelieferte Erntemenge seit den 60er Jahren erheblichen Schwankungen (Tabelle 11). Wichtigster Grund hierfür war weniger die Witterung als vielmehr die staatliche Preispolitik. Denn der Anbau von Baumwolle steht in Konkurrenz mit jenem von Weizen, z. T. auch von Reis, und reagiert entsprechend auf veränderte Preisrelationen. So führte die Erhöhung der Ankaufpreise für Baumwolle um fast 20 % im Jahr 1974 zum bisherigen Höchststand der Produktion mit 160 000 t 1975. Trotz aller Bemühungen ist aber der Flächenertrag an Baumwolle seit Mitte der 60er Jahre nicht mehr angestiegen. Seit 1979/80 sind Produktion und Flächenertrag von Baumwolle infolge der politisch-militärischen Ereignisse drastisch zurückgegangen. Selbst die amtliche Statistik gibt diesen Rückgang zu: Ihr zufolge fiel die Erzeugung von 1977 bis 1981 um 57 %, der Flächenertrag von 11 auf 8 dz/ha! Hierin äußert sich nicht nur die Aufgabe früherer Baumwollflächen, sondern ebenso deren Verwendung für den existenznotwendigen Anbau von Weizen.

4.1 Die Landwirtschaft

Unter den übrigen Industriepflanzen sind die verschiedenen Ölsaaten (Leinsamen, Sesam, Raps) am wichtigsten. Sie werden hauptsächlich in Nordafghanistan, Leinsamen sogar im dortigen Regenfeldland, angebaut. Zuckerrüben *(lablabu)* sind fast ausschließlich in den Oasen von Baghlan und Ghori im Umkreis der dortigen Zuckerfabrik verbreitet. Obwohl hier die Zuckerrübe seit den 40er Jahren in ähnlicher Weise gefördert worden ist wie anderswo die Baumwolle, mußte man gleichfalls zum Mittel des Anbauzwanges greifen, um die Versorgung der Zuckerfabrik halbwegs zu sichern. Zu deren voller Auslastung reichte jedoch nicht einmal die Rekordernte von 1975 mit 108000 t aus. Bis 1981 fiel die Zuckerrübenproduktion auf 20000 t – aus den gleichen Gründen wie oben für die Baumwolle dargelegt. Zuckerrohr wird im Becken von Jalalabad angebaut, aber noch nicht industriell verarbeitet.

Der *Gemüseanbau* ist zwar weit verbreitet, als Marktgemüsebau konzentriert er sich aber hauptsächlich in der näheren und weiteren Umgebung Kabuls. Hier nahm die Gemüsefläche 1967 in den Provinzen Logar, Wardak, Bamyan, Parwan, Laghman und Nangarhar zwischen 5 und 11 % der Anbaufläche ein, in der Provinz Kabul sogar 12,5 % (CSO 1978b). Auch in der Nachbarschaft der anderen größeren Städte ist der Gemüseanbau bedeutend. Wichtigste Gemüse sind Karotten, Zwiebeln, Knoblauch, Rüben, Rettiche, Spinat, Lauch, Tomaten und Auberginen. Auch die Kartoffel *(kachalu)*, die erst im 19. Jh. aus Britisch-Indien übernommen und noch in den 20er Jahren nur bei Kabul angebaut wurde, zählt als Gemüse. Sie wird aber seit den 60er Jahren bei Bamyan, in Paktya und Maydan auch auf größeren Flächen angebaut und z. T. nach Pakistan exportiert.

Dient der eigentliche Gemüseanbau dem Bedarf der heimischen Bevölkerung, so hat der *Obstbau* auch erhebliche Bedeutung für den Export. Getrocknete und frische Früchte machen seit 1974 jeweils etwa 30–40 % des Ausfuhrwertes aus. Dies gilt vor allem für Weintrauben *(angur)*, die schon im vorigen Jahrhundert in frischem oder getrocknetem Zustand mit Karawanen nach Indien verfrachtet wurden. Die Gesamtfläche der Weingärten wurde 1974 mit über 80000 ha beziffert (CSO 1978b). Hauptanbaugebiete für Trauben sind, derselben Quelle zufolge, Koh Daman – Kohistan (Provinzen Kabul, Parwan und Kapisa) mit etwa 22000 ha Weingärten, die Oase von Kandahar mit dem nahen Arghandabtal (21000 ha), das Gebiet von Sancharak – Sar-i-Pul (Provinz Jauzjan, 10000 ha), die Oase von Herat (8000 ha) und das Gebiet um Ghazni (6000 ha), die zusammen 83 % der gesamten Traubenanbaufläche einnehmen. Der Vielzahl der Anbaugebiete entspricht eine noch buntere Vielfalt der Sorten, wie sie auf den großen städtischen Märkten angeboten werden. Man hat nicht weniger als 88 Varietäten von Weinstöcken und -trauben im Lande unterschieden (GALET 1969/1970). Die Trauben werden entweder frisch vermarktet oder aber getrocknet. Seit den 60er Jahren ist die herkömmliche Art der Rosinentrocknung – grüne Trauben in Trockenhäusern *(soyagi khana)* wie in Koh Daman und bei Kandahar, rote Trauben auf dem bloßen Boden wie bei Sancharak – durch neue Verfahren ergänzt worden. Moderne fabrikmäßige Reinigungs- und Trocknungsanlagen, die für den Export arbeiten, sind in Kabul, Charikar, Mazar-i-Sharif und Kandahar lokalisiert.

Weitere Früchte, die großenteils vermarktet werden, sind Zucker- und Wassermelonen, deren beste Qualitäten aus Kunduz/Khanabad kommen, Granatäpfel aus Arghandab (Provinz Kandahar), Tashqurghan (Samangan), Tagab (Kapisa) und Khugyani (Nangarhar), Mandeln aus Zabul und Walnüsse aus Badakhshan. Zitrusfrüchte und Oliven werden im Gebiet des Nangarhar-Bewässerungsprojektes auf Staatsgütern angebaut und in die Sowjetunion exportiert. Weniger für den Markt als für den eigenen Verzehr bestimmt sind die gängigen Obstsorten der Hausgärten: Maulbeeren, die in manchen Tälern des Hindukusch ein Grundnahrungsmittel bilden, Aprikosen, Kirschen, Äpfel, Pflaumen, Quitten u. a. Der Obstbau ist vor allem in Gebieten mit altseßhafter Bevölkerung verbreitet, wie in Arghandab, Koh Daman und Teilen Badakhshans. Am Nord- und Südrand des Hindukusch lebte die Bevölkerung früher hauptsächlich von Obst, vor allem Maulbeeren *(tut)*, die in großen Mengen für den Winter getrocknet wurden.

Unter den in Tabelle 11 nicht genannten Produkten sind *Hülsenfrüchte* am häufigsten. In den Oasen der Gebirgsvorländer bildet die Mungobohne *(mash)* die wichtigste Körnerhülsenfrucht, die meist als Zweitfrucht angebaut wird. In vielen tiefergelegenen Gebirgstälern sind die Hülsenfrüchte großenteils durch den Mais, um Bamyan durch die Kartoffel zurückgedrängt worden. In den höheren Lagen des Hindukusch und des zentralen Hochlandes (ab etwa 2400 bis 3500 m ü. M.) nehmen sie aber noch immer bedeutende Flächen ein, namentlich Pferdebohnen *(boqoli)*, Ackererbsen *(mushong)*, Platterbsen *(patek)* und Linsen *(nask)*. Auf steinigen Bergfeldern werden sie oft gemischt mit Gerste angebaut und so von der ärmeren Bevölkerung als Brotfrucht verwendet.

Futterpflanzen sind Persischer Klee *(shaftal)* und Luzerne *(reshka)*. Klee wird heute überwiegend als Zwischenfrucht (z. B. vor Reis) oder als Unterfrucht in Weizen und Gerste gesät, während Luzerne sich auf kleine, gegen das Vieh eingefriedete Parzellen beschränkt und vor allem im Gebirge vorkommt. Beide dienen als begehrtes Futter für Pferde und Pflugochsen, manchmal auch für Milchkühe und Kälber.

Zusammenfassend ist festzustellen, daß sich Bodennutzung und Agrarproduktion in dem Jahrzehnt von 1967 bis 1977 nicht viel geändert haben. Trotz aller entwicklungspolitischen Bemühungen und konkreten Förderungsprogramme stiegen die Flächenerträge der einzelnen Feldfrüchte nur wenig an oder stagnierten. Zunahmen ihrer Gesamtproduktion waren vor allem günstigen Erntejahren oder der Ausweitung der Anbauflächen zu verdanken. Das künftige agrarische Entwicklungspotential liegt allerdings weit mehr in einer intensiveren Nutzung der bestehenden Anbauflächen als in deren Vergrößerung.

Die in den Jahren 1975 und 1976 bei fast allen Feldfrüchten erzielten Rekordernten gingen 1977 wegen ungünstiger Witterung und ab 1979 wegen der politischen Ereignisse rapide zurück. Die amtliche afghanische Agrarstatistik läßt diesen Verfallsprozeß nur teilweise erkennen (vgl. Tabelle 11). Inzwischen sind ganze Landstriche infolge Flucht der Bevölkerung und Zerstörung der Dörfer verödet, namentlich in Paktya, Nangarhar und Logar, um Kandahar, Herat und in Koh Daman. Das genaue Ausmaß dieses Rückganges der Anbauflächen zu bestimmen, ist unmöglich. Eine systematische Befragung afghanischer Bauern in ihrer Heimat und in Pakistan brachte erschreckende Ergebnisse (GUL u. a. 1988): in den „freien Gebieten" einen Rückgang der Ernteflächen 1978–86 um mindestens 30% und – da auch die Erträge stark zurückgingen – der gesamten Agrarproduktion um etwa 55%.

Als Gründe für dieses Wüstfallen von Kulturland wurden genannt: der Mangel an Arbeitskräften infolge Flucht, Tod oder zwangsweisem Militärdienst vieler jüngerer Männer, der Mangel an Pflugochsen, Saatgut und Dünger, die Zerstörung der Ernte und der Bewässerungsanlagen durch Kriegshandlungen oder Luftangriffe usw. So sind die bescheidenen Erfolge der afghanischen Agrarentwicklungspolitik innerhalb weniger Jahre zunichte gemacht worden. 1987 soll die landwirtschaftliche Produktion erstmals wieder deutlich angestiegen sein, vermutlich als Folge erhöhter Niederschläge und verminderter Kämpfe und Bombenangriffe. Doch dürfte das Land in seiner Nahrungsmittelversorgung vorerst weiterhin vom Ausland abhängig bleiben.

4.1.2.4 Die Viehwirtschaft

Die Viehhaltung bildet nicht nur den Haupterwerb für einen Teil der Bevölkerung, insbesondere der Nomaden, sondern liefert auch einige wichtige Exportgüter, wie Häute und Felle (vor allem Karakulfelle), Wolle und Därme. Ihre Bedeutung für die einzelnen Gebiete und Bevölkerungsgruppen ist allerdings sehr unterschiedlich.

Die noch immer starke nomadische Komponente der afghanischen Viehwirtschaft äußert sich in dem hohen Anteil des Kleinviehs am gesamten Viehbestand (Tabelle 14). Dieser setzte sich in Normaljahren zu rund 80% aus Schafen und Ziegen zusammen, während auf Rinder und Büffel nur 12–14% entfielen. Durch die Dürre von 1970/1971 wurden vor allem Schafe und Ziegen dezimiert, doch waren diese Einbußen nach wenigen Jahren wieder ausgeglichen. Seit 1980 sind die Viehbestände infolge Flucht und systematischer

Vernichtung erneut zurückgegangen, was aber in den amtlichen Zahlen kaum zum Ausdruck kommt.

Rinder und Büffel werden vornehmlich von Seßhaften gehalten und dienen als Milch- oder Zugtiere (Pflugochsen), in Ghor auch als Last- und Reittiere. Infolge fehlender Zuchtwahl und der oft unzureichenden Fütterung sind die Rinder klein und wenig leistungsfähig. Die durchschnittliche Milchleistung der heimischen Kühe wurde auf etwa 1170 kg pro Jahr beziffert (KESHTIAR u. a. 1969), was eher zu hoch erscheint; für die Provinz Kabul wurde sie von NICOLLET (1972) auf nur 840 kg geschätzt. Auch Schafe und Ziegen werden gemolken, doch dienen sie ebenso der Fleischproduktion. Weit verbreitet sind Fettschwanzschafe unterschiedlicher Rassen, zu welchen auch das Karakulschaf zählt. Schafe und Ziegen werden stets zusammen, etwa im Verhältnis 8:1, geweidet, wobei die Ziegen als Leittiere der Herden dienen. Esel sind als Last- und Reittiere in ganz Afghanistan verbreitet, auch bei ärmeren Bauern. Dagegen gilt der Besitz eines Pferdes bereits als Zeichen der Wohlhabenheit. Kamele schließlich sind die wichtigsten Lasttiere in den Wüstengebieten des Landes, wo sie trotz Motorisierung noch immer Verwendung finden.

Einzige Grundlage für eine räumlich gegliederte Darstellung der Viehbestände sind die Daten der Landwirtschaftserhebung von 1967. So ungenau diese Zahlen auch sein mögen, zeigen sie die unterschiedliche räumliche Verbreitung des Viehbesitzes der nichtnomadischen Bevölkerung im großen und ganzen recht zuverlässig an. Außer der Zusammensetzung der Bestände ist auch die Viehdichte, d. h. das Verhältnis von Viehzahl zu Bevölkerungszahl, wichtig, die einen Hinweis auf das jeweilige wirtschaftliche Gewicht der Viehhaltung gibt.[10]

Das *Großvieh* (Karte 13b) ist relativ gleichmäßig verbreitet, handelt es sich doch hierbei großenteils um überall notwendige Arbeits-, Last- und Reittiere. Dementsprechend unterscheidet sich auch die Großviehdichte in den verschiedenen Provinzen nicht allzusehr. Sie ist im nördlichen Zentralafghanistan (Provinzen Ghor, Bamyan, Badghis, Samangan) am höchsten, gering hingegen in den kleinbäuerlich geprägten Ostprovinzen und in Helmand. Deutlichere Unterschiede zeigt die Zusammensetzung der Großviehbestände. Überdurchschnittlich hohe Anteile von Rindern verzeichnen Zentralafghanistan (Ghor, Bamyan, Oruzgan) sowie Teile Ostafghanistans

---

[10] Zur Berechnung der Viehdichte in den Karten 13a und b mußten die Viehstatistik von 1967 und die Bevölkerungsstatistik von 1978 herangezogen werden, was im Hinblick auf das zeitliche Auseinanderfallen der Daten unbefriedigend sein mag. Nimmt man aber eine annähernd gleiche Bevölkerungszunahme in den Provinzen von 1967 bis 1978 an, so sind die Ergebnisse in ihren Relationen durchaus aussagekräftig. Die Einwohnerzahlen der vier größten Städte (Kabul, Kandahar, Herat, Mazar-i-Sharif) wurden dabei außer acht gelassen.

4.1 Die Landwirtschaft

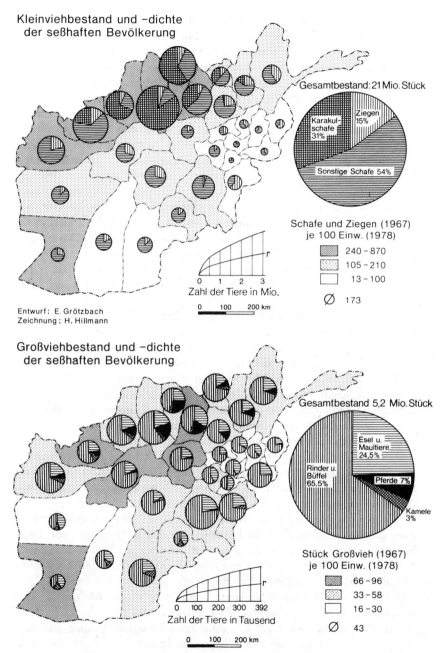

Karte 13a und b: Bestand und Dichte an Klein- und Großvieh der seßhaften Bevölkerung nach Provinzen 1967/68 (Quelle: CSO 1978b).

(Ghazni, Paktya, Nangarhar, Konar), während sie im Südwesten (Farah, Nimroz) und im mittleren Norden (Balkh, Samangan) besonders niedrig sind. Andere Verbreitungsmuster ergeben sich für Pferde und Kamele. Pferdezucht und -haltung sind eine traditionelle Domäne der Usbeken und Turkmenen Nordafghanistans. Schon zu Beginn des 19. Jh. war Turan bekannt für die Qualität seiner Pferde, die über die Märkte in Bukhara und Balkh verkauft wurden (ELPHINSTONE 1815). 1967 meldeten Jauzjan, Balkh und Samangan die höchsten Bestände (je 50–63 000). Hier und in den Nachbarprovinzen werden Pferde nicht nur als normale Reit- und Lasttiere gehalten, sondern auch für die populären wilden Reiterspiele (*buzkashi* = „Ziegenziehen") der Usbeken. Der Besitz eines guten und entsprechend teuren *buzkashi*-Pferdes verleiht denn auch einiges Ansehen. Kamele (Dromedare) sind hingegen vorwiegend in Süd- und Westafghanistan verbreitet, von den Provinzen Zabul und Kandahar bis Herat und Badghis, kommen aber auch in Turkistan vor. Sie werden insbesondere von paschtunischen Nomaden als Lasttiere verwendet, im Norden auch von Usbeken, Turkmenen und Arabern. Nur im äußersten Nordosten, im Pamir, findet sich das zweihöckerige Kamel, das Trampeltier; hier und in einigen Hochtälern des Hindukusch trifft man auch Yaks an.

Höchst unterschiedlich sind Zahl und Dichte der *Kleinviehbestände* in den einzelnen Provinzen. Karte 13a läßt ein deutliches Gefälle der Kleinviehhaltung von Norden nach Süden und Osten erkennen. Die höchsten Bestandszahlen meldeten 1967 die Provinzen Badghis, Balkh und Jauzjan mit jeweils 2,2 bis 3,2 Mio. Stück. Hier wie auch in den meisten übrigen Provinzen überwiegen Schafe bei weitem. Nur in Paktya, Laghman und Konar ist die Zahl der Ziegen größer, und auch Parwan, Kapisa, Nangarhar und Badakhshan verzeichnen überdurchschnittlich viele Ziegen. Diese betonte Ziegenhaltung läßt sich zum einen aus dem Gebirgsrelief erklären, das für Schafe oft zu steil ist, zum anderen aus der Vegetation. So deckt sich das Gebiet vorwiegender Ziegenhaltung in Nuristan (Provinzen Laghman und Konar) mit der dortigen Verbreitung der Steineiche, die eine wichtige Futtergrundlage bildet (SCHEIBE 1937).

Während Schafe im größten Teil des Landes zur Fleisch- und Wollerzeugung gehalten werden, dient die Karakulschafzucht in Nordafghanistan der Fellgewinnung. Die Felle der neugeborenen Lämmer werden als „Persianer" (oder „Astrakhan") etwa zur Hälfte exportiert. Karakulschafe sind von Badghis bis Takhar verbreitet mit dem Kerngebiet in den Provinzen Balkh, Jauzjan und Faryab. Diese hochspezialisierte Tierhaltung ist für Afghanistan ein ziemlich junger Wirtschaftszweig. Zwar gab es bereits Ende des 19. Jh. eine geringe Ausfuhr von Karakulfellen, doch deren heutige Bedeutung verdankt Afghanistan turkmenischen Flüchtlingen, die in den 20er Jahren mit ihren Herden Sowjetisch-Mittelasien verließen (BALLAND 1972). Noch immer sind

4.1 Die Landwirtschaft

Turkmenen, seltener Araber, Usbeken oder gar Paschtunen die wichtigsten Karakulschafzüchter, unter denen es zahlreiche Großherdenbesitzer gibt. Diese Herden, oft mehrere tausend Tiere stark, werden im Rahmen einer halbnomadischen oder transhumanten Weidewirtschaft gehalten. Ihre Winterweiden liegen im Umkreis der Dörfer am Nordfuß des zentralen Hochlandes, im niedrigen Lößbergland und in den Oasen Nordafghanistans, ihre Sommerweiden in den Berg- und Hochländern südlich bzw. östlich davon, von Ghor bis Nordbadakhshan.

Die Viehhaltung beruht in Afghanistan weit überwiegend auf der *Weidewirtschaft*. Stallviehhaltung gibt es nur während des Winters in den Hochländern und Gebirgen mit tiefen Temperaturen und langer Schneebedeckung. In mittleren Höhenlagen und in Nordafghanistan wird lediglich das Großvieh im Winter aufgestallt, in den wintermilden Gebieten Süd- und Ostafghanistans, wie Nimroz und Nangarhar, bleibt auch dieses ganzjährig im Freien.

In den hochgelegenen Teilen des Landes begrenzt die oft schwierige Versorgung mit Winterfutter die Viehbestände. Der Futtervorrat besteht meist aus Wildheu, das im Sommer und Herbst gesammelt wird, aus Stroh, Laub und geschneitelten Zweigen, sofern man über geeignete Bäume verfügt. Das beste Futter, nämlich Gerste, Klee- und Luzerneheu und getrocknete Leguminosen, erhalten die Pferde und Pflugochsen. Wiesenheu kann nur dort eingebracht werden, wo natürliche Feuchtwiesen oder feuchte Feldraine mit üppigem Graswuchs vorkommen, wie in den breiten Hochtälern Zentralafghanistans. Da Winterfutter stets knapp ist, werden Kleinviehherden aus dem Hindukusch zum Überwintern an den Gebirgsrand gebracht, was einer inversen oder absteigenden Transhumanz entspricht.

Der winterliche Stallaufenthalt des Viehs ist besonders wichtig zur Gewinnung natürlichen Düngers. Der Viehdung wird getrocknet und den dorfnahen Feldern als den Innenfeldern der Ackerflur zugeführt. In tiefergelegenen Gebieten erreicht man diese Wirkung auch dadurch, daß man nachts Viehherden auf Feldern einpfercht. Diese enge Verbindung zwischen Viehhaltung und Ackernutzung besteht aber nur dort, wo der Dung nicht als Brennmaterial verwendet werden muß. Im größten Teil des Landes herrscht ein solcher Mangel an Brennholz, daß man statt dessen getrockneten Rinderdung benutzt. Die zum Trocknen an den Mauern klebenden Dungfladen sind ein vertrauter Anblick in afghanischen Dörfern, ganz ähnlich wie im benachbarten Pakistan und in Nordindien.

Die Weidegründe der vollseßhaften Bevölkerung liegen in Dorfnähe. Im Hindukusch werden die Hochweiden von den Gebirgsbauern in einer Art Almwirtschaft genutzt, wobei die Almen (*aylaq*, in Nuristan *banda*) nur wenige Stunden, manchmal auch einen Tag Fußmarsch vom Dorf (*qishlaq*) entfernt liegen. Größere Entfernungen zwischen Dorf, Sommer- und Winterweide werden von transhumanten Hirten oder von Nomaden zurückgelegt.

Letztere haben dabei mitunter Distanzen bis 400 km zu überwinden, wie von Nangarhar ins östliche Ghor.

Wie schon erwähnt, werden vom Staat Nutzungsrechte am Weideland an bestimmte Gruppen von Berechtigten, seltener auch an einzelne Familien vergeben. Dabei gibt es teils alte Gewohnheitsrechte, z. B. an dorfnahem Weideland, teils auch junge, durch Urkunden *(firman)* verbriefte Rechte, wie jene paschtunischer Nomaden im Hazarajat oder in Teilen des Hindukusch. Lediglich von arabischen Nomaden aus Nordqataghan ist bekannt, daß sie individuelle Nutzungsrechte an Weideland in Darwaz (Nordbadakhshan) besitzen, die wie Eigentumsrechte übertragbar und verkäuflich sind (BARFIELD 1981). Trotz solcher Regelungen kommen Streitigkeiten um Weideland häufig vor, namentlich zwischen einheimischen Bauern und jahreszeitlich zuwandernden Nomaden.

Es gibt zahlreiche Hinweise, daß einerseits die Weideareale zurückgegangen sind, andererseits aber die Viehbestände zugenommen haben. Seit dem 19. Jh. läßt sich die Umwandlung von Weideland in Ackerland feststellen. Gemessen an der Gesamtfläche der Weiden mag diese Schrumpfung geringfügig erscheinen, doch sie betraf in erster Linie die produktivsten Weideflächen im Lößgebiet Nord- und Nordostafghanistans. Andererseits sind die Viehbestände infolge der Bevölkerungszunahme und der damit gestiegenen Nachfrage nach Arbeitstieren und Schlachtvieh gewachsen. Dies läßt sich z. B. für Nordostafghanistan belegen, wo sie von 1921 bis 1967 um wenigstens ein Viertel zugenommen haben (GRÖTZBACH 1972a). Die genannten gegenläufigen Entwicklungen haben in manchen Gebieten Afghanistans zu einer Verknappung und zur übermäßigen Nutzung der Weideflächen geführt. Zum Schutze dieser Flächen hat die afghanische Regierung 1970 ein Weidegesetz erlassen, das – entsprechend dem Grundeigentumsgesetz von 1960 – die Umwandlung von Weideland in Ackerland verbietet (GLATZER 1977). Diese Maßnahme erscheint voll gerechtfertigt, wenn man die große Bedeutung der Viehwirtschaft als Existenzgrundlage für viele Nomaden und Bauern einerseits und für den Export andererseits bedenkt. Demgegenüber ist der gesamtwirtschaftliche Ertragszuwachs durch neugewonnene Regenfelder weit geringer einzuschätzen.

Die Viehwirtschaft ist im Gegensatz zum Ackerbau durch die afghanische Entwicklungspolitik wenig gefördert worden. Zwar hat man einen recht bedeutenden Teil des Viehbestandes durch veterinärmedizinische Maßnahmen erfassen können, doch sind Tierkrankheiten und -seuchen noch immer verbreitet. Die Einkreuzung leistungsfähigerer Rassen verspricht so lange keinen Erfolg, als die Fütterung nicht verbessert wird. Auch die moderne Verarbeitung und Vermarktung tierischer Produkte, von Karakulfellen abgesehen, steckte 1978 noch in den Anfängen. In Herat hatte man zwar ab 1974 ein größeres Schlachtviehprojekt zu verwirklichen begonnen, das hauptsächlich für

4.1 Die Landwirtschaft

den Fleischexport nach Iran gedacht war, doch dieses Projekt blieb das einzige dieser Art und zudem unvollendet (s. S. 319). Auch für eine moderne Milchwirtschaft gab es nur bescheidene Ansätze in Gestalt kleiner Molkereibetriebe in Kabul, Baghlan, Jalalabad und Lashkargah. Doch blieb die Nachfrage nach ihren Produkten gering, da es der weitaus größte Teil der städtischen Bevölkerung vorzog, billigere traditionelle Milcherzeugnisse von stadtnahen Bauern oder Nomaden zu kaufen.

Schließlich sei noch die Seidenraupenzucht erwähnt, die schon seit den 20er Jahren eine gewisse Förderung durch die Landwirtschaftsbehörden erfahren hat. Sie bietet einigen tausend Bauern einen Zusatzerwerb, namentlich bei Herat, in Qataghan und Badakhshan, um Mazar-i-Sharif und Jalalabad. Diese Bauern werden von den staatlichen Raupenzuchtstationen mit Eiern beliefert. Da die Binnennachfrage geringer ist als das Angebot, wird ein Teil der Kokons seit 1974 exportiert, hauptsächlich nach Japan. Der Schwerpunkt der Seidenraupenzucht liegt im Gebiet Herat–Zindajan bis zur iranischen Grenze, wo etwa drei Viertel der afghanischen Rohseide erzeugt werden (REUT 1983).

4.1.2.5 Wald- und Sammelwirtschaft

Infolge der Armut an Wäldern hat die Wald- und Holzwirtschaft nur in wenigen Gebieten Afghanistans Bedeutung. Hier ist in erster Linie Paktya mit dem nördlich anschließenden Spin Ghar und dem nördlichen Teil der Provinz Paktika zu nennen. Die Zedern-, Kiefern- und Steineichenbestände dieses größten afghanischen Waldgebietes sind durch den rasch zunehmenden Holzeinschlag seit der zweiten Hälfte des 19. Jh. in erschreckender Weise zurückgedrängt worden. Dazu hat nicht nur die Holzversorgung der Hauptstadt, sondern mehr noch der Kantholzexport nach Pakistan beigetragen. Dagegen wurden die Waldbestände des Südhindukusch nur an leicht erreichbaren Stellen im Konar- und im Pechtal kommerziell genutzt; in Nuristan sind sie noch weitgehend erhalten und lediglich durch Rodungen gelichtet. Auch die allgemein verbreitete Waldweide hat den Zustand der Wälder verschlechtert, namentlich in Paktya.

Die Wälder und Baumfluren liefern in erster Linie Brennholz für den Eigenbedarf der lokalen Bevölkerung, aber auch für die Städte. Dazu kommt die stark gestiegene Nachfrage nach Bauholz. Hierfür werden vor allem Zedern verwendet, deren Stämme man in Handarbeit zu Kanthölzern behaut. Dabei beträgt der Verlust an Holz bis zur Hälfte seines Volumens; doch wird dieser Abfall kaum genutzt (RATHJENS 1969). Die Restbestände devastierter Wälder fallen oft der Köhlerei zum Opfer. Besonders das Holz der Steineiche (bei Khost und Urgun) und der Pistazie (in Qataghan) ist für die Herstellung von Holzkohle geschätzt, die in die städtischen Basare geliefert wird. Zwar gelten alle Wälder als Staatseigentum, doch bestehen traditionelle Nutzungsrechte von Stammesgruppen, Dorfbevölkerungen oder Sippen, die de facto über den Wald verfügen. Dazu gehörte auch das Recht auf freien Weidegang, der aber durch das Weidegesetz von 1970 für Ziegen und Kamele verboten wurde. Im paschtunischen Siedlungsraum vom Spin Ghar nach Süden (Paktya, Paktika) hat sich mit der Kommerzialisierung des Holzeinschlags seit den 30er Jahren der individuelle Waldbesitz durchgesetzt, wobei lediglich der Baumbestand, nicht aber der Boden als privater Besitz betrachtet wird. In Nuristan, wo die Waldnutzung dem Eigenbedarf dient, wurden nur die dorfnahen Wälder aufgeteilt, während entferntere Waldungen als Gemeinbesitz gelten (D. FISCHER 1970). Ganz anders ist die rechtliche Situation der Pistazien- und Baumwachholdergehölze Nordafghanistans. Dort scheint es überhaupt kein privates Besitz- oder Verfügungsrecht zu geben. Vielmehr ist der Holzeinschlag generell verboten, was durch staatliche Waldaufseher mehr oder minder erfolgreich kontrolliert wird.

Eine moderne geregelte Forstwirtschaft hat man erst seit den 60er Jahren im Rahmen zweier Entwicklungsprojekte einzuführen versucht: in Paktya, wo im staatlichen Mandaher-Forst deutsche Forstleute des Paktya-Projektes tätig waren, und im mittleren Konartal bei Asadabad. Einer geregelten Bewirtschaftung unterliegen auch die zahlreichen Pappelpflanzungen, die man vorzugsweise entlang Bewässerungsgräben und -kanälen anlegt. Sie bilden in manchen Gebieten, wie im Tal von Bamyan, eine wichtige Einkommensquelle vieler Bauern. Pappelholz wird besonders für die Dachkonstruktion traditioneller Bauten verwendet.

Der gesamte kommerzielle Holzeinschlag in Afghanistan wurde um 1970 auf über 1,1 Mio. fm pro Jahr geschätzt, wovon nach Abzug der Abfallverluste etwa die Hälfte, dazu rund 15 000 t Holzkohle, auf den Markt kamen. Während von 340 000 fm Kantholz (meist Zeder) zwei Drittel nach Pakistan exportiert wurden, diente das übrige Holz dem Inlandsverbrauch: etwa 163 000 fm Brennholz (meist *Juniperus* und *Quercus baloot*) und 41 000 fm Pappelholz. Der größte Teil kam aus dem Gebiet Spin Ghar–Paktya–Paktika, wo der Einschlag weit höher war als der natürliche Zuwachs, so daß jährlich gegen 7000 ha Waldfläche der Verwüstung anheimfielen (LÖBELL 1972). In Paktya betrug die Holznutzung um 1970 das Achtzigfache der eigentlich vertretbaren Menge (DFP 1971)!

Die Wälder und Baumfluren liefern aber nicht nur Holz, sondern auch Früchte, die gesammelt werden. Die wichtigsten Produkte dieser Sammelwirtschaft sind Pistaziennüsse und die eßbaren Samen von *Pinus gerardiana*. Im Pistaziengürtel von Badghis bis Badakhshan sind während der Ernte im September Tausende von Familien mit dem Pflücken beschäftigt. Diese

Pflückkampagne wird staatlich reglementiert: Waldaufseher wachen darüber, daß niemand vorzeitig, d. h. vor dem behördlich bekanntgegebenen Erntebeginn, Nüsse sammelt. Die geernteten Pistaziennüsse werden vom Großhandel aufgekauft und zu einem beträchtlichen Teil exportiert. Man schätzt die Gesamtfläche der – z. T. freilich sehr lockeren – Pistazienbestände auf 300000 ha, wovon allein auf Badghis und Samangan 90000 bzw. 50000 ha entfallen sollen. Die eßbaren Kiefernsamen *(chelghoza)* von *Pinus gerardiana* hingegen gelangen auf den Inlandsmarkt. Sie kommen überwiegend aus dem Gebiet von Urgun (Provinz Paktika). Im übrigen werden auch Speisepilze in Basaren angeboten.

Medizinal-, Drogen- und Gewürzpflanzen werden gleichfalls viel gesammelt, z. T. auch angebaut. Manche dieser Produkte gehen in den Export, wie *Assafoetida*, dessen geronnener Saft schon im frühen 19. Jh. nach Indien ausgeführt wurde, ferner Süßholzwurzeln (für Lakritze), Krapp, Fenchel, Koriander, Kreuzkümmel u. a. Der Anbau von Hanf und Mohn, aus denen Haschisch *(bhang)* bzw. Opium *(teryak)* gewonnen werden, ist zwar verboten, doch waren diese Pflanzen, oft als „Unkraut" deklariert, 1978 noch weit verbreitet. Dies galt besonders für Hanf *(Cannabis sativa)*, der auch als Heilpflanze verwendet wird und namentlich um Kandahar, Mazar-i-Sharif, in Nangarhar und Nuristan vorkommt (BRECKLE & KOCH 1982). Der traditionelle Schwerpunkt des Mohnanbaus liegt in Badakhshan, von wo Opium bis ins beginnende 20. Jh. nach China exportiert wurde. Noch heute wird von den ismaelitischen Bewohnern der Gebirgstäler Badakhshans viel Opium konsumiert, namentlich in Sheghnan, Wakhan und Munjan, wogegen der Haschischgenuß im Lande viel weiter verbreitet ist. Seit 1980 ist der Anbau von Hanf und Mohn wiederum ausgeweitet worden, woran Regierung wie Widerstandsorganisationen zu partizipieren verstanden haben.

4.2 Das Produzierende Gewerbe

Dem Zensus von 1979 zufolge waren nicht weniger als 14% aller Erwerbstätigen im Produzierenden Gewerbe beschäftigt (Tabelle 7). Davon entfielen allerdings rund 10% auf das Handwerk, 1% auf das Baugewerbe, der Rest auf Bergbau, Energiewirtschaft und Industrie. In der afghanischen Wirtschaftsstatistik werden mitunter die letztgenannten drei Zweige als „Industrie" zusammengefaßt. Hier sollen jedoch Bergbau und Energieerzeugung, die z. T. eng miteinander verbunden sind, gesondert von der eigentlichen Industrie dargestellt werden.

4.2.1 Bergbau und Energiewirtschaft

Bergbau und Steinbruchgewerbe beschäftigten 1979 etwa 59 000 Arbeitskräfte, wovon aber auf den eigentlichen Bergbau (einschließlich Exploration) vermutlich nur gegen 7000 entfielen; die Energiewirtschaft („Elektrizität, Gas und Wasser") zählte angeblich 11 000 Beschäftigte. Diese niedrigen Zahlen dürfen aber nicht über die große wirtschaftliche Bedeutung beider Wirtschaftszweige hinwegtäuschen.

Einige Bergbaue haben eine alte Tradition, wie der Steinsalzabbau bei Taluqan und die Gewinnung von Lapislazuli und Rubinen in Badakhshan, die bereits von Marco Polo erwähnt wurden. Die dort angewandte Technologie des Abbaus hat sich in den vergangenen sieben Jahrhunderten nur wenig verändert. Eine moderne Entwicklung war im Bergbau erst nach der Einführung des Kraftfahrzeugverkehrs möglich. An der 1933 fertiggestellten Autostraße von Kabul über den Shibarpaß nach Norden wurden 1941 die ersten Kohlenbergwerke, Ishpushta und Karkar, eröffnet; erst 1960 begann der probeweise Abbau in Darrah-i-Suf. Einen entscheidenden Fortschritt brachte schließlich die Entdeckung der Erdgaslagerstätten bei Sheberghan ab 1960, deren Förderung 1967 einsetzte.

Wie der Überblick über das Rohstoffpotential (Kapitel 2.6) gezeigt hat, verfügt Afghanistan über eine Palette von nutzbaren Lagerstätten, die aber erst zum kleineren Teil abgebaut werden. Überdies stagnierte die bergbauliche Produktion (Tabelle 15), worin sich verschiedenste Schwierigkeiten andeuten. Sie krankt vor allem daran, daß sie voll in staatlicher Hand und damit wenig flexibel ist.

Der Kohlenbergbau ist seit dem 3. Fünfjahresplan (1967–72) weit hinter dem Produktionsziel zurückgeblieben. So wurden 1971/72 statt der im Plan vorgesehenen 310 000 t nur 135 000 t Kohle gefördert. 1978/79 soll mit 218 000 t das bisherige Fördermaximum erreicht worden sein, danach ist die Leistung stark zurückgegangen. Von der Gesamtmenge entfielen in Normaljahren ungefähr 70 % auf das Bergwerk Karkar (mit Dudkash) bei Pul-i-Khumri, 20 % auf Ishpushta und gegen 10 % auf Dahan-i-Tor im Bezirk Darrah-i-Suf südöstlich von Mazar-i-Sharif sowie Sabzak bei Herat. Darrah-i-Suf verfügt zwar über die größten Vorräte, ist aber nur über schlechteste Fahrwege von Mazar-i-Sharif bzw. Aybak zugänglich; in Sabzak fand überhaupt nur unregelmäßiger Anbau statt.

Die geringen und überdies stark schwankenden Fördermengen sind Ausdruck der problematischen Situation des afghanischen Kohlenbergbaus, die durch geringe Arbeitsproduktivität, hohen Transportaufwand und ungenügende Betriebsinvestitionen gekennzeichnet wird. Hauptabnehmer der afghanischen Kohle sind nicht private Kunden, sondern Industriebetriebe, staatliche Behörden und das Militär. Dementsprechend wird der größte Teil in Wärmekraftwerken der Industrie verbraucht.

4.2 Das Produzierende Gewerbe

Der Abbau von Salz in den Steinsalzminen von Namakab und Qalafghan (Provinz Takhar) und an den Salzpfannen südwestlich von Herat, südlich von Andkhoy, nordwestlich von Tashqurghan und südlich von Kandahar krankt an ähnlichen Schwierigkeiten wie der Kohlenbergbau. In Namakab, wo etwa die Hälfte des Salzes gewonnen wird, mußte man infolge der niedrigen Löhne sogar Arbeiter aus den umliegenden Dörfern zwangsrekrutieren.

Wichtigstes Bergbauprodukt Afghanistans ist das Erdgas, das allerdings nur zum geringsten Teil in die Energiebilanz des Landes eingeht, wird es doch zu etwa 95 % in die Sowjetunion exportiert. Da die Erdgasgewinnung von Anfang an in der Hand sowjetischer Experten lag, sind nur dürftige Informationen darüber bekanntgeworden. Die Erdgasfelder liegen im Umkreis von Sheberghan (s. S. 306 und Karte 38). Von hier aus wird das Gas in zwei Pipelines den Abnehmern zugeführt: in einer 98 km langen, 820 mm mächtigen Leitung nach Kelef am Amu Darya, wo sie Anschluß an das Netz Sowjetisch-Mittelasiens findet, und in einer 88 km langen Leitung von 325 mm Durchmesser zum Industriekomplex westlich von Mazar-i-Sharif mit Thermokraftwerk und Düngemittelfabrik [11].

Von den Bergbauprojekten, die sich 1978 im Aufbau befanden, aber unter den Kriegsereignissen litten, ist vor allem der Kupferabbau von Ainak (Logar) zu nennen. Mit sowjetischer Hilfe wurde diese große Lagerstätte ab 1974 erschlossen. 1978 waren dort über 900 Arbeiter und Experten tätig. Bis 1988 sollten Bergwerk und Erzaufbereitungsanlagen (mit 5000 Beschäftigten) fertiggestellt sein, doch mußten die Arbeiten ab 1980 trotz massiver sowjetischer Bewachung immer wieder unterbrochen werden.

Größere Erfolge erzielte Afghanistan beim Aufbau seiner Elektrizitätswirtschaft, die zunächst auf der Nutzung der Wasserkraft beruhte. Schon 1918 wurde in Jabal-us-Saraj das erste Wasserkraftwerk mit 1500 kW Leistung in Betrieb genommen, das vorwiegend den Militärwerkstätten und dem königlichen Hof in Kabul diente. Die dafür benötigte Bauzeit von sieben Jahren deutet die Schwierigkeiten an, die damals solche Vorhaben behinderten. Erst 1941 folgte das Kraftwerk von Chak-i-Wardak (3600 kW) für die öffentliche und private Stromversorgung Kabuls (wofür es aber seit Anfang der 70er Jahre nicht mehr benötigt wurde und faktisch stillag). Noch bis 1957 mußte die Hauptstadt aus diesen beiden Kraftwerken und einigen Dieselaggregaten ihren Strombedarf decken. Im übrigen Land bestanden damals nur einige wenige Kraftwerksanlagen für Industriebetriebe, die einen Teil des Stromes auch an die jeweilige Stadt abgaben: Wasserkraftwerk Pul-i-Khumri mit 5000 kW Leistung, Kohlekraftwerke in Baghlan (1500 kW), in Imam

---

[11] Anfang der 80er Jahre soll eine zweite Erdgasleitung zur sowjetischen Grenze gelegt worden sein (KNT v. 5. 11. 86), doch ist über ihren Verlauf nichts Näheres bekannt.

Sahib, Dasht-i-Archi und Khwaja Ghar mit zusammen 2650 kW und einige Kleinanlagen.

Die Elektrizitätserzeugung erhielt in den Fünfjahresplänen ab 1956 hohe Priorität. Bis 1966 wurden drei größere Wasserkraftwerke am Kabulfluß unterhalb der Hauptstadt fertiggestellt: Sarobi (22000 kW – Bild 2) und Mahipar (66000 KW) mit deutscher, Naghlu (100000 kW) mit sowjetischer Hilfe; dazu kam noch Darunta (11500 kW) bei Jalalabad[12]. Da diese saisonal stark schwankende Energiekapazität für den rasch wachsenden Bedarf der Hauptstadt bald nicht mehr ausreichte, wurden am Stadtrand von Kabul zwei Thermalkraftwerke auf Erdölbasis zur Erzeugung von Spitzenstrom errichtet; das erste (mit 43600 kW) ging 1978, das zweite (mit 45000 kW) 1984 in Betrieb; es ist in Karte 14 noch als „geplant" dargestellt. Im Rahmen des Parwan-Projektes erhielt Charikar ein kleines Wasserkraftwerk von 2200 kW Leistung. Auch im übrigen Land wurden in den 60er und 70er Jahren einige Kraftwerke fertiggestellt: im Norden Pul-i-Khumri II (9000 kW) und 1972 das Erdgaskraftwerk bei Mazar-i-Sharif (48000 kW), dazu ein weiteres auf dem Erdgasfeld von Jar Quduq, das auch die Stadt Sheberghan versorgt (14000 kW); im Süden Boghra bei Girishk (2400 kW) und zuletzt Kajakay am Helmand (33000 kW).

1978 waren mehrere Hydrokraftwerke im Bau, die wegen der folgenden Kriegsereignisse nicht fertiggestellt werden konnten. Das größte davon ist Salma am Hari Rod etwa 150 km östlich von Herat (geplante Leistung 40000 kW), gefolgt von Khanabad (6000 kW) und den Kleinkraftwerken von Bamyan und Aybak. Dagegen wurden die kleinen hydroelektrischen Stationen von Asadabad (Konar) und Faydzabad (Badakhshan) 1983 bzw. 1984 in Betrieb genommen.

1978 waren weitere Kraftwerksanlagen im Rahmen des Siebenjahresplans projektiert, wovon aber nur jene in Karte 14 aufgenommen wurden, deren Realisierung damals wahrscheinlich erschien. Es handelte sich um die Hydroenergieprojekte von Chashma-i-Shafa am Balkhab südwestlich von Mazar-i-Sharif (Karte 36), am Kokcha bei Khwaja Ghar und am Surkhab bei Kelagay (alle drei in Nord- bzw. Nordostafghanistan), am Panjsher bei Gulbahar, am Konar unweit Jalalabads und schließlich am Farah Rod in Westafghanistan. Das geplante Thermalkraftwerk bei Herat auf der Grundlage der Sabzak-Kohlen wurde anscheinend zugunsten des Salma-Kraftwerks zurückgestellt.

Die installierte Leistung ist mit der Fertigstellung neuer Kraftwerke seit den 50er Jahren wiederholt sprunghaft angestiegen: 1957 durch Sarobi, 1966 durch Naghlu und Mahipar, 1974 durch Mazar-i-Sharif, 1975 durch Kajakay (Tabelle 16). Dagegen nahm die Stromerzeugung seit den 50er Jahren recht

---

[12] Die Anlage Mahipar, die nur während der Zeit hohen Abflusses im Winter und Frühjahr läuft, kann jedoch wegen unerwartet starker Korrosion der Turbinen nicht mit voller Leistung arbeiten.

4.2 Das Produzierende Gewerbe

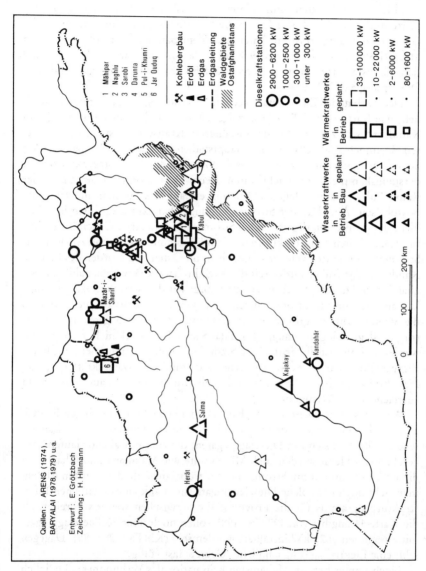

Karte 14: *Energiequellen und Kraftwerke 1978/79.*

kontinuierlich zu; denn der Ausbau des Verteilernetzes und der Verbrauch von Elektrizität hinkten häufig hinter dem Ausbau der Kapazität her. Dominierte in den 50er und 60er Jahren die Hydroelektrizität mit über 90% der Gesamterzeugung, so ist ihr Anteil nach dem Bau der Thermokraftwerke in Mazar-i-Sharif und Kabul bis 1978 auf 70% zurückgegangen. 1987 verteilte sich die installierte Leistung zu 55% auf Hydro-, 33% Thermo- und 12% Dieselenergie (KNT v. 14. 6. 87).

Der Ausbau der Elektrizitätserzeugung verlief regional recht unterschiedlich, wie Karte 14 und Tabelle 17 zeigen. Eindeutig begünstigt ist der Raum Kabul, wo sich zwei Drittel der installierten Kraftwerksleistung konzentrieren. Dennoch sind selbst in der Hauptstadt immer wieder Engpässe in der Stromerzeugung aufgetreten, die nach 1978 auch durch Sabotageakte von Widerstandskämpfern verursacht waren. Recht gut versorgt erscheint auch der Raum Pul-i-Khumri–Baghlan–Kunduz entlang des Surkhab in Qataghan, obwohl sein Anteil an der Stromerzeugung scharf zurückgefallen ist. Hier dient der größte Teil des erzeugten Stromes der Industrie. Gleiches gilt auch für Mazar-i-Sharif mit Balkh. In Süd- und Westafghanistan sind Anlagen zur Stromerzeugung viel weniger zahlreich als im Osten und Norden des Landes. Kandahar, das früher nur durch das Kleinkraftwerk von Baba Sahib am Arghandab und durch Dieselaggregate versorgt wurde, wird seit 1977 von Kajakay ausreichend mit Strom beliefert und ebenso Lashkargah; hier war 1978 die Stromerzeugung größer als der Verbrauch. In Herat dagegen ist die Versorgungslage völlig ungenügend. Da das Salma-Kraftwerk nicht fertiggestellt werden konnte, ist die drittgrößte Stadt des Landes noch immer auf Dieselaggregate und eine nur zeitweise arbeitende minimale Wasserkraftanlage am Hari Rod angewiesen. Strom steht deshalb nur abends und auch dann nicht ausreichend zur Verfügung.

Auch das übrige westliche Afghanistan hat keine leistungsfähigen Elektrizitätswerke. Hier wie in den meisten kleineren Städten der übrigen Landesteile behilft man sich mit Dieselaggregaten, die aber nur abends laufen. Abgesehen von Herat werden auch Mittelstädte wie Maymana und Ghazni auf diese Weise temporär mit Strom versorgt, wobei die Zahl der privaten Abnehmer nicht hoch ist. Solche Dieselaggregate sind dank eines staatlichen Infrastrukturprogramms für die Provinzstädte inzwischen weiter verbreitet, als die Karte 14 angibt; von 1979 bis 1985 sollen noch über 30 Dieselaggregate mit zusammen 3628 kW installiert worden sein (KNT v. 10. 3. 85). Dagegen fehlt eine Elektrifizierung ländlicher Gebiete fast völlig.

Noch immer besitzt Afghanistan kein nationales Verbundnetz. Lediglich um Kabul ist ein regionales Netz entstanden, während im Raum Pul-i-Khumri – Kunduz – Khanabad, bei Mazar-i-Sharif, bei Kandahar und bei Jalalabad erst Ansätze hierzu vorhanden sind. Der Siebenjahresplan sah erstmals ihre Verbindung vor. Den ersten Schritt hierzu soll eine neue 220-KV-

Fernleitung bringen, die seit 1983 im Bau ist. Sie soll Kabul über Pul-i-Khumri–Mazar-i-Sharif und Hairatan an das Netz Sowjetisch-Mittelasiens anschließen. Eine zweite Leitung mit 110 KV war von der sowjetischen Grenze nach Kunduz und Pul-i-Khumri geplant. Durch diesen Elektrizitätsverbund würde die energiewirtschaftliche Abhängigkeit Afghanistans von der Sowjetunion noch enger werden.

4.2.2 Die Industrie

Die afghanische Industrie beschäftigte 1977/78 gegen 52 000 Personen, wobei Bergbau und Elektrizitätswirtschaft nicht berücksichtigt sind, wohl aber das moderne Baugewerbe. Damit beschäftigte die Industrie damals etwas über 1 % aller Erwerbstätigen, also einen kaum höheren Anteil als 1967 (STILZ 1974). Ihre ökonomische und innovative Bedeutung und ihre Rolle in der Stadt- und Infrastrukturentwicklung reicht jedoch viel weiter als ihr Beschäftigungseffekt.

Der Aufbau der Industrie ist in Afghanistan in mehreren Phasen vor sich gegangen. Schon ab 1887 ließ der Emir Abdur Rahman staatliche Manufakturen zur Erzeugung von Waffen, Munition, Uniformstoffen u.dgl. in Kabul errichten. Die erste Phase der eigentlichen Industrialisierung wurde mit der Gründung der *Bank-i-Melli Afghan* durch eine Gruppe von Außenhandelskaufleuten 1932 eingeleitet. Diese Bank erhielt gegen die Verpflichtung, Außenhandel und Industrieunternehmen zu fördern, monopolartige Konzessionen des Staates für die Einfuhr von Zucker, Kraftfahrzeugen und Erdölprodukten, für den Devisenhandel und die Notenausgabe eingeräumt. Durch die Bank-i-Melli wurden auch die ersten privaten Industriegesellschaften *(sherkat)* gegründet: die Baumwollgesellschaft *(Sherkat-i-Pomba,* später *Sherkat-i-Spinzar)* in Kunduz, die Zuckergesellschaft in Baghlan und die Afghanische Textilgesellschaft (ATC) in Kabul. Die Sherkat-i-Spinzar errichtete in allen bedeutenderen Orten Qataghans, wo sie das Verarbeitungsmonopol erhielt, ihre Baumwollentkernungsfabriken und Sammelstellen, beginnend in Imam Sahib (fertiggestellt 1936) und Kunduz (BALLAND 1973a). Etwa um die gleiche Zeit wurden auch kleine Entkernungsanlagen in Mazar-i-Sharif, Balkh, Daulatabad (Balkh) und Aqcha von anderen privaten Gesellschaften eingerichtet. 1938 nahm die erste baumwollverarbeitende Textilfabrik in Jabul-us-Saraj, vom Staat gebaut und von der ATC übernommen, den Betrieb auf. Doch der Schwerpunkt dieser ersten Industrialisierungsphase lag in Qataghan. Hier wurden 1940 die Zuckerfabrik in Baghlan und 1941 die Baumwollspinnerei und -weberei der ATC in Pul-i-Khumri eröffnet.

Im Zweiten Weltkrieg kam die erste Phase industrieller Entwicklung zum Stillstand. Zwar versuchte man nach dem Krieg, die bisherige Industrialisierungspolitik fortzusetzen, doch zeigte sich bald, daß die Projekte nunmehr finanzielle und organisatorische Dimensionen annahmen, die von heimischen Privatunternehmen nicht mehr zu bewältigen waren. Überdies wurde unter der ersten Regierung Daud (1953-1963) die Wirtschaftspolitik geändert: An die Stelle des ökonomischen Liberalismus trat staatlicher Dirigismus. Der Staat übernahm nunmehr auch die Kapitalmehrheit von Industriegesellschaften wie Spinzar und ATC und überdies mehrere in Ausführung begriffene Projekte.

Der 1. Fünfjahresplan (1956-1962) markierte den Beginn der zweiten Industrialisierungsphase. In ihr verlagerte sich der Schwerpunkt der industriellen Kapitalinvestitionen aus Qataghan in die Region Kabul und später nach Mazar-i-Sharif–Sheberghan. 1957 wurde in Jabal-us-Saraj die erste Zementfabrik fertiggestellt, 1960 folgte die mit deutscher Hilfe errichtete große Baumwollspinnerei und -weberei in Gulbahar, und in Kabul wurde das metallverarbeitende Werk Jangalak unter staatlicher Regie erweitert. In Kandahar entstand eine Obstverwertungsfabrik, die jedoch nach der Inbetriebnahme 1962 nur kurze Zeit produzierte und dann jahrelang stillgelegt war, da sie unter Rohstoffmangel litt – dies nahe dem Obstbaugebiet Arghandab! – und ihre Erzeugnisse kaum Absatz fanden. In Qataghan wurde 1962 die große staatliche Zementfabrik Ghori in Pul-i-Khumri eröffnet; im übrigen war man bemüht, schon bestehende Kapazitäten der Textil- und der Zuckerindustrie auszubauen.

Im Rahmen des 2. und 3. Fünfjahresplanes (1962-1972) lag der Schwerpunkt der staatlichen Industrieinvestitionen auf der Energiewirtschaft, deren Ausbau die Grundlage für die weitere Industrialisierung schaffen sollte. Gegen Ende dieser Periode wurden als einzige Großbetriebe ein Werk für Fertigbauteile und die Bagrami-Baumwolltextilfabrik in Kabul eröffnet. In Mazar-i-Sharif entstanden eine private Weberei, die der Staat übernahm, und eine staatliche Speiseölfabrik.

Mit Beginn des dritten Plans versuchte die afghanische Regierung, die private Unternehmerinitiative anzuregen, die während der ersten und zweiten Planperiode enttäuschend gering gewesen war. Diesem Zweck diente das 1966/67 erlassene Investitionsförderungsgesetz, das auch auf die Gewinnung ausländischen Privatkapitals abzielte. Das Gesetz bewirkte immerhin, daß 75% der industriellen Neugründungen während des dritten Plans Privatbetriebe waren, gegenüber nur 38% im ersten und 60% in der zweiten Planperiode (STILZ 1974). Zwar handelte es sich dabei durchweg um kleine bis mittlere Betriebe, doch trugen sie zur weiteren Diversifizierung der afghanischen Industrie bei. Textilbetriebe (insbesondere Reyonwebereien), Plastikwarenherstellung und Rosinenreinigung waren darunter am häufigsten vertreten. Von den 3780 Industriearbeitsplätzen, die 1967-71 durch private Gründungen geschaffen wurden, entfielen nicht weniger als 76% auf Kabul, 10% auf Jalalabad (Kunstfasertextilien), je 4% auf Mazar-i-Sharif und Charikar (Rosinen), die restlichen 6% auf vier weitere Standorte (BALLAND 1973b).

Diese Bevorzugung Kabuls ist für die private Konsumgüterindustrie charakteristisch, die einen absatzorientierten Standort mit vielerlei Fühlungsvorteilen sucht. Es war wohl nicht zuletzt diese Tendenz zur industriellen Konzentration in der Hauptstadt, welche die Regierung veranlaßte, neue staatliche Industriebetriebe vermehrt in Provinzstädten zu lokalisieren und damit ökonomische Gegengewichte zu Kabul zu schaffen. Diese Standortpolitik wurde ab dem Jahr 1974 wirksam, doch konnte ein Teil ihrer Projekte nicht zu Ende geführt werden.

4.2 Das Produzierende Gewerbe

1974 nahm die Düngemittelfabrik bei Mazar-i-Sharif die Produktion auf, wodurch diese Stadt zum wichtigsten Industriestandort Nordafghanistans aufrückte. Weitere Projekte wurden in Kandahar und Herat in Angriff genommen, die noch kaum über Industrie verfügten. In Kandahar waren 1977 eine Wolltuchfabrik (fertiggestellt 1979) und eine große Baumwollweberei im Bau, in bzw. bei Herat gleichfalls eine Baumwolltextilfabrik, ein Zementwerk und ein Großschlachthaus. Dieser Industrialisierungsschub sollte insbesondere Herat die längst überfällige Stärkung seiner Wirtschaftsstruktur bringen, wofür das Wasserkraftwerk Salma als Energielieferant vorgesehen war. Das Schlachthaus wurde bereits 1978, die Textilfabrik nach neunjähriger Bauzeit 1985 eröffnet; ob diese Betriebe seitdem überhaupt produziert haben, ist ungewiß. Die Arbeiten am Zementwerk und am Salma-Damm scheinen 1983 bzw. 1984 eingestellt worden zu sein. Dies dürfte ebenso für die Baumwolltextilfabrik bei Kandahar gelten, die 1984 angeblich kurz vor der Fertigstellung stand.

Der Aufbau der afghanischen Industrie hat sich nur zum Teil in entsprechend gestiegenen Produktionsziffern niedergeschlagen (Tabelle 18). Im Zeitraum 1960 bis 1978 zeigten vor allem einige neu hinzugekommene Industriezweige starke Zuwächse: die Reyonweberei, die zahlreiche kleinere private Betriebe umfaßt, die Zement- und die Düngerproduktion. Auch die Erzeugung von Baumwollfasern und -textilien, von Schuhen, Speiseöl und Weizenmehl (in Großmühlen) stieg beträchtlich an, wogegen die Zahlen für Wollstoffe, Zucker und Briketts stagnierten.

Nach 1978 ist die Produktion der meisten Industriegüter zurückgegangen, wie sogar die amtlichen Zahlen für 1981/82 und 1984/85 unverhüllt offenlegen. Besonders die Verarbeitung von Industriepflanzen (Zuckerrüben, Ölsaaten, Baumwolle) erlitt schwere Einbußen. Dies ist auf die stark verminderte Anlieferung durch die Bauern zurückzuführen, welche entweder geflohen waren oder es vorzogen, Brotgetreide anzubauen. Dementsprechend sank auch die Erzeugung von Baumwollgeweben. In einigen besonders betroffenen Betrieben (z. B. Gulbahar) mußte die Produktion zeitweise ganz eingestellt werden, da es an Rohstoffen und Arbeitern fehlte. Infolge mangelnder Nachfrage ging auch die Zementproduktion stark zurück. Dagegen konnte die Herstellung von Kunstdünger gesteigert werden, wovon ein Teil in die Sowjetunion exportiert wird. Bemerkenswert erscheint die starke Zunahme bei Weizenmehl und alkoholischen Getränken. Erstere ist wohl eine Folge der enormen Bevölkerungskonzentration in Kabul, wo die größte Kunstmühle des Landes steht, und einigen wenigen anderen Städten des Landes. Alkohol wird in einer 1969 nach italienischem Vorbild errichteten „Weinfabrik" in Kabul hergestellt. Der gestiegene Weinkonsum dürfte einen Hinweis auf den schwindenden Einfluß islamischer Verbote unter kommunistischer Herrschaft geben. Vor 1978 beschränkte er sich auf die Ausländerkolonie und verwestlichte Kreise der afghanischen Oberschicht.

Nach der Zahl der Beschäftigten bildete die Textil- und Bekleidungsindustrie 1977/78 mit rund 33 % den wichtigsten Industriezweig. Er setzte sich aus vier großen staatlichen Baumwollfabriken in Gulbahar, Pul-i-Khumri, Kabul, Mazar-i-Sharif und einer beträchtlichen Anzahl kleiner bis mittlerer, meist privater Betriebe der Baumwoll-, Woll- und Kunstseidenweberei und der Bekleidungsbranche zusammen. An zweiter Stelle folgte die Nahrungsmittelindustrie mit Speiseölherstellung, Rosinenreinigung, Obstverwertung, Schlachthaus, Getreidemühlen und -silos, Brotfabrik und Zuckerfabrik, Eisfabriken usw. (18 % der Industriebeschäftigten), sodann die Zement-, Baustoff- und Baufertigteilindustrie (10 %), die Häute-, Felle- und Lederverarbeitung und Schuhindustrie (9,5 %) und die Baumwollreinigung samt ihren angeschlossenen Ölpressen (7,5 %). Auch die Kunstdüngerindustrie und das moderne Baugewerbe waren mit je 5 % recht bedeutend [13].

Weitaus wichtigster Standort der afghanischen Industrie ist Kabul, wo sich 1977/78 etwa 53 % ihrer Beschäftigten konzentrierten. Die Hauptstadt wird von all jenen Branchen bevorzugt, die nicht rohstofforientiert und damit nicht standortgebunden sind, wie Reyonweberei und Bekleidungsindustrie, Lederverarbeitung und Schuhindustrie, Baustoffindustrie (außer Zement) und modernem Baugewerbe, Metallverarbeitung, Nahrungsmittelindustrie, Druckereigewerbe usw. Zu den größten Industriebetrieben Kabuls zählen die Baumwollweberei Bagrami (ca. 3100 Beschäftigte), die Fabrik für Baufertigteile (2200) und die Maschinen- und Gerätefabrik Jangalak (1100), die ganz bzw. überwiegend dem Staat gehören. Daneben gibt es eine Vielzahl kleiner bis mittlerer, zumeist privater Betriebe, die überwiegend im Industriegebiet von Pul-i-Charkhi oder im neuen Industriepark lokalisiert sind, darunter ein pharmazeutisches Werk der Hoechst AG, Fabriken zur Herstellung von Seife, Autobatterien, Schmiermitteln, Schuhen, Plastikwaren, Toilettenpapier, Fahrrädern und Zubehör, Obstkonserven, Rosinen, Eis, Textilien usw.

Unweit der Hauptstadt liegen am Nordrand des Kabul-Panjsher-Beckens einige weitere wichtige Industriestandorte, die üblicherweise dem Industrieraum Kabul zugerechnet werden: Gulbahar mit der größten Baumwolltextilfabrik des Landes, Jabal-us-Saraj (Zementfabrik und Baumwollweberei) und Charikar (Rosinenreinigung) mit zusammen rund 14 % aller Industriebeschäftigten.

Der älteste Industrieraum außerhalb der Hauptstadtregion ist Qataghan, das außer 15 % aller Industriebeschäftigen auch die große Mehrzahl der Arbeitsplätze im Bergbau umfaßte. Wichtigster Standort ist hier Pul-i-Khumri (Baumwollweberei, Zementfabrik, Brikettfabrik), gefolgt von Kunduz, dem

---

[13] Diese Zahlen beruhen zwar auf amtlichen Angaben (CSO 1978a), doch waren diese so offensichtlich unvollständig, daß sie einer Ergänzung bedurften (vor allem nach WIEBE 1975a u. a.). Da sie sich nur z. T. nach Standorten aufgliedern lassen, weichen sie von den Karte 15 zugrundeliegenden Daten etwas ab, die überdies den Bergbau und die Elektrizitätswirtschaft einschließen.

4.2 Das Produzierende Gewerbe

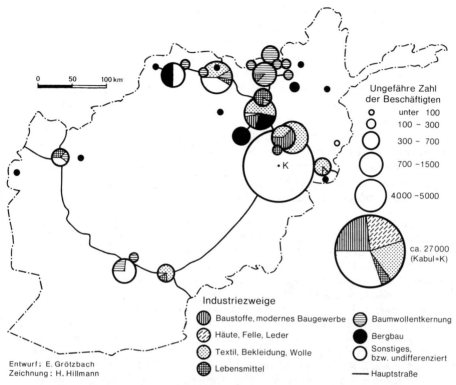

Karte 15: Industrie- und Bergbaustandorte nach Beschäftigtenzahl und Hauptbranchen etwa 1976/77 (nach verschiedenen Quellen).

Sitz der Sherkat-i-Spinzar (Baumwollegrenierwerk, Ölpresse) und Baghlan (Zuckerfabrik). Die Gesellschaft Spinzar unterhält Baumwollreinigungsbetriebe auch in anderen Orten Qataghans (BALLAND 1973a). Dieses Industriegebiet hat allerdings seit Fertigstellung der Zementfabrik Ghori (1962) keine nennenswerte Weiterentwicklung mehr erfahren.

In Nordafghanistan stellt Mazar-i-Sharif den führenden Industriestandort dar. Hier konzentrieren sich die Düngemittelfabrik, eine Baumwollweberei, Speiseölfabrik, Baumwollentkernungs- sowie Rosinenreinigungsanlagen. Rechnet man die kleinen Betriebe von Balkh und Aqcha (meist Baumwollentkernung) hinzu, so zählte dieser Raum immerhin 12 % aller Industriebeschäftigten. Hinzu kommt der nahegelegene Bergbaustandort Sheberghan mit Erdgasgewinnung, -reinigung und -transport. Dieser Industrieraum mittleres Nordafghanistan zeigte seit Anfang der 70er Jahre die stärkste Dynamik, wenn man von Kabul absieht.

Das übrige Afghanistan besaß 1977/78 nur wenige und überdies sehr isolierte Industriestandorte mit knapp 6 % aller Beschäftigten. Unter ihnen war Lashkargah am wichtigsten, das als Sitz der Helmand-Arghandab-Entwicklungsbehörde über Reparaturwerkstätten und eine große staatliche Baufirma verfügt, während in der eigentlichen Industrie (Baumwollegrenierwerk, Marmorschleiferei) nur ein kleiner Teil der Beschäftigten arbeitete. Kandahar und Herat als die zweit- bzw. drittgrößte Stadt Afghanistans waren als Industriestandorte bedeutungslos, und gleiches galt für Jalalabad (Karte 15).

Trotz unbestreitbarer Erfolge der Industrialisierungspolitik litt die afghanische Industrie schon in den Normaljahren bis 1978 unter zahlreichen Schwierigkeiten (vgl. STILZ 1974), wie Betriebsstillegungen, geringer Kapazitätsauslastung, schlechter Qualität vieler Produkte. In einem besonderen Dilemma befanden sich die Baumwoll- und die Zuckerindustrie.

Die afghanische Baumwolltextilindustrie verfügte 1977 allein mit den vier oben genannten Großbetrieben über eine Produktionskapazität von 113 Mio. m pro Jahr. 1977/78 wurden von ihnen insgesamt 77 Mio. m erzeugt, was einem Auslastungsgrad von zwei Dritteln entsprach. Gleichzeitig waren aber in Kandahar, Herat und Mazari-Sharif neue Kapazitäten von zusammen 65 Mio. m im Bau. Nach ihrer Fertigstellung wäre der Auslastungsgrad der Baumwollwebereien – bei Annahme einer etwas erhöhten Gesamtproduktion – unter 50 % gesunken. Trotzdem sah der Siebenjahresplan auch die Erweiterung des Werkes Pul-i-Khumri und den Bau einer neuen Weberei in Kunduz mit zusammen 52 Mio. m vor, wodurch sich die Kapazitäten der staatlichen Baumwollindustrie im Vergleich zu 1977 verdoppelt hätten. Das Ziel dieser Planungen war, die – z. T. illegale – Einfuhr von Baumwollgeweben, die 1975/76 etwa 43 Mio. m betrug, voll zu substituieren (MoP 1976). Allerdings wird zur Befriedigung höherer Qualitätsansprüche auch künftig ein gewisser Import von Textilien erforderlich sein. Die geringe Qualität der afghanischen Produkte läßt andererseits ihren Export kaum zu.

Während der afghanischen Textilindustrie Überkapazitäten drohen, sieht sich die Zuckerindustrie dem umgekehrten Problem ausgesetzt. Die inzwischen bald 50 Jahre alte Zuckerfabrik Baghlan vermochte ihre Kapazität von 14000 t Zucker pro Jahr bislang nur 1975/76 voll zu nutzen. Ihre Versorgung mit Zuckerrüben blieb meist unzureichend, da deren Anbau unter der Konkurrenz der Baumwolle litt. Doch selbst bei voller Ausnutzung der Kapazität könnte damit nur etwas über ein Fünftel des afghanischen Zuckerbedarfs gedeckt werden. De facto belief sich die Eigenversorgung bis 1978 aber nur auf rund 15 %, und seitdem ist sie fast ganz zusammengebrochen. In dieser unbefriedigenden Situation wirkte es geradezu grotesk, daß in Jalalabad eine kleine Rohrzuckerfabrik, deren Anlagen schon 1928 aus Deutschland importiert, aber erst 1952–57 montiert worden waren, nur von 1957 bis 1960 produzierte und seitdem stillstand. Um das Zuckerdefizit zu mindern, sah der Siebenjahresplan neue Fabriken in Baghlan, Herat und Jalalabad mit einer Gesamtkapazität von 63000 t pro Jahr vor. Für die neue Zuckerfabrik Baghlan wurde im Frühjahr 1979 der Grundstein gelegt, doch war seitdem nichts mehr davon zu lesen.

4.2.3 Handwerk und Heimgewerbe

Wie bereits erwähnt, entfiel 1979 der weitaus größte Teil der im Produzierenden Gewerbe Beschäftigten auf das Handwerk einschließlich des Heimgewerbes, nämlich rund 10% aller Erwerbstätigen. Bei der Beurteilung dieses Anteilswertes muß man freilich berücksichtigen, daß die Abgrenzung von handwerklich und von agrarisch Erwerbstätigen oft schwierig ist, gehen doch in ländlichen Gebieten viele Handwerker einem landwirtschaftlichen Haupt- oder Nebenerwerb nach. Gleichwohl machen die genannten Zahlen die noch immer große Bedeutung von Handwerk und Heimgewerbe deutlich.

Auch in Afghanistan bewirkte die Konkurrenz billiger Industriegüter einen allgemeinen Rückgang der handwerklichen Tätigkeit. Vor allem das Textilgewerbe, die manuelle Baumwollentkernung und -reinigung, das Schuhmacher- und das Kupferschmiedehandwerk wurden davon betroffen. Am weitesten verbreitet war früher die Baumwollweberei. Sie stellte in erster Linie einfache grobe Stoffe *(karboz)* her, die durch Industrieerzeugnisse fast völlig verdrängt worden sind (GHAUSSI 1954). Somit konnten sich nur jene Zweige des Textilhandwerks halten, die traditionelle, nicht industriell gefertigte Gewebe herstellen, wie Turbantücher *(lungi)*, gestreifte Stoffe *(alacha)* aus Baumwolle, Seide und Kunstseide und grobe Wollstoffe *(berek)* für Mäntel, bunt gefärbte Kleiderstoffe *(ikat)* usw. Außer Knüpfteppichen *(qa'alin)* werden auch Webteppiche *(gilam* = Kelim) und Filzteppiche *(namad)* aus Wolle, außerdem Baumwollteppiche *(satranji* oder *zadranzhi)* weiterhin produziert.

Das afghanische Handwerk hat in den letzten Jahrzehnten auch einige neue Impulse erhalten. Abgesehen von der Reparatur technischer Geräte (Autos, Fahrräder, Radios, Uhren) gilt dies besonders für das Kunsthandwerk. Dies ist insofern bemerkenswert, als das Kunstgewerbe in Afghanistan durchaus nicht jene Verfeinerung erreicht hat wie in Persien, Indien oder im alten Bukhara, was auf den jahrhundertelangen Niedergang der städtischen und höfischen Kultur zurückzuführen sein dürfte. Gleichwohl wurde es durch den Ausländertourismus und den Export mancher Artikel seit den 60er Jahren enorm gefördert. Vor allem die Teppichknüpferei, die Herstellung von Lederwaren, Fellmänteln und -jacken *(pustin, pustincha)*, Stickereien aller Art, traditionellem Schmuck mit und ohne Lapislazuli, Töpferwaren etc. profitierten davon (vgl. GRÖTZBACH 1983).

Einen Einblick in Struktur und Verbreitung des Handwerks gab die Handwerkszählung von 1975/76 (CSO 1976; ILO 1977). Ihre Ergebnisse waren allerdings aus mehreren Gründen nicht repräsentativ für das ganze Land: Sie erfaßte nur ausgewählte Handwerkszweige in elf der 28 Provinzen, darunter jene mit den sechs größten Städten, aber auch alle wichtigen Gebiete der Teppichknüpferei von Farah bis Balkh. Die Statistik gliederte das Handwerk in zwei große Gruppen, die sich nach Standorten, Erzeugnissen und Beschäftigungsstruktur grundsätzlich unterscheiden: das Laden- oder

Basarhandwerk und das Heimgewerbe. Obwohl die Handwerkszählung die großen Basare des Landes einschloß, entfielen auf das Basarhandwerk nur ein Fünftel, auf das Heimgewerbe aber vier Fünftel der handwerklich Tätigen.

Im Basarhandwerk sind Wohn- und Arbeitsstätten in der Regel getrennt, weshalb es ausschließlich von Männern betrieben wird. Denn für Frauen wäre es höchst unschicklich, einer Arbeit außer Haus und noch dazu in der Öffentlichkeit des Basars nachzugehen. Ihre Domäne bildet das Heimgewerbe, von dessen Beschäftigten nicht weniger als fünf Sechstel Frauen waren. Einige Zweige des Heimgewerbes werden aber ganz oder überwiegend von Männern im Hauptberuf ausgeübt, wie das Walken von Filzteppichen, das Weben von Baumwollteppichen, Turbantüchern und Sackstoffen, die Herstellung von Felljacken, Messern und Töpferwaren (wofür es aber auch große Werkstätten gibt). Dagegen sind die Teppichknüpferei, das Weben von Kelims, die Stickerei und die Herstellung von Kappen *(kula)*, die durchweg nebenberuflich betrieben werden, eine Domäne der Frauen.

Einige Städte verfügen über ein besonders zahlreiches und z. T. spezialisiertes Basarhandwerk, wozu auch noch Heimgewerbe (HG) treten kann, wie Tashqurghan (Silber-, Kupfer-, Blech- und Grobschmiede, Tischler, Drechsler, Schuhmacher), Charikar (Messer- und Silberschmiede; HG: Baumwollweberei), Ghazni (Silber- und Blechschmiede; HG: *pustin*-Macherei) und Rustaq (Schmiede und Schuhmacher; HG: *alacha*- und *karboz*-Weberei). Den höchsten Anteil an Handwerkern unter allen Handels- und Gewerbebetrieben einer Stadt verzeichneten Tashqurghan und Charikar mit je 38 % (GRÖTZBACH 1979).

Das Heimgewerbe ist teils stadt-, teils dorfsässig; häufig findet es sich auch in stadtnahen Dörfern. Großenteils in Städten hergestellt werden Felljacken und -mäntel (Kabul, Ghazni), Messer (Ghazni, Charikar), Töpferwaren (Kabul, Kandahar, Andkhoy, Istalif), Stickereien (Kandahar), Kappen (Mazar-i-Sharif, Kunduz, Sar-i-Pul, Maymana), Turbantücher und Baumwollteppiche (Kabul, Herat, Istalif). Dagegen sind Teppiche, Kelims, Filzteppiche, *alacha* und *karboz, berek* sowie grobe Gewebe für Taschen und Säcke überwiegend Produkte des ländlichen Heimgewerbes.

Wirtschaftlich wichtigstes Heimgewerbe ist die Teppichknüpferei. Ihr räumlicher Schwerpunkt liegt im westlichen Nordafghanistan, in den Provinzen Faryab und Jauzjan (Tabelle 19). Hier knüpfen fast ausschließlich Turkmenen Teppiche, deren traditionelle Stilelemente – geometrische Muster *(gül)* auf rotem Grund – zum Inbegriff des „Afghan-Teppichs" geworden sind. Je nach den Güls, deren Anordnung und Farben werden unterschiedliche Typen von Teppichen unterschieden, wie Mauri, Buchara, Daulatabad usw. (ZIPPER 1975). Zu den bekanntesten turkmenischen Knüpferorten zählen Marichaq am Murghab, Daulatabad (Faryab), Qizilayak bei Sheberghan, Birmazid bei Daulatabad (Balkh) u. a. In Qizilayak z. B. wurden von 90 % der Familien

Teppiche geknüpft, im Durchschnitt 1,5 qm pro Familie im Monat (W. FISCHER in: SCHWEIZER u. a. 1981). Die Knüpfer arbeiten meist in eigener Regie, doch gibt es auch Verlagsproduktion. Bei Aqcha und Sheberghan und in Qarqin entstanden in den 60er und 70er Jahren Teppichmanufakturen, die sich aber nur kurze Zeit halten konnten (JEBENS 1983). In Westafghanistan werden von Gulran (Provinz Herat) bis Farah Teppiche geknüpft, und zwar von Chahar Aimaq (meist Taimuri), und Belutschen, neuerdings zunehmend auch von Paschtunen. Sie stellen „Belutsch-Teppiche" her, die sich in Farben und Mustern deutlich von den Turkmenenteppichen unterscheiden.

Der größte Teil der afghanischen Teppichproduktion wird exportiert. Die starke Auslandsnachfrage in den 60er Jahren führte dazu, daß immer mehr Massenware mit grober Knüpfung (800–1600 Knoten/qdm) hergestellt wurde, die 1965 nicht weniger als 70% der exportierten Teppiche ausmachten, gegenüber nur 10% feiner Ware mit 2300–5000 Knoten/qdm (MINER 1966). Muster und Farben wurden z. T. dem ausländischen Publikumsgeschmack angepaßt, so daß Originalität und Qualität afghanischer Teppiche beträchtlich zurückgegangen sind.

Wollene Webteppiche (Kelims) dienen fast vollzählig dem Binnenmarkt oder der Eigenversorgung. Schwerpunkte der heimgewerblichen Kelimweberei sind das Hazarajat, die Provinzen Farah und Herat und Nordafghanistan, namentlich Sar-i-Pul (Jauzjan), Mazar-i-Sharif, Maymana und Kunduz samt ihrem Umland, aber auch Takhar und das Panjshertal. JEBENS (1983) hat die Kelimherstellung von Sar-i-Pul, die sich hauptsächlich auf die Stadt und einige stadtnahe Dörfer konzentriert, eingehend untersucht. Sie wird dort weit überwiegend von Hazara ausgeübt, die auch den Kelimhandel und selbst den – allerdings geringen – Export in Kabul kontrollieren. JEBENS konnte nachweisen, daß nicht nur Kelimweberei und -handel ähnlich dem Teppichgewerbe eine deutliche ethnische Bindung zeigen, sondern daß dies auch für einige andere Handwerkszweige gilt, z. B. für die Herstellung von Kappen, deren räumlich-ethnische Herkunft sich in den unterschiedlichen Mustern äußert. Im Basarhandwerk dominieren meist die Tadschiken und Farsiwan, auch in Kabul (STRATHMANN 1980) und Kandahar (WIEBE 1978).

Die Baumwollweberei wird nur mehr dort in nennenswertem Ausmaß betrieben, wo sie sich auf bestimmte traditionelle Erzeugnisse spezialisiert hat. Hier ist in erster Linie die Herstellung von *alacha* in Nord- und Nordostafghanistan zu nennen, die zu oft prächtigen Mänteln *(chapan)* verarbeitet werden. *Alacha*-Weberei findet sich in Mazar-i-Sharif (mit besten Qualitäten), in Kunduz, Taluqan, Rustaq, Aqcha, Andkhoy und bei Sar-i-Pul. Auch im Farkhartal (Takhar) hat sie ihre Bedeutung beibehalten. Im stark übervölkerten oberen Tal (Warsaj) steht sie infolge der Saisonwanderungen von Webern in enger Verbindung mit der städtischen *alacha*-Produktion. In Parwan hat sich das Baumwollhandwerk auf Turbantücher, Hand- und Tischtücher, *satranji* usw. spezialisiert, wogegen in Kama (Nangarhar) die frühere *karboz*-Weberei in eine schwere Krise geraten ist (FOURNOT 1971). Die Wollweberei spielt im Hazarajat und in Badakhshan noch immer eine Rolle. Der schwere Wollstoff *(berek)* wird hier zu einfachen Mänteln *(chakman)* verarbeitet.

Besonders in einigen entlegenen Tälern Badakhshans konnte sich ein vielfältiges Dorfhandwerk erhalten, das außer Webern auch Schuhmacher, Grobschmiede, Schnitzer, Töpfer, Strickerinnen u.a.m. umfaßte (KUSSMAUL 1965a). Regelrechte Handwerkerdörfer mit Tischlern, Drechslern, Schmieden, Maurern und Webern finden sich schließlich in Warsaj (GRÖTZBACH 1965a). Auch in anderen ländlichen Gebieten Afghanistans gab es 1978 noch handwerklichen Erwerb, doch ist darüber wenig bekannt. Hier seien lediglich die Herstellung von Matten, Seilen u. dgl. aus den Blättern der *burya*-Palme in Paktya und die Holzschnitzerei in Nuristan erwähnt.

4.3 Das Verkehrssystem

Wichtigste Voraussetzung für die Teilhabe aller Landesteile an der sozioökonomischen Entwicklung ist ein modernes Verkehrs- und Kommunikationssystem, das die Regionen untereinander und mit der Hauptstadt verbindet. In dieser Hinsicht vollzog sich der Übergang zur Moderne in Afghanistan spät und zudem nur langsam. Der Karawanenverkehr wurde nicht von der Eisenbahn, sondern von Auto und Flugzeug abgelöst. Doch die Kamel- und Eselkarawanen sind bis heute nicht völlig verschwunden, vielmehr wurden sie in Gebiete abseits der Autostraßen abgedrängt.

Afghanistan ist viele Jahrhunderte lang ein Durchgangsraum des Fernhandels gewesen, wo sich wichtige Karawanenstraßen kreuzten. Im 19. Jh. ging der Transithandel mit dem Vordringen der damaligen Großmächte Rußland und Britisch-Indien und der zunehmenden Kontrolle der Grenzen zurück, und die Karawanenwege dienten bald nur mehr dem Binnenverkehr. Kurz vor der Jahrhundertwende ließ der Emir Abdur Rahman dieses Wegenetz ein letztes Mal erneuern und durch befestigte Karawansarays *(robat)* sichern (RATHJENS 1962). Der Karawanenverkehr dominierte noch ein Vierteljahrhundert lang, nachdem der Emir Habibullah 1907 das erste Automobil aus Indien eingeführt hatte. Denn die ersten Autos dienten mehr dem Repräsentationsbedürfnis als wirtschaftlichen Zwecken; zudem konnten sie nur für wenige Strecken benutzt werden, vor allem zwischen Kabul und Jalalabad. Für schwere Lasten benötigte man weiterhin Tragtiere. So mußte die Ausrüstung für das erste Wasserkraftwerk auf Elefanten von Peshawar nach Jabal-us-Saraj befördert werden (GREGORIAN 1969).

Unter König Amanullah setzte in den 20er Jahren der Bau von *Autostraßen* ein, wobei es sich zunächst (und abseits der Hauptstraßen bis heute) um

4.3 Das Verkehrssystem

einfachste Fahrwege oder Pisten handelte, die nur jahreszeitlich befahren werden konnten. Bald waren Kandahar und Herat von Kabul aus per Auto zu erreichen. Doch zur Bewältigung schwieriger Trassen reichten die damaligen technischen, finanziellen und organisatorischen Mittel nicht aus. Dies zeigte sich bei den Versuchen, eine Straßenverbindung zwischen Kabul und Afghanisch-Turkistan über den Hindukusch zu bauen.

Der Karawanenverkehr hatte hierfür seit alters verschiedenste Pässe benutzt. Im Laufe des 19. Jh. konzentrierte er sich mehr und mehr auf drei Hauptrouten: 1. die Strecke über Bamyan, den Aq Robat- (3120 m) und den Dandan Shikan-Paß (2700 m) nach Aybak–Tashqurghan; 2. den Weg durch das Panjshertal über den Khawakpaß (ca. 3600 m) und das Andarabtal Richtung Kunduz oder Badakhshan und schließlich 3. den kürzesten, aber steilen Weg über den Salangpaß (ca. 3800 m) in der gleichen Richtung. Die Autostraße über Bamyan wurde nur bis zum Aq Robat-Paß fertiggestellt, und das kühne Vorhaben einer Salangpaßstraße blieb gleichfalls unvollendet. Erst 1931–1933, unter Nadir Schah, konnte das Projekt einer Verbindungsstraße zwischen Kabul und den Nordprovinzen verwirklicht werden. Sie führt durch das Ghorbandtal, überquert den 2936 m hohen Shibarpaß, zweigt 20 km weiter westlich von der älteren Straße nach Bamyan ab und folgt dem Surkhabfluß durch die schwierige Schluchtstrecke des Darrah-i-Shikari.

Die Eröffnung dieser Straße, die auch im Winter meist befahrbar ist, bildete die Voraussetzung zur modernen Entwicklung der nördlichen Landesteile. Erst jetzt, mit dem raschen Zugang zum Markt der Hauptstadt, war es möglich, die reichen wirtschaftlichen Ressourcen der Nordprovinzen zu nutzen. Innerhalb weniger Jahre wurden alle wichtigeren Städte Nord- und Nordostafghanistans an die neue Straße angeschlossen. Schon 1934 war die „Ringstraße" um das zentrale Hochland – von Kabul über Kandahar, Herat, Qala-i-Nau, Maymana, Mazar-i-Sharif und den Shibarpaß zurück nach Kabul – befahrbar und kurz darauf auch die Zentralroute mit ihren vielen Pässen und Flußdurchquerungen (ZIEMKE 1939; JENTSCH 1977).

Der in den 30er Jahren erreichte Ausbaustand des afghanischen Straßennetzes blieb zwei Jahrzehnte lang fast unverändert. Bald zeigte sich jedoch, daß die unbefestigten Straßen, die oft nach Schneefällen, Muren oder Überflutungen unpassierbar waren, den wachsenden Ansprüchen nicht mehr genügten. Infolge der geringen Reisegeschwindigkeit von nur etwa 20 km pro Stunde und dem starken Verschleiß der Fahrzeuge blieben die Transportkosten hoch, was den Güterverkehr behinderte. Infolgedessen gab es weiterhin erhebliche regionale Preisunterschiede für lebenswichtige Güter; so war der Weizen in Kabul zwei- bis dreimal teurer als in Nordafghanistan.

Es dauerte bis zur Mitte der 50er Jahre, bis das Land seine ersten asphaltierten Straßen erhielt, und zwar im Rahmen der Modernisierung Kabuls. Eine völlige Neuorientierung und Aktivierung der Verkehrspolitik brachten die ersten Fünfjahrespläne, die hohe Investitionen in den Straßenbau lenkten (vgl. Tabelle 26). Bis zum Ende des 2. Fünfjahresplans wurden in knapp zehnjähriger Bauzeit etwa 2000 km Asphalt- oder Betonstraßen fertiggestellt. Über die Teilstrecken dieses neuen Straßensystems gibt Tabelle 20 Aufschluß. Damit verfügte Afghanistan über ein Grundgerüst leistungsfähiger Fernstraßen, die alle wichtigen Regionen des Landes untereinander und mit den Nachbarstaaten verbinden. Dieses Ergebnis verdankte es der massiven Hilfe seiner großzügigsten Geberländer UdSSR und USA, die während der 60er Jahre im Bau von Straßen und Flugplätzen miteinander wetteiferten. Dabei verfolgte die Sowjetunion von Anfang an, wie sich erst Ende 1979 herausstellen sollte, nicht nur uneigennützige Ziele. So erhielt die von ihr gebaute Straße von Torghundi über Herat nach Kandahar eine Betondecke und Brücken besonders hoher Tragfähigkeit. Schon damals sprach man von einer „Panzerstraße", die auch für schwere sowjetische Tanks befahrbar sei (KLIMBURG 1966; FITTER 1973), im Gegensatz zu den leichter gebauten „amerikanischen" Straßen.

Die neue Salangstraße verkürzte den Weg von Kabul nach Nordafghanistan um 190 km und ließ die Route über den Shibarpaß veröden. Sie durchfährt die Hindukuschkette westlich des Salangpasses in einem 2,7 km langen Tunnel mit einer Scheitelhöhe von 3337 m. Man zog diese sehr hoch gelegene Trasse einem tieferen, aber weit längeren Tunnel vor, den deutsche Ingenieure vorgeschlagen hatten, weil sie die billigere Lösung versprach. Doch machten der häufige Frostwechsel und Lawinenabgänge fast ständige Reparaturen der Straßendecke und den nachträglichen Bau von Lawinengalerien notwendig, so daß die Folge- und Unterhaltskosten beträchtlich sind (Bild 6).

Nach 1971, als auch Sheberghan an das neue Fernstraßennetz angeschlossen war, kamen nur mehr wenige asphaltierte Straßen hinzu. Erst der Siebenjahresplan räumte dem Verkehrs- und Kommunikationssektor wieder größere Bedeutung ein (Tabelle 26). Er sah den Bau einiger Zubringerstraßen vor, die periphere Regionen wie Paktya, Badakhshan, Konar, Sistan und die Zentralprovinzen an die Ringstraße anschließen sollten, außerdem deren Ausbau von Sheberghan bis Maymana und von Herat bis Qala-i-Nau; dadurch wäre ihre Lücke im Nordwesten des Landes auf 290 km verkürzt worden.

Bis 1978 waren von diesem Ausbauprogramm folgende Asphaltstraßen fertiggestellt: Kabul-Gardez (125 km), Nayibabad bei Mazar-i-Sharif-Hairatan als dritter Anschluß an das sowjetische Straßensystem (56 km), Kunduz-Khanabad-Taluqan (ca. 75 km) und Sheberghan-Andkhoy- Daulatabad (138 km). Einige andere Strecken, die teils mit asphaltierter, teils mit befestigter (Schotter-)Decke geplant waren, befanden sich noch im Bau, wie Jalalabad-Asadabad (90 km), Gardez-Khost (108 km), Herat-Qala-i-Nau (153 km), Dilaram-Zaranj (216 km), Taluqan-Kishem (ca. 60 km), Kabul-Unai-Panjab (210 km) und Daulatabad- Maymana (62 km). Dies war in etwa der Umfang des modernen afghanischen Straßensystems, das die sowjetischen Interventionstruppen Ende 1979 vorfanden.

4.3 Das Verkehrssystem

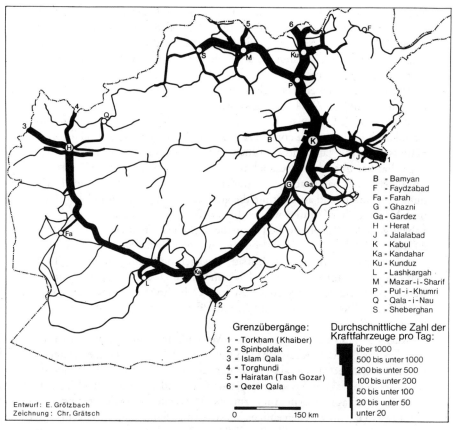

Karte 16: *Verkehrsbelastung der Straßen 1973/74* (Quelle: KAMPSAX 1974).

Die neuen Straßen folgten z. T. den alten Karawanenrouten, wie zwischen Kabul und Kandahar und um Herat, z. T. wurden andere Trassen gewählt. Die größten Veränderungen verzeichnete der Raum um Kabul, wo der frühere Karawanenweg von Indien nach Turkistan auf einigen Abschnitten verödete oder verfiel (RATHJENS 1962). Auch einige Städte erfuhren einen Positionswechsel im Verkehrssystem. Während Farah durch die Begradigung der Trasse Herat–Kandahar ins Abseits geriet, wurden Andkhoy und die Städte am Surkhab (Pul-i-Khumri, Baghlan, Kunduz) an das Netz der Hauptstraßen angeschlossen.

Afghanistan besaß 1978 ein Straßennetz von 18 600 km Gesamtlänge. Davon waren 2730 km Asphalt- oder Betonstraßen und rund 5000 km Schotterstraßen, die man zusammen als Allwetterstraßen bezeichnen kann; dazu kamen gegen 11 000 km unbefestigte Fahrwege und Pisten (CSO 1978a). Dieses System von Straßen ist in einigen Teilen des Landes recht dicht verzweigt, namentlich im Osten, Südosten und Norden, während die Mitte und der Nordosten infolge des Gebirgsreliefs, der Süden wegen seines wüstenhaften Charakters arm an Straßen sind.

Die sehr unterschiedliche Belastung der Teilstrecken zeigt Karte 16 auf der Grundlage einer 1973/74 durchgeführten Verkehrszählung und -schätzung (KAMPSAX 1974). Die am stärksten frequentierte Überlandstraße war jene von Kabul nach Charikar mit etwa 1500 Kfz/Tag. Es folgten die Strecken von der Hauptstadt nach Jalalabad–Torkham, nach Logar und Ghazni sowie jene von Charikar über den Salangpaß bis Kunduz mit jeweils 500–650 Kfz/Tag. Im allgemeinen nahm aber die Straßenbelastung mit zunehmender Entfernung von Kabul bald ab. Nur um die großen Provinzstädte Kandahar, Herat und Mazar-i-Sharif traten wieder höhere Verkehrsdichten auf. Auf vielen Fahrwegen der Peripherie betrugen die täglichen Frequenzen weniger als 20 Kfz; dies galt für die Zentralroute ebenso wie für die Strecken Maymana–Qala-i-Nau und Kishem–Faydzabad. Dagegen herrschten in großen Teilen von Paktya und ähnlich in Konar Dichten von 40–100 Kfz/Tag. Bamyan und Band-i-Amir schließlich verdankten ihre recht hohen Frequenzen von 55 bzw. 25 Kfz/Tag (im Jahresdurchschnitt) dem starken Touristenbesuch im Sommer und Herbst.

Karte 16 läßt auch die wichtigste Verbindung zum Ausland erkennen, nämlich Torkham am Khaiberpaß mit über 500 Kfz/Tag. Dagegen traten die Grenzübergänge Qizil Qala (als Hafen am Amu Darya) und Spinboldak (200–250 Kfz/Tag) und noch mehr Islam Qala und Torghundi bei Herat (110 bzw. 70 Kfz/Tag) an Bedeutung zurück. Der neue Flußhafen Hairatan am Amu Darya hat inzwischen einigen Verkehr von Qizil Qala abgezogen. Unter allen Straßen zeigte allein die Nord-Süd-Achse über den Hindukusch zeitweise Überlastungserscheinungen, insbesondere auf den Abschnitten Kabul – Charikar und Salangtunnel.

Die Zahl der in Afghanistan registrierten *Kraftfahrzeuge* stieg von etwa 4000 im Jahr 1950 auf fast 51 000 im Jahr 1975 [14]. Während 1950 nur ein Achtel davon Personenwagen waren, ist deren Anteil in 25 Jahren auf 28 % gestiegen

---

[14] Für den Kraftfahrzeugbestand werden leider recht unterschiedliche Zahlen angegeben. So bezifferte ihn der Survey of Progress 1967/68 bereits auf 54 000, und FITTER (1973) berechnete für dasselbe Jahr 67 000 Kfz. 1981/82 sollen sogar 75 000 Kfz registriert gewesen sein (CSO 1983, S. 112)! Häufig wurden auch nur Zahlen für die Provinz Kabul genannt, doch besteht Grund zu der Annahme, daß es sich dabei um den Bestand im ganzen Lande handelte. Die Zahl von 51 000, die, nach Provinzen aufgegliedert, auch der Karte 17 zugrunde liegt, stammt vom Verkehrsdepartement im Afghanischen Innenministerium und wurde auch in den Weltbankbericht 1978 übernommen.

4.3 Das Verkehrssystem

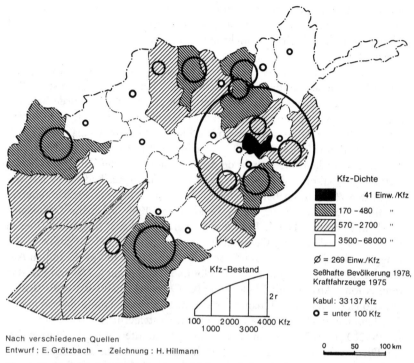

Karte 17: *Kraftfahrzeuge: Bestand und Dichte nach Provinzen 1975.*

– eine Folge der enorm verbesserten Straßenqualität auch innerhalb der Städte. 22% des Bestandes von 1975 entfielen auf private Lastkraftwagen, 12% auf Omnibusse, 11% auf Taxis, 15% auf Behördenfahrzeuge (ohne Militär), der Rest von 12% auf „Sonstige"; ob hierin auch Motorräder enthalten waren, ist nicht bekannt.

Der Motorisierungsgrad des Landes war mit etwa 270 Einwohnern je Kraftfahrzeug noch sehr gering, doch betrug er in der Provinz Kabul immerhin schon 41 Ew./Kfz. Mit großem Abstand folgten Kandahar (170) und Herat (270). In der Hauptstadt und ihrer Provinz waren fast zwei Drittel aller Kraftfahrzeuge registriert, nämlich fast 80% der privaten Personenwagen, 75% der Taxis, 50% der Busse und Lastkraftwagen. Alle diese Zahlen bekräftigen die überragende Stellung Kabuls im Autoverkehr des Landes (Karte 17). Die Hauptstadt beherbergte auch die größten privaten, staatlichen und kommunalen Busreise- und Transportunternehmen und bildete damit das Zentrum des Fernverkehrs. In den 70er Jahren bestanden tägliche Schnellbusverbindungen nach Kandahar–Herat, Mazar-i-Sharif und Jalalabad–Peshawar; die 1055 km lange Strecke Kabul–Herat z. B. wurde von modernen Bussen in 13–14 Stunden bewältigt. Daneben gab es eine Vielzahl regionaler und lokaler Buslinien, die freilich nicht immer regelmäßig und zumeist mit überalterten, wenig komfortablen Fahrzeugen betrieben wurden.

Auch der *Flugverkehr* ist im Laufe der letzten Jahrzehnte immer wichtiger geworden, zumal auf den Auslandsstrecken. Nachdem Afghanistan 1924 seine ersten Flugzeuge von der Sowjetunion gekauft hatte, wurde bald danach eine Flugverbindung von Kabul nach Taschkent eingerichtet. 1955 gründete der afghanische Staat die nationale Fluggesellschaft Ariana, an der sich die Pan American Airways zu 49% beteiligten. Ariana beflog zunächst auch die Inlandsstrecken, die aber Ende der 60er Jahre von der neuen staatlichen Gesellschaft Bakhtar übernommen wurden. Arianas ausländische Ziele waren in den 70er Jahren hauptsächlich Taschkent, Amritsar, Delhi, Teheran, Istanbul, Frankfurt, Rom, Paris, London und 1988 nur mehr Taschkent–Moskau, Amritsar–Delhi, Prag und Dubai. Umgekehrt flogen und fliegen nur wenige ausländische Gesellschaften Kabul an. An der Gesamtzahl der Fluggäste des Flughafens Kabul waren 1977/78 Ariana mit 61%, Indian Airlines mit 15%, Bakhtar mit 8%, Aeroflot und Iran Air mit je 7% und Pakistan International Airlines mit 2% beteiligt (CSO 1978a). Kabul als der einzige internationale Flughafen Afghanistans konnte sein Passagieraufkommen in den 70er Jahren beträchtlich, aber nicht dramatisch steigern: von 91000 (1969/70) auf 158000 (1977/78), wovon 70% bzw. 92% auf internationale Flüge entfielen. Dies war in erster Linie eine Folge des wachsenden Ausländertourismus.

Auch Ariana und Bakhtar verzeichneten bis 1978 steigende Passagierzahlen, nach dem Umsturz verlief ihre Entwicklung unterschiedlich (Tabelle 21). Während die Beförderungsleistung von Ariana auf den Auslandsstrecken schrumpfte, stieg jene von Bakhtar im Inland stark an. Die Unsicherheit des Straßenfernverkehrs, der oft Angriffen von Widerstandskämpfern ausgesetzt war und ist, veranlaßte vor allem Beamte und Funktionäre des kommunistischen Regimes, im Lande per Flugzeug zu reisen.

Die Flugplätze des Landes wurden seit dem 1. Fünfjahresplan beträchtlich ausgebaut. 1963 konnten die neuen Flughäfen Kabul und Kandahar in Betrieb genommen werden, ersterer mit sowjetischer, der zweite mit US-amerikanischer Hilfe gebaut. Beide vermochten aber, da noch vor dem Siegeszug des Düsenflugzeugs geplant, die in sie gesetzten Erwartungen nicht zu erfüllen. Der Flughafen Kabul ist wegen der gebirgigen Umgebung (vgl. Karte 23) für Großraumflugzeuge gefährlich. Daher war im Siebenjahresplan der Bau eines neuen Großflughafens im Logartal, rund 50 km südöstlich Kabuls, vorgesehen. Infolge der Ereignisse seit 1979 hat man dieses Projekt zurückgestellt und statt dessen den bestehenden Kabuler Flughafen erweitert. Die Verlängerung seiner Start- und Landebahn auf 3500 m und der Bau eines getrennten Abfertigungsgebäudes für Inlandsflüge geschah wohl vorwiegend aus

4.3 Das Verkehrssystem

militärischen Gründen; denn der Flugplatz wird in starkem Maße auch von der Luftwaffe benutzt. Der Großflughafen Kandahar, der als Zwischenstation für Turboprop-Flugzeuge auf der Route Europa–Süd- und Ostasien gedacht war, hat diese Rolle nie spielen können, da sie durch die Einführung der Langstrecken-Düsenmaschinen überflüssig wurde. Nahe der Wüste Registan gelegen (Karte 41), diente er lediglich als gelegentlicher Ausweichflugplatz für Kabul, den Pilgerflügen nach Mekka und dem Binnenluftverkehr.

Bereits 1972 gab es außer Kabul und Kandahar nicht weniger als 29 weitere Zivilflugplätze, wovon die meisten einfache Schotterpisten waren. Asphaltierte Landebahnen von 1850 bis 2500 m Länge besaßen nur Herat, Mazar-i-Sharif, Kunduz und Jalalabad (SoP 1971/72). Doch nur ein Teil der Flugplätze wurde im Liniendienst von Bakhtar regelmäßig angeflogen, außer den oben genannten auch Maymana, Qala-i-Nau, Zaranj, Khost, Chaghcharan, Bamyan, Oruzgan, Tirin sowie über Faydzabad sogar Khwahan, Darwaz und Sheghnan in Nordbadakhshan. Es wurden also vor allem jene Landesteile durch den Flugverkehr erschlossen, die per Straße schwierig und jahreszeitlich überhaupt nicht zu erreichen sind.

Hinzugefügt sei, daß die Sowjetunion schon in den 50er und 60er Jahren im Rahmen ihrer Militärhilfe drei große Militärflugplätze angelegt hatte: Bagram nördlich Kabuls, Shindand südlich Herats und Dehdadi bei Mazar-i-Sharif. Sie dienten seit Ende 1979 neben den Flughäfen Kabul, Kandahar und Jalalabad den sowjetischen Besatzungstruppen als Flugbasen.

Der Siebenjahresplan, der durch den kommunistischen Umsturz von 1978 zunichte gemacht wurde, sah auch die Verwirklichung eines seit König Amanullah immer wieder erneuerten Wunschtraumes vor: den Bau einer *Eisenbahnlinie* von Kabul über Kandahar und Herat zur iranischen Grenze bei Islam Qala, mit Zweiglinien nach Sistan und Spinboldak, hier mit Anschluß an das pakistanische Netz bei Chaman. Für diese 1810 km langen Strecken war der größte Teil der im Siebenjahresplan ausgewiesenen Mittel im Verkehrs- und Kommunikationssektor vorgesehen, nämlich 1,13 Mrd. $ (MoP 1976). Das Vorhaben sollte mit Hilfe eines iranischen Kredits realisiert werden, obwohl Fachleute an seiner Wirtschaftlichkeit zweifelten. Es wurde auch von der Regierung Karmal wiederaufgegriffen, die 1981 dem Vertrag mit einer französischen Firma zum Bau des ersten Teilstücks in Sistan zustimmte (KNT v. 22. 6. 81); seitdem ist jedoch nichts mehr davon zu hören gewesen. Der einzige bisher bekannte Eisenbahnanschluß Afghanistans befindet sich in Hairatan, wo die Sowjetunion eine Straßen- und Eisenbahnbrücke nahe dem Flußhafen über den Amu Darya gebaut hat (Karte 36).

4.4 Binnen- und Außenhandel

Auch der Handel hat sich, nicht zuletzt dank der Modernisierung des Verkehrssystems, im Laufe des 20. Jh. nach Umfang, Struktur, Organisation und räumlicher Orientierung entscheidend verändert. Die Handelsgüter nahmen an Zahl und Vielfalt zu, und ihre Ströme verzweigten sich immer weiter im Inland wie im Ausland.

4.4.1 Binnenhandel und Dienstleistungsgewerbe

Wie bereits dargelegt, diente der Handelsverkehr nach dem Niedergang des Transithandels gegen Ende des 19. Jh. fast nur mehr der Versorgung des Binnenmarktes. Doch auch dieser lag darnieder, aufgesplittert in regionale Teilmärkte, die durch beschwerliche und oft unsichere Wege, hohe Transportkosten und Zollschranken voneinander getrennt waren und deshalb erhebliche Preisunterschiede zeigten. Die Erhebung von Binnenzöllen und Wegegeldern durch die verschiedenen Territorialherren und ihre Beamten belastete in der ersten Hälfte des 19. Jh. den Handel ganz besonders. So gab es auf dem Karawanenweg von Kabul über Bamyan nach Tashqurghan nicht weniger als 17 Zollstätten, wodurch sich manche Güter bis um 100 % verteuerten (BURNES u. a. 1839). Später wurden Wegzölle nur mehr an den Provinz- und Stadtgrenzen erhoben; z. B. zählte Kabul sieben solcher Zollstationen, die an den Hauptzugangswegen lagen. Dieses System von Binnenzöllen wurde erst in den 20er Jahren unter König Amanullah abgeschafft.

Mit der Ausbreitung des Kraftfahrzeugverkehrs drangen neue Handelsgüter, meist Industrieprodukte, auch in entlegene Teile des Landes vor. Dies und die Zunahme der Geldwirtschaft seit Amanullah, der Naturalsteuern und -zölle in Geldabgaben umwandeln ließ, führten zu einer Stärkung des Einzelhandels. Die frühere Selbstversorgung mit Gütern wie Kleidung und einfachen Geräten wurde zugunsten des Basar- und des Wanderhandels zurückgedrängt. Letzterer erfuhr sogar in Gestalt des Nomadenhandels in Zentralafghanistan, das bis Mitte unseres Jahrhunderts fast ohne feste Basare war, noch eine späte Blüte. Seit den 30er Jahren entstanden zahlreiche feste, ständige Basare zumeist an den Verwaltungssitzen, so daß sich das Netz kleiner und großer Marktorte gebietsweise stark verdichtete. Einzelhandelsläden waren 1978 auch schon in Dörfern anzutreffen, besonders zahlreich in Nangarhar und im Panjshertal.

Der *Großhandel*, der meist auch das Export- und Importgeschäft betreibt, konzentriert sich in erster Linie in Kabul. Hier hatten 1978 über ein Drittel aller 1218 Außenhandelsfirmen ihren Sitz. Es folgten Kandahar mit 22 %, Herat und Jalalabad mit je etwa 15 %, Mazar-i-Sharif mit 7 %, Ghazni

4.4 Binnen- und Außenhandel

und Kunduz mit je 2% (EPD 1979). Doch sagen diese Zahlen wenig über das wirtschaftliche Gewicht der Firmen aus. So wird in Kunduz als dem Sitz der Gesellschaft Spinzar ein Großteil des Baumwollexports getätigt. Neben Handelsgesellschaften *(sherkat)* und Verkaufsgenossenschaften sind auch viele Einzelkaufleute im Außenhandel und namentlich als Importeure tätig. CENTLIVRES (1972) hat darauf hingewiesen, daß insbesondere die Gesellschaften eine wirtschaftliche Schwächung der Basare bewirkt haben, da sie ihre Geschäfte unter Ausschaltung des Basarhandels betreiben.

Traditionelle Basargroßhändler *(jelab, tejar)* sind in manchen Städten zahlreich vertreten, mitunter in Konkurrenz zu Handelsgesellschaften. Ihre Domäne ist der Handel mit Getreide, Reis und Ölsaaten, mit Pistazien und Melonen. Dagegen werden Viehprodukte (Felle und Häute, Wolle, Därme) schon großenteils, Baumwolle und Rosinen fast vollständig von Genossenschaften und Handelsgesellschaften vermarktet. Zentren des traditionellen Basargroßhandels sind Maymana, Andkhoy, Sheberghan, Sar-i-Pul, Aqcha und Mazar-i-Sharif für Karakulfelle, Ghazni, Kunduz, Pul-i-Khumri für sonstige Felle, Andkhoy, Aqcha, Sar-i-Pul, Mazar-i-Sharif und Herat für Teppiche und Kelims, Aybak und Herat für Pistazien, Khanabad und Mazar-i-Sharif für Getreide usw. Schon diese Aufzählung deutet das starke Gewicht Nordafghanistans im Binnengroßhandel an. Im Norden des Landes saßen 1978 immerhin fünf der zehn afghanischen Handelskammern (in Mazar-i-Sharif, Sheberghan, Andkhoy, Maymana, Kunduz), die übrigen in Kabul, Jalalabad, Ghazni, Kandahar und Herat.

Nord- und Nordostafghanistan verfügen dank ihrer Überschußproduktion auch über die größten Teilmärkte für Grundnahrungsmittel. So besaß Khanabad den wichtigsten Getreidebasar des Landes vor Kabul und Mazar-i-Sharif. Die Nordprovinzen verzeichnen außerdem die niedrigsten Nahrungsmittelpreise im Lande. Denn trotz des modernisierten Verkehrssystems bestehen regionale Preisunterschiede fort. Eine zehnmonatige Beobachtungsreise in den wichtigsten Städten des Landes 1973/74 ergab, daß die höchsten Preise für Weizen (in Kandahar, Gardez, Ghazni, Herat) im Durchschnitt um 50% über den niedrigsten Preisen (in Maymana, Kunduz, Baghlan) lagen; bei Hammelfleisch betrug der Unterschied sogar 66% (HAKIMI 1973/74). Diese Differenzen beruhten auf dem unterschiedlichen Selbstversorgungsgrad mit Weizen bzw. dem jeweiligen Schlachtviehangebot in den einzelnen Regionen.

Über ein weites Spektrum von Branchen verfügt der *Basar-Einzelhandel*, dem jeweils über die Hälfte aller Betriebe (einschließlich Handwerk und Dienstleistungen) in den größeren Städten des Landes zugehörte; sein Anteil konnte 70% erreichen, wie in Qala-i-Nau und Faydzabad (GRÖTZBACH 1979). In kleinen ländlichen Basaren ist das Angebot der Läden wenig differenziert. Im allgemeinen dominieren hier Gemischtwarenhändler: *baqal*, die vor allem frische und getrocknete Früchte, und *banjara*, die Drogeriewaren, verpackte Lebensmittel usw. anbieten, dazu Stoffeverkäufer *(bazaz)*. Die Läden in den großen Basaren hingegen führen z. T. ein recht spezialisiertes Warensortiment, das von traditioneller Kleidung bis hin zu falschen Zähnen oder Coca-Cola reicht.

Dem *Dienstleistungsgewerbe* gehörten um 1973 rund 12 % aller Betriebe in den wichtigeren Städten Afghanistans an. Dieser Anteil sank in manchen entlegenen Städten auf 8 % ab (Faydzabad, Qala-i-Nau, Farah u. a.), stieg aber im Falle von Pul-i-Khumri auf 21 %. Das Dienstleistungsgewerbe ist in Afghanistan noch wenig entwickelt. Zu den häufigsten kommerziellen Dienstleistungen zählen das Beköstigungs- und Beherbergungsgewerbe (Herbergen, Restaurants, Teehäuser, Fleischröster usw.), *saray*, öffentliche Bäder *(hammam)*, Friseure, neuerdings auch Photographen, Trockenreinigungs- und Wäschereibetriebe und das vielfältige Transportgewerbe mit Trägern, Pferdedroschken *(gadi)*, Lastkarren *(karachi)*, Taxi-, Omnibus- und Lkw-Unternehmen. Dagegen waren moderne Büro-Dienstleistungen wie Banken, Reisebüros und Luftverkehrsgesellschaften 1978 noch recht selten.

Von besonderem Interesse ist das Bankensystem, kann man doch aus Verbreitung und Inanspruchnahme von Banken auf den Entwicklungsstand der modernen Geldwirtschaft schließen. Zur ersten afghanischen Bank, der 1932 gegründeten und 1975 verstaatlichten Bank-i-Melli (Nationalbank), kamen bis 1978 nur sechs Bankinstitute hinzu, darunter die 1939 errichtete Da Afghanistan Bank als Zentralbank. Zwar haben die meisten Banken Filialen in den wichtigeren Städten des Landes, doch konzentrieren sich ihre Aktivitäten weit überwiegend auf Kabul. Lediglich die seit 1970 recht expansive Landwirtschaftliche Entwicklungsbank ist in den Provinzen tätig. Die Stagnation des Bankwesens wird auch dadurch gekennzeichnet, daß ein Großteil der kommerziellen Kredite und Devisentransaktionen nicht über die Banken, sondern informell über den Basar läuft. Allein der Kabuler Geldbasar soll 1972/73 nicht weniger als 60 % der gesamten Devisenumsätze abgewickelt haben (FRYE 1974), und noch 1988 war er in gleicher Weise aktiv.

4.4.2 Außenhandel

Auch der Außenhandel Afghanistans unterlag im Laufe des 20. Jh. vielerlei Veränderungen, doch sind die wichtigsten Handelspartner im Grunde dieselben geblieben: Rußland bzw. die Sowjetunion sowie Indien und Pakistan als die Nachfolgestaaten Britisch-Indiens. Dagegen hatte und hat der Handel mit den Nachbarländern Iran und China geringen Umfang. Schon um die Jahrhundertwende wurden Güter aus- bzw. eingeführt, die in der afghanischen Handelsbilanz z. T. noch heute eine Rolle spielen. Wolle, Karakulfelle,

4.4 Binnen- und Außenhandel

frische und getrocknete Früchte, Teppiche, aber auch Pferde (nach Indien) waren damals wichtige Exportwaren, bedruckte Baumwollstoffe, Zucker, Seide, Papier, Tee, Farben (Indigo) und sogar Gebrauchtkleidung aus England entsprechende Importgüter.

Die Entwicklung des afghanischen Außenhandels ab 1961 gibt Tabelle 22 wieder. Daraus geht hervor, daß bei Zugrundelegung der kommerziellen Importe noch bis Anfang der 70er Jahre ein Exportüberschuß erzielt wurde. Dabei bleiben die Einfuhren aus der Waren- oder Projekthilfe des Auslandes, die durch Kredite finanziert wurden, außer Betracht. Der geradezu dramatische Anstieg des Exportwertes während der 70er Jahre beruhte teils auf erhöhten Ausfuhrmengen an Früchten (frisch oder getrocknet), Baumwolle und Teppichen, teils auf gestiegenen Preisen für diese Güter. Der weitere Sprung des Exports von 1977 bis 1981 um über 120 % war durch die Erhöhung der Erdgaserlöse bedingt. Die Ausfuhr von Erdgas in die Sowjetunion schwankte seit 1969, den amtlichen Zahlen zufolge, zwischen 2,1 und 2,9 Mrd. cbm. Dabei blieb der Erdgaspreis bis 1978 recht niedrig. Er soll sodann von 21,80 $ pro 1000 cbm (1978) auf 88,80 $ (1981) angehoben worden sein. Diese Vervierfachung wird freilich relativiert durch die Tatsache, daß die Sowjetunion zur gleichen Zeit Erdgas zum Preis von 180 $ ins westliche Europa exportierte. Angesichts dieses enormen Preisunterschieds wurde zu Recht der Vorwurf gegen die Sowjetunion erhoben, sie lasse sich ihre großzügig erscheinende Wirtschafts- und Militärhilfe indirekt durch überaus billige Erdgasimporte aus Afghanistan bezahlen. Im übrigen besteht Anlaß zu der Vermutung, daß die amtlichen Zahlen über Erdgasförderung und -export zu niedrig ausgewiesen werden (GENTELLE 1981).

Durch die Erdgaslieferungen hat die Sowjetunion ihre schon früher führende Stellung als Hauptabnehmer afghanischer Waren weiter gefestigt. Seit 1978/79 ist sie auch zum weitaus wichtigsten Lieferanten Afghanistans geworden. Seitdem beherrscht sie den afghanischen Außenhandel (Export plus Import) zu etwa 60 %; 1977/78 hatte dieser Anteil nur 25 % betragen. Nichts kennzeichnet die wirtschaftliche Integration Afghanistans in den „Ostblock" drastischer als diese außenwirtschaftliche Abhängigkeit von der Sowjetunion. Dagegen beläuft sich der Außenhandelsanteil der übrigen RGW-Staaten auf nur wenige Prozent. Am stärksten und am längsten ist die Tschechoslowakei in Afghanistan engagiert.

Von den nichtkommunistischen Staaten haben Indien und Pakistan ihre starke Position als Abnehmer afghanischer Waren halten können, nicht jedoch als offizielle Lieferanten. Dagegen ist Japan trotz seines gesunkenen Anteils am Importwert wichtigstes entferntes Lieferland geblieben. Nur mehr marginale Bedeutung als Außenhandelspartner haben die Bundesrepublik, Großbritannien und besonders die USA.

Tabelle 23 gibt Aufschluß über die Exportstruktur nach wichtigen Gütern und Abnehmerländern für die zwei letzten Normaljahre und für 1981/82. Dabei zeigen einige Güter deutliche Verschiebungen in ihrer Exportmenge oder in ihrem Anteil am gesamten Exporterlös. Während frische Früchte mengenmäßig zurückgingen, nahmen Trockenfrüchte (meist Rosinen) einschließlich Nüssen beachtlich zu, wobei beide Warengruppen ihre Anteile am Gesamtexportwert halten konnten. Die Zahl der Karakulfelle unterlag wie in früheren Jahren starken Schwankungen, doch ging ihr Anteil am Exportwert zurück. (1960 hatte er nicht weniger als 28 % betragen). 1986/87 wurden nur noch 809 000 Stück exportiert (KNT v. 12. 4. 87). Noch stärker rückläufig war die Ausfuhr von Baumwolle, was der Schrumpfung von Anbaufläche und Produktionsmenge entsprach. Dagegen nahm der Export von Teppichen bis 1980/81 auf 1,14 Mio. qm und 15 % des Gesamtexportwertes zu; für 1986/87 wurden 0,73 Mio. qm angegeben (KNT v. 8. 4. 87).

Die räumliche Struktur der Exportgüterströme hat sich, Tabelle 23 zufolge, von 1976 bis 1982 ziemlich wenig verändert. Die Sowjetunion als weitaus wichtigster Handelspartner führte außer Erdgas vor allem Trockenfrüchte, Baumwolle, Wolle, frische Früchte (darunter fast die gesamte Zitrus- und Olivenernte aus dem Nangarhar-Projekt), aber auch Stickstoffdünger (Urea) ein – während sie gleichzeitig Superphosphat an Afghanistan lieferte. Pakistan und Indien nehmen traditionsgemäß über 90 % der frischen Früchte ab, aber auch einen beträchtlichen Teil der Trockenfrüchte und Nüsse. Karakulfelle gelangen zu 90 % nach Großbritannien, und zwar an die Londoner Pelzbörse. Abgesehen von der UdSSR wechselten die Importeure afghanischer Baumwolle häufig; neuerdings wird sie fast vollständig in den „Ostblock" geliefert. Medizinal- und Gewürzpflanzen werden weiterhin in die USA exportiert, ferner nach Indien und Pakistan. Der Markt für afghanische Teppiche ist weit gestreut, doch sind die Bundesrepublik und die Schweiz seit Jahren wichtigste Abnehmer. Die Bundesrepublik mit dem Hauptumschlagplatz Hamburg hat diese Stellung sogar noch weiter ausgebaut; 1986/87 entfiel auf sie die Hälfte der afghanischen Teppichausfuhr.

Aus der Sowjetunion als wichtigstem Lieferanten importiert Afghanistan hauptsächlich Erdölprodukte und Fahrzeuge, Maschinen und Ersatzteile, ferner Zucker, Weizen, Speiseöl, verschiedene Konsumgüter wie Schuhe, Streichhölzer und Seife, aber auch Kunstdünger usw. Aus Indien bezieht Afghanistan traditionsgemäß den größten Teil des Tees (der auch aus Sri Lanka kommt), ferner Textilien und Medikamente, aus Pakistan eine breite Palette von Waren, wie Baumwollgarn, Textilien, Zigaretten u. a. m. Iran lieferte bis 1978 Erdölprodukte, doch ist seitdem der Handel zwischen den beiden Nachbarländern scharf zurückgegangen. In Japan deckt Afghanistan fast seinen gesamten Bedarf an Autoreifen, Radio- und Fernsehapparaten und kauft dort auch Kraftfahrzeuge und Textilien. Die Bundesrepublik lieferte vor allem Chemieprodukte, Kraftfahrzeuge, Pharmazeutika und bis 1978 sogar Zucker, Großbritannien Erdölprodukte, Kraftfahrzeuge, Seife u. a. m. Der stark geschrumpfte Import aus den USA besteht fast nur mehr aus Zigaretten und Gebrauchtkleidung.

Die afghanische Außenhandelsstatistik gibt leider kein vollständiges Bild von der Ausfuhr und Einfuhr des Landes. Abgesehen von den üblichen Differenzen, ja Widersprüchen der amtlichen Zahlen sind diese auch z. T. zu niedrig. Dies gilt insbesondere für den Handel mit Pakistan und Iran, der zu einem erheblichen Teil im Schmuggelverkehr vor sich geht. Für 1978 wurde das Volumen dieses illegalen Außenhandels auf 80 Mio. $ geschätzt, d. h. auf ein Fünftel der legalen Importe (RINGER in: BUCHERER & JENTSCH 1986). Auf diese Weise gelangten nicht nur verbotene Waren wie Rauschgifte (Opium, Haschisch), sondern auch Lebendvieh (nach Iran), Holz (nach Pakistan) und selbst Importwaren (z. B. indischer Tee nach Pakistan) ins Ausland. Illegal eingeführt wurden durch hohe Importzölle belastete Güter, wie Baumwollstoffe, Plastikschuhe, Alkohol, Waffen u. a. Im östlichen Grenzgebiet zu Pakistan soll die Bevölkerung zahlreicher Dörfer hauptsächlich vom Schmuggel gelebt haben, der durch großzügige administrative Regelungen beim Grenzübertritt erleichtert wurde (SCHÄFER 1974). Ähnliche Verhältnisse herrschten in den 70er Jahren auch in grenznahen Teilen Westafghanistans.

4.5 Tourismus und Erholungsverkehr

Der *Ausländertourismus* stellte bis 1978 eine wichtige Devisenquelle dar, die im Jahre 1977/78 – nach Abzug der Ausgaben afghanischer Auslandsreisender – nicht weniger als 38 Mio. $ eingebracht haben soll. Im gleichen Jahr verhielt sich die Zahl ins Ausland reisender Afghanen zu einreisenden Ausländern wie 1:7,3. Unter den Erstgenannten bilden die Mekkapilger stets eine besondere Gruppe von etwa 6000–8000 Personen pro Jahr.

Der Ausländertourismus setzte erst in der zweiten Hälfte der 60er Jahre ein, als Afghanistan als Etappe auf dem Landwege zwischen Indien und Europa bekannt wurde. Schon 1971 erreichte er einen ersten Höhepunkt, sank aber 1973 ab, stagnierte bis 1976 und verzeichnete 1977 mit 117000 ausländischen Touristen sein Maximum. 1978 war der Besuch trotz des kommunistischen Umsturzes noch bemerkenswert stark; er ging 1979 infolge der immer kritischer werdenden innenpolitischen Lage rapide zurück und versiegte nach dem Einmarsch der Sowjets ab 1980 so gut wie völlig.

Wie Tabelle 24 zeigt, stellten Pakistaner und Inder mit etwa 30–50 % der einreisenden Ausländer das stärkste Kontingent. Darunter befanden sich freilich auch Geschäftsleute, Besucher von Verwandten (namentlich Hindus und Sikhs aus Indien) sowie Transitreisende nach Iran. Viele Pakistaner verbrachten nur wenige Tage in Kabul, um sich dort zu vergnügen oder billig einzukaufen. Ihre Zahl ging ab 1973 scharf zurück, wohl infolge des steigenden Afghani-Kurses und des Umsturzes im gleichen Jahr, durch den Präsident Daud an die Macht kam.

Die übrigen ausländischen Touristen verteilten sich auf zahlreiche Nationen, wobei die Europäer in der Überzahl waren. Sie machten ab 1973 rund 40% aller Besucher aus, davon Deutsche, Briten und Franzosen allein über 25%. Auf Nordamerikaner (USA und Kanada) sowie Australier und Neuseeländer entfielen 15–20%. Diese Touristen aus Ländern der freien Welt gehörten zwei sehr unterschiedlichen Gruppen an. Ein Großteil waren „Billigtouristen", meist junge Leute auf der Durchreise über Land, die oft genug von Abenteuern oder von Rauschgift angelockt wurden, deren Zahl aber nach 1973 zurückging. Die zweite Gruppe bildeten anspruchsvollere Touristen, die überwiegend als Pauschalreisende mit Reisegruppen per Flugzeug ins Land kamen.

Die touristische Infrastruktur Afghanistans entsprach freilich vorwiegend den Bedürfnissen der „Billigtouristen". Es gab 1978 nur wenige Hotels von internationalem Standard, namentlich das mit US-amerikanischem Kapital errichtete, 1970 eröffnete „Intercontinental" in Kabul. Selbst manche der übrigen staatlich klassifizierten Hotels genügten nicht einmal durchschnittlichen Ansprüchen. Daneben gab es zahlreiche einfache Hotels und Herbergen selbst in kleinen Provinzstädten, die meist über nur wenige Zimmer verfügten. 1978 waren 42% aller 9100 Gästebetten in Kabul konzentriert, das auch die weitaus meisten Touristen verzeichnete. Es folgten Herat und Kandahar mit 11 bzw. 10%, Mazar-i-Sharif, Bamyan und Jalalabad mit je 6–7% der Betten (GRÖTZBACH 1983).

Kabul wurde von Touristen aller Nationalitäten, insbesondere aber von Pakistanern, Indern und US-Amerikanern besucht. Ähnliches galt für die übrigen großen Städte, wogegen Pakistaner und Inder an den eigentlichen touristischen Sehenswürdigkeiten kaum anzutreffen waren. Diese beschränken sich in Kabul auf Teile der Altstadt und des Basars, das Kabul-Museum, das Grabmal Babur Schahs und wenige andere Plätze, während die Repräsentativgebäude der Hauptstadt, aus dem 19. oder 20. Jh. stammend, von geringem kunsthistorischen Interesse sind. Im Oktober bildeten die nationalen *buzkashi*-Spiele eine Touristenattraktion. Auch die nähere Umgebung der Stadt bietet wenig Spektakuläres. Wichtigstes Touristenziel von Kabul aus stellte Bamyan mit seinen kolossalen Buddhastatuen, Höhlenklöstern und Ruinenstädten dar, dazu die Seengruppe von Band-i-Amir. Bamyan, per Straße und Flugzeug erreichbar, war der einzige Ort Afghanistans, den der Tourismus stark überprägt hatte. Von Bamyan und Band-i-Amir aus wurde auch die Zentralroute über Jam (das man durch Fahrwege in schwierigstem Gelände dem Tourismus erschlossen hat) nach Herat befahren, ein Unternehmen, das zu Recht den Ruf des Abenteuertourismus trug. Des weiteren wurde von Kabul aus Jalalabad mit den Ausgrabungsstätten und dem Museum von Hadda aufgesucht, wobei die Straße durch die Tang-i-Gharu eine der großartigsten Naturattraktionen des Landes erschließt. Ähnliches gilt für

4.5 Tourismus und Erholungsverkehr

die Fahrt über den Salangpaß nach Norden. Hier wurden die archäologischen Stätten von Surkh Kotal (bei Pul-i-Khumri) und Takht-i-Rustam (bei Aybak), der traditionelle Basar von Tashqurghan, die Grabmoschee des Hazrat Ali in Mazar-i-Sharif und die Ruinen von Balkh besucht. Dagegen fanden Ghazni mit seinen ghaznavidischen Minaretten, dem Grab Mahmuds und einem kleinen Museum sowie die ausgedehnten Ruinenfelder von Bost (Lashkargah) weit weniger Beachtung. In Kandahar und Herat zogen die intakten Altstädte und Basare viele Besucher an, in Herat zudem die Große Moschee und andere Gebäude und Ruinen aus ghoridischer oder timuridischer Zeit.

Das touristische Potential Afghanistans (Karte 18) lag einmal in den zahlreichen archäologischen Zeugnissen seiner Vergangenheit, zum anderen aber auch in seiner lebendigen Folklore, wie sie in einigen noch sehr traditionellen Basaren (Herat, Kandahar, Tashqurghan, Aqcha u. a.) zum Ausdruck kam, und schließlich in seinen großartigen Naturschönheiten. Vor allem der Hindukusch und namentlich Nuristan boten in dieser Hinsicht touristische Möglichkeiten, die man vor 1978 zwar erkannt, aber noch kaum verwirklicht hatte. Das Hochgebirge war 1960–1978 den zahlreichen Bergsteigerexpeditionen vorbehalten gewesen, während der Trekkingtourismus noch in den Anfängen steckte.

Neben dem Ausländertourismus gab es auch den traditionellen Reiseverkehr von Afghanen (GRÖTZBACH 1981a). Dieser *Binnentourismus* unterschied sich jedoch nach Art, Dauer und Reisezielen völlig vom Ausländerfremdenverkehr. Da fast nur Staatsbediensteten ein bezahlter Urlaub zusteht, der aber nur z. T. in Anspruch genommen wird, gab es Urlaubsaufenthalte allenfalls bei Verwandten. Im übrigen spielte sich der Binnentourismus meist als Kurzerholungsverkehr an Wochenenden und Feiertagen ab. Insbesondere in und um Kabul folgte er alter Tradition und hatte weite Verbreitung. So fungierte das 1200 m tiefer gelegene Jalalabad schon vor Einführung des Kraftfahrzeugs als Wintersitz wohlhabender Familien aus Kabul; später wurde es dank der guten Straßenverbindung an Wochenenden im Winter von Kabulern geradezu überschwemmt. Frühjahrsausflugsziele von Kabul aus bildeten Orte am Nordrand des Kabul-Panjsher-Beckens wie Gulbahar („Blumenfrühling"), Charikar und Istalif. Im Sommer wurde vor allem das nur 20 km entfernte Paghman besucht, wo man sich in öffentlichen Parks und Gärten lagerte oder für seine Familie einen abgeschlossenen privaten Garten mietete. Zu einem entfernteren Ausflugsziel ist auch die Salangstraße geworden.

Viel besucht werden religiöse Stätten, meist Heiligengräber *(zyarat, mazar)*, wo oft auch Picknicks abgehalten werden wie bei jenen am Osthang des Koh-i-Sher Darwaza nahe der Altstadt Kabuls (EINZMANN 1977). Der wichtigste Wallfahrtsort ganz Afghanistans ist Mazar-i-Sharif mit der angeblichen Grabmoschee des Hazrat Ali, die besonders am Neujahrsfest *(nauruz,* 21. März) aus dem ganzen Land besucht wird. Weitere wichtige Pilgerstätten finden sich in Kabul (Zyarat-i-Sakhi u. a.), in Herat (Gozargah),

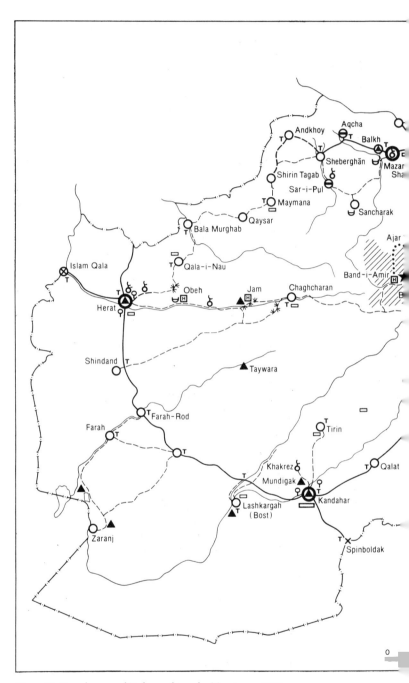

Karte 18: Standorte und Infrastruktur des Tourismus 1978.

Kandahar (Da Kherqua Sharif Zyarat), Khakrez bei Kandahar, Karukh und Chesht-i-Sharif bei Herat, Imam Sahib bei Kunduz, Mehtarlam in Laghman u. a. m. Auch Quellen wurden oft besucht, zumal wenn sie sich bei einem *zyarat* befinden. Sehr populär war die Thermalquelle Chashma-i-Shafa südwestlich von Mazar-i-Sharif, während jene von Obeh wegen ihrer Abseitslage wenig frequentiert wurde. Dagegen fanden archäologische Stätten aus vorislamischer Zeit oder spektakuläre Naturattraktionen bei der afghanischen Bevölkerung wenig Interesse, und anstrengende Wandertouren stießen auf völliges Unverständnis.

Zum Zeitpunkt des kommunistischen Umsturzes von 1978 befand sich das Tourismuswesen in voller Entwicklung. In Bamyan war unmittelbar vorher mit dem Bau eines neuen staatlichen Hotels mit 200 Betten begonnen worden, und andere Hotelneubauten waren selbst in entlegenen Gebieten (Nuristan, Chaghcharan, Faydzabad) geplant; private Reiseunternehmen hatten sich neben der staatlichen Firma Afghantour erfolgreich durchgesetzt, kunsthistorische Stätten wurden mit Hilfe der UNESCO (Herat) oder Indiens (Bamyan) restauriert und der Inländertourismus ermuntert, als die politischen Ereignisse das Reisen im Lande bald unmöglich machten.

4.6 Soziale Infrastruktur: Schul-, Gesundheits- und Kommunikationswesen

Zur sozialen Infrastruktur werden hier das Schul- und Gesundheitswesen und das für die politisch-soziale Integration einer multiethnischen Gesellschaft so wichtige Kommunikationswesen gezählt. Alle drei Bereiche erfuhren in den 60er und 70er Jahren einen beachtlichen Ausbau, der ab 1980 gebietsweise völliger Zerstörung gewichen ist.

4.6.1 Das Schulwesen

Um 1900 bestanden in Afghanistan nur wenige Islamschulen, und der damalige Anteil der Analphabeten an der Bevölkerung wurde auf nicht weniger als 98 % geschätzt. Nach ersten Vorläufern unter dem Emir Habibullah setzte der Aufbau eines modernen staatlichen Schulwesens erst in den 20er Jahren unter König Amanullah ein. Er ließ in Kabul drei höhere Schulen nach ausländischen Vorbildern und mit ausländischen Lehrern zur Ausbildung der jungen Elite des Landes errichten, darunter die Amani- und spätere Nejat-Schule mit Deutsch als Fremd- und Unterrichtssprache. Auch in den anderen großen Städten wurden Oberschulen eröffnet, in Kabul zudem die ersten Schulen für Mädchen. Diese modernistische Schulpolitik war einer der Auslöser für die reaktionäre Gegenbewegung von 1928/29, die den König stürzte.

4.6 Schul-, Gesundheits-, Kommunikationswesen

Ab 1930 wurde die Förderung des Schulwesens behutsam fortgeführt, wobei der räumliche Schwerpunkt in Kabul lag. 1932 wurde die Medizinische Hochschule gegründet, die zum Kern der späteren Universität Kabul (ab 1946) werden sollte. 1945 zählte man 93 000 Schüler im ganzen Land. 1960 waren es erst etwa doppelt so viele, danach nahm ihre Zahl rasch zu. Ausbau und Ausbreitung des Schulwesens bildeten einen wichtigen Bestandteil der afghanischen Fünfjahrespläne. Daß dieses Anliegen erfolgreich verwirklicht wurde, zeigt die Zahl von fast 1 Mio. Schülern im Jahr 1978 an, wobei es sich zu fast 90 % um Grundschüler handelte. Selbst in entlegensten Gebieten des Landes gab es damals bereits Schulen, allerdings oft nur kleine Dorfschulen mit wenigen Klassen und Lehrern. Oberschulen *(lycee)* wurden in allen wichtigeren Städten und größeren Basarorten errichtet; von den insgesamt 199 *lycees* waren zwar nur 19 in Kabul, doch handelte es sich um die größten Schulen dieses Typs.

Die Zahl der Schüler je Provinz variierte 1977/78 von etwa 8000 in Zabul und Nimroz bis 211 000 in Kabul. Letztere Zahl entsprach 22 % der Schülerschaft an allgemeinbildenden Schulen (1960/61 noch 34 %), wovon 15 % oder 149 000 Schüler auf die Stadt Kabul entfielen. Instruktiver als die absoluten Zahlen sind jedoch die Anteile der Schüler an der jeweiligen Gesamtbevölkerung einer Provinz. Auch wenn hierbei alle Unsicherheiten der Bevölkerungsstatistik in die Rechnung eingehen, ist das Ergebnis doch aufschlußreich (Karte 19). Die höchste Schülerdichte meldete die Provinz Kabul mit 16 % (Stadt Kabul 17,5 %), gefolgt von Parwan und Logar (je 11 %), Konar und – unvermutet und kaum erklärbar – Nimroz (je 8 %). Geringe Schülerdichten hatten hingegen Oruzgan, Zabul, Helmand, Kandahar, Takhar, Ghor und Badghis mit je 4–5 %. Der Schulbesuch war vor allem in Ostafghanistan und in Teilen Nordafghanistans populär, weit weniger im Süden und in der schlecht erschlossenen Mitte des Landes.

Gering blieb der Anteil der Mädchen an der Schülerzahl, der 1977/78 nur etwa 16 % betrug, aber von Provinz zu Provinz stark schwankte: In der Provinz Kabul machte er immerhin fast 32 % aus (Stadt Kabul 38 %), in Wardak, Oruzgan und Paktya nur je etwa 2 %. Vor allem in Paktya stehen die sehr traditionellen Einstellungen der paschtunischen Stammesgesellschaft dem Schulbesuch von Mädchen entgegen.

Auch die Hochschulen sind seit dem 1. Fünfjahresplan ausgebaut worden, was in den beträchtlich gestiegenen Studentenzahlen zum Ausdruck kam. Die Universität Kabul umfaßte 1977/78 zehn Fakultäten mit rund 7300 Studenten, davon über 1200 in der Ingenieurfakultät als der größten. Diese war, wie die Landwirtschaftsfakultät, mit US-amerikanischer Hilfe aufgebaut worden und stand in Konkurrenz zu dem von der Sowjetunion ab 1967 eingerichteten Polytechnikum, das fast 1400 Studenten zählte. Dagegen hatte die Bundesrepublik Deutschland den Ausbau der Naturwissenschaftlichen und

158   4 Wirtschaft und Infrastruktur

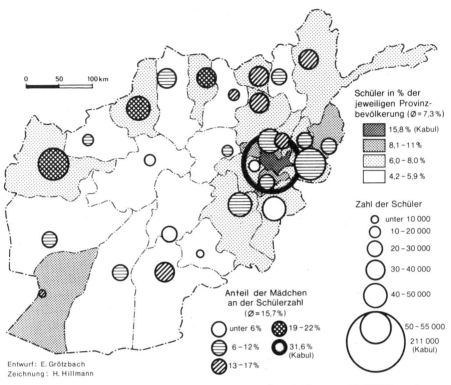

Karte 19: *Schulbesuch nach Provinzen 1977/78* (Quellen: CSO 1978a; UNICEF 1978).

der Wirtschaftswissenschaftlichen Fakultäten (1070 bzw. 670 Studenten 1977/78) getragen. 1964 wurde eine Medizinische Fakultät in Jalalabad errichtet, wobei die Standortwahl offensichtlich weit mehr politischen Rücksichten auf die paschtunische Bevölkerung des Grenzgebietes folgte als bildungsplanerischen Erwägungen; diese hätten wohl eher Herat, Kandahar oder Mazar-i-Sharif nahegelegt. Trotz ihrer Kleinheit und fehlenden fachlichen Differenzierung wurde die Fakultät in Jalalabad bald als „Universität" bezeichnet. Sie erhielt inzwischen auch eine Landwirtschaftliche und eine Erziehungswissenschaftliche Fakultät. Ihre Studentenzahl betrug 1978 erst 550. 1988 war auch von Universitätsgründungen in Herat und Mazar-i-Sharif die Rede.

Zu den genannten Hochschulen kamen einige Einrichtungen primär berufsbildenden Charakters, wie die 14 Lehrerbildungsanstalten (7100 Studenten 1977/78) und das Erdöl- und Erdgastechnikum in Mazar-i-Sharif. Schließlich seien auch die Islamschulen erwähnt, die teils auf privater Grund-

4.6 Schul-, Gesundheits-, Kommunikationswesen

lage, teils vom Staat betrieben werden. Höhere Schulen dieser Art *(madrasa)* gibt es vor allem in Kabul, Herat, Mazar-i-Sharif und Kunduz.

Das afghanische Schulwesen hat seit 1979 besonders schwere Rückschläge erlitten. Zwar behauptete die amtliche Statistik eine weitere Zunahme der Gesamtschülerzahl auf über 1,2 Mio. (1981/82), doch sah die Wirklichkeit anders aus. Nicht nur ländliche Schulen haben ihre Schüler durch Flucht verloren, sondern auch jene in Kandahar und Herat. Dazu kam die Zerstörung von über 2000 Schulgebäuden, die in vielen Fällen von der Bevölkerung als Stätten marxistisch-atheistischer Indoktrination niedergebrannt wurden. Zeitungsmeldungen zufolge waren die Schülerzahlen in den Provinzen Herat, Konar und Parwan nach einigen Jahren auf ein Fünftel bis ein Drittel des Standes von 1978 gefallen, worin sich in erster Linie der allgemeine Bevölkerungsrückgang widerspiegelt (KNT v. 13. 11. 83, 5. u. 6. 8. 85). An der Universität Kabul waren 1985 nur mehr gegen 4000 Studenten eingeschrieben (KNT v. 9. 2. 85), also wenig mehr als die Hälfte der Studentenzahl von 1977/78. Die Hochschule in Jalalabad mußte nach der sowjetischen Invasion sogar zeitweise geschlossen werden, da sie Angriffen von Widerstandskämpfern ausgesetzt war (KNT v. 7. 7. 84).

Inzwischen wurde in den von Mujahedin gehaltenen freien Gebieten des Landes ein eigenes Schulwesen aufgebaut, das – regional höchst unterschiedlich – weitgehend aus islamisch orientierten Schulen zu bestehen scheint.

4.6.2 Das Gesundheitswesen

Auch ein System moderner medizinischer Versorgung ist bis 1978 geschaffen worden, doch hat es viel geringere Breitenwirkung erlangt als das Schulwesen. Schon 1913 wurde das erste Krankenhaus – mit 30 Betten ausgestattet und von türkischen Ärzten geleitet – in Kabul eingerichtet; der landesweite Aufbau eines staatlich organisierten Gesundheitswesens begann aber erst in den 30er Jahren. Die 1932 gegründete Medizinische Hochschule und einige weitere Einrichtungen in Kabul spielten dabei eine zentrale Rolle. Seitdem ist die Zahl der Krankenhäuser, bei denen es sich freilich oft nur um einfachste kleine Stationen handelt, die Zahl der Betten, der Ärzte und des Pflegepersonals ständig, doch nur langsam gestiegen. Die Zahl der Hospitalbetten erhöhte sich von rund 1400 zu Beginn des 1. Fünfjahresplans (1956/57) auf 3100 im Jahre 1978, die Zahl der Ärzte im gleichen Zeitraum von 150 auf 842 bzw. 1083 [15].

---

[15] Leider sind die amtlich veröffentlichten Zahlen hierüber sehr uneinheitlich, da sie zumeist nur die Einrichtungen des staatlichen Gesundheitsdienstes erfaßten, mitunter aber auch die nichtstaatlichen Hospitäler und deren Personal. So wurde z. B. die

4 Wirtschaft und Infrastruktur

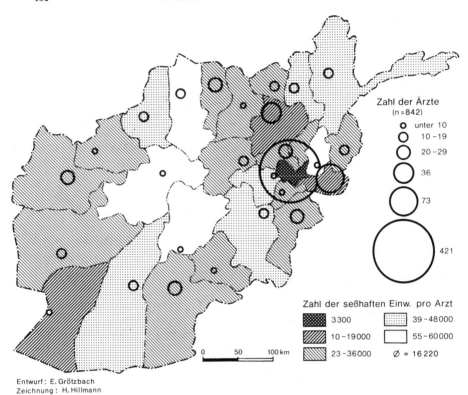

Karte 20: *Zahl und Dichte der Ärzte nach Provinzen 1977/78* (Quelle: CSO 1978a).

Betrachtet man die räumliche Verteilung der Ärzte, so fällt ihre starke Konzentration in Kabul auf (Karte 20). Über die Hälfte aller Ärzte und Krankenhausbetten waren 1978 in der Hauptstadt lokalisiert, die somit die beste medizinische Versorgung im Lande bot. An zweiter Stelle folgte Jalalabad mit seinem großen Hochschulkrankenhaus. Auf die Provinz Nangarhar entfielen denn auch 15% aller Betten und 9% der Ärzte. Auch die Provinz Baghlan war mit 5% der Betten und 4% der Ärzte medizinisch wohlausgestattet; hier hat das Hospital der Baumwollgesellschaft in Pul-i-Khumri einen guten Ruf erlangt. Dagegen waren selbst große Städte wie Kandahar und Herat

Gesamtzahl der Ärzte (ohne Militärärzte) für 1976/77 mit 1083 angegeben, für 1977/78 sodann mit 842 (CSO 1978a, korrigiert), ohne daß sich dieser Widerspruch erklären ließe. Zu beachten ist dabei, daß es in Afghanistan nur sehr wenige reine Praxisärzte gab. Die weitaus meisten Mediziner mit eigener Praxis waren hauptberuflich an einem Krankenhaus tätig, betrieben die Praxis also nur nebenbei.

4.6 Schul-, Gesundheits-, Kommunikationswesen

medizinisch nur unzureichend versorgt. In Kandahar hat sich diese Situation erst 1979 durch die Eröffnung eines neuen Krankenhauses mit 250 Betten gebessert.

Ende der 60er Jahre wurde in ländlichen Gebieten mit der Errichtung ambulanter „Gesundheitszentren" (Health Centres) begonnen, die die unterste Stufe der medizinischen Versorgung darstellen. 1979 gab es 154 Basic Health Centres, dazu 96 Subzentren oder Zweigstellen. Ihr Erfolg blieb freilich gering, da sie mit Personal, Geräten und Medikamenten unzureichend ausgestattet waren. Zudem lagen nicht weniger als ein Viertel davon im weiteren Umkreis von Kabul, wo Ärzte und Hospitäler ohnedies verhältnismäßig leicht erreicht werden konnten.

Wie fragmentarisch der Erfolg der Bemühungen um eine landesweite medizinische Versorgung geblieben war, zeigt die geringe Ärztedichte an. Sie betrug 1977/78 im Durchschnitt für das ganze Land 16220 Einwohner je Arzt, war aber von Provinz zu Provinz recht unterschiedlich (Karte 20). Kabul stand mit 3300 Ew./Arzt weit an der Spitze, gefolgt von Nangarhar (10800) und Baghlan (13500). Das Ende der Skala bildeten die Provinzen Laghman, Ghor, Jauzjan und Oruzgan (je 55–60000 Ew./Arzt). In diesen letztgenannten Provinzen waren nur je 6–11 Ärzte tätig, die zudem fast sämtlich in der jeweiligen Provinzhauptstadt praktizierten. Ein Großteil der Bevölkerung mußte hier wie auch in anderen Gebieten mehrere Tage dauernde Reisen auf sich nehmen, um einen Arzt zu erreichen. Unter diesen Umständen verwundert es nicht, daß die schlecht ausgestatteten kleinen Provinzhospitäler eine nur geringe Auslastung verzeichneten, während die Krankenhäuser in Kabul oft überfüllt waren (UNICEF 1978).

Immerhin konnte das moderne Gesundheitswesen in Afghanistan auch Erfolge aufweisen, namentlich in der Präventivmedizin. Im Rahmen der Seuchenbekämpfung fanden seit den 30er Jahren immer wieder Massenimpfungen statt, z. B. noch 1965 während einer Choleraepidemie, so daß Infektionskrankheiten wie Cholera, Pocken, Malaria, Influenza weitgehend ausgerottet werden konnten (L. FISCHER 1968). Auch die weite Verbreitung moderner Medikamente hat hierzu beigetragen. So stieg die Zahl der Apotheken im Lande von 156 (1960) auf fast 600 (1977). Doch hat die traditionelle Medizin, von Mullahs oder Barbieren ausgeübt, vor allem in ländlichen Gebieten noch immer Zuspruch.

Das hier gezeichnete Bild des Gesundheitswesens hat sich nach 1978 völlig verändert. Die städtischen Krankenhäuser sind zwar überwiegend noch intakt, insbesondere in Kabul, doch wurden fast zwei Drittel der ländlichen Gesundheitszentren zerstört. Die afghanischen Widerstandsgruppen haben inzwischen eigene kleine Hospitäler und Ambulanzen im Verborgenen eingerichtet, die großenteils von freiwilligen ausländischen Ärzten geführt werden. Doch sind solche Stationen, selbst wenn sie entsprechend gekennzeichnet waren, immer wieder durch sowjetische Militärflugzeuge angegriffen worden.

4.6.3 Das Kommunikationswesen

In einer größtenteils noch analphabetischen Gesellschaft wie der afghanischen kommt den Wort- und Bildmedien und der Telekommunikation größere Bedeutung zu als der Presse, deren Verbreitung von vornherein begrenzt ist. Wichtigste Kommunikationsmittel sind denn auch Telefon, Radio und Fernsehen.

Die Zahl der Telefonanschlüsse war 1978 noch immer gering, da der Ausbau der Fernsprechanlagen hohe Investitionen erfordert. Immerhin stieg sie von etwa 4000 im Jahre 1957 auf fast 21 000 im Jahre 1977 an (CSO 1978a). Davon waren drei Viertel private, das restliche Viertel Post- und Behördenanschlüsse. Die Privatanschlüsse befanden sich weit überwiegend in den vier größten Städten, wo auch der Selbstwählverkehr eingeführt war. Nicht weniger als 60 % aller Telefone entfielen auf die Provinz Kabul, je 7 % auf die Provinzen Herat, Kandahar und Balkh. Zehn der damaligen Provinzen verfügten zusammen nur über 3,5 % des Telefonbestandes, wovon wiederum vier Fünftel amtliche Anschlüsse waren. Darunter befanden sich so entlegene, schlecht zugängliche Provinzen wie Oruzgan, Bamyan, Ghor, Badghis und Nimroz. Sie waren demnach nur punktuell und zudem durch oft gestörte Leitungen an die Telefonzentralen angeschlossen.

Unter den Massenkommunikationsmitteln hat der Rundfunk die weiteste Verbreitung erlangt. 1925 wurden in Kabul erste Versuchssendungen ausgestrahlt, und 1928 soll es dort bereits gegen tausend Radioapparate gegeben haben (GREGORIAN 1969). Doch erst 1939 wurde der regelmäßige Sendedienst aufgenommen. Wegen des gebirgigen Reliefs war der Empfang von Radio Kabul räumlich recht begrenzt, so daß man von Anfang an Zweigsender in den großen Provinzstädten installierte. 1978 wurde der Bestand an Radioapparaten bereits auf 8–900 000 geschätzt, weit überwiegend Transistorgeräte, die man auch in den entferntesten Dörfern antrifft. Die kommunistischen Regierungen bauten den Rundfunk als wichtigstes Propagandainstrument weiter aus, mit neuen Sendestationen in Jalalabad, Khost, Qalat, Lashkargah, Farah und Zaranj (KNT v. 2. 11. 82). Im Rahmen der neuen Nationalitätenpolitik wurde das Programm durch Sendungen in usbekisch, turkmenisch, belutschisch, *nuristani* und *pashai* erweitert.

Bereits unter der Regierung Daud war die Einführung des Farbfernsehens beschlossen und mit japanischer Hilfe technisch vorbereitet worden. Kurz vor dem Umsturz vom April 1978 begannen die ersten Versuchsprogramme in Kabul, und schon damals schätzte man die Zahl der vorhandenen Fernseh-

4.6 Schul-, Gesundheits-, Kommunikationswesen

apparate auf 10 000. Inzwischen sind Fernsehsender auch in Kandahar, Herat, Ghazni, Jalalabad, Faydzabad, Farah und Khost eingerichtet worden (KNT v. 17. 4. 85). 1977/78 zählte man im übrigen 31 Kinos im ganzen Land, die überwiegend in staatlichem Besitz waren. 13 davon befanden sich in Kabul und zehn weitere in nordafghanischen Städten (UNICEF 1978).

Wie bereits angedeutet, ist die Verbreitung von Zeitungen und Zeitschriften bis 1978 sehr gering geblieben, obwohl das Pressewesen in Afghanistan eine mehr als 100 Jahre alte Tradition besitzt: Schon 1873 erschien die erste Monatszeitung in Kabul (POURHADI 1976). Für 1977/78 wurden insgesamt 14 Tageszeitungen mit einer Gesamtauflage von über 61 000 angegeben, wovon auf die drei Kabuler Blätter nur wenig mehr als ein Drittel entfiel. Von den sechs Wochenzeitungen erschienen zwei (mit fast zwei Dritteln der Gesamtauflage von 23 000) in der Hauptstadt (UNICEF 1978). Die afghanische Tages- und Wochenpresse wurde also zu einem vergleichsweise hohen Prozentsatz in der Provinz publiziert. Selbst so entlegene Städte wie Faydzabad, Maymana, Farah und Tirin verfügten über eigene Tages- oder Wochenzeitungen, z. T. schon seit den 20er Jahren. Hingegen werden die zahlreichen Monats- und Vierteljahreszeitschriften fast durchweg in Kabul gedruckt. Neuerdings ist auch die afghanische Presse sprachlich vielfältiger geworden: Zu den älteren Zeitungen und Zeitschriften in paschtu und dari sind nach 1978 Periodika in turkmenisch, usbekisch und belutschisch hinzugekommen. – Der Vollständigkeit halber sei hier noch die vielfältige afghanische Exilpresse genannt, die sich seit 1979 namentlich in Pakistan und im westlichen Europa entwickelt hat.

Es bleibt zu ergänzen, daß neben den modernen Medien auch die wichtigen traditionellen Kommunikationskanäle weiterbestehen. Dazu zählen einmal die Teehäuser und Straßenrestaurants entlang wichtiger Verkehrswege, wo sich die Reisenden treffen, zum anderen die Basare, zumal an Markttagen, wenn sich Besucher aus der Umgebung in großer Zahl versammeln.

5   DIE SIEDLUNGEN

In Afghanistan erscheinen die Siedlungen bei nur flüchtiger Beobachtung recht uniform und traditionell geprägt. Eine genauere Analyse zeigt aber auch hier beträchtliche Unterschiede, bei den ländlichen wie bei den städtischen Siedlungen, deren wichtigste Typen und Probleme im folgenden skizziert seien.

5.1   Die ländlichen Siedlungen

Die große Bedeutung der ländlichen Siedlungen geht schon daraus hervor, daß in ihnen 1978 über 85 % der afghanischen Bevölkerung lebten. Schätzungsweise ein Fünftel davon benutzte zumindest jahreszeitlich Zelte als Wohnstätten, so daß sich allein nach der Art der Behausungen verschiedene Siedlungstypen unterscheiden lassen. Deshalb werden zunächst die Behausungen als die baulichen Strukturelemente der Siedlungen kurz behandelt.

5.1.1   Die Behausungen: Zelte, Häuser und Gehöfte

Was dem Reisenden während des Sommers in Afghanistan wohl am meisten auffiel, waren die große Zahl und die verschiedenen Formen der *Zelte*. In der Verwendung von Zelten kommt einmal die halbseßhafte oder nomadische Lebensform zum Ausdruck, zum anderen vermag der Typ des Zeltes oft auch einen Hinweis auf die ethnische Zugehörigkeit seiner Bewohner zu geben. Allerdings besitzen nicht alle ethnischen Gruppen Afghanistans ihren jeweils eigenen Zelttyp; vielmehr haben die meisten kleineren Ethnien ihre Zelte von größeren Nachbarn entlehnt. Sieht man von modernen „weißen" Militärzelten ab, die z. B. von den Jats benutzt werden, so gehören die in Afghanistan verwendeten Zelte zwei unterschiedlichen Grundformen zu, den schwarzen Zelten und den Rundzelten (vgl. HALLET & SAMIZAY 1980).

Die schwarzen Zelte bestehen aus einem dichten schwarzen Ziegenhaarstoff, der durch Stangen, Spannseile und Pflöcke getragen bzw. gehalten wird. Ihr Verbreitungsgebiet reicht von Marokko über Nordafrika und Vorderasien bis Tibet. In Afghanistan gehören hauptsächlich der Süden, Westen und Osten des Landes dazu, also der vorwiegend von Paschtunen besiedelte Raum. Die Paschtunen sind denn auch die weitaus zahlreichsten Benutzer

5.1 Die ländlichen Siedlungen

des schwarzen Zeltes *(ghizhdi)* in Afghanistan (Bild 15). Sie haben es seit den 1880er Jahren auch in Nord- und Zentralafghanistan eingeführt, doch wurde es nur von wenigen anderen Ethnien übernommen, namentlich von Taimuri, Zuri, Jamshidi und einem Teil der Taimani. Das Gros der Taimani hat seinen eigenen schwarzen Zelttyp, ein stattliches rechteckiges Hauszelt, bislang beibehalten. Wie FERDINAND (1969a) gezeigt hat, lassen sich insgesamt fünf Untertypen des schwarzen Zeltes in Afghanistan unterscheiden.

Das Rundzelt ist bei den türkisch-mongolischen Völkern Innerasiens allgemein verbreitet und kommt daher in Nordafghanistan und dessen südlichem Randbereich vor. Es besteht aus einem unterschiedlich konstruierten Grundgerüst, über welches ein Bezug aus Filz, Schilf- oder Strohmatten oder schwarzem Zelttuch gelegt wird. Wichtigster Untertyp ist die auf einem Scherengitter aufsitzende Yurte, die von Usbeken und Turkmenen *khirgah* genannt und auch von Kirgisen und Arabern verwendet wird. Die einst von wohlhabenden Familien benutzte weiße Filzyurte, die mit Bändern, bunten Verzierungen und geschnitzten Türen geschmückt war, hat einer einfacheren und billigeren Ausführung Platz gemacht, wie denn die Khirgah generell heute weniger verwendet wird als früher. An ihre Stelle ist das mit Stroh- oder Schilfmatten gedeckte Rundzelt *(kappa, chapari)* getreten, das wegen der fest im Boden verankerten tragenden Stangen eigentlich eine Hütte darstellt. Kappa werden im Sommer von Halbseßhaften verwendet, auch von Angehörigen anderer Ethnien, die mit den Turkvölkern seit langem in Kontakt stehen: von Tadschiken im nördlichen Hindukusch, von Arabern, von Hazara in Qataghan und im nördlichen Hazarajat, von den nördlichen Chahar Aimaq in Ghor und Badghis.

Auch die festen *Häuser* lassen unterschiedliche Grundformen erkennen, und zwar nach Baumaterial, Dachform, Zahl der Geschosse, Anordnung der Gebäude zu einem Gehöft usw. Rechteckige Bauten aus Lehm oder aus luftgetrockneten Lehmziegeln bilden den üblichen Haustyp im größten Teil des Landes. Lehm ist in den Ebenen, aber auch in den Becken der Hochländer und Gebirge reichlich vorhanden. Er wird meist mit Strohhäcksel vermischt *(kahgil)*, was ihm eine erstaunliche Dauerhaftigkeit verleiht, wie mittelalterliche Ruinen bei Bamyan (Gholghola) und am Helmand (Bost) erkennen lassen. Als Fundamente der Lehmmauern werden oft Bruchsteine oder Grobschotter verwendet. Reine Steinhäuser sind eher selten und beschränken sich auf das Hochgebirge, wo Lehm kaum zur Verfügung steht. Dort gibt es auch sorgfältige Steinbauten mit hohen, glatten, scharfkantigen Mauern und Türmen, wofür das Salangtal schöne Beispiele bietet. Für das waldreiche Nuristan ist eine Art Fachwerkbau charakteristisch, bei dem die Zwischenräume zwischen den horizontalen Balken mit Steinen ausgefüllt und sodann mit Lehm verputzt werden (Bild 5). Hier sind selbst einfache Häuser mit Schnitzereien reich dekoriert, was den hohen Stand der traditionellen Holzkultur bei den Nuristani in beredter Weise dokumentiert (HALLET & SAMIZAY 1980).

Die Dachkonstruktionen, die weitgehend vom Baumaterial und dessen Verfügbarkeit abhängig sind, lassen zwei Grundformen mit z. T. unterschiedlichen Verbreitungsgebieten erkennen (JENTSCH 1980a). Im östlichen Afghanistan einschließlich des Hazarajat trifft man fast nur Flachdächer an, die, durch waagrechte Pappelstämme getragen, mit einer dicken Schicht Lehm bedeckt werden. Im Norden, Westen und Süden des Landes hingegen findet sich eine Dachform, die überhaupt kein Holz erfordert: das gewölbte Dach aus Lehmziegeln *(gumbad)*. Es tritt weit überwiegend als Kuppeldach, in Sistan, bei Farah und am unteren Helmand auch als Tonnendach auf. Jede einzelne Kuppel ruht auf einem Mauergeviert, so daß größere Häuser in mehrere quadratische Räume gegliedert sind. Während gewölbte Dächer in Süd- und Westafghanistan weitaus überwiegen, kommen im Norden des Landes Flach- und Kuppeldächer nebeneinander vor, letztere insbesondere bei Mazar-i-Sharif und Tashqurghan. In West- und Südwestafghanistan tragen die Kuppeldächer schornsteinartige Luftschächte *(badgir)*, die den „Wind der 120 Tage" ins Innere des Hauses leiten und so Kühlung bringen.

Als eine dritte, aber weniger häufige Form sei das flache First- oder Satteldach genannt. Es wird namentlich von nomadisierenden Gruppen verschiedener Ethnien in den Oasen Qataghans, aber auch von Seßhaften in Ost- und Südafghanistan und in Ghor benutzt. Diese Dachkonstruktion spart Holz und Kosten, da sie nur einen einzigen Pappelstamm als Firstbalken benötigt (SCHURMANN 1962).

Als weitere wichtige architektonische Elemente sind die Geschoßzahl und die offene Veranda zu nennen. Zwei- oder mehrgeschossige Häuser gehören meist wohlhabenden Familien. In der Regel enthält das Erdgeschoß Stall und Geräteraum, das Obergeschoß die Wohnräume. Im Hazarajat und im Salangtal findet man vereinzelt noch ehemalige Wohntürme, die der Verteidigung dienten (JENTSCH 1980a). Ebenerdige Häuser tragen mitunter einen kastenartigen Aufbau auf dem Dach, der einen nur im Sommer bewohnten Raum *(bala khana)* enthält. Auch überdachte Veranden *(dalan)* werden im Sommer als Wohn- und Schlafstätten benutzt. Sie sind für Dörfer mittlerer Höhenlage im Hindukusch charakteristisch, namentlich in Nuristan, wo sie durch Holzläden verschlossen werden können.

Die seßhafte ländliche Bevölkerung Afghanistans lebt in *Gehöften*, die sich aus mehreren Gebäuden zusammensetzen. Einzelhäuser ohne Ummauerung kommen allenfalls bei ärmeren Nomaden vor, die an der Schwelle zur Seßhaftigkeit stehen und ihr erstes Haus ungeschützt wie ein Zelt ins Gelände setzen, z. B. am Rande der Oase von Kunduz. Gehöfte sind meist von einer Mauer umgeben, die früher der Verteidigung diente, heute aber nur mehr vor Einbruch und Einblick schützen soll. Innerhalb der Mauern gruppieren sich

5.1 Die ländlichen Siedlungen

die Gebäude um einen freien Hof, der oft den größten Teil der Fläche einnimmt. Im Extremfall befindet sich entweder nur ein kleines Wohnhaus hinter den Mauern oder aber ein ganzes Dorf. Festungsartig ummauerte Gehöfte oder Dörfer, *qala* genannt, werden im folgenden Kapitel behandelt.

5.1.2 Typen ländlicher Siedlungen und ihre Verbreitung

Hier seien die wichtigsten Typen der ländlichen Siedlungen nach Größe, formalen Kriterien sowie Art und Dauer ihrer Benutzung kurz beschrieben.

Einen Versuch, *Größentypen* von Siedlungen zu erfassen und kartographisch darzustellen, unternahm JENTSCH (1980a) auf der Grundlage von Luftbildern und topographischen Karten. Abgesehen von Einzelsiedlungen unterschied er drei Größenstufen, nämlich Weiler und Kleindörfer als Kleinsiedlungen (bis 100 Gehöfte), mittelgroße Dörfer (100–250 Gehöfte) und Großdörfer (über 250 Gehöfte). Gegen diese Gliederung ist allerdings einzuwenden, daß die Obergrenze von Kleinsiedlungen mit 100 Gehöften entschieden zu hoch angesetzt ist, entspricht dies doch einer Bevölkerungszahl von 600–700! Der üblichen siedlungsgeographischen Terminologie folgend, müßte man Weiler (bis etwa 10 oder 12 Gehöfte) und Kleindörfer (bis allerhöchstens 50 Gehöfte) als Kleinsiedlungen zusammenfassen; damit wären unter mittelgroßen Dörfern solche mit 50–250 Gehöften (d. h. etwa 300–1700 Ew.) zu verstehen.

JENTSCH (1980a, S. 42) hat Afghanistan zu Recht als ein „Land der Kleinsiedlungen" bezeichnet, was auch seine Karte verdeutlicht. Aber eigentliche Einzelsiedlungen, die nur eine einzige Wohnstätte umfassen, bilden eher die Ausnahme. Es handelt sich dabei, heute wie früher, als man wegen der allgemeinen Unsicherheit Dorfsiedlungen bevorzugte, meist um befestigte Qala. Viele Einzelsiedlungen sind jung, d. h. Ergebnisse von Ausbau- oder Neuansiedlungsprozessen des 20. Jh. Diese rezente Tendenz zur Streusiedlung ist aus verschiedenen Gegenden bekanntgeworden, z. B. aus dem Hazarajat, aus Badakhshan und dem übrigen Hindukusch.

Verbreiteste Siedlungstypen sind der Weiler und das Kleindorf im o. g. Sinne. Namentlich im Bewässerungsland herrscht meist eine aufgelockerte Siedlungsweise, die sich mit den in Mitteleuropa entwickelten Begriffen schwer umschreiben läßt, besteht sie doch in einem Gemenge von Weilern, Dörfern und Einzelgehöften. Im Regenfeldland dagegen lebt die Bevölkerung in Dörfern, die an die wenigen Wasservorkommen gebunden sind. Großdörfer kommen nicht häufig vor. JENTSCH sieht in ihnen sicher zu Recht Altsiedlungen; ob sie aber wirklich an Kontaktbereiche ethnischer Gruppen geknüpft sind, wie er meint, ist fraglich. In Nordostafghanistan und Koh Daman scheinen sie eher gewisse Gunstlagen in Talweitungen oder am Austritt von Flüssen und Bächen ins Vorland einzunehmen. Hier handelt es sich oft um Obstbaudörfer, wo die intensive Nutzung der Gärten die wirtschaftliche Grundlage der Siedlung darstellt.

Formale Siedlungstypen unterscheidet man gewöhnlich nach der *Grundrißform*, vor allem nach regelmäßiger oder unregelmäßiger Anlage. Siedlungen mit geregeltem Grundriß sind durchweg Ergebnisse planmäßiger Agrarkolonisation und in Afghanistan selten. Sie beschränken sich auf einige neu erschlossene Bewässerungsgebiete wie Marja und Nad-i-Ali bei Lashkargah am Helmand und die Surkhab-Oase zwischen Pul-i-Khumri und Baghlan (R. KRAUS 1975), wo sie mit regelmäßigen Blockfluren verknüpft sind. Reihensiedlung kommt dort vor, wo sich die Gehöfte am Rande des Bewässerungslandes in einer Zeile anordnen, z. B. in Teilen von Ghori (GRÖTZBACH 1972a); hier handelt es sich um junge Kolonistensiedlungen mit Streifenfluren.

Die für Afghanistan charakteristische Grundrißform ist das ungeregelte Haufendorf oder der entsprechende Weiler. Sie sind häufig eng gebaut, wobei ein ummauertes Gehöft an das andere grenzt, doch gibt es auch lockere Anlagen. Eine Sonderform stellt das Hangstufendorf im Hindukusch dar. In ihm ordnen sich die Gebäude stufenartig übereinander am Hang an, so daß das Dach des unteren als Terrasse des darüberliegenden Gehöftes dient. Dieser Typ ist in Nuristan (Bild 5), im angrenzenden Pashai-Gebiet, im Salangtal und in einigen Tälern der Hindukusch-Nordseite verbreitet, namentlich dort, wo außerhalb der bewässerten Gärten und Fluren nur steiles Gelände zur Anlage der Gehöfte zur Verfügung steht. Weilersiedlungen finden sich im Gebirge wie auch in den Oasen der Vorländer. In ihnen bilden die einzelnen Gehöfte und Häuser meist einen einzigen enggebauten Komplex. Mitunter handelt es sich um Clan- oder Sippenweiler, die durch An- oder Zubauten allmählich gewachsen sind, z. T. auch um junge Ausbausiedlungen (SCHURMANN 1962; KUSSMAUL 1965b).

Eine besondere Siedlungsform stellt die allseits von hohen Mauern umgebene festungsartige *qala* dar. Sie kann ein Gehöft, bewohnt von einer einzigen Großfamilie samt ihrem Gesinde, aber auch ein Dorf mit zahlreichen Familien sein, eine Unterscheidung, die in der Literatur leider nur selten getroffen wird (z. B. SCHURMANN 1962). Die Außenmauern der Qala zeigen annähernd quadratischen Grundriß mit einer Seitenlänge von meist 30–50 m, ausnahmsweise bis gegen 100 m. Das Qala-Gehöft ist heute fast überall in Afghanistan als Wohnsitz wohlhabender Familien anzutreffen, wobei es sich zumeist um Paschtunen handelt. Dieser Qala-Typ scheint seine weite Verbreitung, ausgehend vom paschtunischen Grenzgebiet Ostafghanistans, erst seit dem 19. Jh. erlangt zu haben. Doch war er um 1840 auch schon in Koh Daman und bei den Hazara von Hajigak und Bamyan (Bild 16) üblich (Ch. MASSON 1842). Heute finden sich die größten Qala-Gehöfte in Logar, Wardak, Nangarhar, Laghman und um Ghazni, meist bewohnt von Großgrundbesit-

5.1 Die ländlichen Siedlungen

zern und Händlern. Die Qala hat inzwischen freilich ihren wehrhaften Charakter verloren und ist zum Repräsentationsgebäude geworden (JENTSCH 1980a).

Die Qala als „befestigtes Dorf" ist vor allem aus dem benachbarten iranischen Khorassan beschrieben worden (TURRI 1964). Qala-Dörfer, die bis gegen 100 Familien beherbergen, sollen dort vor allem in Gebieten ehemaligen Großgrundbesitzes mit Qanatbewässerung verbreitet sein. Der gleiche Siedlungstyp kommt auch in Westafghanistan vor, wo er ähnlichen Bedingungen unterliegt. Leider ist über diese Dörfer, die meist aus Kuppeldachhäusern bestehen, über ihre Bevölkerung, deren Besitzrechte und Sozialstruktur nichts Näheres bekannt. Auch im östlichen Afghanistan gibt es Mehrfamilien-Qala, die sich aber kaum als Dörfer bezeichnen lassen. Sie dürften in vielen Fällen aus der Aufteilung früherer Einfamilien-Qala hervorgegangen sein und damit dem Sippenweiler entsprechen. Beispiele hierfür sind aus Wardak und Logar bekannt (HALLET & SAMIZAY 1980). Befestigte Dörfer, die nicht unter den *qala*-Begriff fielen, waren im 19. Jh. auch in anderen Gebieten Afghanistans verbreitet, namentlich entlang der alten Handels- und Heerwege in Nangarhar und um Kabul. Doch sind ihre Mauern inzwischen verfallen oder abgetragen worden.

Nach Art und Dauer der Benutzung werden im allgemeinen *Dauer- und Saisonsiedlungen* unterschieden, bei den letztgenannten wiederum Sommer- und Wintersiedlungen, seltener auch Frühjahrs- und Herbstsiedlungen. Die Dauersiedlung als die Wohnstätte der Vollseßhaften stellt nicht überall den Normaltyp dar, sondern in der Regel nur in den gut bewässerten Oasen unterschiedlicher Größe, wo die Nutzflächen eines Betriebes nahe beisammen liegen. Bei teilbewässertem Anbau, Regenfeldbau und vor allem bei betonter Viehhaltung wächst die Notwendigkeit, daß ein Teil der Bevölkerung die Hauptsiedlung zeitweise verläßt, um auf entfernten Feldern zu arbeiten, Feldfrüchte zu bewachen oder das Weidevieh zu beaufsichtigen. Hier wohnt man jahreszeitlich in Nebensiedlungen, die im größten Teil des Landes aus Zelten bestehen, im Hochgebirge meist aus festen Hütten.

Die Hauptsiedlungen von Halbnomaden und Halbseßhaften sind entweder als Winter- oder als Dauersiedlungen zu klassifizieren, je nachdem sich im Sommer nur einzelne oder ein Großteil der Bewohner dort aufhalten. Diese Sommerbevölkerung bewacht Häuser und Gärten und verrichtet die Bewässerungs- und Erntearbeiten auf dorfnahen Feldern. Ihre Zahl hat in manchen Dörfern des Hindukusch und vermutlich auch im zentralen Hochland seit den 60er Jahren durch den Schulbesuch der Kinder zugenommen, der den früher üblichen Aufenthalt der ganzen Familie in dorffernen Sommersiedlungen nicht mehr zuließ.

Im Hindukusch sind die Saisonsiedlungen infolge der oft komplizierten Almstaffelsysteme der gebirgsbäuerlichen Bevölkerung besonders vielfältig.

Zum Beispiel wandern in Bala Koran, Parian und Ober-Warsaj manche Familien im Laufe eines Jahres über drei bis vier Staffeln, wobei es sich nicht nur um Sommersiedlungen *(aylaq)* und Wintersiedlungen *(qishlaq)* handelt, sondern auch um Zwischenstaffeln, die im Frühjahr oder Herbst oder zur Getreideernte aufgesucht werden (GRÖTZBACH 1973). Diese Vielzahl fester Siedlungen täuscht eine hohe Siedlungsdichte vor, die im scharfen Gegensatz zu der überaus niedrigen Bevölkerungsdichte steht – eine Erscheinung, die sich in vielen Hochgebirgen wiederholt, früher in ähnlicher Weise auch in den Alpen.

Die Grenzen des besiedelten Raumes werden durch Wassermangel oder zu große Höhe über dem Meer gezogen. Doch sind nicht etwa die aridesten Gebiete im Süden, Westen und Norden des Landes völlig siedlungsleer, die ja zur Zeit der Winter- oder Frühjahrsniederschläge von Nomaden aufgesucht werden; vielmehr gilt dies für die Karstplateaus im nordöstlichen zentralen Hochland, die wasserlos und durch tiefe Schluchten zerschnitten sind. Die *Höhengrenze der Siedlungen* hingegen ist eine Wärmemangelgrenze. Sie wurde für Afghanistan durch JENTSCH (1980b) ermittelt und kartographisch dargestellt. Sieht man von dem Sonderfall des afghanischen Pamir ab, wo Kirgisen noch auf über 4000 m ü. M. überwintern, so erreicht die Siedlungsobergrenze ihr Maximum von 3500 m im Gebiet der Dasht-i-Nawar nordwestlich von Ghazni und ein zweites im inneren Hindukusch mit fast 3300 m ü. M. (vgl. Karte 29).

Schließlich sei hier noch auf *Wüstungen,* d. h. auf Reste oder Spuren ehemaliger Siedlungen, hingewiesen. Sie sind in manchen Teilen Afghanistans sehr zahlreich, namentlich in Sistan (K. FISCHER u. a. 1974/76) und in der Baktrischen Ebene (Karte 34). Dabei handelt es sich nur z. T. um archäologisch wichtige Stätten. Die Ursachen für das Wüstfallen lagen teils in kriegerischen Verwüstungen der Siedlungen selbst, teils im Versiegen ihrer Wasserzufuhr. Auch dies geschah mitunter durch Gewalt, indem ganze Kanalsysteme zerstört wurden, wie in Sistan 1383 durch Tamerlan (RADERMACHER 1975). Andererseits können Flüsse ihren Lauf verlegen und kleinere Kanäle oder Quellen auf natürliche Weise trockenfallen, so daß die davon abhängigen Siedlungen aufgegeben werden müssen. Solchen Schwankungen der Wasserversorgung unterlagen vor allem Orte in den Tieflands- und Vorlandsoasen, wo viele Siedlungsplätze im Laufe der Geschichte verlegt oder aufgegeben wurden. Instabil war und ist auch das Siedlungssystem im Lößbergland Nord- und Nordostafghanistans, wo versiegende Quellen häufige Ursache für das Verlassen von Dörfern bildeten. Dagegen sind die Siedlungsstandorte im Gebirge von Natur aus ziemlich eng festgelegt und Wüstungen deshalb weit seltener.

5.2 Die städtischen Siedlungen

Unter städtischen Siedlungen seien hier außer den eigentlichen Städten auch wichtige Verwaltungssitze, Markt- oder Basarorte verstanden, die im ländlichen Raum einzelne städtische Funktionen ausüben.

5.2.1 Stadtbegriff und historische Entwicklung der Städte

Der Begriff der Stadt *(shahr)* wird in Afghanistan räumlich recht vage gefaßt. Denn traditionsgemäß unterscheidet man kaum zwischen der Stadt selbst und ihrem zugehörigen Territorium. Dazu kommt, daß der rechtlich-administrative Stadtbegriff jung und im Bewußtsein der Bevölkerung wenig verwurzelt ist. Erst seit Erlaß eines entsprechenden Gesetzes 1923 gibt es Stadtverwaltungen *(baladiya, shahrwali)*, deren Verwaltungsgebiete aber nicht immer klar umgrenzt sind (GRÖTZBACH 1979).

Die traditionellen Funktionen der afghanischen Stadt kommen im Markt *(bazar)*, im Herrschafts- oder Verwaltungssitz, der früheren Stadtburg *(ark* oder *hissar)*, und in der Freitagsmoschee *(jami)* zum Ausdruck. Es handelt sich also um wichtige zentrale Einrichtungen, die seit den 30er Jahren durch einige weitere ergänzt worden sind, nämlich staatliche Mittel- und Oberschulen, Hospitäler und Gesundheitszentren; selbst die Industrie übt in Afghanistan moderne städtische, ja städtebildende Funktionen aus. Eine bedeutende Zunahme hat auch die Wohnfunktion erfahren, und zwar durch die Anlage moderner Wohnviertel mit entsprechender Infrastruktur, wie Elektrizitäts- und Trinkwasserversorgung.

Während die echten Städte über alle diese Einrichtungen verfügen, sind die städtischen Funktionen der Marktorte, vom Basar abgesehen, oft nur rudimentär entwickelt. In vielen Fällen fehlt ihnen ein geschlossenes Wohnviertel, so daß Ladeninhaber und Beamte in den ländlichen Siedlungen der Umgebung wohnen müssen, wie in Bamyan. Andererseits haben manche neue Provinzverwaltungssitze einen nur unbedeutenden Basar, z. B. Maydanshahr (Wardak) und Mahmud-i-Raqi (Kapisa).

Afghanistan ist ein Land alter Stadtkultur. Schon aus achämenidischer Zeit sind Städte bekannt, darunter Herat und das legendäre Bactra. Dieses Städtesystem wurde unter Alexander d.Gr. und seinen Nachfolgern erneuert und unterlag in seiner weiteren Geschichte dem immer erneuten Wechsel von Zerstörung und Wiederaufbau. Die mittelalterlichen arabischen Geographen nannten eine große Zahl von Städten, u. a. Balkh, Herat, Zaranj, Farah, Bost, Ghazni, Kabul, Khulm, Taluqan, Maymana (LE STRANGE 1905); doch ist es zweifelhaft, ob sie alle echt städtischen Charakter trugen.

Die Zerstörungen durch die Mongolen und durch Timur im 13./14. Jh. leiteten den Niedergang des afghanischen Städtewesens ein, die Kriege zwischen den Safawiden, Usbeken und Moghuln im 16. und 17. Jh. beschleunigten ihn. Er wurde begleitet vom Zerfall staatlicher Macht und vom Vordringen nomadischer Lebensformen. Dieser Verfallsprozeß erreichte im 19. Jh. seinen Tiefpunkt. Reiseberichte der damaligen Zeit beschreiben den ruinösen Zustand der Städte sehr anschaulich, z. B. für Farah (MOHAN LAL 1846; FERRIER 1857), Jalalabad, Kunduz und Balkh (BURNES 1834). Ihre Bevölkerungszahl war gering und schwankte überdies mit der Jahreszeit, da ein Teil der Bewohner nur im Winter anwesend war, im Sommer aber in den nahen Gärten *(baghat)*, auf entfernteren Feldern oder Viehweiden in Zelten lebte. Diese halbseßhafte Lebensform fehlte offensichtlich nur in den großen alten Städten Kabul, Kandahar, Herat und Ghazni.

Ein Versuch, Verbreitung und wichtigste Merkmale städtischer Siedlungen um 1900 kartographisch darzustellen, findet sich bei GRÖTZBACH (1979; TAVO 1981). Damals zählten Kabul etwa 140000, Herat und Kandahar je um 30000 Ew., alle anderen Städte waren bedeutend kleiner. In Nordafghanistan dominierte noch immer Tashqurghan (Khulm) dank seiner alten Fernhandels- und Handwerkertradition, doch unterlag es bereits der Konkurrenz von Mazar-i-Sharif, das Sitz der Provinzverwaltung von Afghanisch-Turkistan geworden war. Im Nordosten des Landes übte Khanabad diese Funktion für die Provinz ›Qataghan und Badakhshan‹ aus, nicht das ältere, aber weitgehend in Ruinen liegende Kunduz.

Dieser Zustand des afghanischen Städtesystems hielt bis Anfang der 30er Jahre an. Zwar begann man unter König Amanullah mit dem Bau neuer Stadtviertel in Kabul, Herat und einigen anderen Orten, doch setzte eine planmäßige Modernisierung der Städte erst unter Nadir Schah ein (ZIEMKE 1939). Dabei galt es vor allem, die engen Basare dem Automobilverkehr zu öffnen.

Damit begann ein Modernisierungsprozeß, der Gestalt, Strukturen und Funktionen der meisten afghanischen Städte im letzten halben Jahrhundert verändert hat. Hinzu kamen Verschiebungen in der Rangordnung von Städten, hervorgerufen durch den Umbau des Fernstraßensystems und durch neue Funktionen, namentlich Provinzverwaltungen und Industrien. Anfang der 40er Jahre wurden Baghlan Sana'ati und Pul-i-Khumri als Industriestädte neu gegründet, in den 50er Jahren folgten Lashkargah (Bost) als Sitz des Helmand-Projektes sowie Khost, nach der Provinzverwaltungsreform in den 60er Jahren mehrere neue Provinzhauptorte, wie Mehtarlam (Laghman), Zaranj (Nimroz), Pul-i-Alam (Logar), Maydanshahr (Wardak) und Chaghcharan (Ghor), letzteres im vorher völlig städtelosen Zentralafghanistan.

Sämtliche bereits bestehenden Städte wurden mehr oder weniger modernisiert, teils durch die Erneuerung der Bausubstanz, indem man die Altstädte abriß und neu aufbaute (Mazar-i-Sharif, Maymana, Khanabad, Jalalabad), teils durch die Anlage einer Neustadt neben der z. T. verlassenen und verfallenden Altstadt (Andkhoy, Sheberghan, Aqcha, Taluqan, Ghazni). In nur

5.2 Die städtischen Siedlungen   173

wenigen Fällen ist die Altstadt weitgehend intakt geblieben, insbesondere in Kandahar und Herat, in Tashqurghan und Faydzabad (GRÖTZBACH 1979).

5.2.2 Verbreitung, Hierarchie und Funktionen der Städte

Seit dem Beginn unseres Jahrhunderts nahm nicht nur die Zahl städtischer Siedlungen zu, sondern die schon um 1900 bestehenden Städte verzeichneten in ihrer Mehrzahl auch einen kräftigen Zuwachs an Bevölkerung. Über die Einwohnerzahlen der Städte hat die Volkszählung von 1979 Aufschluß gebracht, deren Ergebnisse zumindest die Größenordnungen zuverlässig angeben dürften (Tabelle 25). Besonders für viele kleine Städte und Marktorte ist die Bevölkerungszahl schwer zu ermitteln, da sie nur aus dem Basar, einigen Amtsgebäuden und wenigen städtischen Wohnhäusern bestehen.

Die städtischen Siedlungen sind recht ungleich über das Land verteilt, wobei ihr Verbreitungsmuster in etwa die unterschiedliche Bevölkerungsdichte widerspiegelt. Die höchste Städtedichte verzeichnen Ost-, Nordost- und Nordafghanistan, während sich im Süden und Westen neben den alten Regionalzentren Kandahar und Herat nur wenige Städte entwickelt haben (Karte 21).

Kabul ist nicht nur nationale Hauptstadt und nach Einwohnerzahl und Funktionen die *Primate City* des Landes, sondern auch das überragende regionale Oberzentrum Ostafghanistans. In einem weiten Umkreis, der die Provinzen Parwan, Kapisa, Logar, Wardak und Bamyan einschließt, befinden sich zwar zahlreiche kleine Städte und Basarorte, doch nur Charikar hat es zu einiger Größe und Eigenbedeutung gebracht. Erst in einer Entfernung von 120 bis 150 km ordnen sich drei Mittelzentren an: Jalalabad für die Provinzen Nangarhar, Konar und Laghman, Ghazni für die Provinzen Ghazni und Paktika und – mit Einschränkungen – das viel kleinere Gardez für einen Teil von Paktya.

Im Norden des Landes lassen sich hauptsächlich zwei Systeme von Städten unterscheiden, die in Qataghan (Nordostafghanistan) bzw. im mittleren Nordafghanistan liegen. Im Nordosten handelt es sich durchweg um Oasenstädte inmitten oder am Rande von bewässerten Talweitungen der Flüsse Surkhab, Taluqan, Kunduz und Amu Darya. Während die größeren Städte in Mittel- und Nordqataghan schon im 19. Jh. zumindest als wichtige Basarorte bestanden (Kunduz, Khanabad, Taluqan, Rustaq, Imam Sahib), sind Baghlan und Pul-i-Khumri Neugründungen des 20. Jh. Infolge der Konkurrenz mehrerer Städte hat sich in Qataghan kein eindeutiges Oberzentrum bilden können. Nach Lage und Größe käme Kunduz diese Stellung am ehesten zu. Fast alle größeren Städte in diesem Raum sind auch Industriestandorte, zumindest ausgestattet mit einer Baumwollentkernungsfabrik, und alle haben bedeu-

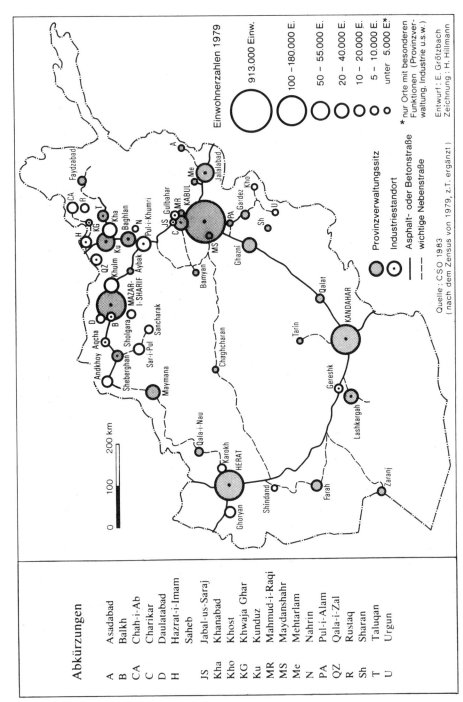

5.2 Die städtischen Siedlungen

tende Basare, wo die Überschüsse der Landwirtschaft (Reis, Ölsaaten, Weizen, Melonen) vermarktet werden.

Auch in Nordafghanistan liegen mehrere größere Oasenstädte, doch sind keine völlig neuen Gründungen darunter. Hier hat sich erst in unserem Jahrhundert eine klare Rangordnung dadurch herauskristallisiert, daß Mazar-i-Sharif zum Oberzentrum aufrückte. Auch Sheberghan erfuhr als Provinzverwaltungssitz und Mittelpunkt des afghanischen Erdgasreviers eine Aufwertung, wogegen Tashqurghan seine frühere weitreichende Bedeutung eingebüßt hat. Die übrigen Städte (Sar-i-Pul, Andkhoy, Aqcha, Sancharak, Balkh u. a.) sind in erster Linie Marktzentren ihres agrarischen Umlandes, doch haben Aqcha und Balkh auch etwas Industrie. Maymana, immerhin achtgrößte Stadt nach der Zählung von 1979, lag bislang schwer erreichbar abseits im Westen, dürfte aber durch die neue Asphaltstraße enger an Mazar-i-Sharif angebunden werden.

In Westafghanistan ist Herat seit jeher das alles beherrschende städtische Zentrum. Die übrigen Städte (Farah, Ghoryan und Qala-i-Nau) stehen ihm an Größe und zentralörtlicher Bedeutung weit nach, zudem sind die Distanzen zwischen ihnen beträchtlich. Auch in Südafghanistan gibt es ein überragendes Oberzentrum, nämlich Kandahar; demgegenüber nehmen Zaranj, Lashkargah, Qalat, Girishk und Tirin sehr untergeordnete Positionen ein. Da Zaranj, Lashkargah und Tirin neugegründete Städte sind, war früher die zentrale Stellung Kandahars in diesem Raum noch ausgeprägter als heute.

Legt man außer der kommerziellen Bedeutung und dem administrativen Rang auch besondere Funktionen, wie Industrie und Bergbau, Sonderbehörden, Pilgerverkehr und Tourismus, zugrunde, so lassen sich in Afghanistan einige funktionelle Stadttypen unterscheiden. Das Gewicht der Marktfunktion läßt sich in etwa aus der jeweiligen Zahl der festen Basarläden und -werkstätten ableiten (Tabelle 25). Ihr zufolge nimmt z. B. Ghazni in kommerzieller Sicht einen höheren Rang ein als nach seiner Einwohnerzahl. Ähnliches gilt für Andkhoy, Aqcha und, weniger deutlich, auch für Khanabad. Dagegen ist die Marktfunktion von Baghlan, Maymana, Lashkargah und Farah im Verhältnis zur Einwohnerzahl eher schwach entwickelt.

Multifunktionelle Städte sind außer Kabul auch Mazar-i-Sharif und Kunduz; dagegen verkörperten Kandahar, Herat und Ghazni, die 1978 noch kaum Industrie besaßen, eher den traditionellen oder „präindustriellen" Stadttyp (ENGLISH 1973). Auch die meisten mittelgroßen Provinzhauptstädte sind in erster Linie administrative und kommerzielle Zentren, wie Aybak, Taluqan, Faydzabad, Gardez, Farah, Qala-i-Nau. Dagegen verfügen Tashqurghan, Khanabad, Sar-i-Pul, Andkhoy, Imam Sahib und Aqcha zwar über große Basare, aber nur über mittlere Verwaltungsbehörden *(waluswali)*. Daß fast alle Städte dieses Typs in Nordafghanistan liegen, ist eine Folge der dortigen hohen Städtedichte.

Die industrielle Funktion dominiert bei weitem in Gulbahar, das als Industrieort bezeichnet werden kann, und in Pul-i-Khumri, das aber auch als Verkehrsknoten und Marktort Bedeutung hat. Schließlich ist Lashkargah als Sonderfall zu nennen, das durch die Helmand-Arghandabtal-Entwicklungsbehörde geprägt wurde, in geringerem Maße auch Sheberghan durch die Erdgas- und Erdölbehörde. Eine Singularität stellt Jalalabad dar, das, abgesehen von seinen Verwaltungs- und Marktfunktionen, als Wintererholungsort für Kabul fungiert. Stark vom Tourismus geprägt war auch Bamyan, das aber fast nur von Ausländern besucht wurde. Schließlich sind einige Städte mit Wallfahrtsstätten zu nennen, die zumindest saisonal einen starken Pilgerbesuch verzeichnen, nämlich Mazar-i-Sharif, Imam Sahib, Sar-i-Pul u. a. Einen eigenen Typ stellen die neuen Provinzverwaltungssitze dar, die sich noch kaum zu Städten i. e. Sinne entwickelt haben: Chaghcharan, Mehtarlam, Asadabad, Pul-i-Alam, Maydanshahr, Mahmud-i-Raqi, Tirin, Sharan. Sie zählten 1979 zwischen 1200 und 4000 Ew. Auch Bamyan und Zaranj gehören zu dieser Gruppe, obwohl sie jeweils gegen 7000 Ew. hatten.

5.2.3 Die räumliche Struktur der Städte: Basare und Wohnviertel

Wichtigste räumliche Strukturelemente der Städte sind der Basar als Geschäfts- und Gewerbeviertel und das oder die Wohnviertel. In manchen Städten lassen sich überdies auch Verwaltungs- und Industrieviertel erkennen. Es spricht für die Traditionalität der afghanischen Städte, daß sich jene kommerzielle Zweipoligkeit von Basar und modernem Geschäftszentrum, wie sie WIRTH (1968) modellhaft für große orientalische Städte beschrieben hat, nur in Kabul entwickeln konnte.

Der *Basar* bildet stets das traditionelle Zentrum einer Stadt, das außer den geschäftlichen Aktivitäten auch der öffentlichen Kommunikation dient. Der Begriff *bazar* ist allerdings mehrdeutig. Ganz allgemein versteht man darunter eine unterschiedliche Anzahl von Läden und Werkstätten, die eine räumliche Einheit bilden. So nennt man Basar: 1. eine Ansammlung von nur wenigen Läden im ländlichen oder suburbanen Raum; 2. den traditionellen Geschäftsbezirk einer Stadt; 3. einen Teil hiervon, meist einen Straßenabschnitt oder eine Gasse, die von einer einzigen Branche besetzt ist, z. B. *bazar-i-bazazi* (= Stoffhändlerbasar).

Der Basar setzt sich hauptsächlich aus drei Elementen zusammen: aus Einzelhandelsläden und Werkstätten, beide als *dukan* bezeichnet, aus Handelshöfen *(saray)* und Märkten *(mandai)*. Der Dukan ist ein kleiner, zur Straße offener Raum, in welchem der Händler inmitten seiner Ware sitzt bzw. der Handwerker seine Produkte herstellt. Saray sind Gebäudekomplexe, die sich um einen Innenhof anordnen, der durch ein einziges Tor zugänglich ist.

5.2 Die städtischen Siedlungen

In ländlichen Basaren werden sie meist noch als *Karawan-saray* genutzt, indem sie Besuchern und ihren Reit- und Packtieren Unterkunft bieten. In den größeren Basaren handelt es sich um kommerzielle Einrichtungen, die entweder Läden, Werkstätten und Lagerräume enthalten oder, was seltener vorkommt, Großhändlern als Stapelplatz und Büro dienen (WIEBE 1973, 1983). In vielen Fällen werden ihre obersten Geschosse für Wohnzwecke genutzt.

Ein neuer, weitverbreiteter Typ des Saray ist der *Motar-saray*, der Reparaturwerkstätten und Läden mit Zubehör für Autos enthält. Märkte sind in großen Basaren auf bestimmte Warengruppen spezialisiert, z. B. auf Getreide, Reis, Brenn- und Bauholz, Wolle, Obst und Gemüse usw. Kleine Basare verfügen meist nur über einen einzigen Markt für diese Produkte und über einen Viehmarkt.

In vielen Basaren beobachtet man eine räumliche Sonderung der Läden oder Werkstätten bestimmter Branchen. So gibt es häufig einen Textil- und Bekleidungsbasar, einen Basar für Gebrauchtkleidung, für Schuh- sowie Haushaltswarenläden. Auch bestimmte Handwerkszweige, wie Schmiede (Grob-, Kupfer-, Zinn- und Silberschmiede), Tischler, Fleischer treten gesondert auf. Schöne Beispiele für die Anordnung der einzelnen Elemente und die Sonderung bestimmter Branchen bieten der alte Basar von Tashqurghan (CENTLIVRES 1972; CHARPENTIER 1972) und der erst in den 30er Jahren völlig neu errichtete Basar von Kunduz (GRÖTZBACH 1979). Oft läßt sich auch eine charakteristische Rangordnung der Standorte erkennen: Läden mit gehobenem Angebot gruppieren sich im Zentrum, lärm- und geruchserzeugende Branchen in den hinteren Basarstraßen. – (Zur Zusammensetzung der Basare nach Betrieben des Handels, des Handwerks und des Dienstleistungsgewerbes vgl. Kapitel 4.4.1.)

Im Rahmen der städtebaulichen Modernisierung wurden fast alle Basare während des letzten halben Jahrhunderts in ihrer Struktur und Bausubstanz verändert. Alte Lehmbauten und Dachkonstruktionen wurden abgerissen oder verfielen, so daß vom früheren Zentrum vieler Basare, dem *chahar suq* als überdachter Kreuzung der wichtigsten Basargassen, meist nur der Name übriggeblieben ist. In manchen Städten entstanden im Zentrum des neuen Basars moderne, z. T. mehrgeschossige Geschäftshäuser, wie in Mazar-i-Sharif und Jalalabad. Meist behielt man zwar die eingeschossige Bauweise bei, verwendete aber nunmehr Beton statt Lehm. Während in einigen Städten (Mazar-i-Sharif, Maymana, Jalalabad) der alte Basar vollständig abgerissen und an seiner Stelle ein neuer errichtet wurde, legte man diesen in Ghazni, Andkhoy, Aqcha, Taluqan außerhalb der Altstadt an und ließ den alten Basar verfallen. Nur in wenigen Fällen, wie in Tashqurghan, Rustaq und Bala Bagh bei Jalalabad war der alte Basar 1978 noch erhalten.

Trotz dieser Erneuerungsmaßnahmen erscheinen die Basare der meisten afghanischen Städte dem ausländischen Besucher noch immer typisch traditionell-orientalisch, namentlich im Vergleich zu den Städten im benachbarten Iran oder Pakistan. Dies ist wohl darauf zurückzuführen, daß sich auch der neue Baubestand schon nach kurzer Zeit unansehnlich und damit alt darstellt, daß weiterhin Läden vom Typ des Dukan mit herkömmlichem Warenangebot vorherrschen, daß Verkaufsbuden und Straßenhändler dieses Angebot ergänzen und daß nicht nur Menschen und Autos, sondern auch Pferdedroschken und Tragtiere wie Esel und Kamele das Straßenbild beleben.

In vielen Marktorten, Klein- und Mittelstädten konzentrieren sich die kommerziellen Aktivitäten auf ein bis zwei Markttage pro Woche, wobei im Extremfall der Markt auf einer freien, unbebauten Fläche stattfindet. Der Basartag *(roz-i-bazar)* hat in Nordafghanistan wie auch im übrigen Turan (z. B. in Bukhara und Khiva) eine alte Tradition (GRÖTZBACH 1976c). In den meisten Städten des Nordens sind Montag und Donnerstag Markttage, seltener zwei andere Tage (z. B. Sonntag und Mittwoch) oder nur der Freitag. Hier genießen die Basartage noch immer höchste Popularität (vgl. CENTLIVRES 1972). Üblicherweise sind in den mittleren und kleineren Basaren an den übrigen fünf Wochentagen nur wenige Läden geöffnet, so daß das kommerzielle Leben weitgehend ruht. An den Markttagen hingegen quellen diese Basare von Menschen und Aktivitäten über. Anders im Westen, Süden und Osten des Landes, wo der Wochenmarkt, wenn überhaupt, sonntags und mittwochs bzw. nur freitags stattfindet. Soweit hier in den Städten Basartage abgehalten werden, unterscheidet sich ihr Betrieb nur wenig von jenem der übrigen Tage. Die Sonderstellung der nordafghanischen Basare äußert sich auch in deren Struktur. In ihnen sind Märkte und Saray zahlreicher vertreten als anderswo, letztere häufig noch als Karawan-Saray, in denen Marktbesucher zu übernachten pflegen.

Über die sozioökonomischen Strukturen der Basarbevölkerung haben vor allem die Untersuchungen von CENTLIVRES (1972) in Tashqurghan, STRATHMANN (1980) in Kabul und WIEBE (1978) in Kandahar einigen Aufschluß gebracht. Daraus geht hervor, daß Händler und Handwerker in einer Art Gilden oder Zünfte organisiert sind, die mit der Stadtverwaltung kooperieren. Der größte Teil der Ladeninhaber hat den Dukan gemietet. Das Eigentum an den Basargebäuden, die als gute Kapitalanlage gelten, ist recht unterschiedlich verteilt. Während es in manchen Städten weit gestreut ist, befindet es sich in anderen großenteils in wenigen privaten Händen (z. B. in Ghazni, Taluqan, Andkhoy, Sheberghan) oder bei der Stadtverwaltung (Aqcha, Pul-i-Khumri, Mazar-i-Sharif, Andkhoy), in Lashkargah auch bei anderen Behörden (GRÖTZBACH 1979).

Die *Wohnviertel* sind, wie in der traditionellen orientalisch-islamischen Stadt üblich, durchweg scharf vom Basar getrennt, wäre doch sonst die Intimität der Wohnsphäre nicht gewährleistet. Neuerdings gibt es Ausnahmen von diesem Prinzip, und zwar dadurch, daß Wohnräume in den oberen Stock-

5.2 Die städtischen Siedlungen

werken mehrgeschossiger neuer Geschäftshäuser an Ladeninhaber, Angestellte und Beamte vermietet werden. Doch dienen sie als eine Art Zweitwohnsitze für Einzelpersonen am Arbeitsort, nicht als Wohnungen ganzer Familien.

Die Altstädte von Kabul, Kandahar, Herat und Ghazni tragen noch die äußeren Züge traditioneller städtischer Wohnviertel: enge Gassen zwischen abweisenden Mauern, hinter denen die oft mehrgeschossigen Wohnhäuser mit ihren kleinen Höfen und Gärtchen verborgen sind, dazu Sackgassen und tunnelartig überbaute Durchgänge. Der traditionellen Wohnweise entsprechend, spielt sich das Leben einer Familie oder eines Familienverbandes hinter den Mauern, in Haus und Hof ab. Diese Abschirmung der Privatsphäre gegen die Öffentlichkeit ist auch der Hauptgrund dafür, daß es kaum Untersuchungen über städtische Wohnviertel in Afghanistan gibt. Zu den wenigen Ausnahmen zählt der Aufsatz von BECHHOEFER (1976) über einen Wohnsaray in Kabul, der hauptsächlich von Sikhs bewohnt wird.

Die räumliche Segregation einzelner Bevölkerungsgruppen war ein weiteres Merkmal der traditionellen orientalischen und damit auch der afghanischen Stadt. Diese gliederte sich in zahlreiche Viertel *(mahalla, gozar)* und Gassen *(kocha)*, die von Angehörigen bestimmter Ethnien, Stämme oder Religionsgemeinschaften bewohnt waren. So konnten Reiche und Arme, sofern sie nur derselben Gruppe angehörten, in unmittelbarer Nachbarschaft zueinander leben. In Kabul z. B. gab es das große Wohnviertel der schiitischen Qizilbash (Chendawul) neben kleineren Quartieren für Hindus, Sikhs und Juden, in Herat ein Judenviertel sowie Wohnsaray für Hindus und andere Gruppen. Im konservativen Kandahar hat sich diese Struktur länger als in anderen Städten erhalten. Hier galt noch in den 70er Jahren die Stammeszugehörigkeit mehr als die wirtschaftliche Stellung, was sich auch im Fortbestehen der alten Wohnpräferenzen äußerte (WIEBE 1978).

Die traditionellen sozialräumlichen Strukturen haben sich in den meisten Altstädten mehr oder weniger aufgelöst, seitdem neue Wohnviertel errichtet wurden. Dieser Prozeß dürfte in Kabul am weitesten fortgeschritten sein, wo HAHN (1972a) eine rasch fortschreitende „Nivellierung der Altstadtbevölkerung auf niedriger Sozialstufe" feststellte. Hier hat die Altstadt zunehmend die Funktion eines Auffangquartiers für Zuwanderer vom Lande gewonnen, während die Angehörigen der gehobenen Schichten in moderne Wohnviertel abgewandert sind. Zwar bestehen die ethnischen Segregationstendenzen in der Altstadt fort, doch nunmehr auf niedrigerem sozialem Niveau.

Die neuen Wohnviertel unterscheiden sich von den Altstädten in fast jeder Hinsicht. Sie sind – durchweg auf Grund staatlicher Planung – meist großzügig, aber auch einförmig mit bungalowartiger Wohnhausbebauung angelegt worden. Nur in Kabul und Herat hat man neue Wohnviertel in verdichteter Bauweise errichtet, doch auch hier herrscht das Einfamilienhaus bei weitem vor, das am ehesten der traditionellen Wohnweise entspricht (Bild 11). Dagegen bilden Reihenhäuser (z. B. als Werkssiedlungen in Pul-i-Khumri) oder gar Wohnblockbebauung (in Kabul) noch immer Ausnahmen. Sie sind neuerdings von den kommunistischen Regierungen, dem sowjetischen Vorbild folgend, bevorzugt gefördert worden.

Zwar gibt es auch in manchen neuen Stadtteilen Kabuls Ansätze zur räumlichen Sonderung ethnischer Gruppen, z. B. von Hindus und Hazara, doch spielen hier sozioökonomische Kriterien eine übergeordnete Rolle. Durch unterschiedliche Grundstücksgrößen und -preise, die in der Regel durch die Stadtverwaltung festgesetzt werden (GRÖTZBACH 1979), Bauvorschriften und die Ausstattung mit Infrastruktur kommt es zur Entstehung von neuen Wohngebieten unterschiedlicher sozialer Wertigkeit. Dies gilt vor allem für Kabul, weniger für die Provinzstädte.

5.2.4 Städtebau und Stadtplanung

Wurden städtebauliche Maßnahmen in den 30er und 40er Jahren hauptsächlich auf Initiative einzelner Minister oder Provinzgouverneure durchgeführt, so erforderten die allmählich wachsenden Aufgaben eine eigene Institution. Sie wurde 1963 als Abteilung für Wohnungswesen und Stadtplanung im Ministerium für öffentliche Arbeiten eingerichtet und fungierte später zeitweise als selbständige Zentralbehörde. Ihre hauptsächlichen Aktivitäten bestehen darin, für alle städtischen Siedlungen des Landes Bauleitpläne oder Bebauungspläne auszuarbeiten und deren Verwirklichung zu überwachen. Diese völlige Zentralisierung der Stadtplanung wurde durch die Ineffizienz der Stadtverwaltungen und deren Mangel an Fachleuten geradezu erzwungen. Sie bringt verschiedene Nachteile mit sich, namentlich eine gesteigerte Schwerfälligkeit des Planungsprozesses und eine wenig erfreuliche Uniformität der neuen Städte und Stadtteile. Diese weist auf Leitbilder hin, die weniger der eigenen Tradition als vielmehr fremdkulturellen Mustern folgen (vgl. HABIB 1987). Darin äußert sich die Tatsache, daß ausländische und später auch im Ausland ausgebildete afghanische Architekten mit planerischen und städtebaulichen Aufgaben betraut wurden und werden.

Viele neugebaute Städte oder Stadtteile folgen, zumindest in ihren Wohnvierteln, dem Vorbild der Gartenstadt. Einfamilienhäuser mit Gärten bilden das Grundelement, dazu öffentliche Plätze mit Grünflächen und baumbestandene Straßen. Doch oft genug reicht im Sommer das Wasser nicht aus, um alle im Plan ausgewiesenen „Grünflächen" auch wirklich zu begrünen. Paradoxerweise handelt es sich dabei häufig um ehemals bewässertes Ackerland, das zwangsweise der landwirtschaftlichen Nutzung entzogen wurde. Da viele Städte als Oasenstädte im Bewässerungsland liegen, müssen also

5.2 Die städtischen Siedlungen

kostbare agrarische Nutzflächen der Stadterweiterung geopfert werden. Besonders drastische Beispiele hierfür liefern die Entwicklungspläne für Kandahar, Herat, Mazar-i-Sharif und Jalalabad.

Das bauliche Ausufern neuer afghanischer Städte resultiert vornehmlich aus der weiterhin bevorzugten traditionellen Wohnweise im Einfamilienhaus. Man hat zwar in den Bebauungsplänen für die größeren Städte den Bau von Apartmenthäusern vorgesehen, doch ist bis 1978 noch kaum etwas davon verwirklicht worden. An der fehlenden Popularität dieser Wohnform hat sich auch nach dem kommunistischen Umsturz nicht viel geändert. Abgesehen von Kabul (s. S. 198f.) wurde auch in Mazar-i-Sharif und in Jalalabad mit dem Bau von Wohnblocks begonnen, wobei es sich aber um kleine Einheiten handelt. Auch eine zweite Möglichkeit baulicher Verdichtung, jedoch im Rahmen der traditionellen Wohnweise, ist vorwiegend in Kabul praktiziert worden: der Billighausbau *(low cost housing)* in herkömmlicher, aber mehrgeschossiger Bauweise auf kleinen Parzellen. Auf diese Weise versucht man, die Bruttowohndichte, die bei Bungalowbebauung nur 60–70 Ew./ha beträgt, auf das Doppelte bis Dreifache zu steigern und gleichzeitig die Grundstücks- und Baukosten zu senken.

Auch in anderer Hinsicht hat sich die afghanische Stadtplanung als problematisch erwiesen. Zahlreiche Pläne waren räumlich und infrastrukturell überdimensioniert, nahmen weder Rücksicht auf lokale Besonderheiten noch auf die ökonomischen Grundlagen der jeweiligen Stadt. Sie entsprachen weit mehr den Bedürfnissen einer Industriegesellschaft als denen einer Agrargesellschaft, um die es sich in Afghanistan auf absehbare Zeit noch handeln dürfte (WIEBE 1975b). Die Ausweitung der Stadtflächen wurde in den Plänen so großzügig festgelegt, daß z. B. Herat um fast 350 %, Mazar-i-Sharif um 570 % wachsen würde.

Die architektonische Gestaltung der Neustädte wie auch der Basare folgt völlig westlichen oder sowjetrussischen Vorbildern. In Kabul benutzte man für die Apartmenthäuser des „Mikrorayon" (Nadir Shah Mina) schon seit den 60er Jahren Fertigbauteile aus der mit sowjetischer Hilfe errichteten Fertigbaufabrik. So verwundert es nicht, daß dieses erste Wohnblockviertel Afghanistans Wohnquartieren in Taschkent oder in anderen Städten Sowjetisch-Mittelasiens zum Verwechseln ähnelt. Diese städtebauliche Konzeption bedroht nicht nur die urbane architektonische Tradition des Landes, sondern muß auch eine Entfremdung der Landbevölkerung von den Städten bewirken, die künftig jegliches vertraute Milieu (z. B. Saray) vermissen lassen dürften.

Die bis 1978 praktizierte Städtebaupolitik wirkte sich, nicht zuletzt infolge ihrer bürokratischen Schwerfälligkeit, auch hemmend auf das Städtewachstum aus. Die strikte staatliche Reglementierung und die Zwischenfinanzierung des Städtebaus durch die Kommunen verzögerten zum einen den Ausbau der Städte. Zum anderen übten die hohen Grundstücks-, Bau- und Mietpreise in den neuen Städten und Stadtteilen eine selektive Wirkung auf die zuziehende Bevölkerung aus. Infolgedessen gehören die Bewohner der Neustädte durchweg der Mittel- oder Oberschicht an, während die zuwandernden Angehörigen der Unterschicht in die Altstädte und die stadtnahen Dörfer abgedrängt wurden (GRÖTZBACH 1975b, 1979). Nur in wenigen Städten gibt es auch illegale Wohnbebauung, meist an Berghängen wie in Kabul oder Pul-i-Khumri, doch kann man diese Viertel kaum als Slums bezeichnen (BECHHOEFER 1977).

6 ENTWICKLUNGSPOLITIK, REGIONALENTWICKLUNG UND REGIONALISIERUNG

Die afghanische Entwicklungspolitik war und ist in erster Linie sektoral orientiert, während regionalpolitische Ziele nur vereinzelt und in recht untergeordneter Weise formuliert worden sind. Im folgenden sei zunächst ein knapper Überblick über die Entwicklungspolitik allgemein gegeben, sodann werden deren regionale Auswirkungen skizziert. Der abschließende Versuch einer Regionalisierung des Landes leitet über zum Kapitel 7.

6.1 Die afghanische Entwicklungspolitik im Lichte der Entwicklungspläne

Erste Schritte zu einer modernen Landesentwicklung, wie der Bau von Straßen, Fabriken und des ersten Wasserkraftwerkes, wurden bereits unter den Emiren Abdur Rahman und Habibullah (1880–1919) unternommen. Doch handelte es sich damals um Einzelmaßnahmen, die vorzugsweise die Bedürfnisse des Hofes und des Militärs befriedigen sollten. Erst unter König Amanullah wurde in den 20er Jahren ein umfangreiches Modernisierungsprogramm in Angriff genommen, das aber unvollendet blieb. Weit erfolgreicher war die liberale Wirtschaftspolitik der 30er und 40er Jahre, die erstmals heimische Unternehmer und inländisches Kapital mobilisieren konnte, was in diesem Ausmaß seitdem nicht wieder gelungen ist. Damals wurden ein landesweites System einfacher Autostraßen sowie die ersten größeren Industriebetriebe und Wasserkraftwerke geschaffen. Den räumlichen Entwicklungsschwerpunkt dieser Periode bildete zunächst Qataghan, seit 1946 mehr und mehr das Gebiet des Helmand-Arghandab-Projektes, das für die Entwicklung Südafghanistans größte Bedeutung erlangt hat.

Von einer planmäßigen Entwicklung läßt sich allerdings erst seit 1953 sprechen, als die liberale Wirtschaftspolitik durch die „gelenkte Wirtschaft" des neuen Ministerpräsidenten Mohammed Daud abgelöst wurde. Diese staatliche Lenkung fand ihren Ausdruck in den Fünfjahresplänen, deren erster 1956 in Kraft trat. Zwar fehlte dem 1. Fünfjahresplan eine geschlossene Konzeption, doch zeigte er deutliche sektorale Schwerpunkte. Sie lagen auf der Förderung der Infrastruktur, namentlich dem Bau von Straßen und Flugplätzen, worauf allein die Hälfte der Planinvestitionen entfiel (Tabelle 26). Diese Politik setzte der 2. Fünfjahresplan in etwas abgeschwächtem Ausmaß fort, nach dessen Ablauf das System moderner Asphalt- und Betonstraßen weitgehend fertiggestellt war (vgl. Tabelle 20). Es ist mitunter bezweifelt worden, ob die riesigen Investitionen für die Verkehrsinfrastruktur richtig gewesen seien. Sie waren sicher gerechtfertigt, mußten doch erst einmal die wichtigsten Städte, Siedlungs- und Wirtschaftsräume des Landes durch ein leistungsfähiges und zuverlässiges Verkehrssystem untereinander und mit dem Ausland verbunden werden.

Erst der 3. Fünfjahresplan räumte Projekten in Landwirtschaft und Bewässerung Priorität ein, die kurzfristige und unmittelbar produktive Wirkung versprachen. Zudem sah er erstmals eine Beteiligung der Privatwirtschaft vor (JENSCH 1973). Trotz einiger Erfolge, wie der Gründung zahlreicher kleinerer Industriebetriebe durch private Unternehmer und des Saatgut- und Düngerprogramms, konnte der 3. Fünfjahresplan nicht verwirklicht werden. Hauptsächliche Gründe für seinen Mißerfolg waren neben innenpolitischen Schwierigkeiten die rückläufige Entwicklungshilfe (vor allem von seiten der Sowjetunion) und die Dürre der Jahre 1970 und 1971. Der 4. Fünfjahresplan gelangte faktisch überhaupt nicht zur Ausführung, obwohl ihn die neue republikanische Regierung nach einigen Änderungen zunächst übernahm. In ihm kam die Umorientierung von Infrastrukturmaßnahmen auf produktive Investitionen noch stärker zum Ausdruck als im 3. Plan (GHAUSSY 1975).

Da die republikanische Regierung unter Mohammed Daud erneut eine Stärkung des öffentlichen Wirtschaftssektors anstrebte, wurde ein völlig neuer Plan ausgearbeitet: der Siebenjahresplan 1976–1983 (NOORZAY 1979). Er verfolgte ehrgeizige Ziele, die mit Hilfe ungewöhnlich hoher Investitionen erreicht werden sollten, wobei man sich insbesondere auf großzügige Finanzierungszusagen Irans stützte. Geplant waren u. a. Großprojekte in Bergbau und Schwerindustrie (Eisen- und Kupfergewinnung) und in der Energiewirtschaft (Erdgas, Erdöl, Wasserkraft). Dem Verkehrssektor wurde erneut große Bedeutung zuerkannt. Dabei sollte allein auf das Projekt einer Eisenbahnlinie von der pakistanischen zur iranischen Grenze mit einem Zweig nach Kabul fast ein Viertel der Gesamtausgaben (40,5 Mrd. Afs) entfallen, also auf ein Vorhaben, dessen wirtschaftlicher Nutzen höchst fragwürdig war (IBRD 1978a). Dagegen wurde die Landwirtschaft relativ zurückgestuft. Auch dieser Siebenjahresplan konnte nicht realisiert werden, setzte ihn doch der Staatsstreich von 1978 außer Kraft.

Die erste kommunistische Regierung entwarf mit Hilfe sowjetischer Experten, die auch schon an den vorherigen Plänen mitgewirkt hatten, alsbald einen neuen Fünfjahresplan, der von 1979 bis 1984 gelten sollte. Von ihm sind allerdings nur allgemeine Grundsätze bekanntgeworden (MoP 1979). Ihnen zufolge sollten Großprojekte in Industrie, Bergbau und Energiewirtschaft mit über der Hälfte des gesamten Investitionsvolumens gefördert werden.

6.1 Die afghanische Entwicklungspolitik

Diese neuen Prioritäten entsprachen ganz und gar dem Vorbild anderer kommunistischer Staaten. Wegen der politischen Schwierigkeiten des Regimes und der Kriegshandlungen im Lande konnte auch dieser Plan nicht verwirklicht werden. Zeitungsberichten zufolge arbeitete die Regierung daraufhin Einjahrespläne aus. Allerdings muß man bezweifeln, daß diese Pläne der Realität des Landes entsprachen. Diese Zweifel sind ebenso gegenüber dem jüngsten Fünfjahresplan angebracht, der 1986 verkündet wurde und bis 1991 Geltung haben sollte (KNT v. 6. 9. 86). In ihm stand zwar wiederum der Industriesektor (mit Bergbau und Elektrizitätserzeugung) an der Spitze, doch gefolgt vom Sektor soziale Infrastruktur, für den nicht weniger als 31 % der Mittel vorgesehen waren. Berufsausbildung, Durchsetzung der allgemeinen Grundschulpflicht, Alphabetisierungskampagnen und freie medizinische Versorgung waren die wichtigsten darin angestrebten Ziele, die man sicher begrüßen muß. Doch sollte man ihren Charakter als Instrumente politischer Indoktrination nicht übersehen. Daß die Landwirtschaft nur 12 % der Gesamtinvestitionen erhalten sollte, ist befremdlich, wenn man den scharfen Rückgang der Agrarproduktion bedenkt; dieser wurde allerdings in den Planungen offiziell kaum zugegeben.

Überblickt man die bisherige Entwicklungspolitik Afghanistans, so fällt vor allem zweierlei auf: erstens die Unbeständigkeit der sektoralen Prioritäten seit den 70er Jahren und, damit in Zusammenhang, zweitens die Undurchführbarkeit der aufgestellten Pläne infolge entwicklungspolitischer Kurswechsel, politischer Umstürze bzw. des Krieges. Durch diese Unsicherheiten, aber auch durch manche unrealistischen Projekte erhielten die Pläne eher den Charakter programmatischer Absichtserklärungen oder Wunschvorstellungen.

Seit dem 1. Fünfjahresplan wurden die Entwicklungsvorhaben überwiegend durch Auslandshilfe finanziert. An erster Stelle unter den Geberländern stand die Sowjetunion, die von 1957 bis 1978 über 750 Mio. $, meist als Kredite, zur Verfügung stellte, worin die umfangreiche Militärhilfe nicht enthalten ist. Die sowjetische Entwicklungshilfe galt vor allem dem Straßen- und Flughafenbau, der Prospektierung und Erschließung von Rohstoff- und Energievorkommen (Kupfer, Erdöl, Erdgas), dem Nangarhar-Bewässerungsprojekt und dem Bau von Kraftwerken (Naghlu, Darunta). An zweiter Stelle folgten die USA mit mindestens 346 Mio. $ im selben Zeitraum, die hauptsächlich dem Straßenbau, dem Helmand-Arghandab-Projekt und dem Schulwesen (einschließlich der Universität Kabul) zuflossen. Die Bundesrepublik gewährte insgesamt 764 Mio. DM und stand damit an dritter Stelle. Sie förderte besonders den Kraftwerkbau (Mahipar, Sarobi), das Regionalprojekt Paktya, das berufliche Schulwesen und das Fernmeldewesen. Auch andere westliche Länder leisteten beträchtliche Hilfe, in den 70er Jahren auch internationale Organisationen sowie mehrere orientalische Erdölstaaten, an erster

Stelle Iran; dessen Kreditzusage über 700 Mio. $ von 1975 wurde allerdings nicht mehr wirksam. Schließlich sind sogar zwei Entwicklungsländer zu nennen, die sich in Afghanistan mit kleineren Projekten engagierten: die Volksrepublik China (Parwan-Projekt, Textilfabrik Bagrami in Kabul) und Indien (Ghorband-Projekt, Industriepark, Kinderkrankenhaus).

Seit 1980 hat sich die Zusammensetzung der externen Entwicklungsfinanzierung völlig verändert. Während die Hilfe der westlichen Länder, der internationalen Organisationen und der Erdölstaaten stark zurückging, ja z. T. völlig eingestellt wurde wie jene der USA, nahmen die Leistungen der Sowjetunion sprunghaft zu: von 34 Mio. $ 1979 auf 276 Mio. $ 1983. Afghanistan ist damit in völlige Abhängigkeit von der Sowjetunion geraten. Obwohl nunmehr ein Großteil der sowjetischen Leistungen Zuschüsse sind, ist die Verschuldung Afghanistans an die UdSSR enorm, zumal wenn man zusätzlich deren Militärhilfe berücksichtigt (Zahlen nach BÜSCHER & RINGER in: BUCHERER & JENTSCH 1986).

6.2 Regionalentwicklung

Die meisten Entwicklungsprojekte haben auch dann regionale Auswirkungen, wenn diese durch die Planer gar nicht beabsichtigt waren. Auf diese Weise z. B. trugen die Förderung des Industriepflanzenanbaus und die darauf aufbauende Industrie in den 30er und 40er Jahren entscheidend zur modernen Entwicklung in Qataghan bei, und das zeitlich anschließende Helmand-Arghandab-Projekt hatte die gleiche Wirkung in Südafghanistan. Räumlich breit gestreute Aufgaben verfolgte das Ländliche Entwicklungsprogramm, das von dem 1954 gegründeten Rural Development Department ausgeführt wurde; dazu zählten der Bau von kleinen Bewässerungsanlagen, Brunnen, Brücken und Dorfstraßen sowie Trinkwasserprojekte. Seine Schwerpunkte während der 70er Jahre lagen in Badakhshan, Katawaz und im zentralen Hochland. Zeitweilig de facto inaktiv, blieben seine Erfolge insgesamt recht bescheiden.

Im 1. und 2. Fünfjahresplan fehlte noch jeder explizite Hinweis auf regionale Entwicklungsmaßnahmen. Das Helmand-Arghandab-Projekt wurde darin lediglich als Großbewässerungsvorhaben behandelt. Erst der 3. Plan nannte unter seinen Zielen erstmals auch die Entwicklung ökonomischer Aktivitäten in den „vergleichsweise unterentwickelten Regionen des Landes", beschränkte sich jedoch auf eine Beschreibung der drei damals wichtigsten Vorhaben: Helmand-Arghandab-, Nangarhar- und Paktya-Projekt. Immerhin wurden für sie rund 17 % der gesamten Planausgaben angesetzt, wobei auf das Helmand-Arghandab-Projekt der Löwenanteil von 10 %, auf die beiden anderen 5 bzw. 2 % entfielen (MoP 1967b).

6.2 Regionalentwicklung

Nach LINDAUER (1976) handelte es sich bei diesen Projekten nicht um Regionalentwicklungsvorhaben, die eine multisektorale Entwicklung der gesamten jeweiligen Region bewirken sollten, sondern um regionale Entwicklungsvorhaben. Diese beruhten auf „Planung in einer Region", die sich auf bestimmte Sektoren und Standorte als Entwicklungspole beschränkt. Unter diesem Gesichtspunkt entsprach das breit angelegte Helmand-Arghandab-Projekt noch am ehesten einem echten Regionalentwicklungsvorhaben. Allerdings gewann es diesen Charakter erst im Laufe seiner Ausführung. Neben den drei Großprojekten wurden auch kleinere Vorhaben mit regionalem Bezug in Angriff genommen, wie das Parwan- und das Ghorband-Projekt, das Konar-Projekt und das Viehzuchtprojekt Herat.

Erst der 4. Fünfjahresplan brachte eine Art Programm für die künftige Regionalentwicklung, das nunmehr aber auf die am wenigsten entwickelten Provinzen des Landes abzielte. Als solche wurden außer Paktya und Konar, wo bereits Projekte im Gange waren, Badakhshan und die Zentralprovinzen genannt. Für die beiden erstgenannten Gebiete sollten während der Planperiode umfangreiche Grundlagenstudien erarbeitet und erste Maßnahmen eingeleitet werden (MoP 1973). Dieses Programm wurde in den Siebenjahresplan übernommen, der Konar, Badakhshan und die Zentralprovinzen (Bamyan, Oruzgan, Ghor, Ghazni, Parwan, Wardak) als Planungsgebiete vorsah. Doch wurde nur für Konar ein Plan zur integrierten Entwicklung von Landwirtschaft, Bewässerungswesen, Energieerzeugung und Forstwirtschaft angekündigt (MoP 1976).

Es ist nicht bekannt, wie weit die beabsichtigten Maßnahmen gediehen waren, als der kommunistische Umsturz von 1978 die bisherigen Pläne zunichte machte. Mit Sicherheit ist aber die Regionalplanung als Teil der Entwicklungsplanung nicht institutionalisiert worden. Doch kündigte der neue Fünfjahresplan (1979–84) eine völlige Umorientierung der Regionalpolitik an. Erstens sollten die Provinzen am Entwicklungsprozeß stärker beteiligt werden als bisher, damit u. a. „die lokalen und nationalen Eigenarten" berücksichtigt würden, und zweitens wurde Nordafghanistan zum regionalen Schwerpunkt künftiger Entwicklung bestimmt. Hier wollte man nicht weniger als 60 % aller im Plan vorgesehenen öffentlichen Investitionen konzentrieren, vor allem für den Ausbau der Erdgas-, Erdöl-, Kohle- und Elektrizitätswirtschaft und der chemischen Industrie, ferner für Bewässerungsprojekte, für die Leichtindustrie, den Straßenbau und andere Infrastrukturmaßnahmen. An zweiter Stelle der Prioritätenliste stand ein weiteres Vorhaben aus dem Bergbau- und Industriesektor: die Ausbeutung der Kupfererzvorkommen von Ainak (Logar). Dagegen war von der Förderung unterentwickelter Provinzen nicht mehr die Rede (MoP 1979).

Diese neuen Grundsätze der regionalen Entwicklungspolitik dürften kaum verwirklicht worden sein, da Machtbereich und Handlungsspielraum der afghanischen Regierungen hierfür viel zu beschränkt waren. Doch muß man annehmen, daß von den 1979–1984 überhaupt investierten Mitteln der größte Teil nach Nordafghanistan und nach Kabul geflossen ist. Denn dem Norden des Landes gilt das wirtschaftliche Hauptinteresse der Sowjetunion, hier war die sowjetische Militärpräsenz am stärksten und das Ausmaß der Zerstörungen geringer als in anderen Landesteilen. Insofern liegt die Vermutung nahe, daß es vor allem sowjetischer Einfluß war, der das Schwergewicht der afghanischen Entwicklungspolitik in den Norden verlagert hat. Inwieweit auch der 1986 verkündete jüngste Fünfjahresplan dieser Maxime folgte, ist leider nicht bekannt.

6.3 Regionalisierung als Grundlage raumorientierter Entwicklungsplanung

Voraussetzung für eine landesweite Regionalpolitik ist die räumliche Orientierung der Entwicklungsplanung, welche deren sektorale Grundlagen nicht aufhebt, sondern ergänzt. Regional orientierte Entwicklungspolitik vollzieht sich nicht im homogenen Raum, sondern in Teilräumen unterschiedlicher Naturausstattung, Bevölkerungsdichte und wirtschaftlicher Nutzung. Sie setzt voraus, daß das gesamte Staatsgebiet entsprechend seiner strukturellen und funktionellen Differenzierungen räumlich untergliedert wird.

Versuche einer Regionalisierung als Grundlage für eine regional orientierte Entwicklungspolitik hat es in Afghanistan schon früher gegeben. Sie sind jedoch über erste Ansätze nicht hinausgekommen, da es an Basisdaten aller Art mangelte. Obwohl die Ergebnisse dieser Regionalisierungsversuche nicht in die Praxis der Entwicklungsplanung umgesetzt wurden, verdienen sie es doch, hier kurz dargestellt zu werden. Denn sie vermitteln unter landesplanerischen Aspekten einen Einblick in die regionale Struktur Afghanistans, die in Kapitel 7 ausführlicher dargestellt wird.

Unter den gegenwärtigen Verhältnissen (1989) mag es müßig erscheinen, Vorschläge für eine entwicklungsorientierte Regionalisierung Afghanistans zu diskutieren. Doch wenn das Land eines Tages den Frieden in Freiheit wiedergewinnt und vor der Aufgabe steht, zerstörte Strukturen wiederaufzubauen und die unterbrochene Entwicklungspolitik fortzusetzen, sind entsprechende Konzepte unerläßlich.

Ein erster Versuch zur Regionalisierung des Landes findet sich im Industriebericht 1966–70 (HENDRIKSON 1971). Dort wurde Afghanistan in sechs Wirtschaftsregionen gegliedert, deren Mittelpunkte die führenden städtischen Zentren bildeten. Diese Städte, die auch für Nachbarprovinzen zentralörtliche Funktionen ausüben, sind Kabul, Kandahar, Herat, Mazar-i-Sharif, Kunduz und Jalalabad. Zu einer ähnlichen Gliederung gelangte LUNG (1972), der allerdings nur fünf Planungsregionen auswies, wobei er die bevölkerungs-

6.3 Regionalisierung

reiche Region Kabul in fünf „Subzonen", darunter auch Jalalabad, untergliederte. Demgegenüber hat ARENS (1976) die Bedeutung der Hauptwasserscheiden für die Regionalisierung eines ariden Landes wie Afghanistan betont und sie als Hauptkriterium seines Gliederungsversuches gewählt. Er gelangte auf diese Weise zu vier Regionen, nämlich Ostafghanistan (mit Kabul als Zentrum), Südafghanistan (Kandahar), Westafghanistan (Herat) und Nordafghanistan (Mazar-i-Sharif).

Gewiß haben alle drei Regionalisierungsversuche Vorzüge und Schwächen, doch sind jene von HENDRIKSON und LUNG realitätsnäher als der von ARENS, der sich zwar um theoretische Fundierung bemüht, aber bestehende Raumbeziehungen außer acht läßt. Denn nicht nur in Afghanistan, auch in anderen gebirgigen Ländern reichen räumliche Beziehungen oft über Wasserscheiden hinweg. So gehört Bamyan hydrologisch zwar zu Nordostafghanistan, ist aber in zentralörtlich-ökonomischer Sicht nicht dorthin, sondern nach Kabul orientiert. Weiterhin fügt ARENS' Gliederung Gebiete zusammen, die nach ihrer historischen Entwicklung gar nicht zusammengehören, wie Nord- und Nordostafghanistan. Der Nordosten mit den alten Landschaften Qataghan und Badakhshan bildet einen Wirtschaftsraum für sich, der von Nordafghanistan um Mazar-i-Sharif durch halbwüstenhafte Ebenen und Bergländer getrennt ist. In beiden Regionen sind die überregionalen Verkehrsströme jeweils nach Süden gegen Kabul gerichtet (vgl. Karte 16).

Andererseits erscheint es nicht unproblematisch, dem Gebiet von Jalalabad den Status einer eigenen Wirtschafts- und Entwicklungsregion zuzusprechen (vgl. HENDRIKSON 1971). Denn diese Region ist nach Fläche und Einwohnerzahl die kleinste und zudem nahe Kabul gelegen. Doch besitzt dieser alte Durchgangsraum nach Indien so viel Individualität und durch das Nangarhar-Projekt auch eine gewisse eigene Entwicklungsdynamik, daß er sich als gesonderte Region ausweisen läßt.

Hier sei der Regionalisierung von HENDRIKSON (1971) der Vorzug gegeben. Ihr zufolge fungieren die sechs größten Städte des Landes als Regionszentren, was aufgrund ihrer traditionellen Vorrangstellung (Kabul, Kandahar, Herat) oder ihrer dynamischen jungen Entwicklung (Mazar-i-Sharif, Kunduz, Jalalabad) voll gerechtfertigt ist. Die regionalpolitischen Vorschläge sahen vor, diese Regionszentren als Wachstumspole besonders zu fördern und in ihrer Infrastruktur auszubauen, womit z. T. schon vor 1978 begonnen worden ist. Eine solche Förderung sollte sich aber nicht auf die Regionszentren beschränken, sondern müßte auch anderen Städten, die über ein gewisses Entwicklungspotential und eine infrastrukturelle Grundausstattung verfügen, gewährt werden. Dazu zählen z. B. Lashkargah (als Sitz des Helmand-Projektes) im Süden, Sheberghan (als Zentrum des Erdgasfördergebietes) im Norden und Pul-i-Khumri (als Standort des Kohlenbergbaus und der Textil- und Zementindustrie) im Nordosten (vgl. WIEBE 1981b).

Über den Ausbau von Städten in peripheren Räumen zu Entwicklungspolen gingen die Vorstellungen anscheinend auseinander. Dazu böten sich insbesondere die Hauptstädte jener Provinzen an, die bereits im Sieben-

Jahresplan für Regionalentwicklungsprojekte vorgesehen waren, nämlich Faydzabad (Badakhshan), Bamyan, Tirin (Oruzgan) und Chaghcharan (Ghor). Doch abgesehen von Bamyan, das durch seine Nähe zu Kabul und als Touristenort einen Sonderfall darstellt, handelt es sich um Städte in verkehrsschwachen Räumen mit geringer Bevölkerungsdichte (3–15 Ew./qkm). Sie kommen deshalb weder als Industriestandorte noch als Sitze größerer Entwicklungsbehörden in Frage, zumal sie nicht ganzjährig mit dem Hauptstraßensystem des Landes verbunden sind. Hier würde allein der Bau von Allwetterstraßen derart hohe Investitionen erfordern, wie sie angesichts der geringen Verkehrsfrequenzen (vgl. Karte 16) gesamtwirtschaftlich kaum vertretbar wären. Im Interesse einer effektiven Allokation der knappen Mittel wird man sich bei der Entwicklung peripherer Räume auf die Schaffung einer Grundinfrastruktur namentlich in den zentralen Orten, die Förderung der Landwirtschaft und des Zuganges zu den Märkten beschränken, die Masse der Investitionen aber in die Regionalzentren und einige ausgewählte Unterzentren lenken müssen (ARENS 1976).

7 LANDSCHAFTEN UND STÄDTE AFGHANISTANS

Die Darstellung der einzelnen Landschaften Afghanistans folgt nur teilweise dem Entwurf zu einer Regionalisierung des Landes, wie er im vorigen Kapitel dargelegt wurde. Denn dieser beruht im Grunde auf einem einzigen Kriterium: der zentralörtlichen Bereichsgliederung. Angesichts der räumlichen Vielfalt der Geofaktoren erscheint es jedoch wenig sinnvoll, einer geographisch-landeskundlichen Regionalanalyse lediglich ein einziges Gliederungsmerkmal zugrunde zu legen. Deshalb sollen, namentlich für die Einteilung Afghanistans in Großlandschaften, wenigstens zwei Hauptkriterien herangezogen werden: zum einen das *Grundmuster zentralörtlicher Bereiche*, zum anderen *Großrelief und Höhenlage*. Das erstgenannte Merkmal berücksichtigt sozioökonomische, zumeist historisch gewachsene Raumbildungen, beim zweiten handelt es sich um einen Naturfaktor, der in manchen Landesteilen die übrigen Geofaktoren dominiert, besonders in den Hochgebirgen und Hochländern. Zur feineren Abgrenzung sollen hauptsächlich Wasserscheiden sowie Bevölkerungsstrukturen als zusätzliche Kriterien dienen.

Ergebnis dieser Überlegungen ist eine Gliederung Afghanistans in *sieben Großlandschaften*, nämlich Ost-, Nordost-, Nord-, West- und Südafghanistan, die jeweils bestimmten Regionszentren zugeordnet sind, sowie das Hochgebirge im Nordosten (Hindukusch, Pamir, Darwaz-Gebirge) und das Hochland von Zentralafghanistan (vgl. Karte 22 und Tabelle 27).

Wenn hier von Landschaften die Rede ist, so geschieht dies in der Absicht, die genannten Großräume (Großlandschaften) von den oben umschriebenen Regionen begrifflich abzugrenzen. Das Wort *Region* soll im folgenden hauptsächlich im Sinne funktionaler Raumeinheiten („funktionale Region") benutzt werden, wobei an erster Stelle die zentralörtlichen Bereiche zu nennen sind. Der Terminus *Landschaft* hingegen umschreibt ein Gebiet, das durch das Vorkommen bestimmter natürlicher, historischer oder sozioökonomischer Merkmale geprägt ist, die sich häufig auch physiognomisch im Landschaftsbild äußern. Im Einzelfall wird eine strenge Unterscheidung zwischen beiden Raumkategorien allerdings nicht immer möglich sein.

Eine regionale Darstellung Afghanistans fehlt bislang in der Literatur, wenn man von dem sehr knappen Versuch von HUMLUM (1959) absieht. Der Grund hierfür liegt wohl im überaus ungleichen und insgesamt recht geringen Stand wissenschaftlicher Kenntnis von den einzelnen Regionen und Landschaften. Nur wenige davon, wie Kabul und seine Umgebung, Teile der Provinzen Baghlan und Paktya, das Helmand-Projektgebiet, Teile Nuristans und des übrigen Hindukusch und – paradoxerweise – der entlegene Wakhan-

Karte 22: Die Großlandschaften und ihre Abgrenzung (Punkte = Provinzhauptstädte).

korridor sind relativ gut erforscht, andere Gebiete dagegen, wie die Balkhab-Oase mit Mazar-i-Sharif und Nangarhar mit Jalalabad, noch kaum (GRÖTZBACH 1981b). Der folgende Überblick über die Landschaften Afghanistans spiegelt diesen ungleichen Forschungsstand selbstverständlich wider. Zwar war der Verfasser bestrebt, manche Lücke durch die Auswertung von Reiseliteratur oder durch eigene, auf Reisen gewonnene Kenntnisse etwas auszugleichen, doch bleibt eine ungleichgewichtige Darstellung unvermeidlich.

7.1 Ostafghanistan

Ostafghanistan umfaßt das Gebiet zwischen der pakistanischen Grenze im Osten, dem zentralen Hochland im Westen und dem Hindukusch im

7.1 Ostafghanistan

Norden, während die Abgrenzung nach Süden weniger eindeutig ist. Sie wird hier weder durch Relief oder Wasserscheiden noch durch zentralörtliche Zuordnungen vorgezeichnet, so daß ersatzweise die Grenzen der Provinzen Ghazni und Paktika gegen Zabul herangezogen seien.

In klimatischer Sicht nimmt der so umrissene Raum – zusammen mit der Südseite des Hindukusch – eine Sonderstellung ein. Denn er empfängt durch die Monsunausläufer auch sommerliche Niederschläge, deren Ergiebigkeit freilich von Osten, wo sie Waldwuchs ermöglichen, nach Westen rasch abnimmt.

Das Großrelief Ostafghanistans ist durch weite Becken und langgestreckte, breite Hochtäler geprägt, die in das Hochland eingesenkt und durch Gebirgszüge bis über 4000 m Höhe voneinander getrennt sind. Das Gebiet wird in unterschiedliche Richtungen entwässert: Das Kabul-Panjsher-Becken, Nangarhar und der äußerste Osten von Paktya und Paktika gehören dem Indussystem an, der mittlere Teil mit Ghazni und Gardez entwässert in den abflußlosen Ab-i-Istada, der äußerste Süden bereits zum Arghandab und Helmand. Im Gebiet der Hauptwasserscheide um Ghazni und Gardez erreichen die Hochebenen mit 2350 m beträchtliche Höhen, gegen Osten sinken sie rasch ab: Die Becken von Jalalabad und Laghman (um 570 bzw. 750 m) und von Khost (ca. 1200 m) leiten nach Höhenlage und wintermildem Klima bereits zum Industiefland über.

Diese enormen Höhendifferenzen bewirken eine kräftige Tiefenerosion der zum Indus fließenden Flüsse und damit die Bildung schluchtartiger Talstrecken, die den Straßenbau erschweren. Dies trifft insbesondere für die Routen zwischen Jalalabad und Kabul (und weiter über den Hindukusch) zu. Verkehrsgünstiger ist der westliche, höhere Teil des ostafghanischen Hochlandes, wo die trennenden Gebirgszüge ziemlich durchlässig sind. Ein Beispiel hierfür bietet der frühere Karawanenweg von Kabul über Ghazni nach Kandahar, dem auch die moderne Straße folgt.

Diese alten Fernverkehrsrouten verbinden die großen Oasen Ostafghanistans, wo sich im Laufe der Geschichte wichtige Städte entwickelt haben: in vorislamischer Zeit Kapisa und Hadda, später Ghazni und Kabul, zuletzt Jalalabad. Sekundäre Verkehrswege erschließen das Logartal und das Hochtal von Gardez. Dagegen liegen die grenznahen Teile von Paktya (Khost) sowie ganz Paktika im Abseits. Ihre periphere Lage ist aber nicht erst eine Folge der Grenzziehung durch die britische Kolonialmacht Ende des 19. Jh., sondern historisch viel älter. Es handelt sich um das Gebiet de facto freier Paschtunenstämme (Yaghistan), das bis in die jüngste Vergangenheit staatlicher Kontrolle weitgehend entzogen war.

Ostafghanistan ist der Kernraum des ganzen Landes. Hier lebte 1978 über ein Drittel der gesamten seßhaften Bevölkerung auf nur einem Neuntel der Fläche Afghanistans. Diese führende Stellung verdankt das Gebiet aber nicht nur der Hauptstadt Kabul. Vielmehr handelt es sich um ein Altsiedelland mit hohen ländlichen Bevölkerungsdichten (Karte 7) und mit einer zwar traditionellen, aber intensiven und z. T. hochspezialisierten Landwirtschaft.

7.1.1 Das Kabul-Panjsher-Becken

Unter dem Kabul-Panjsher-Becken sei hier jene große tektonische Senkungszone verstanden, die im Norden vom Panjsher-, im Süden vom Kabulfluß entwässert wird. Im Westen, Norden und Osten, wo fast geradlinig auseinanderlaufende Störungslinien das Becken begrenzen (s. S. 18), wird es von Hochgebirge umrahmt: vom Paghmangebirge im Westen, vom Hindukusch im Norden und Osten, denen wechselnd breite Fußflächen und Schwemmkegel vorgelagert sind.

Das Becken ist in sich stark untergliedert, wobei sich fünf Teillandschaften unterscheiden lassen (Karte 23):

a) Das *Becken von Kabul i. e. Sinne* (ca. 1800–1900 m) nimmt den Südwesten ein. Es wird im Norden durch niedrige Bergketten aus präkambrischen Gneisen begrenzt, die auch die Ebene von Deh Sabz einschließen, im Süden durch das Bergland von Logar-Maydan, im Osten durch den südlichen Koh-i-Safi.

b) *Koh Daman* („Gebirgsfuß") im Westen umfaßt die vom Paghmangebirge nach Osten abdachenden Gebirgsfußflächen zwischen dem Khairkhanapaß nahe Kabul und der Ghorbandmündung (ca. 2000–1500 m). Es geht nach Norden und Nordosten über in

c) die *Parwan-Kapisa-Ebene* (um 1500 m ü. M.), die von den Flüssen Panjsher und Ghorband und im Süden vom Shakardarrah-Fluß durchquert wird.

d) Das *Bergland von Koh-i-Safi*, aus Gesteinen des Jura und der Kreide, im Süden auch aus permischen Kalken und präkambrischen Gneisen bestehend, erreicht Höhen bis über 3000 m und ist nur im Norden nennenswert besiedelt. Seinen niedrigen östlichen Teil, der von neogenen Schottern gebildet wird, durchfließt der Panjsher in einem völlig siedlungsleeren Engtal. Es handelt sich um eine geologisch junge epigenetische Laufstrecke, denn das alte Panjshertal verlief östlich davon am Rande des Hindukusch bei Tagab. Noch jünger ist die Schlucht Tang-i-Gharu, flossen doch Kabul und Logar noch im Altquartär nordwärts und mündeten nahe Bagram in den Panjsher (MENNESSIER 1963).

e) *Kohistan*, das den nördlichen und östlichen Rand des Beckens mit den Fußflächen des Hindukusch umfaßt. Sein südlicher Teil mit den Bezirken Nejrab und Tagab nimmt eine vom übrigen Becken ziemlich isolierte Lage ein.

Zeichenerklärung: 1 = Stadtgebiet; 2 = Basarort; 3 = bewässertes Land; 4 = Asphaltstraße; 5 = Nebenstraße, Fahrweg; 6 = Flugplatz; 7 = großes Wasserkraftwerk; 8 = Stausee. – Abkürzungen: Cu = Kupfererz-Vorkommen; JS = Jabal-us-Saraj; La = Latabandpaß; M = Mahipar; Q = Qala-i-Murad Beg; S = Shakardarrah.

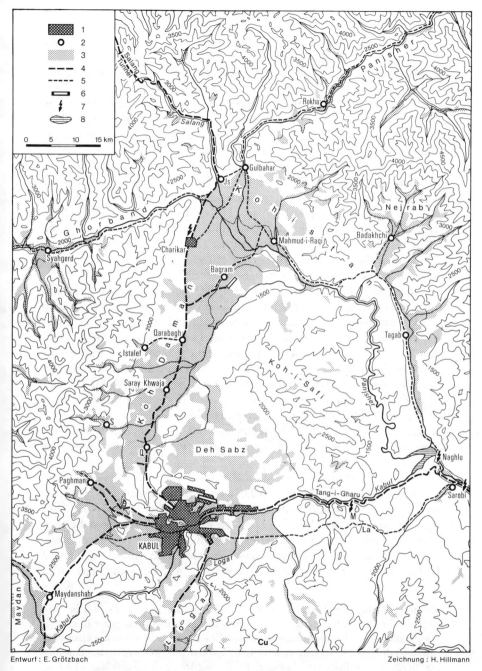

Karte 23: Das Kabul-Panjsher-Becken (Grundlage: Topograph. Karten 1:100 000 und 1:250 000).

7.1.1.1 Kabul und sein näheres Umland

Das Becken von Kabul i. e. Sinne wird in NW-SO-Richtung von einer Bergkette gequert, die – ebenso wie jene des Koh-i-Khwaja Rawash im Norden – aus präkambrischen Sher Darwaza-Gneisen besteht. Diese Höhenzüge überragen den Beckenboden um 300–500 m und gliedern ihn in die Teilbecken oder Ebenen von Kabul – Logar im Osten und von Chardeh im Westen. Die Chardeh-Ebene wird vom Kabulfluß, der bei Rishkhor aus dem Logar-Maydan-Bergland austritt, und vom Chamchamast entwässert, der, aus dem Paghmangebirge kommend, sich mit dem Kabul vereinigt. Der Kabulfluß durchbricht die alten Gneise in einem Engtal zwischen dem Koh-i-Sher Darwaza im Süden und dem Koh-i-Asmai im Norden, durchfließt das östliche Teilbecken und nimmt hier den Logarfluß von Süden auf, ehe er in die Schluchtstrecke der Tang-i-Gharu eintritt (Karte 24). Die Kabul-Logar-Ebene wird durch inselhaft aufragende Hügel weiter untergliedert, die im Kern aus groben Schottern des Neogen bestehen.

Die Kabul-Logar-Ebene hat sehr geringes Gefälle, so daß es hier während der Niederschlagsperiode im Winter und Frühjahr stellenweise zu großflächigen Vernässungen, ja zur Bildung von Sümpfen und Seen kommt. Sie erweisen sich nicht nur als Hindernis für Stadterweiterungen im Norden und Nordosten, sondern sind auch ein Grund für die weniger intensive agrarische Nutzung dieser Ebene im Vergleich zu jener von Chardeh. Zur Entwässerung der nordwestlichen Kabul-Logar-Ebene bei Khairkhana, Wazirabad und beim Flughafen wurde 1983 mit dem Bau eines 15 km langen Abzugskanals begonnen (KNT v. 24. 4. 83). Andererseits bilden die jungen, nur z. T. verfestigten Sedimente der Beckenfüllungen entlang der Flußläufe mächtige Grundwasserspeicher, die zunehmend für die moderne Wasserversorgung Kabuls genutzt werden.

Viele Jahrhunderte lang bestand *Kabul* nur aus der heutigen Altstadt, die sich vom Nordfuß des Berges Sher Darwaza gegen den Kabulfluß erstreckte und im Südosten von der Festung Bala Hissar beherrscht wurde. Das Alter der Stadt ist nicht näher bekannt. Die Reste der ältesten Stadtmauer, die noch heute den Koh-i-Sher Darwaza krönen, werden in die Zeit der Hephtaliten (5. Jh. n. Chr.) gestellt. Doch könnte die Stadt älter sein, wie zahlreiche buddhistische Stupas, Säulen und Klosteranlagen aus den vorhergehenden

---

Zeichenerklärung: 1 = Altstadtbebauung; 2 = Neuere Stadtteile und stadtnahe Dörfer; 3 = Größere Industrieflächen; 4 = Acker- und Gartenland, meist bewässert; 5 = Friedhöfe; 6 = zeitweise überschwemmtes Feuchtgelände; 7 = See; 8 = Hauptstraßen (asphaltiert); 9 = Nebenstraßen (z. T. asphaltiert). – Abkürzungen: B = Bala Hissar (Burg), M = Militär. Einrichtungen, P = Palast *(Ark)*, SN = Shar-i-Nau, U = Universität.

7.1 Ostafghanistan 197

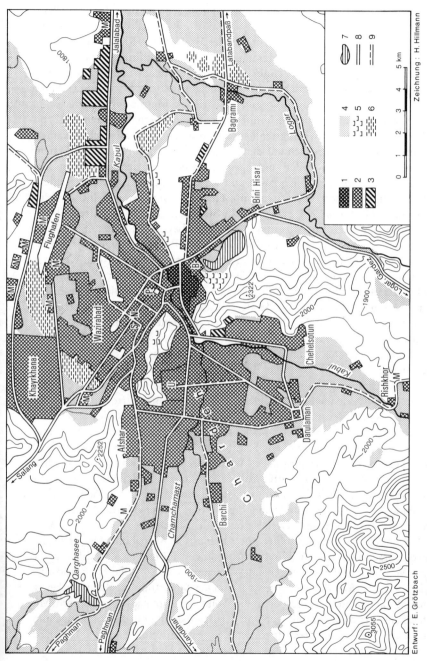

Karte 24: Kabul und Umgebung (Grundlagen: Topograph. Karte 1:100 000; HAHN 1964. – Zum Teil ergänzt nach einem SPOT-Satellitenbild vom 8. 3. 1986 in ›Les Nouvelles d'Afghanistan‹, No. 37, März 1988).

Jahrhunderten in der Umgebung vermuten lassen (BALL & GARDIN 1982). Kabul hatte viele Jahrhunderte lang als Sitz von Regionalfürsten nur untergeordnete Bedeutung und trat hinter anderen Städten – Kapisa in vorislamischer Zeit, später Ghazni, Herat und Kandahar – zurück. Erst um 1775 wurde es durch den Emir Timur Schah zur Residenz- und Hauptstadt erhoben. Doch verging noch mehr als ein Jahrhundert, bis es unter Abdur Rahman den unbestrittenen Vorrang als nationale Metropole erlangte.

Bis zur Zerstörung des berühmten alten Basars durch die Briten (1842) bildete Kabul einen der wichtigsten Umschlagplätze im innerasiatischen Karawanenfernhandel, namentlich auf der Route Indien–Turan. Die Stadt bestand damals aus mehreren Teilen: der eigentlichen Altstadt, dem von schiitischen Qizilbash bewohnten Chendawul und der Zitadelle, die jeweils gesonderte Mauerringe besaßen. Diese Struktur erhielt sich zum Ersten Weltkrieg (NIEDERMAYER & DIEZ 1924), wiewohl die Stadt seit den 1880er Jahren allmählich gegen Westen und Norden zu wachsen begonnen hatte. 1888 wurde der neue Emirpalast *(Ark)* nördlich des Kabulflusses fertiggestellt, gleichzeitig entstanden am Ausgang des Kabul-Engtales mechanische Werkstätten zur Herstellung militärischer Ausrüstungen. Der moderne Ausbau der Hauptstadt beschleunigte sich unter dem König Amanullah. Dieser ließ etwa 8 km südwestlich von Alt-Kabul die nach europäischen Vorbildern konzipierte Neustadt Darulaman anlegen und eine Eisenbahnlinie dorthin bauen, deren Gleise in den Wirren von 1929 abmontiert wurden und im Basar verschwanden. Der neue Stadtteil ist bis heute ein städtebaulicher Torso geblieben.

Eine planmäßige kontinuierliche Erweiterung Kabuls ist erst seit den 30er Jahren zu verzeichnen (HAHN 1964). Den Anfang markierte die Anlage von Shahr-i-Nau („Neustadt") nordwestlich des Königspalastes, die zunächst das bevorzugte Wohngebiet der einheimischen Oberschicht und der Ausländerkolonie wurde. Es folgten neue Stadtteile im Westen und Osten, später auch im Norden. Da, der traditionellen Wohnweise entsprechend, fast ausschließlich Einfamilienhäuser errichtet wurden, hat sich die Stadt in den letzten Jahrzehnten weit in ihr früheres Umland ausgebreitet. Diese viel Fläche verbrauchende Bebauung erforderte allerdings hohe Kosten für den Ausbau der Infrastruktur, der denn auch meist hinter dem Bedarf herhinkte.

Wohnblockbebauung bildet noch immer die Ausnahme. Der erste derartige Stadtteil, nach sowjetischem Vorbild geplant und daher „Mikrorayon" (im Volksmund *Mikroyan*) genannt, entstand seit den 60er Jahren nordöstlich der Altstadt. Aus Bauelementen der von der Sowjetunion gelieferten Fertigteilfabrik errichtet, erinnert er an die Wohnviertel in Städten Sowjetisch-Mittelasiens. Da diese Wohnungen von der Bevölkerung nur zögernd angenommen wurden, brachte man Behörden und seit 1980 Familien sowjetischer Berater und afghanischer Funktionäre darin unter. Dies trifft anscheinend auch auf die neuen Mikrorayons zu, die inzwischen den Schwerpunkt des öffentlichen Wohnungsbaus bilden.

Andererseits gibt es auch „wilde" Wohnbebauung außerhalb der amtlich festgelegten Neubaugebiete, insbesondere an den Hängen der Berge Asmai und Sher Darwaza. Hier hat eine weniger wohlhabende Bevölkerung feste Häuser mit kleinen Innenhöfen auf öffentlichem Grund errichtet (BECHHOEFER 1977). Diesen dichtbebauten Hangsiedlungen mangelt es an Wasser und jeglicher Kanalisation, nicht jedoch an elektrischem Strom, den man häufig genug durch das Anzapfen öffentlicher Leitungen gewinnt – eine auch anderswo im Lande verbreitete Methode. Weitere Ansatzpunkte ungeregelter Bebauung bilden die früher stadtnahen Dörfer, die infolge raschen Wachstums heute z. T. schon im Stadtgebiet liegen. Die größten davon sind Bibi Mahro, Wazirabad und Shahrara im Norden, Deh Khodaydad im Osten, Afshar (VOPPEL 1967) und Gulkhana im Westen, Chehelsotun und Bini Hissar im Süden.

Die Entwicklung der Einwohnerzahl Kabuls läßt sich nur in groben Zügen verfolgen, fanden doch erst wenige Zählungen statt. Zudem wird der Vergleich ihrer Ergebnisse dadurch erschwert, daß die genaue Abgrenzung des jeweiligen statistischen Stadtgebietes unbekannt geblieben ist. Ein erster „Zensus" von 1876, der anscheinend auch die stadtnahen Dörfer umfaßte, ergab 141 000 Ew. Die Bevölkerung der eigentlichen, d. h. ummauerten Stadt, wurde im Jahre 1916 wie schon im 19. Jh. auf 60 000 geschätzt. Die auf die Hauptstadt beschränkte Zählung von 1965 erbrachte für Groß-Kabul 435 000, der allgemeine Zensus von 1979 bereits 913 000 Ew. Eine erneute amtliche Zählung Ende 1986 ergab 1 287 000 Ew. (KNT v. 8. 1. 87), doch dürfte diese Angabe zu niedrig sein. Denn die Bevölkerungszahl ist durch den Zustrom von Binnenflüchtlingen seit 1980 drastisch gestiegen, so daß sie 1988 auf fast 2 Mio. geschätzt wurde (ERMACORA 1988).

Mit der Zunahme der Einwohnerzahl änderte sich auch die Struktur der Bevölkerung. Diese bestand 1876 zu fast drei Vierteln aus „Kabulis", d. h. einheimischen Darisprechern, die hauptsächlich als Kleinhändler und Handwerker tätig waren, ferner aus Qizilbash (5%), Hindus und Sikhs (3%), Kaschmiris, Durrani- und Ghilzai-Paschtunen u. a., darunter auch einigen Juden und Armeniern. Während letztere ebenso wie die Hindus und Sikhs durchweg Händler waren, dienten die schiitischen Qizilbash als Schreiber, Sekretäre und Soldaten. Sie wohnten in Chendawul und in mehreren Dörfern der Umgebung (Bini Hissar, Wazirabad, Deh Mazang, Afshar, Qargha u. a.). Hazara als ständige Bewohner gab es in der Stadt kaum, wohl aber in einigen Dörfern von Chardeh. Im übrigen bevölkerten Tadschiken und Paschtunen die Umgebung der Stadt. Die Spitze der gesellschaftlichen Pyramide bildeten Durrani und Ghilzai, die aber nur 3,5 % der Stadtbevölkerung ausmachten (ADAMEC 1985, S. 333).

100 Jahre später stellte sich die Zusammensetzung der Stadtbevölkerung als Folge des starken Zuzugs erheblich verändert dar. Aus Zentralafghanistan

sind zahlreiche Hazara zugewandert, die nunmehr ganze Stadtviertel einnehmen, namentlich die Hänge der Berge Asmai und Aliabad um das besonders von Hazara verehrte Zyarat-i-Sakhi. Auch Gruppen von Usbeken und Turkmenen, letztere vor allem als Teppichhändler, haben sich in Kabul niedergelassen (BALLAND 1976a), dazu einzelne Vertreter der kleinen Ethnien des Landes. Zu erwähnen ist schließlich die Ausländerkolonie, die vor 1978 mehrere tausend Personen sehr unterschiedlicher Nationalität umfaßte. Sie konzentrierte sich vor allem in Shahr-i-Nau und im benachbarten Wazir Akbar Khan Mina, wo auch die meisten ausländischen Botschaften lokalisiert sind (Karte 25).

Die Provinzen des Landes waren an der Zuwanderung nach Kabul in sehr unterschiedlichem Ausmaß beteiligt, wobei Ostafghanistan als Herkunftsgebiet dominierte. Der Zählung von 1965 zufolge kamen nicht weniger als 84 % der Zugezogenen aus dieser Region, davon allein 21 % aus Wardak/Maydan (SoP 1967/68). Allerdings ist anzunehmen, daß sich der Anteil der Zuzügler aus entfernteren Provinzen dank der verbesserten Verkehrserschließung und des langsam steigenden Bildungsniveaus von 1965 bis 1978 etwas erhöht hat.

Die Altstadt verlor infolge des raschen baulichen Wachstums der Außenbezirke um 1960 ihre führende Stellung als Wohngebiet und Geschäftszentrum. Zwar nahm ihre Einwohnerzahl bis 1965 auf 91 000 zu, und ihre maximale Wohndichte stieg bis über 1000 Ew./ha (in Shor Bazar), doch unterlag sie gleichzeitig einer sozioökonomischen Nivellierung, ja Marginalisierung. Die traditionelle Oberschicht und die besser verdienenden sozialen Aufsteiger mit modernen Berufen wanderten in die Neustädte ab, und Unterschichtangehörige rückten nach. Dabei handelt es sich großenteils um Zuwanderer vom Lande, insbesondere aus dem Hazarajat (HAHN 1972a). Ihnen sind die niedrigen Mieten wichtiger als die unzureichende Infrastruktur (z. B. fehlende Leitungssysteme für Trinkwasser und für Abwässer), als Enge und Überfüllung und eine allmählich verfallende Bausubstanz. Vor allem manche Wohnsaray in der Altstadt dienen als Massenquartiere mit jeweils über 100 Räumen. Daneben gibt es auch vereinzelt noch den Typ des traditionellen Wohnsaray, der als abgeschlossener, nur durch eine Sackgasse zugänglicher Wohnhof von Familien gleicher ethnischer oder religiöser Zugehörigkeit bewohnt wird, z. B. von Hindus oder Sikhs (BECHHOEFER 1976).

Auch der Altstadtbasar unterlag einem völligen Wandel seiner Struktur und Funktion. Die großen Straßendurchbrüche der frühen 50er Jahre hatten das alte Standortgefüge auf rigorose Weise zerschnitten (HAHN 1964). In der Folge ließen sich am westlichen Abschnitt der langen Jadda-ye-Maywand moderne Läden und später auch Hotels und Kaufhäuser nieder, im benachbarten Bagh-i-Umumi der Großhandel. Basareinzelhandel und -gewerbe wurden teils in die östliche Jadda-ye-Maywand und in Seitenstraßen abgedrängt, teils blieben sie in den alten Handwerkergassen. Gleichzeitig entstand dem Alt-

7.1 Ostafghanistan 201

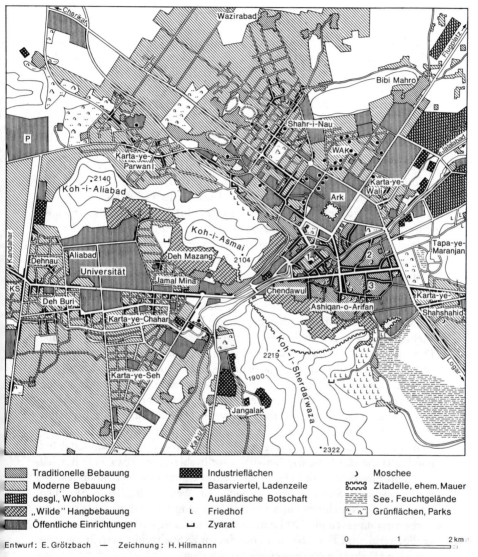

▨ Traditionelle Bebauung	▨ Industrieflächen	) Moschee
▨ Moderne Bebauung	= Basarviertel, Ladenzeile	⌇ Zitadelle, ehem. Mauer
▓ desgl., Wohnblocks	• Ausländische Botschaft	≡ See, Feuchtgelände
▨ „Wilde" Hangbebauung	L Friedhof	▨ Grünflächen, Parks
▓ Öffentliche Einrichtungen	⌐⌐ Zyarat	

Entwurf: E. Grötzbach — Zeichnung: H. Hillmannn

Karte 25: Baulich-funktionelle Gliederung von Kabul (nach GRÖTZBACH 1979, WIEBE 1984 und SPOT-Satellitenbild 1986 – siehe Karte 24).
Abkürzungen: KS = Kot-i-Sangi; P = Polytechnikum; WAK = Wazir Akbar Khan Mina. – 1 = Bagh-i-Umumi; 2 = Bagh-i-Mardan; 3 = Shor Bazar.

stadtbasar durch Ladenansammlungen in den neuen Stadtteilen zunehmende Konkurrenz. Schon 1969 war nur mehr die Hälfte aller Läden in der Altstadt lokalisiert.

Das größte und wichtigste neue Geschäftsgebiet erstreckt sich nordwestlich der Altstadt auf 2,5 km Länge mit wenigen Unterbrechungen vom Kabulfluß bis in den Kern von Shahr-i-Nau (Karte 25, Bild 1). Dadurch ist das ursprünglich sehr ruhige, mit viel Grün durchsetzte Bungalow- und Ämterviertel zu einem Mischgebiet von Verwaltung (mit Ministerien, sonstigen Behörden und ausländischen Botschaften), Schulen, geschäftlichen Aktivitäten und anspruchsvollem Wohnen geworden. Einzelhandel, Dienstleistungsgewerbe und Handwerk richteten ihr Angebot von Anfang an auf die gehobenen Ansprüche der hier wohnenden afghanischen Oberschicht und der Ausländerkolonie, seit Ende der 60er Jahre auch auf die ausländischen Touristen. Der baulich-funktionelle Umformungsprozeß war in der Nähe des Kabulflusses am stärksten, wo eine Art moderner City mit Hotels, Restaurants, Läden für teure Importwaren, Luftverkehrsbüros usw. geschaffen wurde. Dieses ausgedehnte neue Geschäftsgebiet, das 1969 bereits ein Sechstel aller Kabuler Läden zählte, hat die Funktion eines Nebenzentrums „westlicher" Prägung erlangt. Es ergänzt den Altstadtbasar, der vornehmlich den Bedürfnissen der traditionell eingestellten und weniger kaufkräftigen Bevölkerung dient.

Ein weiteres junges Strukturelement bildet die Industrie. Zwar ist Kabul der wichtigste Industriestandort des ganzen Landes, doch treten Industriebetriebe nur an wenigen Stellen des Stadtgebietes dominierend in Erscheinung. Das einzige größere Industrieviertel, jenes von Pul-i-Charkhi, erstreckt sich entlang der Ausfallstraße nach Jalalabad (Karte 24). Hier hatten sich bis 1978 über 20 kleinere und mittelgroße Betriebe hauptsächlich der Textil- und Bekleidungsindustrie, zur Herstellung von Speiseöl, Fahrrädern, Plastikschuhen, Wein, Glas, Pharmazeutika (Farbwerke Hoechst) usw. mit zusammen fast 5000 Beschäftigten niedergelassen. Zudem ist hier seit 1973 mit indischer Hilfe auch ein Industriepark angelegt worden. An der Straße zum Latabandpaß bildet die staatliche Bagrami-Baumwollweberei, mit etwa 3000 Beschäftigten größter Betrieb der Hauptstadt, einen eigenen Industriekomplex. Ein dritter wichtiger Standort liegt im Süden am Westfuß des Berges Sher Darwaza, wo die Maschinen- und Gerätefabrik Jangalak und zwei kleinere Betriebe zusammen rund 1000 Leute beschäftigen. Die übrigen Industrie- und großgewerblichen Betriebe sind über das ganze Stadtgebiet verteilt mit einer gewissen Häufung nahe dem ersten Mikrorayon.

Größere Flächen nehmen im Stadtgebiet öffentliche Einrichtungen ein, namentlich die Ministerien und Parteiinstitutionen um die frühere Königsburg *(Ark)*, Universität und Polytechnikum im Westen und der Militärbezirk um die alte Zitadelle. Militärische Einrichtungen finden sich vor allem am Außenrand des Stadtgebietes: Pul-i-Charkhi mit Militärakademie, Garnison und dem berüchtigten Großgefängnis (das vor 1978 mit Hilfe der Bundesrepublik gebaut wurde!) bildet einen Schwerpunkt im Osten, dazu kommen die Garnisonen von Rishkhor im Süden, Qargha im Westen und am Flugplatz Khwaja Rawash im Norden (Karte 24). Diese Militäranlagen sind seit 1980 durch sowjetrussische Stützpunkte noch weiter verdichtet worden, die einen sperrenden Ring um die Stadt bildeten.

Kabul vereinigt als Primatstadt alle führenden nationalen Funktionen von Politik und Administration, Wirtschaft und Kommunikation, kulturellem Leben und Bildungswesen in sich. Es wirkte bis 1978 auch als das wichtigste „Einfallstor der Verwestlichung" (WIRTH 1968) in Afghanistan, da sich hier fast alle Beziehungen zum Ausland bündelten. Zudem war es die mit sozialer Infrastruktur am besten ausgestattete Stadt des Landes. Das Schulsystem war nirgends sonst so breit gefächert wie hier, wo fast ein Sechstel aller Schüler des Landes zur Schule gingen. Ähnliches galt für das Gesundheitswesen.

Als weniger befriedigend erscheint der Ausbaustand der technischen Infrastruktur, die mit dem Flächenwachstum der Stadt nicht Schritt hielt. Die Elektrizitätsversorgung konnte durch den Bau der großen Wasserkraftwerke Sarobi, Naghlu und Mahipar am Kabulfluß nur vorübergehend gesichert werden. Um die steigende Nachfrage zumal im Winter zu befriedigen, wenn die Flüsse nur wenig Wasser führen, wurden zwei Thermalkraftwerke auf Erdölbasis mit zusammen rund 90 000 kW errichtet (fertiggestellt 1978 bzw. 1984). Obwohl das Verteilernetz im engeren Stadtgebiet inzwischen gut ausgebaut ist, sind Spannungsabfälle noch immer häufig, verursacht durch mangelhafte Isolierung und Anzapfen von Leitungen, gibt es doch neben den registrierten Abnehmern (70 000 im Jahre 1980) viele illegale Stromverbraucher.

Auch die Trinkwasserversorgung ist insgesamt noch immer unzureichend. Jahrhundertelang ist die Altstadtbevölkerung auf Kanal(Fluß)- und Brunnenwasser angewiesen gewesen, bis 1923 die erste Wasserleitung von Paghman her in Betrieb genommen wurde. Durch sie konnte mittels öffentlicher Zapfstellen ein Großteil der damaligen Stadt versorgt werden. Erst 1957 folgte ein zweites Leitungsnetz, das aus Tiefbrunnen in Karta-ye-Seh gespeist wird. Doch diese Systeme hielten mit dem Stadtwachstum bei weitem nicht Schritt (HAHN 1964). Nach langen Planungen wurden deshalb in den 70er Jahren zwei große Vorhaben zur Wasserversorgung in Angriff genommen: das durch deutsche Kapitalhilfe finanzierte Afshar-Projekt im Westen und das Logar-Projekt im Osten der Stadt. Beide beruhen auf Tiefbrunnen und sollten nach der ersten Projektphase rund 400 000 Personen versorgen. Ob dieses Ziel inzwischen erreicht werden konnte, ist nicht bekannt. Neuerdings wurde über Pläne für einen 12 km langen Stausee berichtet, der mit sowjetischer Hilfe etwa 13 km südlich der Stadt am Logar geschaffen werden und der Bewässerung wie auch der Trinkwasserversorgung dienen soll (KNT v. 14. 10. 87). Noch weit problematischer ist die Abwasserbeseitigung, da es bislang kein

Kanalisationssystem gibt. Zwar liegen auch hierfür Pläne vor, doch sie zu verwirklichen dürfte wegen des sehr geringen Gefälles der Kabul-Logar-Ebene nicht einfach sein.

Ein weiteres Problem bilden die innerstädtischen Verkehrsverhältnisse, kam doch 1977 in Kabul bereits ein Kraftfahrzeug auf 25 Einwohner. Besonders hohe Verkehrsdichten treten im Kabul-Engtal und an den Brücken über den Kabulfluß auf, wie schon HAHN (1964) gezeigt hat. Zur Entlastung der inneren Stadt ist 1983 die schon lange geplante nördliche Umgehungsstraße eröffnet worden (Karte 24), die den Fernverkehr Salang– Jalalabad umleiten soll. Unmittelbarer Anlaß zu ihrem Bau waren allerdings die sowjetischen Truppenbewegungen zum und vom Flughafen. Durch das Flächenwachstum der Stadt wird auch das öffentliche Verkehrssystem überfordert, das auf Bussen und Taxis beruht. Sein Fuhrpark ist zudem überaltert und wenig umweltfreundlich. Hier hat die Einführung von elektrisch betriebenen Oberleitungsbussen seit 1979 eine gewisse Entlastung gebracht.

Die gegenwärtige und künftige städtebauliche Entwicklung Kabuls soll im wesentlichen dem Generalbebauungsplan (Master Plan) von 1978 folgen, der 1979 in Kraft getreten und auf 25 Jahre, also bis 2003, ausgelegt ist. Dabei handelt es sich um eine Fortschreibung der früheren Pläne von 1964 und 1971, die allerdings nach Einwohnerzahl und Fläche kleiner dimensioniert waren (vgl. GRÖTZBACH 1979; HABIB 1987). Schon an ihrer Ausarbeitung waren sowjetrussische Stadtplaner maßgeblich beteiligt. Dies gilt noch mehr für den jüngsten Plan, der auf „den Erfahrungen der Sowjetunion und anderer progressiver Staaten" beruht (KT v. 3. 2. 79), inzwischen aber durch die politischen Ereignisse überholt sein dürfte.

Der Plan sah für das Jahr 2003 eine Stadtfläche von 322 qkm mit über 2 Mio. Menschen vor, dazu eine moderne Infrastruktur, Industrie- und Grünflächen u. dgl. Die Stadt sollte baulich und funktional neu strukturiert werden, wobei man vier große, in einzelne Wohnviertel untergliederte Stadtteile mit jeweils eigenen Versorgungs-, Verwaltungs- und kulturellen Einrichtungen zugrunde legte. Am einschneidendsten unter allen vorgesehenen Maßnahmen wäre der Abriß der Altstadt, die „durch schöne und komfortable mehrstöckige Wohnhäuser" sowie durch Bauten von Partei und Staat ersetzt werden sollte (KNT v. 13. 2. 84). Immerhin wollte man dabei einige historisch oder architektonisch wichtige Gebäude erhalten. Auch für andere Stadtteile mit Häusern in herkömmlicher Bauweise war eine derartige Flächensanierung geplant, so daß man nicht weniger als 70% des vorhandenen Baubestandes hätte abreißen müssen! Der Plan sah insgesamt 86 qkm (27% der Gesamtfläche) für Wohnbebauung vor, davon jeweils etwa die Hälfte für Wohnblocks mit bis zu 16 Geschossen und für (Einfamilien-?)Häuser mit Garten oder Hof (KT v. 4. 2. 79). Um den Bedarf an vorfabrizierten Bauelementen decken zu können, wollte man weitere 4–6 Fertigteilfabriken errichten. Dem Plan zufolge wäre Kabul im Jahr 2003 eine ganz und gar von fremdkulturellen sozialistisch-kollektivistischen Vorstellungen geprägte moderne Stadt geworden. Er nahm dabei keinerlei Rücksicht auf traditionelle Lebens- und Wohnformen,

7.1 Ostafghanistan

auf gewachsene Stadtstrukturen, ja nicht einmal auf Klima und einheimische Baumaterialien, wie die alleinige Bevorzugung der Beton- und Glasbauweise zeigt. Für einen Basar, einen Saray, für herkömmliche Haustypen, für Nischen traditionellen Lebens, für die Bedürfnisse des einfachen Besuchers vom Lande gäbe es in einem solchen „fortschrittlichen" Kabul keinen Platz mehr.

Auch in anderer Hinsicht erscheint der Plan unrealistisch, seine Verwirklichung kaum möglich. Schon 1979 hat man hierfür – nach ersten, noch unvollständigen Schätzungen – den Investitionsbedarf auf über 200 Mrd. Afs. beziffert – und dies bei einem Volumen des Staatshaushaltes von 30 Mrd. Afs. (1979/80). Demnach müßte man ein Vierteljahrhundert lang den größten Teil der Entwicklungsausgaben auf Kabul konzentrieren! Im übrigen bleibt unklar, wer überhaupt die relativ teuren Apartments bewohnen soll, wenn man das niedrige Einkommensniveau der afghanischen Mittel- und Unterschicht bedenkt. Dies hat wohl auch die kommunistische Regierung erkannt, die 1982 den Bau von Wohnsiedlungen in herkömmlicher Billigbauweise außerhalb des vom Stadtentwicklungsplan betroffenen Gebietes einleitete. Das erste dieser Projekte, Nauabad-i-Pul-i-Charkhi im Osten der Stadt, soll 80–100000 Ew. aufnehmen, wohl meist Planungsverdrängte (KNT v. 4. 2. 82). Dies dürfte das einfachste und billigste Verfahren sein, die angestrebte Erhöhung der Wohndichte auf 230 Ew./ha zu erreichen, widerspricht jedoch allen städtebaulichen Intentionen des Planes. Auf diese Weise würde, ausgerechnet unter dem kommunistischen Regime, die städtische Unterschicht noch mehr an den Stadtrand abgedrängt als früher.

Unter dem Schutze der Besatzungsmacht wurde der Wohnungsbau in Kabul nach 1979 forciert, doch weniger um den Plan zu verwirklichen, sondern um den Nachfragedruck Hunderttausender von Binnenflüchtlingen aufzufangen. So vergaben die Stadtbehörden von 1978 bis 1984 außer 4250 neuen Apartments fast 13300 Grundstücke in offiziellen Baugebieten (KNT v. 9. 9. 85); daneben gab es auch eine lebhafte illegale Bautätigkeit. Mit etwa 800 Apartements pro Jahr leistete die Fertigbaufabrik einen wichtigen Beitrag zum Kabuler Wohnungsmarkt (KNT v. 25. 8. 87).

Über die agrarsozialen Verhältnisse im *Umland* von Kabul hatten HAHNS (1965) detaillierte Untersuchungen erstmals Aufschluß gebracht. Er zeigte eine enorme Besitzzersplitterung auf, wogegen die durchschnittlichen Betriebsgrößen (1,5–2 ha) durch Zupacht etwas aufgestockt waren. Verpächter waren meist städtische Grundeigentümer, die über einen Großteil des Landes verfügten. Hierin, aber auch in steigenden Grundstückspreisen und in den vielen außerlandwirtschaftlichen Erwerbstätigen, überwiegend Auspendlern nach Kabul, kam schon damals der wachsende sozioökonomische Einfluß der nahen Hauptstadt zum Ausdruck. Dieser hat bis 1978 infolge der raschen Ausbreitung der Stadt und der verbesserten Verkehrsverbindungen noch weiter zugenommen. Nach 1979 beschränkte sich dieser Prozeß auf das stadtnahe Gebiet innerhalb des Verteidigungsgürtels. Außerhalb hiervon gelegene Orte, die wiederholt umkämpft waren, sind z. T. zerstört und verlassen worden.

Dies gilt insbesondere für *Paghman* und seine Nachbardörfer am Fuße des Paghmangebirges. Nur 20 km von der Hauptstadt entfernt, war das bei 2100 bis 2200 m gelegene Paghman bis 1979 der beliebteste Ausflugs- und Erholungsort im Umland von Kabul (GRÖTZBACH 1981a). Unter Amanullah in den 20er Jahren zum königlichen Sommersitz ausgebaut, umfaßte es zahlreiche Landhäuser, Villen, Clubs, Hotels und öffentliche Parkanlagen. Infolge der extremen Besitzzersplitterung spielte die Landwirtschaft keine Rolle, wohl aber der nebenberuflich betriebene Obstbau. Da Paghman nicht mehr im Tagespendelbereich Kabuls lag, befand sich ein Großteil seiner Bevölkerung in einer prekären wirtschaftlichen Lage (HAHN 1965).

7.1.1.2 Das nördliche Kabul-Panjsher-Becken: Koh Daman, Kohistan und die Parwan-Kapisa-Ebene

Die Landschaften Koh Daman, Kohistan und die Parwan-Kapisa-Ebene nehmen den größeren nördlichen Teil des Kabul-Panjsher-Beckens ein, der aus der Sicht der Hauptstadt oft als *Shamali* („Norden") bezeichnet wird [16]. Zu den Provinzen Kabul, Parwan und Kapisa gehörig, zählen sie zu den am dichtesten besiedelten und am intensivsten genutzten Gebieten ganz Afghanistans. Dies und ihre gemeinsame historische Zugehörigkeit zu Kabul rechtfertigen es, sie als eine Einheit zu behandeln.

Im nördlichen Kabul-Panjsher-Becken einschließlich seiner kürzeren randlichen Täler (d. h. ohne Ghorband-, Salang- und Panjshertal) lebten 1978 rund 740000 Menschen, was im Mittel 210 Ew./qkm entsprach. Sie verteilten sich in etwa folgendermaßen auf die drei Teillandschaften: Koh Daman 280000 (310 Ew./qkm), Parwan-Kapisa-Ebene 260000 (300 Ew./qkm) und Kohistan 200000 Ew. (115 Ew./qkm). Das ganze Gebiet ist altbesiedeltes Land, wo sich die Bevölkerung besonders in zwei ökologischen Gunstzonen verdichtet hat: einmal unmittelbar am Gebirgsfuß, wo Wasservorkommen und Schutzlage zahlreiche große Dörfer entstehen ließen, zum anderen im Beckenboden entlang dem Panjsher-, Ghorband- und Salangfluß, wo reichlich Bewässerungswasser zur Verfügung steht. Die Bevölkerung ist ethnisch gemischt, doch bilden die Tadschiken die große Mehrheit. Paschtunen leben vor allem in Koh Daman, wo sie ein vergleichsweise junges Bevölkerungselement darstellen im Gegensatz zu den altansässigen Safi in der Parwan-Kapisa-Ebene zwischen Mahmud-i-Raqi und Jabal-us-Saraj und im Bergland von Koh-i-Safi. Schließlich sind die Pashai zu nennen, die am Ostrand des Beckens von Gulbahar bis Tagab sitzen. Es ist charakteristisch für diesen alten

---

[16] Die größeren Gebirgstäler Kohistans wie Panjsher- und Ghorbandtal werden im Rahmen des Hindukusch behandelt (Kapitel 7.2.1.3).

7.1 Ostafghanistan

Durchgangs- und Kontaktraum, daß hier alle nichttadschikischen Gruppen einer Tendenz zur Tadschikisierung unterliegen, was sich insbesondere in der Übernahme der persischen Sprache, z. B. durch die Safi-Paschtunen, äußert. Die landwirtschaftliche Bodennutzung zeigt eine deutliche räumliche Differenzierung. ALLAN (1978, 1985) hat versucht, diese nicht nur auf ökologische, sondern auch auf ethnische Faktoren zurückzuführen, doch konnte er nur für die Safi in der Parwan-Kapisa-Ebene einen spezifischen Anbaukomplex ermitteln. Auch Verkehrserschließung und Erreichbarkeit der Hauptstadt spielen dabei eine wichtige Rolle. Im generalisierenden Überblick läßt sich ein deutlicher agrarlandschaftlicher und agrarstruktureller Gegensatz zwischen dem Südwesten (südliches Koh Daman) und dem Norden und Osten (Kohistan, Parwan-Kapisa-Ebene) erkennen. Im Südwesten dominieren Weinbau mit Karezbewässerung, absentistischer Grundbesitz und eine enge Bindung an Kabul, im Norden und Osten dagegen eine vielseitigere Bodennutzung, Kanalbewässerung, bäuerliches Grundeigentum und stärkere Selbstversorgung mit Brotgetreiden. Insgesamt ist aber das ganze Kabul-Panjsher-Becken ein Getreide-Defizitgebiet, das Weizen vor allem aus Qataghan erhält.

Ein auffallendes Element der Agrarlandschaft stellen die Obstgärten dar, die gegen die Beckenränder zunehmen. Von einem erhöhten Blickpunkt aus erscheint selbst die bewässerte Ebene wie ein riesiger Obstgarten. Doch die größte Bedeutung hat der Obstbau in den alten Dörfern am Gebirgsfuß. Viele von ihnen lassen sich als „Obstbaudörfer" bezeichnen (GRÖTZBACH 1972a), die von Gärten aus Maulbeer-, Apfel-, Walnuß-, Aprikosen-, Pfirsichbäumen usw. dicht umgeben sind. Am verbreitetsten ist die Maulbeere (ALLAN 1985), die früher als Grundnahrungsmittel galt und noch heute in frischem oder getrocknetem Zustand oder zu einem dicken Brei gestampft *(talkhan)* genossen wird.

Eine zahlreiche Bevölkerung und beschränkte Ackerflächen mit starker Besitzersplitterung haben wohl schon früh den Obst- und Weinbau am Gebirgsfuß gefördert und ebenso das Dorfhandwerk und Heimgewerbe, vor allem die Baumwollweberei. Spätestens seit den 20er Jahren verzeichnen Koh Daman und Kohistan auch eine starke Abwanderung nach Kabul und Turkistan. Dennoch herrscht noch immer ein enormer Bevölkerungsdruck. Die Nachfrage nach Land, in Koh Daman durch Käufer aus Kabul zusätzlich angefacht, hat zu weit höheren Grundstückspreisen geführt als nördlich des Hindukusch (GRÖTZBACH 1972a).

Trotz der hohen Bevölkerungsdichte ist das ganze nördliche Kabul-Panjsher-Becken bis heute auffallend arm an Städten. Abgesehen von Charikar und den jungen Industrieorten Jabal-us-Saraj und Gulbahar gibt es nur kleinere Basarorte ohne echten Stadtcharakter. Ziemlich gleichmäßig über das Becken verteilt, dienen sie der lokalen Vermarktung landwirtschaftlicher

Überschüsse und der Versorgung der Landbevölkerung. Diese Funktionen sind in Saray Khwaja, Qarabagh und Bagram am stärksten ausgebildet, wo zweimal pro Woche an alternierenden Tagen Markt gehalten wird (ALLAN 1976).

Von den Teillandschaften des nördlichen Kabul-Panjsher-Beckens ist nur Koh Daman eingehender untersucht worden, nicht zuletzt im Hinblick auf die dortigen Entwicklungsprojekte und den Weinbau. Deshalb liegt auch das Schwergewicht der folgenden regionalen Darstellung auf Koh Daman.

Das Relief von *Koh Daman* wird durch die junge Bruchtektonik bestimmt. Den geradlinigen, der Hauptverwerfung folgenden Fuß des Paghmangebirges säumen mächtige Reste pliozäner bis pleistozäner Grobschuttmassen, die durch die Talmündungen und deren tiefer liegende junge Schwemmkegel unterbrochen sind. Die jungquartären Schwemmkegel erreichen im Süden, bei Shakardarrah und Guldarrah, ihre größte Mächtigkeit. Gegen Norden nehmen sie an Umfang ab und gehen bei Istalif in einen nur mehr schwach gegliederten Gebirgsfußhang über. Dies ist die Folge der nordwärts abnehmenden Wasserführung und Transportleistung der Bäche aus dem Paghmangebirge, dessen Kammhöhe in gleicher Richtung absinkt.

Damit verfügt das nördliche Koh Daman auch über weit weniger Grundwasser als der südliche Teil. Zwar verläuft unmittelbar am Fuße des Gebirges eine Reihe von Quellen, an die von Istalif bis zum Ghorbandtal eine Reihe sehr alter Siedlungen anknüpft. Die durchweg geringe Schüttung dieser Quellen reicht aber nicht aus, auch den ostwärts abfallenden Gebirgsfußhang zu bewässern, der deshalb eine Dasht bildet. Er ist jedoch nicht völlig vegetationslos, sondern trägt stellenweise dichte Bestände des Judasbaumes *(arghwan, Cercis griffithii).* Erst mit den vom Ghorbandfluß gespeisten Kanälen setzt auf den tieferen Fußflächen nördlich und südlich von Charikar das Bewässerungsland flächenhaft ein. Südlich von Istalif sind Quellen seltener. Hier führen die Bäche aus dem Paghmangebirge so viel Wasser, daß sie auf kurze Distanz zur Bewässerung genutzt werden können. Mit abnehmendem Gefälle der jungen Schwemmkegel tritt der Grundwasserspiegel so nahe an die Oberfläche, daß die Anlage von Karezen möglich wird. Diese Möglichkeit hat man in reichem Maße genutzt, so daß das Gebiet um Saray Khwaja und Qarabagh zu den wichtigsten Gebieten der Karezbewässerung ganz Afghanistans zählt. Gegen Nordosten, in der Dasht-i-Bagram, ist zwar Grundwasser noch in 10–15 m Tiefe vorhanden, doch das Gefälle der Oberfläche so gering, daß Kareze nicht mehr angelegt werden können. Daher wird in dieser Dasht großenteils Regenfeldbau (meist mit Anfangsbewässerung) getrieben.

Koh Daman ist heute das führende Weinbaugebiet Afghanistans (s. S. 113) und hat als solches eine lange Tradition. Schon der Moghulkaiser Babur Schah pries seine üppigen Wein- und Obstgärten, die damals, zu Be-

7.1 Ostafghanistan

ginn des 16. Jh., vor allem den Gebirgsfuß einnahmen (BABUR 1922). Gegen Ende des vorigen Jahrhunderts waren Weingärten auch im flacheren östlichen Teil von Koh Daman verbreitet, im Süden mehr als im Norden (ADAMEC 1985). 1978 lag der Schwerpunkt des Weinbaus im Karezbewässerungsgebiet beidseits der Hauptstraße bei Saray Khwaja und Qarabagh. Hier bildet der Weinstock örtlich fast eine Monokultur, die hohe agrare Bevölkerungsdichten ermöglicht: HAHN (1965) ermittelte schon 1959/60 im Bewässerungsland etwa 700 Ew./qkm. Seit dem Bau der Asphaltstraße Kabul–Charikar zu Beginn der 60er Jahre wurde die Rebfläche nochmals ausgeweitet. 1968 nahm sie in den Bezirken Kalakan, Qarabagh, Bagram und Charikar bereits 50% der gesamten Anbauflächen ein, im Bezirk Saray Khwaja sogar 65% (VARGHESE 1970a). Vor allem die Gründung mehrerer Rosinenexportfirmen mit Fabriken in Kabul und Charikar hat hierzu beigetragen. Durch sie wurden die bisherigen Trockenhäuser für Weintrauben *(soyagi khana)*, die ein sehr charakteristisches Element der Agrarlandschaft Koh Damans bildeten, z. T. überflüssig. Auch das Eindringen städtischen Kapitals hat die Ausweitung der Weinbauflächen gefördert. Zwar besaßen schon im 19. Jh. zahlreiche Kabuler Familien Qala und Gärten als Sommersitze in Koh Daman (ADAMEC 1985), doch handelte es sich um Landgüter im Rahmen des damaligen Feudalsystems. Seit Mitte der 20er Jahre haben sich auch hier rentenkapitalistische Verhältnisse ausgebreitet, diente doch der Landkauf durch Städter nunmehr der Kapitalanlage. Davon wurde namentlich das südliche Koh Daman betroffen, das der Hauptstadt am nächsten liegt.

In Saray Khwaja z. B. waren 1959/60 erst 8% der gesamten landwirtschaftlichen Betriebsfläche Eigentum von Städtern, 1968 bereits 20–33% (HAHN 1965; VARGHESE 1970a). Die Zunahme absentistischen Grundbesitzes hat die Zahl der Pächter und Landarbeiter anschwellen lassen. Allein auf die letzteren entfiel in den Bezirken Saray Khwaja und Kalakan 1968 ein Fünftel aller Haushalte. Dieser Prozeß war zwar im kapital- und ertragsintensiven Weinbau am stärksten, ging aber auch in Gemarkungen mit gemischtem Anbau oder Obstbau vor sich. Er ist aufs engste mit dem sozioökonomischen und demographischen Wandel verknüpft, der sich seit den 50er Jahren im Umland von Kabul vollzogen hat, freilich räumlich sehr differenziert je nach Verkehrserschließung und ökologischen Gegebenheiten.

So haben z. B. in Shakardarrah und Guldarrah Bevölkerungszunahme, Besitz- und Betriebszersplitterung in der Landwirtschaft, Rückgang des traditionellen Dorfgewerbes, Unterbeschäftigung und zunehmende Wasserknappheit als Folge ausgeweiteter Anbauflächen zu starker Abwanderung nach Kabul geführt. Der freiwerdende Kleinbesitz wurde teils durch Abwanderer aufgekauft, die es in Kabul zu hohen Positionen im Staatsdienst oder als Kaufleute gebracht hatten, teils durch nomadische Paschtunen. Letzteren gehörten um 1975 schon 40% des Ackerlandes auf dem oberen Schwemmkegel von Guldarrah (SAWEZ 1976).

Koh Daman und das nördliche Kohistan sind seit langem bekannt für ihr Handwerk und Heimgewerbe. Noch vor einigen Jahrzehnten hatte hier die Baumwollweberei weite Verbreitung, mit Schwerpunkten in Istalif, Jabal-us-Saraj und Gulbahar. Inzwischen ist sie zwar durch die Konkurrenz von Industrietextilien und importierter Gebrauchtkleidung zurückgedrängt worden, konnte sich aber dank Spezialisierung auf Turbantücher, Baumwollteppiche, Tischtücher, Schals usw. wenigstens punktuell behaupten. Auch die Töpferei in Qala-i-Murad Beg besteht weiter fort, und Istalif hat sich seit den 60er Jahren mit Hilfe eines französischen Spezialisten sogar zu einem neuen Töpferzentrum entwickelt.

Die großen Dörfer am Gebirgsfuß von Koh Daman besitzen zwar stadtartig dichte Bebauung, einen Basar und meist auch etwas Handwerk, sind aber ländlich geprägt. Am ehesten läßt sich *Istalif* als Kleinstadt bezeichnen, das wegen seiner malerischen Hanglage und schönen Gärten schon von Babur Schah gerühmt wurde. Im 19. Jh. noch ein Weberdorf mit weitläufigen Obst- und Weingärten, hat es seitdem größere gewerbliche Vielfalt gewonnen. Allein die Zahl der Töpfer betrug zuletzt gegen 300 in etwa 30 Werkstätten (DUPAIGNE 1985). Istalif entwickelte sich seit den 60er Jahren mehr und mehr zum Ausflugs- und Touristenziel, was auch in seinem Basarangebot zum Ausdruck kam. Doch unterlag sein alter Ortskern allmählichem Verfall, da ein Teil der Bevölkerung entweder Neubauten in den kühleren Gärten bezog oder ganz abwanderte (GRÖTZBACH 1979).

Charikar oder *Chaharikar* (22 400 Ew. 1979) ist Hauptstadt der Provinz Parwan und städtisches Zentrum fast des ganzen nördlichen Kabul-Panjsher-Beckens. Den südlichen Zugang zu mehreren Hindukuschpässen beherrschend, hat es seit langem eine Schlüsselstellung im Fernverkehr von Kabul nach Turkistan inne. Infolge seiner geringen Entfernung von Kabul (64 km) ist es stark auf die Hauptstadt orientiert, was sich in einem relativ einfachen Basarangebot und einer Zunahme der Wochenpendler äußerte. Alte Tradition besitzen hier die Baumwollweberei und das Messerschmiedehandwerk, das sich allerdings in den 70er Jahren unter dem Konkurrenzdruck billiger importierter Schmiedewaren z. T. auf andere Produkte umstellen mußte (WIEBE 1979b). Charikar ist seit zwei Jahrzehnten auch Standort einiger kleiner Industriebetriebe zur Rosinen- und Holzkistenherstellung und Sitz des Parwan-Bewässerungsprojektes.

Das *Parwan-Projekt* zielt darauf ab, den Panjsher als den wasserreichsten Fluß des ganzen Beckens für die Bewässerung des östlichen Koh Daman und der Dasht-i-Bagram nutzbar zu machen. Schon unter Amanullah war ein ähnliches Vorhaben in Angriff genommen, aber nicht zu Ende geführt worden (R. NIEDERMAYER 1929).

Der heutige Zubringerkanal zweigt an einem Stauwehr dicht unterhalb Gulbahars vom Panjsher ab, unterquert in Dükern den Salang- und den

7.1 Ostafghanistan

Ghorbandfluß und endet nach 24 km bei Charikar, wo er ein Wasserkraftwerk mit 2400 kW Leistung speist. Hier verzweigt er sich in drei Hauptkanäle von 18 bis 22 km Länge, die zusammen 24 800 ha bewässern sollen; davon waren 15 300 ha bereits bewässert, doch mit meist unzureichender oder schwankender Wasserzufuhr vom Ghorband her. Der größte Teil der 9500 ha Neulandes dürfte in der Dasht-i-Bagram liegen und war dort z. T. schon im Regenfeldbau genutzt. 2700 ha neu zu bewässernder Fläche erstrecken sich als langer, schmaler Streifen in der Dasht am Gebirgsfuß unmittelbar westlich der Asphaltstraße zwischen Gulbahar und Qarabagh. Sie werden durch einen Kanal bewässert, der mit Hilfe elektrischer Pumpen aus dem mittleren Hauptkanal gespeist wird.

Über das durch die Volksrepublik China ausgeführte Parwan-Projekt ist leider wenig bekanntgeworden, obwohl es so nahe bei der Hauptstadt liegt. 1967 begonnen, wurde seine erste Phase 1976 abgeschlossen, die zweite war 1980 noch im Gange (KT v. 19. 1. 77; KNT v. 30. 3. 80). Seine Fertigstellung wird einen der wichtigsten Agrarräume Afghanistans weiter aufwerten, indem es eine reichlichere und regelmäßigere Versorgung mit Irrigationswasser, höhere Erträge und den Anbau von Zweitfrüchten ermöglicht. Die Erntefläche wird überdies auch durch den Wegfall der Brachen vergrößert werden, die meist durch Wasserknappheit, am Ende älterer Kanäle auch durch zeitweise Vernässungen erzwungen wurden und 1966 nicht weniger als 40% der Akker- und Gartenfläche im Projektgebiet ausmachten. Man erwartet, daß sich auf den neugewonnen Flächen vor allem der Weinbau weiter ausbreiten wird (FAO 1970).

Die *Parwan-Kapisa-Ebene* zählt nur mit ihrem südwestlichen Teil zum Parwan-Projektgebiet und wird im übrigen vom Panjsher her in traditioneller Weise bewässert. Die Ebene besteht aus weiten, wenig untergliederten quartären Terrassenflächen (YAKOUB 1972). Sie erreicht zwischen Charikar und Mahmud-i-Raqi mit über 15 km ihre größte Breite und wird fast lückenlos genutzt, im Norden freilich intensiver als im Süden.

Die Landwirtschaft zeigt in der Parwan-Kapisa-Ebene eine mehr kleinbäuerliche Eigentumsstruktur und eine geringere Marktorientierung als in Koh Daman. Infolgedessen herrscht eine ungewöhnliche Vielfalt des Anbaus auf sehr klein parzellierten Flächen. Neben Getreide (Weizen, Mais, Gerste, Hirse), Hülsenfrüchten, Obst, verschiedenen Gemüsen und Futterpflanzen werden auch Reis und Baumwolle angebaut. Reis findet sich beidseits des Panjsher, wo reichlich Irrigationswasser zur Verfügung steht und das Klima milder ist als im südlichen Koh Daman, das etwa 300 m höher liegt. Baumwolle wird im Norden und Osten der Ebene seit langem angebaut. Doch handelt es sich hier noch immer um kurzfaserige Varietäten, die nicht der industriellen Verarbeitung, sondern dem heimischen Textilgewerbe dienen. Die reichliche Wasserversorgung und die höheren Temperaturen in der nördlichen Ebene ermöglichen auch den Mehrfachanbau. Er wird von Jabal-us-Saraj und Gulbahar abwärts auf etwa 50% der bewässerten Ackerflächen getrieben, wobei meist drei Ernten in zwei Jahren erzielt werden können. Auf Weizen als Winterfrucht folgen in der Regel Mais, Hirse, Klee oder Kichererbsen als Sommerfrüchte.

Mit dem Anstieg des Geländes gegen Süden macht sich Wassermangel immer stärker geltend, zumal der Fluß von Shakardarrah (auch Barikau oder Barikab genannt) nur nach starken Niederschlägen Wasser führt. Daher unterscheidet sich die Dasht-i-Bagram in ihrer Agrarlandschaft und Agrarstruktur völlig von der übrigen Ebene und von Koh Daman: Dort herrschen geringe Siedlungs- und Bevölkerungsdichte, Getreidebau ohne Bewässerung und relativ große Betriebe; der Anteil der Pächter ist hoch, handelt es sich doch überwiegend um staatliches Land. Es ist nicht bekannt, ob die vorgesehene Bewässerung eines Teils der Dasht-i-Bagram durch das Parwan-Projekt verwirklicht werden konnte.

Der Nord- und Ostrand des Kabul-Panjsher-Beckens gehört zur Landschaft *Kohistan*[17]. Während das nördliche Kohistan durch die Täler Ghorband, Salang und Panjsher den Zugang zu den Hindukuschpässen vermittelt und stets ein wichtiger Durchgangsraum gewesen ist, nimmt das östliche Kohistan (mit Nejrab und Tagab) seit dem Niedergang des antiken Kapisa eine periphere Lage ein. In den Wirren des 19. Jh. war Kohistan zeitweise nahezu unabhängig von den Emiren in Kabul, bis Abdur Rahman es unterwarf. Damit konnten seine Pässe vom Handelsverkehr wieder gefahrlos benutzt werden, der vorher den Umweg über den Hajigakpaß und Bamyan hatte einschlagen müssen. Die Kohistani, in ethnischer Hinsicht durchweg Tadschiken und Pashai, standen bis ins beginnende 20. Jh. in dem Rufe, besonders streitsüchtig und gewalttätig zu sein[18].

Die staatliche Kontrolle wurde durch die Errichtung einer starken Garnison und einer Residenz in Jabal-us-Saraj beim Dorfe Parwan durch den Emir Habibullah um 1906 gefestigt. Damit begann auch die moderne Entwicklung des nördlichen Kohistan, in welcher zunächst *Jabal-us-Saraj* am Ausgang des Salangtales die führende Rolle spielte. 1918 wurde hier das erste kleine Wasserkraftwerk Afghanistans in Betrieb genommen, 1938 die erste mechanische Baumwollweberei, 1957 die erste Zementfabrik des Landes. Mit der Eröffnung der Salangstraße (1964) gewann Jabal-us-Saraj eine ausgezeichnete Verkehrslage, doch hat es danach keinen weiteren Ausbau seiner industriell-gewerblichen Funktion mehr erfahren.

---

[17] Mitunter auch als Kabul Kohistan bezeichnet. Den Namen Kohistan („Gebirgsland") tragen auch andere gebirgige Landschaften, z. B. das Bergland südlich von Maymana und Sar-i-Pul; vgl. auch Swat Kohistan und Indus Kohistan in Nordpakistan!

[18] Wie ELPHINSTONE (1815, S. 314) berichtet, galt es unter den Kohistani als unehrenhaft, wenn ein Mann in seinem Bett und nicht im Kampfe starb!

Der zweite Industrieort am Nordrand des Kabul-Panjsher-Beckens entstand in den 50er Jahren unmittelbar südöstlich von *Gulbahar*, nur 7 km von Jabal-us-Saraj entfernt. Hier wurde mit deutscher Hilfe die größte Baumwollspinnerei und -weberei des Landes errichtet (eröffnet 1960), die etwa 5000 Beschäftigte zählte (zum Vergleich: Jabal-us-Saraj insgesamt etwa 800). Standortfaktoren für die Baumwollfabriken waren in beiden Fällen das reichliche Vorhandensein von Arbeitskräften, darunter vielen Baumwollwebern, die Nähe zur Hauptstadt und die Verfügbarkeit von Wasser (EBERHARD 1967). Allerdings spielte die Hydroenergie für die Wahl Gulbahars überhaupt keine Rolle, da ihr Ausbau zu hohe Investitionen erfordert hätte; vielmehr wurde die dortige Textilfabrik durch ein Kohlekraftwerk versorgt. Jabal-us-Saraj und Gulbahar, zwei alte „Maulbeerdörfer" mit kleinem Basar, haben ihr ländliches Gepräge weitgehend beibehalten. Denn die Industrieanlagen samt den zugehörigen Wohnsiedlungen wurden auf *dasht*-Flächen außerhalb des Bewässerungslandes errichtet. Gulbahar, dessen Bevölkerungszunahme durch Zuzug besonders groß war, verfügte 1978 über drei Basare mit zusammen etwa 500 Läden. Dennoch ist seine zentralörtliche Bedeutung gering geblieben, zumal die Bevölkerung von Panjsher den Ort auf dem Wege von und nach Kabul meist nur passiert. 15 km südlich von Gulbahar liegt auf einer trockenen Schotterterrasse Mahmud-i-Raqi, der Verwaltungssitz der Provinz Kapisa; mit einem sehr kleinen Basar ausgestattet, hat er faktisch nur administrative Bedeutung.

Über die agrargeographischen Verhältnisse Kohistans und deren junge Entwicklung ist wenig bekannt. Die Agrarstruktur scheint jener der Obstbaudörfer von Koh Daman zu ähneln, doch ist der Einfluß Kabuls in Kohistan weit geringer als dort. Die ökologischen Rahmenbedingungen stellen sich im südlichen Kohistan insgesamt günstiger dar als im Westen und Norden. Von Tagab bis Panjsher erstrecken sich auf der Westabdachung des Hindukusch noch Ausläufer des Steineichen-Offenwaldes *(Quercus baloot)* bis zum Gebirgsfuß bei 1800 m herab. Sie zeigen höhere Niederschläge und Luftfeuchte im Sommer an und liefern Winterfutter für die Ziegen und Holz (FREY & PROBST 1978). Trotz schlechter Straßenverhältnisse sind die Bindungen dieses Gebietes an die Hauptstadt seit den 60er Jahren enger geworden. So wurden aus Nejrab Obst, Weißkäse und Eier, aus Tagab Granatäpfel nach Kabul geliefert, letztere auch exportiert.

Koh Daman und Kohistan haben unter den Kämpfen nach 1979 besonders stark gelitten. Entlang der Straße von Kabul nach Charikar wurden Häuser und Feldmauern durch die sowjetische Besatzungsmacht schneisenartig niedergelegt, um Überfälle auf Truppenkonvois zu erschweren. Zahlreiche Orte, darunter Istalif, wurden durch Luftangriffe großenteils zerstört. In Gulbahar, das den Kämpfen um Panjsher ausgesetzt war, entstanden Schäden am Dampfkraftwerk, und die Textilfabrik stand längere Zeit still (KNT v. 11. 8. 83).

7.1.2 Wardak/Maydan und Logar

Die Einzugsgebiete der Flüsse Kabul und Logar oberhalb deren Eintritt in das Kabul-Panjsher-Becken umfassen den größten Teil der Provinzen Wardak (oder Maydan)[19] und Logar. Der ganze Raum, durch Talengen und -weitungen stark gekammert, gliedert sich in zahlreiche kleine Teillandschaften. Dies gilt besonders für das weitverzweigte Fluß- und Talsystem des oberen Logar, aus dem man über flache Wasserscheiden zum Helmand und nach Ghazni gelangt. Dagegen bildet die Altamurkette im Südosten und Osten eine viel schärfer gezogene Grenze zu Paktya. Die trennenden Gebirgszüge bestehen im Westen aus paläozoischen, im Osten überwiegend aus mesozoischen Gesteinen und erreichen im Nordwesten (zwischen Wardak und Maydan) wie im Osten jeweils über 4300 m ü. M. Der Hauptsiedlungsraum liegt in Logar zwischen 1800 und 2000 m und damit deutlich tiefer als in Wardak (2100 bis 2400 m). Infolge des Reliefs ist die Bevölkerung viel weiter gestreut und ihre Dichte mit etwas über 40 Ew./qkm viel geringer als im Kabul-Panjsher-Becken.

Die *Provinz Wardak* nimmt das Gebiet am Oberlauf von Logar und Kabul ein, dazu jenes von Behsud, das, vom oberen Helmand entwässert, bereits dem zentralen Hochland zugehört. Als Landschaft Wardak sei hier das ganze Einzugsgebiet des oberen Logar bis zu dessen Eintritt in das Engtal bei Sheikhabad bezeichnet. Es trägt den Namen der dortigen altseßhaften Wardak-Paschtunen. Das nördlich davon gelegene Gebiet des obersten Kabulflusses einschließlich seiner Seitentäler bildet die Landschaft Maydan. Wardak und Maydan werden durch eine Nord-Süd verlaufende Talung verbunden, die der Muqur-Paghman-Störung folgt und sich südlich des querenden Logarflusses über Shiniz und den flachen, 2458 m hohen Paß von Shashgau (oder Sher Dahan) gegen Ghazni fortsetzt. Durch sie führen der alte Karawanenweg und die neue Asphaltstraße Kabul–Ghazni. Maydan ist nur durch den weiten Paß von Chauk-i-Arghandeh oder Kotal-i-Takht (2305 m) vom Kabulbecken getrennt. Der Kabulfluß entspringt unter dem etwa 3280 m hohen Unaipaß oder – nach volkstümlicher Auffassung – in den Karstquellen von Sarchashma; sein Tal weitet sich unterhalb von Kota-i-Ashro und nimmt von Westen her das Tal von Nerkh als größtes Seitental auf. Maydan endet mit dem Eintritt des Kabul in das Wardak-Logar-Bergland.

Die Bevölkerung der Landschaft Maydan (etwa 80000 Ew. 1978) besteht weit überwiegend aus Ghilzai-Paschtunen, die das untere Tal und Nerkh einnehmen. Lediglich im obersten Talabschnitt leben Hazara und darunter, von

---

[19] Die Landschaften Wardak und Maydan bilden die Kernräume dieser Provinz, die abwechselnd beide Namen getragen hat. Hier wird sie als Provinz Wardak bezeichnet (vgl. CSO 1983).

Sarchashma bis Jalrez, Tadschiken. Maydan ist landwirtschaftlich intensiv genutzt. In Flußnähe wird Reis bis 2400 m angebaut, auf weniger gut bewässerten Feldern Weizen (fast 50 % der Erntefläche), Kartoffeln (30 %), Futterpflanzen und Gemüse (10 %) u. a. Seit Anfang der 60er Jahre hat sich der Kartoffelanbau ausgebreitet und vor allem die Pferdebohne zurückgedrängt; Maydan zählt inzwischen zu den wichtigsten Kartoffelproduktionsgebieten des Landes (FAO 1977). Obst spielt eine große Rolle, zumal in den oberen Tälern wie Nerkh, während in Unter-Maydan hauptsächlich Pappelpflanzungen das Bild der Kulturlandschaft bestimmen. Pappelholz und Kartoffeln sind denn auch die führenden Verkaufsprodukte. Maydan ist stark auf die nur 35 km entfernte Hauptstadt ausgerichtet. Es gibt verbreiteten absentistischen Grundbesitz, zumeist von Abwanderern nach Kabul, die ihr Land verpachten. Die durchschnittlichen Besitzgrößen sind aber, ähnlich wie die Betriebsgrößen, mit 1–2 ha gering.

Die Landschaft Wardak (ca. 130 000 Ew. 1978) ist an Fläche weitaus größer und orographisch komplizierter gestaltet als Maydan. Die Quellflüsse des Logar entspringen viel weiter westlich als der Kabul auf den um 2600 bis 2800 m gelegenen Hochflächen, die schon zum Hazarajat überleiten. Dieses Gebiet von Daymirdad ist mit etwa 12 Ew./qkm nur dünn bevölkert und kaum bekannt. Erst nach dem Durchbruch der Jilga, wie der obere Logar genannt wird, durch den schroffen Kalk- und Granitzug des Koh-i-Alasang nehmen die bewässerten Anbauflächen und die Bevölkerungsdichte zu. Hier liegt der Kernraum von Wardak, gebildet aus den parallel verlaufenden Tälern von Shiniz und Jaghatu und aus Chak-i-Wardak, dem sie verbindenden Abschnitt des Logartales. Aber auch hier beschränkt sich der Bewässerungsfeldbau auf die relativ schmalen Talsohlen und Flußterrassen. Weizen ist die vorherrschende Anbaufrucht, daneben sind Gemüse und Futterpflanzen sowie Reis (bis etwa 2300 m) wichtig. Die Agrarlandschaft der unteren Täler von Wardak wirkt vielgestaltig und gepflegt (vgl. Karte 26). Viele neue Qala zeigen einen bedeutenden Wohlstand an, der aber nicht aus der Landwirtschaft, sondern von auswärtiger Erwerbstätigkeit stammt. Wardak ist zusammen mit Maydan wichtigstes Quellgebiet für die Zuwanderung nach Kabul. Wardaki sind in der Hauptstadt besonders als Fahrer und sogar als Besitzer von Bussen und Lastkraftwagen sowie als Polizisten tätig.

Die Nähe Kabuls hat wohl auch bewirkt, daß sich in Wardak und Maydan keine echte Stadt entwickeln konnte. Es gibt nur einige kleine Basare an den Verwaltungssitzen. Die Provinzverwaltung war zunächst in Kota-i-Ashro in Maydan lokalisiert, bis man Anfang der 70er Jahre begann, eine ganze neue Provinzhauptstadt zu bauen: *Maydanshahr*. Auf einer Dasht nahe der Straße nach Kabul gelegen, bestand sie 1978 aus einer Anzahl von Amtsgebäuden, wenigen Wohnhäusern und einem provisorischen Kleinbasar. Zwar hat man die Wasserversorgung durch einen Tiefbrunnen gesichert und elektrischen

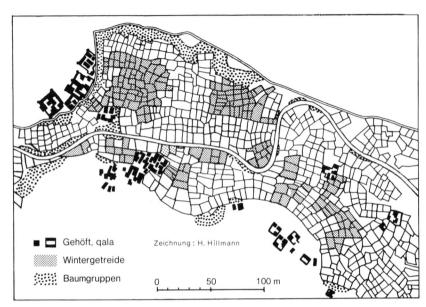

Karte 26: Bewässerte Blockflur im mittleren Logartal bei Sheikhabad (Provinz Wardak) (nach CH. JENTSCH 1965).

Strom aus dem alten Wasserkraftwerk von Chak-i-Wardak herangeführt, das lange funktionslos war; doch dies hat den unattraktiven Ort nicht aufwerten können, der 1988 weitgehend zerstört wurde.

Die *Provinz Logar* umfaßt das mittlere und untere Logartal und dessen Seitentäler, dazu den Bezirk Azrao im Osten, der zwar ins Becken von Jalalabad entwässert, aber von Logar her leichter zugänglich ist. Als „mittleres Logartal" sei hier das Engtal der Tang-i-Wardak unterhalb Shekhabad samt der anschließenden Talweitung von Baraki Barak bis zur Enge von Waghjan bezeichnet, als „unteres Logartal" die folgende Strecke bis zum Eintritt in das Kabul-Logar-Becken. Charakteristisch sind die weiten, leicht ansteigenden *dasht*-Flächen, die den Flußlauf und die bewässerte Talsohle zu beiden Seiten begleiten. Sie erreichen im Südosten, in der Dasht-i-Altamur, eine Breite von fast 20 km. In ihnen liegen zum Gebirge hin zahlreiche kleine, isolierte Oasen, die aus periodisch fließenden Bächen, aus Quellen oder Karezen bewässert werden. Während das untere Logartal durch einige querende Bergzüge und Gebirgssporne deutlich gekammert ist, weitet sich das mittlere Tal bei Baraki Barak zu einer bewässerten Ebene von 12 km Breite. Hier mündet der Pengram als einziger nennenswerter Zufluß von Süden her in den Logar. Er entspringt im Neogenbecken von Kharwar, das, von der hier sich gabelnden, bis 3500 m hohen Altamurkette allseits umgeben, bereits in 2500 m Höhe liegt. Das Becken wird durch eine unwegsame Schlucht nach Charkh und zum Logar entwässert, während es nach Westen nur durch flache Gebirgssättel von der Ebene von Ghazni getrennt ist.

Die Provinz Logar (ohne Azrao) verzeichnete etwa die gleiche Einwohnerzahl wie die Landschaften Maydan und Wardak zusammen, doch eine etwas höhere Bevölkerungsdichte: 210 000 bzw. 57 Ew./qkm. Ihre Bevölkerung ist ethnisch recht gemischt. Zwar bilden Ghilzai-Paschtunen die Mehrzahl und gleichzeitig auch die Führungsschicht, doch gibt es eine starke Minderheit von Tadschiken, die sich in der Ebene von Baraki Barak und in Charkh konzentrieren. Daneben finden sich hier kleine Gruppen von Hazara und Sayeds und nur mehr wenige „Baraki", die eine aussterbende südostiranische Sprache, das *Ormur*, sprechen. Dieses Gebiet ist am dichtesten bevölkert und landwirtschaftlich am intensivsten genutzt.

Die Anbau- und Agrarstruktur ähnelt jener von Maydan und Wardak: Außer Weizen, Mais und Klee spielen Reis, Gemüse und Kartoffeln eine Rolle, dazu Pappeln zur Holzgewinnung. Die Ebene von Baraki Barak ist überdies ein wichtiges Tabakanbaugebiet. Auch Rebflächen sind hier verbreitet, namentlich in Charkh, dessen Obst- und Weinbau sich allerdings nicht mit jenem von Koh Daman messen kann. Generell herrscht ein scharfer agrarlandschaftlicher Gegensatz zwischen dem durch Kanäle gut bewässerten Alluvialland nahe dem Fluß und den *dasht*-Flächen. Soweit die Dasht lehmige Böden auf Schwemmlöß trägt, wird sie gleichfalls genutzt, freilich meist in extensivem Getreidebau mit Anfangs- oder Teilbewässerung, wobei ein Feld nur jedes zweite bis dritte Jahr bebaut werden kann. Echter Regenfeldbau ist vor allem in Kharwar verbreitet.

Trotz des hohen Entwicklungsstandes der Landwirtschaft und trotz großer, nur unzureichend bewässerter Flächen mit guten Böden ist in Logar kein bedeutenderes Irrigationsprojekt in Angriff genommen worden. 1978 wurde lediglich der kleine Kulangar-Damm fertiggestellt, eigentlich ein Flußwehr, das dem bestehenden Kanalnetz eine ausgeglichenere Wasserführung sichern soll. Einem ähnlichen Zweck dient auch der 1931 begonnene, aber erst Ende der 60er Jahre vollendete Kharwar-Damm südlich von Charkh.

Auch in Logar haben sich keine Städte entwickelt, sondern nur kleine Basarorte, von denen kaum einer mehr als 100 Läden zählte. Deshalb wurde hier gleichfalls eine Provinzhauptstadt neu errichtet, nachdem einige Jahre lang Baraki Barak die Provinzbehörden beherbergt hatte. Auf der Dasht unmittelbar nördlich der Brücke von *Pul-i-Alam* entstand in den 70er Jahren der gleichnamige Verwaltungssitz, der 1978 noch immer unter Wassermangel litt und einen ähnlich rudimentären Ausbauzustand zeigte wie Maydanshahr. Im übrigen herrscht in Logar wie in Maydan und Wardak lockere Qala-Siedlung vor, doch gibt es daneben auch große, enge Haufendörfer, wie Baraki

Rajan, Baraki Barak und Padkhwab. Logar ist gleichfalls ein Gebiet starker Abwanderung nach Kabul, wo viele Logari tätig sind, insbesondere als Beamte.

Östlich des unteren Logar liegen die Standorte von zwei in den 70er Jahren viel diskutierten Entwicklungsprojekten: die für den neuen Flughafen von Kabul vorgesehene Dasht-i-Daulat und Ainak mit den größten Kupfererzvorkommen des Landes (s. S. 144 und 125). Das Flughafenprojekt, dessen Realisierung im Siebenjahresplan für die 80er Jahre vorgesehen war, wurde 1979 fallengelassen. Dagegen hatte man schon 1974 mit der Erschließung der Kupferlagerstätte von *Ainak* begonnen, in deren Nähe auch jene von Darband und Jaukar liegen (vgl. Karte 23). Diese Arbeiten wurden bis 1988 unter dem Schutz der Roten Armee von sowjetischen Experten weitergeführt. Von den geplanten Anlagen zum Abbau und zur Anreicherung der Erze konnte allerdings nur wenig, von der Wohnsiedlung für 29 000 Bewohner nichts verwirklicht werden.

Logar ist ab 1980 durch Kämpfe schwer in Mitleidenschaft gezogen worden. Vor allem die Siedlungen an der Hauptstraße Kabul–Gardez wurden großenteils zerstört, nachdem dort häufig Überfälle auf Militärkonvois verübt worden waren. Die Bevölkerungszahl von Logar soll, verschiedenen Berichten zufolge, durch Tod und Flucht auf weniger als die Hälfte zurückgegangen sein.

7.1.3 Die Ebenen von Ghazni und Katawaz

Südlich der Altamurkette, die Logar im Süden abschließt, erstreckt sich die Ebene von Ghazni, dem Verlauf der großtektonischen Leitlinien von Nordost nach Südwest folgend, auf 150 km Länge bis Muqur und zum Ab-i-Istada. Sie wird im Westen von den Randhöhen des zentralen Hochlandes begrenzt, im Osten von den schmalen Eozänketten des Jarkhana Ghar usw. (der Name wechselt mit dem Verlauf). Östlich davon schließt sich die fast parallel verlaufende Ebene von Katawaz an. Sie bildet die südwestliche Fortsetzung des Hochtales von Gardez und ist von diesem nur durch die flache Senke des Paltu-Flusses getrennt, der quer zu den geologisch-geomorphologischen Leitlinien von Südost nach Nordwest zur Jilga fließt. Beide Ebenen entwässern zum Endsee des Ab-i-Istada (1968 m). Während die etwa 90 km lange Ebene von Katawaz kein ausgeprägtes Flußsystem besitzt, vereinigen sich in der Ghazni-Ebene zwei Flüsse: der Ghazni Rod, der im Hochland von Jaghatu und Nawar entspringt und bei Ghazni (2190 m) die Ebene erreicht, und der Sardeh Rod (auch Jilga oder Rod-i-Gardez genannt), der bei Sardeh (knapp 2100 m) die Eozänkette durchbricht und gegen Südwesten dem Ghaznifluß zustrebt. Die Ebenen, eigentlich tektonisch angelegte weite Täler, werden von wechselnd breiten *dasht*-Flächen gesäumt, die zu den wenig hohen flankierenden Gebirgszügen überleiten. Die Flüsse führen durchweg nur jahreszeitlich Wasser, sofern sie nicht Zufluß aus dem Grundwasser erhalten. Dies ist nicht nur auf das Niederschlagsregime, sondern auch auf die Entnahme von Irrigationswasser im Oberlauf (bei Ghazni bzw. Gardez) zurückzuführen. Kareze sind sehr zahlreich, namentlich gegen den Rand der Ghazni-Ebene (Bild 3), bei Muqur und in Katawaz. Entlang der Flüsse von Ghazni und Sardeh, in der Ebene von Katawaz und im Ab-i-Istada-Becken steht der Grundwasserspiegel so hoch, daß dort auch Schachtbrunnen angelegt werden konnten.

Generell herrscht im ganzen Gebiet Knappheit an Oberflächenwasser, so daß große Teile des Kulturlandes jeweils brachliegen oder nur Anfangsbewässerung erhalten. Oberhalb 2000 bis 2200 m ist auch echter Regenfeldbau *(lalmi)* verbreitet. Hier wird ausschließlich Weizen als Sommerfrucht angebaut, wogegen auf bewässerten Feldern Winterweizen dominiert. Daneben gibt es viel Feldfutter (Klee, Luzerne), etwas Gerste, Mais, Melonen u. a. Der extensiven Bodennutzung entsprechend, bietet die Agrarlandschaft in den weiten Ebenen von Ghazni, Muqur, Katawaz und Istada ein viel einförmigeres Bild als in Logar, Wardak und Maydan. Auch die Agrarsozialstruktur unterscheidet sich von jener des Kabul- und Logargebietes. Namentlich bei Ghazni und in Teilen von Katawaz (Khoshamand) war Großgrundbesitz bis 1979 verbreitet; er wurde früher mit Teilpächtern, zuletzt überwiegend mit Landarbeitern bewirtschaftet.

In den Ebenen von Ghazni und Katawaz samt deren Randgebieten lebten 1978 etwa 430000 seßhafte Bewohner, davon mehr als ein Drittel allein im Gebiet von Ghazni–Sardeh. Hier herrschte auch die höchste Bevölkerungsdichte, die um Ghazni auf rund 170 Ew./qkm anstieg. Der Raum Ghazni–Muqur–Istada–Katawaz ist ein Kerngebiet der Ghilzai, die mit den Unterstämmen der Solaimankhel, Alikhel, Taraki, Andar u. a. vertreten sind. Nur im äußersten Norden bei Ghazni leben auch Tadschiken, im Westen am Rande des zentralen Hochlandes Hazara.

Die *Ebene von Ghazni*, deren nördlicher Teil den Namen Shilgar trägt, hat ebenso wie die Stadt Ghazni eine wechselvolle Geschichte erfahren. Zur Zeit der Ghaznaviden im 11./12. Jh. intensiv genutzt und durch drei kleine Staudämme bewässert, unterlag ihre Landwirtschaft allmählichem Verfall, der sich im frühen 18. Jh. noch beschleunigte, nachdem die dort seßhaften Hazara durch nomadische Andar-Ghilzai verdrängt worden waren. Seitdem hat sich die Paschtunisierung durch den Zuzug kleinerer Gruppen von Mohmand, Kharoti, Niazi u. a. weiter fortgesetzt mit dem Resultat, daß die Ebene fast ganz von Paschtunen besiedelt ist, die inzwischen weitgehend seßhaft geworden sind. Nur an ihrem Nordrand und insbesondere um die Stadt Ghazni konnte sich eine alte tadschikische Bevölkerungs- und Siedlungsschicht halten.

BALLAND (1974) hat die Charakteristika beider Bevölkerungsgruppen herausgearbeitet, die sich trotz gewisser Angleichungen noch immer in Siedlungsweise und Bodennutzung unterscheiden. Die altseßhaften Tadschiken leben vorwiegend in enggebauten, aus zweigeschossigen Häusern bestehenden Haufendörfern, die von kleinparzellierten, ummauerten Obstgärten umgeben sind. Den Tadschiken bieten die Gärten nicht nur wichtige Verkaufsfrüchte (Maulbeeren, Aprikosen, Quitten, Pflaumen, Äpfel, Wein), sondern auch die Möglichkeit, im Sommer dort zu wohnen. Dagegen bevorzugen die Paschtunen eine lockere Siedlungsweise mit Qala, und ihre Baumkulturen beschränken sich meist auf Pappeln.

In den stadtnahen Dörfern um Ghazni werden außer Obst, Wein und Gemüse viel Klee und Luzerne angebaut. Die Luzerne dient hier nicht nur als Viehfutter, sondern auch der Gewinnung von Samen, den man bis 1978 hauptsächlich nach Iran exportierte. Die übrige Ebene wird viel extensiver genutzt. Noch vor zwei Jahrzehnten wurden große Flächen wegen des Wassermangels nur jedes zweite bis vierte Jahr angebaut. Zwischen den isolierten Fluren erstreckten sich Weideflächen. Diese recht fleckenhafte, extensive Bodennutzung änderte sich ab Ende der 60er Jahre, zunächst infolge der Einführung von Traktoren und moderner landwirtschaftlicher Geräte durch Großgrundbesitzer. 1972 waren in der Ebene von Ghazni bereits über 20 Traktoren im Einsatz, und zwar durchweg im Regenfeldland, das in der Ebene wie auch auf den randlichen *dasht*-Flächen enorm ausgeweitet wurde. Dies alles galt einer stark spekulativen Marktproduktion von Weizen, die auch weitreichende agrarsoziale Folgen hatte (ANDERSON 1978).

Im Laufe der Geschichte hat es nicht an Versuchen gefehlt, die Versorgung mit Irrigationswasser durch Staudämme zu verbessern. Von den drei ghaznavidischen Dämmen hat sich nur der Band-i-Sultan am Ghaznifluß 23 km oberhalb der Stadt erhalten. Ihm wurde um 1910 ein neuer Damm vorgebaut, der einen Stauraum von 20 Mio. cbm schuf und die Bewässerung für etwa 4000 ha Kulturland um Ghazni verbesserte. Auch unweit des ehemaligen Stauwehrs von Zanakhan hat man 1957 einen kleinen Damm errichtet. Er sollte 2130 ha Neuland bewässern, doch reicht seine Wassermenge nur für ein Drittel bis ein Viertel der Fläche aus (BALLAND 1976b).

Die großzügigste Wiederbelebung ghaznavidischer Stauanlagen geschah im Rahmen des *Sardeh-Projektes*, das zu den mittelgroßen Bewässerungsvorhaben des Landes zählt. Ab 1961 mit sowjetischer Hilfe durchgeführt, ist es bis heute noch nicht abgeschlossen. 1967 wurde der Sardehdamm fertiggestellt, dessen maximales Stauvolumen 259 Mio. cbm beträgt. Den Plänen zufolge sollen dadurch 18750 ha bewässert werden, davon 1080 ha bereits früher bewässertes Land nahe der Jilga. Dazu dienen zwei Hauptkanäle links und rechts des Flusses von 30 bzw. 21 km Länge und ein Netz von Verteilerkanälen und Entwässerungsgräben (EZHOV 1969; PJATIGORSKIJ 1970).

7.1 Ostafghanistan

Dieses System war zwar 1977 fertiggestellt, doch standen die Einebnungsarbeiten und die Landaufteilung noch aus, so daß ein Teil der neubewässerten Flächen zunächst illegal genutzt wurde. Eine 1974 gegründete Staatsfarm umfaßte zunächst 2000 ha, wurde aber 1979 auf 4500 ha aufgestockt. Zeitungsberichten zufolge scheint sich die geregelte Nutzung noch 1984 im wesentlichen auf diese Staatsfarm beschränkt zu haben, wurden doch erst 5000 ha der Projektfläche bewässert. Daher sah ein neuer Vertrag mit der Sowjetunion die Entsendung von Experten zur Aktivierung des Bewässerungssystems, zu Planierungsarbeiten und zur Verbesserung der Kanalnetze vor (KNT v. 18. 10. 83 und 10. 5. 84). Aus alledem ist zu schließen, daß die Ereignisse seit 1978 nicht nur die Weiterführung des Vorhabens verzögert, sondern auch einen teilweisen Verfall neuer Anlagen bewirkt haben. Auch aus einem anderen Grunde dürften die Projektziele kaum zu verwirklichen sein. BALLAND hat schon 1976 darauf hingewiesen, daß man die Abflußmengen der Jilga zu optimistisch beurteilt habe, übersah man doch, daß dem Fluß durch kleinere Irrigationsvorhaben im Hochtal von Gardez zunehmend Wasser entzogen wurde. Deshalb werde man aller Voraussicht nach die Projektfläche reduzieren müssen.

Die *Stadt Ghazni* ist das traditionelle Zentrum für die Ebene von Ghazni–Muqur, aber auch für Katawaz und das südöstliche Hazarajat. Nach seiner Bevölkerungszahl (30000 Ew. 1979) nur eine Mittelstadt, zählt Ghazni doch zu den historisch bedeutendsten Städten Afghanistans. Von Ende des 10. bis Mitte des 12. Jh. erlebte es seine Glanzzeit als Hauptstadt des mächtigen Ghaznavidenreiches; um 1150 wurde es durch Alauddin von Ghor und endgültig 1221 durch Dschingis Khan zerstört. Aus jener Zeit sind nur mehr wenige Reste erhalten, darunter die beiden berühmten Minarette östlich der heutigen Stadt, der z. T. ausgegrabene Palast Sultan Masuds III. und das Grab Sultan Mahmuds (998–1030) im Gartenvorort Raudza.

Ghazni war im 19. Jh. eine ziemlich unbedeutende, wenn auch stark befestigte Provinzstadt und blieb dies bis weit ins 20. Jh. Ab 1959 wurde südlich der auf einem Bergsporn gelegenen Altstadt eine weitläufige Neustadt angelegt (GRÖTZBACH 1975a; TAVO 1987). Sie bewirkte einen gravierenden Funktionsverlust der Altstadt, die zu einem Wohnviertel minderer Qualität absank und z. T. sogar verfiel. Trotz der städtebaulichen Modernisierung und trotz der günstigen Verkehrslage ist Ghazni eine sehr traditionelle Stadt geblieben, geprägt durch Handel, Handwerk und Provinzverwaltung, während Industrie völlig fehlt. Ihr Basar ist der weitaus größte Warenumschlagplatz zwischen Kabul und Kandahar und besitzt ein entsprechend weites Einzugsgebiet. In ihm spielten Kaufleute aus Katawaz eine beherrschende Rolle, namentlich im Handel mit Häuten und Fellen, Felljacken, Obst u. a. Die Herstellung von Fellmänteln und -jacken *(pustin, pustincha)* ist ein altes Gewerbe, das in den 70er Jahren durch den Tourismus einen starken Aufschwung erlebte. Auch das Schmiedehandwerk (mit Kupfer- und Messerschmieden) war hoch entwickelt, aber durch Importwaren gefährdet. Die Infrastruktur der Stadt ließ 1978 noch zu wünschen übrig, gab es doch elektrischen Strom aus

Dieselaggregaten nur abends; immerhin konnte ein Trinkwasserprojekt nach langer Bauzeit fertiggestellt werden (KT v. 17. 10. 78).

Entlang der Straße von Ghazni nach Kandahar reihen sich mehrere Basare und Verwaltungssitze, deren größte Muqur und Qarabagh mit jeweils über 300 Läden sind. *Muqur* ist Mittelpunkt einer weitläufigen karezbewässerten Ebene, die von Taraki- und Ali Khel-Ghilzais bewohnt wird. Sie bildet die im Gelände kaum erkennbare Wasserscheide zum Tarnak, der unmittelbar bei Muqur (2000 m) seinen Anfang nimmt. Südlich von Muqur sind die Eozänketten unterbrochen und geben einen breiten Durchlaß zum flachen Becken des Ab-i-Istada frei.

Katawaz, das bis 1979 zur Provinz Ghazni gehörte, bildet seitdem den Kernraum der neuen Provinz Paktika. Der neue Provinzverwaltungssitz Sharan liegt nahe Sardeh randlich im Norden von Katawaz, nur 50 km von Ghazni entfernt, und ist diesem zentralörtlich völlig zugeordnet. Katawaz war lange Zeit freies Stammesgebiet der Solaimankhel, wovon sich manche Züge bis in die jüngste Vergangenheit erhalten haben. Seine seßhafte Bevölkerung von knapp 100000 Ew. (1978) konzentrierte sich mehrheitlich auf die langgestreckte, karezbewässerte Ebene zwischen Sharan im Nordosten und dem Istada-Becken im Südwesten. Hier herrscht die traditionelle Siedlungsweise mit Dörfern aus locker angeordneten Qala, zwischen denen sich die Felder mit Weizen, viel Feldfutter, Mais und Gerste erstrecken. Auch hier kann wegen Wassermangels jeweils nur etwa die Hälfte des bewässerbaren Landes angebaut werden.

In großen Teilen der Katawaz-Ebene steht das Grundwasser nur 5–10 m unter der Oberfläche an und wird seit alters durch Kareze genutzt. Schon in den 50er Jahren begannen Großgrundbesitzer, Schachtbrunnen anzulegen und durch Dieselwasserpumpen zu nutzen, eine Innovation, die durch die Behörden gefördert wurde. 1973 waren in der damaligen Unterprovinz Katawaz (mit Wazakhwa) mindestens 435 solcher Pumpen installiert, womit Katawaz an der Spitze aller Regionen des Landes stand (UNDP 1972; GRÖTZBACH 1976a)[20]. Sie sind inzwischen auch durch kleinere Grundbesitzer angeschafft worden. Auch der Bestand an Traktoren, an Lastkraftwagen, ja sogar an Motor- und Fahrrädern war in Katawaz ungewöhnlich hoch. Dieser Mechanisierungsgrad wurde durch auswärtige Erwerbstätigkeit ermöglicht. Eine große Zahl erwachsener Katawazi pflegte teils im Winter, teils für mehrere Jahre auswärts zu arbeiten, vornehmlich im Ausland. Zu den Zielländern Indien und Pakistan sind in den 60er Jahren Iran und die arabischen Golfstaaten hinzugekommen. Vor allem Händler und Geldleiher aus Sharan und Yosufkhel verdienten im Ausland viel Geld – z. T. freilich auch durch Schmug-

---

[20] Wenig später wurde ihre Zahl sogar mit 600–1500 angegeben, davon allein 300 im Bezirk Khoshamand (FAO 1977).

gel –, das in Brunnen, Fahrzeugen und Geräten, im Basar von Ghazni, aber auch in neuen Qala angelegt wurde. Trotz dieses Wohlstandes sind die Basare, auch jener am früheren Sitz der Unterprovinzverwaltung in Zarghunshahr, klein geblieben, und eine Stadt hat sich, trotz stadtplanerischer Bemühungen um den neuen Provinzhauptort Sharan, nicht entwickelt.

Katawaz war bis in die jüngste Vergangenheit ein wichtiges Durchzugsgebiet für Nomaden auf der Gomalroute, bot aber auch Sommerweiden für Nomaden aus dem Industiefland. Durch die Ausbreitung des Regenfeldbaus auf den *dasht*-Flächen, der hier in den 70er Jahren ähnlich wie bei Ghazni vor sich ging, wurden die Weideareale jedoch spürbar eingeengt.

Südlich von Katawaz schließt das grenznahe, dünn bevölkerte niedrige Bergland von Wazakhwa an. Es wird durch die wenig höheren Gebirgszüge des Shinkay Ghar vom Ab-i-Istada-Becken im Westen getrennt. Hier wie dort dominieren Taraki-Ghilzai, namentlich in ihrem lokalen Zentrum Nawa. Während das weitere Gebiet um den See wenig bekannt und kaum erforscht ist, hat der Ab-i-Istada als Endsee einige wissenschaftliche Aufmerksamkeit erregt (s. S. 40).

7.1.4 Paktya mit Urgun

Hier sei das frühere Gebiet der Provinz Paktya behandelt, die bis 1979 auch die Unterprovinz Urgun (mit Gomal) einschloß, welche inzwischen der neugeschaffenen Provinz Paktika einverleibt wurde. Paktya zählt trotz seiner Nähe zu Kabul – die Provinzhauptstadt Gardez liegt nur 115 km davon entfernt – mit Katawaz zu den peripheren Räumen Ostafghanistans. Dies ist nicht nur durch die Grenzlage, sondern auch durch die Reliefgestaltung bedingt. So muß der Verkehr zwischen Logar (bzw. Kabul) und Paktya im Altamurpaß (2853 m) und im Shotur Gardan-Paß (ca. 3300 m) die mauerartige Altamurkette überwinden. Überdies ist Paktya auch in sich stark gekammert.

Das Relief wird großenteils durch die Solaimanketten geprägt, die das Iranisch-Afghanische Hochland gegen das Industiefland im Osten abschließen. Diese hier in NNO-SSW-Richtung streichenden Gebirgszüge bestehen überwiegend aus Konglomeraten, Sandsteinen, Mergeln und Tonschiefern des älteren Tertiärs, die durch die alpidische Gebirgsbildung besonders stark gehoben wurden. Nur im Norden und im äußersten Osten, um die tiefgelegenen Becken von Khost und Yaqubi und östlich von Urgun, treten auch Gesteine des Jura und der Kreide auf. Gegen Norden wird dieses junge Gebirgssystem durch den hoch herausgehobenen Block des Safed Koh oder Spin Ghar (4790 m) begrenzt, der aus präkambrischen metamorphen Gesteinen besteht. Im Süden reichen die Tertiärketten auf afghanischem Boden bis nahe Spinboldak, nehmen also auch den östlichen Teil der Provinzen Paktika, Zabul und Kandahar ein.

Größere Täler und Becken bilden die Kernräume von Bevölkerung und Landwirtschaft Paktyas: das Hochtal von Gardez, das sich auf 85 km Länge von Sayd Karam bis Zurmat und Motakhan erstreckt (2600–2100 m); das 30 km lange Becken von Urgun (2400–2150 m), die einander benachbarten Becken von Khost und Yaqubi (1400–1000 m) und als kleinste Einheit das Tal von Chamkani (ca. 1750–1550 m). Diese Siedlungskammern werden durch Gebirgszüge voneinander getrennt, die im Westen fast 3900 m erreichen und nach Osten und Süden absinken. Mit Ausnahme des Hochtales von Gardez entwässern sie, ebenso wie Gomal im Süden, zum Indus. Die zum Indus fließenden Flüsse und Bäche haben infolge des starken Gefälles tiefe Kerbtäler geschaffen, namentlich gegen die Becken von Khost und Yaqubi und gegen Chamkani hin. Dies erschwert den modernen Verkehr ungemein, zumal während der Regenzeiten. So sind die Hauptsiedlungskammern von Paktya durch das Relief weitgehend voneinander isoliert, aber auch vom Landesinnern und von Pakistan.

Ein weiterer Grund für die Sonderstellung und Abseitslage Paktyas liegt in der ethnischen und sozialen Struktur seiner Bevölkerung, die 1978 (mit Urgun) auf 706 000 beziffert wurde. Dabei handelte es sich zu schätzungsweise 95% um Paschtunen, die sich auf 32 große und kleine Stämme aufsplitterten (LINDAUER 1976); die wichtigeren davon sind in Karte 27 dargestellt. Unter ihnen sind die vorwiegend im Bergland lebenden Großstämme der Jaji, Chamkani, Mangal, Jadran, Kharoti und Waziri am bekanntesten. Kompliziert werden die ethnosozialen Verhältnisse noch dadurch, daß zahlreiche paschtunische Nomaden ihre Sommer- oder Winterlager in Paktya haben oder auf dem Wege von bzw. nach Pakistan hier durchzogen. Zudem gibt es innerhalb Paktyas nomadisierende Familien, deren Winterlager im tiefgelegenen Grenzbergland östlich von Khost liegen, die Sommerlager bei Sayd Karam, Zurmat und Gomal. Für 1971 gab JANATA (PTP 1972) die Gesamtzahl der Nomaden von Paktya mit 165 000 an, davon 80 000 Grenzgänger. Paktya ist demnach wie Katawaz paschtunisches Stammesgebiet par excellence. Häufige Fehden zwischen Stämmen und einzelnen Familien und die Beraubung von Reisenden und Karawanen – ein früher in Yaghistan, dem Land der freien Paschtunenstämme, allgemein praktizierter Brauch – bewirkten, daß namentlich das östliche und südliche Paktya lange Zeit kaum zugänglich war. Die einzige ethnische Minderheit bilden Tadschiken in Urgun, bei Gardez und Zurmat, die freilich z. T. stark paschtunisiert sind.

Die ökologischen Grundlagen des Lebensraumes werden vor allem durch die Waldvorkommen bestimmt. Fast ganz Paktya ist natürliches Waldgebiet (vgl. Karte 5), dessen Bestände seit Jahrhunderten genutzt werden. Diese Nutzung hat den Wald an seiner Trockengrenze gegen die Steppe, d. h. gegen

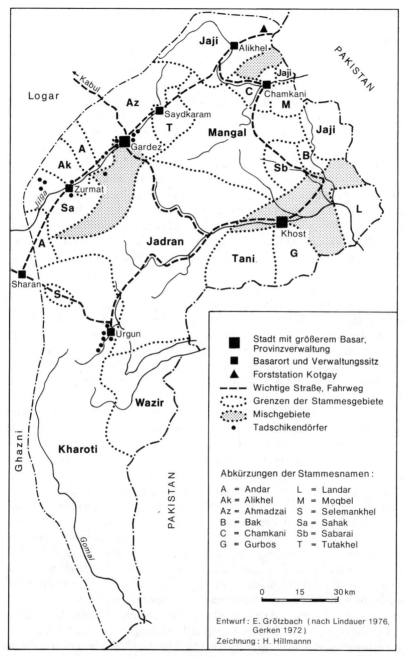

Karte 27: *Zentrale Orte und Paschtunenstämme in der Provinz Paktya* (Stand etwa 1974).

Logar und Ghazni, um 20–40 km nach Osten zurückgedrängt (VOLK, PTP 1972). Östlich davon blieben die geschlossenen Bestände an Zedern, Kiefern, Fichten und Tannen erhalten, bis Mitte des 19. Jh. eine starke Nachfrage nach Holz, vor allem Zedernholz, aus Indien einsetzte. Sie war eine Folge des forcierten Eisenbahnbaus und der beginnenden staatlichen Kontrolle der Waldwirtschaft durch die Briten. Nunmehr wurden auch die Wälder von Paktya ausgebeutet, die von Parachinar, Thal, Bannu und Miramshah aus leicht zu erreichen sind.

Der eigentliche Raubbau setzte erst nach 1947 ein, hervorgerufen durch den enormen Holzbedarf im waldarmen Pakistan (D. FISCHER 1970; JANATA 1975b). Vor allem dieser teils legale, teils illegale Export hat dazu geführt, daß bereits 1970/71 nur mehr 4% der rund 5000 qkm großen Waldfläche Paktyas als nutzbarer Wirtschaftswald klassifiziert werden konnten, fast 40% als faktisch abgeholzt und 53% als „Flächen ohne oder mit nur geringer forstlicher Bedeutung" (DFP 1971). Diese verheerende Entwicklung wurde durch die Besitzverhältnisse ermöglicht. Die Wälder Paktyas sind mit Ausnahme des Staatsforstes Mandaher bei Kotgay kollektives Eigentum von Stämmen, Dörfern oder Familienclans, die das Nutzungsrecht selbst ausüben oder an Unternehmer (meist aus Kabul) verkauften. Diese pflegten mit Hilfe einheimischer Holzfäller Kahlschläge vorzunehmen, so daß ganze Hänge bis auf wenige Einzelbäume entblößt wurden. In Straßennähe rodete man sogar noch die Wurzelstöcke als Brennholz, wodurch der Erosion freie Bahn geschaffen wurde, namentlich auf den wenig verfestigten tertiären Gesteinen (RATHJENS 1974a).

Die Holzwirtschaft hatte in einigen Teilen Paktyas als außerlandwirtschaftliche Erwerbsquelle große Bedeutung erlangt. 1970 zählte man 10410 Holzfäller und 2200 Holzsäger, zusammen immerhin 27% aller nichtlandwirtschaftlichen Erwerbstätigen in der Provinz. Dieser Anteil betrug im Norden, im Gebiet der Jaji, Mangal und Chamkani sogar 51%, im mittleren Jadrangebiet 43%. Doch sah diese Bevölkerungsgruppe baldiger Arbeitslosigkeit entgegen, schätzte man doch bereits 1971, daß bei anhaltendem Raubbau die Waldreserven in fünf Jahren erschöpft seien (GERKEN, PTP 1972).

Schon unter den damals herrschenden Verhältnissen reichte die landwirtschaftliche Produktion innerhalb der Provinz nicht aus, die eigene Bevölkerung zu ernähren. Die Mittel zum Zukauf brachten, abgesehen von der Waldarbeit, die *burya*-Flechterei bei Khost und vor allem die auswärtige Erwerbstätigkeit. Winterliche Saisonarbeit in Pakistan war allgemein verbreitet, insbesondere in Urgun, wo ihr fast 80% der in der Landwirtschaft tätigen Männer nachgingen. Noch größere wirtschaftliche Bedeutung hatte die längerfristige auswärtige Arbeit. 1971 waren 17800, d. h. 13% aller erwerbstätigen erwachsenen „Paktyawale" außerhalb der Provinzgrenzen beschäftigt, und zwar überwiegend im Ausland, in Pakistan, Indien und den Golfstaaten. Die

7.1 Ostafghanistan

höchsten Anteile verzeichneten Jadran, Zurmat und Urgun mit 20–17% (davon 15–16% im Ausland), worin sich Ähnlichkeiten mit dem benachbarten Katawaz zeigten. Dagegen waren Jaji und das nördliche Hochtal von Gardez (ca. 14% auswärts Tätige) auf Kabul orientiert, die Jaji besonders im Transportgewerbe. Dies beruht auf längerer Tradition, hatten doch die Jaji schon im 19. Jh. einen recht regen Handel mit Holz, Maultieren und Honig über den Shotur Gardan-Paß nach Kabul betrieben, und Gardez war dank seiner Lage stets besonders eng mit der Hauptstadt verbunden (ADAMEC 1985). Den geringsten auswärtigen Erwerb verzeichnete das Gebiet Chamkani–Mangal (4%), wo die Waldarbeit am verbreitetsten war.

Von der Gesamtfläche Paktyas waren 1971 rund 9% (143 100 ha) Ackerland, davon ein Sechstel Regenfeldland[21]. Die höchsten Ackerlandanteile verzeichnete man im Hochtal von Gardez und in den Becken von Khost und Yaqubi mit jeweils 20–30% (bezogen auf die Gesamtflächen der dortigen Bezirke), die geringsten im Bergland von Jaji – Chamkani und bei Urgun mit 5–10%, im Mangal- und Jadrangebiet um 3%, in Birmal und Sultani 2% und in Gomal, im äußersten Süden, sogar nur 0,3%. Dieses Verteilungsbild des Ackerlandes legt die landwirtschaftliche Ungunst der Gebirgstäler in besonders drastischer Weise offen, wo – vom fast rein nomadischen Gomal abgesehen – so gut wie alle Möglichkeiten des Anbaus ausgeschöpft wurden. Gleichwohl zeigte das Gebiet der Jaji, Mangal und Jadran alle Anzeichen der Übervölkerung.

Ähnlich wie in den Ebenen von Ghazni und Katawaz gibt es in Paktya keinen größeren Fluß mit ständiger Wasserführung, so daß ein großer Teil der Ackerflächen unter Wassermangel leidet. Daher spielt die Anfangs- wie auch die Schwall- oder Sturzwasserbewässerung eine wichtige Rolle, namentlich im Gebiet von Khost–Yaqubi, wo regelmäßige und reichliche Sommerregen fallen (WALD 1971). Um Gardez und Urgun sind sie weniger zuverlässig, so daß hier, mehr als in Khost–Yaqubi, auch Grundwasser durch Kareze, Drainagegräben, Schachtbrunnen mit Göpelwerken oder mit Dieselpumpen (bei Gardez) zur Bewässerung genutzt wurde.

Der landwirtschaftliche Anbau unterscheidet sich in den einzelnen Teillandschaften je nach Höhenlage, Reliefgestalt und Niederschlägen. Zeigen das Hochtal von Gardez und das Becken von Urgun ähnliche Nutzungsmuster wie das benachbarte Gebiet von Katawaz und Ghazni, so sind sie im Becken von Khost und Yaqubi völlig anders. Hier lassen Temperatur und Niederschlag eine größere Vielfalt von Kulturpflanzen zu als im Hochland. Im

---

[21] In den Nutzflächenerhebungen des PTP um 1970 dürften die Ackerflächen und insbesondere das unbewässerte Land unterrepräsentiert sein, da von 1968 bis 1971 zumindest im Gebiet von Khost sehr geringe Niederschläge fielen. Viele Felder blieben ungenutzt liegen und waren als solche oft kaum zu erkennen.

Bewässerungsland der tiefgelegenen Becken waren Winterweizen sowie Mais und Reis als sommerliche Zweitfrüchte weit verbreitet, auf *lalmi*-Feldern stand Hirse nach Weizen an zweiter Stelle. Zweitfrüchte wurden auf 70 % der bewässerten Flächen angebaut, in den Hochtälern und -becken nur auf 6 % (Klee, Hülsenfrüchte). Hier, um Gardez und Urgun, nahm Weizen fast die Hälfte des *abi*-Landes ein, Mais ein Fünftel, Klee und Luzerne ein Sechstel, Kartoffeln immerhin ein Achtel. Die Gebirgstäler in mittleren Höhenlagen bilden im Hinblick auf Doppelernten (auf 23 % der bewässerten Fläche) und Anbauvielfalt einen Übergangsraum. Weizen, Mais und Gerste hatten hier fast gleiche Flächenanteile, gefolgt von der Kartoffel (OSTERKAMP, PTP 1972).

Bei breiter Streuung des Landeigentums war die Betriebsgrößenstruktur durch das Vorherrschen von Klein- und Kleinstbetrieben gekennzeichnet. 1971 betrug die durchschnittliche Betriebsgröße knapp 1 ha, in den Gebirgstälern sogar nur 0,5 ha. Unter diesen Umständen zählte ein Betrieb mit 3 und mehr ha bereits als größere Einheit. Diese machten bei Khost und Yaqubi fast 30 %, im Hochtal von Gardez sogar 40 %, im Bergland von Jaji und Mangal aber nur 2 % der Betriebe aus. 11 % aller Betriebe galten als (Teil-)Pachtbetriebe, und gleich hoch war der Anteil der Pachtflächen. Dieser mag nicht bedenklich erscheinen, doch hatte sich die Pachtfläche 1964–1971 fast verdoppelt, und zwar hauptsächlich infolge von Landkäufen durch Basarhändler, Transportunternehmer und Beamte, die als absentistische Eigentümer ihre Flächen verpachteten. Auch Angehörige des Mangal-Stammes, die durch Holzeinschlag zu Geld gekommen waren, traten im westlichen Becken von Khost als Käufer und Verpächter von Land auf. Daneben gab es die traditionellen Großgrundbesitzer, deren Zahl allerdings gering war (GERKEN, PTP 1972).

Nachdem die Bevölkerung Paktyas durch die wiederholten Grenzsperren Pakistans in den 50er und anfangs der 60er Jahre direkt betroffen worden war, beschloß die afghanische Regierung, dieses politisch sensible Gebiet besonders zu fördern. Durch Entwicklungsmaßnahmen sollte es stärker in den afghanischen Staat integriert und gleichzeitig die Anziehungskraft Pakistans gemindert werden. Diesem Zweck diente das mit deutscher Hilfe durchgeführte *Paktya-Projekt*, das sich in drei Teilprojekte gliederte (LINDAUER 1976): das Forstprojekt (ab 1965), das Landwirtschafts- und Bewässerungsprojekt (ab 1966) und das Gewerbeprojekt (ab 1971).

Obwohl kein Regionalentwicklungsprojekt im eigentlichen Sinne (vgl. Kapitel 6.2), hat es doch in starkem Maße zur Entwicklung Paktyas beigetragen. Dies galt vor allem für das Landwirtschaftsprojekt mit Sitz in Khost, das bis zu 40 deutsche und 1000 afghanische Mitarbeiter zählte. Seine Hauptaktivitäten galten der Dorfberatung durch einheimische Fachkräfte, die in der Landwirtschaftsschule Khost ausgebildet wurden, dem landwirtschaftlichen Versuchswesen und der Saatgutvermehrung, der

7.1 Ostafghanistan

Propagierung von Handelsdünger und neuem Saatgut, der Erschließung neuen Ackerlandes und der veterinärmedizinischen Betreuung. Von einer gesonderten Technischen Gruppe wurden Wasser- und Straßenbaumaßnahmen durchgeführt und Tiefbrunnen sowie Handpumpen zur Trinkwasserversorgung installiert. Das Gewerbeförderungsprojekt in Gardez betrieb die Aus- und Weiterbildung afghanischer Handwerker und vier technische Modellbetriebe. Weniger erfolgreich war das Forstprojekt mit Sitz in Kotgay. Dessen ursprüngliche Aufgaben – Demonstration moderner Forstwirtschaft sowie Schutz- und Aufforstungsmaßnahmen – wurden durch den Abholzungsboom zunichte, den die afghanischen Behörden nicht bremsen konnten oder wollten. So mußte es sich weitgehend auf die moderne Bewirtschaftung des einzigen noch intakten Waldgebietes, des 5000 ha großen staatlichen Forstes Mandaher bei Kotgay beschränken, wo auch ein Sägewerk und Ausbildungswerkstätten für Forstpersonal betrieben wurden. Immerhin gelang es, 1530 ha aufzuforsten und 66 km Forstwege anzulegen (WALD u. a. 1986).

Das Paktya-Projekt war wohl das am wenigsten spektakuläre regionale Entwicklungsvorhaben in Afghanistan, konnte es doch keine Staudämme, Kraftwerke oder Fabriken als sichtbare Erfolge vorweisen. Doch gewann es eine beträchtliche Breitenwirkung, die sich indirekt auch auf entlegenere Teile der Provinz übertrug. 1976 wurde es an die afghanischen Behörden übergeben und von diesen weitergeführt. Verhandlungen über eine erneute deutsche Projektbetreuung zerschlugen sich durch den Putsch von 1978 und seine Folgen. Inzwischen sind die Errungenschaften des Projektes durch Kämpfe und Bombardierungen und die Flucht der Bevölkerung vernichtet worden.

In Paktya haben sich zwei bedeutendere Städte entwickeln können: Gardez und Khost, letztere als Neugründung der 50er Jahre. *Gardez* ist zwar offizielle Hauptstadt Paktyas, doch pflegte Khost als Winterhauptstadt zu fungieren. Gardez liegt bei 2300 m im ebenen Hochtal, überragt von mehreren, vermutlich schon zur Kuschanenzeit besiedelten Hügeln. Der Ort hatte wohl auch in der Vergangenheit eine gewisse Bedeutung, da sich hier Wege von Kabul (über den Altamurpaß), Ghazni (über Sardeh), Urgun und dem Kurramtal (über Chamkani) treffen. Die heutige Stadt ist neu angelegt worden und zählte 1979 knapp 10000 Ew. Die Asphaltierung der Straße nach Kabul hat Gardez noch enger an die Hauptstadt angeschlossen und an Verkehrszentralität innerhalb Paktyas gewinnen lassen (Karte 16). Sein zentralörtlicher Bereich beschränkt sich aber hauptsächlich auf das Hochtal von Sayd Karam–Gardez–Zurmat, wo ein Viertel der Bevölkerung auf über 40% der Ackerfläche Paktyas lebte.

Zentrum des östlichen Paktya ist *Khost*, das mit Gardez (und damit auch mit Kabul) durch eine gut ausgebaute Straße über den 2901 m hohen Sate Kandau-Paß verbunden ist (Bild 4). In seiner weiteren Umgebung, in den Becken von Khost und Yaqubi, war ein Viertel der Bevölkerung auf knapp 30% des Ackerlandes der Provinz konzentriert. Khost verdankt seine Gründung politischen Zielen: Im grenznahen städtelosen Stammesgebiet sollte eine Stadt als Gegengewicht gegen die nahen pakistanischen Städte Miramshah, Parachinar und Bannu geschaffen werden. 1954 wurde der frühere Basar und Verwaltungssitz Matun aufgegeben und 5 km westlich davon das moderne Khost angelegt. Zwar gewann es bald als Marktort, Verwaltungs- und Garnisonssitz Bedeutung, doch zog es von Anfang an kaum Wohnbevölkerung an sich (WALD 1969). Noch 1979 zählte es keine 2000 Ew. trotz einer recht guten modernen Infrastruktur durch das Paktya-Projekt. Doch die in der Stadt beschäftigten Einheimischen pflegten in den Dörfern und Qala der Umgebung zu wohnen, die Hindus und Sikhs im nahen Hendwan Kalay. 1977 zählte der Basar von Khost über 770 Läden und Werkstätten gegenüber nur 640 in Gardez (WIEBE 1979a).

Unter den kleinen Verwaltungs- und Basarorten sind Chamkani und Urgun die bedeutendsten (Karte 27), doch fehlt ihnen echt städtischer Charakter. Einen Sonderfall stellt *Urgun* dar, das aus dem alten, stadtartig ummauerten Urgun-i-Kalan und dem lockeren neuen Basar-, Verwaltungs- und Garnisonsort Urgun-i-Khurd 5 km weiter nördlich besteht. Urgun ist altes Siedlungsgebiet von Tadschiken, die sich nach dem früheren Namen des Beckens (Fermal) als Fermali oder Furmuli bezeichnen und in vier Stämme gliedern (JANATA 1975). Sie waren früher durch ihr Eisengießereigewerbe weithin bekannt.

Die Provinz Paktya ist nach 1979 durch die Kriegsereignisse besonders stark in Mitleidenschaft gezogen worden. Da durch sie die wichtigsten Nachschublinien der Mujahedin verliefen, war sie Schauplatz vieler Kämpfe, Überfälle und Offensiven, namentlich im Gebiet von Khost. Inzwischen sind die restlichen Waldbestände durch Bombardierungen, Brände und weitere Abholzung vernichtet, zahlreiche Siedlungen zerstört, und die Mehrzahl der Bevölkerung ist nach Pakistan geflohen. Gleichwohl wurde 1988 noch immer Holz, freilich nur mehr Brennholz, nach Pakistan geschafft.

7.1.5 Das Becken von Jalalabad und seine Randgebiete (Laghman, Konar)

Das Becken von Jalalabad, zusammen mit dem kleineren Laghmanbecken und dem Konartal in Kabul als *Mashriqi* („Osten") bezeichnet, nimmt im Hinblick auf Höhenlage und Klima eine Sonderstellung unter den Landschaften Ostafghanistans ein. Der Kabulfluß durchfließt beide Becken, wobei sein Lauf von etwa 700 m auf 420 m sinkt, der aus Chitral kommende Konar tritt bei ca. 1050 m nahe Barikot in afghanisches Territorium ein und vereinigt sich bei 530 m mit dem Kabul. Dieser durchbricht die niedrigen Grenzberge in einer unwegsamen Engtalstrecke, die etwas südlich davon über den Khaiberpaß umgangen wird.

7.1 Ostafghanistan

Wenn hier Laghman und Konar zu den Randgebieten des Beckens von Jalalabad gezählt werden, so handelt es sich nicht um die gleichnamigen Provinzen, sondern um deren Kernräume. Der Kern von Laghman reicht in etwa von Mehtarlam, wo sich die Täler Alingar und Alishang vereinigen, bis zur Enge von Darunta. Unter Konar sei hier das Tal des Konarflusses samt seinen kurzen Seitentälern, das untere Pechtal und das Bergland gegen die pakistanische Grenze verstanden. Letzteres, dessen südlicher Teil auch als Mohmand-Bergland bekannt ist, soll mangels eines einheitlichen Namens im folgenden als Konar-Bajaur-Bergland (nach der pakistanischen Landschaft Bajaur) bezeichnet werden. Nördlich von Konar und Laghman im oben umrissenen Sinne liegt Nuristan, das im Rahmen des Hindukusch behandelt wird (Kapitel 7.2.1.3).

Das Großrelief dieses Raumes wird durch die Becken von Jalalabad–Laghman und deren nördliche und südliche Begrenzung bestimmt. Beide Becken, die eine großräumige Einheit bilden, entstanden im Jungtertiär und Altpleistozän durch tektonische Bewegungen im kristallinen Grundgebirge. Dieses ragt im horstartigen Block des Spin Ghar (Safed Koh) unvermittelt mehr als 4000 m über den Beckenboden im Süden auf, während der Hindukusch und das Konar-Bajaur-Bergland im Norden nur allmählich ansteigen. Zwischen dem westlichen Becken von Jalalabad und jenem von Laghman erhebt sich der langgestreckte Granit- und Gneiszug des Tor Ghar (Syah Koh), in dessen niedrigem östlichen Ausläufer die Enge von Darunta angelegt ist. Beide Einbruchsbecken sind von pliozänen und pleistozänen Sedimenten aufgefüllt, die, in Terrassen zerschnitten, gegen die Flußläufe hin immer jüngeres Alter zeigen.

Infolge der tiefen Lage und der fast allseitigen Abschirmung durch Gebirge und Hochländer herrscht im Gebiet von Jalalabad–Laghman–Konar das mildeste Winterklima ganz Afghanistans. So verzeichnet Jalalabad die höchsten Lufttemperaturen im Winter und die geringste Zahl von Frosttagen (Tabelle 3). Die Niederschläge sind gering, so daß das Innere der Becken, abgesehen von Flußauen und bewässertem Kulturland, halbwüstenhafte Züge trägt. Obwohl im Bereich des Monsuns gelegen, fällt in Jalalabad und Mehtarlam während des Sommers nur wenig und überdies nur unregelmäßig Regen. Niederschläge und Bewölkung nehmen aber gegen die Beckenränder im Norden und Süden zu, so daß die Hänge von Hindukusch und Spin Ghar Wald tragen. Zwischen rund 1300 und 2300 m finden sich stark degradierte Bestände immergrüner Eichen (meist *Quercus baloot*), darüber Nadelwald aus Zedern, Kiefern u. a. (Karte 28). Der nördliche Teil der Becken verfügt dank der ganzjährig wasserreichen Flüsse Kabul, Laghman und Konar über ein gewaltiges Irrigations- und Wasserkraftpotential. Im Süden dagegen führen die kurzen, am Spin Ghar entspringenden Flüsse wenig oder nur stoßweise Wasser, das im Sommer und Herbst durch die Bewässerung oft vollständig aufgezehrt wird.

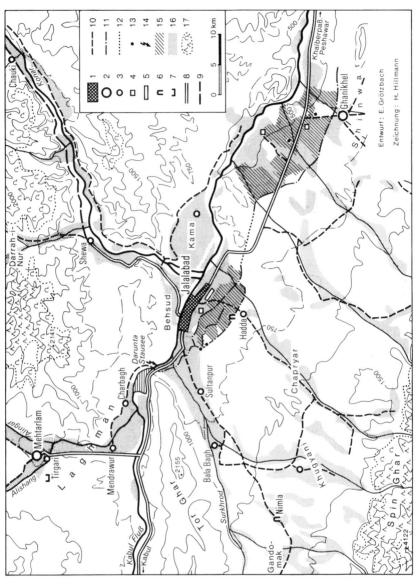

Karte 28: Becken von Jalalabad, Laghman, Unter-Konar (Grundlage: Topograph. Karten 1:100000 und 1:250000).

Zeichenerklärung: 1 = Stadt; 2 = Kleinstadt, größerer Basarort; 3 = kleiner Basarort; 4 = Staatsfarm; 5 = Flugplatz; 6 = wichtige archäologische Stätte; 7 = wichtiges Heiligengrab (zyarat); 8 = Asphaltstraße; 9 = befestigte Straße; 10 = Nebenstraße, Fahrweg; 11 = moderner Bewässerungskanal; 12 = Kanaltunnel; 13 = Pumpstation; 14 = Wasserkraftwerk; 15 = von Staatsfarmen bewirtschaftetes Land im Nangarhar-Projektgebiet; 16 = bewässertes Land; 17 = Wald (Nadel- bzw. Laubwald).

Begünstigt durch das Klima und im nördlichen Teil auch durch den Wasserreichtum, zählt das Gebiet von Jalalabad – Laghman – Konar seit alters zu den wichtigsten Agrarräumen des ganzen Landes. Hier werden große Überschüsse an Reis produziert, ferner Zuckerrohr, Oliven und verschiedenste Obstsorten, insbesondere Zitrusfrüchte (Orangen, Zitronen, Pampelmusen), Granatäpfel, Maulbeeren usw. Handelt es sich hierbei großenteils um Marktfrüchte, so dienen Weizen, Mais, etwas Gerste, Klee, Gemüse und Hülsenfrüchte der Eigenversorgung. Doppelernten sind auf gut bewässertem Land allgemein verbreitet. In der Regel bilden Weizen und Gerste die Winter-, Reis und Mais die Sommerfrüchte, wogegen Zuckerrohr als ganzjährige Kultur gilt. Arbeitsintensivste Frucht ist der Reis, der in Saatbeeten vorgezogen und danach ausgepflanzt wird (FERDINAND 1959c).

Auch die Agrarsozialstruktur ist in dem ganzen Raum ziemlich einheitlich. Das Eigentum am landwirtschaftlich genutzten Boden ist weit gestreut und echter Großgrundbesitz die Ausnahme. Entsprechendes gilt für die Betriebsgrößen. Verschiedene Erhebungen im Konartal, in Behsud und Kama haben durchschnittliche Besitz- oder Betriebsgrößen von 1–2 ha ergeben. Da die Eigentümer das Land selbst zu bewirtschaften pflegen, gibt es nur relativ wenige Pachtbetriebe, jedoch viele landlose Anteilsarbeiter und Taglöhner, die namentlich im Reisbau beschäftigt werden.

Dank der intensiven landwirtschaftlichen Nutzung zählten die Becken von Jalalabad und Laghman und das untere Konartal mit insgesamt 1,1 bis 1,3 Mio. Ew.[22] zu den am dichtesten bevölkerten Teilen Afghanistans. Die gesamte Provinz Nangarhar, die in etwa mit dem Becken von Jalalabad identisch ist, stand mit rund 100 Ew./qkm (1978) an zweiter Stelle hinter der Provinz Kabul. In ihr konzentriert sich wiederum ein Drittel der Bevölkerung auf das Kerngebiet, die Bezirke Jalalabad, Surkhrod, Behsud und Kama, wo im Durchschnitt über 300 Ew./qkm lebten. In Unter-Laghman, von Mehtarlam abwärts, betrug die Bevölkerungsdichte – trotz Einschluß fast unbewohnter großer *dasht*-Flächen – etwa 140 Ew./qkm, im unteren Konartal, von Asadabad abwärts, etwa 105 Ew./qkm.

Die wichtigste ethnische Gruppe bilden die Paschtunen, die sich wiederum in zahlreiche Stämme gliedern. Daneben gibt es auch, meist kleinräumig segregiert, Tadschiken (in Surkhrod, Laghman, Konar), ferner Dehgans, Araber (in Behsud) und in den Städten auch Hindus und Sikhs. In Alishang (Ober-Laghman) und Konar handelt es sich bei den als „Tadschiken" bezeichneten Gruppen z. T. um Pashai oder Dehgans, die früher den gesamten Gebirgsrand von Panjsher (Kohistan) bis Konar innehatten; sie sind hier von

---

[22] Die bezirksweise gegliederten Daten für 1978 ergeben rund 1,3 Mio. Ew. (CSO 1978a), die – leider nur für die Provinzen veröffentlichten – niedrigeren Zahlen des Zensus von 1979 weisen auf über 1,1 Mio. Ew. hin.

Paschtunen teils zurückgedrängt, teils paschtunisiert worden (CHRISTENSEN 1980; WUTT 1981). Neben der seßhaften Bevölkerung, von der bisher die Rede war, überwintern in Nangarhar, Laghman und Konar auch zahlreiche Nomaden. Sie gehören meist den hier lebenden Paschtunenstämmen an und haben ihre Sommerweiden im Hazarajat oder im Hindukusch. Eine sozioökonomisch gesonderte Gruppe unter ihnen bilden die „Erntenomaden" (FERDINAND 1969), oft verarmte ehemalige Viehhalter, die im Herbst und Frühjahr in Nangarhar und Laghman, im Sommer bei Kabul, in Maydan und Koh Daman Erntearbeiten verrichten.

Der hohe Grad ethnischer Durchmischung und Überlagerung verwundert nicht in einem Raum, der seit Jahrtausenden Völkern, Eroberern, Herrschern und Kaufleuten als Durchgangsgebiet zwischen Indien einerseits, Kabul und Turan andererseits gedient hat. Die Hauptroute des Karawanenweges Indien–Baktrien führte vom Khaiberpaß über Jalalabad und Surkhrod nach Jigdalik und über Tizin und Khurd Kabul nach Kabul; in vorislamischer Zeit nahm man den kürzeren Weg von Jalalabad/Hadda über Tagab nach Kapisa und zu den Hindukuschpässen. In keinem anderen Teil Afghanistans ist denn auch indischer Einfluß so stark gewesen wie in Nangarhar, namentlich zu dessen Blütezeiten als kulturelles Bindeglied zwischen Indien und dem Hochland von Kabul. Dies galt ganz besonders für die buddhistische Epoche in den nachchristlichen Jahrhunderten bis zur islamischen Eroberung. Von ihr legen die Ausgrabungen von Hadda südlich von Jalalabad das berühmteste archäologische Zeugnis ab, wo sich auf einer Fläche von 15 qkm eine große Zahl von Stupas, Klosteranlagen und Grotten drängen. Hier hat man, ähnlich wie bei Peshawar und in Swat, ungewöhnlich reiche Reste der Gandharakunst gefunden. Leider sind der wichtigste Fundort Tepe Shotur und das dortige Museum 1980 bei Kämpfen zerstört worden (BALL & GARDIN 1982, I). Aus der Zeit der Moghulkaiser stammen die Stadt Jalalabad und der Park von Nimla, der um 1610 angelegt wurde. Noch um die letzte Jahrhundertwende gab es Hindus und Sikhs als Händler in jedem größeren Dorf (ADAMEC 1985). Ihre Nachfahren konzentrieren sich heute in den Basaren von Jalalabad und Mehtarlam.

Kernraum des ostafghanischen Tieflandes ist das *Becken von Jalalabad*, das sich von Nord nach Süd in drei Zonen gliedern läßt, wenn man Bewässerungspotential und Bevölkerungsdichte zugrunde legt. Nördlich des Kabulflusses erstrecken sich *dasht*-Flächen, die zum Rande des Hindukusch bzw. zum Konar-Bajaur-Bergland ansteigen und nur schwach besiedelt sind. Den schmalen mittleren Teil nimmt das von Terrassen gesäumte, wechselnd breite Tal des Kabulflusses ein, das wohlbewässert und daher dicht bevölkert ist. Südlich davon steigen wiederum weite *dasht*-Flächen allmählich zum Gebirgsfuß an, die durch die Spin Ghar-Flüsse stark zerschnitten sind. Hier liegen die Flußtäler und einige von Kanälen oder Karezen gespeiste bewässerte Fluren wie grüne Inseln inmitten der Halbwüste.

Diese breite südliche Zone ist überwiegend paschtunisches Stammesland: Im äußersten Westen, am oberen Surkhrod, sitzen Ghilzai, im Gebiet von

7.1 Ostafghanistan

Gandomak, Nimla und Khugyani die Khugyani, östlich davon die Shinwari. Letztere waren früher als Räuber gefürchtet und wegen ihres Unabhängigkeitsdranges ein beständiger Herd der Unruhe, ähnlich wie die benachbarten Mohmands und Khugyani. Es waren auch die Shinwari, die durch ihren Aufstand Ende 1928 das Signal zum Sturze Amanullahs gaben und 1929 Jalalabad plünderten. Nicht zuletzt diese turbulente Vergangenheit mag Anlaß gegeben haben, für sie eine eigene Unterprovinz *(loy waluswali)* mit Sitz in Ghanikhel einzurichten und sie so unter Kontrolle zu halten. Hier, in ihrem zentralen Bezirk Shinwar, wie auch in anderen Teilen der südlichen Beckenzone (Chapryar, Khugyani, Achin) herrschten 1978 Bevölkerungsdichten von 110 bis 170 Ew./qkm, was auf Übervölkerung hindeutet. Entsprechend intensiv ist die landwirtschaftliche Nutzung im Bewässerungsland; sie dient hier überwiegend der Eigenversorgung. Obst- und Weingärten sind weit verbreitet, namentlich in Khugyani, das für seine Granatäpfel, Orangen und Aprikosen bekannt ist. Im südöstlichen Becken gibt es um Nadirshahkot und Ghanikhel auch Karezbewässerung, doch ist deren Fläche infolge des Verfalls von Karezen zurückgegangen (DAVYDOV 1967). Immerhin wurden für Nangarhar 1967/68 fast 500 Kareze angegeben (CSO 1978b).

In der mittleren Zone des Beckens, vom unteren Surkhrod bis Daka, steht Wasser aus dem Kabul- und Konarfluß ganzjährig reichlich zur Verfügung. Hier werden die höchste Bevölkerungsdichte und der intensivste Anbau verzeichnet (s. oben). Die Landwirtschaft (mit Reis, Zuckerrohr, Gemüse und Obst) ist großenteils marktorientiert, was durch die ausgezeichnete Verkehrslage erleichtert wird. Im westlichen Teil dieser Zone zeigt die Bevölkerung eine besonders starke ethnische Durchmischung. Tadschiken leben vorzugsweise in den alten, geschlossenen, ehemals befestigten Dörfern von Surkhrod und Behsud (und auch südlich davon in Chapryar), dazu kommen Araber, Dehgans und vor allem Paschtunen; unter diesen dominieren die Mohmands von Kama ostwärts und nördlich des Kabulflusses im Konar-Bajaur-Bergland.

Das Bewässerungsland beschränkte sich bis in die 60er Jahre auf die Flußauen und die untersten Terrassen an Kabul und Konar. Um neue Flächen südlich von Jalalabad zu erschließen, hatte man schon in den 20er Jahren mit dem Bau eines größeren Kanals von Darunta gegen Hadda begonnen, doch blieb er unvollendet (HERBORDT 1926). Das damals angestrebte Ziel ist erst durch das *Nangarhar-Projekt* erreicht und übertroffen worden. Bei diesem Projekt, das ab 1960 mit sowjetischer Hilfe durchgeführt wurde, handelt es sich um das zweitgrößte Bewässerungsvorhaben Afghanistans nach dem Helmand-Projekt. Es zielte von Anfang an darauf ab, mit einem hohen Einsatz an Kapital und Technik Neuland zu gewinnen. Doch hatte das Projekt neben wirtschaftlichen auch politische Gründe und Ziele. Ähnlich dem ganz anders gearteten Paktya-Projekt sollte es die sozioökonomische Entwicklung in dem politisch so sensiblen Stammesgebiet an der Grenze zu Pakistan fördern und die regionalen Disparitäten zwischen afghanischem und pakistanischem „Paschtunistan" verringern. Daß es von der Sowjetunion so großzügig finanziert und durchgeführt wurde, hatte mit Sicherheit schon damals einen politisch-strategischen Hintergrund; sie konnte sich auf diese Weise jenseits des Hindukusch nahe dem alten Einfallstor nach Pakistan und Indien festsetzen.

Das Rückgrat des Projektes bildet ein 70 km langer Hauptkanal, der, streckenweise als Tunnel unter einem Bergmassiv, bis unterhalb von Ghanikhel führt (Karte 28). Er zweigt in der Enge von Darunta vom Kabulfluß ab, wo durch den Staudamm auch ein Wasserkraftwerk von 11 500 kW Leistung betrieben wird. Durch das Kanalsystem sollte insgesamt eine Fläche von 30 420 ha bewässert werden (nach anderen Quellen 31 500 bzw. 34 500 ha), davon 23 720 ha als Neuland. Um eine möglichst große Irrigationsfläche auf der allmählich nach Süden ansteigenden Dasht zu gewinnen, hat man mehrere elektrische Pumpstationen eingerichtet, wodurch 6500 ha höher gelegenen Neulandes bewässert werden können. Diese Zahlen erscheinen recht eindrucksvoll, doch werden sie durch die höchst unterschiedliche Qualität der neubewässerten Böden relativiert. Denn rund die Hälfte des Neulandes besteht aus sandigen oder steinigen Böden oder aus Flußschottern. Ein großer Teil dieser Flächen mußte erst entsteint und durch feineren Boden, den man über weite Entfernungen heranschaffte, verbessert werden, ehe man sie nutzen konnte (WALLER 1967; EZHOV 1969; PJATIGORSKIJ 1970; BARON 1975).

Den sowjetischen Planungen zufolge sollte das gesamte Neuland durch vier große mechanisierte Staatsgüter bewirtschaftet werden, was sich jedoch in Anbetracht der unzulänglichen finanziellen und organisatorischen Möglichkeiten Afghanistans als unrealistisch erwies. 1965, als der Hauptkanal und die wichtigsten Zweigkanäle fertiggestellt waren, wurde die Zahl der Staatsgüter auf zwei (Hadda und Ghaziabad), ihre Fläche auf etwa 5700 ha herabgesetzt. 1983 sollen vier Staatsgüter mit 11 350 ha bestanden haben bei einer gesamten bewässerten Projektfläche von etwa 25 000 ha. Das Projekt zählte damals rund 6000 Beschäftigte, die hauptsächlich auf den Staatsgütern und in drei neuen Wohnsiedlungen lebten (KNT v. 22. 9. 83). Wieviel Land insgesamt an Bauern vergeben wurde, ist nicht bekannt. Bis 1977 sollen erst 1193 Neusiedlerfamilien 2550 ha Land erhalten haben (KT v. 21. 7. 77).

Leider liegen über dieses Projekt kaum zuverlässige Zahlen vor, auch nicht über die landwirtschaftliche Produktion der Staatsgüter. In den 70er Jahren wurden recht widersprüchliche, aber steigende Produktionsziffern bekanntgegeben, insbesondere für Zitrusfrüchte und Oliven, deren Anbauflächen ständig erweitert worden sind. Dagegen schien die Getreideproduktion zu stagnieren und seit 1980 rückläufig zu sein. Da Weizen und Gerste maschinell auf großen, steinig-sandigen Flächen geerntet werden, ist der Ertrag mit etwa 10 dz/ha geringer als der gesamtafghanische Durchschnitt. Zitrusfrüchte und Oliven, nach denen in Afghanistan kaum Nachfrage besteht, werden fast vollständig in die Sowjetunion exportiert. Der Verarbeitung und Konservierung von Oliven dient eine größere Fabrik, die um 1985 fertiggestellt wurde. In Anbetracht der ungewöhnlich hohen Kosten und der bislang geringen Erträge ist das Nangarhar-Projekt wohl noch kritischer zu beurteilen als das Helmand-Projekt. Freilich ist nicht zu übersehen, daß das Vorhaben eine Verbesserung der technischen Infrastruktur und des Arbeitsplatzangebotes bewirkt hat, besonders im engeren Projektgebiet und in Jalalabad.

Jalalabad ist eine vergleichsweise junge Stadt. Unter dem Moghulkaiser Akbar 1570 gegründet, blieb ihre Bedeutung lange Zeit gering. Noch in Reiseberichten des 19. Jh. wird das kleine Bala Bagh am Surkhrod als wichtigster Basarplatz in Nangarhar genannt, wo eine bedeutende Kolonie von Hindus und Sikhs als Händler und Bankiers tätig war. Jalalabad hingegen wurde als zwar ummauerter, aber halbverfallener Ort beschrieben, dessen Einwohnerzahl sich im Winter vervielfachte, da ein Großteil der halbseßhaften Bevölkerung den Sommer in den umliegenden Gebirgen zu verbringen pflegte. Diese Funktion als Winterwohnort verstärkte sich, nachdem hier der Emir Abdur Rahman einen Winterpalast hatte erbauen lassen, was zunächst bei der Oberschicht Nachahmung fand. Nach dem Bau der Asphaltstraße Jalalabad–Kabul entwickelte sich daraus ab etwa 1965 ein Massenphänomen, da Jalalabad nunmehr auch an den Winterwochenenden von Kabulern besucht wurde (GRÖTZBACH 1981a). Ein Großteil der Häuser in seinen ausgedehnten neuen Wohnvierteln dient als Winter- und Frühjahrswohnsitze für wohlhabende Familien aus Kabul.

Die Stadt hat im 20. Jh. sehr beträchtlich an Bevölkerung und Funktionen gewonnen und zählte 1979 immerhin 54000 Ew. Ihre wachsende Bedeutung als Sitz der Provinzbehörden und des Nangarhar-Projektes, als Handelszentrum und als Wintererholungsort ließ sie in den 60er und 70er Jahren zu einer der expansivsten Städte Afghanistans werden. Sie ist mit Infrastruktureinrichtungen gut ausgestattet, z. B. mit moderner Wasser- und Elektrizitätsversorgung, Krankenhäusern und vielen Arztpraxen. Diese Ärzte waren an der 1963 gegründeten Medizinischen Fakultät tätig, die später ausgeweitet und als „Universität" bezeichnet wurde (s. S. 158). Jalalabad verfügt über einen großen, z. T. recht modernen Basar, in dem die zahlreichen Hindus und Sikhs als Händler und viele, überwiegend geschmuggelte, Waren aus Pakistan und Indien auffallen. Es ist der Großhandelsplatz für die landwirtschaftlichen Überschüsse Nangarhars, Laghmans und Konars, doch besitzt es kaum Industrie. Eine kleine Rohrzuckerfabrik war nur 1952–60 in Betrieb und soll seit langem reaktiviert werden; daneben gibt es einige kleinere Textilbetriebe. Neben Jalalabad hat sich in ganz Nangarhar keine zweite Stadt entwickelt; vielmehr gibt es nur eine Anzahl kleiner ländlicher, z. T. recht alter Basarorte wie Bala Bagh, Sultanpur und Kaja (Khugyani).

Laghman ist von Nangarhar nur durch die Enge von Darunta und den neuen Darunta-Stausee getrennt. In der bis 10 km breiten, reichlich bewässerten Ebene Unter-Laghmans zwischen Mehtarlam und Darunta drängte sich fast die Hälfte der Provinzbevölkerung zusammen, überwiegend Ghilzai- und Safi-Paschtunen. Wie in Nangarhar bewohnen hier die Tadschiken vorzugsweise alte, enge Haufendörfer, wie Tirgari, Mendrawar und Charbagh, die auch über wichtige Basare verfügten. Jener von Tirgari, des früheren Hauptortes von Laghman, ist allerdings seit der Anlage von Mehtarlam weitgehend verödet.

Mehtarlam (4000 Ew. 1979) zählt zu den in den 60er Jahren neugegründeten Provinzhauptstädten, die sich nur partiell entwickelt haben, obwohl es an die 18 km entfernte Straße Kabul–Jalalabad bestens angeschlossen ist. Während 1978 die Zahl der Läden in seinem Basar rund 500 betrug und das Behördenviertel fertiggestellt war, umfaßte die neue Wohnstadt erst gegen 30 Häuser. Vor allem die jahrelang fehlende oder unzureichende Wasser- und Elektrizitätsversorgung hat einen rascheren Ausbau verhindert. Die Ladeninhaber, darunter viele Hindus und Sikhs, wohnten fast ausnahmslos in Tirgari oder in Dörfern und Qala der Umgebung (NORVELL 1972).

Laghman wird beherrscht von dem landschaftlichen Gegensatz zwischen der breiten, üppigen Flußoase, wo der am höchsten geschätzte Reis des ganzen Landes angebaut wird, und den anschließenden wüstenhaften *dasht*-Flächen, die im Winter als Viehweide dienen. In der weitgespannten Dasht-i-Mehtarlam westlich des Tales liegt als kleine, grüne Insel, durch einen langen Kanal vom Alingar her bewässert, eine der wichtigsten Wallfahrtsstätten Ostafghanistans: das Zyarat-i-Mehtarlam Sahib, wo früher alljährlich ein großer Markt stattfand.

Das *Konartal* hat nur im Süden, wo es sich ins Becken von Jalalabad öffnet, eine ähnliche Reliefgestalt wie Laghman. Talaufwärts verengt es sich erstmals bei Shewa und noch mehr bei Asadabad, wo die durchgehende Nutzung der Talsohle aufhört. In diesem relativ breiten unteren Abschnitt wird es auf der nordwestlichen Talseite von geradlinigen, im Satellitenbild gut sichtbaren geologischen Strukturen begleitet, die eine tektonische Anlage anzeigen. Im übrigen ist das Tal durch Schwemmkegel am Ausgang von Seitentälern, im untersten Teil auch durch Terrassen stark gegliedert. Die Talsohle, soweit sie nicht verwildert ist, wird durch Konarwasser im Reisbau genutzt, die Schwemmkegel- und Terrassenflächen durch Wasser aus Seitentälern, wobei oft nur Teil- oder Anfangsbewässerung möglich ist.

Nicht nur das Haupttal, auch die meisten Seitentäler waren 1978 mit insgesamt über 200 000 Ew. dicht bevölkert. Die Bevölkerung ist auch hier ethnisch uneinheitlich, wie CHRISTENSEN (1980) gezeigt hat. Neben den weitaus vorherrschenden Paschtunen (Safi, Shinwari, Tarkanri, Mashwani) beschränken sich Dehgans und Tadschiken auf den unteren Talabschnitt. Die Zurückdrängung der ursprünglichen dardischen Bevölkerung (Pashai, Nuristani)

7.1 Ostafghanistan

durch Paschtunen zeigt sich am deutlichsten im *Darrah-i-Nur*. Hier leben im unteren Tal Safi in großen Qala und paschtunisierte Pashai, in den enggebauten Haufendörfern der oberen Täler Pashai. Deren Lebensraum ist durch die expandierenden Safi so beengt geworden, daß sie noch in jüngster Vergangenheit ihr sorgfältig terrassiertes Ackerland, das mit zwei Ernten pro Jahr (Weizen, Mais) intensiv genutzt wird, durch Waldrodungen ausgeweitet haben (WUTT 1981). Diese Vorgänge sowie eine zunehmende Unterbeschäftigung deuten den hohen Grad der Übervölkerung an; sie hat immer mehr Männer zu zeitweiser Erwerbstätigkeit in Jalalabad, Nordafghanistan oder Peshawar gezwungen (FOURNOT 1971).

Konar gelangte erst 1891 mit der Besetzung von Asmar an den afghanischen Staat. Asmar, das eine wichtige strategische Position einnimmt, hatte seitdem eine starke Garnison. Hauptort der heutigen Provinz Konar, die zeitweise zu einer Unterprovinz von Nangarhar herabgestuft war, ist *Asadabad* oder *Chagha Saray* an der Einmündung des Pechtales (2100 Ew. 1979). Hier befanden sich 1978 Basar, Verwaltungsgebäude und Infrastruktur noch im Aufbau, so daß der Ort einen recht unfertigen und durchaus nicht städtischen Eindruck machte. Die übrigen Basare im Konartal, wie Shewa, Chauki, Neshagam, Asmar und Barikot, sind noch kleiner.

Konar zählt zu jenen Provinzen des Landes, die in den 70er Jahren mit einem regionalen Entwicklungsprogramm bedacht wurden. Zu seinen Zielen gehörten u. a. die Bewässerung von 1500 ha neu erschlossenen Landes (wovon 1983 rund 1200 ha nutzbar gewesen sein sollen), der Bau eines kleinen Wasserkraftwerkes mit 700 kW Leistung in Asadabad (eröffnet 1983) und von Straßen und Fahrwegen, die Gewerbeförderung sowie die Verbesserung der landwirtschaftlichen Produktion und der Forstwirtschaft. Ein Gesamtentwicklungsplan (Master Plan) von 1977 (ELECTROWATT 1977) kam nicht mehr zur Ausführung.

Besondere Bedeutung für Konar hat die Forstwirtschaft. Die Waldbestände der ganzen Provinz wurden 1970 auf 4440 qkm geschätzt, also auf beinahe die gleiche Fläche wie in Paktya. Während hier aber nur 4 % der Waldfläche als nutzbar galten, waren es in der Provinz Konar 34 % (DFP 1971). Der kommerzielle Holzeinschlag fand bis 1978 vor allem im leicht erreichbaren Konar-Bajaur-Bergland und beidseits des unteren Pechtales statt, wobei der größte Teil des Kantholzes flußab getriftet oder geflößt wurde. 1966 wurde ein staatliches Sägewerk in Asadabad eingerichtet, dessen Auslastung aber gering blieb. Im Rahmen eines kleinen Musterprojektes von UNDP und FAO begann man 1967 bei Chauki mit dem Bau von Forstwegen. Holzeinschlag und sozioökonomische Bedeutung der Holzwirtschaft sind trotz alledem in Konar weit geringer geblieben als in Paktya, was sich im viel besseren Erhaltungszustand der Wälder äußert.

Große Teile des ostafghanischen Tieflandes sind seit 1980 durch Kämpfe und Bombardierungen schwer in Mitleidenschaft gezogen worden. Dies gilt vor allem für das Konartal, das weithin entvölkert wurde, und für das östliche, südliche und westliche Nangarhar. Hier, im früher schon schwer kontrollierbaren Stammesland, fand der afghanische Widerstand wichtige Refugien. Jalalabad als stärkste Bastion der sowjetisch-afghanischen Truppen ist lange verschont geblieben, obwohl der Flugplatz, die außerhalb der Stadt nahe Darunta gelegene Universität, das Staatsgut Hadda usw. wiederholt Angriffsziele der Mujahedin bildeten. Erst durch deren erfolglose Offensive im Frühjahr 1989 wurden große Teile der Stadt durch Raketenbeschuß beschädigt.

7.2 Das Hochgebirge im Nordosten: Hindukusch, Pamir und Nordbadakhshan

Wie schon erwähnt, sollen hier die ausgedehnten Hochgebirgslandschaften im Nordosten Afghanistans zusammengefaßt dargestellt werden, bilden sie doch – bei aller Differenzierung im einzelnen – als Relieftyp und als natürliche Umwelt ihrer Bewohner eine Einheit.

7.2.1 Der Afghanische Hindukusch

Der Afghanische Hindukusch ist der südwestliche Ausläufer des gewaltigen inner- und südasiatischen Gebirgssystems, das sich in der großen Scharung im Bereich des Pamir auffächert. Er nimmt gegen Westen an Höhe ab und geht ohne scharfe Grenze in die Gebirge des zentralafghanischen Hochlandes über.

7.2.1.1 Abgrenzung, Gliederung und Gebirgsnatur

Über keine andere Großlandschaft Afghanistans besteht soviel Unklarheit im Hinblick auf Ausmaß und Abgrenzung wie über den Hindukusch. Manche Autoren rechnen nicht nur Koh-i-Baba und Koh-i-Hissar, sondern fast alle Gebirge des zentralen Hochlandes dem Hindukusch zu. Dies ist nach geographischen Kriterien keineswegs gerechtfertigt. Sowohl historisch-geographische als auch geomorphologische Gründe sprechen dagegen.

Unter „Hindukusch" verstand man ursprünglich wohl nur einen der Pässe, die aus dem Kabul-Panjsher-Becken ins Surkhab-Kunduz-Gebiet führen, vermutlich den Chahardarpaß nördlich des mittleren Ghorbandtales. Lange Zeit bezog sich der Name auf die Gebirgskette nördlich von Kabul

7.2 Hindukusch, Pamir, Nordbadakhshan

zwischen Khawakpaß im Osten und Shibarpaß im Westen, wo bereits Babur Schah sieben Pässe nannte (BABUR 1922). Im 19. Jh. war, YULE (1872) zufolge, die Bezeichnung „Hindukusch" bereits auf das gesamte wasserscheidende Gebirge bis zum Baroghilpaß im Osten ausgeweitet, was bis heute gilt. Dagegen räumte man dem Koh-i-Baba, wie schon dessen eigener Name andeutet, eine Sonderstellung ein. Dies wird allein schon durch die andersartige Reliefgestaltung gerechtfertigt. Der bis 5143 m hohe Koh-i-Baba ist nicht nur weit schmäler als der westliche Hindukusch (ca. 20 bzw. über 50 km Breite), sondern von diesem auch durch zwei breite Einsattelungen (Hajigakpaß über 3500 m, Shibarpaß 2936 m) und die dazwischenliegende Turkomankette getrennt, die keinen Hochgebirgscharakter trägt. Entscheidend aber ist die Tatsache, daß der Koh-i-Baba im Norden wie im Süden von Hochtälern und Hochflächen zwischen etwa 2500 und 3200 m flankiert wird und deshalb bereits dem zentralen Hochland zugehört. Dies gilt ebenso für die bis 4400 m hohe Fortsetzung des Hindukusch westlich des Surkhab und nördlich von Bamyan.

Der Afghanische Hindukusch läßt sich orographisch in vier Teile oder Abschnitte gliedern, wobei tiefe Täler und Einsattelungen die Grenzen der Gebirgsgruppen markieren. Folgende große Einheiten werden hier unterschieden:

1. Der *westliche Hindukusch*, auch als *Salangkette* bezeichnet. Er erstreckt sich von der Surkhabschlucht (Darrah-i-Shikari) bis Parian, dem obersten Abschnitt des Panjshertales. Seine südliche Begrenzung bilden die Täler Ghorband im Westen und Panjsher im Osten, seine Nordgrenze Surkhab- und Andarabtal und der Khawakpaß. Diese fast 200 km lange Kette erreicht im Osten mit 5126 m ihre größte Höhe, sinkt im Gebiet von Bajgah- und Salangpaß auf rund 4000 m ab und überschreitet weit im Westen in einem einzigen Gipfel noch einmal knapp die 5000-m-Marke.

2. Der *mittlere oder zentrale Hindukusch* umfaßt den halbkreisförmig nach Süden ausbuchtenden Hauptkamm des Gebirges zwischen Parian/Anjomanpaß und Dorahpaß samt seinen zahlreichen Zweigkämmen. Der Hauptkamm bildet die Wasserscheide zwischen dem Kokchasystem im Norden (mit Anjoman- und Munjanfluß) und den Flüssen Nuristans im Süden (Alingar, Pech und Bashgal). Seine Höhe beträgt im Westen und Süden meist 5000–5500 m und nördlich des Parunpasses (zwischen den Bashgal-Quelltälern und Munjan) in mehreren Gipfeln mehr als 6000 m. Er endet am über 4500 m hohen Dorahpaß (Karte 31).

Vom Hauptkamm des mittleren Hindukusch zweigen mehrere Seitenkämme ab, deren nordöstlicher den höchsten Gipfel dieses Gebirgsabschnittes, den 6843 m hohen Koh-i-Bandaka (oder Bandakor) trägt (Karte 29). Auch der Kamm zwischen Anjoman- und Munjantal hat drei Gipfel von knapp über 6000 m Höhe, wogegen die südlichen Seitenkämme deutlich niedriger sind. Am mächtigsten ist hier der Zweig, der vom Anjomanpaß zwischen Panjsher- und Alingartal südwestwärts zieht und die Ostbegrenzung des Kabul-Panjsher-Beckens bildet. Er erreicht in dem schroffen Gipfel des Mir Samir (Mersmer lt. Karte) immerhin 5809 m.

3. Der *östliche Hindukusch* umfaßt den Grenzkamm zu Pakistan zwischen Dorah- und Baroghilpaß (3800 m). Letzterer bietet mit seiner breiten, flachen Einsatte-

lung einen bequemen Übergang vom Wakhan- ins Mastujtal in Chitral (Karte 31). In diesem Gebirgsabschnitt erheben sich mehrere Siebentausender, darunter der Noshaq, mit 7492 m der höchste Berg des Afghanischen Hindukusch. Nur 20 km südlich davon, bereits ganz auf pakistanischem Boden, trägt ein mächtiger Seitenkamm den höchsten Gipfel des Hindukusch überhaupt, den 7706 m hohen Tirich Mir. Die Zweigkämme auf der afghanischen Nordseite sind dagegen weit kürzer und niedriger.

4. Das *Khwaja Mohammed-Gebirge* wird wegen seiner beträchtlichen Länge und Breite (ca. 160 bzw. 90–100 km) als gesonderte Gebirgsgruppe des Hindukusch betrachtet. Es löst sich an der tektonisch vorgezeichneten Linie Khawakpaß–Parian vom Hauptkamm und verläuft in nordnordöstlicher Richtung bis gegen Zentralbadakhshan. Es ist von der Salangkette durch das obere Andarabtal, vom mittleren Hindukusch durch Anjoman- und Kokchatal getrennt und fiedert nach Nordwesten gegen Qataghan in zahlreiche längere Seitenkämme aus. Im Südwesten kaum über 5000 m hoch, kulminiert es beidseits des Rakhoytales bei über 5800 m (Karte 29, Bild 7), sinkt aber nördlich von Oshnogan bald auf etwa 4000 m ab.

Der Hindukusch wurde im Rahmen der alpidischen Gebirgsbildung während des Jungtertiärs und Altquartärs gehoben, wobei die Hebung auch große, viel früher (z. T. variskisch) gefaltete Gesteinskomplexe erfaßte. In die überwiegend metamorphen Gesteine (Gneise, Glimmerschiefer, Amphibolite, Marmore u. a. kristalline Schiefer) eingeschlossen sind unterschiedlich große und alte Intrusionskörper von Granit, Diorit usw. (WOLFART & WITTEKINDT 1980). So quert z. B. die Salangstraße im westlichen Hindukusch drei Granitmassive, deren mittleres vom Tunnel durchbohrt ist.

Auch die großen tektonischen Störungslinien äußern sich z. T. im Relief, folgen ihnen doch mehrere Täler, die das Gebirge längstalförmig begrenzen oder gliedern. So setzt sich die Hari Rod-Störung von Bamyan über den Shibarpaß durch das Ghorband-, Panjsher-, Anjoman- und Kokchatal ins Bekken von Baharak fort und wird hier als Zentral-Badakhshan-Störung bezeichnet. Auch das Andarabtal verläuft entlang einer solchen Störungszone, die sich ostwärts über den Khawakpaß bis Parian im obersten Panjshertal fortsetzt, wo sie auf die Hari Rod-Störung trifft. Im Verlauf der Störungslinien zeigen Hangverebnungen und Reste ehemaliger Hochtalböden an mehreren Stellen ein flacheres Altrelief an, neben dem die heutigen Flüsse tiefe, enge Kerbtäler eingeschnitten haben, wie im mittleren Anjomantal bei Robaghun (Karte 29). Auch andere Täler folgen solchen Störungslinien, wie das Konartal und das Munjantal (mit Fortsetzung im Sanglichtal jenseits des Munjanpasses). Diese tektonischen Linien treten in Satellitenbildern meist klar hervor. Schließlich ist nicht nur der Hindukuschrand gegen das Kabul-Panjsher-Becken, sondern auch bei Nahrin und Ishkamish in Qataghan durch Störungslinien bedingt.

Von niedrigen Seitenkämmen abgesehen, zeigt der Hindukusch durchweg echtes Hochgebirgsrelief, mit schroffen Gipfeln, Graten, Felswänden und vielfältigen Spuren ehemaliger Vergletscherung wie Karen, Karseen und Trog-

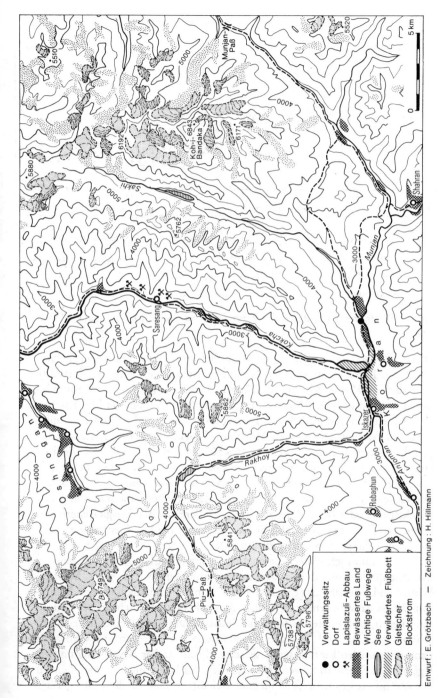

Karte 29: Koran und oberes Kokchatal (Grundlage: Topograph. Karte 1:100000).

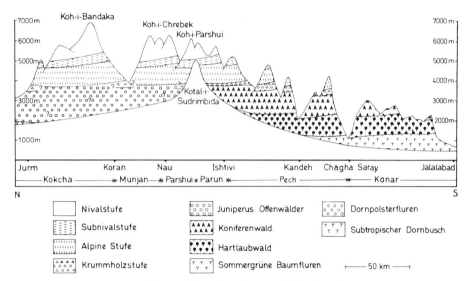

Figur 5: Vegetationsprofil durch den Zentralen Hindukusch (nach BRECKLE & FREY 1974).

tälern. Besonders ausgeprägtes Steilrelief mit einer Reliefenergie von 3-4000 m herrscht im Osthindukusch, in Koran und Munjan (Karte 29), aber auch in Warsaj (Khwaja Mohammed-Gebirge), ja sogar im Westhindukusch südwestlich von Khinjan. Entsprechend dem Verlauf der klimatischen Schneegrenze sind die höchsten Teile von östlichem und zentralem Hindukusch und das mittlere Khwaja Mohammed-Gebirge stark vergletschert, namentlich die Nordhänge oberhalb etwa 5000 m. Im Luft- und Satellitenbild lassen sich die nordseitigen, durch die Glazialerosion versteilten Felswände der Kare und Gletscherbecken deutlich von den Glatthängen der Südseiten unterscheiden. Ein besonders auffallendes Reliefelement sind die zahlreichen Blockströme oder Blockgletscher, deren größere aus Blankeisgletschern hervorgehen (GRÖTZBACH 1965b). Sie vertreten hier die Moränenwälle postglazialer Gletscherstadien (Karte 29, Bild 7).

Der Hindukusch bildet eine wichtige Klimascheide, was aber in den vorhandenen meteorologischen Daten wenig zum Ausdruck kommt. Steht im Winter und Frühjahr das ganze Gebirge ziemlich einheitlich unter dem Einfluß West-Ost wandernder Zyklonen, die die Hauptniederschläge bringen, so unterliegen im Sommer Nord- und Südabdachung unterschiedlichen Luftströmungen. Die Süd- und Südostabdachung mit Nuristan und Chitral ist dann monsunalen Luftmassen ausgesetzt, die zu starker Bewölkung und gelegentlichen Schauern führen. Auch auf der Nordabdachung, namentlich auf der Außenseite des Khwaja Mohammed-Gebirges, fallen in der Höhe geringe

7.2 Hindukusch, Pamir, Nordbadakhshan

Sommerniederschläge, doch stammen sie überwiegend aus ostwärts driftenden Zyklonen. Generell nehmen die Niederschläge mit der Höhe zu: Im Norden von etwa 800 mm, im Süden von 260–500 mm am Gebirgsfuß auf über 1000 mm in der „alpinen" Stufe am Salangpaß (Tabelle 2). Dagegen sind die inneren Täler wüstenhaft trocken, wie Warsaj, Panjsher-, Anjoman- und Munjantal. Hier haben FREY & PROBST (1978) die Niederschlagssumme auf Grund der Vegetation auf nur 200 mm pro Jahr geschätzt, was plausibel erscheint, da auch Feldbau nur mit Bewässerung möglich ist.

Die unterschiedlichen Niederschlags- und Bewölkungsverhältnisse äußern sich auch im Bilde der Vegetation. Die Südabdachung des Hindukusch, von Chitral bis ins östliche Kohistan, trägt monsunbedingte Wälder: in Höhen von rund 1300 bis 2300 m vorwiegend immergrüne Eichen (meist *Quercus baloot*), darüber bis 3300 m Wolkenwälder aus Kiefern, Zedern, Fichten, Tannen und Baumwacholder (s. S. 51). Auf der Nordabdachung gibt es im Gebiet der Kokcha-Quellflüsse, von Grundwassergehölzen abgesehen, nur dürftige *Juniperus*-Bestände, die von etwa 3000 bis nahe 4000 m reichen. Auf der Außen- bzw. Nordseite von Khwaja Mohammed-Gebirge und Westhindukusch dagegen kommt *Juniperus* zwischen etwa 1500 und 3000 m z. T. noch in lichten Wäldern vor (Figur 5; FREY & PROBST, TAVO 1979).

7.2.1.2 Der Hindukusch als Lebensraum: Täler und Talschaften

Die kulturgeographische Gliederung eines Hochgebirges folgt nicht den Tiefenlinien der Täler, sondern im allgemeinen den Kammlinien, bilden doch Täler und Talabschnitte die lebensräumlichen Einheiten für die Gebirgsbevölkerung. Im Hindukusch erweist sich der Hauptkamm des Gebirges als eine wichtige kulturräumliche Grenze, besonders in seinem mittleren Abschnitt. Südlich davon liegt das alte Siedlungsgebiet der Nuristani und Pashai, die indo-arische Sprachen sprechen. Die inneren Täler nördlich des mittleren Hauptkammes werden von Bergtadschiken eingenommen, die teils Dari, teils nordostiranische Idiome sprechen. Gegen den Gebirgsrand in Zentralbadakhshan und Qataghan mischen sich auch Hazara und turksprachige Gruppen darunter. Ganz allgemein ist türkischer Kultureinfluß am Nordsaum des Gebirges beträchtlich, doch seit der Afghanisierung Qataghans und Badakhshans gegen Ende des 19. Jh. in abnehmendem Maße.

Bei großräumiger Betrachtung stellt sich der Hindukusch, wie Hochgebirge allgemein, als dünnbevölkerter Raum dar. Die randlichen Täler (ohne Konartal) eingeschlossen, lebten dort 1978 rund 700 000 Menschen auf einer Fläche von fast 45 000 qkm, also etwa 16 Ew./qkm. Im einzelnen bestanden aber erhebliche regionale Unterschiede. Am volkreichsten waren die großen Täler Kohistans: Panjsher mit 106 000 Ew. und Ghorband mit ca.

100000 Ew. (ohne südliche Seitentäler) und Dichten von 30–34, im unteren Panjshertal sogar 76 Ew./qkm. Nur schwach bevölkert waren die inneren Täler: auf der Nordseite Koran-o-Munjan mit Anjoman (1 Ew./qkm), Zebak (2 Ew./qkm), Warsaj (8 Ew./qkm) und auf der Südseite Kamdesh mit Bargamatal (6 Ew./qkm). In diese Dichtewerte gehen allerdings große Ödlandflächen der Hochregion ein. Deshalb täuschen sie darüber hinweg, daß die Bevölkerungsdichte bezogen auf die Nährfläche weitaus höher ist, nehmen doch Felder und Gärten nur Bruchteile der Gesamtfläche ein. Die physiologische Bevölkerungsdichte dürfte somit mehrere hundert Ew./qkm betragen.

Tatsächlich sind viele Täler des Hindukusch, gemessen an ihren landwirtschaftlichen Ressourcen, völlig übervölkert. Dies gilt insbesondere für Salang, Panjsher und Warsaj. Hier äußert sich die Übervölkerung einmal in der intensiven Nutzung des Kulturlandes mit reichem Obstbau bis etwa 2300 m, zum anderen in der auswärtigen Erwerbstätigkeit vieler jüngerer Männer und im Zuerwerb aus Handwerksarbeit, soweit sie sich erhalten konnte. Diese Situation hat sich im letzten halben Jahrhundert vor 1978 erheblich verschärft, und zwar nicht nur durch die Bevölkerungszunahme, sondern auch durch den Rückgang des Dorfhandwerks und des Handels- und Transportverkehrs mit Tragtieren (GRÖTZBACH 1969). Dieser früher weit verästelte Saumverkehr und die einst engen lokalen Handelsbeziehungen über hohe Gebirgspässe – z. B. zwischen Badakhshan und Nuristan, zwischen Panjsher und Andarab – verlagerten sich ab 1933 auf die Autostraßen: zunächst auf die Shibarroute, ab 1964 auf die Salangstraße (Bild 6). Mehrere große Täler und Talschaften wurden bis weit hinauf durch einfache Fahrwege erschlossen, wie Panjsher- und Bashgaltal, Warsaj und sogar Khost-o-Fereng. Andere sind wegen des schwierigen Geländes weiterhin nur zu Fuß zugänglich, besonders die Täler des westlichen und mittleren Nuristan und Koran-o-Munjan (Karte 29).

Auch die politisch-administrativen Veränderungen seit dem 19. Jh. haben zum Wandel der Lebensverhältnisse beigetragen. Damals lagen zu Zeiten schwacher Staatsgewalt große Teile des Hindukusch außerhalb staatlicher Kontrolle. Vor allem Kafiristan (Nuristan), zeitweise auch Panjsher und Sheikh Ali (oberes Ghorbandtal) und selbst das Salangtal waren zeitweise de facto autonom. Dort wurde der Paßverkehr durch Übergriffe der lokalen Bevölkerung immer wieder unterbunden. Zudem waren Panjsher, Anjoman und Munjan häufigen Raubüberfällen der Kafiren ausgesetzt (SNOY 1965). Mit der Befriedung des Hindukusch unter dem Emir Abdur Rahman änderte sich allmählich auch die Siedlungsstruktur. Die früher befestigten kompakten Dörfer wurden teilweise aufgegeben und neue Gehöfte in der Flur angelegt. In manchen Fällen kam es zu einer Aufsiedlung hochgelegener Bergfelder, so daß die Obergrenze der Dauersiedlung anstieg, wie in Panjsher. Im allgemeinen herrscht heute eine lockere Form der Siedlung mit kleinen Dörfern und Einzelgehöften vor (Karte 30). Basare haben sich nur nahe dem Gebirgsrande

7.2 Hindukusch, Pamir, Nordbadakhshan

an Verwaltungssitzen entwickelt, wie in Jurm, Farkhar, Rokha (Panjsher), Deh Salah und Banu (Andarab), Syahgerd und Chahardeh (Ghorband). Von Jurm und Deh Salah abgesehen, handelt es sich um Gründungen des 20. Jh.

7.2.1.3 Die Südabdachung: Nuristan, Panjsher und Ghorband

Von allen Tälern der Südabdachung sind jene Nuristans zwar am entlegensten, aber insgesamt am besten erforscht. Ihnen galt und gilt seit langem das besondere Interesse von Ethnologen, Linguisten und Anthropologen, sogar schon ehe ROBERTSONS (1896) berühmtes Buch über die Kafiren des Hindukusch erschien. *Nuristan*, das frühere *Kafiristan*, umfaßt die oberen Täler der Flüsse Alingar, Pech (mit Waygal) und Bashgal (paschtu: Landay Sin), die durch unbewohnte Engtalstrecken vom tiefer gelegenen paschtunischen Siedlungsraum getrennt sind. Die untersten Nuristanidörfer liegen bei 1400 bis 1500 m, die obersten bei 2950 m (Dewana Baba/Bashgal) und 2825 m (Eshtivi/Parun im oberen Pechtal). Die Siedlungen nehmen je nach dem herrschenden Relief unterschiedliche Lagen ein: auf Hangverflachungen hoch über dem Tal im Kerbtalrelief unterhalb etwa 2000 m (z. B. Kamdesh/Bashgal, Bild 5), darüber oft auch auf Schwemmkegeln. Oberhalb 2300–2500 m sind die Täler trogförmig geweitet, so daß die obersten Dörfer meist Talbodenlage zeigen.

In dieser von Steilrelief und dichtem Wald abgeschirmten Abseitslage und im Schutze der Hindukusch-Hauptkette mit ihren um 4500 m hohen Pässen konnten die kleinen ethnischen Gruppen, die man zusammenfassend als Nuristani bezeichnet, ihre jahrtausendealte kulturelle Tradition weitgehend bewahren, besonders im Hausbau und in ihrer sonstigen Sachkultur (HALLET & SAMIZAY 1980; EDELBERG 1984). Auch nach der zwangsweisen Islamisierung und Einverleibung in den afghanischen Staat (1896) ist Nuristan ein schwer zugänglicher Peripherraum geblieben, namentlich in seinem westlichen Teil (Alingar). 1978 herrschte dort noch immer eine weitgehende Natural- und Selbstversorgerwirtschaft, obwohl sich die Außenbeziehungen allmählich verstärkt hatten. Denn zahlreiche Nuristani studierten als Schüler oder Studenten in Kabul, andere waren als Offiziere in der Armee tätig, z. T. sogar in hohen Positionen. Die Zahl der auswärts Erwerbstätigen stieg bis in die 70er Jahre an, namentlich in Ostnuristan, das durch den Fahrweg von Barikot (Konar) ins Bashgaltal am besten erschlossen ist. Doch selbst im schwer zugänglichen Westnuristan waren z. B. Transistorradios bei den Bauern weiter verbreitet als in Unter-Laghman (HENDRIKSON 1968).

Nuristan zählte 1978 rund 100 000 Ew., deren Lebensgrundlage Feld- und Obstbau und Viehhaltung bildeten. Hauptfeldfrucht ist die bis 2800 m vorkommende Hirse, die in anderen Teilen Afghanistans fast völlig vom Mais verdrängt wurde. Der Mais nimmt allerdings bereits die zweite Stelle ein, gefolgt von Weizen und Gerste (bis etwa 3400 m) und von Hülsenfrüchten. Auf den tiefer liegenden Fluren werden oft Doppelernten von Winterweizen und Mais eingebracht, was durch die beträchtlichen Mengen von Stalldünger – bei Kamdesh seit 1974 auch Kunstdünger – ermöglicht wird. Der düngerintensive Feldbau ermöglicht Flächenerträge, die weit über dem gesamtafghanischen Durchschnitt liegen. Neben dem Ackerbau, der meist auf kleinsten, kunstvoll bewässerten Feldterrassen getrieben wird, spielt der Obstbau mit Maulbeere, Walnuß, Aprikose, Feige, Wein u. a. in den tieferen und mittleren Lagen eine wichtige Rolle. Die Viehhaltung trägt teils almwirtschaftliche, teils transhumante Züge. Fast alles Vieh wird im Sommer auf die Hochweiden *(banda)* getrieben, wo man eine ausgeprägte Milchwirtschaft betreibt, deren vielfältige Produkte fast ganz der Selbstversorgung dienen. Den Winter verbringen die Rinder in den Ställen, die Ziegen auf Winterweiden in den Steineichenwäldern der unteren Täler. Das Laub der immergrünen Eichen liefert zumindest im Winter die wichtigste Futterbasis der großen Ziegenherden, so daß sich das Areal der Steineichen und die Gebiete vorwiegender Ziegenhaltung decken. Im übrigen werden Wildheu, geschneiteltes Laub und Heu von Wässerwiesen in großen Mengen für den Winter gestapelt (SCHEIBE 1937; NURISTANI 1973; EDELBERG & JONES 1979).

Diese traditionelle Bodennutzung hat in den letzten Jahrzehnten vor 1978 manche Veränderungen erfahren, doch ist hierüber Näheres nur von den Kom-Nuristani im Gebiet von Kamdesh bekannt. Hier haben Viehbestände und Weidenutzung seit der Jahrhundertwende abgenommen, nicht zuletzt infolge der zunehmenden Bevorzugung pflanzlicher Nahrungsmittel. Während die Kom das Ackerland durch Brandrodungen im Nadelwald ausweiteten, drängten Gujurs und Paschtunen auf die Hochweiden nach. Für die Kom war es schließlich schwierig, Hirten zu finden, da die Jungen durch den Schulbesuch von dieser Tätigkeit abgehalten wurden. Zudem sank das Ansehen der Hirten so sehr, daß man Gujurs beschäftigen mußte (STRAND 1975). Ähnliche Entwicklungen ließen sich auch in anderen Teilen des Hindukusch feststellen.

Das bekannteste Tal von Kohistan, das im Westen an Nuristan anschließt, ist jenes von *Panjsher (Panjshir)*, das sich auf einer Länge von 125 km vom Anjomanpaß bis nahe Gulbahars erstreckt. 1978 verzeichnete Panjsher die gleiche Bevölkerungszahl wie Nuristan, doch eine zweieinhalbmal höhere Bevölkerungsdichte (s. S. 245 f.). Dies weist auf das Phänomen der Übervölkerung hin, unter der dieses Tal in besonderem Maße litt. Deshalb ist in Panjsher die definitive Abwanderung nach Kabul und Qataghan stärker als in anderen Tälern gewesen.

Anders als Nuristan ist Panjsher seit alters ein Gebiet des Durchgangsverkehrs über die Hindukuschpässe nach Andarab, Warsaj und Anjoman. Diese Funktion war

7.2 Hindukusch, Pamir, Nordbadakhshan

zwar in Zeiten schwacher Staatsgewalt außer Kraft gesetzt, lebte aber immer wieder auf, zuletzt um die Jahrhundertwende. Damals nahmen die Panjsheri eine Mittlerstellung im Transhindukusch-Handel ein, indem sie Salz, Reis und Weizen aus Qataghan bzw. Andarab und Wollwaren aus Badakhshan bis Kabul und Baumwollstoffe, Tee und Zucker in umgekehrter Richtung brachten (ANDREEV 1927). Der scharfe Rückgang dieses Handelsverkehrs nach 1933 hat auswärtige Erwerbstätigkeit und Abwanderung enorm gefördert, wodurch Panjsher noch enger an die Außenwelt angeschlossen wurde (GRÖTZBACH 1969).

Panjsher besteht aus vier Hauptsiedlungskammern: 1. dem unteren, dicht bevölkerten Abschnitt (bis 2000 m), der sich beim Hauptort Rokha auf 1,5 km weitet; 2. dem südlichen Seitental Darrah-i-Hazara, das einen eigenen Verwaltungsbezirk bildet; 3. dem mittleren Panjshertal von Chahar Qariya (bis 2300 m) und Tul und 4. Parian (2600–3400 m) als oberster Siedlungskammer, vom mittleren Talabschnitt durch ein 17 km langes Engtalstück getrennt. Die Bevölkerung setzt sich aus Tadschiken und kleineren Gruppen von Hazara in den Seitentälern Darrah-i-Hazara und Tul zusammen.

Während das frühere Handwerk mit Wollwebern und Schmieden fast ganz ausgestorben ist, hat die kleinbäuerliche Ackernutzung bis 1978 jene Sorgfalt und Intensität bewahrt, ja noch verstärkt, die schon WOOD (1872) und ANDREEV (1927) hervorhoben. Sofern im Spätsommer genügend Wasser zur Verfügung steht, baut man bis 2100 m Zweitfrüchte wie Mais, Hirse und Mungobohnen nach Winterweizen an. Wichtiger als der Feldbau ist bis etwa 2400 m der Obstbau, bildeten doch Walnüsse, getrocknete Maulbeeren und Aprikosen früher die Grundkost im Winter. Trotz der intensiven Bodennutzung war ein großer Teil der Panjsheri bis 1978 auf den auswärtigen Erwerb einzelner Familienangehöriger angewiesen, die vielerlei Berufen nachgingen, besonders in Kabul und Qataghan. Eine Folge dieser Geldeinkommen waren die ungewöhnlich zahlreichen Kramläden in den Dörfern des unteren und mittleren Tales. Nur in Parian reichen die Ackerflächen und Betriebsgrößen zur Selbstversorgung mit Getreide aus. Dazu kommt hier eine ausgeklügelte Almstaffelwirtschaft der Gebirgsbauern, während die obersten Weidegründe von paschtunischen Nomaden genutzt wurden (GRÖTZBACH 1973).

Auch das *Ghorbandtal* ist ein alter Durchgangsraum, wo sich die Wege zu den westlichsten Hindukuschpässen und nach Bamyan bündeln. Seine Transitfunktion erreichte von 1933 bis 1964 ihren Höhepunkt, als der gesamte Autoverkehr zwischen Kabul und Turkistan die Shibarroute benutzte, die dann mit der Eröffnung der Salangstraße verödete. Am 2936 m hohen Shibarpaß beginnend, mißt Ghorband nur 90 km Länge, im Norden gesäumt vom Westhindukusch, im Süden von Turkomankette und Paghmangebirge, die bereits dem zentralen Hochland zuzurechnen sind. Von seinen insgesamt 136 000 Ew. (1978) entfielen rund 100 000 auf das Haupttal und die nördlichen Seitentäler. Im Vergleich mit Panjsher ist die ethnische Struktur der Bevölkerung von Ghorband komplexer: Im unteren Tal leben vorwiegend Paschtunen, meist Shinwari aus Nangarhar, in der Mitte Tadschiken, im oberen Talabschnitt (Sheikh Ali) und im großen südlichen Seitental Darrah-i-Turkoman Hazara. Diese Sheikh Ali- und Turkoman-Hazara stammen, ihrer eigenen Tradition zufolge, nicht aus dem Hazarajat, sondern aus Turkistan.

In der Höhengliederung der Agrarlandschaft spiegelt sich z. T. auch die ethnische Differenzierung wider. Die sorgfältigste und vielseitigste Ackernutzung auf Feldterrassen und mit Zweitfrüchten (Mais, Klee) herrscht im mittleren Tal (1800–2000 m), das sich bei Syahgerd und Chahardeh auf über 2 km weitet. Dagegen werden in Sheikh Ali Mais als Hauptfrucht und Futterpflanzen, neuerdings auch Kartoffeln auf bewässerten, aber unterrassierten Hangfeldern angebaut, und am Shibarpaß nehmen Regenfelder große Flächen ein. Wichtigste Baumkulturen sind in Sheikh Ali Pappeln, im mittleren und unteren Tal Mandelbäume, die seit den 50er Jahren in großer Zahl neu angepflanzt wurden.

Ghorband ist Standort des *Ghorband-Projektes*, des einzigen modernen Bewässerungsvorhabens im Hindukusch. Mit indischer Hilfe wurden auf den Verebnungsflächen nördlich von Chahardeh und Syahgerd neue Kanäle angelegt. Der Plan sah Bruttoflächen von 656 ha bzw. 470 ha für die Verbesserung bereits bestehender Irrigationssysteme und die Gewinnung von Neuland vor. 1971 begonnen, scheint das Projekt 1978 weitgehend abgeschlossen gewesen zu sein. Einmalig in Afghanistan war die Anlage eines kleinen Wasserkraftwerkes mit 400 kW Leistung, das der Stromversorgung der umliegenden Dörfer dienen sollte.

7.2.1.4 Die Nordabdachung

Wie die Südseite zeigt auch die Nordabdachung des Gebirges Gegensätze zwischen Ost und West, die sich namentlich in Reliefgestalt und Bevölkerungsstruktur, weniger im Klima äußern. Der westliche Hindukusch wird im Norden durch die Längstalzone von Surkhab und Andarab begrenzt, die bereits außerhalb des Hindukusch-Kristallins in jungpaläozoisch-mesozoischen Sedimenten angelegt ist. Nordostwärts folgt der scharf ausgebildete Gebirgsfuß der Hindukusch-Nordrandverwerfung (HINZE 1964), gegen Zentralbadakhshan klingt das Khwaja Mohammed-Gebirge allmählich aus.

Das *Surkhabtal*, das sich unterhalb von Shibar zur Schluchtstrecke des Darrah-i-Shikari verengt und bei Doab-i-Mekh-i-Zarin weitet, ist bis nahe Doshi hauptsächlich von Sheikh Ali-Hazara bewohnt. Unter ihnen gibt es hier außer der schiitischen Mehrheit auch eine Minderheit von Ismaeliten. Deren Führer, der Sayed von Kayan, einem nördlichen Seitental, residierte zeitweise in Doshi. Doshi (knapp 900 m) nimmt die zentrale Verkehrslage im ganzen Längstalzug ein, ist aber nur ein kleiner Verwaltungssitz, Rast- und Basarort an der Salangstraße (Karte 32). Bei Doshi fließt der Surkhab nach seiner Vereinigung mit dem Andarabfluß nordwärts, und in gleicher Weise vereinigen sich hier die alte und die neue Paßstraße über den Hindukusch. Um Doshi leben neben Hazara auch Paschtunen.

Wie das Surkhabtal bei Doshi ist das östlich anschließende untere *Andarabtal* bei Khinjan ein wichtiges Reisbaugebiet, wo sich Hazara, Tadschiken und Paschtunen mischen. Erst mit der Weitung des mittleren Andarabtales bei Banu setzt der überwiegend tadschikische Siedlungsraum ein. Auch hier gibt es Hazara, doch handelt es sich um Sunniten, die vorwiegend randliche Siedlungslagen einnehmen (UBEROI 1964). Das obere Andarabtal (ca. 2000 bis 2600 m) trägt den Namen Pashai; seine Bewohner gelten aber als Tadschiken. 1978 wurden für den Bezirk Andarab 48000 Ew. angegeben, die weit überwiegend im Haupttal lebten. Es erhält durch die Hindukuschbäche von Osten und Süden reichlich Wasser, wogegen das Bergland im Norden nur dünn bevölkert und im Regenfeldbau genutzt ist.

Das Andarabtal verdient in agrargeographischer Hinsicht besondere Beachtung. Denn hier wurden bis in die jüngste Vergangenheit auf vielen Fluren noch feste Fruchtfolgen mit Zelgenbindung eingehalten, wobei die Anbauintensität talaufwärts nachließ. So nahm der Reis um Doshi bis zu zwei Drittel, bei Khinjan die Hälfte, in Mittel-Andarab (bis 1900 m) nur mehr ein Drittel der gutbewässerten Flächen ein. Zudem ließ sich im Reisbaugebiet von Khinjan und Andarab eine recht junge Intensivierung des Feldbaus feststellen, die durch den guten Verkehrsanschluß, aber auch durch wachsenden Bevölkerungsdruck bedingt war. Letzterer hat insbesondere im Darrah-i-Pashai zu saisonalen Arbeitskräftewanderungen geführt, die nach Art und Umfang einmalig waren. Die dortigen *Andarabi* hatten sich auf Arbeiten wie Reisschälen, Mahlen von Ölfrüchten und Reishandel in den Oasen Qataghans spezialisiert, wo sie sieben bis acht Monate verbrachten und nur für den Sommer in ihre Bergdörfer und Almen *(ayloq)* zurückkehrten (GRÖTZBACH 1969, 1972a). In diesen Dörfern überwinterte nur mehr eine Minderheit der Wohnbevölkerung. Der durch die Wanderarbeit erzielte Wohlstand ließ sich an den vielen stattlichen neuen Wohnhäusern außerhalb der Dörfer ablesen und mittelbar auch an nicht mehr genutzten Bergfeldern, zu deren Bearbeitung die Arbeitskräfte fehlten. Ein traditionelles Element verkörpert der lebhafte kleine Basar von Deh Salah in Mittel-Andarab, wo sich bis zum Bau der Shibarstraße die Wege von Khawak-, Tul- und Salangpaß trafen und vereint über Nahrin nach Qataghan und Badakhshan weiterführten.

Nördlich von Andarab, durch etwas über 3000 m hohe Pässe davon getrennt, liegen die sechs Täler der Talschaft *Khost-o-Fereng*, deren Flüsse die Westflanke des südlichen Khwaja Mohammed-Gebirges entwässern. Sie vereinigen sich zum Rod-i-Chal oder Bangi, der die paläozoischen Kalke und

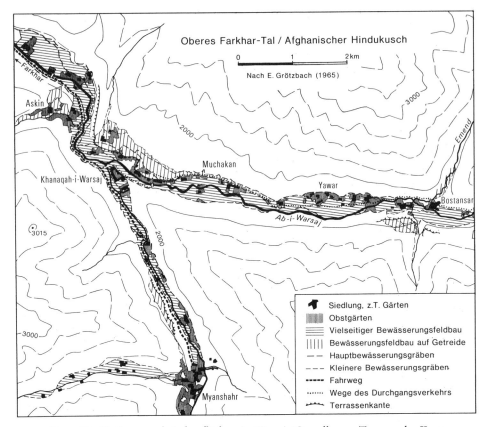

Karte 30: Siedlung und Anbauflächen in Warsaj (Grundlagen: Topograph. Karte 1:100000, Luftbild).

Dolomite zwischen Koh-i-Mogholan (4407 m) und Koh-i-Taresht (5117 m) in einer gewaltigen, ungangbaren Schlucht durchbricht (Karte 32). Infolge dieser abgeschiedenen Lage ist Khost-o-Fereng, das 1978 immerhin 46000 Ew. zählte, fast unbekannt geblieben. Seine Bevölkerung besteht zu etwa zwei Dritteln aus Tadschiken und einem Drittel aus Hazara unterschiedlicher Herkunft. Die Agrarstruktur der Talschaft entspricht jener von Andarab. Darüber hinaus bietet Khost-o-Fereng ein Beispiel für junge Neulanderschließung im Gebirge. Seit den 20er Jahren wurden die sumpfigen Talsohlen der Haupttäler von Khost (1500–1800 m) weitgehend trockengelegt und in Akkerland umgewandelt. Trotzdem hat auch hier die winterliche Saisonarbeit in Qataghan stark zugenommen (GRÖTZBACH 1972a). Khost-o-Fereng, das traditionsgemäß nach Andarab (Deh Salah) und Nahrin orientiert ist, wurde

7.2 Hindukusch, Pamir, Nordbadakhshan 253

1965 durch einen kühnen Fahrweg mit dem Gebirgsrand bei Burka und Nahrin verbunden, später mit Andarab.

Nordöstlich von Khost-o-Fereng schließt das 100 km lange *Farkhartal* an, das den mittleren, stark vergletscherten Teil des Khwaja Mohammed-Gebirges entwässert. Sein unterer Abschnitt, der Bezirk Farkhar (34 000 Ew.), liegt überwiegend in der Vorberg- und Randzone des Hindukusch und ist durch eine Schluchtstrecke von der oberen Talschaft Warsaj (22 000 Ew. 1978) getrennt. Vom Koh-i-Taresht (oder Koh-i-Fergardi) gegen den feuchteren Gebirgsrand im Westen abgeschirmt, zählt Warsaj bereits zu den trockenen inneren Tälern des Gebirges.

Die Bevölkerung des Farkhartales besteht fast vollzählig aus Bergtadschiken, die namentlich in Warsaj ihre traditionelle Kultur bewahrt haben. Hier spielt in den hochgelegenen Dörfern neben dem Bewässerungsfeldbau die Viehhaltung eine wichtige Rolle, die ausgedehnte und z. T. komplizierte Almwanderungen hervorgerufen hat (GRÖTZBACH 1973). Auf alter Tradition beruht wohl auch das hochspezialisierte, im Hindukusch einzigartige Handwerk, insbesondere die Baumwollweberei. Bei Farkhar und im Tal von Myanshahr in Warsaj (Karte 30) gab es 1978 noch gegen 350 Weberwerkstätten mit insgesamt rund 1000 Webstühlen, die *alacha* aus Baumwolle und Kunstseide herstellten. Da die Weber entweder besitzlos sind oder nur kleine Gärten und Felder ihr eigen nennen, stellen sie ein regelrechtes Handwerkerproletariat dar, das gleichfalls von der Saisonarbeitermobilität erfaßt worden ist. Denn ein Teil der Weber von Myanshahr arbeitet im Winter, wenn es in den 1900 bis 2500 m hoch gelegenen Dörfern zu kalt wird, in Werkstätten bei Farkhar, ja sogar in Khanabad oder Mazar-i-Sharif. Auf diese Weise ist das Textilhandwerk des Farkhartales personell aufs engste mit den städtischen Zentren der *alacha*-Produktion verbunden. Neben Webern gibt es in Warsaj noch andere hauptberufliche Handwerker, wie Tischler, Drechsler, Schuhmacher, Schmiede und Maurer. Sie treten in einigen Dörfern der Täler Myanshahr und Taresht so gehäuft auf, daß man hier von Handwerkerdörfern sprechen kann. Noch weiter verbreitet als die Handwerkerwanderungen ist die landwirtschaftliche Saisonarbeit in den Oasen Qataghans. Alle diese Phänomene weisen darauf hin, daß die agrare Tragfähigkeit der Talschaft trotz sorgfältiger Bodennutzung bei weitem überschritten ist (GRÖTZBACH 1965a, 1969).

Über die Quelltäler des Kishem- oder Mashhadflusses, die das nördliche Khwaja Mohammed-Gebirge entwässern, ist kaum etwas bekannt. Besser erforscht ist hingegen das *oberste Kokchatal* mit dem Verwaltungsbezirk *Koran-o-Munjan*.

Der Kokcha durchfließt unmittelbar nach der Vereinigung der Flüsse Munjan und Anjoman die 40 km lange Schluchtstrecke zwischen den Gneis- und Amphibolitmassiven von Koh-i-Bandaka und Rakhoygruppe (Karte 29,

Bild 7). Durch diese schwer begehbare Schlucht und durch 4000 bis 4700 m hohe Pässe mit der Außenwelt verbunden, stellen die kleinen Talschaften Koran, Munjan und Anjoman einen der abgeschiedensten Teile des Afghanischen Hindukusch dar. In ihrem kargen Dauersiedlungsraum, der sich zwischen 2600 m (Koran) und 3250 m (Robaghun) erstreckt, lebten 1978 rund 5000 Menschen, d. h. nur 1 Ew./qkm. Unter ihnen nahmen die 1500 Munjani als Ismaeliten eine besonders isolierte soziale Stellung ein.

Lebensgrundlage ist die Landwirtschaft mit Anbau von Weizen, Gerste und anspruchslosen Hülsenfrüchten. Der Aprikosenbaum erreicht hier bei etwas über 3000 m seine Obergrenze, bringt aber nur bis gegen 2800 m regelmäßigen Ertrag. Hinzu kommt die Viehhaltung, die im Sommer als Almwirtschaft betrieben wird, doch sind gute Sommerweiden wegen der Steilheit des Geländes eher selten. Bis in die 30er Jahre brachte der Wanderhandel zwischen Badakhshan und Nuristan bzw. Panjsher gute Zuerwerbsmöglichkeiten, namentlich in Munjan (SNOY 1965). Sein Rückgang führte hier zu einer krisenhaften Situation, die man auch durch auswärtige Saisonarbeit und den illegalen Abbau und Handel von bzw. mit Lapislazuli nicht überwinden konnte. In Munjan wurde sie durch den Opiumkonsum noch verschärft. Das Verbot des Mohnanbaus 1974 führte zu rasch steigenden Opiumpreisen und damit zur Verarmung vieler Familien (MOOS 1980) – ein Problem, das sich auch in anderen Landschaften Badakhshans stellt.

Die Kokchaschlucht unterhalb von Koran hat durch die Vorkommen des Halbedelsteins Lapislazuli (Lasurit) besondere Bedeutung erlangt, der hier seit alters gewonnen wird. Neben den in staatlicher Regie abgebauten Lagerstätten am Kokcha (Karte 29) gibt es in der Umgebung noch weitere Fundorte, die z. T. illegal genutzt wurden (KULKE 1976). Die offiziellen Produktionsziffern in Tabelle 15 geben daher nicht die gesamte Ausbeute wieder.

Unterhalb der großen Schlucht weitet sich das Kokchatal ab etwa 1600 m zur Landschaft Yamgan. Hier verliert sich der Hochgebirgscharakter des Kokchatales und seiner flankierenden Berge. Da dieses Gebiet bereits Zentralbadakhshan zugehört, wird es im Kapitel 7.3.2.2 behandelt.

Auch der Hindukusch ist nach 1978 von Kriegshandlungen nicht verschont geblieben. Besonders davon betroffen war das Panjshertal, dessen Mujahedin unter dem legendären Kommandanten Massud bis 1985 mehreren sowjetisch-afghanischen Offensiven widerstanden, wobei fast alle Dörfer zerstört wurden. Auch in Andarab gab es Kämpfe und im Salang- und im Khinjantal wiederholte Angriffe gegen sowjetische Truppenkonvois auf der Salangstraße. Dagegen konnte sich Nuristan seit 1978 jeglichen Zugriffs durch Rote Armee und Regierungstruppen entziehen. Trotz wiederholter Auseinandersetzungen zwischen einzelnen Widerstandsgruppen wurde es zu einem wichtigen Durchzugsgebiet der Mujahedin, das freilich nur im Sommer offenstand. Hier hat Kamdesh am stärksten unter Luftangriffen gelitten, das schon im Herbst 1978 weitgehend zerstört wurde. Ebenso sind Khost-o-Fereng und insbesondere Warsaj Refugien des afghanischen Widerstandes geblieben. Einen Sonderfall bildete Koran-o-Munjan, dessen kleiner, erst 1978 eröffneter Flugplatz bald eine militärische Verwendung fand. In Koran und am Munjanpaß, der auch den Weg über den Dorahpaß nach Chitral beherrscht, befanden sich starke Militärposten, die im Herbst 1987 von den Mujahedin eingenommen wurden. Da die Munjani sich als konfessionelle Minorität nicht am *jihad*, am „Heiligen Krieg", beteiligen wollten, mußten sie unter dem Druck der Mujahedin großenteils ihre Heimat verlassen. Sie fanden bei ihren ismaelitischen Glaubensbrüdern von Ishkashim Zuflucht (MOOS & HUWYLER 1984).

7.2.2 Ostbadakhshan, Wakhan und afghanischer Pamir

Unter Ostbadakhshan sei hier das Gebiet zwischen dem oberen Kokcha bei Jurm und Baharak und dem Amu Darya-Knie bei Ishkashim verstanden. Es wird von einer auffallenden Tiefenlinie gequert, die aus dem Becken von Baharak (etwa 1500 m) durch das Wardujtal und das kleine Becken von Zebak (knapp 2600 m) über eine flache Talwasserscheide aus Moränen und Schwemmkegeln nach Ishkashim (2500 m) verläuft. Sie scheidet den Hindukusch von den Gebirgen Nordbadakhshans. Ihr folgte der alte Handelsweg von Baktrien nach Sinkiang, eine Variante der berühmten Seidenstraße. Von ihm zweigten bei Zebak zwei Querverbindungen nach Süden ab: der Weg über Munjan- und Anjomanpaß nach Panjsher und die Route über den Dorahpaß nach Chitral (RAUNIG 1978).

Ostbadakhshan und der Wakhankorridor unterscheiden sich nicht nur durch das Hochgebirgsrelief von Zentralbadakhshan, sondern auch durch ein arideres Klima. Von Faydzabad bis Ishkashim, das durch über 5000 m hohe Gebirgszüge nach Westen abgeschirmt ist, sinken die Niederschläge von rund 500 auf 130 mm pro Jahr. Dementsprechend wird die Vegetation vom Kokchatal ostwärts immer spärlicher. Dennoch gibt es auch im Raum Zebak – Ishkashim Regenfeldbau, allerdings beschränkt auf geeignete Hanglagen hoch über den Talböden, wo höhere Niederschläge fallen.

In dem kargen Hochgebirgsraum Ostbadakhshans lebten 1978 rund 20000 Menschen, d. h. 1,5 Ew./qkm. Zum großen Teil handelt es sich um Berg- oder Pamirtadschiken, die eigene nordostiranische Idiome sprechen und der Ismaelia anhängen, wie in Zebak und Ishkashim. Ihre Wirtschaftsweise war bis vor kurzem noch sehr traditionell, mit Feldbau (Weizen, Gerste, Hülsenfrüchte), Viehhaltung und einem vielfältigen Dorfhandwerk (KUSSMAUL 1965a).

Der östlich anschließende *Wakhankorridor* (Karte 31) nimmt als ein Relikt imperialistischer Machtpolitik des 19. Jh. eine Sonderstellung ein. Auf Betreiben der Briten durch Verträge von 1873 und 1895 zu einem Teil Afghanistans geworden, sollte er als Pufferzone eine gemeinsame Grenze zwischen Britisch-Indien und Rußland verhindern. Dieser fast 300 km lange und 15–70 km breite Streifen afghanischen Territoriums grenzt im äußersten Osten auf einer Strecke von 64 km an die Volksrepublik China. Seine Südgrenze ist mit dem Hauptkamm des Osthindukusch und des Wakhan-Karakorum identisch, die durch die breite Einsattelung des Baroghilpasses getrennt werden. Die Nordgrenze folgt den Flüssen Panj und Pamir aufwärts bis zum Zor Kol, der früher Lake Victoria genannt wurde (4125 m), und dem Kamm des Kleinen Pamir zum Tal des Aksu.

Der Panj (Amu Darya) entsteht aus seinen Quellflüssen Darya-i-Pamir und Darya-i-Wakhan, die sich bei Qala-i-Panj vereinigen. Beide nehmen ihren Ursprung in weitem Flachgelände, das sich bei 3800–4200 m ü. M. um den Zor Kol und den See von Chaqmaqtin erstreckt. Diese weitgespannten Tal- und Beckenebenen werden als *Pamire* bezeichnet und haben dem gesamten Gebirgssystem den Namen gegeben. An ihm hat Afghanistan nur einen kleinen Anteil in Gestalt der Gebirgsketten nördlich des Wakhantales. Hier unterscheidet die einheimische Bevölkerung den bis 6320 m hohen „Großen Pamir" im Westen vom niedrigeren „Kleinen Pamir" im Osten (NAUMANN 1974).

Im 10500 qkm großen Wakhankorridor (ohne Ishkashim) lebten 1978 nur rund 9000 Menschen, davon etwa 7000 Wakhi und 2000 Kirgisen. Sie unterscheiden sich nicht nur in Volkstum, Sprache, Konfession und Lebensform, sondern auch in ihren Siedlungsräumen (Karte 31). Die Wakhi als eine Gruppe der Pamirtadschik sind Ismaeliten und betreiben eine agropastorale Landwirtschaft mit festen Dauersiedlungen im Panj- und im Wakhantal bis Sarhad (3350 m). Die Kirgisen sprechen eine Turksprache, sind Sunniten und Nomaden und leben in saisonalen Zeltsiedlungen auf den Pamiren oberhalb des Dauersiedlungsraumes. Beide Bevölkerungsgruppen unterliegen höchst prekären Lebensbedingungen.

Den altansässigen Wakhi bot der Karawanenverkehr bis ins 19. Jh. wichtigen Zuerwerb, doch wurde er durch Fehden lokaler Herrscher, durch Räuberei und Sklavenraub immer wieder behindert (vgl. WOOD 1872). Ihre wirtschaftliche Lage hat sich in unserem Jahrhundert erneut verschlechtert, und zwar durch das Ende jeglichen Transitverkehrs nach Schließung der Grenzen und durch den Opiumkonsum. Auswärtige Wanderarbeit und der Verkauf von Getreide an die Kirgisen konnten dafür keinen vollen Ausgleich schaffen.

Die Wakhi siedeln in kleinen, locker angelegten Weilern und Einzelgehöften inmitten ihrer bewässerten Felder. Ihre Fluren und Siedlungen bilden kein kontinuierliches Band, sondern ordnen sich, durch Engtalstrecken,

7.2 Hindukusch, Pamir, Nordbadakhshan

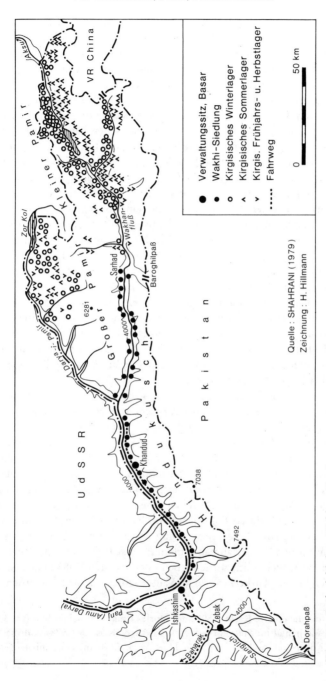

Karte 31: Ostbadakhshan, Wakhan, Pamir.

Schwemmkegel und Schutthänge getrennt, inselhaft an [23]. Wie in Koran-o-Munjan gesellen sich Aprikosenbäume, die das einzige Obst liefern, bis über 3000 m zu den Feldkulturen. Da der Viehdung als Brennmaterial verwendet werden muß, können nicht alle Felder gedüngt werden, so daß z. B. bei Sarhad 1975 über ein Drittel des Ackerlandes brachlag.

Demgegenüber sind die Kirgisen ein junges Bevölkerungselement im östlichen Wakhankorridor. Bis in die 30er Jahre wurde der afghanische Pamir nur von wenigen Kirgisen, die meist im sowjetischen Pamir überwinterten, als Sommerweidegebiet genutzt. Die Schließung der Grenze zwang sie, nunmehr verstärkt durch zahlreiche Flüchtlinge, zum ganzjährigen Aufenthalt in diesem unwirtlichen Raum. Als 1949 auch das kommunistisch gewordene China seine Grenze sperrte, wohin man vorher vor sowjetischen Übergriffen ausgewichen war, sahen sich die Kirgisen in einer Sackgasse, aus der nur der Weg nach Westen zu den Zentren Afghanistans offenstand. Sie paßten sich der neuen Situation und den ökologischen Möglichkeiten des engen Lebensraumes in hervorragender Weise an, wie SHAHRANI (1978, 1979) gezeigt hat. Sie nutzen das ausgezeichnete Weidepotential zwischen 3500 m (Langar im Kleinen Pamir) und den obersten Sommerweiden bei 4700 m im Rahmen ihrer saisonalen Herdenwanderungen, die meist nur über eine Distanz von 15 bis 35 km führen. Auch die Höhenunterschiede zwischen Winter-, Frühjahrs/Herbst- und Sommerlagern sind gering (Karte 31); sie betragen nur in wenigen Fällen mehr als 300 m. An den bis über 4000 m reichenden Winterlagerplätzen wird während des Sommers Wiesenbewässerung betrieben, um Heu für den langen Winter zu gewinnen.

Dank der ständig steigenden Nachfrage nach Fleisch und Viehprodukten nahm die Marktverflechtung der kirgisischen Wirtschaft ebenso wie die Größe der Herden bis in die 70er Jahre zu. SHAHRANI (1979) zählte fast 39 000 Schafe und Ziegen, über 3500 Yaks, dazu Esel, Pferde und Baktrische Kamele. Der zunehmende Wohlstand der Kirgisen äußerte sich überdies im Kauf von Land bei Langar, das Wakhi-Pächtern zur Bewirtschaftung überlassen wurde, und im vereinzelten Bau fester Häuser anstelle der Yurte in den Winterlagern. Auch die von der afghanischen Tourismusorganisation veranstalteten Jagden auf Marco-Polo-Schafe im Pamir brachten Zuverdienst und neue Außenkontakte. Diese Entwicklung wurde jäh unterbrochen, als 1300 Kirgisen mit ihrem Khan Rahman Qul im August 1978 nach Gilgit flüchteten und dabei ihren Viehbesitz zurückließen oder verloren. 1982 fanden sie endgültiges Asyl in der Türkei, wo sie im Vanseegebiet angesiedelt wurden.

---

[23] Vgl. die detaillierte Karte 1:5000 des Dorfes Ptukh und seiner Flur (ca. 3300 m ü. M.) im Wakhantal in: SENARCLENS DE GRANCY & KOSTKA (1978) und die Karte 1:50000 „Koh-e-Keshnikhan" mit dem Dorf Wark (2640 m) am Panj in: GRATZL (1972).

7.2 Hindukusch, Pamir, Nordbadakhshan

Auf dem sowjetischen Ufer der Flüsse Panj und Pamir führt eine Straße weit hinauf ins Tal des Darya-i-Pamir, auf der afghanischen Seite ein Fahrweg bis Qala-i-Panj. So war es der Roten Armee ein leichtes, den Wakhankorridor zu besetzen und damit den direkten Zugang Chinas nach Afghanistan zu blockieren. Ob Meldungen über eine geheime Annexion des Gebietes durch die Sowjetunion zutrafen, ist noch immer schwer zu beurteilen; vermutlich beschrieben sie nur den realen Zustand, nicht aber eine völkerrechtlich wirksame Abtretung des Gebietes (KHAN 1986).

7.2.3 Die Gebirge und Hochländer Nordbadakhshans

Als Nordbadakhshan seien hier die Bezirke Sheghnan, Darwaz und Khwahan sowie Teile von Ragh, Baharak und Ishkashim zusammengefaßt, wo 1978 auf einer Fläche von fast 15 000 qkm über 100 000 Menschen als ständige Bevölkerung lebten. Das ganze Gebiet wird gegen die Sowjetunion durch den tief eingeschnittenen Amu Darya (Panj) begrenzt, im Süden durch Nebenflüsse des Kokcha. Mit Ausnahme des Panjtales und der untersten Abschnitte seiner Seitentäler, wo die Dauersiedlungen liegen, übersteigt das Gelände 2500 m ü. M. und umfaßt neben weiten, wenig zertalten Hochflächen auch schroffes Hochgebirge.

Das fast Süd-Nord verlaufende Tal des Darya-i-Shiwa trennt das Gebirgssystem Nordbadakhshans in zwei Teile. Nordwestlich davon erhebt sich das Darwaz-Gebirge (fälschlicherweise auch „Darwazkette" genannt), im Osten verläuft parallel zum Panjtal ein Gebirgszug ohne einheitlichen Namen; er sei hier als Sheghnan-Gebirge bezeichnet. Beide bis über 5300 m hohen Gebirge sind, den Karten 1:100 000 und Satellitenbildern zufolge, ziemlich stark vergletschert. Im Darwaz-Gebirge tragen sogar Gipfel um 4300 m Höhe schattseitig kleine Kargletscher, was einen Hinweis auf die tiefe Lage der Schneegrenze und die relativ hohen Niederschläge auf der Luvseite des Pamirsystems gibt. Dementsprechend ausgedehnt war hier die eiszeitliche Vergletscherung. So hat DESIO (1975) die Spuren eines über 40 km langen Gletschers beschrieben, der das Shiwatal westlich des Shiwasees absperrte. Auch dieser See selbst ist ein Relikt der Eiszeit.

Ein Großteil Nordbadakhshans ist, wie der Wakhankorridor, erst gegen Ende des 19. Jh. endgültig unter afghanische Herrschaft gekommen. Die von Badakhshan abhängigen kleinen Fürstentümer Ishkashim, Gharan, Sheghnan und Roshan und das zu Bukhara gehörige Darwaz im äußersten Norden umfaßten jeweils Gebiete beidseits des Panj. 1895 wurde der Fluß zur Grenze zwischen Afghanistan und Rußland bestimmt und damit die alte territoriale Einheit zerschnitten. Im afghanischen Staat nehmen Sheghnan (mit dem kleinen linksufrigen Teil von Roshan) und vor allem Darwaz extrem abseitige Lagen ein. Beide Landschaften waren bis in die 60er Jahre nur zu Fuß oder per Reittier zugänglich, wobei im Sommer der Ritt von Faydzabad nach Darwaz (130–150 km Luftlinie) sechs bis sieben Tage, von Baharak über Shiwa nach Sheghnan (fast 100 km) drei bis vier Tage erforderte. Im Winter ist Darwaz fast ein halbes Jahr lang durch Schnee abgesperrt und Sheghnan nur durch das Panjtal von Ishkashim her erreichbar. Diese Isolation wurde erst durch die Anlage einfachster Flugplätze in Khwahan, Nusay (Darwaz) und Sheghnan und die Einführung des Linienflugverkehrs etwas gemildert. 1978 war sogar eine einfache Fahrstraße von Faydzabad nach Khwahan im Bau (KT v. 16. 4. 78). Gleichwohl bildet der Panj von Sheghnan bis Darwaz noch immer die wohl schärfste Kulturgrenze der Erde: Auf der sowjetischen Seite verkehren Autos und Traktoren, erstrahlen die Siedlungen abends in elektrischem Licht, auf dem afghanischen Ufer ziehen Fußgänger und Lastesel über schmale Pfade, und die Dörfer liegen im Dunkel.

Die ständige Bevölkerung Nordbadakhshans ist zwar ethnisch recht einheitlich, nicht aber konfessionell. In Sheghnan und Roshan leben ismaelitische Pamirtadschiken wie in Ishkashim und Wakhan, in Darwaz Tadschiken, die überwiegend der Sunna und nur zum kleineren Teil der Ismaelia angehören. In Sheghnan/Roshan und Darwaz ist der Dauersiedlungsraum übervölkert. Für Sheghnan ergab eine 1975 durchgeführte Stichprobenerhebung einen besonders hohen Grad an Unterbeschäftigung und überschüssiger Arbeitskraft im Vergleich zu anderen Gebieten des Landes (ZURI 1981). Der Feldbau beschränkt sich auf die kleinen ebenen Flächen der Talböden und -terrassen und auf Hangverflachungen, die aber im vorherrschenden Steilrelief des Panjtales selten sind. Der Obstbau nimmt einen hohen Rang ein, besonders die Maulbeere, die – wie früher in Kohistan – als ein Grundnahrungsmittel dient. Die Besitz- und Betriebsflächen sind klein und stark aufgesplittert. Zuerwerb bieten einmal die traditionellen Hausgewerbe, besonders die Herstellung von Wollwaren, zum anderen die Saisonarbeit in Qataghan. Die Bevölkerung Sheghnans genießt im übrigen den Ruf, besonders viel Opium zu konsumieren, aber auch viele Lehrer und andere Intellektuelle hervorgebracht zu haben.

Eine ganz andere Entwicklung hat sich seit der Jahrhundertwende auf den Hochflächen von *Shiwa* (nördlich von Baharak) und *Ish* (östlich von Khwahan) vollzogen. Früher nur von einigen Viehhaltern aus benachbarten Gebieten genutzt, sind sie seit Ende des 19. Jh. rasch zum bevorzugten Sommerweidegebiet der Nomaden von Qataghan geworden. Nach KOSHKAKI (1923) zählte man schon 1922 in der Dasht-i-Shiwa etwa 8000 Nomadenzelte und 1,2 Mio. Stück Vieh und etwa gleich viel in der Dasht-i-Ish. Diese nomadischen Fernwanderungen haben ein völlig neues Bevölkerungselement nach Nordbadakhshan gebracht: vorwiegend Paschtunen, dazu Araber, Moghol und einige Usbeken. Dabei wird Ish hauptsächlich aus dem nördlichen, Shiwa aus dem südlichen Qataghan aufgesucht. Die Wanderungen der Araber von Imam Sahib nach Ish hat BARFIELD (1981) eingehend beschrieben. Diese

Fernweidewirtschaft bediente sich zuletzt auch modernster Verkehrsmittel: Während die Tiere nach wie vor über Hunderte von Kilometern getrieben wurden, pflegten Großherdenbesitzer von Kunduz nach Sheghnan, Khwahan oder Darwaz zu fliegen, um von dort aus ihre Hirten und Herden zu inspizieren!

7.3 Nordostafghanistan ohne Hochgebirge (Qataghan mit West- und Zentralbadakhshan)

Diese Großlandschaft umfaßt die außerhalb des Hochgebirges gelegenen Einzugsgebiete von Kokcha und Kunduzfluß, welch letzterer aus der Vereinigung von Surkhab und Khanabadfluß hervorgeht. Die Mündung des Kunduz in den Amu Darya markiert mit 315 m ü. M. den tiefsten Punkt des ganzen Flußsystems. Die großen Flußoasen in Qataghan als die Kerngebiete dieses Raumes bleiben durchweg unter der 800-m-Isohypse (Karte 32). Während Qataghan im Osten und Süden vom Hochgebirge umsäumt wird, ist die Abgrenzung nach Westen weniger eindeutig. Hier löst sich das Bergland zwischen Ghori und Aybak nach Norden in eine halbwüstenhafte Ebene auf, die allmählich zum Amu Darya abdacht.

7.3.1 Naturraum, Bevölkerung und Wirtschaft

In geologisch-tektonischer Sicht gehören Qataghan und Westbadakhshan der „Afghanisch-tadschikischen Senke" an. Diese greift zwischen der Hissarkette als einem Ausläufer des Tien Schan im Norden und dem Hindukusch tief in das mittelasiatische Gebirgssystem ein, so daß Qataghan die südöstlichste Bucht des Tieflandes von Turan darstellt. In diesem alten Senkungsraum bilden tertiäre und quartäre Sedimente als Abtragungsprodukte der sich hebenden Gebirge die Deckschichten. Sie zeigen an, daß die Gebirgshebung z. T. bis ins Quartär angedauert hat. Quartäre Schotter, Sande und Lößdecken (Flug- und Schwemmlöß) lagern hauptsächlich in den Tälern und Bekken, aber auch auf Terrassen- und *dasht*-Flächen.

Nordostafghanistan zeigt die gleichen landschaftsökologischen Charakteristika wie die im Westen und Norden angrenzenden Vorländer des turanischen Hochgebirgssaumes: Es ist Steppenland mit gebirgswärts zunehmenden Niederschlägen und einer reichen natürlichen Vegetation aus Gräsern, Kräutern, Sträuchern und Bäumen, insbesondere Pistazien, und mit grau- bis schwarzerdeartigen Böden auf Löß. Das Grundmuster kulturlandschaftlicher Gliederung liegt in dem Gegensatz zwischen den lößbedeckten Berg- und Hügelländern mit flächenhaftem Regenfeldbau und den Flußoasen. Die

Hindukuschflüsse liefern reichlich Wasser zur Bewässerung der beckenartigen Talweitungen. Diese und andere Ressourcen wie Bodenschätze (Kohle, Steinsalz) und ein großes Potential an Wasserkraft machen Nordostafghanistan im Vergleich mit den meisten anderen Großlandschaften des Landes zu einem natürlichen Vorzugsraum.

Nordostafghanistan stand 1978 nach der Bevölkerungsdichte mit 52 Ew./qkm an zweiter Stelle unter allen Großlandschaften (Tabelle 27). Dies war das Ergebnis der stürmischen demographischen Entwicklung in Qataghan, die gegen Ende des 19. Jh. einsetzte und in den 30er und 40er Jahren ihren Höhepunkt fand. Auf Grund der Angaben von KOSHKAKI (1923)[24] läßt sich berechnen, daß die Bevölkerungszahl in einigen Flußoasen von 1922 bis 1965 auf das Vierfache angewachsen ist (GRÖTZBACH 1972a). Bis 1978 nahm sie hier nochmals um fast ein Viertel zu. Diese für Afghanistan ungewöhnliche Bevölkerungsdynamik wird aus der besonderen sozioökonomischen Entwicklung Qataghans in den letzten 100 Jahren verständlich.

In der ersten Hälfte des 19. Jh. zeichneten europäische Reisende wie BURNES (1834), MASSON (1842), MOORCROFT & TREBECK (1841) und WOOD (1872) ein recht desolates Bild von Qataghan, das damals hauptsächlich von Usbeken und Tadschiken bewohnt war. Es stand unter der Herrschaft der Usbeken vom Stamme Qataghan, die eine extensive, stark nomadisch geprägte Landwirtschaft betrieben und unter Führung des Mirs von Kunduz Raubzüge bis Zentralbadakhshan unternahmen. Nach langwierigen Kämpfen fiel Qataghan 1888 endgültig an Kabul. Durch Kriege, Flucht, Sklavenraub, Hungersnöte und Epidemien war die Bevölkerung 1870 auf knapp 300 000 Menschen zurückgegangen (GRÖTZBACH 1972a). Die Flußoasen, deren einstige Irrigationssysteme verfallen waren, wurden im Sommer als Fieberhöllen gefürchtet und gemieden. Damals traf noch immer das berüchtigte, von BURNES (1834, I) überlieferte Sprichwort zu: „Wenn du sterben willst, so geh' nach Kunduz."

In dieses demographische Vakuum und zu seinen brachliegenden natürlichen Ressourcen drängten Zuwanderer verschiedenster Herkunft. In den 1870er Jahren kamen z. B. Araber aus Bukhara, um der russischen Expansion zu entgehen (BARFIELD 1981), aber auch erste paschtunische Nomaden. Letztere strömten ab 1888, als der Emir Abdur Rahman seine Politik der Paschtunisierung der Nordprovinzen verfolgte, in großer Zahl nach Qataghan, zunächst nach Baghlan und Ghori, später nach Kunduz, Khanabad und Taluqan. Die Ebenen am Surkhab sind damals zum wichtigsten paschtunischen Wintersiedlungsraum nördlich des Hindukusch geworden. 1922 zählte Qataghan (einschließlich seiner Gebirgsbezirke) bereits 540 000 Ew., doch hatte sich an den sozioökonomischen Verhältnissen wenig geändert. Auch der Versuch König Amanullahs, die Kolonisation der Flußebenen in Qataghan durch ein eigenes Neusiedlungsgesetz (1923) zu fördern, brachte nicht viel Erfolg.

---

[24] Das Werk von KOSHKAKI (1923) enthält eine Beschreibung aller Bezirke der damaligen Provinz ›Qataghan und Badakhshan‹ samt statistischen Daten und einfachen Karten, die von M. REUT veröffentlicht wurden. Es bietet eine wertvolle historische Vergleichsbasis, wie sie leider für kein anderes Gebiet Afghanistans existiert.

7.3 Nordostafghanistan ohne Hochgebirge 263

Der entscheidende Wandel, durch den der zurückgebliebene, von nomadischen Wirtschafts- und Lebensformen geprägte Peripherraum zum führenden Landwirtschafts- und Industriegebiet des Landes wurde, setzte in den 30er Jahren ein. Voraussetzung dazu war die Erschließung Qataghans für den Autoverkehr durch die Straße über den Shibarpaß (1933). Damit war das dünnbesiedelte landwirtschaftliche Überschußgebiet des Nordens mit dem dichtbevölkerten Kabul-Panjsher-Becken und der Hauptstadt durch einen modernen Verkehrsweg verbunden. Der Straßenbau bewirkte eine völlige wirtschaftliche Umwertung der großen Flußebenen in Qataghan. Die Schlüsselrolle in dem nun einsetzenden schnellen Entwicklungsprozeß spielte der tatkräftige Provinzgouverneur Sher Khan, der mit einer Gruppe afghanischer Finanziers und Unternehmer um die neugegründete Bank-i-Melli zusammenwirkte.

Durch eine anfangs ungeregelte, später planmäßiger durchgeführte Binnenkolonisation wurden ab etwa 1935 die versumpften Ebenen von Khanabad und Kunduz neu erschlossen und aufgesiedelt, ab Ende der 30er Jahre auch jene von Baghlan und Ghori und zuletzt Bewässerungsgebiete am Amu Darya. Dabei gingen der Bau einfacher Kanäle, die Trockenlegung des Feuchtlandes und die Besiedlung Hand in Hand. Dies war ein erster Schritt zur Eindämmung der weitverbreiteten Malaria, die aber erst ab etwa 1950 durch ein landesweites Bekämpfungsprogramm ausgerottet werden konnte (L. FISCHER 1968). Die Binnenkolonisation hat keine größeren Neusiedlungsflächen geschaffen. Vielmehr wurde das schon 1922 bestehende Siedlungssystem erheblich verdichtet, wie ein Vergleich der Karten von KOSHKAKI (1923) mit den topographischen Karten von 1960 zeigt. Gleichzeitig wurde die früher eher fleckenhafte agrarische Nutzung der Flußebenen flächenhaft ausgeweitet.

Bei den Neusiedlern der 30er bis 50er Jahre handelte es sich hauptsächlich um Paschtunen, deren letzte große Welle 1947 die Dasht-i-Archi nahe dem Amu Darya besetzte, und um turkstämmige Emigranten aus Sowjetisch-Mittelasien (Usbeken, Turkmenen, Kasachen), die vor der kommunistischen Herrschaft und insbesondere vor der Kollektivierung geflüchtet waren. Hinzu kamen kleinere Gruppen von Moghol aus Ghor (SCHURMANN 1962), Tadschiken aus Koh Daman und Kohistan, die sich meist in Städten und Basarorten niederließen, aber auch Hazara, Larkhabi (eine Gruppe der Qataghan-Aimaq), Usbeken, Qarluq u. a. aus den umliegenden Bergländern. Als die Zuwanderung in den 50er Jahren nachließ, hatte sich die ethnische Struktur der Oasen Qataghans völlig verändert. Die Bevölkerung war nunmehr stark gemischt, wenn auch innerhalb der Dörfer durchaus nach Ethnien segregiert. Während in Ghori und Baghlan Paschtunen dominierten, waren im Gebiet von Kunduz – Khanabad Tadschiken etwa gleich stark vertreten. Nur um Taluqan, wo der Kolonisationsprozeß am schwächsten gewesen war, bildeten Usbeken noch die Mehrheit (Tabelle 28).

Das Neusiedelland, das durch frühere Konfiskationen Staatseigentum geworden war, wurde teils direkt an bäuerliche Kolonisten verteilt, teils gelangte es in die Hände von Großgrundbesitzern, die es verpachteten. Auch die Zuckergesellschaft in Baghlan und die Sherkat Spinzar in Kunduz taten sich als Kolonisatoren hervor. Das große Angebot billigen Landes wirkte noch 1965 in den Preisen für bewässerten Boden nach. Sie waren in Qataghan deutlich niedriger als in Khinjan, Panjsher und Kohistan/Koh Daman (GRÖTZBACH 1972a, Karte 19).

In einem zweiten Schritt führte man, zugleich mit der Errichtung verarbeitender Industrien, den Anbau neuer Baumwollsorten und der Zuckerrübe ein. Dadurch stieg Qataghan innerhalb weniger Jahre zum führenden Baumwollerzeugungsgebiet Afghanistans auf (Tabelle 13). Die neugegründete Baumwollgesellschaft Spinzar („Weißes Gold") mit Sitz in Kunduz erhielt das Aufkauf- und Verarbeitungsmonopol in Qataghan und errichtete Egrenierbetriebe in Kunduz, Imam Sahib, Qala-i-Zal, Dasht-i-Archi, Khwaja Ghar, Taluqan und Baghlan. Um die Zuckerfabrik Baghlan entstand das bislang einzige Anbaugebiet für Zuckerrüben in Afghanistan. Die Erzeugung von Baumwolle und Zuckerrüben wurde im Zusammenspiel von Industriegesellschaften und Landwirtschaftsbehörden gefördert, namentlich durch die Lieferung von Saatgut und Handelsdünger und durch feste Ankaufspreise. Doch die Konkurrenz von Weizen und Reis ließen Anbauflächen und Produktion der Industriepflanzen immer wieder stagnieren, ja zurückgehen. Um die Erzeugung zu stabilisieren, verfügten die Behörden einen Anbauzwang in festgelegten Arealen der Flußoasen. Ihm zufolge mußte jeder Bauer oder Grundbesitzer einen bestimmten Teil seiner vollbewässerten Anbaufläche (meist 25 bzw. 20%) für Baumwolle oder Zuckerrüben reservieren (GRÖTZBACH 1972b). Diese Vorschrift erwies sich aber nicht überall als wirkungsvoll, namentlich im Hinblick auf Zuckerrüben. Sie wurde deshalb in den 70er Jahren ebenso gelockert wie das frühere Verbot des Reisanbaus in den Baumwoll- und Zuckerrübenarealen.

Durch die Errichtung der Spinzar-Egrenierbetriebe, der Zuckerfabrik Baghlan, der Baumwollspinnerei und -weberei Pul-i-Khumri und des nahegelegenen Kohlebergwerks Karkar wurde Qataghan für über zwei Jahrzehnte zum führenden Industrieraum des ganzen Landes (s. S. 129). Mit Industrialisierung und Binnenkolonisation ging eine Modernisierung des Städtesystems vor sich. Ab 1935 wurden Kunduz, Khanabad und Imam Sahib erneuert, sodann Baghlan und Pul-i-Khumri völlig neu gegründet. Erst Ende der 50er Jahre folgte die Neustadt von Taluqan. Das noch weiter entfernte Badakhshan empfing allenfalls indirekte ökonomische und städtebauliche Impulse, die aber insgesamt sehr schwach blieben.

Die Politik der Landesentwicklung in den 30er und 40er Jahren bewirkte einen enormen Bedeutungszuwachs der Oasen und Städte am Surkhab, wo jetzt die Hauptstraße nach Norden verlief. Frühere Karawanenwege wie jener von Andarab über Nahrin nach Khanabad und Rustaq gerieten ins Abseits und verödeten. Mit der Verlegung des Provinzverwaltungssitzes von Khanabad in das neue Baghlan (um 1937) erreichte dieser Verlagerungsprozeß

7.3 Nordostafghanistan ohne Hochgebirge

seinen Höhepunkt. An der Surkhablinie reihen sich seitdem die drei größten und dynamischsten Städte und die wichtigsten Industriebetriebe Nordostafghanistans.

Die Agrarproduktion nahm durch Ausweitung der Anbauflächen und durch Intensivierung beträchtlich zu. Im Bewässerungsland wurde der Anbau durch Verwendung von chemischem Dünger und neuem Saatgut intensiviert, aber auch durch die Einführung von Zweitfrüchten bei Khanabad und Taluqan. Auf Winterweizen folgt dort Reis als Sommerfrucht, was durch die Anlage von Saatbeeten und das Auspflanzen des Reises ermöglicht wurde, ein Verfahren, das hohe Arbeitsspitzen im Frühsommer hervorruft. Sie können nur mit Hilfe von Saisonarbeitern bewältigt werden, die aus dem Hindukusch und aus Badakhshan zu kommen pflegen. Die Anbauintensität variiert innerhalb der Oasen, und zwar nicht nur wegen unterschiedlicher Böden und Bewässerung, sondern auch infolge des unterschiedlichen Arbeitseinsatzes durch alteseßhafte Bauern und ehemalige Nomaden; letztere erzielen im allgemeinen die geringsten Erträge. Die Betriebs- und Besitzgrößen spielen ebenfalls eine Rolle: Sie sind in Qataghan im Durchschnitt deutlich größer als südlich des Hindukusch (Karte 10). Neben dem weitverbreiteten Klein- und Mittelbesitz gab es bis 1979 auch ausgeprägten Großgrundbesitz, namentlich in Ghori/Baghlan und um Taluqan.

In den Flußoasen herrscht eine große Vielfalt an Kulturpflanzen. Reis (auf reichlich bewässerten Flächen), Baumwolle, Mais, Zuckerrüben (nur in Baghlan und Ghori), ferner Sesam, Lein, Melonen, Mungobohnen sind die wichtigsten Sommerfrüchte, Weizen, Klee und etwas Gerste die Winterfrüchte; dazu kommen Melonen, Gemüse und Obst. Weniger vielfältig ist der Anbau in den Gebirgsfußebenen, am einförmigsten im Regenfeldland. Auf *lalmi*-Flächen werden Weizen und in geringerem Ausmaß Gerste angebaut, aber auch Melonen, Lein und einige Hülsenfrüchte. Der Regenfeldbau ist in den Lößberglländern Qataghans und Westbadakhshans seit der Jahrhundertwende so sehr ausgeweitet worden, daß es hier inzwischen an guten Winterweiden mangelt.

Die Entwicklung im letzten halben Jahrhundert hat dazu geführt, daß Qataghan die höchsten Agrarüberschüsse ganz Afghanistans produziert. Während die Oasen neben Baumwolle und Zuckerrüben vor allem Reis, Ölfrüchte und Melonen liefern, kommen von den Regenfeldern des Lößberglandes Weizen und Melonen. So nimmt es nicht wunder, daß die größeren Basare Qataghans zu den landesweit führenden Umschlagplätzen für Getreide und andere Agrarprodukte gehören, an der Spitze jener von Khanabad.

1978 zählten die drei Provinzen Baghlan, Kunduz und Takhar, die das Gebiet von Qataghan einnehmen, fast 1,6 Mio. seßhafte Bewohner, davon rund 1,4 Mio. im Hindukuschvorland, wo die Dichte etwas über 60 Ew./qkm betrug. In West- und Zentralbadakhshan lebten nahezu 0,3 Mio. Menschen, doch nur knapp 30 Ew./qkm, was auf den Mangel an Bewässerungsland in diesem Peripherraum zurückzuführen ist.

7.3.2 Die Einzellandschaften

Wie schon aus dem bisher Gesagten hervorgeht, gliedern sich Qataghan und das westliche Badakhshan hauptsächlich in drei Landschaftseinheiten: 1. Flußebenen und -oasen, 2. lößbedeckte Berg- und Hügelländer (kurz als „Lößbergland" bezeichnet), 3. Gebirgsfußebenen. Ihnen lassen sich noch die fast ebene Halbwüste im Nordwesten und die Gebirgsrandzone des Hindukusch als randliche Einheiten hinzufügen (GRÖTZBACH 1972a, Karte 2).

7.3.2.1 Die Flußebenen Qataghans

Die Flußebenen ordnen sich entlang dreier großer Hochgebirgsflüsse an: Surkhab (auch Pul-i-Khumri- oder Baghlanfluß genannt), Taluqan-(auch Farkhar- oder Khanabad)fluß und Amu Darya. Die Oasen am Surkhab bilden nicht nur die zentrale Achse des ganzen Gebietes, sondern auch dessen wirtschaftlichen Schwerpunkt. Deshalb seien sie vorweg dargestellt.

Das Tal des Surkhab weitet sich zwischen Doshi und Ghori nur einmal zur 20 km langen und bis 8 km breiten *Ebene von Kelagay*. Ihr kleinerer flußnaher Teil ist ein bekanntes Reisbaugebiet und überwiegend von Paschtunen besiedelt. An ihn schließt sich gegen Nordosten die höhergelegene weite Dasht-i-Kelagay an, wo nur wenig Ackerland mit Anfangsbewässerung genutzt wurde, ehe die Sowjets hier 1980 eines ihrer größten Militärlager errichteten. In der Talenge unmittelbar unterhalb von Kelagay sah der Siebenjahresplan den Bau eines gewaltigen Staudammes vor. Er sollte eine ausgeglichenere Wasserführung des Surkhab und damit eine Ausweitung des Bewässerungslandes im Rahmen des Gawargan-Chardarrah-Projektes ermöglichen und überdies ein Wasserkraftwerk betreiben. 1979 unterbrach der Krieg die vorbereitenden Maßnahmen für dieses Vorhaben.

Unmittelbar unterhalb von Pul-i-Khumri öffnet sich das Surkhabtal zur *Ebene von Ghori*, die 30 km Länge und fast 20 km Breite mißt. Sie greift gegen Süden, vom Surkhab durch einen markanten Höhenzug getrennt, buchtartig tief in das Lößbergland ein. Ihr südlicher Teil, der aus mehreren flachen, ineinander übergehenden Schwemmkegeln besteht, erhält nur wenig fließendes Wasser aus dem Pashaqolfluß und einigen Karstquellen. Er stellt das größte zusammenhängende Gebiet mit Anfangs- oder Teilbewässerung in Qataghan dar (Tabelle 29). Dagegen wird die mittlere und untere Ebene

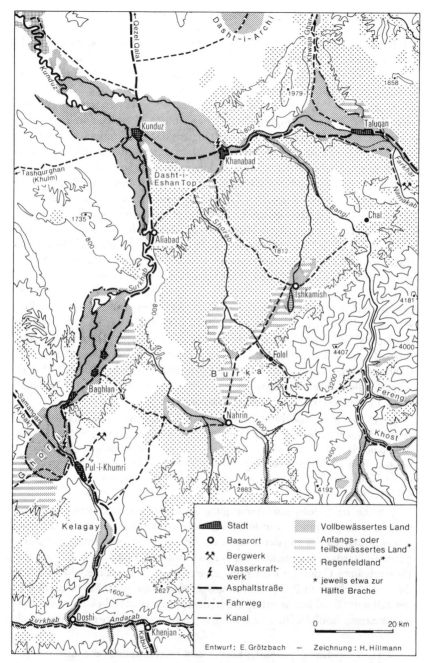

Karte 32: Mittel- und Südqataghan (nach GRÖTZBACH 1972a).

durch ein System von Kanälen vom Surkhab her bewässert, der sie nur randlich im Nordosten quert.

Ghori ist altbesiedeltes Land, wie nicht nur die Ruinen von Surkh Kotal, sondern auch mehrere künstliche Hügel *(tepe)* und Reste alter Kanäle in der Ebene anzeigen[25]. Ghori erfuhr bereits in den 1870er Jahren unter dem Emir Sher Ali die Zuwanderung paschtunischer Nomaden, welche die früher dominierenden Usbeken großenteils verdrängten; dagegen konnten sich die Hazara im Lößbergland südlich von Ghori halten. Ein zweiter Schub in den 30er Jahren brachte neben Paschtunen auch Flüchtlinge aus Sowjetisch-Mittelasien nach Ghori. Aus dieser Zeit stammen die regelmäßig angelegten Kolonistensiedlungen und -fluren in Unter-Ghori (vgl. GRÖTZBACH 1972a: Karten 12, 14). Außer diesem bäuerlichen Kleineigentum gab es viel Großgrundbesitz mit Landverpachtung (ISLAM UDDIN 1972), aber auch zahlreiche besitzlose Familien, die Land pachteten und häufig einem Zuerwerb nachgingen. So stellte TOEPFER (1976) einen regen Pendlerverkehr aus Dörfern mit gutem Straßenanschluß in die Städte Pul-i-Khumri und Baghlan fest.

Die Bodennutzung hat sich durch die Einführung der Zuckerrübe seit 1940 beträchtlich geändert, doch wurde das Ziel, wenigstens 20 % der vollbewässerten Flächen in Baghlan und Ghori (außerhalb des feuchten Dauer-Reislandes) mit Zuckerrüben zu bestellen, kaum erreicht. Denn die Zuckerrübe erfreute sich wegen unbefriedigender Preise und ihres hohen Arbeitsaufwandes geringer Beliebtheit bei den Bauern, namentlich bei jenen paschtunischen Siedlern, die als Nomaden gekommen waren und z. T. noch immer eine halbnomadische Lebensform praktizierten.

In vier von R. KRAUS (1975) untersuchten Kolonistendörfern von Ghori wurden denn auch nur 15 % der Ackerflächen mit Zuckerrüben bebaut, dagegen über 50 % mit Weizen und in drei Dörfern nicht weniger als 20 % mit Baumwolle, obwohl Ghori wie Baghlan nicht zu den behördlich festgelegten Baumwoll-Erzeugungsgebieten zählte. In den 70er Jahren nahm hier der Baumwoll- und Zuckermelonenanbau zu Lasten der Zuckerrübe weiter zu.

Um die Irrigationswasserversorgung zu verbessern und neues Bewässerungsland zu gewinnen, wurde 1976 mit der Verwirklichung des *Gawargan-Projektes* als Teil des von der Asiatischen Entwicklungsbank finanzierten Gawargan-Chardarrah-Projektes begonnen. Dadurch sollte die Kapazität des 1944 gebauten Gawargankanals und zweier weiterer Kanäle erhöht werden, die, vom Surkhab in Pul-i-Khumri ausgehend, insgesamt 6810 ha im mittleren Teil von Ghori bewässerten. Außerdem waren eine Verbesserung des Verteilersystems und der Bau von Entwässerungskanälen vorgesehen. Durch

---

[25] Die Tempelanlage von Surkh Kotal, einem Feuerheiligtum der Kuschanzeit (1./2. Jh. n. Chr.), wurde in den 50er Jahren bei Straßenbauarbeiten entdeckt und durch französische Archäologen ausgegraben.

7.3 Nordostafghanistan ohne Hochgebirge 269

den neuen Larkhabikanal, der Wasser durch Pumpen aus dem 25 m tieferen Gawargankanal erhält, können weitere 3200 ha in der südlichen Ebene voll bewässert werden, wo bisher nur Anfangs- oder Teilbewässerung möglich war (ILACO 1971). Die elektrische Energie für die Pumpstation sollte das geplante Wasserkraftwerk Pul-i-Khumri III am Ajmirkanal liefern. Der neue Gawargan-Hauptkanal wurde 1979 eröffnet, bis 1982 ruhten dann die weiteren Arbeiten (KNT v. 21. 10. 82). Ob das Projekt inzwischen fertiggestellt werden konnte, ist nicht bekannt.

Städtisches Zentrum für die rund 100 000 Bewohner der Ebene von Ghori und ihres benachbarten Berglandes ist *Pul-i-Khumri*, das diese Funktion von dem kleinen, aber noch immer lebhaften Basar- und Verwaltungsort Dahana-i-Ghori im äußersten Südwesten der Ebene übernahm. Textilfabrik, zugehörige Werkssiedlungen und Basar wurden 1938–41 durch die Textilgesellschaft Nessaji in der Nähe einer Ziegelbrücke über den Surkhab errichtet, von welcher der neue Ort den Namen übernahm. Über diese Brücke führte die Straße nach Mazar-i-Sharif, die hier von der Surkhabroute abzweigt. Die Stadt ist seit ihrer Gründung beständig gewachsen. Zur Baumwollspinnerei und -weberei kamen das 15 km entfernte Kohlenbergwerk Karkar, eine Brikettfabrik und 1959 schließlich die Zementfabrik Ghori hinzu, die zusammen rund 4000 Beschäftigte zählten. Pul-i-Khumri gehört damit zu den Hauptstandorten von Industrie und Bergbau in Afghanistan. Ursprünglich ein reiner Industrieort im Besitz der Textilgesellschaft, gewann es dank seiner hervorragenden Verkehrslage bald andere Funktionen hinzu. Sein Basar ist nicht nur wichtigste Zwischenstation des Fernverkehrs zwischen Kabul und Nordost- wie Nordafghanistan, sondern auch Markt für ganz Ghori und Kelagay und einer der führenden Getreidehandelsplätze Qataghans. Auch die Infrastruktur, die Wasserversorgung ausgenommen, war gut ausgebaut. Unter den 31 000 Ew. (1979) bildeten die meist aus Koh Daman und Kohistan zugezogenen Tadschiken die stärkste Gruppe, gefolgt von Paschtunen und Hazara.

Die Entwicklung von Pul-i-Khumri ist um so bemerkenswerter, als sie sich in nur 25 km Entfernung von der Provinzhauptstadt Baghlan vollzogen hat. Die *Ebene von Baghlan* schließt, durch eine kurze Talverengung getrennt, unmittelbar an Ghori an. Beide Ebenen sind annähernd gleich groß, doch zeigt jene von Baghlan ein stärker gegliedertes Relief. Rechts des Surkhab, der beim Eintritt in die Ebene fast in deren Niveau fließt, steigt flußabwärts eine Terrasse bis zur Höhe von etwa 30 m an. Sie wird von dem großen, flachen Schwemmkegel des Nahrinflusses gebildet, auf dem größtenteils nur Anfangs- oder Teilbewässerung möglich und Brachland daher weit verbreitet ist. Davon unterscheidet sich scharf das tiefere Feuchtland am Fluß, das, abgesehen von kleineren restlichen Schilfsümpfen, in großflächigem Reisbau genutzt wird.

Gegen Ende des 19. Jh. war das Gebiet von Baghlan dünn bevölkert von neu zugezogenen Paschtunen, von Tadschiken und Resten der früher dominierenden Usbeken. Seine geringe Bedeutung zeigte sich u. a. darin, daß es administrativ Ghori unterstand (ADAMEC 1972). Diese Verhältnisse änderten sich erst mit den Landesentwicklungsmaßnahmen der 30er und 40er Jahre, als die Oase durch die neue Straße im Surkhabtal, die Anlage der Stadt und durch neue, große Kanäle aufgewertet wurde.

Der Ajmirkanal, der am Kraftwerk Pul-i-Khumri II beginnt und auch einen Teil des rechtsufrigen Unter-Ghori bewässert (Karte 32), verbesserte die Irrigationsmöglichkeiten der östlichen Baghlanoase beträchtlich, namentlich in deren südlichem Teil um die Stadt Baghlan. Der Schwerpunkt der Agrarkolonisation lag im Gebiet um die Zuckerfabrik. Hier wurden auf einer 1300 ha großen, in regelmäßige Blöcke aufgeteilten Fläche etwa 600 Familien angesiedelt, die sich zum Anbau und zur Ablieferung von Zuckerrüben verpflichten mußten. In der übrigen Oase ging die Aufsiedlung weniger geregelt vor sich. An ihrem Westrand, entlang dem Kokchinarkanal, ließen sich zumeist nomadisierende Paschtunen und Moghol nieder, die noch 1978 mit ihren Herden auf die Sommerweiden von Shiwa zogen, aber auch Reisbau trieben. Im feuchten Reisland siedelten vorwiegend Larkhabi-Aimaq, im restlichen Bewässerungsland ist die Bevölkerung stark durchgemischt. Abgesehen vom Reis, der sich auf flußnahe Areale beschränkt, sind Weizen, Zuckerrüben und Baumwolle die wichtigsten Feldfrüchte. Wie in Ghori ist die Zuckerrübe durch Baumwolle, in den 70er Jahren auch durch Reis zurückgedrängt worden.

Im Bezirk Baghlan, der außer der Oase auch das benachbarte Lößbergland umfaßt, lebten 1921 etwa 17000 Menschen (KOSHKAKI 1923); 1978 waren es 110000, davon fast 40000 im Gebiet der gleichnamigen Stadt. Die *Stadt Baghlan* ist eine Neugründung der 30er und 40er Jahre. Sie stellt insofern ein Kuriosum dar, als sie eigentlich aus drei städtischen Siedlungen besteht, die sich – durch landwirtschaftlich genutzte Flächen voneinander getrennt – mehr als 15 km in Nord-Süd-Richtung erstrecken. Im Norden liegt das eher ländliche Alt-Baghlan *(Shahr-i-Kohna)* mit kleinem Basar und Niederlassung der Sherkat Spinzar. 4 km weiter südlich folgt Neu-Baghlan *(Shahr-i-Jadid)* mit den Provinzbehörden und einem recht großen, an den Markttagen überaus lebhaften Basar. Es wurde 1937 als Gartenstadt vom Gouverneur Sher Khan angelegt, der den Sitz der Provinzverwaltung von Khanabad hierher verlegte. 7 km entfernt im Süden schließt Industrie-Baghlan *(Baghlan Sana'ati)* an, das zugleich mit dem Bau der dortigen Zuckerfabrik 1938–40 errichtet wurde. Stadt und Fabrik bilden weitgehend eine funktionelle Einheit, besitzt doch die Zuckergesellschaft, obwohl nur etwas über 300 ständige Beschäftigte zählend, einen beträchtlichen Teil der Basarläden und Wohnhäuser. Baghlan, das auch über ein staatliches Versuchsgut, eine höhere Landwirtschaftsschule und eine Molkerei verfügt, galt als führendes landwirtschaft-

7.3 Nordostafghanistan ohne Hochgebirge

liches Innovationszentrum Nordostafghanistans. Neu- und Industrie-Baghlan sind mit Infrastruktur gut ausgestattet und vertreten in Qataghan den Typ der modernen afghanischen Stadt.

Der Surkhab tritt am Ende der Baghlanebene bei Gerdab in ein 20 km langes Engtal ein, das in kretazischen und alttertiären Kalken und Sandsteinen angelegt ist und sich beim kleinen Basarort Aliabad zur Ebene von Kunduz öffnet. Diese, flußab nur allmählich an Breite zunehmend, vereinigt sich unmittelbar nördlich der Stadt Kunduz mit der Ebene des Khanabadflusses. Da zwischen ihnen eine natürliche Grenze fehlt, werden hier beide Flußebenen als eine Einheit betrachtet, die kurz als *Kunduz-Khanabad-Ebene* bezeichnet sei. Sie steht unter den Flußebenen Qataghans nach Größe und Bevölkerungszahl an erster Stelle und läßt sich in vier Teile gliedern (vgl. Tabelle 29 und Karte 32): die Khanabad-Ebene entlang dem gleichnamigen Fluß; die Ebene südlich von Kunduz am Ostufer des Surkhab (Kunduz-Süd); die Ebene von Chardarrah westlich des Surkhab; schließlich die Dasht-i-Eshantop, die obere Khanabad-Ebene und Kunduz-Süd voneinander trennt.

Die Dasht-i-Eshantop oder Dasht-i-Aliabad ist Teil eines Terrassensystems, das fast die gesamte Kunduz-Khanabad-Ebene ausfüllt. In Chardarrah hat man drei, östlich des Surkhab sogar vier Terrassen unterschieden (ILACO 1971; DRC 1971), wobei die Dasht-i-Eshantop das oberste Niveau bildet. Diese nach Norden abdachende Terrassenfläche, die mit einer 20–30 m hohen, z. T. stark zerschluchteten Böschung abfällt, besteht großenteils aus Schwemmlöß. Die beiden untersten Terrassen liegen so tief, daß sie durchweg bewässert werden können. Sie schließen die Überschwemmungsauen der Flüsse ein, die bis heute noch kleinere Sumpfflächen enthalten.

Die im 19. Jh. so gefürchteten Sümpfe von Kunduz (s. S. 262) waren wohl vor allem eine Folge des Verfalls früherer Bewässerungsanlagen, der sich unter usbekischer Herrschaft seit dem 16. Jh. vollzogen hatte. Als um 1890 die erste Welle paschtunischer Nomaden (meist als *Kandahariha* bezeichnet) ankam, errichteten sie ihre Winterlager zumeist am Westrande der Dasht-i-Eshantop. 1922 zählte man in der Ebene von Kunduz etwa 7300 „Häuser", was etwa 45 000 Bewohnern entsprochen haben dürfte (KOSHKAKI 1923). 1978 wurden hier, in den heutigen Bezirken Kunduz, Chardarrah und Aliabad, rund 240 000 Ew. verzeichnet, davon über ein Fünftel im Stadtgebiet von Kunduz. In dem administrativ zu Khanabad gehörigen Teil der Ebene nahm die Einwohnerzahl im selben Zeitraum von 26 000 auf rund 100 000 zu, wovon ein Viertel auf die Stadt Khanabad entfiel. Die höchsten ländlichen Bevölkerungsdichten von mehr als 300 Ew./qkm werden im Umland von Kunduz und Khanabad erreicht. Sie beruhen freilich nicht nur auf der intensiven, marktorientierten Landwirtschaft, sondern auch auf der relativ großen Zahl nichtagrarisch Erwerbstätiger, die in die Städte pendeln.

Meliorationen und Aufsiedlung in den 30er Jahren haben das Siedlungs- und Flurbild kaum verändert. Weiterhin wird die Kulturlandschaft von der unregelmäßigen Blockflur und von Haufendörfern und Weilern geprägt, die meist hinter Obstgärten und Pappelhainen verborgen liegen. Dagegen zeigten die landwirtschaftlichen Besitzgrößen bis 1978 beträchtliche Unterschiede, je nachdem ob einzelne Siedler oder Großgrundbesitzer das Land erhalten hatten. So dominierte im Gebiet zwischen Kunduz und Khanabad der bäuerliche Kleinbesitz ehemaliger Kolonisten, während in Chardarrah Mittel- bis Großeigentum stärker vertreten war: in Chardarrah besaßen 12% aller Eigentümer mehr als 10 ha, zwischen Khanabad und Kunduz nur 2% (DRC 1971; ILACO 1971). Wie TOEPFER (1972) am Beispiel zweier Dörfer gezeigt hat, gab es Großgrundbesitz auch bei Kunduz und Khanabad. Dort mußte die Mehrheit der Familien, die ohne Grundeigentum war, Land von den wenigen Großgrundbesitzern pachten. Die reichsten unter diesen – in einem Fall Usbeken, im anderen Paschtunen – besaßen 123 bzw. 70 ha, dazu Häuser, Läden und Saray in der Stadt. Entsprechend groß waren in diesen Dörfern die Unterschiede in sozialer Stellung und Lebenshaltung der Bewohner.

Auch die Bodennutzung der Kunduz-Khanabad-Ebene ist räumlich recht differenziert, wie sich an der Verbreitung von Zweitfrüchten und von Reis, Weizen und Baumwolle zeigen läßt. Die Anbauintensität war 1970 im Gebiet nördlich der Linie Kunduz – Khanabad bis zum Khanabadfluß mit 144 am höchsten, d. h., es wurden 44% der Anbaufläche mit Zweitfrüchten bestellt, meist Reis oder Mais nach Winterweizen. Während dort der Reis insgesamt 50% der Erntefläche einnahm, stieg sein Anteil südlich davon auf fast 70% an. Hier allerdings wurde meist nur Klee als winterliche Zwischenfrucht angebaut, wobei sich eine Anbauintensität von 125 ergab. Diese sank nach Westen weiter ab und betrug im nördlichen Chardarrah nur 93; hier gab es überhaupt keine Zweitfrüchte, wohl aber Brachen auf 7% der Ackerfläche. Das Gefälle der Anbauintensität hat seinen Grund in dem von Ost nach West – am Surkhab auch von Süd nach Nord – abnehmenden Reisbau, was wiederum durch zunehmenden Wassermangel gegen das Ende der Kanäle bedingt ist. In Nord-Chardarrah wurde überhaupt kein Reis kultiviert, dagegen nahmen Weizen die Hälfte, Baumwolle ein Viertel, Gerste ein Sechstel der Netto-Anbaufläche ein. Ein Maximum des Baumwollanbaus mit über 60% der Erntefläche verzeichnete das Gebiet um die Stadt Kunduz (DRC 1971; ILACO 1971).

Die intensivste Nutzung herrschte demnach im Osten der Oase bei Khanabad. Hier liegt der Kern des neben Nangarhar und Laghman führenden afghanischen Reisbaugebietes. Den Gegensatz dazu stellte Nord-Chardarrah dar, wo Wassermangel und Betriebsstruktur (verbreiteter Mittel- und Großbesitz mit Pachtbetrieben) nur eine Getreide-Baumwolle-Kultur ohne Doppelernten zuließen. In diesen beiden so unterschiedlich genutzten Teilgebieten der Kunduz-Khanabad-Ebene wurden in den 70er Jahren Bewässerungsprojekte in Angriff genommen. Das *Chardarrah-Projekt* als Teil des Gawargan-Chardarrah-Projektes am Surkhab umfaßte eine Gesamtfläche von 18050 ha. Sein Ziel war neben der Verbesserung des Bewässerungssystems die Sicherung einer ausreichenden Wasserversorgung für den Anbau von Som-

7.3 Nordostafghanistan ohne Hochgebirge

merfrüchten auch in Nord-Chardarrah. Dies sollte zunächst durch Erneuerung und Vergrößerung des 53 km langen Chardarrah-Hauptkanals und den Bau eines Einlaufwehres am Surkhab bei Aliabad geschehen. Doch ist davon erst wenig verwirklicht worden, da man sich zunächst auf das Gawargan-Projekt (s. oben) konzentriert hat (KNT v. 12. 9. 83). Dagegen ist das durch die Weltbank finanzierte *Khanabad-Projekt* in seiner ersten Phase seit 1975 weitgehend realisiert worden.

Dieses im Rahmen des Siebenjahresplans begonnene Projekt sah eine Modernisierung des Be- und Entwässerungssystems für das Reisbaugebiet nördlich und südlich des Khanabadflusses zwischen Khanabad und Kunduz in zwei Schritten vor. Dort bedürfen die Kanäle der Abdichtung und einer regelmäßigeren Wasserzufuhr. Von einem Wehr bei Chugha oberhalb von Khanabad soll der 8 km lange rechte Hauptkanal rund 4000 ha, der 18 km lange Hauptkanal auf dem linken (südlichen) Flußufer sogar 26 000 ha bewässern. Auch hier ist eine ausgeglichene und ausreichende Wasserversorgung durch moderne Kanaleinläufe das Hauptziel der Maßnahmen. Außerdem sollte ein Wasserkraftwerk von 6 MW Leistung am linken Kanal errichtet werden, um das kleine, nicht mehr wirtschaftliche Spinzar-Kraftwerk rechts des Flusses zu ersetzen (ADB 1977). Während der rechte Hauptkanal 1979 fertiggestellt wurde, mußte man die Arbeiten auf dem linken Ufer zumindest zeitweise einstellen.

Eine völlig andere Nutzungs- und Siedlungsstruktur zeigt die fast 150 qkm große *Dasht-i-Eshantop*, wo nur am Austritt einiger kleiner Täler aus dem Lößbergland etwas Anfangsbewässerung möglich ist. Sie wird daher im Regenfeldbau genutzt. Als Nutzpflanze steht der Weizen weitaus an erster Stelle, gefolgt von Gerste, Melonen und Lein. Die Besitz- und Betriebsgrößen sind hier mit durchschnittlich 9–13 ha deutlich größer als im benachbarten Bewässerungsland, doch kann der größte Teil der Felder nur jedes zweite Jahr bebaut werden (DRC 1971; TOEPFER 1972). Die wenig zahlreiche Bevölkerung der Dasht wie auch des benachbarten Lößberglandes besteht größtenteils aus Hazara-Qarluq; dabei handelt es sich um Sheikh Ali-Hazara aus Ghorband, die 1890 nach Qataghan verpflanzt wurden.

Kunduz und Khanabad, die beiden nur 25 km voneinander entfernten Verwaltungs- und Marktzentren der Ebene, zählen zu den führenden Städten Nordostafghanistans. Dies gilt vor allem für *Kunduz*, das nach Zentralität und Einwohnerzahl (53 000 im Jahr 1979) an der Spitze steht. Die zentrale Lage seines Standortes ist schon früh erkannt und in Wert gesetzt worden. Dies belegen zahlreiche künstliche Hügel und die frühere Festung mit einem Grundriß von 400 × 600 m, wo Funde bis in achämenidische Zeit zurückweisen (BALL & GARDIN 1982). Von der Einnahme durch Qataghan-Usbeken in der zweiten Hälfte des 17. Jh. bis zur Mitte des 19. Jh. diente Kunduz deren Herrschern als Hauptresidenz. Dies verhinderte freilich nicht, daß die

Stadt allmählich verfiel. Denn die nomadisierenden Usbeken hielten sich meist nur im Winter dort auf und ließen im Sommer eine Restbevölkerung zurück, die hauptsächlich aus tadschikischen Sklaven bestand[26]. Unter afghanischer Herrschaft verlor Kunduz seine administrative Funktion zunächst an Balkh und ab etwa 1888 an Khanabad. So befand es sich 1930 noch immer in einer ähnlichen äußeren Verfassung wie 100 Jahre vorher (ALEKSEENKOV 1933).

Die städtebauliche Neugestaltung ab 1934, wie sie im heutigen Grundriß der Stadt zum Ausdruck kommt (Karte 33), glich eher einer Neugründung (JARRING 1937). Kunduz gewann durch den Bau des Spinzar-Komplexes (1936–38), bestehend aus Baumwoll-Egrenierwerk mit Speiseöl- und Seifenfabrik, Werkssiedlungen und Verwaltungsgebäuden, eine wichtige neue Funktion und ein großes Industrieviertel. Davon räumlich abgesetzt ist der überaus lebhafte Basar, der die ganze Stadtmitte einnimmt. Während die Industrie seit den 30er Jahren nur wenig ausgebaut worden ist, hat die kommerzielle Bedeutung von Kunduz stark zugenommen. Dies verdankt die Stadt nicht zuletzt ihrer zentralen Verkehrslage innerhalb Nordostafghanistans, die durch das neue System von Autostraßen wiederhergestellt wurde. 1957 kam die Provinzverwaltung samt zahlreichen Behörden hinzu, so daß Kunduz seitdem eine multifunktionelle Stadt ist, die auch über eine recht gut ausgebaute Infrastruktur verfügt.

Kunduz konkurrierte im 19. und 20. Jh. wiederholt mit *Khanabad* um die Stellung als führende und größte Stadt in Qataghan. Etwa von 1888 bis 1937 nahm Khanabad diesen Rang ein, danach wurde es von Kunduz überflügelt. Die Verlegung der Provinzverwaltung von Khanabad nach Baghlan und der Garnison nach Nahrin – zwei Maßnahmen, die mit der Malariagefahr in Khanabad begründet wurden – bedeuteten einen empfindlichen Funktionsverlust. Die unterschiedliche junge Entwicklung beider Städte äußert sich auch in der Zunahme der Wohnhäuser und Basarläden von 1922 bis etwa 1977: In Kunduz stiegen diese Zahlen auf das Neun- bis Zehnfache, in Khanabad nur auf das Drei- bis Vierfache (KOSHKAKI 1923; HABIB 1987). Zwar wurde auch in Khanabad 1935 mit Arbeiten zur Stadterneuerung begonnen, doch blieben sie unvollendet. Khanabad ist trotz seiner 27000 Ew. (1979) in erster Linie eine traditionelle Basarstadt mit schwach entwickelter Infrastruktur. Am Ostrand der Kunduz-Khanabad-Ebene gelegen, nimmt es eine Mittlerstellung zwischen der vielseitig genutzten Oase und dem Lößbergland ein, wo großflächiger Regenfeldbau getrieben wird (Bild 8). Dank des weiten agrarischen Einzugsbereiches und dessen Überschußproduktion besitzt Khanabad den größten Getreidemarkt Afghanistans. Anfang der 70er Jahre

---

[26] Mehrere Reisende haben den desolaten Zustand von Kunduz um 1830/40 anschaulich geschildert, besonders BURNES (1834) und WOOD (1872).

7.3 Nordostafghanistan ohne Hochgebirge 275

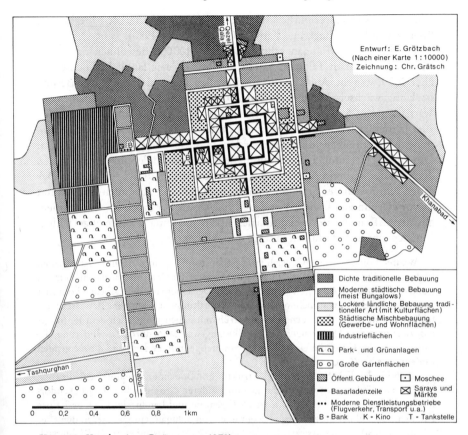

Karte 33: Kunduz (aus GRÖTZBACH 1979).

wurden hier im Sommer täglich rund 800 t Getreide verfrachtet, dazu im Herbst und Winter große Mengen an Reis (HAKIMI 1973/74). Die Asphaltierung der Straße nach Kunduz 1976 hat Khanabads Verkehrsverbindung mit den großen Absatzzentren, voran Kabul, erheblich verbessert.

Etwa 20 km östlich von Khanabad öffnet sich die *Ebene von Taluqan*, durchflossen vom gleichnamigen Fluß, der weiter oberhalb Farkhar- und unterhalb Khanabadfluß genannt wird. Sie ist von höherem Lößbergland umgeben, das in der markanten Kreidekalkkuppel des Ambar Koh im Nordwesten, aber auch im Nordosten und Süden etwa 2000 m erreicht. Nach Norden führt eine enge Talwasserscheide zum untersten Kokcha hin. Durch sie fließt der Rod-i-Shahrawan als ein Zweig des Taluqanflusses nordwärts. Was auf den ersten Blick wie eine natürliche Bifurkation aussieht, erweist sich in Wirklichkeit als ein Kanal, der bis 30 m eingetieft ist. Wie ein Fluß mäandrierend, bewässert er vermutlich schon seit achämenidischer Zeit die kleinen Ebenen von Hazar Bagh und Khwaja Ghar (GARDIN 1980).

Die Ebene von Taluqan zählte 1978 rund 100000 Bewohner, davon ein Fünftel in der Stadt Taluqan. Daraus ergibt sich eine ländliche Dichte von über 200 Ew./qkm. Auch hier ist die Bevölkerungszahl durch Zuwanderung stark angewachsen. Um die Jahrhundertwende kamen Ghilzai-Nomaden aus Wardak, die 1978 noch ihre Sommerlager am Khawakpaß aufsuchten, ab den 20er Jahren Usbeken aus Bukhara und Tadschiken aus Koh Daman und Kohistan, in den dreißiger und vierziger Jahren auch Ghilzai aus Katawaz u. a. Obwohl z. T. räumlich durchmischt lebend, lassen die einzelnen Ethnien doch einige Verbreitungsschwerpunkte erkennen (SOGREAH 1966): Der ganze Nordosten der Oase um den Shahrawankanal, aber auch ihr Südrand ist vorwiegend von Usbeken besiedelt, ihr westlicher Saum von Paschtunen, die hier z. T. an den untersten Kanälen sitzen und unter Wassermangel leiden; daneben gibt es Tadschiken, Hazara und Araber.

Während die Paschtunen je nach ihrer Lebensform teils in Qala und teils in Zelten leben, bewohnen die Usbeken einfache ummauerte Gehöfte, neben denen stets ein Rundzelt *(kappa)* als Sommerbehausung steht. Der Übergang der Usbeken vom Zelt zum festen Gehöft, von halbnomadischer Viehhaltung zu seßhaftem Bewässerungsfeldbau wurde durch die Einengung ihres früheren Lebensraumes seit dem 19. Jh. geradezu erzwungen. Dazu trugen das Bevölkerungswachstum durch Zuwanderung, die Aufsiedlung der Oase, die Umwandlung von Steppe in Ackerland und die steigenden Bodenpreise bei (GRÖTZBACH 1972a).

Auch hinsichtlich ihrer Agrarsozialstruktur und Bodennutzung unterschieden sich bei Taluqan die Usbeken von Paschtunen und anderen Gruppen. In den Usbekendörfern gab es Großgrundbesitz, bäuerliches Eigentum und Landpacht durch besitzlose Familien. So soll der größte Grundeigentümer von Taluqan, ein Usbeke, in den 60er Jahren gegen 900 ha bewässerten Landes besessen haben, das auf etwa 300 Pächterstellen aufgeteilt war. Für das Regenfeldland nannte man noch größere Besitzungen. Dagegen war der Grundbesitz in den Dörfern der paschtunischen und tadschikischen Kolonisten viel gleichmäßiger verteilt.

Die Ebene von Taluqan ist durch randliche flache Schwemmkegel, durch Flußterrassen und Hügel gegliedert und infolge des unruhigen Reliefs unterschiedlich mit Irrigationswasser versorgt. Dem trugen die Landwirtschaftsbehörden Rechnung, indem sie auch hier Anbauareale für Kulturpflanzen unterschiedlicher Bewässerungsansprüche festlegten. So wurde der Reisbau in den randlichen, höhergelegenen Teilen der Oase, wo im Spätsommer oft Wassermangel auftritt, wegen seines hohen Wasserbedarfs verboten, während umgekehrt im ständig feuchten Reisland kein Anbauzwang für Baumwolle galt (GRÖTZBACH 1972b). Dieses die Bewässerungsmöglichkeiten nachzeichnende Muster der Bodennutzung änderte sich auch nach Lockerung der Anbauvorschriften in den 70er Jahren nur wenig. Der Schwerpunkt des Baum-

7.3 Nordostafghanistan ohne Hochgebirge

wollanbaus lag im nordöstlichen Teil der Oase, wo usbekische Bauern die höchsten Erträge erzielten.

Trotz ihres bedeutenden Agrarpotentials hat die Ebene von Taluqan als einzige große Flußoase Mittel- und Südqataghans keinerlei Förderung durch ein Bewässerungsprojekt erfahren. Der Grund hierfür war wohl in ihrer abseitigen Lage zu suchen, die durch überaus schlechte Straßenverbindungen noch verschärft wurde. Erst die neue Autostraße Kunduz–Kishem, die 1978 bis Taluqan asphaltiert war, hat diese Benachteiligung aufgehoben.

Unter der Abgelegenheit litt auch *Taluqan* selbst, bis 1957 ein wenig bedeutender Verwaltungs- und Marktort, dessen Basarbevölkerung überwiegend in den Dörfern der Umgebung wohnte. Noch bevor es Mittelpunkt der neuen Provinz Takhar wurde (1962), begann man mit dem Bau einer weitläufigen Neustadt, während der alte Basar verfiel. 1979 war die Einwohnerzahl unter Einschluß stadtnaher Dörfer auf fast 20 000 angewachsen, obwohl die Stadt keinerlei dynamische neue Funktionen erhalten hat, von einem kleinen Baumwoll-Entkernungsbetrieb der Sherkat Spinzar abgesehen. Doch ihr sehr traditioneller Basar und vor allem ihr Getreidemarkt haben weitreichende kommerzielle Bedeutung, namentlich für die Vermarktung von Reis, Weizen, Ölfrüchten, Pistazien, aber auch von Baumwollstoffen *(alacha)* aus Farkhar und Warsaj.

Eine ähnlich randliche Lage wie die Oase von Taluqan nehmen auch die *Flußebenen am Amu Darya* in *Nordqataghan* ein. Sie erstrecken sich vom Austritt des Stromes aus dem Lößbergland nördlich von Chah-i-Ab bis in die Gegend von Qizil Qala auf eine Länge von etwa 130 km. In diesem Raum lebten 1978 rund 260 000 Menschen, fast die Hälfte davon in und um Imam Sahib. Unter ihnen sind halbnomadische Lebensformen ziemlich weit verbreitet. Auch diese Oasen am Amu Darya zählten zum staatlich festgelegten Baumwollanbaugebiet Qataghans.

Die *Ebene von Yangi Qala–Darqad–Khwaja Ghar* ist in sich deutlich zweigeteilt. Sie besteht im Osten und Süden aus Dasht, d. h. vom Rande des Lößberglandes sanft abfallenden Fußflächen, die in Terrassenflächen übergehen. Diese brechen mit scharfer Kante zum tieferliegenden Überschwemmungsgebiet am Amu Darya ab. Da die Grenze zur Sowjetunion dem nordwestlichsten Zweige des Flusses folgt, liegt fast die gesamte Verwilderungssohle auf afghanischem Territorium. Sie bildet den Verwaltungsbezirk Darqad, der mit 14 000 Ew. und 33 Ew./qkm (1978) erstaunlich dicht bevölkert war, und zwar von Usbeken, Belutschen und Paschtunen. Die wenigen Dörfer liegen relativ sicher vor Hochwasser auf leicht erhöhtem Gelände zwischen den Flußarmen. Früher ein an Wild und Vögeln ungewöhnlich reiches Jagdgebiet mit dichten Auwald- und Schilfbeständen *(jangal)*, dient es heute vor allem als Winterweide für große Viehherden.

Dichter besiedelt sind die höhergelegenen *dasht*-Flächen, soweit sie – von

Norden aus dem Amu Darya, von Süden aus dem Kokcha – bewässert werden können. Auch hier lebt eine ethnisch gemischte Bevölkerung aus Paschtunen, Usbeken, Hazara und Arabern, die durch gelenkte Zuwanderung seit den 20er Jahren stark zugenommen hat (CENTLIVRES 1976b). Auf den bewässerten Terrassen wird viel Baumwolle angebaut, die zur Entkernung in die Spinzarfabrik in Khwaja Ghar gelangt. Heute liegen in der Ebene drei Basarorte mit jeweils wenigen tausend Einwohnern und einigen hundert Läden (Yangi Qala im Norden, Dasht-i-Qala und Khwaja Ghar im Süden), doch kein überragendes städtisches Zentrum.

Zumindest der südliche Teil der Ebene ist altes Siedlungsland, wie die Untersuchungen der Französischen Archäologischen Mission ergeben haben. So fand man an den Hügeln von Shortugai, halbwegs zwischen Yangi Qala und Dasht-i-Qala, Reste der bronzezeitlichen Harappa-Kultur neben hellenistischen Relikten. Noch ergiebiger waren die Grabungen von *Ai Khanum* am Zusammenfluß von Amu Darya und Kokcha, wo eine hellenistische Stadt aus der Zeit um 300–130 v. Chr. freigelegt wurde[27]. Der Hügel von Ai Khanum beherrscht den südlichen Teil der Ebene, wo zahlreiche Siedlungsspuren, vor allem verfallene Bewässerungssysteme aus achämenidischer und hellenistischer Zeit, festgestellt wurden (GENTELLE 1978).

Eine Neu- oder Wiedererschließung der in frühhistorischer Zeit bewässerten, inzwischen wieder trockengefallenen Teile der Ebene zwischen unterem Kokcha und Yangi Qala sieht das *Kokcha-Projekt* vor. Im 3. Fünfjahresplan bereits enthalten, wurde es in revidierter Form in den Siebenjahresplan aufgenommen (MoP 1967b, 1976). In der ersten Phase dieses Projektes sollten nördlich des Kokcha 12000 ha Neuland bewässert werden, davon 3000 ha höhergelegene Flächen durch elektrische Pumpen. Zu diesem Zweck war ein Staudamm mit Wasserkraftwerk am Kokcha geplant. Das Projekt war bis 1978 nicht über vorbereitende Maßnahmen hinausgekommen (RAA 1978), doch scheinen die Arbeiten seitdem mit sowjetischer Hilfe weitergeführt worden zu sein. Die zweite Phase des Kokcha-Projektes hat den Ausbau des Archikanals und später die Bewässerung der zwischen Imam Sahib und Kunduz liegenden Dasht-i-Shirmahi zum Ziel. Hierüber wurde noch 1987 ein Vertrag mit der Sowjetunion unterzeichnet (KNT v. 28. 12. 87).

Der bisherige Archikanal zweigt wenig unterhalb des geplanten Dammes nur 4 km nordöstlich von Khwaja Ghar vom Kokcha ab und versorgt die rund 200 qkm große *Dasht-i-Archi* mit Wasser. Diese weit nach Süden ausbuchtende Ebene geht im Nordwesten in jene von Imam Sahib über. Früher vorwiegend als Winterweideland genutzt, wurde sie erst nach Fertigstellung

---

[27] Durch den Thessalier Kineas angelegt, enthielt Ai Khanum (Alexandria Oxiana?) Palast, Gymnasion, Tempel, Zitadelle und zahlreiche Häuser mit Skulpturen hellenistischen Stils.

des Nahr-i-Archi (1947) aufgesiedelt. Ihre Bevölkerung besteht nahezu vollzählig aus Paschtunen, darunter vielen zwangsweise verpflanzten Safi aus Nangarhar. Sie betreiben großenteils noch immer eine halbnomadische Viehweidewirtschaft mit Herdenwanderungen nach Ish (BARFIELD 1981). Dies und das unzureichende Wasserdargebot haben zu einer relativ extensiven agrarischen Nutzung der Ebene geführt, mit Weizen, Baumwolle und Melonen als bevorzugten Kulturpflanzen.

Ähnlich geprägt ist die Agrarlandschaft in der *Ebene von Imam Sahib*. Auch hier erheben sich die weiten Flußterrassenflächen mit steilem, bis 15 m hohem Abfall über die Überschwemmungssohle des Amu Darya, die – von Sümpfen, Wasserarmen, Schilfdickichten und einigen Reisfeldern durchsetzt – als Winterweide dient. Die Terrassenflächen dagegen, die durch den Shahrawankanal aus dem Amu Darya bewässert werden[28], sind fast lückenlos als Ackerland mit Baumwolle, Weizen und Melonen genutzt. Dies ist das Ergebnis eines langwierigen Kolonisationsprozesses ohne starke Zuwanderung von außen. Anders als um Kunduz–Khanabad oder in der Dasht-i-Archi kamen kaum Paschtunen als Siedler in die Ebene von Imam Sahib, wo vorwiegend Usbeken, Turkmenen und Araber leben. Diese pflegten früher über den Amu Darya hinweg zu nomadisieren und wurden durch die Schließung der Grenze um 1920 entweder zur Seßhaftigkeit oder zur Änderung ihrer Wanderungsrichtung gezwungen. Die noch immer zahlreichen Halbnomaden, meist Turkmenen und Araber, deren Dörfer am äußersten Ende des Kanalsystems liegen, suchen seitdem im Sommer die Hochweiden von Ish auf (BARFIELD 1981).

Städtisches Zentrum und Marktort für die rund 120000 Ew. der Ebene ist *Imam Sahib* (eigentlich *Hazrat-i-Imam Sahib*), das 1978 gegen 13000 Ew. zählte. Noch in den 20er Jahren war es ein recht unbedeutender Basarort. 1935 wurde mit dem Bau einer neuen Stadt begonnen, deren Grundriß jenem von Kunduz ähnelt. Im Gegensatz zum Basar mit seinen rund 700 Läden blieb die Wohnstadt unfertig, wofür unterschiedliche Gründe genannt worden sind (GRÖTZBACH 1979). Imam Sahib ist eine recht traditionelle, gleichwohl multifunktionelle Stadt: Abgesehen von ihrem lebhaften Basar und einem großen Egrenierwerk der Sherkat Spinzar hat sie Bedeutung als Wallfahrtsort, denn sie beherbergt das Grab des Hazrat-i-Imam Yahya, das im März/April anläßlich eines religiösen Festes (mit Jahrmarkt) von weither besucht wird.

Am westlichen Ende der Ebene, nur 25 km von Imam Sahib entfernt, liegt am Amu Darya der kleine Ort Qizil Qala, der seit den 50er Jahren zum Flußhafen Sher Khan Bandar ausgebaut worden ist. Als Endpunkt der Straße von

---

[28] Nicht zu verwechseln mit dem gleichnamigen Kanal, der aus der Oase von Taluqan nach Khwaja Ghar führt (s. oben)!

Kabul über den Salangpaß war Sher Khan Bandar über ein Jahrzehnt lang der wichtigste Umschlagplatz an der Grenze zur Sowjetunion, hat aber durch den neuen Hafen Hairatan an Bedeutung verloren. Nizhnij Pandzh, das ihm auf dem sowjetischen Ufer gegenüberliegt, besitzt Eisenbahnanschluß nach Dushanbe.

7.3.2.2 Lößbergland und Gebirgsfußebenen

Das lößbedeckte Hügel- und Bergland nimmt in Nordostafghanistan den Raum zwischen den Flußebenen Qataghans und dem Hindukusch bzw. den Gebirgen Nordbadakhshans ein. Entlang dem Kokchatal dringt es weit nach Osten vor, umfaßt also auch den größten Teil Zentralbadakhshans. In Qataghan geht es in kleine Ebenen am Fuß des Khwaja Mohammed-Gebirges über, die sich von Nahrin bis Qalafghan reihen. In Badakhshan, wo Gebirgsfußebenen allenfalls andeutungsweise entwickelt sind (z. B. Argu), wird dieser Landschaftstyp durch die Täler der Hochgebirgsflüsse ersetzt, die sich aber nur an wenigen Stellen zu größeren Siedlungskammern weiten. Darin liegen zwar die wichtigsten Städte und Marktorte Badakhshans, doch anders als die großen Flußoasen Qataghans stellen die Talweitungen in Badakhshan keine ausgeprägten demographischen und agrarischen Schwerpunkte dar. Vielmehr sind hier Bevölkerung und Ackerflächen weit gestreut und unter günstigen Umständen auch im Lößbergland (z. B. in Argu, Ragh, Yaftal) in ähnlicher Weise verdichtet wie in den Talkammern. In dem gesamten hier zu behandelnden Raum lebten 1978 immerhin eine halbe Million Menschen.

Landwirtschaftliches Nutzungspotential und Siedlungsdichte des Lößberglandes nehmen gegen Westen bzw. Nordwesten allmählich ab – eine Folge spärlicherer Niederschläge und Wasservorkommen mit zunehmender Entfernung vom Gebirge. Besonders die Wasserversorgung ist oft prekär, wovon zahlreiche Ortswüstungen zeugen. Quellen und Brunnen, letztere in den meist trockenliegenden Bachbetten niedergebracht, bieten Trinkwasser, versiegen aber mitunter ganz. So müssen die Bewohner mancher Dörfer zwischen Khanabad und Ishkamish das Wasser über mehrere Kilometer Entfernung auf Eseln herbeischaffen; hier konserviert man sogar Winterschnee in Erdhöhlen, um ihn im Sommer zu schmelzen.

In *Qataghan* wurde das Lößbergland samt den Gebirgsfußebenen im 19. Jh. durch halbnomadische Usbeken und andere türkische Gruppen als Weideland oder in fleckenhaftem Regenfeldbau genutzt. Seitdem kam es hier zu einer Verdichtung des Siedlungssystems und zur flächenhaften Ausweitung des Ackerbaus. Erst das Verbot einer weiteren Umwandlung der Steppe in Ackerland bewahrte die letzten hochproduktiven Weideareale, z. B. zwischen Nahrin und Kelagay, vor dem völligen Verschwinden. Fast völlig ver-

7.3 Nordostafghanistan ohne Hochgebirge

schwunden sind freilich die noch im 19. Jh. allgemein verbreiteten Baumfluren von Pistazien und Wildmandeln, von deren Existenz nur mehr einzelne Exemplare zeugen. Der Regenfeldbau wurde örtlich auch intensiviert. So hat man auf tiefgründigen schwarzerdeartigen Böden nahe dem Gebirgsrand in Bangi, Chal und Burka das sonst übliche Zweifelderbrachsystem (ein Jahr Anbau, ein Jahr Brache) zugunsten einer Dauernutzung aufgegeben (GRÖTZBACH 1972a).

Die Gründe für die Ausweitung und Intensivierung des Regenfeldbaus und für die Aufsiedlung von Lößbergland und Gebirgsfußebenen waren recht komplexer Art: zunehmender Bevölkerungsdruck, Übergang von der halbnomadischen zur seßhaften Wirtschafts- und Lebensform und nicht zuletzt steigende Marktpreise für *lalmi*-Weizen, der dem *abi*-Weizen vorgezogen wird. Auch im Lößbergland ließen sich Gruppen von Neusiedlern, meist auf staatlichen Druck hin oder aus den Flußoasen abgedrängt, nieder. Dadurch hat sich auch hier die ethnische Struktur der Bevölkerung verändert, doch in weit geringerem Maße als in den Flußoasen.

Das Lößbergland Qataghans ist eine Domäne turkstämmiger oder turkisierter Bevölkerungsgruppen, während Paschtunen und Tadschiken – letztere mit Ausnahme von Rustaq und Chah-i-Ab – fast völlig fehlen. Am zahlreichsten dürften die Usbeken sein, denen sich eng verwandte Ethnien wie türkische Moghol (im Nordosten) und Qarluq, ferner Qataghan-Aimaq (Larkhabi, Absarina), Hazara, vereinzelt auch Belutschen und Araber zugesellen. Die einzelnen Ethnien nehmen oft Räume verschiedenartiger ökologischer Ausstattung ein, worin sich zeitliche Siedlungsfolgen und unterschiedliche politische und ökonomische Machtpositionen in Vergangenheit oder Gegenwart widerspiegeln.

Dies ist in den *Gebirgsfußebenen von Nahrin und Burka* (Karte 32) besonders deutlich, wo 1978 rund 70 000 Menschen lebten. Hier wurde das intensiv genutzte Bewässerungsland am Nahrinfluß, das früher Usbeken als Winterweideland diente, seit den 20er Jahren durch paschtunische Kolonisten und kleinere Gruppen von Tadschiken aus Koh Daman besiedelt. Die Usbeken zogen sich in das niedrige Lößbergland und die Ebene von Jabar Dagh (Burka) im Norden zurück, wo sie nunmehr auf ihren früheren Sommerweiden großflächigen Regenfeldbau treiben. Der gut bewässerte, an Obstkulturen reiche Gebirgsrand südöstlich von Nahrin ist alter Siedlungsraum von Tadschiken und einigen Qataghan-Aimaq, während im kargen Bergland weiter westlich hauptsächlich Hazara leben. Für sie und ähnlich für einige Gujars als späte Neuankömmlinge ohne jede staatliche Förderung blieben nur ungünstige ökologische Nischen übrig (CENTLIVRES 1976b).

Dieses Verteilungsmuster wiederholt sich etwas weiter nördlich in der Ebene von *Ishkamish*. Durch Quellen reichlich bewässert, war sie schon früh besiedelt, wie Reste von Befestigungsanlagen aus der hellenistischen und der

Kuschanzeit bezeugen. Durch den Verfall des alten Irrigationssystems später völlig versumpft, wurde die Ebene erst in den 30/40er Jahren kolonisiert – ein schwaches, fernes Abbild der Binnenkolonisation in den Flußebenen Qataghans.

Die *Gebirgsrandzone* ähnelt in ihrer ökologischen Ausstattung dem Lößbergland mehr als dem eigentlichen Hochgebirge. Sie trägt bis in Höhen um 2500 m Lößverkleidungen, außerdem stellenweise noch dichte Bestände von Pistazien und Baumwacholder. Doch Wasser ist auch hier knapp. Die wenigen größeren Flüsse (Chal/Bangi, Namakab) fließen in engen Kerbtälern, so daß sie kaum zur Bewässerung genutzt werden können. Gleichwohl sind hier einzelne Großdörfer entstanden, wie Namakab und Folol, deren tadschikische Bevölkerung von Regenfeldbau, etwas Viehhaltung und Obstbau auf kleinsten Gartenparzellen lebt. Generell herrscht in der Gebirgsrandzone eine extreme Besitzaufsplitterung, die zur Saisonarbeiterwanderung in die Flußoasen Qataghans Anlaß gegeben hat (GRÖTZBACH 1972a)[29].

Die Gebirgsfußebenen erfuhren seit den 30er Jahren einen völligen Wandel ihrer Verkehrslage, als nach dem Ausbau der Surkhabroute der alte Karawanenweg von Andarab entlang dem Gebirgsrand nach Badakhshan verödete. Immerhin konnte Nahrin als wichtigster Basarort am alten Weg seine Bedeutung erhalten. Dazu trug nicht nur die Kolonisation des Nahrintales bei, sondern auch die Verlegung der Garnison von Khanabad dorthin (um 1940). Die Gebirgsrandzone gewann ein gewisses wirtschaftliches Gewicht durch die Vorkommen von Bodenschätzen, besonders von Steinsalz (HINZE 1964). Die unterkretazischen Salzstöcke von Taqcha Khana (Namakab) und Qalafghan, weniger jene von Chal, werden seit alters genutzt, worüber schon Marco Polo im 13. Jh. berichtete. In Taqcha Khana werden über die Hälfte, in Qalafghan etwa 6% der afghanischen Salzproduktion gewonnen (Tabelle 15).

Anders als um Nahrin und Ishkamish blieb im *Lößbergland von Rustaq – Chah-i-Ab* (Nordostqataghan) die Verteilung der Ethnien weitgehend stabil. Hier dominieren Tadschiken mit einem Drittel vor Usbeken und Qarluq (je 17–19%), Belutschen (9%) u. a. Ethnien (CENTLIVRES 1976b). Der Raum Rustaq–Chah-i-Ab hat in unserem Jahrhundert eine ähnliche Marginalisierung erlitten wie die Gebirgsfußebenen. Im 19. Jh. zählte Rustaq zu den führenden Basarorten Nordostafghanistans, was es seiner Zwischenstellung im Karawanen-Fernhandel verdankte (ADAMEC 1972). Dieser und ebenso die vielfältigen sonstigen Beziehungen zwischen Rustaq/Chah-i-Ab und Kulab auf der anderen Seite des Amu Darya fanden durch die Schließung der sowjetischen

---

[29] Daß der Gebirgsrand schon prähistorisch besiedelt und in den Fernhandel einbezogen war, belegt der berühmt gewordene Goldschatz von Khosh Tapa, der 1966 im Tal von Folol gefunden wurde.

7.3 Nordostafghanistan ohne Hochgebirge

Grenze nach 1920 ein Ende. Dennoch sind *Rustaq* (7000 Ew.) und *Chah-i-Ab* (11 000 Ew.) wichtige Marktorte geblieben, deren Einzugsgebiet bis in die Ebene von Yangi Qala – Dasht-i-Qala und nach Badakhshan reicht. Beide Orte haben ein traditionelles Gepräge bewahrt, besonders durch ihre zahlreichen Saray und ihr kräftig entwickeltes Handwerk, das auch Baumwollweberei (mit *alacha*- und *karbos*-Herstellung), Stiefelmacherei, Huf-, Messer- und Silberschmiede einschließt (CENTLIVRES 1976a). Ihre Infrastruktur ist recht bescheiden geblieben, namentlich in Chah-i-Ab („Brunnenwasser"), wo es überhaupt kein ständig fließendes Wasser gibt, auf Schwarzerdeböden aber Baumwolle und Wein ohne Bewässerung angebaut werden. Rustaq ist zudem wichtige Etappe für die periodischen Nomadenwanderungen von Nordqataghan zu den Sommerweiden von Ish und zurück (P. & M. CENTLIVRES 1977).

Die weiten Lößbergländer *Westbadakhshans* werden durch das scharf eingeschnittene Kokchatal in einen nördlichen und einen südlichen Teil getrennt. Beide stehen miteinander in nur loser Verbindung, da zum einen wenige Brücken über den Kokcha führen und zum anderen die Bevölkerung beider Gebiete unterschiedlichen Ethnien angehört. Das nördliche Westbadakhshan besteht aus den Bezirken Shahr-i-Buzurg und Ragh, einem alten tadschikischen Siedlungsraum mit zusammen rund 80 000 Ew. (1978). Hier ist das Bergland durch Nebenflüsse des Amu Darya – im südlichen Shahr-i-Buzurg auch des Kokcha – so zerschnitten, daß viele enge Täler fast unbesiedelt geblieben sind. Die Siedlungen liegen meist auf Hangverebnungen und Hochflächen, was durch den Reichtum an Quellen erleichtert wird. Trotz flächenhaften Regenfeldbaus herrscht ein Defizit an Getreide, das man durch Obstbau (mit Quellbewässerung), durch Sammeln von Pistaziennüssen und wildem Kümmel und neuerdings durch verstärkte Saisonarbeit in Qataghan auszugleichen sucht. Noch 1973 trug die Wirtschaft dieses Raumes sehr traditionelle Züge, mit verbreitetem ländlichen Handwerk, das grobe Baumwollstoffe, Töpferwaren und Wollwaren herstellte. Die Viehhaltung, die wegen des langen Winters große Futtervorräte erfordert, ist eher rückläufig, da es inzwischen an Weideland mangelt. Obwohl für die Bewohner von Ragh die Provinzhauptstadt Faydzabad viel näher liegt, suchten sie bevorzugt die Basare von Rustaq und Chah-i-Ab auf, wo ein niedrigeres Preisniveau lockte (P. & M. CENTLIVRES 1977).

Auch das südliche Westbadakhshan ist kaum auf Faydzabad ausgerichtet, besitzt es doch mit Kishem einen eigenen Marktort. Kishem liegt im Tal des Mashhadflusses, das sich dort auf über 2 km Breite weitet, ehe es sich zum Kokcha hin verengt. Diese Talweitung enthielt noch 1922 Sumpfland (KOSHKAKI 1923), das ab den 30er Jahren kolonisiert und z. T. aufgesiedelt wurde. Das Ergebnis war eine stark gemischte Bevölkerung aus Tadschiken (z. T. aus Panjsher zugewandert), Belutschen, turkstämmigen Emigranten aus Russisch-

Turkistan und wenigen Paschtunen. Das Mashhadtal bei Kishem ist das einzige nennenswerte Reisbaugebiet Badakhshans, wo auch Mais, Weizen und Sesam angebaut werden. *Kishem* selbst, Nachfolgerin des früheren Mashhad, war 1978 eine aufstrebende Kleinstadt mit lebhaftem Basar und Endpunkt der neuen, durchgehend trassierten Straße Kunduz–Kishem. Ab hier muß der Verkehr nach Faydzabad weiterhin den schwierigen Fahrweg durch das Kokchatal benutzen.

Bis etwa 1935 verlief die Karawanenroute von Kishem nach Faydzabad auf dem direkten Weg durch das Lößbergland. Sie querte die Täler des Teshkan- und des Darayemflusses, die zum Bezirk Kishem gehören, aber inzwischen völlig ins Abseits geraten sind. Die Bevölkerung dieses Gebietes setzt sich aus Usbeken, Qarluq, Tadschiken und Hazara zusammen. In der östlich anschließenden, um 1800 m ü. M. liegenden Ebene von Argu leben vor allem türkische Moghol und andere turkstämmige Gruppen. Sie alle treiben ausgedehnten Regenfeldbau und Viehwirtschaft mit allen Zügen der Halbseßhaftigkeit.

Argu zählt bereits zu Faydzabad und damit zu *Zentralbadakhshan* (GREVEMEYER 1982). Dieser Kernraum Badakhshans setzt sich aus den Talweitungen am Kokcha von Jurm über Baharak bis etwas unterhalb Faydzabads und aus dem Lößbergland nördlich und südlich des Kokchabogens zusammen. In diesem Raum lebten 1978 etwa 180000 Ew., insbesondere Tadschiken und türkische Gruppen, die Mehrzahl davon im Lößbergland. Besonders dicht bevölkert ist die Landschaft Yaftal, die in Relief und Siedlungsmuster an das westlich anschließende Ragh erinnert. Ebenso wie Argu ist Yaftal erst seit der Dürre von 1970/1971, die hier besonders verheerend wirkte, durch einfache Fahrwege mit Faydzabad verbunden.

Faydzabad liegt am Beginn einer 15 km langen, bis 2 km breiten Weitung des Kokchatales, die weiter unterhalb größtenteils aus trockenen Terrassenflächen besteht. Faydzabad, das erst im 17. Jh. gegründet worden sein soll, folgte auf Kishem und vermutlich auch auf Baharak als Hauptstadt Badakhshans. 1827 durch die Qataghan-Usbeken zerstört, gewann die Stadt noch einmal Bedeutung im Fernhandel zwischen Indien, Bukhara, Sinkiang und Kabul, bis ihm die Schließung der Grenzen (um 1920 bzw. 1949) ein Ende bereitete. Seitdem fungiert sie lediglich als das kommerzielle Zentrum für Zentral-, Nord- und Ostbadakhshan und als Sitz der Provinzverwaltung. Ihr sehr traditionell ausgestatteter Basar umfaßt etwa 700 Läden. 1922 dürfte Faydzabad 6000–7000 Ew. gezählt haben, 1979 erst über 9000. In dieser geringen Zunahme äußert sich nicht nur die räumliche Marginalität der Stadt, die oft wochenlang für den Autoverkehr unerreichbar bleibt, sondern auch das geringe Wirtschaftspotential Badakhshans (FINNCONSULT 1976). Zudem wird Faydzabad häufig durch Erdbeben heimgesucht (Karte 2). Sie lösen, ebenso wie Starkregen im Frühjahr, immer wieder Hangrutsche aus, die Stra-

7.3 Nordostafghanistan ohne Hochgebirge

ßen und Kanäle verschütten. Dies war auch der Grund, daß der Bau einer Neustadt unterhalb des alten Faydzabad in den 70er Jahren ins Stocken geriet. 1977 diskutierte man deshalb sogar Pläne, die Provinzverwaltung nach Kishem oder Baharak zu verlegen.

Die Stadterweiterung war eng mit dem 1969 begonnenen *Sang-i-Mehr-Projekt* verknüpft, das die Trinkwasserversorgung von Neu-Faydzabad und die Bewässerung der *dasht*-Flächen unterhalb der Stadt zum Ziele hatte. Dadurch sollten 1270 ha Neuland gewonnen werden. Die Projektarbeiten waren 1983 noch im Gange (KNT v. 2. 10. 83), vermutlich im Schutze des nahen Flugplatzes und der starken Garnison von Faydzabad.

Oberhalb der Stadt verengt sich das Kokchatal zu der in Granodiorit angelegten Schlucht Tang-i-Badakhshan. Dann öffnet sich das etwa 55 qkm große Becken von Baharak, wo Zardeu- und Wardujfluß in den Kokcha münden. Das Becken wird von weiten Schotterterrassen eingenommen, über die einige isolierte Hügel aufragen. Letztere hat DESIO (1975) – im Gegensatz zu GRÖTZBACH & RATHJENS (1969) – ebenso wie die Schuttmasse am Ausgang des Zardeutales als jungeiszeitliche Moränenablagerungen interpretiert. Da die Flüsse tief in die Schotter eingeschnitten sind, kann nur ein Teil der bewässerbaren Fläche wirklich bewässert werden, namentlich beim kleinen Basarort Baharak.

Trotz seiner schwachen Besiedlung ist das Becken von Baharak der Zentralraum des östlichen Badakhshan. Denn hier treffen die wichtigen Verkehrswege von Wakhan und Chitral, von Koran-o-Munjan und von Qataghan–Faydzabad zusammen. Zudem ist es den bevölkerungsreichen Siedlungskammern von Zardeu, Jurm und Khash benachbart. Die Tadschiken des Zardeutals, wo sich Dorf an Dorf und Obstgarten an Obstgarten reiht, produzieren vor allem Walnüsse, die bis nach Kabul verfrachtet werden.

Auf das Becken von Baharak folgt flußauf (südlich) die Weitung von Jurm und Yamgan, die bereits zum Hindukusch überleitet. Hier werden auf den weiten Terrassenflächen über dem Kokcha wie bei Baharak Winterweizen, Mais, Sommergerste, Hirse, Klee und etwas Reis angebaut, darüber folgen an den Hängen Regenfelder. Auch um Jurm bilden Tadschiken das Gros der Bevölkerung, dazu gibt es einige Dörfer mit Hazara, Usbeken und türkischen Moghol. Türkische Gruppen (Kaltatay) dominieren in Khash, einem breiten Hochtal, das sich um 2000 m ü. M., d. h. 500 m über Jurm, westlich des Kokcha in Nord-Süd-Richtung erstreckt. Diesen fast 20 km langen, verzweigten Taltorso hat man als ein Stück des pliozänen Kokchatales gedeutet. Er soll im Altpleistozän durch Bergsturzmassen zu einem See aufgestaut worden sein, dessen Ablagerungen das Tal von Khash weitgehend ausfüllen (DESIO 1975).

Wichtigster Marktort dieses Raumes ist nicht das zentral gelegene Baharak, sondern das ältere *Jurm*, das über einen zwar kleinen, aber vielbesuchten Basar verfügt. Seine Bedeutung nahm freilich ab, nachdem 1974 der Mohnanbau durch die afghanische Regierung verboten worden war. Dieses Verbot traf die Bauern in den Hauptanbaugebieten Jurm und Khash besonders hart, zumal ihnen von den Behörden keine Ersatzkultur angeboten wurde. Hier war Mohn schon 1922 wichtigste Marktfrucht gewesen. Damals brachte man Opium von Jurm auf der Wakhanroute bis Yarkand und Khotan in Sinkiang (KOSHKAKI 1923).

7.4 Nordafghanistan

Als Nordafghanistan wird hier der mittlere Norden des Landes bezeichnet. Ihm gehören die Provinzen Samangan, Balkh, Jauzjan und Faryab an mit Ausnahme ihrer südlichen Teile, die schon im zentralen Hochland liegen. Auf letztere entfallen aber nur ein gutes Fünftel der Fläche und höchstens ein Zehntel der Gesamtbevölkerung der vier Provinzen; sie werden im Rahmen des zentralen Hochlandes (Kapitel 7.7) mitbehandelt.

7.4.1 Naturraum, Bevölkerung und Wirtschaft

Nordafghanistan stellt sich in großräumiger Sicht zweigegliedert dar. Seinen nördlichen Teil nimmt die Baktrische Ebene ein, die von rund 400 m im Süden auf 300–260 m am Amu Darya im Norden abdacht. Sie wird im Südosten von einem geradlinig Ost–West verlaufenden Gebirgszug aus steilgestellten Kalken und Sandsteinen des älteren Tertiärs begrenzt, der bei Balkh den Namen Koh-i-Alburz trägt. Im Osten über 2000 m hoch, geht er nach Westen in ein niedriges Hügelland über, das zum Lößbergland überleitet. Dieses lößbedeckte Berg- und Hügelland nimmt den Raum zwischen dem Südrand der Baktrischen Ebene und dem Nordsaum des zentralen Hochlandes ein. In sich stark gegliedert, ist es ein Übergangsgebiet zwischen Baktrien und Zentralafghanistan, aber ethnisch und zentralörtlich ganz dem ersteren zugehörig.

Die naturräumlichen Einheiten und die Oasen ordnen sich in Nordafghanistan anders an als in Qataghan, bedingt durch die andere räumliche Konfiguration der Großreliefeinheiten und der Flüsse. Die Flüsse Khulm (oder Samangan), Balkhab, Darya-i-Syah/Darya-i-Safed und Shirin Tagab fließen annähernd parallel zueinander durch das Lößbergland nach Norden, wobei sie zahlreiche kleinere Siedlungskammern bewässern. Am Austritt in die Baktrische Ebene zweigen von ihnen weitläufige Kanalsysteme ab, welche jeweils eine der großen Oasen mit Wasser versorgen. Hier reiht sich in Ost-West-Richtung Oase an Oase, jede davon auf dem überaus flachen Schwemmkegel ihres Flusses angelegt.

7.4 Nordafghanistan

Anders als in Qataghan erreicht in Nordafghanistan kein Fluß den Amu Darya. Soweit das Wasser nicht für Irrigations- und Trinkzwecke aufgezehrt wird, staut es sich in flachen Depressionen in den Oasen oder an deren Nordrand, wo es verdunstet (Karten 34 und 36). Dies ist eine Folge der geringen Abflußmengen und des Reliefs. Selbst der wasserreichste unter den baktrischen Flüssen, der Balkhab, hat mit 50 cbm/sec einen niedrigeren mittleren Abfluß als Surkhab oder Khanabadfluß (Tabelle 4). Nördlich der Oasenreihe schließt sich ein 15–35 km breiter Sanddünenstreifen an, der die Entwässerung zum Amu Darya blockiert. Aus alledem ergeben sich schwerwiegende Probleme, wie mangelnde Entwässerung, Versumpfungen und hoher Grundwasserstand namentlich während der Hochwasserspitzen im Frühjahr, dazu Bodenversalzung und Bildung randlicher Salztonebenen *(Takyre)*. Nördlich des Dünengürtels liegen die schmalen Amu Darya-Oasen am Südufer des Flusses. Ihr afghanischer Teil wird im Westen bei Kham Ab durch die sowjetische Grenze abgeschnitten, die hier den Amu Darya verläßt und durch Wüste und Lößhügelland südwestwärts zum Murghab zieht.

Nordafghanistan gehört neben dem westlichen Badakhshan zu den am frühesten besiedelten Räumen Afghanistans. Dies bezeugen altsteinzeitliche Höhlenfunde, deren reichhaltigste im Lößbergland bei Aybak (Hazar Sum, Kara Kamar), Aq Kupruk am Balkhab und in Gurziwan gemacht wurden (BALL & GARDIN 1982). Bronzezeitlicher Entstehung ist die Oasenkultur der Baktrischen Ebene, wo man bereits im 2. Jt. v. Chr. befestigte Stadtsiedlungen anlegte. Dazu zählte vermutlich auch das alte Bactra oder Balkh, das in den altindischen Veden als Balhika bezeichnet wurde. Mehrere dieser prähistorischen Städte liegen am Nordrand der heutigen Oasen (Dashli, Dilbarjin, Shahr-i-Banu), ja sogar im Sanddünengürtel, wie das achämenidische Altin Dilyar Tepe nördlich von Daulatabad/Balkh. Diese Lage weist darauf hin, daß die frühen Bewässerungssysteme weiter nach Norden gereicht haben als die heutigen oder daß tatsächlich ein legendärer Kanal vom Amu Darya oder Kunduzfluß die nördliche Baktrische Ebene bewässerte. Ob die Rücknahme des Bewässerungslandes nach Süden (bis 12 km) auf verringerte Wasserzufuhr infolge einer Klimaschwankung zurückgeht oder auf vermehrte Irrigation an den Oberläufen der Flüsse und Kanäle (bei gleichgebliebenem Zufluß), ist noch ungeklärt. Das Phänomen zeigt jedenfalls an, daß in diesem sonst reich ausgestatteten Raum *eine* Ressource knapp ist, nämlich Wasser, das letztendlich die landwirtschaftliche Nutzung und die Bevölkerungszahl begrenzt.

Dieses Problem, das vor allem die unteren Fluß- oder Kanalanlieger betrifft, versucht man seit langem durch feste Bewässerungszeiten zu lösen. Selbst das Wasser einiger Flüsse wird in zeitlichen Intervallen zwischen ganzen Oasen aufgeteilt: am Khulm- oder Samanganfluß zwischen Aybak und Tashqurghan/Khulm; an Darya-i-Syah und Darya-i-Safed zwischen Sar-i-Pul und Sheberghan; am Shirin Tagab-Fluß zwischen Shirin Tagab, Daulatabad und Andkhoy. Dieses System konnte allerdings nur so lange funktionieren, als Wassermengen und Bewässerungsflächen in den betroffenen Oasen in einem Gleichgewicht zueinander standen. Dieses Gleichgewicht ist in den letzten 100 Jahren nachhaltig gestört worden, insbesondere durch die Zunahme der Bevölkerung.

In Nordafghanistan war 1978 die Zahl der seßhaften Bevölkerung mit rund 1,9 Mio. etwas höher als in Nordostafghanistan, allerdings bei geringerer Dichte (Tabelle 27). Nach den Angaben des Gazetteer (ADAMEC 1979) muß man für 1886 mit 460000–500000 Ew. rechnen, so daß sich also die Bevölkerung in knapp einem Jahrhundert vervierfacht hätte. Dies erscheint durchaus möglich, war sie doch zu jener Zeit durch Krieg, Hungersnöte und Cholera stark dezimiert. Damals setzten sich die Bewohner Nordafghanistans zu fast 40% aus Usbeken, 15% Arabern, je 11–12% Tadschiken und Turkmenen, 9% Hazara, 5% Paschtunen (in Hazdah Nahr) zusammen, der Rest aus Aimaq, Belutschen, Qipchak u.a.

Diese ethnische Vielfalt hat bis 1978 durch Zuwanderung noch weiter zugenommen. Der Anteil der Paschtunen dürfte sich in den letzten hundert Jahren verdoppelt haben. Sie erhielten vornehmlich Land in den großen baktrischen Oasen zugewiesen, siedelten aber in kleineren Gruppen auch weit gestreut im Bewässerungsland von Aybak, Boyni Qara, Sar-i-Pul, Shirin Tagab, Qaysar und Almar, ja selbst in den entlegenen Tälern von Gurziwan. Turkmenische Flüchtlinge aus Sowjetisch-Mittelasien ließen sich hauptsächlich am Amu Darya und am Unterlauf der Kanäle in den großen Oasen nieder. In kleinerer Zahl wanderten Tadschiken aus Kabul, Koh Daman und Kohistan zu, vornehmlich in die Städte und Basarorte, dazu vereinzelt auch Hazara. Auch hier leben die einzelnen Gruppen in der Regel in getrennten Dörfern oder Dorfvierteln räumlich und oft auch sozial segregiert nebeneinander, doch lassen sich gewisse Verbreitungsschwerpunkte erkennen. So sitzen die Paschtunen, die ihre Ansiedlung staatlicher Initiative oder Hilfe verdanken, stets im Bewässerungsland und ebenso die zugewanderten Tadschiken und turkmenischen Flüchtlinge, letztere aber oft randlich. Auch die Usbeken als die noch immer stärkste Ethnie sind überwiegend Oasenbauern, leben aber auch im Lößbergland, hier zusammen mit Hazara und Arabern.

In den 1880er Jahren herrschte allenthalben noch Überfluß an kulturfähigem Land (YATE 1888; ADAMEC 1979). Seitdem sind die Anbauflächen namentlich in den baktrischen Oasen so stark ausgeweitet worden, daß der Wassermangel inzwischen ein Limit setzt. Deshalb wurde z. B. der Reisbau in Hazdah Nahr völlig verboten und kommt nur mehr in der Oase von Boyni Qara vor. Dagegen ist Baumwolle, die in Nordafghanistan alte Tradition besitzt, weit verbreitet, hauptsächlich in der Amu Darya-Oase und in Hazdah Nahr, aber auch im Aybaktal, in Shirin Tagab und bei Maymana. Ihr Anbau leidet freilich unter der Wasserknappheit im Spätsommer und Herbst. Dies mag der Grund sein, daß hier die staatliche Förderung der Baumwollerzeu-

7.4 Nordafghanistan

gung weniger zielstrebig und strikt gewesen ist als in Qataghan. Im übrigen bilden Weizen, Gerste, Ölfrüchte und Melonen, die allesamt geringere Ansprüche an die Bewässerung stellen, die wichtigsten Feldfrüchte. Dabei ist der regionale Spezialisierungsgrad der Landwirtschaft gering. Nennenswert sind der Weinbau von Sancharak, Daulatabad/Balkh, Shirin Tagab und Qaysar, der Obstbau bei Tashqurghan, Aybak und in Ober-Sancharak und der Karottenanbau um Sar-i-Pul, Belcheragh und Chechaktu.

Den stärksten Wandel erfuhr die Landwirtschaft Nordafghanistans durch die Einführung der Karakulschafzucht in den 20er Jahren. Diese „Persianer" wurden zwar auch schon im 19. Jh. in Afghanisch-Turkistan gehalten, doch in weit geringerer Zahl als in Transoxianien. Erst durch den Flüchtlingsstrom aus Bukhara wurde ab 1921 die Karakulschafzucht in Nordafghanistan wirklich heimisch, brachten doch die turkmenischen Flüchtlinge *(mohajerin)* zum Teil ihre Herden mit. Die Turkmenen sind bis heute auch die weitaus wichtigsten Karakulschafhalter geblieben; sie besaßen Anfang der 70er Jahre 90% des Gesamtbestandes (BALLAND 1972), der Rest entfiel auf Usbeken und Araber. Die Viehzählung von 1967 ergab insgesamt 6,5 Mio. Karakulschafe, von denen über drei Viertel allein in den Provinzen Jauzjan, Balkh und Faryab gehalten wurden (Karte 13a).

Die Karakulschafzucht spielt sich im Rahmen einer früher halbnomadischen, inzwischen eher transhumanten Wanderweidewirtschaft ab, die Nord-Süd gerichtet ist. Die Herden verbringen den Winter in der Baktrischen Ebene nahe den Dörfern auf Brachfeldern und in der benachbarten Steppe oder Halbwüste. Im Frühjahr beweiden sie zwei Monate lang das Lößhügelland *(chol)*, das dann üppigen Graswuchs trägt. Die Sommerweiden liegen im höheren Lößbergland oder im nördlichen zentralen Hochland, namentlich im Kohistanat von Sar-i-Pul und Balkhab und im oberen Murghabgebiet.

Auch das Heimgewerbe wurde durch turkmenische Flüchtlinge neu belebt, besonders die Teppichknüpferei. Zwar hatten auch die einheimischen Turkmenen Teppiche hergestellt, doch gewann die Teppichproduktion nunmehr quantitativ wie qualitativ an Bedeutung und Vielfalt, brachten doch die Flüchtlinge neues „Know-how" mit. Zentren der Teppichknüpferei sind Qizilayak bei Sheberghan, beide Daulatabad (Provinz Balkh bzw. Faryab) und die Umgebung von Aqcha und Andkhoy. Die beiden letztgenannten Städte haben die größten Teppichmärkte neben Mazar-i-Sharif. Auch die Seidenraupenzucht und die Seidenweberei bei Aqcha und Balkh werden hauptsächlich von Turkmenen betrieben.

Auch in Nordafghanistan hat die Industrie Einzug gehalten, freilich später als in Qataghan. Als Energiebasis stand in der Baktrischen Ebene nicht die Wasserkraft zur Verfügung, deren Potential vergleichsweise gering ist, sondern Kohle aus Darrah-i-Suf und Erdgas von Sheberghan. Industrielle Vorläufer waren seit den 50er Jahren 15 kleine Baumwoll-Egrenierbetriebe in

Mazar-i-Sharif, Balkh, Daulatabad/Balkh, Aqcha und drei weiteren Orten. Anders als in Qataghan bestand hier kein Baumwollmonopol; vielmehr konkurrierten zunächst vier Aufkaufgesellschaften miteinander, die 1974/75 zu einem einzigen Unternehmen vereinigt wurden mit Entkernungsanlagen in Mazar-i-Sharif, Balkh und Maymana. Eine forcierte Industrialisierung war erst möglich, nachdem 1971 das Erdgaskraftwerk bei Mazar-i-Sharif den Betrieb aufgenommen hatte. Es versorgt die Düngemittelfabrik, Mazar-i-Sharif und Balkh mit Strom.

Die Entdeckung und Erschließung der Erdgasfelder bei Sheberghan und der kleineren Erdölvorkommen bei Sar-i-Pul seit den 60er Jahren brachte eine ungewöhnliche wirtschaftliche Aufwertung für eine Region mit sich, die bis dahin als ein eher peripherer Raum gegolten hatte. Sheberghan wurde zum Zentrum der Erdöl- und Erdgasexploration ausgebaut und Standort technischer Einrichtungen sowie zahlreicher sowjetischer Experten. In seiner Umgebung entstand eine von moderner Technik geprägte Kulturlandschaft, die für Afghanistan völlig neu und einmalig ist. Auch Mazar-i-Sharif zog Nutzen aus dieser Entwicklung: Es wurde Verwaltungssitz der Erdgasbehörde und erhielt ein Öl- und Gastechnikum als Ausbildungsstätte.

Die räumliche Anordnung der Städte und Basarorte Nordafghanistans ist zumindest seit dem 19. Jh. bemerkenswert stabil geblieben. In ihr scheint das Grundmuster der naturräumlichen Gliederung durch, liegen doch alle städtischen Siedlungen in oder am Rande von Oasen als den Hauptsiedlungsräumen. So ordnen sich alle wichtigeren Städte und Basarorte in zwei lockeren Reihen an: eine nördliche in den baktrischen Oasen (Tashqurghan, Mazar-i-Sharif, Balkh, Aqcha, Andkhoy) und eine südliche in den Tälern und Talbecken des Lößberglandes (Aybak, Darrah-i-Suf, Tukzar, Sar-i-Pul, Maymana, Qaysar u. a.). Sie alle waren schon im 19. Jh. (und z. T. viel früher) Herrschafts- oder Verwaltungssitze und Marktorte. In Zeiten schwacher oder fehlender zentraler Staatsmacht zerfiel dieser ganze Raum in ein Mosaik quasi-unabhängiger Territorien, wie von der Mitte des 18. bis zur Mitte des 19. Jh., als die Emire von Kabul und von Bukhara um die Vormacht in Nordafghanistan rivalisierten. Damals bestanden, zumindest zeitweise, usbekische Khanate in Maymana, Andkhoy, Gurziwan, Sar-i-Pul, Sheberghan, Aqcha, Balkh und Aybak/Khulm, dazu kam das einem geistlichen Herrscher unterstehende Mazar-i-Sharif. Auch diese frühere territoriale Zersplitterung mag ein Grund für die Existenz so zahlreicher recht bedeutender Städte in Nordafghanistan sein.

Mit der Afghanisierung Nordafghanistans vollzog sich ab Mitte des 19. Jh. ein Umbau in der Hierarchie der Städte. Er ging zunächst zu Lasten von Balkh, dem alten Zentrum, das 1852/53 die Provinzverwaltung an das neu errichtete Takhtapul (zwischen Balkh und Mazar-i-Sharif) verlor. 1869 wurde sie nach Mazar-i-Sharif verlegt, dessen allmählicher Aufstieg damit begann. Noch in den 1880er Jahren war Tashqurghan die „größte und reichste

Stadt" und der wichtigste Fernhandelsplatz in Afghanisch-Turkistan (ADAMEC 1979). Sein Niedergang wurde zum einen durch die Ausbreitung des Autos besiegelt, das die Entfernung nach Mazar-i-Sharif schließlich auf eine Dreiviertelstunde schrumpfen ließ; zum anderen trugen die zentralere Lage und die staatliche Förderung dieser Konkurrenzstadt dazu bei.

Ergebnis dieser Entwicklung ist die eindeutige Vorrangstellung von Mazar-i-Sharif (103000 Ew. 1979) als Regionszentrum für Nordafghanistan. Darum gruppiert sich eine Anzahl bedeutender Mittelstädte (Karte 21), deren größte schon im vorigen Jahrhundert weitreichende Bedeutung besaßen: Maymana und Tashqurghan (35000 bzw. 28000 Ew.), gefolgt von Sheberghan, Sar-i-Pul und Andkhoy (je 13000–19000 Ew.). Aqcha, Tukzar, Balkh, Daulatabad/Balkh und Aybak haben nur je 5000–9000 Ew., sind aber als Zentrale Orte z. T. weit höher einzuschätzen.

Obwohl seit langem der bevorzugte Lebens- und Siedlungsraum, zählten die Oasen der Baktrischen Ebene 1978 mit etwa 850000 Ew. weniger Bevölkerung als das nordafghanische Lößbergland (ca. 1 Mio. Ew.).

7.4.2 Die Baktrische Ebene

Die Baktrische Ebene als Teil des turanischen Tieflandes stellt einen recht einheitlichen Natur- und Lebensraum dar, den geringe Meereshöhe und betont arides Klima kennzeichnen. Die mittleren Jahresniederschläge sinken von etwa 200 mm in Mazar-i-Sharif und Sheberghan auf wenig über 100 mm am Amu Darya ab. Vorherrschender Landschaftstyp ist deshalb die Wüste oder Halbwüste, die im Osten ihre größte Ausdehnung erreicht. Hier bildet die 60 km breite, fast wasserlose Wüstenstrecke mit der Dasht-i-Mir Alam zwischen den Oasen von Tashqurghan und Kunduz die Grenze zwischen der Baktrischen Ebene und Qataghan.

In der Baktrischen Ebene ist Anbau nur mit Bewässerung möglich. Doch die Grenze zwischen Oasen und Wüste läßt sich nicht überall scharf ziehen, schwankt sie doch mit der Wasserführung der Flüsse und Kanäle. Insgesamt verfügt die Baktrische Ebene über ein reiches landwirtschaftliches Potential, das bislang aber nur unzureichend genutzt worden ist. Untersuchungen sowjetischer Experten in den 60er Jahren ergaben, daß von über 30000 qkm Gesamtfläche immerhin gegen 40% für den Bewässerungsfeldbau geeignet sind, wovon aber nur 7% tatsächlich Jahr für Jahr bebaut wurden (Tabelle 30). Wichtigste Voraussetzung für die Erschließung dieses Potentials wäre eine ausreichende Versorgung mit Irrigationswasser. Zwar scheint die Gesamtabflußmenge aller baktrischen Flüsse hierfür groß genug zu sein, doch liegt das Problem im fehlenden zeitlichen und auch räumlichen Ausgleich des Abflusses; denn die Hochwässer fließen ungenutzt ab, beschädigen Kanäle und rufen Versumpfungen hervor. Diesem höchst unbefriedigenden Zustand könnte nur durch den Bau von Staudämmen und Ausgleichsbecken und durch die Erneuerung des Kanalsystems abgeholfen werden (EZHOV 1969).

Es gehört zu den Merkwürdigkeiten afghanischer Entwicklungspolitik, daß bis Mitte der 70er Jahre kein einziges derartiges Projekt ernsthaft in Angriff genommen wurde. Statt das agrare Entwicklungspotential Baktriens voll zu nutzen, verfolgte man die ehrgeizigen und kapitalaufwendigen Neulandprojekte in Nangarhar und am Helmand mit ihren weit weniger produktiven Böden. Erst der Siebenjahresplan nannte erstmals auch große Bewässerungsvorhaben in der Baktrischen Ebene. So sollten im Rahmen des Khosh Tepa-Projektes etwa 100000 ha Land in den nördlichen Oasen von Tashqurghan und Hazhdah Nahr vom Amu Darya her durch Pumpen bewässert werden. Das Balkhab-Projekt sah ergänzend dazu eine verbesserte Bewässerung im südlichen und mittleren Hazhdah Nahr vor. Diesem Zweck sollte ein großer Staudamm mit Ausgleichsbecken und Hydrokraftwerk in der Enge von Chashma-i-Shafa kurz vor dem Austritt des Balkhab in die Ebene dienen (Karte 36). Beide Projekte wurden durch die Sowjetunion gefördert, waren aber 1978 nicht über vorbereitende Untersuchungen hinausgekommen. Ein neuer, 1981 geschlossener Vertrag zwischen beiden Regierungen sah eine erweiterte oder verbesserte Bewässerung auf rund 1 Mio. ha vor, davon 313000 ha in Hazhdah Nahr (KNT v. 14. 10. 87).

Die nördlichste Siedlungszone der Baktrischen Ebene sind die *Oasen am Amu Darya*, die sich, nur auf kurze Strecken unterbrochen, als 250 km langes, bis 6 km breites Band von der Kunduzmündung bis Kham Ab erstrecken. Hier lebten 1978 knapp 60000 Menschen, fast durchweg Turkmenen. Ihre Landwirtschaft beruht hauptsächlich auf dem Anbau von Baumwolle hoher Qualität. Durch den Dünengürtel von den großen baktrischen Oasen getrennt, sind die Amu Darya-Oasen ein peripherer Raum, dessen Lagenachteile sich aber durch den Ausbau einiger Grenzübergänge zur Sowjetunion gebessert haben. Dienten zunächst Keleft und Tash Guzar als Flußhäfen, so kam in den 70er Jahren Hairatan bei Tash Guzur hinzu (Karte 36). Es gewann die führende Position im Grenzverkehr durch den Bau einer Eisenbahn- und Straßenbrücke über den Amu Darya zur gegenüberliegenden

---

Zeichenerklärung: 1 = Engeres Stadtgebiet mit Basar; 2 = Gartenland, *baghat*; 3 = bewässerte Felder mit Anbau (Brachfelder: weiß); 4 = Sanddünengelände; 5 = Salzsumpf, meist nur zeitweise feucht; 6 = Grenze des bewässerten Kulturlandes; 7 = Asphaltstraße; 8 = Nebenstraße, Fahrweg; 9 = Bewässerungskanäle; 10 = ehemaliger Bewässerungskanal; 11 = Ruinen; 12 = künstlicher Hügel *(tapa)*, z. T. mit Ruinen; 13 = Dorf mit überwiegend a) paschtunischer, b) arabischer, c) usbekischer, d) tadschikischer oder e) turkmenischer Bevölkerung.

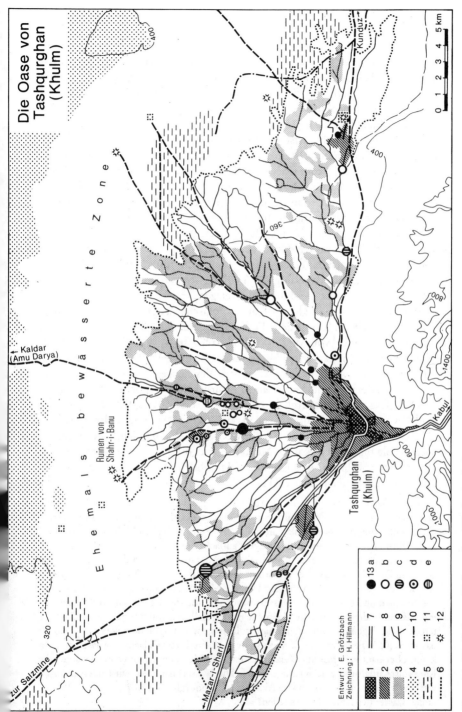

Karte 34: Die Oase von Tashqurghan/Khulm (nach GENTELLE 1969).

sowjetischen Stadt Termez. Hairatan, durch eine asphaltierte Straße an das afghanische Fernstraßennetz angeschlossen, war auch wichtigste Nachschubbasis für die sowjetischen Besatzungstruppen in Nord- und Ostafghanistan. Welche künftige Bedeutung man dem Ort beimaß, verriet der Plan, hier eine Stadt für 40000 Ew. auf 600 ha Land zu errichten (KNT v. 23. 6. 83).

Von den großen baktrischen Oasen liegt die *Oase von Tashqurghan/ Khulm* am weitesten im Osten. Ringsum von Wüste oder Gebirge umgeben, erhält sie alles Wasser vom Darya-i-Samangan oder -Khulm (Karte 34). Zahlreiche Ruinenstätten und Reste alter Kanäle am Nord- und Ostrand weisen darauf hin, daß die Oase in früher Zeit ein größeres Ausmaß gehabt haben muß. Lokaler Überlieferung zufolge soll sie einst durch einen langen Kanal (Nahr-i-Zulmabad) vom Kunduzfluß bewässert worden sein, doch hat man keine eindeutigen Spuren davon gefunden; die Reliefverhältnisse machen überdies die Möglichkeit eines solchen Kanals unwahrscheinlich.

Die südwärtige Verlagerung des Siedlungsschwerpunktes läßt sich in der Oase von Tashqurghan besonders gut belegen. In den ausgedehnten Ruinenfeldern von Shahr-i-Banu hat man archäologische Zeugnisse von der Bronzezeit bis zur Zeit der Timuriden (15./16. Jh.) gefunden. Weiter südlich erhebt sich der flache Hügel von Alt-Khulm (Kohna Khulm), das als Festung und Stadt bis ins späte 18. Jh. existierte. Mitten in der Ebene gelegen, war es schwer zu verteidigen und wurde deshalb zugunsten des neugegründeten Tashqurghan aufgegeben, dessen Zitadelle auf einem natürlichen Bergsporn stand.

Die Oase von Tashqurghan zählte 1978 rund 50000 Ew. Während die Stadtbevölkerung weit überwiegend aus Tadschiken und tadschikisierten Usbeken besteht, herrscht in der übrigen Oase eine beträchtliche ethnische Vielfalt. Sie bietet geradezu ein Musterbeispiel für das Durcheinandersiedeln verschiedener Ethnien, in diesem Falle Tadschiken, Usbeken, Araber, Paschtunen und Turkmenen (Karte 34).

Die Oase von Tashqurghan verkörpert den Typ der Gebirgsfußoase in Nordafghanistan am reinsten. Da der Khulm-Schwemmkegel ein gleichmäßiges, sanftes Gefälle hat, strahlen die Bewässerungskanäle halbkreisförmig nach allen Richtungen aus. Dieses Halbrund schließt etwa 23000 ha Anbaufläche ein, die je nach der Verfügbarkeit von Wasser sehr unterschiedlich genutzt wird. Man unterscheidet drei Nutzungskategorien in Form konzentrischer Halbringe (GENTELLE 1969): 1. Die Gärten (*baghi* oder *baghat*), die sich auf die unmittelbare Umgebung der Stadt und einiger weniger Dörfer beschränken und ganzjährig bewässert werden; 2. die ständig bewässerten Felder (*zamin-i-koram* oder *-sekoti*), die sich als schmaler Halbring von nur 500 ha um die Gärten der Stadt legen und vor allem Baumwolle tragen; 3. das offene Ackerland (*paikali*), das so wenig Wasser erhält, daß jeweils nur ein Drittel seiner Fläche bewässert werden kann. Hier baut man fast nur Weizen, Gerste und Melonen an, und daneben spielt die Karakulschafhaltung eine wichtige Rolle. Die Wasserknappheit wird noch dadurch verschärft, daß sich die Oasen von Aybak und Tashqurghan im Wechsel von 7:12 Tagen in das Wasser des Khulmflusses teilen.

7.4 Nordafghanistan

Die Bevölkerung lebt zu etwa zwei Dritteln in der Stadt und den Gärten, das restliche Drittel in den Dörfern der offenen Ebene. Die nähere Umgebung der Stadt Tashqurghan bildet eine üppige grüne Oase, wo auch der größte Teil der Stadtbevölkerung wohnt. Die Gärten von Tashqurghan sind seit alters berühmt wegen ihrer Granatäpfel, Mandeln, Feigen und Aprikosen; zudem werden Klee, Luzerne, Mais und verschiedenste Gemüse angebaut. Ein Großteil dieser Gartenerzeugnisse gelangt als Marktfrüchte zum Verkauf. Entsprechend groß ist die Berufsgruppe der Gärtner, deren Zahl um 1970 gegen 2000 betragen haben soll (CENTLIVRES 1972). Während das Bodeneigentum in den Gärten aufgesplittert und weit gestreut ist, gehörte das Ackerland der Oase überwiegend Großgrundbesitzern *(zamindar, bay)*. Allein die etwa 20 reichsten unter ihnen (mit je 215–430 ha) nannten über ein Viertel der Gesamtfläche ihr Eigentum.

Wegen des Wassermangels wurde jegliche Ausweitung der Anbauflächen und insbesondere der Gärten um Tashqurghan verboten. Auch der Intensivierung des Anbaus durch chemischen Dünger sind Grenzen gesetzt, da seine Anwendung erhöhte Wassergaben erfordert. Versuche, Wasser durch Tiefbrunnen zu erschließen, waren wenig erfolgreich, da das Grundwasser sehr tief steht und überdies spärlich ist. So bliebe nur die Möglichkeit, die vorhandene Flußwassermenge durch einen Speicherdamm in der Tang-i-Tashqurghan zu regulieren, doch gab es hierfür 1978 noch keine konkreten Pläne.

Die *Stadt Tashqurghan* oder *Khulm* wurde erst gegen Ende des 18. Jh. dort angelegt, wo sich der Khulmfluß in eine Vielzahl von Kanälen auflöst. Im 19. Jh. galt sie als der führende Basarplatz Afghanisch-Turkistans, was sie dem Fernhandel zwischen Indien – Kabul und Bukhara verdankte. Als dieser Handel ab 1921 zum Erliegen kam, entwickelte sich in Tashqurghan das Handwerk, gefördert durch den Zuzug von Flüchtlingen aus Bukhara, in den Bürgerkriegswirren von 1928/29 auch aus Kabul und Charikar.

Gemessen an der Bevölkerungszahl (28000 im Jahre 1979) ist die unmittelbare zentralörtliche Bedeutung von Stadt und Basar eher bescheiden geblieben. Der Marktbereich umfaßt außer der eigenen Oase nur das Bergland unmittelbar südlich der Stadt samt dem untersten Samangantal sowie den kleinen Bezirk Kaldar am Amu Darya mit zusammen höchstens 100000 Bewohnern. Doch noch immer besitzt Tashqurghan dank seines vielfältigen Handwerks einen der wichtigsten Basare Nordafghanistans. Zwar waren früher führende Handwerkszweige wie Grob- und Kupferschmiede, Drechsler, Tischler, Schuhmacher und Sattler in den 70er Jahren im Rückgang begriffen, doch nahmen andere gleichzeitig an Zahl und Bedeutung zu. Dabei handelte es sich um tourismusorientierte Branchen, wie die Herstellung bestickter Kappen, Tücher u.dgl. Denn seit Ende der 60er Jahre war Tashqurghan ein beliebtes Ziel ausländischer Touristen, die den altertümlich wirkenden Basar besuchten (CHARPENTIER 1972). Deshalb wurde dessen Zentrum, der runde

7 Landschaften und Städte Afghanistans

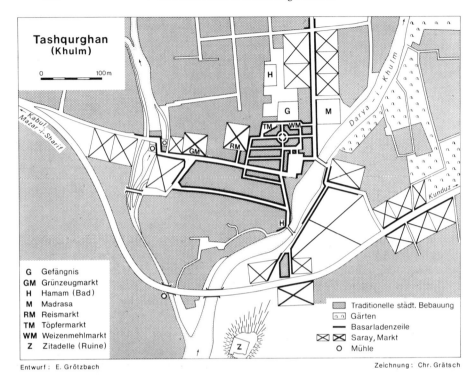

Karte 35: *Tashqurghan/Khulm* (aus GRÖTZBACH 1979).

Kuppelbau des 1845 errichteten *Tim*, zusammen mit den umgebenden Basargassen unter Denkmalschutz gestellt. Diese für Afghanistan außergewöhnliche Maßnahme war sicher notwendig, um das einmalige bauliche Ensemble zu erhalten. Denn auch Tashqurghan ist von städtebaulichen Eingriffen bedroht, wie der rücksichtslose Durchbruch einer asphaltierten Umgehungsstraße südlich des Basars zeigt (Karte 35). Zudem dürfte sich der Schwer-

Karte 36: *Östliche Oase von Hazhdah Nahr: Mazar-i-Sharif – Balkh* (Grundlage: Topograph. Karten 1:100 000 und 1:250 000).
Zeichenerklärung: 1 = Stadtgebiet bzw. Gartenvororte; 2 = Kleinstadt, größerer Basarort; 3 = kleiner Basarort, großes Dorf; 4 = Ruinenstätte; 5 = Flugplatz; 6 = Erdgas-Kraftwerk mit Kunstdüngerfabrik; 7 = Thermalquelle; 8 = Asphaltstraße; 9 = Nebenstraße, Fahrweg; 10 = Bewässerungskanal; 11 = Eisenbahn; 12 = bewässertes Land; 13 = Regenfeld- und teilbewässertes Land; 14 = Sanddünenfelder; 15 = Salzsumpf, meist nur zeitweise feucht. – Abkürzungen: CS = Chashma-i-Shafa; D = Dehdadi. – Bewässerungskanäle 1–14: vgl. Text.

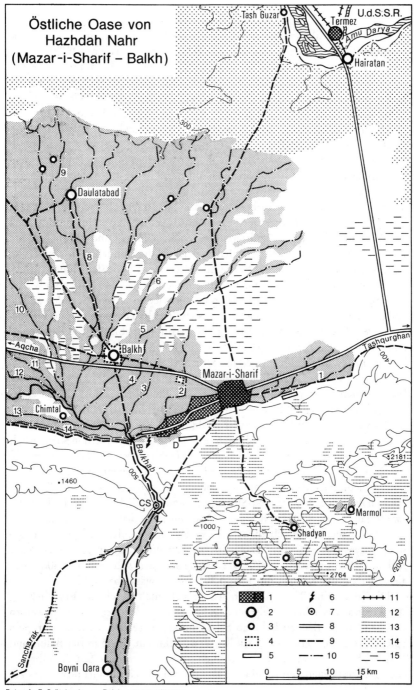

punkt der Stadt allmählich nach Westen in die Neustadt verschieben, was eine Marginalisierung des alten Basars befürchten läßt (CENTLIVRES 1972).

Die *Balkhab-Oase von Mazar-i-Sharif – Balkh – Aqcha* nimmt die Mitte der Oasenreihe in der Baktrischen Ebene ein. Sie wird im allgemeinen als *Hazhdah Nahr* („Achtzehn Kanäle") bezeichnet und ist nach Fläche und Einwohnerzahl die größte der baktrischen Oasen. Von der Tashqurghan-Oase durch einen etwas erhöhten Wüstenstrich getrennt, steht sie südwestlich von Aqcha mit der Sheberghan-Oase in loser Verbindung. Sie wird allein durch den Balkhab bewässert, während die kleinen aus dem Lößbergland kommenden Bäche von Marmol und Shadyan auf den Gebirgsfußflächen versiegen. Der größte Teil des Balkhabwassers wird kurz nach dem Eintritt des Flusses in die Ebene durch Kanäle abgezweigt, die hauptsächlich nach Norden und Nordwesten führen (Karte 36). Einen nordwestlichen Verlauf nimmt auch der Balkhab selbst, der mäandrierend gegen Aqcha fließt und nördlich davon versiegt. Dieser sogenannte Aqchakanal führt die Spitzenhochwässer von April bis Juni in die Sümpfe, Seen und Takyre am Rande des Dünengürtels. Auf diese Weise sollen in Normaljahren nicht weniger als 340 Mio. cbm Wasser ungenutzt abfließen. Dabei entstehen immer wieder schwere Schäden an Kanaleinläufen, Kanälen und Feldern, da sich die Wassermengen kaum regulieren lassen. Das Kanalsystem vermag einen Minimumabfluß von 28 cbm und einen Maximalabfluß von 144 cbm aufzunehmen und zu verteilen. Tatsächlich hat man aber Abflußspitzen bis 330 cbm/sec gemessen (JEC 1973).

Von den 18 Kanälen gelten 11 als Hauptkanäle. Unter ihnen versorgt der Nahr-i-Aqcha, der mit dem untersten Balkhablauf identisch ist, 28 % der gesamten bewässerbaren Fläche, der Nahr-i-Charbulak (Nr. 11 in Karte 36) 18 %, Abdullah- und Daulatabad-Kanal (Nr. 7, 8) je 13–14 % und der Nahr-i-Shahi (Nr. 1) etwa 9 %, die übrigen jeweils 2–6 %. Der Nahr-i-Shahi erhält das meiste Wasser, da er Mazar-i-Sharif und Dehdadi versorgt. Auch in Hazhdah Nahr läßt sich ein Gefälle der Anbauintensität erkennen, das durch die unterschiedlichen Bewässerungsmöglichkeiten bedingt ist. Normalerweise können die Felder bei Mazar-i-Sharif und Dehdadi alljährlich, bei Balkh jedes zweite Jahr und gegen den Rand der Oase nur jedes dritte Jahr oder noch seltener bewässert und angebaut werden, wofür ein kompliziertes Verteilungssystem notwendig ist (AMAT 1976). In Trockenjahren schrumpft die effektive Anbaufläche noch mehr; 1970/1971 betrug sie sogar südlich von Balkh, also am Oberlauf der Kanäle, nur knapp 20 % der bewässerbaren Fläche.

Die allgemeine Wasserknappheit läßt sich auch durch die Erschließung von Grundwasser kaum beheben. Dabei ist Grundwasser in den Schottern und Sanden des flachen Balkhab-Schwemmkegels reichlich vorhanden. Sein Spiegel steigt von etwa 40 m südlich von Balkh auf 10–15 m bei Balkh und Mazar-i-Sharif an und erreicht nördlich davon stellenweise fast die Oberfläche. Obwohl gegen den Rand der Oase der Salzgehalt des Grundwassers zunimmt, muß es dennoch durch Brunnen für Mensch und Vieh genutzt werden. Denn am Ende der Kanäle ist selbst die Trinkwasserversorgung kritisch, führen sie doch nur turnusweise Wasser, z. B. in den Dörfern westlich und nördlich von Aqcha alle 25–30 Tage einen Tag lang. Dann werden kleine Teiche aufgefüllt, deren Wasser als Vorrat für die kommende zuflußlose Periode dient.

Andererseits gibt es innerhalb des Bewässerungslandes sumpfige und versalzte Flächen (mit Alkaliböden) in seichten Depressionen mit hohem Grundwasserstand und zeitweiser Überflutung. Sie erreichen nördlich von Balkh und Mazar-i-Sharif mit 7500 bzw. 10 500 ha ihre größte Ausdehnung („Salzsumpf" in Karte 36).

In der landwirtschaftlichen Bodennutzung zeigen sich fast überall die Spuren des Wassermangels, der alljährlich ab Juli spürbar wird und den Anbau von Sommerfrüchten mit hohem Wasserbedarf ausschließt. Brachfelder machen in Hazhdah Nahr (wie auch in den übrigen baktrischen Oasen) die Hälfte bis über zwei Drittel des Ackerlandes aus. Sie sind stark verunkrautet, namentlich durch Kameldorn, den man geradezu als Charakterpflanze der Oase bezeichnen könnte. Diese Brachflächen werden als Viehweide genutzt, besonders im Winter. Die Wasserknappheit läßt auch keinen Anbau von Zweitfrüchten zu, sondern entweder eine Sommer- oder eine Winterkultur. Wichtigste Winterfrucht ist der Weizen. Selbst in dem reichlich bewässerten Gebiet des Nahr-i-Balkh (Nr. 4 in Karte 36) nahm er zusammen mit Gerste fast zwei Drittel der Erntefläche ein, gefolgt von den Sommerfrüchten Baumwolle (18 %), Melonen, Luzerne, Hülsenfrüchte, Leinsaat, Sesam und Mais. Immerhin 9 % entfielen auf Gärten mit Obst, Wein und Gemüse (JEC 1973). Noch verbreiteter sind Gartenkulturen um Dehdadi, Mazar-i-Sharif, Balkh und Daulatabad. Der Schwerpunkt des Baumwollanbaus liegt um Balkh, wo die Baumwollfelder mit viel Hanf (zur Haschischgewinnung) durchsetzt zu sein pflegten. Insgesamt zeigt die Agrarlandschaft von Hazhdah Nahr ein deutlich geringeres Maß an Pfleglichkeit als jene der Flußebenen von Qataghan, und dementsprechend dürften sich auch die Flächenerträge verhalten.

Die Struktur des Eigentums am landwirtschaftlich genutzten Boden war in Hazhdah Nahr uneinheitlich. Besonders im Süden scheint bäuerlicher Besitz mit Eigenbewirtschaftung überwogen zu haben (JEC 1973), doch das extensiver genutzte Land nördlich und westlich von Balkh befand sich zu wechselnden Anteilen in der Hand von Großgrundbesitzern. So gab es im Bezirk Faydzabad zwischen Balkh und Aqcha mehrere Eigentümer mit je 400–600 ha (CINAM 1973). Leider ist hierüber ebensowenig Genaueres bekanntgeworden wie über die ethno-demographischen Verhältnisse.

In Hazhdah Nahr lebten 1978 nahezu 550 000 Seßhafte, davon fast ein Fünftel in der Stadt Mazar-i-Sharif. Auch hier ist die Bevölkerungszahl in den letzten hundert Jahren stark gestiegen, ohne daß sich die Zunahme in Zahlen fassen ließe. Die ethnische Vielfalt ist in Hazhdah Nahr noch größer als bei Tashqurghan, kommen doch z. B. kleinere Gruppen von Hazara hinzu. Zudem unterscheiden sich die paschtunischen Zuwanderer aus Südafghanistan nach der Dauer ihrer Ansässigkeit ganz erheblich. Denn die ersten unter ihnen wurden bereits nach der Eroberung Balkhs durch Ahmed Schah Durrani (1750) angesiedelt.

Auch Hazhdah Nahr erreichte im 19. Jh. einen Tiefpunkt in seiner jüngeren Entwicklung. Immer wieder wurde von Reisenden vermerkt, daß das Bewässerungssystem nur mehr unzureichend funktioniere, daß es an Bevölkerung fehle, Land und Wasser aber im Überfluß vorhanden seien (zuletzt YATE 1888). Seit den 1880er Jahren wurde dieses Vakuum durch Zuwanderung allmählich aufgefüllt, wobei es sich meist um paschtunische Siedler handelte. In der Regierungszeit Amanullahs führte man die dringend notwendige Erneuerung des Kanalsystems durch, und seitdem ist es im wesentlichen unverändert geblieben.

Der kulturgeographische Wandel, der seit dem 19. Jh. stattgefunden hat, hat sich weniger in der Agrarlandschaft von Hazhdah Nahr als vielmehr in seinen Städten niedergeschlagen, insbesondere in *Mazar-i-Sharif*. Obwohl innerhalb von Hazhdah Nahr peripher gelegen, ist es in den letzten hundert Jahren zum Zentrum der Oase und darüber hinaus ganz Nordafghanistans geworden. Mit 103 000 Ew. stand es 1979 unter den Städten Afghanistans an vierter Stelle.

Jahrhundertelang hatte Mazar-i-Sharif als angebliche Ruhestätte des vierten Kalifen Ali ibn Abu Talib lediglich religiöse Bedeutung. Sein Grabmal war unter dem Timuridensultan Husain Baiqara von Herat ausgebaut und mit Stiftungsland *(waqf)* großzügig ausgestattet worden (MCCHESNEY 1973). Noch zur Zeit der afghanischen Wiedereroberung (1849) war Mazar-i-Sharif ein kleiner Wallfahrtsort mit wenigen hundert Häusern, der unter einem geistlichen Herrscher *(mutawali)* eine halb unabhängige Stellung einnahm. Durch die neue Funktion als Gouverneurssitz (ab 1869) begann die junge Entwicklung der Stadt, die sich anfangs recht langsam vollzog. Erst nach dem Straßenanschluß (1933) wurde sie zum wichtigsten Großhandelsplatz Nordafghanistans, wo in erster Linie Baumwolle, Karakulfelle, Därme, Weizen, Weintrauben, aber auch Handwerksprodukte wie Teppiche, Kappen, *alacha, chapan* usw. umgesetzt werden. Die jüngste Phase der Entwicklung, die Mazar-i-Sharif eine bauliche Modernisierung und neue Funktionen brachte, begann 1957. Dadurch wurden Grundriß und Baubestand völlig verändert. Die Grabmoschee (Bild 9) bildet nunmehr den baulichen Mittelpunkt der Stadt, umgeben von Gartenanlagen und dem weiten Geviert dreigeschossiger Geschäftshäuser, die dem Platz architektonische Großzügigkeit verleihen (Karte 37).

Die traditionelle Funktion als Wallfahrtsort ist noch immer lebendig. Sie äußert sich vornehmlich zu Neujahr (21. März), wenn der Beginn des 40tägi-

7.4 Nordafghanistan

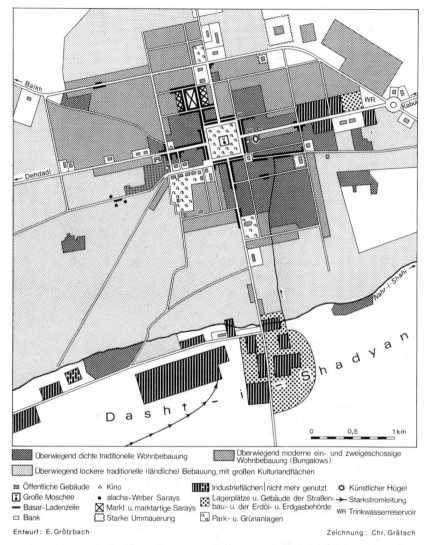

	Überwiegend dichte traditionelle Wohnbebauung		Überwiegend moderne ein- und zweigeschossige Wohnbebauung (Bungalows)
	Überwiegend lockere traditionelle (ländliche) Bebauung, mit großen Kulturlandflächen		

	Öffentliche Gebäude	△ Kino		Industrieflächen | nicht mehr genutzt	✿ Künstlicher Hügel
	Große Moschee	• alacha-Weber Sarays		Lagerplätze u. Gebäude der Straßen-	⟶ Starkstromleitung
—	Basar-Ladenzeile	⊠ Markt u. marktartige Sarays		bau- u. der Erdöl- u. Erdgasbehörde	WR Trinkwasserreservoir
▭	Bank	⟅⟆ Starke Ummauerung		Park- u. Grünanlagen	

Entwurf: E. Grötzbach   Zeichnung: Chr. Grätsch

Karte 37: Mazar-i-Sharif (aus GRÖTZBACH 1979, ergänzt nach Geokart 1985).

gen Festes der roten Tulpe *(gul-i-surkh)* zu Ehren des Kalifen Ali gefeiert wird. Zu diesem Anlaß versammelten sich Zehntausende von Pilgern aus dem In- und Ausland in Mazar-i-Sharif, so daß Hotels und Herbergen überfüllt zu sein pflegten (GRÖTZBACH 1981a). Gleichzeitig fand ein großer Jahrmarkt statt, der auch die Basaraktivitäten stimulierte.

Der Basar von Mazar-i-Sharif ist deutlich zweigeteilt. In den modernen Geschäftshäusern am zentralen Moscheeplatz sind die großen Läden für die „westlich" orientierte Mittel- und Oberschicht und für Touristen (bis 1978) lokalisiert. Das Angebot für die Unterschichten und Landbewohner findet sich vor allem nordwestlich davon, wo auch die traditionellen Handels- und Handwerkszweige ihren Sitz haben. Lediglich die etwa 80 Werkstätten für *alacha*, deren beste Qualitäten in Mazar-i-Sharif hergestellt werden, konzentrieren sich in drei Saray westlich des Stadtzentrums.

In den 70er Jahren wurde Mazar-i-Sharif zum wichtigsten Industriestandort Nordafghanistans ausgebaut, nachdem die notwendige elektrische Energie durch das Erdgaskraftwerk bei Dehdadi zur Verfügung stand. 1978 gruppierten sich im Industrieviertel auf der Dasht-i-Shadyan südlich der Stadt ein Baumwoll-Egrenierwerk, eine Speiseölfabrik, eine Baumwolltextilfabrik (mit Spinnerei, Weberei und Färberei), vier Rosinenreinigungs- und -verpakkungsanlagen und verschiedene Werkstätten und Lagerplätze. 1982 kam nach langjähriger Bauzeit eine neue Textilfabrik hinzu, wodurch sich die Kapazität beider Betriebe zusammen auf 20 Mio. m Baumwollstoff pro Jahr erhöhte, die Zahl der Beschäftigten auf über 3000. Ein zweiter Industriekomplex entstand mit sowjetischer Hilfe seit den 60er Jahren etwa 15 km westlich der Stadt bei Dehdadi. Hier nahmen das Thermokraftwerk – dessen Kapazität 1982 auf 48 000 kW erweitert wurde – und die Düngemittelfabrik 1972 bzw. 1974 die Produktion auf. Sie werden von Sheberghan her mit Erdgas versorgt (Karte 38).

Mazar-i-Sharif verfügt auch über wichtige administrative Einrichtungen. Abgesehen von den Behörden für die Provinz Balkh beherbergt es die Hauptverwaltung der afghanischen Erdöl- und Erdgasbetriebe und andere staatliche Behörden. Überdies zählte es 1978 zu den mit Infrastruktur am besten ausgestatteten größeren Städten Afghanistans. Es verfügte ganztägig über Elektrizität, besaß ein aus Tiefbrunnen gespeistes Wasserleitungsnetz und ein leidlich gut entwickeltes Gesundheitswesen. Der Schulsektor war mit zwei Lehrerbildungsanstalten, dem Erdöl- und Erdgastechnikum, sechs höheren Schulen, einer berühmten geistlichen Schule *(madrasa)* u. a. m. hoch entwickelt.

So stellte sich Mazar-i-Sharif als eine multifunktionelle, dynamische große Provinzstadt dar, für die man in Zukunft ein starkes Wachstum annahm. Der Bauleitplan von 1970 sah denn auch eine Ausweitung des engeren Stadtgebietes von 4,4 auf 25,3 qkm vor, was aber selbst unter normalen Entwicklungsbedingungen überdimensioniert erscheinen mußte. Paradoxerweise sollten die neuen Stadtteile im bewässerten Land nördlich des Nahr-i-Shahi errichtet werden statt auf der trockenen Dasht-i-Shadyan südlich davon (GRÖTZBACH 1975a; 1979). Der Ausbau von Mazar-i-Sharif scheint auch nach 1979 weitergegangen zu sein, namentlich durch die Anlage eines großen Wohnviertels aus Fertigbauteilen zur Aufnahme von Binnenflüchtlingen.

7.4 Nordafghanistan

Frühes Zentrum von Hazhdah Nahr und zeitweise von ganz Baktrien war *Balkh*. Es liegt nur 12 km nördlich jener Stelle, wo der Balkhab sich in die 18 Kanäle zu verzweigen beginnt, war also stets reichlich mit Wasser versorgt. Das heutige Balkh nimmt nach der Überlieferung die Stelle des antiken Bactra ein, wofür es bislang allerdings keine eindeutigen archäologischen Beweise gibt. Die weitläufigen Ruinen einer ummauerten Stadt von über 10 qkm Fläche, in deren Mitte das heutige Balkh liegt, stammen wohl erst aus frühislamischer Zeit. Doch sind neuerdings die ältesten Mauerreste als achämenidisch gedeutet worden.

Balkhs jüngste Entwicklung setzte 1934 mit dem Bau der Neustadt ein, deren kreisförmiger Grundriß sich der alten Anlage gut einfügt (GRÖTZBACH 1979, Karte 17). Sie begann jedoch bald zu stagnieren, wohl infolge der übermächtigen Konkurrenz des nur 20 km entfernten Mazar-i-Sharif. So ist Balkh eine kleine Landstadt geblieben, mit einem an den Markttagen sehr aktiven Basar von 400 Läden und 32 Saray (1973). Zwei Baumwollentkernungsfabriken wurden im Rahmen einer Betriebskonzentration in den 70er Jahren zusammengelegt, gleichzeitig nahm der touristische Besuch Balkhs stark zu, doch fast nur als Ausflugsverkehr von Mazar-i-Sharif aus. 1979 zählte Balkh 7000 Ew.

Einzige städtische Siedlung im nördlichen Hazhdah Nahr ist *Daulatabad* (6100 Ew. 1971), das nicht mit dem Ort gleichen Namens in der Provinz Faryab verwechselt werden darf. Als Marktort für das umliegende Wein- und Baumwollanbaugebiet und das dörfliche Teppich- und *alacha*-Gewerbe hat es einen nur wenig kleineren Basar als Balkh (JEBENS 1983).

Das westliche Hazhdah Nahr besitzt ein wichtiges Marktzentrum in *Aqcha*, dessen kommerzielle Bedeutung viel größer ist als die Zahl von 9000 Ew. (1979) vermuten läßt. Aqcha ist die am stärksten turkmenisch geprägte Stadt Nordafghanistans. Es gehört bereits zur Provinz Jauzjan, deren Grenze zu Balkh die westliche Oase recht willkürlich durchschneidet. Am unteren Nahr-i-Aqcha gelegen, hat Aqcha erhebliche Probleme mit der Trinkwasserversorgung, da das Grundwasser z. T. bitter oder salzig ist.

Während die Altstadt als eine dichte Ansammlung von Häusern und Gärten den Burghügel umgibt, erstreckt sich etwas südlich davon das Ende der 50er Jahre erbaute Neu-Aqcha mit Wohnstadt und Basar in schematischem Schachbrettgrundriß (GRÖTZBACH 1979; WIEBE 1981). Aqcha zählte 1973 rund 1200 Läden, Werkstätten usw. und nicht weniger als 54 Saray, was auf den ungemein starken Besuch an Basartagen hindeutet. Trotz des neuen Baubestandes wirkt der Basar von Aqcha sehr traditionell, nicht zuletzt durch seine zahlreichen Silberschmiede. Aqchas kommerzielle Bedeutung liegt hauptsächlich im Handel mit Teppichen, die von Agenten Kabuler Exportfirmen aufgekauft wurden, mit Wolle, Karakulfellen, Leder, Seide und Seidenwaren, welch letztere in einigen Dörfern der Umgebung von Turkmenen hergestellt werden. Aqcha hatte zeitweise auch eine gewisse industriell-gewerbliche Funktion durch eine Großgerberei, ein Baumwoll-Egrenierwerk, eine Speiseölfabrik und zwei Teppichmanufakturen, die aber z. T. schon vor 1978 stillgelegt wurden.

An Hazhdah Nahr schließt sich im Westen die *Oase von Sheberghan* an. Sie wird vom Sar-i-Pul-Fluß bewässert, der sich zwischen Sar-i-Pul und Sheberghan in zwei Flüsse verzweigt: Darya-i-Syah im Osten und Darya-i-Safed im Westen. Oberhalb der Bifurkation beträgt sein mittlerer Abfluß über 7 cbm/sec. Die Oase umfaßt eine Ackerfläche von etwa 70 000 ha, also das Dreifache der Tashqurghan-Oase. Auch um Sheberghan herrscht die bereits beschriebene extensive Nutzung, verschärft durch die Aufteilung des Wassers zwischen Sar-i-Pul und Sheberghan im Turnus von 8:10 Tagen.

Die Bevölkerungszahl des Bezirks Sheberghan, der in etwa mit der Oase identisch ist, wurde 1978 auf 110 000 beziffert. Davon konzentrierte sich fast ein Fünftel in der Stadt, die von reichlicher bewässertem Land mit Obstgärten und Baumwollfeldern umgeben ist. Gegen das Ende der Kanäle läßt auch hier die Anbauintensität nach. Dies gilt z. B. für das 17 km nördlich von Sheberghan gelegene Turkmenendorf Qizilayaq Kalan, eines der Zentren der Teppichherstellung, das von W. FISCHER (1984) untersucht worden ist. Hier bildete die Teppichknüpferei die wichtigste Erwerbsquelle, während nur ein Zehntel aller Familien eigenes Land und über ein Viertel eigene Karakulschafherden besaßen. Immerhin ein Sechstel der Landeigentümer waren Großgrundbesitzer mit je 60 bis über 200 ha. Ihr Einfluß auf die Teppichproduktion war aber beschränkt, da sich Herstellung und Vertrieb auf dem freien Markt abspielten.

Sheberghan als die Provinzhauptstadt von Jauzjan ist ein alter Siedlungsplatz, weisen doch Funde vom Burghügel der Altstadt bis in die Kuschanzeit zurück[30]. Im 19. Jh. erfuhr es ein sehr wechselhaftes Schicksal. 1846 noch „eine der schönsten Städte Turkistans diesseits des Oxus" (FERRIER 1857, S. 202), wurde es wenig später durch den Herrscher von Herat und danach durch den Emir von Kabul erobert und in den 1880er Jahren als eine verfallene Stadt gekennzeichnet (ADAMEC 1979). Sheberghans junger Aufstieg begann mit der Entdeckung der nahen Erdgaslager und der Erhebung zur Provinzhauptstadt. Es erhielt Niederlassungen mehrerer großer Behörden (vor allem der Erdöl- und Erdgasbehörde) mit Depots, Werkstätten und Wohnsiedlungen, u. a. auch für die zahlreichen sowjetischen Experten (GRÖTZBACH 1979).

Sheberghans bauliches Wachstum wurde allerdings durch den Salzlehm-

---

[30] 1978 wurden 5 km nördlich von Sheberghan am Hügel von Tilla Tepe über den Resten eines vermutlich indo-iranischen Tempels kuschanzeitliche Gräber mit etwa 20 000 goldenen Objekten von sowjetischen Archäologen gefunden.

7.4 Nordafghanistan

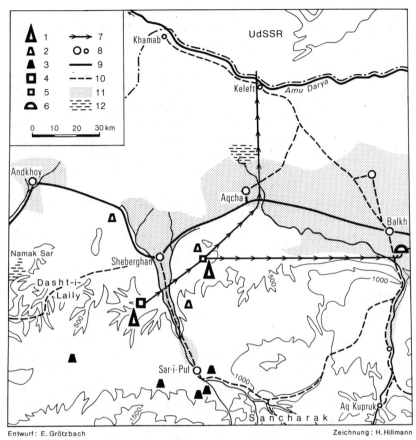

Karte 38: Erdgas- und Erdölvorkommen bei Sheberghan und Sar-i-Pul (Grundlage: Topograph. Karte 1:250 000 – nach verschiedenen Quellen).
Zeichenerklärung: 1 = Produktives Gasfeld; 2 = noch unerschlossenes Gasfeld; 3 = unerschlossenes Erdölvorkommen; 4 = Gasraffinerie mit Kraftwerk; 5 = Verteiler- und Pumpstation; 6 = Gaskraftwerk und Düngemittelfabrik Dehdadi; 7 = Gasleitung; 8 = Stadt bzw. Basarort; 9 = Asphaltstraße; 10 = Fahrweg; 11 = bewässertes Land; 12 = Salzsumpf.

boden *(shora)* im Gebiet der früheren Altstadt beeinträchtigt, der – ähnlich wie in Aqcha – einen sehr ungünstigen Baugrund und Baustoff abgibt. Gleichwohl beschleunigte sich der Ausbau der Stadt in der zweiten Hälfte der 70er Jahre, insbesondere im Zusammenhang mit der Erschließung des Erdgasfeldes von Jar Quduq. Sie zählte 1979 dank des starken Zuzuges aus Kabul, Kohistan, Paktya und dem Hazarajat bereits 19 000 Ew. Unter anderem wurde eine über 4 qkm große Wohnsiedlung der Erdöl- und Erdgasbehörde in Angriff genommen (KNT v. 14. 9. 82). Sheberghan zählt zu den mit Infrastruktur gut ausgestatteten afghanischen Städten, seitdem es ganztägig mit Strom aus Jar Quduq versorgt wird.

Die *Erdgasfelder von Sheberghan* liegen zwar nicht in der Oase, sondern im nahen Lößhügelland, doch sind sie so eng mit der Stadt als Verwaltungszentrum verknüpft, daß sie bereits hier kurz dargestellt seien, die Erdölvorkommen von Sar-i-Pul hingegen auf S. 311 (s. auch S. 54). Die 1958 durch sowjetische Geologen und Techniker begonnene Prospektion führte bald zur Entdeckung des Erdgasfeldes Khwaja Gogerdak östlich von Sheberghan, dessen Vorräte auf knapp 50 Mrd. cbm geschätzt werden. Die Förderung begann 1967, nachdem eine 98 km lange Leitung zur sowjetischen Grenze bei Keleft für den Gasexport errichtet worden war; ihr folgte kurz danach die 10 km kürzere Leitung zum Industriekomplex Dehdadi bei Mazar-i-Sharif (Karte 38). Während das Gas aus den 39 Quellen von Gogerdak von Verunreinigungen frei ist, enthält das 1971 entdeckte Gas von Jar Quduq (Jarqduq) südwestlich von Sheberghan Beimengungen von Schwefel und Kohlenstoff. Dieses Feld mit Vorräten von 27–30 Mrd. cbm konnte erst genutzt werden, nachdem dort 1980 eine Erdgasraffinerie mit Entschwefelungsanlage (und einem Thermokraftwerk) in Betrieb genommen worden war, die aus 18 Quellen gespeist wird. Beide Fördergebiete mußten durch Straßen und Wasserleitungen erschlossen werden. Bei Jar Quduq sollte auch die geplante Erdölraffinerie mit einer Kapazität von 500000 t pro Jahr errichtet werden, doch ist darüber nichts Näheres bekannt geworden. Außer den genannten zwei produktiven Erdgasfeldern wurden weitere Vorkommen in Yatim Tagh (bei Gogerdak), Jangali Kalan (nordwestlich Sheberghan) und Khwaja Bulan (südöstlich Sheberghan) genannt.

Zeitungsberichten zufolge waren zu Beginn der 80er Jahre gegen 1000 ständig Beschäftigte in der Erdgasförderung eingesetzt, über 2000 in der Gas- und Ölexploration, darunter zahlreiche sowjetische Experten. Die Arbeiten sind wiederholt durch Aktionen der Mujahedin beeinträchtigt worden, die auch die Gasleitung nach Keleft sprengten.

Die *Oase von Andkhoy* liegt im Westen der Baktrischen Ebene, von der Sheberghan-Oase durch einen über 20 km breiten Trakt von Halbwüste getrennt. Sie erhält Wasser vom Shirin Tagab-Fluß in einem jeweils zehntägigen Wechsel mit den oberhalb gelegenen Oasen Shirin Tagab und Daulatabad (Faryab). Andkhoy leidet noch mehr unter Wasserknappheit als Sheberghan oder Aqcha, zumal auch das Grundwasser, das für Trinkzwecke genutzt werden muß, meist bitter oder salzig ist. In der Stadt selbst hat erst ein 1978 durchgeführtes Trinkwasserprojekt, das die Reinigung und Speicherung von Kanalwasser und den Bau eines Leitungsnetzes zum Ziel hatte, eine Besserung bewirkt. Schon aus den 1880er Jahren wurde berichtet, daß das Ackerland der Oase mangels Wasser nur zu einem Achtel bebaut werden konnte (ADAMEC 1979). Abgesehen von Melonen, etwas Leinsaat und Sesam gibt es daher kaum Sommerfrüchte. Allerdings besitzen einige Dörfer südlich der Stadt schöne Obstgärten. Da auch um Andkhoy eine wachsende Bevölkerungszahl sich in eine gleichbleibende Wassermenge teilen mußte, werden kaum agrarische Überschüsse erzeugt. Dagegen liefert die Oase große Mengen an Karakulfellen, Wolle und Teppichen, die teils über den Basar von Andkhoy, teils durch Handelsgesellschaften oder Genossenschaften vermarktet werden. Daran hatten Großgrundbesitzer bis 1978 einen hohen Anteil.

Die über 70 000 Ew. (1978) der Oase sind größtenteils Turkmenen, nur in der *Stadt Andkhoy* (13 000 Ew.) bilden Usbeken die Mehrheit. Andkhoy hat wie Sheberghan eine wechselvolle junge Geschichte. Im 19. Jh. fast ständiger Bedrohung durch räuberische Turkmenen und wiederholten Eroberungen konkurrierender Machthaber ausgesetzt, lag die Stadt in den 1880er Jahren weitgehend in Ruinen (ADAMEC 1979). Sie entwickelte sich im Laufe des 20. Jh. allmählich wieder zu jenem lebhaften kommerziellen Zentrum ihrer Oase und des unteren Shirin Tagab-Tales, das sie in früheren Jahrhunderten schon gewesen sein dürfte. Trotz der Verpflanzung des Basars in eine recht unfertig wirkende Neustadt hat dieser – wie in Aqcha – eine sehr traditionelle Note durch viele heimische Handwerks- und Handelszweige und einen großen Teppichsaray (GRÖTZBACH 1979; WIEBE 1981).

Andkhoy und seine Oase haben lange unter der abseitigen Lage gelitten. Denn der Durchgangsverkehr von Sheberghan nach Maymana zog zumeist die Sandpisten durch die Dasht-i-Laily der alten „Straße" über Andkhoy vor, die zu den schlechtesten Wegstrecken ganz Afghanistans zählte. Erst die neue Fernstraße Sheberghan–Maymana, die 1978 bis Andkhoy asphaltiert war, hat diesen Peripherraum an das moderne Verkehrssystem des Landes angeschlossen.

7.4.3 Die Lößbergländer Nordafghanistans

Die Lößbergländer Nordafghanistans haben weniger einheitlichen Charakter als der gleiche Landschaftstyp in Qataghan und Badakhshan, weshalb die Anwendung des Plurals geboten erscheint. Ihr nordwestlicher Teil, von der sowjetischen Grenze bei Maymana bis zum Balkhabtal, ist ein teilweise stark zerschnittenes Berg- und Hügelland, das weithin unter 1000 m bleibt, fast wasserloser *chol*, der nur während der Frühjahrsregen ergrünt und dann ein begehrtes Weideland abgibt. Zahl und Dichte der Bevölkerung abseits der dauernd Wasser führenden Bäche und Flüsse sind hier entsprechend gering. Östlich des Balkhabtales erreicht das Lößbergland weit größere Höhen; es geht gegen Süden bei 2000 m oft kaum merklich in das zentrale Hochland über. Ab etwa 1000–1200 m sind seine sanfteren Hänge großenteils von Regenfeldern bedeckt, besonders in nördlicher Exposition. Die Siedlungen zeigen ein weitmaschiges Verbreitungsmuster mit charakteristischen Bevölkerungsdichten von 20 bis 30 Ew./qkm. Nur in den Talweitungen und Talschaften mit größeren Bewässerungsflächen wie um Aybak, Sholgara, Sar-i-Pul und in Sancharak herrschen höhere Dichtewerte.

Der östliche Teil des nordafghanischen Lößberglandes wird vom Khulm- oder Samanganfluß entwässert. Dessen Tal öffnet sich nach einer langen Schluchtstrecke zur *Talkammer von Aybak*, die durch die Enge von Asya Bad in zwei Teile von zusammen 40 km Länge bei 2–5 km Breite getrennt wird. Während die Weitung von Aybak durch den Khulmfluß reichlich Wasser erhält, ist jene von Hazrat-i-Sultan, wo sich der Fluß tief in die Terrassensedimente eingeschnitten hat, weitgehend auf Quellbewässerung angewiesen. Quellen sind hier so reichlich vorhanden, daß sie stellenweise natürliche Feuchtwiesenvegetation hervorbringen. Die Weitung von Aybak ist entsprechend reich an Gärten mit Mandel-, Walnuß-, Aprikosen-, Maulbeer- und anderen Obstbäumen, die schon in den Reiseberichten des 19. Jh. gerühmt wurden (z. B. FERRIER 1857). Mais, Hirse und Klee dienen häufig als Zweitfrüchte nach Winterweizen; Hülsenfrüchte, Sesam, Melonen sowie etwas Baumwolle und sogar Zuckerrüben vervollständigen die Anbauvielfalt. Bei Hazrat-i-Sultan hingegen sind Gärten und Zweitfrüchte mit Ausnahme des Seitentales von Pir Nakhchir weit weniger verbreitet.

Ein Teil des Bewässerungslandes war bis 1978 in der Hand von tadschikischen und paschtunischen Großgrundbesitzern, doch gibt es auch einige paschtunische Kolonistendörfer mit Streifenfluren bei Hazrat-i-Sultan. Die weitläufigen Regenfelder im Lößbergland östlich von Aybak gehörten großenteils usbekischen Großgrundbesitzern, die sie mit Maschinen und Traktoren bearbeiten ließen.

Die Stadt *Aybak* oder *Samangan* ist trotz ihrer geringen Einwohnerzahl (5000) das Zentrum für die ganze Talkammer (fast 100 000 Ew. 1978) und für das weite Gebiet zwischen Ghori–Baghlan, Tashqurghan und Bamyan. Alt-Aybak, durch das der Karawanenweg nach Bamyan und Kabul führte, nahm früher eine wichtige Verkehrsstellung ein. Nur 2 km davon entfernt, über dem westlichen Talrand, trifft man auf die Reste des buddhistischen Klosters und der Stupa von Takht-i-Rustam, welche die frühe Bedeutung dieses Platzes belegen. Die Neustadt von Aybak ist seit den 60er Jahren Sitz der Provinzverwaltung und trägt, wie die Provinz, seitdem auch den Namen Samangan. Von weitreichender wirtschaftlicher Bedeutung ist Aybaks Großhandel mit *lalmi*-Weizen, Mandeln und Pistazien, welch letztere im Lößbergland gesammelt werden. Er hat durch den Bau der Asphaltstraße von Pul-i-Khumri nach Mazar-i-Sharif, die das ganze Aybaktal unterhalb der Stadt erschließt, einen starken Aufschwung genommen.

7.4 Nordafghanistan

Westlich von Aybak liegt der große Bezirk *Darrah-i-Suf* (auch *Darrah Yusuf* genannt), dessen südlicher Teil bereits zum zentralen Hochland zählt. Er wird durch den Suf-Fluß zum Balkhab entwässert. Infolge der Enge der Täler und der beschränkten Wasservorkommen macht das bewässerte Land, amtlichen Angaben zufolge, lediglich 3 % der Anbaufläche aus. Die Bevölkerung des Bezirks (84 000 Ew. 1978) besteht überwiegend aus Hazara, die im Haupttal und im Süden leben. Sie haben seit Ende des 19. Jh. die übrigen Ethnien nordwärts gedrängt: persischsprachige „Turkmenen", Usbeken, Aimaq und einige Splittergruppen (ADAMEC 1979, nach CENTLIVRES).

Darrah-i-Suf hat durch die schon 1886 entdeckten jurassischen Steinkohlenvorkommen von Dahan-i-Tor und Shabashak überregionale Bedeutung erlangt. Das um 1960 errichtete Bergwerk und die zugehörige Verwaltungs- und Wohnsiedlung liegen in Dahan-i-Tor, 25 km südlich vom alten Hauptort Qala-i-Sarkari in einem engen Tal, das schon ins zentrale Hochland überleitet (DUPREE 1963). Diese größte Kohlenlagerstätte Afghanistans hat kaum mehr als 10 % (1975/76 sogar nur 3 %) zur gesamten Kohlenförderung beigetragen – eine Folge der überaus abseitigen Lage von Darrah-i-Suf. Letztere wurde durch den elenden Zustand der Straße nach Boyni Qara und Mazar-i-Sharif und der Piste nach Aybak (je etwa 120 km) noch verschärft. Der Siebenjahresplan sah den Bau einer modernen Straße Aybak – Darrah-i-Suf vor, doch ist sie anscheinend nicht mehr zur Ausführung gelangt. Mitte der 70er Jahre wurde 6 km nördlich von Qala-i-Sarkari lediglich mit dem Bau einer Neustadt (Darrah-i-Suf Nau) begonnen.

Nördlich von Darrah-i-Suf erhebt sich zwischen den unteren Tälern von Khulm- und Balkhabfluß das Bergland von *Chaharkent* (oder *Charkent*) bis über 2700 m. Es ist gegen die Baktrische Ebene durch die östliche Fortsetzung des Koh-i-Alburz scharf begrenzt, einer Kette tertiärer Kalke, die von den Bächen Shadyan und Marmol in kurzen Schluchtstrecken durchbrochen wird (Karte 36). Schichtstufenartiges Steilrelief, Wassermangel und Regenfeldbau kennzeichnen diese Landschaft. Die Siedlungen knüpfen zumeist an Quellen an, deren Schüttung in einigen Fällen auch die Bewässerung von Obstgärten erlaubt, besonders in den Tadschikendörfern Marmol und Shadyan. Beide Orte, nur 20–25 km von Mazar-i-Sharif entfernt, aber mehr als 1000 m höher gelegen, waren Sommerausflugsziele für die Stadtbevölkerung. Unter den ethnischen Gruppen von Chaharkent bilden Hazara die große Mehrheit, gefolgt von Usbeken (CINAM 1973).

Östlich von Chaharkent und Darrah-i-Suf schließen die Bezirke Sholgara und Kishindeh am Balkhab an, die sich hinsichtlich ihrer landwirtschaftlichen Ressourcen erheblich unterscheiden. Die Oase von *Sholgara* liegt in der 26 km langen und bis 4 km breiten Weitung des Balkhab oberhalb der Enge von Chashma-i-Shafa (Karte 36). In dieser großen und wasserreichen Oase gibt es keine Kontingentierung des Irrigationswassers wie 15 km weiter nördlich in Hazhdah Nahr, weshalb in Flußnähe Reis angebaut wird, auf höherem Gelände u. a. Baumwolle. Ein Teil des Bewässerungslandes gehört Paschtunen, darunter zwangsweise als Kolonisten hier angesiedelte Mohmand und Afridi (DUPREE 1970). Stärker vertreten sind Usbeken, dazu kommen kleinere Gruppen Hazara, Araber und Tadschiken. Zentrum von Oase und Bezirk (76 000 Ew.) ist der Markt- und Verwaltungsort Sholgara (früher Boyni Qara), der kommerziell eng an Mazar-i-Sharif gebunden ist. Durch den Bau des geplanten Staudamms von Chashma-i-Shafa würde ein Großteil der Oase überflutet werden.

Südlich von Sholgara reicht der Bezirk Kishindeh oder Aq Kupruk (44 000 Ew.) bis zum Austritt des Balkhab aus dem zentralen Hochland. Wie in Darrah-i-Suf und Chaharkent gibt es auch hier fast nur Regenfeldland, doch nimmt mit Annäherung ans Hochland der Obstbau zu, besonders um Zari. Der am Balkhab aufwärts führende Fahrweg endet in Aq Kupruk („Weiße Brücke"), einem früher bedeutenden Übergang über den Fluß, wo einer der wichtigsten archäologischen Fundplätze Afghanistans liegt (DUPREE 1970).

Westlich von Aq Kupruk erstreckt sich der Bezirk *Sancharak* (auch *Sangcharak*), der von den Einheimischen als Haft Tagab („Sieben Täler") bezeichnet wird. Diese Täler bzw. Bäche kommen vom 3500 m hohen Band-i-Turkistan, dessen steiler, 1000–1500 m hoher Abfall hier die markante Nordabdachung des zentralen Hochlandes bildet. Die Bäche, die z. T. Wasser aus Karstquellen führen wie der Tukzar-Bach, werden im Spätsommer durch die Bewässerung fast völlig aufgezehrt. Das *abi*-Land nimmt zwar nur etwa ein Fünftel der gesamten Anbaufläche ein, bildet aber den agrarischen Schwerpunkt von Sancharak.

Der Bezirk ist wegen seiner Spezialisierung auf den Anbau von Trauben weithin bekannt. Sie werden großenteils noch in der Sonne zu Rosinen *(kishmish)* getrocknet. Im oberen Tukzar-Tal hat man um 1970 auf allen noch bewässerbaren Flächen Weingärten angelegt, was die Bodenpreise in die Höhe trieb. Trauben und Rosinen gelangen über den Basar von Tukzar nach Mazari-Sharif, ebenso Pistaziennüsse, die in den noch reichlich vorhandenen Baumfluren der oberen Täler gesammelt werden. Sancharak wurde in den 1880er Jahren als der am besten bestellte Trakt ganz Afghanisch-Turkistans bezeichnet (ADAMEC 1979) – ein Prädikat, das 90 Jahre später sicher nicht mehr zutraf, wiewohl der Bezirk noch immer als wohlhabend galt und mit 52 Ew./qkm vergleichsweise dicht bevölkert war. Die Bevölkerung, die sich größtenteils in den sieben Tälern konzentriert, besteht hauptsächlich aus Usbeken, Hazara und Tadschiken; sie zählte 1978 nicht weniger als 137 000 Ew.

Zentrum von Sancharak ist *Tukzar*, dessen 1885 gegründeter Basar nach 1961 in die nahegelegene Neustadt verlegt wurde. Während der neue Basar mit seinen rund 700 Läden und dem traditionell-ländlichen Angebot florierte, bestand die neue Wohnstadt überwiegend nur auf dem Papier. Die Basar-

7.4 Nordafghanistan

bevölkerung zog es vor, weiterhin in der Altstadt oder den Dörfern der Umgebung zu wohnen (JEBENS 1983). Neu- und Altstadt hatten 1979 fast 8000 Ew. Die Bäche von Sancharak vereinigen sich zum Shorab, der zusammen mit dem vom Hochland kommenden Aq Darya den Sar-i-Pul-Fluß bildet. Auch die alte Hauptstraße führt nach Sar-i-Pul, dem Sancharak schon im 19. Jh. zugehörte. Seit den 50er Jahren ist jedoch die Piste nach Sholgara–Mazar-i-Sharif für Sancharak immer wichtiger geworden (Karte 38), worin sich die zunehmende Dominanz des Regionalzentrums äußert.

Der *Bezirk Sar-i-Pul* umfaßt die Weitungen des Haupttales ober- und unterhalb der Stadt und das östlich und südwestlich anschließende Lößhügelland. Seine Bevölkerung von 139000 Ew. (1978) lebt mehrheitlich im Trokkenland, das z. T. erstaunlich dicht besiedelt ist, hauptsächlich von Usbeken, Arabern und Aimaq. Hier knüpfen die Dörfer meist an Brunnen an, in einem Fall sogar an ein Karez (DUPAIGNE 1977). Ihre Wirtschaft – Regenfeldbau und Karakulschafzucht – beruht auf recht prekären natürlichen Grundlagen. Die Oase von Sar-i-Pul ist außer von Usbeken und Arabern auch von Hazara, Paschtunen und Tadschiken bevölkert. Während nahe der Stadt eine intensive Nutzung mit Obst, Gemüse, Luzerne und Baumwolle herrscht, werden in der offenen Agrarlandschaft Winterweizen oder Sommerfrüchte wie Baumwolle, Mais, Sesam, Melonen und Bohnen angebaut. Die Weitung von Sar-i-Pul geht unterhalb der Bifurkation von Darya-i-Safed und -Syah unmerklich in die Oase von Sheberghan über (s. S. 304).

Sar-i-Pul, durch das bis in unser Jahrhundert die alte Karawanenroute über den Paß Kotal-i-Mirza Wolang (2350 m) nach Belcheragh und Maymana führte, ist seit dem Ende des Karawanenverkehrs ins Abseits geraten. Es hat jedoch durch die Erdölfunde in seiner Nachbarschaft neue Bedeutung erlangt (Karte 38). *Erdöl* wurde schon 1960 bei Angot und später bei Aq Darya und Qachqari (8–12 km östlich bzw. südöstlich Sar-i-Pul) etwa 1200 m tief in kretazischen Schichten erbohrt. Die dortigen Vorräte sollen zusammen 12 Mio. t betragen (KNT v. 14. 9. 82). Auch bei Bazar Kami und Zomrad Sai westlich von Sar-i-Pul ist man fündig geworden, doch liegen über diese Vorkommen mitten im Lößbergland keine näheren Informationen vor. Das Erdöl von Sar-i-Pul wartet noch immer auf seine ökonomische Nutzung.

Trotz ihres Bedeutungsverlustes im Fernverkehr und im politischen Kräftefeld Nordafghanistans ist die *Stadt Sar-i-Pul* mit 16000 Ew. – überwiegend Usbeken, dazu Tadschiken aus Koh Daman und Kohistan sowie Hazara und Paschtunen – und einem neuen großen Basar ein wichtiges kommerzielles Zentrum geblieben[31]. Dank eines bekannten schiitischen Zyarats seit langem

---

[31] Durch die Errichtung der neuen Provinz Sar-i-Pul im Frühjahr 1988, deren Kern die Bezirke Sar-i-Pul und Sancharak bilden, hat die Stadt neue administrative Bedeutung erlangt.

Ziel von Pilgern, hat sie neuerdings durch die Erdöl- und Erdgasbehörde Bedeutung als Prospektionszentrum erlangt. Ihre zentralörtlichen Funktionen reichen daher weit nach Süden in das zentrale Hochland, werden aber durch die Absatzbeziehungen des Handwerks und des Heimgewerbes noch übertroffen.

JEBENS (1983) hat die gewerbliche Produktion von Sar-i-Pul und seines Umlandes sehr detailliert untersucht und ihre Grundlagen, Entwicklungen und Verflechtungen aufgezeigt. Sar-i-Pul ist durch seine bunten Kelims *(gilam)* und bestickten Kappen bekannt. Kelims werden in der Stadt von Hazara und Usbeken, vor allem aber im benachbarten Dorf Chahar Bagh von Hazara hergestellt, neuerdings auch in Hazaradörfern des Lößberglandes. Aus kleinen Anfängen erst um 1950 entstanden, wurden die Kelimweberei und die ihr dienende Garnherstellung zu einer wichtigen Erwerbsquelle vor allem für die ärmere Dorfbevölkerung. Dagegen wird die Kappenfertigung eher in der Stadt betrieben. Kelims und Kappen gelangen durch einheimische Großhändler in viele andere Basare, darunter Herat, Kandahar und Kabul. Von hier wurden in den 70er Jahren auch Kelims aus Sar-i-Pul exportiert.

Das westliche Nordafghanistan wird vom Darya-i-Shirin Tagab (oder Tagao) entwässert, dessen Tal unweit Maymanas aus der Ost-West-Richtung nach Norden umbiegt und sich gleichzeitig weitet. Am *Shirin Tagab-Tal* haben die Bezirke Darzab, Gurziwan, Shirin Tagab und Daulatabad/Faryab Anteil, ehe es in die Oase von Andkhoy ausmündet. In ihnen lebten 1978 rund 190 000 Seßhafte. Am wenigsten bekannt ist der oberste Talabschnitt von Belcheragh aufwärts (Bezirk Darzab), den früher der wichtige Karawanenweg Sheberghan–Maymana durchzog. Ähnliches gilt auch für den Bezirk Gurziwan, der oft nach seinem früheren Verwaltungssitz Belcheragh benannt wird. Dessen administrative Nachfolge hat die neue, erst um 1970 angelegte „Stadt" Gurziwan angetreten. Sie liegt, durch die Mündungsschlucht des Gurziwanflusses von Belcheragh getrennt, in einem weiten Becken, wo sich die sieben Täler *(Haft Tagab)* von Gurziwan vereinigen.

Die Bevölkerung der Bezirke Darzab und Gurziwan besteht mehrheitlich aus Usbeken, die überwiegend Regenfeldbau treiben. Tadschiken bewohnen einige der oberen Dörfer, deren Habitus auf ein hohes Alter schließen läßt. Archäologische Funde, die vom Neolithikum bis ins islamische Mittelalter reichen, belegen die früher weit bedeutendere Stellung der heute kaum bekannten Talschaft Gurziwan[32].

Etwa 40 km unterhalb Belcheraghs weitet sich das Shirin Tagab-Tal zu der rund 60 km langen, im unteren Teil bis 5 km breiten Talkammer von Shirin Tagab und Daulatabad/Faryab. Das Lößbergland beidseits des Tales sinkt all-

---

[32] Im 10. Jh. n. Chr. war Gurziwan Sommersitz der Fürsten von Jauzjan, und einer von ihnen veranlaßte die Niederschrift des berühmten Werkes persischer Geographie *Hudud al-Alam* (GRENET u. a. 1980).

7.4 Nordafghanistan

mählich zum flachen, von Sanddünen überwehten Hügelland des *chol* ab, das gegen die Baktrische Ebene bei Andkhoy ausklingt. Kurz vorher mündet der Maymanafluß von Westen her in den Shirin Tagab, doch führt er ihm nur jahreszeitlich Wasser zu. Die Wasserknappheit, welche die Oase von Andkhoy prägt, macht sich schon im unteren Shirin Tagab-Tal bemerkbar. Während im oberen Tal um Belcheragh Irrigationswasser ständig zur Verfügung steht und deshalb auch Baumwolle und Zweitfrüchte (Mais, Hirse, Karotten u. a.) angebaut werden, wird es flußab in einem 30tägigen Zyklus zwischen Shirin Tagab, Daulatabad und Andkhoy aufgeteilt.

Der zum Bezirk Shirin Tagab gehörige mittlere Abschnitt des Tales ist bekannt durch Weinbau und Rosinenerzeugung. Doch abseits der von Wein- und Obstgärten umgebenen Usbekendörfer liegen die meisten *abi*-Felder im Sommer brach, und Entsprechendes gilt für das Regenfeldland. Einen empfindlichen Verlust an Weinflächen brachte der Bau der neuen Autostraße Andkhoy–Maymana, die streckenweise mitten durch die Gärten führt. Weit weniger Baum- und Strauchkulturen und noch mehr Brachland kennzeichnen die flußab anschließende Weitung von Daulatabad/Faryab (auch Daulatabad-i-Maymana genannt). Die hier lebenden Ersari-Turkmenen, die in den 1880er Jahren noch in *khirgah* hausten, treiben Bewässerungsfeldbau, Karakulschafzucht und Teppichknüpferei. Dagegen lebten die später hier angesiedelten Paschtunen noch 1973 weitgehend nomadisch.

Westlich des mittleren und unteren Shirin Tagab-Tales reicht das einförmige Lößhügelland bis jenseits der sowjetischen Grenze. Südwärts geht es bei Maymana – Almar in ein von 1100 auf über 2000 m ansteigendes Bergland aus kretazischen Kalken und Mergeln über, das wiederum vom über 3000 m hohen Band-i-Turkistan überragt wird. Das Lößbergland keilt nach Westen aus, so daß der Band-i-Turkistan bei Qaysar fast 2000 m zum Vorland abfällt. Die größeren Bäche, die sich zum Maymanafluß vereinigen, haben am Fuß von Bergland bzw. Gebirge drei kleinere Ebenen geschaffen, und zwar – von Ost nach West – jene von Maymana (800–900 m ü. M.), Almar (um 800 m) und Qaysar (1100–1300 m); letztere liegt bereits auf der Wasserscheide zum Murghab.

Das höhergelegene Hügel- und Bergland empfängt relativ reichliche Niederschläge – selbst Maymana hat ein Jahresmittel von 356 mm – und trägt daher eine üppige Steppenvegetation. Die Gebirgsfußebenen leiden jedoch unter jahreszeitlichen Wasserklemmen, da die Bäche vom Band-i-Turkistan nur bis Mai oder Juni ausreichend Wasser führen. Deshalb können im *abi*-Land kaum Sommerfrüchte angebaut werden. Das Wasser wird vielmehr den Obst- und Gemüsegärten, bei Qaysar und Chechaktu den zahlreichen Weingärten zugeführt. Um die Wasserversorgung von Maymana zu verbessern, wurde schon um die Jahrhundertwende 40 km oberhalb der Stadt der Stausee von Sar-i-Haudz als Ausgleichsbecken angelegt.

Unter den etwa 250 000 Bewohnern des Gebietes von Maymana – Qaysar stellen die Usbeken die stärkste Gruppe und vermutlich die Mehrheit dar, namentlich im südlichen Bergland. In den Ebenen mischen sich Paschtunen und Qipchak darunter, im Lößhügelland auch Belutschen und Turkmenen. Letztere waren noch Ende des 19. Jh. überaus gefürchtet als Räuber und Sklavenjäger, die vom Territorium Bukharas und Mervs aus den nördlichen und westlichen Teil des Gebietes heimsuchten. Durch sie wurde das Gebiet von Almar und Qaysar – Chechaktu bis in die zweite Hälfte des 19. Jh. immer wieder verwüstet und entvölkert (YATE 1888).

Die *Ebene von Qaysar* ist die westlichste Siedlungskammer Nordafghanistans. Sie wird nur in ihrer Südostecke beim Basar- und Verwaltungsort Qaysar vom Darya-i-Qaysar entwässert, der zum Shirin Tagab fließt. Ihr Gefälle ist westwärts gerichtet, wo der Rod-i-Chechaktu durch rückschreitende Erosion einer Anzapfung des Qaysarflusses und seiner Ablenkung zum Murghab zustrebt. Hier liegt Chechaktu als zweiter Basarort, nur 16 km von Qaysar entfernt, an der Straße nach Bala Murghab und Herat. Einige Kilometer weiter westlich folgt das Dorf Chaharshamba, das als westlichster Vorposten usbekischer Besiedlung in Nordafghanistan gilt. Hier verläuft auch die Grenze zwischen den Provinzen Faryab und Badghis, zwischen Nord- und Westafghanistan. Daß hier manche Beziehungen bereits nach Westen weisen, zeigt der geistliche Großgrundbesitz von Khwaja Kinti an, der den Hazrats von Karukh bei Herat gehörte (COLLIN-DELAVAUD 1960).

Überragendes städtisches Zentrum des ganzen Gebietes zwischen Andkhoy und dem Murghab ist *Maymana*, das mit über 38 000 Ew. (1979) zu den bedeutenderen Provinzstädten Afghanistans zählt. Gleiches galt wohl schon in frühislamischer Zeit, als die Stadt wegen ihrer starken jüdischen Kolonie *al-Yahudiyan* genannt wurde. Maymana gewann im 18. Jh. erneute Bedeutung als Herrschersitz eines usbekischen Khanates und als Handelsplatz, geriet aber im 19. Jh. in den Strudel der Auseinandersetzungen der Herrscher von Herat, Kabul und Bukhara. Die Eroberung durch die Afghanen 1876, die ein Blutbad anrichteten, markierte den Tiefpunkt in der jüngeren Entwicklung der Stadt. Immerhin zählte sie 1886 bereits wieder über 20 000 Ew.; in ihrem Basar waren damals auch Juden und Hindus als Händler tätig (LEE 1987), die später jedoch abgewandert sind.

Anfang der 30er Jahre wurde Maymana zunächst Hauptort einer Unterprovinz, bald danach begann man mit seiner städtebaulichen Erneuerung. Sie zog sich bis in die 70er Jahre hin und hat Grundriß und Baubestand völlig verändert (GRÖTZBACH 1976b). Wie in Mazar-i-Sharif legte man einen zentralen Park an (Bild 10), wodurch der neue Basar mit seinen rund 1000 Läden und Werkstätten in vier Teile zerrissen worden ist. Das recht traditionelle Angebot im Basar weist darauf hin, daß es vor allem zur Versorgung der ländlichen Bevölkerung dient.

7.5 Westafghanistan

Die Entwicklung von Maymana und seiner ganzen Provinz hat bislang unter den überaus schlechten Verbindungsstraßen zur Außenwelt gelitten, wobei jene nach Mazar-i-Sharif weit wichtiger ist als die nach Herat. Die Isolierung Maymanas wird erst durch die neue Autostraße von Sheberghan und Andkhoy aufgehoben werden, die 1978 bereits bis Shirin Tagab, d. h. 40 km vor Maymana, befahrbar war. Die Arbeiten mußten jedoch bald darauf eingestellt werden.

Verkehrsferne und schwierige Zugänglichkeit großer Teile des Lößberglandes (und des angrenzenden zentralen Hochlandes) haben sich während der Kämpfe ab 1979 als Vorteile für die Mujahedin erwiesen, die hier ebenso wie zahlreiche Binnenflüchtlinge Zuflucht fanden. Dadurch hat sich in manchen Gebieten die Bevölkerungszahl sogar erhöht. Auch ist von der Einrichtung neuer kleiner Basare berichtet worden.

7.5 Westafghanistan

Zwischen Westafghanistan und den benachbarten Großlandschaften sind die Übergänge fließend. Gegen Nord- und Südafghanistan bildet die historisch begründete administrative und zentralörtliche Zugehörigkeit, gegenüber Zentralafghanistan sind Relief und Höhenlage die Grundlage der Abgrenzung. Westafghanistan umfaßt demnach den größten Teil jenes Gebietes, das dem Regionszentrum Herat zugeordnet ist. Von geringfügigen Abweichungen abgesehen ist es mit den drei Provinzen Herat, Badghis und Farah identisch.

7.5.1 Naturraum und Abgrenzung

Das Großrelief Westafghanistans zeigt eine Zweigliederung: Östlich der Achse Herat–Shindand–Farah sind die Ausläufer des zentralafghanischen Hochlandes das prägende Element, nach Westen zur afghanisch-iranischen Grenze hin flache Wüstenbecken, die von isolierten Bergen oder Bergzügen überragt werden. Das Gelände dacht generell von Ost nach West bzw. Südwest ab. Die aus dem Hochland kommenden Täler beginnen sich bei 1500 bis 2000 m zu öffnen, gehen in weite *dasht*-Ebenen über, zwischen denen die wenigen größeren Oasen liegen, und laufen in die Depressionen des Grenzgebietes aus. Diese erstrecken sich, in mehrere Teilbecken gegliedert, von Sistan bis nahe dem Hari Rod. Ihre zwischen 500 und 700 m liegenden tiefsten Stellen werden von Salztonebenen (*daghal*, in Nordafghanistan *takyr*) oder Salzpfannen *(namaksar)* eingenommen, deren nördlichste von Herat aus zur Salzgewinnung genutzt wird. Mit Ausnahme von Gulran im äußersten Norden ist das grenznahe Gebiet Wüste, wohin die vom zentralafghanischen Hochland und vom ostpersischen Meridionalgebirge kommenden Gerinnebetten nur im Frühjahr Wasser führen. Auch die Grundwasservorkommen sind spärlich, und die Mehrzahl der wenigen Brunnen liefert leicht salziges oder bitteres Wasser. Deshalb ist dieser Raum fast unbesiedelt geblieben. Nur kleinere Gruppen von Belutschen und Paschtunen pflegen hier zu nomadisieren (BALLAND & BENOIST 1982).

Im Nordosten hat Westafghanistan noch Anteil am Band-i-Turkistan, der am Murghab endet. Westlich und südwestlich davon schließt ein Berg- und Hügelland mit Höhen zwischen 800 und 1500 m an. Es besteht aus alttertiären Kalken und Sandsteinen, die unterschiedlich mächtige Lößdecken tragen. Die westliche Fortsetzung des nordafghanischen Lößberglandes darstellend, nimmt es den größten Teil von Badghis und Gulran ein und umfaßt südöstlich von Qala-i-Nau auch den Bezirk Qades.

Badghis wird im Süden durch den langgestreckten Gebirgszug des Firoz Koh und Safed Koh begrenzt, auf den in der Literatur mitunter noch der antike Name Paropamisos angewendet wird. Nordöstlich von Herat wird er auch als Band-i-Baba und Band-i-Badghisat bezeichnet. In seinem Kern aus paläozoischen bis triassischen Gesteinen bestehend, trennt er Badghis vom Tal des Hari Rod und erreicht nahe Obeh in einem Seitenkamm mehr als 3500 m Höhe. Im Hari Rod-Tal ist die Grenze zu Zentralafghanistan gut 30 km oberhalb von Chesht-i-Sharif bei 1600 m zu ziehen, wo auch die Provinzgrenze zwischen Herat und Ghor verläuft; ab hier verengt sich das Tal flußaufwärts zusehends.

Auch im Süden wird das Hari Rod-Tal von einem Gebirgszug begleitet, dem Syah Koh. Aus dem Band-i-Baian im zentralen Hochland hervorgehend, löst er sich westwärts in mehrere Teilketten auf, die bis nahe Shindand ausfiedern. Überwiegend aus kristallinen Gesteinen des Paläozoikums und Präkambriums aufgebaut, kulminiert er ganz im Westen mit über 3300 m. Dieses recht unübersichtliche Gebirgsland fällt im Süden zu der großen Talung Tulak–Farsi–Shindand ab, die sich als weite Dasht mit abnehmendem Gefälle gegen Shindand öffnet. Ähnliche Konfigurationen wiederholen sich weiter im Südosten am Farah Rod, Gulistan Rod und Khash Rod. In diesem Gebiet fallen die das Hochland begrenzenden Gebirgsgruppen, die aus Kalkgesteinen des Jura, der Kreide und des Alttertiärs bestehen, z. T. überaus steil gegen das tiefere Westafghanistan ab, wie Band-i-Farsi (über 3500 m) und Koh-i-Malmand (fast 4200 m).

Zur Abgrenzung Westafghanistans gegen Süden sei hier die Grenze der Provinz Farah zu Nimroz und Helmand herangezogen, die in etwa die traditionellen Einflußgebiete von Herat und Kandahar trennt. Somit zählen außer dem Farah Rod-Gebiet auch die Bezirke Gulistan, Bakwa und Lash-o-Jowayn, welch letzterer schon das Nordufer der Seen von Sistan einschließt, zu Westafghanistan.

7.5 Westafghanistan

Das Klima Westafghanistans zeigt einen deutlichen Nord-Süd-Gegensatz, abgesehen vom „Wind der 120 Tage", der während des Sommers von Gulran bis Sistan aus nördlicher Richtung weht und oft heftige Staub- oder Sandstürme hervorruft. Die Niederschläge nehmen von Norden nach Süden bzw. von Osten nach Westen ab (Karte 3): von 357 mm pro Jahr in Qala-i-Nau und 242 mm in Herat auf nur 100 mm in Farah. Dementsprechend unterscheiden sich die charakteristischen Landschaftstypen: in Badghis und Gulran ist es die Lößsteppe mit teilweise noch dichten Pistazienfluren, südlich Herats die Wüste. Hier kann Regenfeldbau allenfalls an nordseitigen Hängen mit geeigneten Böden oberhalb etwa 1500 m getrieben werden. Im übrigen beruht der Anbau auf Bewässerung, wobei sich die extremen jahreszeitlichen Abflußschwankungen der Flüsse äußerst nachteilig auswirken (vgl. Farah Rod und Khash Rod in Tabelle 4). Deshalb nimmt von Herat südwärts die Grundwassernutzung durch Kareze zu.

7.5.2 Bevölkerung und Wirtschaft

Westafghanistan war 1978 mit 10 Ew./qkm weit unterdurchschnittlich bevölkert (Tabelle 27). Die Bevölkerung ist entsprechend den unterschiedlichen ökologischen Gegebenheiten ungleich verteilt. Mehr als 40% entfielen allein auf die dichtbesiedelte Hari Rod-Oase von Herat, 9% auf die Farah Rod-Oase um Farah, 7% auf die Oase von Shindand am Harut Rod, der Rest auf die vielen kleineren Oasen und das Regenfeldbaugebiet im Norden.

Die ethnische Struktur der Bevölkerung stellt sich in Westafghanistan noch komplexer dar als im Norden des Landes. Dies ist ein Ergebnis wiederholter Erhoberungen und Überschichtungen, durch welche fremdvölkische Zuwanderer in persische Sprache und Kultur eingeschmolzen wurden, gehört doch Westafghanistan zum alten persischen Kulturraum. Auch ein Teil der dortigen Paschtunen unterlag seit dem 19. Jh. der Farsifizierung.

Außer Paschtunen und Tadschiken oder Farsiwan, darunter zahlreiche Schiiten, sind halbseßhafte oder nomadisierende Aimaq stark vertreten. Zwei den Chahar Aimaq zugerechnete Gruppen, nämlich Jamshidi und Hazara von Qala-i-Nau, nehmen das Lößbergland von Gulran bis Qades ein. Auch die übrigen Aimaq, wie Taimuri, Zuri und Maliki, leben überwiegend im Norden Westafghanistans, doch finden sich z. B. Zuri auch am Farah Rod. Rechnet man noch Belutschen, Turkmenen und kleine Gruppen von Moghol, Arabern und Qipchak hinzu, so ergibt sich eine verwirrende ethnologische Vielfalt, die freilich durch die genannte Farsifizierung gemildert wird. Dies kommt auch in einem Phänomen zum Ausdruck, das besonders in den engen Qala-Dörfern bei Herat festgestellt wurde: eine geringe räumliche Segregation der verschiedenen Ethnien, mitbedingt durch den häufigen Wechsel der dort wohnenden Pächter und Landarbeiter (GRÖNHAUG 1978).

Vor allem die Wasserknappheit macht Westafghanistan zu einem Raum mit sehr beschränkten landwirtschaftlichen Ressourcen. Agrarüberschüsse werden nur in geringem Maße erzielt: Baumwolle um Herat und bei Bala Murghab, Obst und Weintrauben in der Hari Rod-Oase, Weizen in Badghis. Im übrigen nehmen Weizen und Gerste den weitaus größten Teil der Ackerflächen ein, die durchweg nur teilbewässert werden können. Großgrundbesitz kam bis 1979 häufig vor, namentlich bei Herat und Farah. Anders als in Nord- und Nordostafghanistan war er durch den Besitz ganzer Dörfer, Absentismus der Eigentümer und deren häufige Entfremdung von den fluktuierenden Pächtern gekennzeichnet. Darin ähnelte er den früheren Verhältnissen im benachbarten Iran, ebenso wie durch den mit ihm verknüpften Typ der Pächtersiedlung, eines ummauerten Qala-Dorfes mit dichtgedrängten Kuppeldachhäusern.

Trotz der ökologischen Ungunst ist die zumeist von Nomaden betriebene Viehweidewirtschaft selbst in den Wüsten Westafghanistans weit verbreitet. Während im Lößbergland von Badghis Karakulschafzucht betrieben wird, werden in den Provinzen Herat und Farah Fettschwanzschafe gehalten. Die Tragfähigkeit der Weiden läßt allerdings von Nord nach Süd rapide nach: Schon im Umkreis der unteren Hari Rod-Oase bei Ghoryan beträgt sie nur mehr 40% des für Gulran ermittelten Wertes, nämlich 2,03 ha statt 0,8 ha Weidefläche pro Mutterschaf (MCARTHUR u. a. 1979). Mit der Verschärfung des ökologischen Gegensatzes zwischen Bewässerungsland und Wüste nimmt auch der sozioökonomische Unterschied zwischen Ackerbauern und Nomaden gegen Süden zu (GLATZER 1982).

Den wenigen größeren Oasen entspricht in Westafghanistan eine sehr geringe Zahl von Städten. Außer Herat, dem schon seit frühhistorischer Zeit dominierenden Zentrum des ganzen Raumes, verdienen nur Shindand, Farah und Qala-i-Nau die Bezeichnung Stadt. Herat verdankte seine hervorragende Stellung weniger dem ökonomischen Potential seiner Oase als der günstigen Lage im Fernverkehr. Shindand und Farah waren in erster Linie Mittelpunkte für die umliegenden Oasen und erst in zweiter Linie Etappenorte auf dem Wege von Herat nach Kandahar und Sistan. Beide sind durch die verkürzte Trassenführung der neuen Betonstraße Kandahar–Herat ins Abseits geraten, Farah freilich weit mehr als Shindand.

Durch diese moderne Fernstraße und ihre Anschlüsse an die Grenzen zur Sowjetunion (Torghundi) und zu Iran (Islam Qala) hat sich die Verkehrslage Herats und seines Raumes entscheidend verbessert. Bis 1863 zwischen Persien und Afghanistan umstritten und zeitweise selbständig, führte Westafghanistan im afghanischen Staat zunächst ein selbstgenügsames Sonderdasein (ARENS u. a. 1974). Erst nach dem Anschluß an das moderne Autostraßensy-

7.5 Westafghanistan

stem nahmen Marktproduktion und wirtschaftliche Außenbeziehungen allmählich zu, wie an den steigenden Produktionsziffern für Baumwolle abzulesen ist (Tabelle 13). Allerdings vermochte Westafghanistan (wie auch Nimroz) seit Ende der 60er Jahre aus dem wirtschaftlichen Aufschwung Irans Nutzen zu ziehen. Legale und illegale Gastarbeit und ein umfangreicher Viehschmuggel ins Nachbarland brachten bedeutende Einkommenstransfers, an denen auch ärmere Bevölkerungsgruppen partizipierten.

Im Rahmen des Siebenjahresplans wurde schließlich damit begonnen, Herat zum Industriestandort auszubauen, wobei die dort erzeugten Industriegüter vor allem dem Export nach Iran dienen sollten. Doch die Ereignisse in Iran und Afghanistan vereitelten die Verwirklichung dieser Absichten. Gleiches trifft für das großangelegte *Viehzuchtprojekt Herat* zu, das 1974 begonnen wurde.

Dieses durch die Weltbank finanzierte Vorhaben sah die Förderung der Schlachtviehhaltung in ganz Westafghanistan vor. Viehhalter, großenteils Nomaden, in den Provinzen Herat, Badghis, Farah und Ghor sollten im Rahmen fester Verträge ein modernes Schlachthaus bei Herat mit Lebendvieh beliefern. Die hierfür eigens gegründete „Herat Livestock Development Corporation" sollte im Verein mit staatlichen Behörden ein umfangreiches Bündel von Maßnahmen durchführen, von Kreditgewährung und Qualitätskontrolle über Futterpflanzenanbau und Erschließung von Viehtränken bis zur veterinärmedizinischen Betreuung der Tiere und zur Bildung von Viehzuchtgenossenschaften. Gerade dieses letztgenannte Ziel und der starke äußere Druck zur Seßhaftwerdung veranlaßte viele Nomaden, sich dem Projekt zu entziehen. Dies und andere Fehlschläge bewirkten, daß das ehrgeizige Programm, dessen ökonomisch-organisatorische Ansprüche zu hoch gesteckt waren, schon in eine Krise geriet, ehe es in den Kämpfen ab 1979 zusammenbrach. Ob sein selten ausgesprochenes Nebenziel – den infolge des enormen Preisgefälles umfangreichen Viehschmuggel nach Iran einzudämmen – bis dahin erreicht wurde, ist nicht bekannt (RELLECKE 1977; TAVAKOLIAN 1982).

Auch andere Projekte wurden in Westafghanistan in Angriff genommen, besonders in dessen nördlichem Teil, doch handelte es sich eher um punktuelle Vorhaben. Hier ist an erster Stelle das Salma-Projekt am Hari Rod zu nennen (s. S. 324f.), ferner die Erschließung des Kohlenvorkommens am Sabzakpaß mit tschechoslowakischer Hilfe sowie der Ausbau der Barytgewinnung bei Sanglan, etwa 60 km nordwestlich von Herat, die dem Export in die Sowjetunion diente.

Alles dies macht deutlich, daß der Raum Herat im Begriffe stand, erstmals an der modernen Wirtschaftsentwicklung des Landes teilzuhaben und seine alte Rolle als ökonomisches Bindeglied zu Iran erneut zu übernehmen, als die Folgen des Umsturzes von 1978 fast alle anfänglichen Erfolge zunichte machten.

7.5.3 Das nördliche Westafghanistan: Die Landschaft Badghis

Die *Landschaft Badghis* umfaßt das niedrige Lößbergland vom Hari Rod im Westen bis nahe der Ebene von Qaysar–Chechaktu im Osten, vom Band-i-Badghisat–Safed Koh im Süden bis zur sowjetischen Grenze im Norden. Sie schließt also nicht nur die Provinz Badghis ein, sondern auch die westlich angrenzenden, zur Provinz Herat gehörigen Bezirke Gulran und Kushk. Dieses ganze Gebiet bildet einen recht einheitlichen Naturraum: Es ist Steppenland mit reicher Gras-, Strauch- und Baumvegetation, wobei der Pflanzenwuchs mit den Niederschlägen nach Norden und Süden allmählich abnimmt und damit auch die Möglichkeit des Regenfeldbaus. Dieses ökologisch so begünstigt erscheinende Gebiet unterliegt aber auch Nachteilen und Gefahren. Im Sommer und Herbst herrscht über weite Strecken Wassermangel, ja Wasserlosigkeit, und während der Regenzeit kommt es in den kaum verfestigten quartären und tertiären Sedimenten zu Rutschungen und murenartigen Massenbewegungen. Die wenigen ständig fließenden Bäche führen zudem meist bitteres oder salziges Wasser, was in der häufigen Bezeichnung *Shorab* („Salzwasser") zum Ausdruck kommt.

Die seßhafte Bevölkerung der Landschaft Badghis (über 280000 Ew. 1978) lebt hauptsächlich nahe dem Gebirgsfuß des Paropamisos und in den Tälern von Murghab und Kushkfluß. Die durchschnittliche Dichte von 10 Ew./qkm erhöht sich im Winter durch die zahlreichen Nomaden im *chol* (vgl. Karte 9b). Auffallend ist die ethnische Vielfalt der Bevölkerung, die beim Blick auf eine ethnologische Karte ins Auge springt (z. B. ORYWAL, TAVO 1983). Von Osten nach Westen folgen mehrheitlich Paschtunen (am Murghab), Hazara von Qala-i-Nau, Jamshidi (um den Kushkfluß) und Taimuri (in Gulran) aufeinander, jeweils durchsetzt von kleineren Gruppen von Belutschen, Turkmenen und Aimaq. Diese ethnische Heterogenität ist ein Ergebnis komplizierter Wanderungsprozesse teils freiwilliger, teils zwangsweiser Art, die sich hier zwischen 1880 und 1930 abgespielt haben.

Um 1880 gab es im größten Teil von Badghis kaum feste Siedlungen, aber zahlreiche Ruinen und Reste alter Bewässerungssysteme – vermutlich Spuren der Verwüstung durch die Kriege zwischen Safawiden und Usbeken im 17. Jh. (ADAMEC 1975). Badghis war damals Nomadenland und ständig bedroht von räuberischen Turkmenen. Diese Bedrohung hörte erst um 1886 nach der russischen Eroberung von Merv auf. Zu dieser Zeit war der Zustrom paschtunischer Nomaden in das politisch-demographische Vakuum an der afghanischen Nordwestgrenze schon in vollem Gange (YATE 1888; N. TAPPER 1973). Er machte den Raum um Bala Murghab und Ghormach zum größten und geschlossensten paschtunischen Siedlungsgebiet im Nordwesten Afghanistans. Die heutige turkmenische Enklave von Marichaq nördlich von Bala Murghab ist eine Neugründung von Flüchtlingen nach 1920 (PLANHOL 1976a).

Die Landwirtschaft von Badghis stützt sich in erster Linie auf zwei Zweige: den Regenfeldbau, der in feuchten Jahren beträchtliche Überschüsse

7.5 Westafghanistan 321

an Weizen erbringt, und die Viehweidewirtschaft, die von Voll- und Halbnomaden wie von seßhaften Ackerbauern betrieben wird. Badghis zählt zu den Gebieten mit besonders hohen Viehbeständen und Bestockungsdichten (Karte 13). Seine wichtigsten Weideareale liegen im nördlichen *chol* (Winterweide) und auf der Nordseite des Paropamisos, dessen sanft abdachende Schichtflächen – z. B. östlich des Sabzakpasses – vorzügliche Sommerweiden abgeben. Eine Sonderstellung nimmt das gutbewässerte Murghabtal um Bala Murghab ein. Hier hatte sich seit den 60er Jahren der Baumwollanbau in einer Weise ausgebreitet, daß man 1977 daranging, in Bala Murghab eine Baumwoll-Entkernungsfabrik zu errichten. Schließlich bietet das Sammeln von Pistaziennüssen vielen Bewohnern von Badghis einen lukrativen Nebenerwerb. Die Provinz Badghis meldet die größten Pistazienbestände des Landes, die besonders das Bergland zwischen Qala-i-Nau und oberem Kushktal einnehmen. Hier stehen noch regelrechte Pistazienwälder *(pistalik)*, durch welche die „Straße" Qala-i-Nau–Kushk-i-Kohna hindurchführt, einer der schlechtesten Fahrwege ganz Afghanistans. Dieses entlegene Gebiet verwandelt sich während der Erntezeit in ein Heerlager von Pistaziensammlern.

Die unzulängliche Verkehrserschließung stellt eines der größten Hemmnisse für die Entwicklung der Landschaft Badghis dar. Zwar wird das Gebiet im Westen von der Betonstraße Herat–Torghundi gequert, doch der größere östliche Teil ist nur durch den Fahrweg Herat–Qala-i-Nau–Bala Murghab–Maymana erschlossen, das schwierigste Stück der nördlichen Ringstraße. Darunter hat auch die Hauptstadt der Provinz Badghis, *Qala-i-Nau*, gelitten. Die heutige Stadt, eine Neugründung der frühen 30er Jahre, zählte 1979 über 5000 Ew. und machte, obwohl mit städtischer Infrastruktur eher dürftig ausgestattet und unter Wassermangel leidend, einen modernen und lebhaften Eindruck. Doch waren die kommerziellen Aktivitäten in seinem Basar einer deutlichen Saisonalität unterworfen, da sich zahlreiche Händler aus Herat, Kandahar, Kabul usw. nur zeitweise hier aufhielten (DE PLANHOL 1976b). Darin äußerte sich die schmale demographische und ökonomische Grundlage des Raumes um Qala-i-Nau, aber auch seine Verkehrsentlegenheit. Ähnliche Probleme bestanden auch in den Basar- und Verwaltungsorten Bala Murghab und Ghormach.

7.5.4 Herat und die Hari Rod-Oase

Die große Hari Rod-Oase, die sich von Chesht-i-Sharif bis etwas nordwestlich von Ghoryan erstreckt, zählte 1978 eine halbe Million Einwohner, wovon über ein Viertel auf die Stadt Herat entfielen.

Herat liegt 5 km nördlich des Hari Rod auf einer hochwassersicheren Terrasse inmitten der Oase nahe deren Nordrand und wird seit alters durch

322 7 Landschaften und Städte Afghanistans

	Dichte städtische Bebauung (meist traditionell)	⊠ Sarays und Märkte	0 200 400 600 800 1000 m
	Lockere städtische Bebauung (meist Bungalowstil)	— Basarladenzeile	
	Ländliche und halbstädtische Bebauung (mit Garten- und Ackerflächen)	⚭ ⊡ Moschee	
		o o Türme der Musalla	Grundlagen: Stadtplan „City of Herat" 1:5000 und Kartierungen des Verfassers 1971 und 1973
	Großgewerblich genutzte Flächen	E Elektrizitätswerk	
	Parkanlagen, Grünflächen	K Kino	
		S Stadion	
	Friedhöfe	T Tankstelle	Entwurf: E. Grötzbach
	Flächen mit öffentl. Einrichtungen	Z Zitadelle	Zeichnung: Ch. Grätsch

Karte 39: Herat (aus GRÖTZBACH 1979).

Kanäle mit Wasser aus dem Fluß versorgt. Die Altstadt, ein Viereck von etwa 1,3 mal 1,5 km Seitenlänge, nimmt unzweifelhaft einen sehr alten Siedlungsplatz ein (STACK 1975).

Im Schnittpunkt der ständig wechselnden Machtzentren in Iran, Turan, Afghanistan und Nordwestindien befindlich, unterlag Herat im Laufe seiner Geschichte häufigen Eroberungen und Zerstörungen, so durch die Mongolen 1222, durch Timur Leng 1383 und zuletzt durch den afghanischen Emir Dost Mohammed Khan 1863. Dank seiner isolierten und gleichzeitig verbindenden Lage als Knotenpunkt wichtiger Karawanenwege kam es immer wieder zu neuer Geltung. Hauptstadt eines bedeutenderen Reiches war Herat nur unter den Timuriden im 15. Jh., die es zum damaligen Mittelpunkt persisch-türkischen Geistes- und Kunstlebens machten. Kurz danach fiel die Stadt an die persischen Safawiden und im frühen 18. Jh. an nomadische Durrani-Stämme, die ihren Niedergang herbeiführten.

Im 18. und 19. Jh. bildete Herat einen ständigen Zankapfel zwischen Persern und Afghanen und war zeitweise de facto selbständig, bis es im afghanischen Einheitsstaat aufging. Dem wechselvollen politischen Schicksal entsprechend, unterlagen Einwohnerzahl und wirtschaftliche Entwicklung Herats noch im 19. Jh. großen Schwankungen. 1885 war es zu einer stagnierenden Provinzstadt von 17 600 Ew. abgesunken, davon über 10 000 Farsiwan, 6000 Paschtunen und 1200 Juden (KAKAR 1979). Noch im Ersten Weltkrieg bestand es nur aus der ummauerten Altstadt (NIEDERMAYER & DIEZ 1924).

Die moderne bauliche Entwicklung Herats setzte in den 20er Jahren allmählich ein, und ab Ende der 30er Jahre folgte der weite Neustadtkomplex im Osten (Karte 39). Diese städtebauliche Modernisierung entbehrte allerdings eines entsprechenden wirtschaftlichen Entwicklungsschubs. Die Bewohner der neuen, z. T. im Bungalowstil errichteten Wohnviertel (Bild 11) waren erfolgreiche Außenhandelskaufleute, Großhändler, Großgrundbesitzer und hohe Beamte, repräsentierten also völlig die traditionelle rentenkapitalistische Oberschicht, die nunmehr die Altstadt verließ. Bis in die 70er Jahre behielt Herat seine traditionelle Wirtschaftsstruktur bei, weshalb ENGLISH (1973) es als spätes Exempel der „präindustriellen Stadt" darstellen konnte. Trotzdem nahm die Bevölkerungszahl Herats auf 140 000 (1979) zu, womit es an dritter Stelle unter den afghanischen Städten stand. Nach Sprache, kultureller Tradition und Konfession – ein Viertel seiner Bewohner sollen Schiiten gewesen sein – eine stark persisch geprägte Stadt, hat sie auch viele paschtunische Zuwanderer aufgenommen und sprachlich assimiliert.

Die Hauptfunktion Herats bestand 1978' noch immer darin, kommerzieller Mittelpunkt Westafghanistans zu sein. Sie äußerte sich vornehmlich im Basar, dessen 5400 Läden, Werkstätten, Saray, Restaurants usw. eine Vielzahl von Handels-, Handwerks- und Dienstleistungsbranchen umfaßten. Während um den *chahar suq* im Kern des alten Basars überwiegend traditionelle, aber hochwertige Waren angeboten wurden, konzentrierten sich moderne, z. T. recht anspruchsvolle Güter in den nördlichen Basaren. Herat verfügte über ein hochentwickeltes altes Handwerk, das namentlich durch seine Seiden- und Baumwollweberei, Silberschmiede und Glaswarenherstellung bekannt war. Ein wichtiger Teil des kommerziellen Lebens spielte sich abseits der belebten Basargassen in den Großhandels-Saray ab, wo Baumwolle, Obst, Pistazien, Belutschteppiche und andere Erzeugnisse gehandelt wurden, aber auch auf den Märkten (Bild 12).

Herat gewann seit Ende der 60er Jahre auch Bedeutung für den Touristenverkehr. Die Stadt bot eine Anzahl sehr bemerkenswerter kunsthistorischer Sehenswürdigkeiten, voran die ghoridisch-timuridische Große Moschee *(masjid-i-jami)* mit ihrer schönen Dekoration aus gebrannten Kacheln und Mosaiken, die Reste der *musalla* mit ihren Minaretten und dem Grabmal der Königin Gauhar Shad nördlich der Stadt, das große *zyarat* von Gazergah weiter im Nordosten, ferner die Ruinen von Stadtmauer, Zitadelle, Zisternen usw. Ein Teil dieser Kulturdenkmäler sollte mit Hilfe der UNESCO und Saudi-Arabiens vor dem Verfall bewahrt werden, doch mußte das Konservierungsprogramm 1983 oder 1984 eingestellt werden.

Auch für Herat lag, ähnlich wie für Mazar-i-Sharif, seit 1963 ein Generalbebauungsplan vor, der einen überaus großzügigen Ausbau der Stadt bis 1987 vorsah (NAJIMI 1988). Doch schon unter normalen Verhältnissen mußte seine Zielprojektion von 290000 Ew. völlig unrealistisch erscheinen, fehlte ihm doch eine adäquate ökonomische und infrastrukturelle Basis (GRÖTZBACH 1979). Herats Infrastruktur wurde zwar im Laufe der 70er Jahre modernisiert, ließ aber noch immer zu wünschen übrig. Während die Trinkwasserversorgung durch ein aus Tiefbrunnen gespeistes Leitungssystem entscheidend verbessert wurde, gab es elektrischen Strom aus Dieselaggregaten nur in den Abendstunden.

Mitte der 70er Jahre begann man, Herat zum Industriestandort auszubauen. 1978 wurde nach zweijähriger Bauzeit durch eine deutsche Firma ein Schlachthaus etwa 10 km nordwestlich der Stadt fertiggestellt, das Bestandteil des großen Viehzuchtprojektes war (s. S. 319). Eine 1976 in Angriff genommene Zementfabrik 22 km westlich der Stadt blieb jedoch unvollendet, eine zur gleichen Zeit begonnene Baumwolltextilfabrik 12 km südlich Herats soll schließlich 1985 in Betrieb genommen worden sein (KNT v. 18. 5. 85).

Die wichtigste Voraussetzung für eine Industrialisierung im Raum Herat, eine ausreichende Elektrizitätsversorgung, ist bislang unerfüllt geblieben. Sie sollte durch ein Hydrokraftwerk bei Salma am Hari Rod gewährleistet werden, nachdem andere Alternativen (HOTTES 1976) verworfen worden waren. Das *Salma-Projekt*, das im Siebenjahresplan enthalten war, sieht den Bau eines großen Staudammes etwa 175 km östlich von Herat wenig oberhalb von Chesht-i-Sharif vor. Er soll die Irrigationswasserzufuhr für die Oase von Herat regulieren und das Kraftwerk von 40 MW speisen. Nach mehrjährigen

7.5 Westafghanistan

Vorarbeiten wurde 1979 mit dem Bau des Dammes begonnen, zu dessen Finanzierung sich Saudi-Arabien bereit erklärt hatte. 1983 waren die Arbeiten noch im Gange, mußten aber wenig später eingestellt werden.

Die Ausbauziele für Herat sind durch die schweren Kämpfe in und um die Stadt faktisch in ihr Gegenteil verkehrt worden. Seit dem Herater Aufstand und seiner blutigen Niederschlagung im Frühjahr 1979 hat die Stadt, deren Kern durchweg von Mujahedin gehalten wurde, schwere Zerstörungen erlitten. Auch die Große Moschee und andere Kunstdenkmäler sind dabei beschädigt worden. Ein Großteil der Bewohner flüchtete (überwiegend nach Iran), so daß die Bevölkerungszahl der Stadt 1987 nur mehr einen Bruchteil jener von 1979 ausmachte.

Die *Hari Rod-Oase* läßt sich in zwei Teile gliedern. Ihr oberer, etwa 80 km langer Abschnitt, der flußab bis zur Einmündung des Kawghan bei Marwa reicht, trägt den Charakter einer bis 5 km breiten Taloase. Hier liegt das Bewässerungsland nur wenige Meter über dem Flußbett auf Terrassen, wo Wasser reichlich zur Verfügung steht. Deshalb bilden hier, zwischen etwa 1600 m und 1200 m, Weizen, Gerste, Reis und Baumwolle die wichtigsten Früchte. Auch Obst- und Rebkulturen sind verbreitet, namentlich in Kleinbetrieben bei Obeh. Doch kam daneben auch Großgrundbesitz mit Eigentum an ganzen Dörfern vor (TOEPFER 1972).

Durch das Hari Rod-Tal bis etwas oberhalb von Chesht verlief lange Zeit der Durchgangsverkehr auf der Zentralroute über Shahrak und Chaghcharan nach Kabul. Nach dem Einsturz der Brücke über den Hari Rod in den 60er Jahren verlagerte sich ein Großteil des Verkehrs auf die Strecke über Shindand–Tulak. Einen gewissen Zielverkehr zogen allerdings auch Chesht und Obeh auf sich: Chesht-i-Sharif als Sitz eines Sufi-Ordens und als Wallfahrtsort und Obeh durch seine heiße Quelle, die in fast ganz Afghanistan bekannt ist, aber nur gelegentlich von Herat aus besucht wurde.

Ab Marwa weitet sich das Hari-Rod-Tal zur eigentlichen *Oase von Herat*, die bei einer Länge von 115 km bis 25 km Breite mißt und von *dasht*-Flächen gesäumt wird (Karte 40). Durch 21 größere Kanäle wird das Wasser des Hari Rod den Dörfern und ihren Fluren zugeleitet, und zwar in einem Ausmaß, daß das Flußbett im Spätsommer und Herbst mitunter völlig trocken liegt. Die durch die Kanäle bewässerte Anbaufläche betrug 1966–68 rund 73 000 ha; dazu kamen weitere 5600 ha mit Karez- oder Quellbewässerung. Das wichtigste Karezbewässerungsgebiet liegt einige Kilometer östlich von Herat auf dem mächtigen Schwemmkegel des Karukhflusses, die größte Fläche mit Quellbewässerung südöstlich davon jenseits des Hari Rod.

Während Kareze und Quellen das ganze Jahr über ausreichend Irrigationswasser liefern, unterliegen die Flußbewässerungsflächen ähnlichen Problemen wie in den baktrischen Oasen: Ab Juni oder Juli gibt es zuwenig Wasser für Sommer- oder Zweitfrüchte, ein Großteil der Ackerflächen muß

326 7 Landschaften und Städte Afghanistans

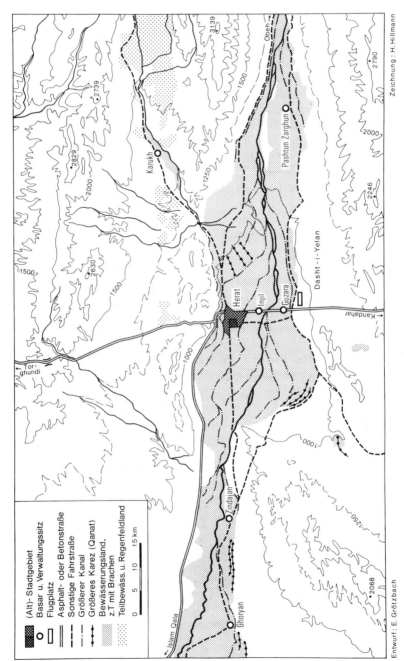

Karte 40: *Herat und die Hari Rod-Oase* (Grundlage: Topograph. Karte 1:250000).

7.5 Westafghanistan

brachliegen, und dieser Zustand verschärft sich gegen das Ende der Kanäle in der unteren Oase. Das wenige Wasser, das im Spätsommer verfügbar ist, wird den Obst- und Weingärten, den Baumwoll- und Gemüsefeldern zugeführt, wogegen Weizen, Gerste und z. T. auch Hülsenfrüchte Winter- oder Frühjahrskulturen sind. Im Normaljahr 1968 lagen nicht weniger als 51 % der gesamten Anbaufläche in der Oase von Herat brach, wobei dieser Anteil im flußbewässerten Land von Osten nach Westen zunahm. Auf den 49 % Erntefläche verteilten sich die Kulturen wie folgt: Weizen und Gerste 35 %, Wein- und Obstgärten 4 %, Hülsenfrüchte 3 %, Baumwolle bzw. Gemüse und Melonen bzw. Klee und Luzerne je 2 %, Reis über 1 % (FAO 1970). Seitdem hat vor allem der Anteil der Baumwolle erheblich zugenommen.

Die einzelnen Kulturpflanzen zeigten unterschiedliche Schwerpunkte ihrer Verbreitung. So konzentrierte sich der Traubenanbau im Bezirk Guzara unmittelbar südlich des Hari Rod bei Herat, wo Kleineigentum überwog. Reis und Baumwolle waren hauptsächlich in den Bezirken Pashtun Zarghun und Guzara verbreitet, wo man über viel Wasser verfügt. Dagegen wurden um Ghoryan fast nur Weizen und Gerste, neuerdings aber auch Baumwolle angebaut (SRI RAM 1970). Zindajan, dessen Obstgärten seit langem einen guten Ruf genießen, ist mit Hilfe der Landwirtschaftsbehörden zu einem Zentrum der Seidenraupenzucht entwickelt worden, das die Herater Seidenwebereien beliefert (REUT 1983).

Die Eigentümerstruktur in der Oase von Herat war 1967 durch ein Überwiegen der Klein- und Kleinstbesitzer gekennzeichnet. Nach der Fläche dominierte jedoch Großgrundbesitz bei weitem, insbesondere in den Bezirken Ghoryan, Zindajan und Pashtun Zarghun. Hier soll der größte Landlord nicht weniger als 6000 ha Land besessen haben. In Ghoryan und Zindajan handelte es sich um absentistische Großeigentümer, die ganze Dörfer von Anteilsarbeitern *(bozgor)* besaßen. Dagegen war im Bezirk Injil in unmittelbarer Nachbarschaft Herats auf städtischem Mittel- und Großgrundbesitz auch die Fixpacht *(ejara)* üblich (VARGHESE 1970b). Die starke Verbreitung des Großgrundbesitzes hatte zur Folge, daß über die Hälfte des Ernteertragswertes durch Pachtabgaben, Schuldzinsen und ähnliche Leistungen aus den Dörfern um Herat in die Stadt abgezogen wurde (GRÖNHAUG 1978) – ein Musterbeispiel für rentenkapitalistische Verhältnisse!

In der Oase von Herat treten einige kulturlandschaftliche Elemente besonders häufig auf: die ummauerten Qala-Dörfer, die (inzwischen meist verfallenen) Windmühlen und die Taubentürme *(kaftar khana)*, die der Düngergewinnung dienen und den Dörfern ein wehrhaftes Aussehen geben. Zudem vollzieht sich etwa 20 km westlich der Stadt ein auffälliger Wechsel in der Kulturlandschaft. Die für Injil und Guzara charakteristische, parkartig lockere Siedlungsweise aus Einzelgehöften, Weilern und Dörfern mit vielen Bäumen macht einer offenen Feldlandschaft Platz, in der kompakte ummauerte Dörfer und Gärten wie Inseln liegen – ein Überbleibsel aus der Zeit, als man sich hier gegen die Angriffe von Nomaden und Persern zu verteidigen hatte.

Unterhalb der Oase von Herat erstrecken sich beidseits des Hari Rod weitläufige *dasht*-Flächen, namentlich die Dasht-i-Hamdamab im Norden und die Dasht-i-Randan im Süden. Sie werden von nomadischen Paschtunen, Belutschen, Arabern u. a. besonders im Winter als Weideland genutzt (McArthur u. a. 1979). Eine ähnliche Stellung nimmt auch das Tal von Karukh ein, das von Herat nordostwärts zum Sabzakpaß in Richtung Badghis führt und das dank etwas erhöhter Niederschläge bereits Steppencharakter zeigt. Deshalb ist hier an nordseitigen Hängen Regenfeldbau möglich (Karte 40). Der Basar- und Verwaltungsort Karukh ist ein bekanntes Wallfahrtsziel. Als Sitz einer religiösen Familie von Hazrats und als ein Zentrum des *naqshbandi*-Ordens übt er weitreichenden Einfluß aus.

7.5.5 Das südliche Westafghanistan

Der südlich der Hari Rod-Oase liegende Teil Westafghanistans ist zwar nach Fläche und Bevölkerung (ca. 330 000 Ew. 1978) größer als Badghis, doch nur spärlich erforscht. Er umfaßt hauptsächlich die *Provinz Farah*, dazu Adraskan und Shindand, das neuerdings zur Provinz Herat gehört. In diesem wüstenhaften Raum stellt die Wassergewinnung das vorrangigste Problem dar.

Die größten Oasen liegen an den Flüssen Harut Rod oder Adraskan (Shindand, Qala-i-Kah) und Farah Rod (Bala Baluk, Farah, Lash-o-Jowayn). Doch die Wasserführung dieser Flüsse unterliegt von Jahr zu Jahr und jahreszeitlich extremen Schwankungen (Tabelle 4). Zeitweise oder streckenweise können die breiten, von Grundwassergehölzen bestandenen Flußbetten völlig trockenfallen und die Kanäle versiegen. Doch geht der unterirdische Abfluß in Form von Grundwasserströmen weiter. Deshalb spielt auch in den Flußoasen die Grundwassernutzung durch Kareze oder Brunnen eine wichtige Rolle. Abseits der größeren Flüsse ist dies die einzige Möglichkeit der Wassergewinnung und Bewässerung, z. B. in Bakwa. Die Unzuverlässigkeit des Oberflächenabflusses zeigte sich besonders drastisch in den Trockenjahren 1970/71, als der Wassermangel dazu zwang, verfallene Kareze zu reparieren und vermehrt Schachtbrunnen anzulegen. 1973/74 zählte denn auch die Provinz Farah nach Katawaz und Kandahar die meisten Dieselpumpen (Grötzbach 1976a).

Infolge der allgemeinen Wasserknappheit kann fast überall nur ein Teil der Ackerflächen pro Jahr angebaut werden, mitunter nur ein Viertel. Die Brachen dienen gleichzeitig einer gewissen Regeneration des Bodens, dem ja kaum Dünger zugeführt wird. Denn Viehdung dient neben verholzten Zwergsträuchern, die namentlich von Nomaden gesammelt und in großer Menge verkauft werden, als Brennmaterial (vgl. Casimir u. a. 1980). Dem-

7.5 Westafghanistan

entsprechend beschränkt sich die landwirtschaftliche Produktion weitgehend auf Getreidebau. Nur dort, wo Kareze oder Quellen auch im Sommer noch Wasser liefern, wie in Anardarrah, Qala-i-Kah und bei Shindand, werden z. T. ausgedehnte Obstkulturen und etwas Mais, Hirse, Baumwolle, Gemüse und Melonen angebaut.

Eine Verbesserung der Landwirtschaft setzt voraus, daß die gewaltigen Abflußspitzen der Flüsse (Farah Rod in Figur 2) gekappt und ausgeglichen werden. Zu diesem Zweck war im Siebenjahresplan ein Staudamm am Farah Rod bei Bakhshabad rund 80 km nordöstlich von Farah vorgesehen. Er sollte die Bewässerung von 26000 ha schon vorhandenen Kulturlandes verbessern, den Anbau von Zweitfrüchten fördern und überdies die Gewinnung von 35000 ha Neuland ermöglichen; dazu war ein Wasserkraftwerk von 19 MW Leistung geplant (MoP 1976). Dieses *Farah Rod-Projekt* war aber 1978 ebensowenig über die Vorstudien hinausgekommen wie das *Bakwa-Projekt*, das die systematische Erschließung und Nutzung der großen Grundwasservorräte in der Dasht-i-Bakwa auf 34000 ha vorsah (ARA 1975).

Die landwirtschaftliche Entwicklung wurde in einigen Teilen der Provinz Farah nicht nur durch das Wasserproblem, sondern auch durch die Besitzverhältnisse bestimmt. In der Farah-Oase, in Bala Baluk, Qala-i-Kah und insbesondere in Lash-o-Jowayn war vor 1979 Großgrundbesitz stark vertreten. Auch hier gab es Eigentum an ganzen Dörfern mit Teilpächtern oder Landarbeitern. Es waren vor allem Großgrundbesitzer, die seit den 50er Jahren Dieselwasserpumpen anschafften, doch beteiligten sich auch kleinere Eigentümer an dieser Innovation, indem sie die Pumpen vermieteten. Diese moderne Grundwassernutzung fand ihren Höhepunkt im alten Karezbewässerungsgebiet von *Bakwa*, wo man dank des hohen Wasserspiegels auch Schöpfräder *(arat)* neu einsetzte. Hier waren Grundherren aus Kandahar und Kabul Träger der Entwicklung, durch welche die Ebene von Bakwa zu einem der dynamischsten Vorposten landwirtschaftlicher Erschließung in Afghanistan wurde, wo sich die Bevölkerungszahl in den 70er Jahren auf 14000 verdoppelte (BALLAND 1988ff., Stichwort „Bakwa").

Die Provinz Farah ist – vom Bezirk Purchaman im zentralen Hochland abgesehen – altes paschtunisches Siedlungsgebiet mit zahlreichen Unterstämmen der Durrani. So leben in den Oasen von Farah und Shindand Nurzai, Achakzai, Barakzai, Ishakzai und Alizai als seßhafte Ackerbauern, doch gibt es in der Umgebung auch nomadisierende Sektionen dieser Stämme. Tadschiken als die wichtigste Minderheit (neben Zuri) beschränken sich auf die Städte und Basarorte und auf wenige Dörfer. Gleichwohl hat ein Teil der westlichen Durrani die persische Sprache übernommen, wie jene von Tujg und Lash-o-Jowayn, von Anardarrah, Qala-i-Kah und Bakwa.

In den beiden einzigen Städten, *Farah* und *Shindand*, dominieren Farsiwan, darunter viele Schiiten. Beide Städte nehmen alte Siedlungsplätze ein, sind aber nach Grundriß und Baubestand Neuanlagen der 30er Jahre. Im 19. Jh. waren sie als Städte kaum existent, hatten sie doch unter den ständigen Kämpfen zwischen Herat und Kandahar schwer zu leiden und lagen größtenteils in Ruinen (FERRIER 1857).

1979 zählte Farah nicht weniger als 19 000 Ew., vermutlich unter Einschluß benachbarter Dörfer. Die Stadt war bis 1964 die wichtigste Zwischenstation für den Fernverkehr auf der alten Straße Herat–Kandahar gewesen. Durch die neue Betonstraße, mit der Farah durch eine 60 km lange Stichstraße verbunden wurde, geriet sie ins Abseits und vorübergehend auch in eine wirtschaftliche Krise. Dazu kam die Bedrohung der Stadt durch Hochwässer des Farah Rod, die wiederholt (z. B. 1972 und 1982) Zerstörungen anrichteten. Gleichwohl übte Farah wichtige zentrale Funktionen durch die Provinzverwaltung und seinen Basar aus, doch erschienen dessen kommerzielle Aktivitäten eher gedämpft (GRÖTZBACH 1979). Ähnlich groß ist der Basar von Shindand (früher Sabzawar), das jedoch als Wohnstadt mit nur 4300 Ew. (1979) weit hinter Farah zurücksteht. Shindand hatte schon vor 1978 besondere Bedeutung durch den großen Militärflugplatz wenig nördlich der Stadt, der später von den Sowjets stark ausgebaut wurde.

Von den kleineren Basarorten sei lediglich *Anardarrah* genannt, das als Quell- und Karezoase völlig isoliert in der Wüste nahe dem Harut Rod liegt. Die 7000–8000 Bewohner dieser quasistädtischen Siedlung lebten größtenteils von auswärtiger Erwerbstätigkeit als Händler, Ladeninhaber, Transportunternehmer, Beamte usw. (auch als Schmuggler), während sich die heimische Landwirtschaft fast nur auf den Obstgartenbau beschränkte (GRÖTZBACH 1974). 1979 ist es durch Luftangriffe weitgehend zerstört worden.

7.6 Südafghanistan

Südafghanistan nimmt nach seiner Fläche mit Abstand die erste Stelle unter den sieben Großlandschaften ein, verzeichnet aber – neben Westafghanistan – die geringste Bevölkerungsdichte (Tabelle 27). Dies ist eine Folge der ausgedehnten Wüsten im Süden des Landes. In keinem anderen Gebiet Afghanistans ist die Aridität so extrem und der Gegensatz zwischen Oasen und Wüste so scharf wie hier (vgl. Karte 3).

7.6.1 Naturraum, Bevölkerung und Entwicklungsprobleme – Das Helmand-Arghandabtal-Projekt

Da die Abgrenzung Südafghanistans gegen Ost- und Westafghanistan bereits zu Beginn der Kapitel 7.1 bzw. 7.5 behandelt wurde, sei hier nur die

7.6 Südafghanistan

Grenze zum zentralen Hochland im Norden kurz diskutiert. Die Ausläufer des Hochlandes und der südafghanischen Beckenlandschaft verzahnen sich zwischen Khash Rod- und Tarnaktal aufs engste und bilden eine breite Gebirgsfußzone. Am Helmand und an seinen Nebenflüssen dringt Flachrelief um 1500 m ü. M. buchtartig ins Hochland ein, das sich südwärts in einzelne, allmählich absinkende Gebirgszüge auflöst. Wo die offenen *dasht*-Flächen des Südens an schroffen Gebirgen oder in Engtalstrecken enden und die für das südliche Hochland bezeichnende Kleinkammerung der Landschaft einsetzt, ist die geomorphologische Grenze zu Zentralafghanistan zu ziehen. Demnach gehören die Provinzen Nimroz, Helmand und Kandahar ganz, Zabul zum größten Teil und Oruzgan nur mit seinem südlichen Drittel zu Südafghanistan.

In der Gebirgsfußzone folgen die Gebirgszüge und Flußläufe im allgemeinen der Nordost-Südwest-Richtung der geologisch-tektonischen Einheiten, insbesondere des Helmandblocks. Er besteht aus permisch-triassischen und kreidezeitlichen Kalken, Dolomiten, Konglomeraten und Vulkaniten, im Arghandabgebiet auch aus einem 250 km langen Massiv kretazischer Granite (WOLFART & WITTEKINDT 1980). Diese Gesteinsserien tauchen im Süden bei 1000 bis 1200 m unter die jungen Sedimente des flachen Helmand- oder Sistanbeckens ab, welche das riesige Gebiet zwischen Shorawak, Kandahar, Farah und der südwestlichen Landesgrenze einnehmen. Während der größere westliche Teil des Beckens mit der Dasht-i-Margo überwiegend aus pleistozänen und neogenen Schottern, Konglomeraten, Sanden und Sandsteinen besteht, bilden holozäne Flugsande die Oberfläche der östlich anschließenden Wüste Registan.

Südafghanistan entwässert fast vollständig zu den Endseen Sistans. Sie erhalten 90 % des Zuflusses aus diesem Raum durch den Helmand, den Rest durch den Khash Rod. Der Helmand und dessen wichtigster Nebenfluß, der Arghandab, die ganzjährig Wasser führen, sind gewissermaßen die hydrologischen Arterien Südafghanistans. Sie liefern das Wasser für die großen Oasen von Kandahar bzw. Girishk bis Nimroz. Am Gebirgsfuß, wo Oberflächenwasser meist nur jahreszeitlich zur Verfügung steht, bietet Grundwasser aus Karezen und Quellen oft die einzige Irrigationsmöglichkeit. Typische Karezbewässerungsgebiete sind Zamin Dawar, Maywand, Daman, das Tarnaktal um Qalat u. a. (HUMLUM 1959; JENTSCH 1970).

Anders als am Nordrand des zentralen Hochlandes hat der Regenfeldbau in der Gebirgsfußzone Südafghanistans kaum Bedeutung. Er beschränkt sich auf lößbedeckte schattige Hänge oberhalb 1500 m, namentlich im Bergland von Zabul. Infolge geringer und unzuverlässiger Niederschläge bildet er hier nur eine ergänzende Kulturart mit erhöhtem Ernterisiko.

Trotz dieser prekären ökologischen Situation lag eines der Zentren vor- und frühgeschichtlicher Kultur im Süden Afghanistans. Dies belegen mehrere Fundorte aus der

Bronzezeit (ca. 4000–1500 v. Chr.) im Gebiet von Kandahar. Deren wichtigster, Mundigak, liegt rund 35 km nnw. Kandahars inmitten einer Dasht (Karte 41). Da der Fluß von Mundigak nur selten Wasser führt und nennenswerte Grundwasservorkommen oder Spuren ihrer Nutzung fehlen, gibt die Lage des Ortes einige Rätsel auf (ALLCHIN & HAMMOND 1978; SNEAD 1978). In frühhistorischer Zeit verschob sich der Schwerpunkt der Besiedlung an den Helmand und ab dem 2. Jh. v. Chr. nach Sistan (BALL & GARDIN 1982). Doch war auch Kandahar ein wichtiges frühes Zentrum.

Die Bevölkerungsverteilung (Karte 6) stellt ein Abbild der jeweiligen hydrologischen Ressourcen dar. Allein in den beiden größten Bewässerungsgebieten – der Helmand-Oase und der Kandahar-Arghandab-Oase – konzentrierte sich 1978 die Hälfte der seßhaften Bewohner Südafghanistans, in Zamin Dawar immerhin ein weiteres Zehntel[33]. Generell gilt, daß die Bevölkerung in der karezbewässerten Gebirgsfußzone räumlich stärker gestreut ist als im flußbewässerten Helmandbecken. Zu den seßhaften Bewohnern kommt im Winter eine beträchtliche Zahl von Nomaden, die hauptsächlich in der Sandwüste Registan und nördlich von Kandahar und Girishk lagern. Dagegen bieten im trockenheißen Sommer nur die Gebirgsfußzone und die Bergländer Zabuls etwas Weide für nomadische Viehherden (Karte 9).

In keiner anderen Großlandschaft trägt die Bevölkerung so einheitliche ethnische Züge wie in Südafghanistan. Schätzungsweise 90% seiner Bewohner sind Paschtunen und hiervon wiederum ein ähnlich hoher Prozentsatz Durrani. Nur das mittlere und nördliche Zabul ist Siedlungsgebiet von Ghilzai. Die wichtigsten Durranistämme und ihre Hauptverbreitungsgebiete sind: Nurzai am Helmand, Barakzai um Kandahar und Girishk, Alizai in Zamin Dawar, Alikozai in Sangin und im Tarnaktal ab Jaldak, Popalzai in Shahr-i-Safa am Tarnak und am Arghandab und Ishakzai um Girishk. Doch lebt ein Großteil dieser Stammesangehörigen räumlich gestreut und durchmischt. Von den übrigen Ethnien finden sich Belutschen und Brahui am unteren Helmand, in Sistan und Shorawak, Tadschiken in Kandahar, Sistan und bei Lashkargah, Qizilbash, Hindus und Sikhs in Kandahar. Dagegen sind die Hazara aus Südafghanistan, wo sie in der Gebirgsfußzone bis ins 19. Jh. vermutlich noch die Mehrheit der Bevölkerung bildeten, verdrängt worden. Der paschtunische Vorstoß nach Norden begann im 18. Jh. und endete nach dem großen Aufstand der Hazara von 1892/93 mit deren Flucht oder Vertreibung. Seitdem reicht der paschtunische Siedlungsraum bis an die Engtäler und sperrenden Gebirgszüge im Norden, nimmt also auch das südöstliche zentrale Hochland ein, z. B. um Oruzgan-Ort.

---

[33] Die Bevölkerungsdichtekarte (Karte 7) vermag diese Konzentration nur teilweise wiederzugeben, weil der Dichtewert in Bezirken, die sowohl volkreiche Oasen als auch große Wüstentrakte umfassen, einen realitätsfernen Durchschnitt darstellt.

7.6 Südafghanistan

Wie der Westen des Landes produziert auch Südafghanistan nur wenig landwirtschaftliche Überschüsse, die außerhalb der Region vermarktet werden. Dabei handelt es sich vor allem um Baumwolle vom Helmand, Obst und Weintrauben von Kandahar, Arghandab und Tirin, Mandeln aus Zabul. Weizen ist auch hier die weitaus häufigste Frucht, doch dient er der regionalen Eigenversorgung. Auch in Südafghanistan sind Brachen weit verbreitet, besonders in den Randgebieten der Flußoasen und auf karez- oder quellbewässertem Land. Sie nahmen im Raum Nauzad–Musa Qala–Zamin Dawar–Maywand und in Daman etwa 50–60 % der Ackerflächen ein, in der Sistanoase sogar bis 80 %. Die Brachflächen sind jedoch seit den 50er Jahren geschrumpft, während der Anbau von Sommerfrüchten enorm zugenommen hat. Deren Anteil am bewässerten Land soll in Südafghanistan 1951–1974 von 15 % auf 40 % gestiegen sein (IECO 1973; USAID 1976).

Die Zunahme des bewässerten Landes und des Sommerfruchtanbaus ist in erster Linie ein Erfolg des *Helmand-Arghandabtal-Projektes (HAP)*, das den landwirtschaftlich wichtigsten Teil Südafghanistans umfaßte. Als das erste, größte und kostspieligste unter den Bewässerungsvorhaben in Afghanistan hat es viel Aufmerksamkeit und viel Kritik gefunden, die ihm freilich nicht immer gerecht wurde. Hier sei es in seiner Gesamtheit skizziert; seine Teilgebiete (vgl. Tabelle 31) werden unter 7.6.2 und 7.6.3 behandelt.

Das HAP ist nicht von Anfang an als umfangreiches regionales Entwicklungsprojekt konzipiert und durchgeführt worden, sondern gewann aus kleinen Anfängen heraus immer größere Dimensionen. Ihm gingen schon seit langem Bemühungen voraus, das alte, z. T. bereits verfallene Kanalsystem am Helmand im Raume Girishk zu erneuern. So wurde 1910–1914 der Saraj-Kanal gebaut, der die Landschaft gleichen Namens östlich von Girishk bewässert. Ende der 30er Jahre wurden japanische Ingenieure beauftragt, den rechten Seitenkanal des Helmand bei Girishk zu erweitern und neu zu trassieren. Während dieser Arbeiten änderte man die Pläne und entschloß sich zur Bewässerung größerer Neulandflächen auf der weiten Terrasse westlich des Helmand. Hierzu war nicht nur ein großer und längerer Kanal (Boghrakanal), sondern auch ein Stauwehr im Helmand notwendig, wozu Afghanistan weder die technische Ausrüstung noch das „Know-how" besaß. Deshalb schloß die afghanische Regierung 1946 einen Vertrag mit der US-amerikanischen Privatfirma Morrison-Knudsen zum Bau von Bewässerungsanlagen im Rahmen des nunmehr so benannten HAP.

Als 1959 das Engagement von Morrison-Knudsen in Afghanistan vertragsgemäß endete, war immerhin ein Großteil der Bauvorhaben fertiggestellt: die Staudämme und Ausgleichsbecken an Helmand und Arghandab, die Einlaufwehre für den Boghrakanal bei Girishk und den Tarnakkanal bei Kandahar, das Boghrakraftwerk, die Verteilerkanäle in den Neulandgebieten Nad-i-Ali und Marja, zahlreiche Straßen, neue Siedlungen u. a. Ein Teil der Bewässerungsanlagen befand sich noch im Bau (Karten 41 und 43). Schon während der Projektarbeiten zeigten sich freilich die Folgen fehlender oder unzureichender Voruntersuchungen von Böden, geologischem Untergrund, Grundwasser etc. in den Neulandgebieten (s. unten).

In der zweiten Etappe des Projektes, die im Zeichen einer gewissen Konsolidierung stand, traten die USA als Partner der Helmand-Arghandab Valley Authority (HAVA, gegr. 1952) auf den Plan, wodurch die amerikanische Unterstützung eine offizielle Note gewann. Die Hauptaufgaben bestanden nunmehr darin, die technischen Maßnahmen fortzuführen und die Ernteerträge zu erhöhen, die im Projektgebiet bislang enttäuschend niedrig geblieben waren. Dieses Ziel wurde z. T. dadurch in Frage gestellt, daß die vermehrte Bewässerung zur Vernässung und Versalzung der Böden geführt hatte, wie in Marja, Nad-i-Ali und bei Kandahar. Damit erhielt der Bau von Entwässerungskanälen und -gräben hohe Priorität, doch kamen diese Maßnahmen nur langsam voran. 1975 schätzte man die entwässerungs- oder entsalzungsbedürftigen Flächen auf über 700 qkm. In Marja galten nicht weniger als 60 %, in Nad-i-Ali 40 %, in Shamalan und Darweshan je 30 % der Areale als stark versalzen (USAID 1975, 1976). 1975 wurde die US-amerikanische Projekthilfe erneuert, und zwar zu dem Zweck, das Vernässungs- und Versalzungsproblem zu lösen. Von den geplanten Teilprojekten nahm man zunächst das Boghra-Darweshan-Entwässerungsvorhaben (Central Helmand Drainage) in Angriff, das bis 1979 im Gange war.

Von 1946 bis 1979 wurden für das Projekt insgesamt fast 200 Mio. $ aufgewendet, wovon über 110 Mio. $ aus US-amerikanischer Hilfe stammten. Davon wurden zwei Staudämme, zwei Stauwehre, etwa 320 km Hauptkanäle, dazu Seitenkanäle und Entwässerungskanäle, 2600 km Straßen und Fahrwege und zwei Wasserkraftwerke gebaut. Etwa im gleichen Zeitraum nahm die bewässerte Anbaufläche im ganzen Helmand-Arghandab-Gebiet (einschließlich des unteren Helmand) von knapp 80 000 ha auf 147 000 bis 160 000 ha zu (ASIEL 1975; USAID 1975; CLAPP-WINCEK & BALDWIN 1983)[34].

Die anvisierte Zunahme der Agrarproduktion stellte sich erst ab 1967 mit der Propagierung von verbessertem Saatgut und chemischem Dünger ein. Hier, insbesondere in der Provinz Helmand, war die Verwendung von Handelsdünger bald am höchsten in ganz Afghanistan (Karte 12), und ähnliches gilt, mit Schwerpunkt um Kandahar, für den Einsatz von Traktoren und Dieselpumpen (GRÖTZBACH 1976a). Innerhalb weniger Jahre erhöhten sich Gesamtproduktion und Flächenerträge z. T. geradezu dramatisch. Die Erzeu-

---

[34] Nicht nur die Schätzwerte für die gesamte Projektfläche, sondern auch jene für die einzelnen Teilgebiete klaffen z. T. beträchtlich auseinander, so für Saraj von 6800 bis 14 200 ha, für Darweshan von 8150 bis 16 300 ha (vgl. auch Tabelle 31). Dies wird in dem kritischen Abschlußbericht amerikanischer Experten (MITCHELL & GARNER 1974) auf das Fehlen von Totalerhebungen und detaillierten Karten im HAVA-Projektgebiet zurückgeführt.

7.6 Südafghanistan

gung von Weizen nahm von 32 000 t (1966) auf 110 000 t (1975) zu, so daß das Projektgebiet nunmehr Weizenüberschüsse erzielte. Die durchschnittlichen Flächenerträge für Weizen stiegen in den Neulandgebieten Nad-i-Ali und Marja auf das Acht- bzw. Dreifache, im altbewässerten Shamalan um 60%, im Arghandabgebiet um 40%, doch blieb ihre absolute Höhe mit maximal etwa 15 dz/ha (in Shamalan und Nad-i-Ali) eher bescheiden. Nur in der östlichen und südlichen Oase von Kandahar nahmen sie wegen der Grundwasserprobleme ab. Gleichzeitig weitete sich der Zweitfruchtanbau infolge verbesserter Bewässerung und Düngung aus. Er nahm 1970 im gesamten Projektgebiet 9% der Anbaufläche ein, wobei er im altbewässerten Raum von Girishk und Sangin–Kajakay Spitzenanteile von 30–32% erreichte. Hauptsächliche Kulturpflanzen waren damals: Weizen mit 66%, Mais mit 8%, Weintrauben mit 7%, Baumwolle bzw. Klee und Luzerne mit je 4% der gesamten Erntefläche (OWENS 1971). Der Wein-, Obst- und Gemüsebau hatte seine Schwerpunkte in der Kandahar-Arghandab-Oase, der Getreidebau in den karezbewässerten Gebieten (einschließlich Damans) und im unteren Teil der Helmandoase (Tabelle 31), der Baumwollanbau am Helmand zwischen Kajakay und Darweshan. In den 70er Jahren hat sich dieses Nutzungsmuster z. T. erheblich verändert, vor allem durch die Zunahme der Baumwollflächen (s. S. 348). Dadurch wurde eine zweite Egrenierfabrik in Girishk – zusätzlich zu jener in Lashkargah – notwendig [35].

Das HAP förderte, über die Entwicklung der Bewässerungslandwirtschaft hinaus, auch den Aufbau einer modernen Infrastruktur, besonders eines Straßensystems und der Elektrizitätserzeugung. Auf das kleine Kraftwerk Boghra bei Girishk folgte erst 19 Jahre später das Kraftwerk am Kajakaydamm (fertiggestellt 1975), durch das Kandahar endlich eine ständige Stromversorgung erhielt. 1978 begann man mit dem Einbau von Toren in die Überlaufrinnen am Kajakaydamm, dessen Staukapazität dadurch von 1,7 auf 2,7 Mrd. cbm erhöht wird, was eine bessere Hochwasserkontrolle und eine Ausweitung des Bewässerungslandes ermöglichen soll (ADB 1974).

Berücksichtigt man die späten Erfolge des Projektes, die sich erst 20–30 Jahre nach seinem Beginn einstellten, so wird man es positiver beurteilen müssen, als manche Beobachter dies taten, z. B. BARON (1975). Abgesehen von allen Mängeln in Planung und Durchführung zeigte das HAP die Merkmale eines Großprojektes, das nur langfristig Erfolg haben kann. Sein Dilemma bestand anfangs darin, daß es Aufgaben stellte, die über die Zuständig-

---

[35] Die letzten Vergleichzahlen für *alle* Teilgebiete des HAP beziehen sich leider auf das Jahr 1970 (OWENS 1971); sie sind in Tabelle 31 wiedergegeben. In den 70er Jahren beschränkte die HAVA ihre Aktivitäten mehr und mehr auf das Helmandtal. Deshalb enthält z. B. die Erhebung von 1975 (USAID/DP 1976) keine Angaben für die Kandahar-Arghandab-Oase mehr.

keiten einer technischen Beratungs- und Baufirma ebenso hinausgingen wie über die Leistungsfähigkeit der afghanischen Behörden. Insofern bietet das HAP ein klassisches Beispiel für einen verfehlten Ansatz, Entwicklung durch Großbewässerungsprojekte zu treiben: „Erst wurden die Dämme gebaut, dann wandte man die Aufmerksamkeit der Melioration des zu bewässernden Landes zu, dann der Untersuchung der Böden, dann der Ausbildung der Neusiedler, dann der Ausbildung der Ausbilder" (BARON 1975, S. 138 – übers. v. Verf.).

Das System der Städte und Basarorte Südafghanistans hat seit der letzten Jahrhundertwende eine beträchtliche Erweiterung erfahren, auch außerhalb des HAP-Gebietes. Waren damals Girishk und Qalat die einzigen zentralen Orte von einiger Bedeutung nach Kandahar (vor allem als Festungen und Verwaltungssitze), so sind seit den 50er Jahren die neuen Provinzhauptstädte Zaranj (Nimroz), Tirin (Oruzgan) und Lashkargah (Helmand) hinzugekommen. Dagegen erlitt Girishk trotz seiner Lage an der Fernstraße Kandahar–Herat einen Funktionsverlust durch die Verlegung der Provinzadministration nach Lashkargah.

7.6.2 Kandahar und das östliche Südafghanistan

Die Oase von Kandahar stellt den alten Kernraum Südafghanistans dar, wie zahlreiche archäologische Stätten belegen. Sie nimmt den größten Teil einer Ebene ein, die im Norden und Nordwesten von einer bis 1500 m hohen Nordost-Südwest streichenden Bergkette aus kretazischen Vulkaniten vom Arghandabtal getrennt wird. Die Ebene dacht zum Duri Rod im Süden ab, der die Grenze zur Wüste Registan markiert (Karte 41). In Ost-West-Richtung nahezu 70 km lang und bei Kandahar 25 km breit, ist sie nach Westen durch breite Durchlässe zwischen den sperrenden Bergen mit dem Arghandabtal verbunden. Da die Umgebung von Kandahar zudem den größten Teil des Irrigationswassers vom Arghandab erhält, erscheint es berechtigt, von einer einheitlichen Kandahar-Arghandab-Oase zu sprechen. Das Wasser wird Kandahar und seinem Umland durch fünf ältere Kanäle und durch den im Rahmen des HAP gebauten Tarnakkanal zugeführt (Bild 13). Die Flüsse Tarnak und Arghestan spielen für die Bewässerung eine geringe Rolle, da sie nur saisonal Wasser führen.

Zeichenerklärung: 1 = Städtische bzw. Altstadt-Bebauung; 2 = wichtiger kleiner Basar; 3 = archäologische Stätte; 4 = Hauptstraße mit Asphalt- oder Betondecke; 5 = Nebenstraße, Fahrweg; 6 = Wasserkraftwerk; 7 = Salzabbau; 8 = größerer Bewässerungskanal; 9 = bewässertes Ackerland; 10 = Obst- und Weingärten; 11 = Sanddünen; 12 = Stausee; 13 = Flugplatz.

7.6 Südafghanistan

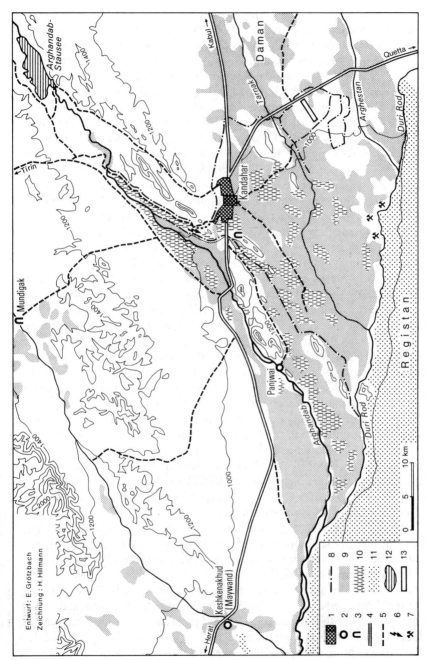

Karte 41: Kandahar und die Arghandab-Oase (Grundlage: Topograph. Karten 1:100 000 und 1:250 000).

Die Altstadt des heutigen *Kandahar* am Nordrand der Oase ist historisch jung. Die Ruinen von Alt-Kandahar (Zor Shahr oder Shahr-i-Kohna) liegen 8 km südöstlich davon am Fuß eines 1300 m hohen, steilen Bergzuges. Diese zeitweise sehr bedeutende Stadt, deren Anfänge in vorachämenidische Zeit zurückreichen dürften, wurde 1738 durch den persischen Eroberer Nadir Khan zerstört. Das heutige Kandahar entstand Mitte des 18. Jh. unter Ahmed Schah Durrani vermutlich nach dem Vorbild des Grundrisses von Herat (Karte 42). Ahmed Schah erhob es zur Hauptstadt seines Reiches, eine Funktion, die es nur bis etwa 1776 ausübte. Im 19. Jh., in dem Kandahar zeitweise de facto unabhängig von Kabul war, stagnierten Wirtschaft und Bevölkerungszahl. Ein Zensus von 1891 ergab 31 500 Ew., unter denen die Farsiwan als größte Gruppe, aber auch Hindus und Sikhs stark vertreten waren. Letztere beherrschten den Fernhandel mit Indien, insbesondere mit Shikarpur in Sindh, und z. T. auch jenen nach Herat und Persien (ADAMEC 1980).

Die moderne Entwicklung Kandahars begann in den 30er Jahren mit dem Bau der westlichen Neustadt Shahr-i-Nau, und ab 1954 folgte das Viertel von Manzel Bagh im Nordosten. Der moderne Ausbau vollzog sich also entlang der Ost-West-Achse, da die *dasht*-Flächen nördlich der Altstadt als weitläufige Friedhöfe und das durch Gemüseanbau genutzte Gebiet im Süden wegen seines hohen Grundwasserstandes nicht in Frage kamen. Insgesamt verlief die städtebauliche Modernisierung in Kandahar zögernder als in Herat, denn die paschtunische Oberschicht war hier in geringerem Maße bereit, die Altstadt zu verlassen. Diese zeigte deshalb noch in den 70er Jahren ein relativ konstantes traditionelles Sozialgefüge, das durch die räumliche Segregation von Angehörigen unterschiedlicher Stämme, Ethnien und Religionsgruppen gekennzeichnet war, ähnlich wie schon im 19. Jh. (WIEBE 1978). In den modernen Neustädten ließen sich vor allem zugezogene Landbesitzer, höhere Beamte und wohlhabende Hindu- und Sikh-Kaufleute aus der Altstadt nieder. Die älteren, stark gewachsenen Dorfkerne mit ihrer dichten, halbstädtischen Bebauung östlich, nordöstlich und nordwestlich der Altstadt wurden zu Wohnquartieren der Unterschicht. Von den 178 000 Ew. Kandahars (1979) entfielen nach WIEBE (1978) über 70 000 auf die enge Altstadt, der Rest auf die äußeren Wohnviertel und auf stadtnahe Dörfer.

Das starke Bevölkerungswachstum Kandahars vollzog sich, wie in Herat, ohne nennenswerte Verbreiterung der wirtschaftlichen Grundlagen. Wie Herat war Kandahar noch in den 70er Jahren eine „präindustrielle" Stadt mit traditionellen Funktionen in Administration, Handel und Handwerk. Seine 5600 Läden, Werkstätten, Bürobetriebe etc. befanden sich überwiegend im Altstadtbasar, dessen Zentrum mit dem hochwertigsten Angebot um den *chahar suq* und nördlich davon lag. Um das Herat-Tor im Westen hatte sich ein Geschäftsviertel für moderne Ansprüche entwickelt, um das Kabul- und das Bardurrani-Tor im Osten spielten sich Kraftfahrzeugreparatur und der regio-

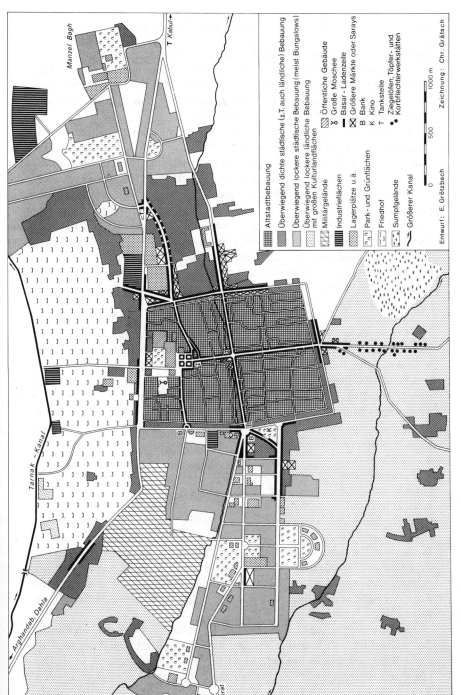

Karte 42: Kandahar (aus GRÖTZBACH 1979).

nale wie auch der überregionale Handel ab. Zu der Stellung Kandahars als zweiter Außenhandelsplatz des Landes trugen nicht nur die traditionsreichen kommerziellen Beziehungen nach Indien bzw. Pakistan bei, sondern auch seine relative Nähe zum Transithafen Karachi, mit dem es durch die über Quetta führende Asphaltstraße verbunden ist.

Wie Herat war auch Kandahar noch in den 70er Jahren als Industriestandort unbedeutend. Neben einer veralteten Wollfabrik gab es eine Obstverwertungsfabrik, die bald nach ihrer Eröffnung 1964 stillgelegt und 1973 reaktiviert wurde, einen Rosinenreinigungsbetrieb und eine größere Gerberei mit zusammen einigen hundert Beschäftigten. 1976 wurde mit dem Bau einer neuen Wollfabrik und einer großen Baumwollweberei (mit Spinnerei und Färberei) begonnen. Die von einer deutschen Firma errichtete Wollfabrik wurde 1979 eröffnet, die Baumwollweberei war 1984 fast fertiggestellt (KNT v. 6. 6. 84), doch hat man sie anscheinend nicht in Betrieb genommen. Die wichtigste Voraussetzung für die neuen Industrieanlagen, eine ausreichende Versorgung mit Elektrizität, war 1977 mit der Fertigstellung der Überlandleitung von Kajakay nach Kandahar erfüllt worden (KT v. 16. 5. 77).

Kandahar verfügte 1978 nur z. T. über eine adäquate städtische Infrastruktur. Die moderne Trinkwasserversorgung war recht rudimentär ausgebaut und die Wasserentnahme aus Brunnen und Kanälen verbreitet. Die medizinische Versorgung verbesserte sich erst 1979 durch ein mit chinesischer Hilfe errichtetes 250-Betten-Hospital, die schulische Ausstattung war eher durchschnittlich. Auch für Kandahar lag seit 1970 ein Bauleitplan vor, der Stadterweiterungen hauptsächlich nach Norden in die Dasht vorsah, freilich unter Aussparung der vorhandenen Friedhöfe. Auch dieser Plan zeigte grundlegende konzeptionelle Schwächen, weshalb ihn WIEBE (1975b) scharfer Kritik unterzogen hat.

Kandahar ist unter allen großen Städten Afghanistans am stärksten paschtunisch geprägt, bildeten doch Farsiwan, darunter zahlreiche schiitische Qizilbash, zuletzt nur mehr eine kleine Minderheit, die vorwiegend im Handwerk tätig war. Seine Bevölkerung gilt als konservativ, religiös und national gesonnen. Letzteres dürfte ein Erbe jener historischen Bewegungen sein, die im 18. Jh., von Kandahar ausgehend, zur Gründung des afghanischen Königreiches führten. Das Grabmal Ahmed Schah Durranis in der nordwestlichen Altstadt und jenes des Mir Wais etwas westlich der Stadt sind denn auch zu einer Art nationaler Wallfahrtsstätten geworden, in erster Linie freilich für Paschtunen.

Es mag die genannte Gesinnung sein, welche die Bevölkerung von Kandahar befähigt hat, der kommunistischen Regierung in Kabul und der sowjetischen Besatzungsmacht besonders hartnäckigen Widerstand zu leisten. Die Mujahedin konnten zwar den größten Teil der Altstadt halten, doch um den Preis schwerer Zerstörungen in Wohnvierteln und Basar. Kandahar dürfte

7.6 Südafghanistan

neben Herat die am stärksten vom Krieg mitgenommene Stadt Afghanistans sein. Hauptstützpunkt der Sowjets war der 16 km südöstlich der Stadt gelegene, mit US-amerikanischer Hilfe gebaute Flugplatz, der – nach seiner Fertigstellung lange Jahre eine „Entwicklungsruine" (s. S. 145) – damit eine nicht vorgesehene Nutzung erhielt.

Die *Kandahar-Arghandab-Oase* ohne die Stadt Kandahar zählte 1978 rund 260000 seßhafte Einwohner, wobei die Bevölkerungsdichte bis über 200 Ew./qkm im Bezirk Dand südlich der Stadt betrug. Die Beziehungen zwischen Stadt und Oase waren überaus eng, nicht nur durch den Pendlerverkehr aus stadtnahen Dörfern und durch die Vermarktung landwirtschaftlicher Produkte, sondern auch durch den Grundbesitz städtischer Eigentümer namentlich an Wein- und Obstgärten. Zwar gab es auch hier Großgrundbesitz, doch erreichte er nicht jenes Ausmaß wie in der Oase von Herat. Allerdings soll absentistischer Grundbesitz in den 60er und 70er Jahren beträchtlich zugenommen haben, und zwar hauptsächlich durch die Abwanderung ländlicher Eigentümer in die Stadt.

Die Kandahar-Arghandab-Oase ist eines der wichtigsten Anbaugebiete für Obst, Wein und Gemüse in Afghanistan (Tabelle 31). Die damit verbundene Vorstellung von einer üppigen Oase bedarf allerdings einer Differenzierung. Sie gilt am ehesten für die ständig bewässerten Areale am Arghandab, wo um 1970 nicht weniger als 80 % der Anbaufläche aus Obstgärten bestanden (Bild 13). Von hier wurden große Mengen an Granatäpfeln, Aprikosen und anderem Obst vermarktet, z. T. auch exportiert. Weinbau wurde vornehmlich in der nordwestlichen und westlichen Oase von Kandahar betrieben, etwa von der Stadt bis in das Gebiet von Panjwai (Karte 41); der Anteil der Rebgärten betrug hier über 40 % der Anbaufläche und war um 1970 im Zunehmen begriffen (BoR 1970). Der Gemüsebau schließlich verdichtete sich südlich der Stadt, war im übrigen aber in der ganzen Oase verbreitet. Abgesehen von diesen Spezialkulturen bildete auch hier der Weizen die Hauptfrucht. In den teil- bzw. karezbewässerten Randgebieten der Oase, besonders in Daman, stieg sein Flächenanteil bis gegen 90 %.

Dem Verlauf der Kanäle entsprechend ändert sich auch hier das Bild der Kulturlandschaft: Im Westen und Nordwesten herrscht dichte Besiedlung, und die Dörfer sind von ummauerten Rebgärten mit luftigen Häusern zur Trocknung von Trauben umgeben; gegen Osten nimmt die Siedlungsdichte ab, wobei die großen, engen Haufendörfer wie Inseln in der offenen Feldflur liegen. Im südlichen und südöstlichen Teil der Oase nehmen Sumpf- oder Salzböden, Grasflächen und weite Torrentebetten der Flüsse große Flächen ein. Seit der Fertigstellung des Tarnakkanals in den späten 50er Jahren haben die versumpften und versalzten Areale in erschreckendem Ausmaß zugenommen. Denn die zusätzliche Irrigationswassermenge bewirkte einen Anstieg des Grundwasserspiegels, der um 1970 bereits im größten Teil der Oase von

Kandahar 2 m und weniger erreichte. Südlich der Stadt mußten deshalb zahlreiche Rebgärten aufgegeben werden, und in den verbliebenen sanken die Erträge ab. Zwar lagen Vorschläge für ein System von Entwässerungskanälen vor (BoR 1970), doch ist nicht bekannt, was davon verwirklicht wurde.

Das moderne Bewässerungssystem der Kandahar-Oase wird vom Arghandab-Stausee gesteuert, der freilich einer raschen Sedimentation unterliegt und in Dürrejahren völlig trockenfällt; er hatte ursprünglich eine Speicherkapazität von 480 Mio. cbm. 15 km unterhalb des Staudammes beginnt der Süd- oder Tarnakkanal, der bei Baba Wali ein kleines Wasserkraftwerk und mit dem dafür abgezweigten Wasser die alten fünf Bewässerungskanäle speist. Oberhalb des Stausees fließt der Arghandab in einem Engtal, das sich erst in Mizan (Provinz Zabul) wieder weitet.

Zabul zählt nach seiner Bevölkerungszahl zu den kleinsten und überdies zu den am wenigsten bekannten Provinzen Afghanistans. Nach Relief, Höhenlage und Klima ein Übergangsraum zwischen Süd- und Ostafghanistan, ist es doch eindeutig dem Regionalzentrum Kandahar zugeordnet. Seine nordwestlichen Bezirke Daychopan und Arghandab werden hier bereits dem zentralen Hochland zugerechnet, dessen undeutlich ausgeprägter Südostrand durch die Höhenzüge westlich des Tarnaktales markiert wird.

Das Tarnaktal, durch das – entlang der früheren Karawanenroute – die Asphaltstraße Kandahar–Kabul verläuft, ist die Verkehrs- und Entwicklungsachse Zabuls. Der Tarnak führt von seiner Quelle bei Muqur bis nahe der Kandahar-Oase fast stets Wasser, doch gibt es in seinem von *dasht*-Flächen gesäumten Tal nur wenig bewässerbares Land. Deshalb spielen die Karez- und Quellbewässerung und, nach Norden zunehmend, auch der Regenfeldbau eine wichtige Rolle. Der Anbau von Weizen zur Selbstversorgung dominiert bei weitem, zudem ist die Provinz eines der führenden Produktionsgebiete für Mandeln. Mandelgärten sind in den 60er und 70er Jahren in großer Zahl neu angelegt worden.

Der Provinzhauptort *Qalat* (früher *Qalat-i-Ghilzai* genannt) ist die einzige Siedlung mit städtischem Charakter. Bis in die 20er Jahre stand hier nur die alte Festung, die dem Schutze des Karawanenweges diente und einen kleinen Basar enthielt. Mit dem Aufkommen des Autoverkehrs bildete sich ein Straßenbasar, ab etwa 1940 allmählich auch eine Wohnstadt, deren Einwohnerzahl bis 1979 auf 6000 stieg. Die Entwicklung Qalats hat unter seiner Lage in einem nur dünn bevölkerten Raum gelitten. Deshalb bestanden Pläne, die Provinzverwaltung nach Shahjoy zu verlegen, das 65 km weiter nordöstlich in einer karezbewässerten Weitung des oberen Tarnaktales liegt. Die Wahl eines optimalen Standorts für die Provinzhauptstadt wird dadurch erschwert, daß ganz Zabul keinen Zentralraum in Gestalt einer größeren Oase besitzt.

Zwischen Tarnaktal und pakistanischer Grenze erstreckt sich ein unübersichtliches, nur schwach besiedeltes und wenig bekanntes Bergland, das die

7.6 Südafghanistan

südliche Fortsetzung des Tertiärberglandes von Paktya und Katawaz bildet. Es wurde entlang der scharf und geradlinig gezogenen Bruchstufe der Chaman-Muqur-Störung herausgehoben und erreicht im Sur Ghar und Bari Ghar Höhen bis 2800 m. Es wird vom Arghestansystem entwässert, dessen Abfluß extremen Schwankungen unterliegt (Tabelle 4). In diesem Raum, der auch die östlichste Provinz Kandahar umfaßt, lebten 1978 rund 90000 Menschen bei einer Dichte von nur 6–7 Ew./qkm, im Norden Ghilzai, im Süden Durrani.

Südwestlich dieses Berglandes schließt die bei 1200–1300 m ü. M. gelegene Senke von Spinboldak an, die vom Duri Rod und seinem Nebenfluß Kadanai zum Arghandab entwässert wird. Hier herrschte – auf der Grundlage von Karezbewässerung – eine etwas höhere Bevölkerungsdichte. Mittelpunkt dieses Gebietes ist die Grenzstation Spinboldak, die dank ihrer Verkehrsfunktion einen gewissen städtischen Ausbau erfahren hat. Südlich von Spinboldak, nur auf einer schlechten Piste zu erreichen, bildet der Bezirk Shorawak den südlichsten Außenposten der Ökumene. Wie schon sein Name besagt, hat er vorwiegend salziges oder bitteres Wasser. Abseits der wenigen Kareze wird Wasser aus Stauteichen oder Brunnen zur Feldbewässerung verwendet. Infolge der Bodenerschöpfung, Versalzung und Sandüberwehung mußten ein Teil des Bewässerungslandes und einige Siedlungen aufgegeben werden, und die Bevölkerungszahl nahm von rund 20000 (1879) auf 8000 (1978) ab. Dabei handelt es sich um Barechi-Paschtunen mit einer Minderheit von Belutschen und Brahui. Die Barechi praktizieren noch immer das alte Umteilungssystem *(wesh)* auf ihrem Ackerland, das als Kollektiveigentum gilt (BALLAND 1988f., Stichwort „Barec").

Zwischen Shorawak, dem Südrand der Kandahar-Oase, dem Helmand und der Südgrenze Afghanistans erstreckt sich die nahezu 40000 qkm große *Wüste Registan* („Sandland"). In ihrem östlichen Teil ist sie von Sanddünen bedeckt, die bis 80 m Höhe erreichen und eine vorwiegend westliche Windrichtung anzeigen. Dagegen besteht das westliche Registan z. T. aus fester Dasht, einer Lehm- und Schuttwüste. Zwar gibt es in dem ganzen Gebiet keine seßhafte Bevölkerung und keine Dauersiedlungen, wohl aber Nomaden mit ihren Viehherden. Sie nutzen im Winter und Frühjahr, wenn sich nach Regenfällen eine reiche Vegetation bildet, große Teile der Wüste. Neben paschtunischen Nomaden, deren Sommerweiden im zentralen Hochland liegen, gibt es Brahui und Belutschen, die den Sommer im südlichen Grenzbergland des 2000 m hohen Chagay Ghar verbringen.

Die wenigen Brunnen von 40–60 m Tiefe führen meist leicht salziges Wasser. Weit wichtiger sind, namentlich im zentralen nördlichen Teil der Wüste, künstliche Teiche *(nawar)*, in welchen hinter hufeisenförmigen Erdwällen Regenwasser gespeichert wird. Im übrigen hat Registan streckenweise eine erstaunlich reiche Strauch- und Halbstrauchvegetation, die als Brennholz genutzt wird. Sie mag auch ein Grund dafür sein, daß in diesem Gebiet noch ziemlich viel Wild vorkommt, vor allem Gazellen (BALSAN 1972; SCOTT 1980).

7.6.3 Das westliche Südafghanistan: Helmandgebiet und Sistan

Unter dem westlichen Südafghanistan sei das Einzugsgebiet des Helmand ohne jenes des Arghandab verstanden, also in etwa die Provinzen Helmand und Nimroz und das südliche Oruzgan. Entlang dem Lauf des Helmand lassen sich in diesem Raum drei Abschnitte unterscheiden: ein oberer Abschnitt bis zum Kajakay-Stausee, ein mittlerer von Kajakay bis Deshu (Deh-i-Shu), wo die durchgehende Helmandoase endet, und ein unterer mit Sistan.

Das obere Helmandgebiet als Teil der Gebirgsfußzone Südafghanistans ist wenig erforscht und kaum bekannt. Sein östlicher Teil umschließt die Bezirke Tirin, Deh Rawud (Derawat), Chora und Kajran, die zur Provinz Oruzgan gehören. Dies ist ein Land weitgespannter Ebenen und Becken, die gegen Süden durch niedrige Gebirgszüge abgeschlossen, aber dennoch durchgängig und gut erreichbar sind. Die Oasen von Deh Rawud und Tirin, die vom Helmand bzw. vom Tirin Rod bewässert werden, stellen die wichtigsten Siedlungskammern dar. Hier konzentrierten sich gegen 150 000 Bewohner, durchweg Paschtunen. Sie produzieren neben Weizen und etwas Reis viel Obst. In den 70er Jahren sind hier zahlreiche neue Aprikosengärten angelegt worden, wo man eine Art *cultura mista* mit Klee- oder Weizenuntersaat betreibt.

Zentrum dieses recht peripheren Raumes ist *Tirin* (auch *Tarin* oder *Tarin Kot*), das erst mit der Erhebung zum Provinzverwaltungssitz Anfang der 60er Jahre städtischen Charakter erhielt. Es besitzt einen lebhaften Basar mit fast 500 Läden und Werkstätten und zählte 1979 rund 4000 Ew., darunter viele Farsiwan. Zwischen Tirin und dem 150 km entfernten Kandahar herrschte reger Autoverkehr, denn die Stadt fungierte als Verteiler nach Deh Rawud, dessen Basar an zweiter Stelle in der Provinz steht, nach Chora und Oruzgan-Ort. Dank der leichten Erreichbarkeit per Straße und Flugzeug ist Tirin seit 1980 ein wichtiger Vorposten der Regierungstruppen bzw. der sowjetischen Besatzungsmacht.

Der westliche Teil des oberen Helmandgebietes besteht aus dem verzweigten Flußsystem des Musa Qala Rod. Mit ihm dringt die von weiten *dasht*-Flächen erfüllte Bucht von Zamin Dawar–Musa Qala–Nauzad tief in die Gebirgsfußzone nach Norden vor. Da die Flüsse als Torrenten höchst variablen Abfluß zeigen, ist die Landwirtschaft dieses Raumes in besonderem Maße auf Kareze und Quellen angewiesen. Die prekäre Wasserversorgung hat besonders bei Nauzad Anlaß zur Abwanderung gegeben.

Die große Helmandoase am mittleren Abschnitt des Flusses, die sich fast

7.6 Südafghanistan

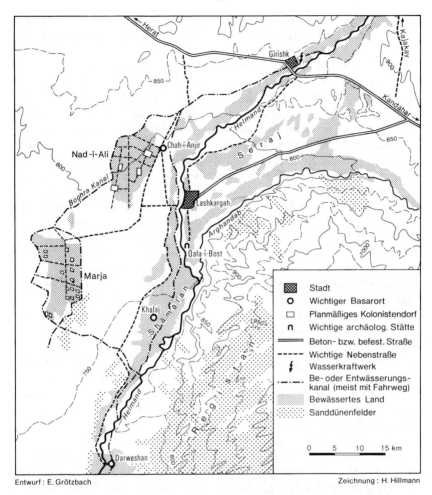

Entwurf: E. Grötzbach Zeichnung: H. Hillmann

Karte 43: Helmand-Projektgebiet bei Lashkargah (Grundlage: Topograph. Karten 1:100 000 und 1:250 000).

ununterbrochen über nahezu 300 km erstreckt, ist in sich stark gegliedert (vgl. Tabelle 31). In ihr lebten 1978 rund 400 000 Seßhafte. Sie gehört zwar insgesamt zum Gebiet des Helmand-Arghandabtal-Projektes (HAP), doch beschränken sich die modernen Bewässerungsanlagen auf ihren zentralen Teil von Girishk bis unterhalb Darweshans (Karte 43). Hier haben drei lange Hauptkanäle die Irrigationsmöglichkeiten erheblich verbessert: der auf dem rechten Ufer bei Girishk beginnende, 75 km lange Boghrakanal, von dem der Shamalankanal (66 km) abzweigt, und linksufrig der Darweshankanal

(56 km). Oberhalb von Girishk, in Saraj und unterhalb des Darweshankanals (in Khanneshin oder Garmsir) hat sich das HAP im schon früher bewässerten Land eher indirekt ausgewirkt.

Auch im Hinblick auf Besitzverhältnisse und Agrarstruktur gab es vor 1979 deutliche Unterschiede. Von Kajakay bis Shamalan waren 80–90% der landwirtschaftlichen Betriebe in der Hand von Eigentümerbauern, und Großgrundbesitz mit Pächtern bildete eher die Ausnahme. Flußabwärts nahm er über Darweshan bis Khanneshin beträchtlich zu, wie an den durchschnittlichen Besitzgrößen abzulesen ist: Sie stiegen von 3,2 ha in Sangin und 5–7 ha in Girishk, Saraj, Nad-i-Ali, Marja und Shamalan auf 9 ha in Darweshan und 38 ha in Khanneshin an (1975). Dementsprechend ging die Intensität der Bewirtschaftung, ablesbar am Anteil der Weizen- und der Doppelernteflächen (Tabelle 31) flußab zurück, während die mit Traktoren gepflügten Flächen auf 60–70% in Darweshan und Khanneshin zunahmen (OWENS 1971; USAID-DP 1975; SCOTT 1980; CLAPP-WINCEK & BALDWIN 1983).

Von Kajakay über Sangin bis etwas unterhalb von Girishk liegt beidseits des Helmand ein Streifen altbesiedelten Landes, wo neben Weizen auch Mais, Reis und Baumwolle wichtige Feldfrüchte und Doppelernten verbreitet sind und Ackerland Spitzenpreise erzielte. Sangin ist ein altes Mohnanbaugebiet, wo Mohn als Winterfrucht vor der Baumwollaussaat eingebracht wird (SCOTT 1980). Die Mohnkultur zur Opiumgewinnung hat dort seit 1979 eher noch zugenommen. Südlich davon liegt die sanft abdachende Ebene von Saraj zwischen unterem Arghandab- und Helmandtal. Saraj ist eine von älteren Kanälen und Karezen bewässerte Landschaft mit unzusammenhängenden Fluren, die z. T. unter Vernässung und Versalzung leiden. Nach anfänglichen Erfolgen hat hier die Agrarproduktion seit den 60er Jahren abgenommen, und ein Teil der Bevölkerung ist abgewandert.

Ähnliche Probleme ergaben sich zeitweilig auch in den Neulandgebieten von Nad-i-Ali und Marja, die gewissermaßen das Herzstück des HAP bilden (Karte 43). Hier, wo vor 1946 noch die Wüste herrschte, lebten 1978 dank der Wasserzufuhr durch den Boghrakanal etwa 70000 Menschen. Dieses Kolonisationswerk sollte der Ansiedlung von Nomaden und landlosen Bauern dienen, doch konnte es sein Ziel nur z. T. erreichen.

Nach Nad-i-Ali kamen die ersten Kolonisten immerhin schon 1951/52, nach Marja 1956/57. In *Nad-i-Ali* wurden für sie vier schematisch angelegte Dörfer mit jeweils 200–400 Häusern errichtet. Doch schon die ersten Jahre brachten ein Fiasko. Denn übermäßige Bewässerung und eine in geringer Tiefe liegende wasserundurchlässige Konglomeratschicht bewirkten einen rapiden Anstieg des Grundwasserspiegels und damit die Vernässung oder Versalzung großer Flächen. Erträge und Ernteflächen gingen zurück, und ein Teil der Siedler, meist ehemalige Nomaden, verließ das Land. Erst ab 1967 besserte sich die Situation etwas dank erster Entwässerungsmaßnahmen, doch konnte man in den 70er Jahren noch immer zahlreiche von Salzausblühungen überkrustete Felder sehen. Etwas weniger dramatisch verlief die Entwicklung in *Marja*, wo man die Erfahrungen von Nad-i-Ali einbringen konnte. Hier legte man, um den innerbetrieblichen Wegeaufwand zu verringern, Kleindörfer und Weiler für die Kolonisten an (R. KRAUS 1975). Außerdem sorgte man für eine effektivere Entwässerung. Dennoch stellten sich ähnliche Probleme ein wie in Nad-i-Ali, weshalb der Tudor-Report für beide Gebiete eine Nutzung als bewässertes Weideland empfahl (TUDOR 1956). Statt dessen wurden in Ost-Marja um 1960 über 2400 ha aufgeforstet, doch kamen die Bäume nur langsam hoch (USAID 1976). Um 1970 hatte sich die Situation in beiden Neulandgebieten so weit gebessert, daß auf einem beträchtlichen Teil der Flächen sogar Zweitfrüchte angebaut werden konnten (Tabelle 31).

Noch 1973 war das Zwischenergebnis des Kolonisationsprozesses alles andere als überwältigend: gegen 5500 Neusiedlerfamilien, wovon mindestens 500 wieder abgewandert waren. Erst unter der republikanischen Regierung Daud wurde das Tempo beschleunigt: Von 1973 bis 1977 sollen gegen 6000 Familien im Projektgebiet angesiedelt worden sein, darunter auch Usbeken, Hazara und Tadschiken[36]. Allerdings sank damit die Durchschnittsgröße der Neusiedlerstellen, die nunmehr in den alten Bewässerungsgebieten von Shamalan, Darweshan und Khanneshin lagen, auf 2 ha gegenüber 5 ha in Nad-i-Ali und Marja (USAID 1975, 1976; SCOTT 1980; GRÖTZBACH 1982).

Von den flußab folgenden altbesiedelten Bewässerungsgebieten hat jenes von Shamalan am meisten vom HAP profitiert, zumal nach Fertigstellung des 47 km langen West-Shamalankanals, der vom Shamalan-Hauptkanal abzweigt. Hier mischen sich Neusiedlerstellen zwischen die Dörfer und Gehöfte der Alteinheimischen, die wie in Darweshan einen Teil des Landes für Kolonisationszwecke an den Staat abtreten mußten. R. KRAUS (1975) hat einige agrarökonomische Unterschiede zwischen beiden Gruppen in Shamalan herausgearbeitet, namentlich das höhere Ausmaß der Pachtflächen und des Arbeitskräftebesatzes in den Betrieben der einheimischen Bauern. Dies war u. a. eine Folge des Großgrundbesitzes, der in Darweshan über die Hälfte des Bewässerungslandes umfaßt haben soll. Hier bestimmen bereits Grundherren-Qala und Pächterdörfer das Siedlungsbild, worin sich die totale Abhängigkeit der *bozgor* von den Grundherren äußerte (TOEPFER 1972).

Das gesamte Helmand-Projektgebiet von Kajakay bis Khanneshin zeigte – mit Ausnahme von Saraj – in den 70er Jahren bedeutende Fortschritte in seiner landwirtschaftlichen Entwicklung. Von 1970 bis 1975 stieg hier der Anteil der Zweitfrüchte an der Anbaufläche von 13 auf 24 %; er erreichte 1975 in Sangin mit 52 % seinen höchsten Wert, in Khanneshin mit 4 % den gering-

---

[36] Die Zahl der Neusiedlerfamilien wird leider sehr unterschiedlich angegeben: für die Zeit bis 1971–73 mit 4500 (ASIEL 1975) bzw. über 6600 (ADB 1977), für die Jahre 1973 bis 1977/78 mit über 4000 bzw. etwa 6000 (SCOTT 1980; GRÖTZBACH 1982 nach KT).

sten. Der Anteil der Baumwolle an der Erntefläche nahm von 5 auf 25 % zu, mit dem Maximum von 37 % in Shamalan (OWENS 1971; USAID/DP 1976)[37].

Das mittlere Helmandgebiet hat im Laufe seiner Geschichte Höhepunkte erlebt, von denen nur mehr Ruinen zeugen, wie jene von Bost und Lashkari Bazar am Ufer des Helmand. Sie verkörpern den Überrest einer schon vorislamisch angelegten Stadt, die im 11./12. Jh. den Ghaznavidenkönigen als Winterresidenz diente und 1220 von den Mongolen zerstört wurde. Noch im 19. Jh. war das mittlere Helmandgebiet (Pusht-i-Rod) faktisch städtelos. Denn *Girishk* bestand nur aus einer Festung am Westufer des Helmand und einem kleinen Basar. Es entwickelte sich erst seit dem Aufkommen des Autoverkehrs zu einer städtischen Siedlung, war vorübergehend Provinzhauptort, mußte aber diese Funktion an das neue Lashkargah abtreten. Girishk stagnierte seitdem und zählte 1979 erst 5000 Ew. Gleichwohl ist es der traditionelle Marktort für den nördlichen Teil des mittleren Helmandgebietes. 1978 wurde dort eine Baumwoll-Egrenierfabrik eröffnet.

Lashkargah hingegen ist ein Produkt des Helmand-Projektes. Erst um 1950 gegründet, zählte es 1979 bereits 22000 Ew., die unmittelbar benachbarten früheren Dörfer eingeschlossen. Als die mit Infrastruktur am besten ausgestattete, modernste Provinzstadt Afghanistans – mit Tiefbrunnen und Wasserleitungen, ganztägiger Stromversorgung, asphaltierten Straßen, einer Oberschule mit Koedukation und einem renommierten Krankenhaus – verkörpert es das „industriegesellschaftliche Muster der Stadtentwicklung" (WIEBE 1976a, 1978) in Afghanistan am reinsten. Grundriß und funktionelle Gliederung, von US-amerikanischen Architekten geplant, zeigen eine klare Trennung von Gewerbe, Basar, Verwaltung und Wohnen unter geschickter Ausnutzung der Lage am Hochufer des Helmand (Karte 44).

In seinem Basar, dessen Gebäude im Besitz der öffentlichen Hand sind, gab es kaum kommerzielle Dynamik. Mit 650 Läden erscheint er eher klein dimensioniert und zudem auf die Bedürfnisse der Stadtbevölkerung gerichtet, worin sich die geringe zentralörtliche Verankerung der Stadt in ihrem Umland äußert. Lashkargah ist zwar Sitz von Provinzverwaltung und HAVA, aber kaum Marktort für die Landbevölkerung, die Girishk oder den kleinen Freitagsbasar von Khalaj in Shamalan (WIEBE 1976b) bevorzugt. Lashkargah war bis 1978 der wichtigste Industrie- und Gewerbestandort in Südafghanistan (Karte 15) mit umfangreichen Werkstätten der HAVA, einer Baumwollentkernungsanlage mit Speiseöl- und Seifenfabrik und einem Marmorbearbeitungsbetrieb.

Kleine administrativ-gewerbliche Siedlungen der HAVA sind Darweshan

---

[37] Die genannten Prozentzahlen beruhen auf unterschiedlich angelegten Stichprobenerhebungen und geben deshalb nur Größenordnungen wieder.

7.6 Südafghanistan

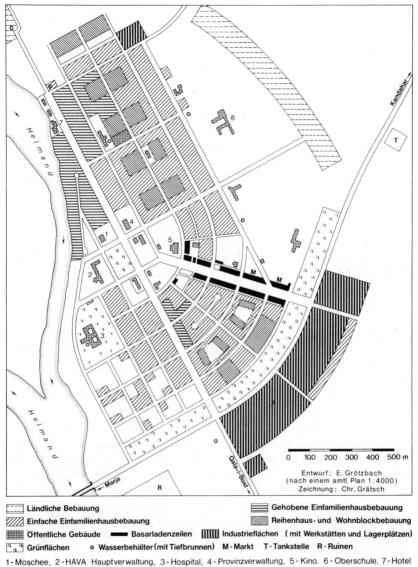

- ⌐⌐⌐ Ländliche Bebauung
- ▨ Einfache Einfamilienhausbebauung
- ▦ Öffentliche Gebäude
- ▬ Basarladenzeilen
- ‖‖ Industrieflächen (mit Werkstätten und Lagerplätzen)
- ≡ Gehobene Einfamilienhausbebauung
- ▨ Reihenhaus- und Wohnblockbebauung
- ◌ Grünflächen ○ Wasserbehälter (mit Tiefbrunnen) M - Markt T - Tankstelle R - Ruinen

1- Moschee, 2 - HAVA Hauptverwaltung, 3 - Hospital, 4 - Provinzverwaltung, 5 - Kino, 6 - Oberschule, 7 - Hotel

Karte 44: Lashkargah/Bost (aus GRÖTZBACH 1979).

und Chah-i-Anjir (in Nad-i-Ali), die es zu einer bescheidenen Zentralität gebracht haben. Wie auch die Staatsgüter von Bolan (bei Lashkargah), Marja und Gawragi verfügen sie über eine gute Infrastruktur, sogar über Elektrizität. Daraus ergibt sich das Gesamtbild einer weitmaschigen räumlichen Durchdringung des engeren Projektgebietes mit modernen Einrichtungen innovativen Charakters. – (Zum HAP insgesamt siehe S. 333 ff.)

Der unterste Abschnitt des Helmand ab Chahar Burjak ist bereits nach *Sistan* orientiert und gehört zur *Provinz Nimroz*. Sistan, das Tiefland der Endseen (Hamune) von Helmand, Khash Rod, Farah Rod und Harut Rod, wird durch die iranisch-afghanische Grenze durchschnitten; sein afghanischer Teil bildet den Kernraum der Provinz Nimroz. Es ist in jeder Hinsicht eine Landschaft größter Eigenart (Bild 14).

Die Sistan-Depression enthält weithin jungtertiäre bis pleistozäne Schotter, Konglomerate und Sandsteine, während sich holozäne Ablagerungen auf die Flußtäler, die Binnendeltas der Flüsse, die Endseen und deren nächste Umgebung beschränken. Ihre geringe Mächtigkeit – in den Hamunen nur wenige Meter – läßt sich auf die überaus kräftige Winderosion zurückführen, so daß die Seebecken als flache Deflationswannen gedeutet worden sind (SMITH 1974). Die Auswehungsprodukte bilden die großen Flugsand- oder Dünenfelder zwischen unterstem Helmand und Dasht-i-Margo und östlich des Gaud-i-Zirreh, die sich ostwärts in Registan fortsetzen. Dabei zeichnet die Anordnung der Dünen die Drehung der Hauptwindrichtung von Nord-Nordwest (in Westafghanistan) auf West (in Südafghanistan) nach. Flugsande decken auch immer wieder die Feldfluren zu, füllen Kanäle und bedrohen Siedlungen, selbst Zaranj und Kang; in Khwabgah wurden sogar ganze Dörfer zugeweht (ORYWAL 1982).

Außer den heftigen Winden charakterisieren extreme Hitze und Trockenheit das Klima Sistans. Zaranj verzeichnet die höchsten Sommertemperaturen und mit 58 mm das geringste Niederschlagsmittel unter allen Stationen Afghanistans (Tabellen 2 und 3). Das schwerwiegendste Naturrisiko erwächst Sistan aus seinen Zuflüssen und deren jahreszeitlich wie auch von Jahr zu Jahr stark schwankender Wasserführung (Figur 2, Tabelle 4). In Dürrejahren können die Hamune völlig austrocknen wie 1971, in Feuchtjahren dagegen weite Flächen überfluten und zum Gaud-i-Zirreh überfließen (s. S. 40). Damit schwankt auch die Anbaufläche, was sich wiederum auf Siedlungsdichte und Bevölkerungszahl auswirkt; sie waren in der Vergangenheit zeitweise viel größer als heute.

Kein zweites Gebiet Afghanistans ist so reich an Ruinen wie Sistan. Besonders zwischen Chakhansur und Chahar Burjak hat man, größtenteils von Sand überweht, zahlreiche Siedlungsreste gefunden: Dörfer, Einzelgehöfte und Kanäle. Die Anfänge des Bewässerungswesens in Sistan dürften in frühhistorischer Zeit liegen, doch erreichte es wohl erst unter den Sassaniden (3.–7. Jh.) den Höhepunkt seiner Entwicklung. Bereits

7.6 Südafghanistan

in frühislamischer Zeit existierte mindestens ein Staudamm am Helmand, der Band-i-Rustam. Er speiste ein Kanalsystem, das bis Chakhansur reichte, was die dort früher so dichte Besiedlung erklärt (RADERMACHER 1975). Daß diese hochentwickelte Bewässerungskultur später rasch verfiel, war sicher nicht Folge einer Klimaverschlechterung, wie u. a. K. FISCHER (1976) angenommen hat. Der Niedergang begann vielmehr mit der Zerstörung des Band-i-Rustam durch Tamerlan (1383) und wurde durch die Verwüstung des Landes unter Schah Rukh (1447) beschleunigt. Im 18. und 19. Jh. litt Sistan unter den Kämpfen zwischen Persern und Durrani, zwischen Herat und Kandahar, bis in den 1880er Jahren geordnetere Verhältnisse einkehrten. Um 1900 zählte es 69 000 Ew. bei stark fluktuierender Bevölkerung. 1978 wurde ihre Zahl mit 112 000 angegeben, 1979 mit 104 000 (Zensus).

Nach ORYWAL (1982) dürften in Nimroz die Belutschen die stärkste ethnische Gruppe sein, die im Süden der Provinz von Chahar Burjak bis Khwabgah bei weitem dominieren, aber auch im Norden vertreten sind. An zweiter Stelle folgen Paschtunen (in Zaranj, Kang, Nad-i-Ali und Chakhansur), die erst seit der Zeit Ahmed Schahs (Mitte 18. Jh.) zugewandert sind. Es folgen Tadschiken oder Farsiwan (im Norden), deren Sprache in Nimroz allerdings die verbreitetste ist.

Die landwirtschaftliche Nutzung beruht auf einem recht extensiv betriebenen Bewässerungsfeldbau, wobei auf den Deltas von Khash Rod und Farah Rod die Irrigationsperiode kaum länger als drei Monate dauert (März–Mai). Kareze sind nur auf dem Farah Rod-Delta in nennenswerter Zahl vorhanden (allerdings großenteils verfallen), im übrigen Sistan ist das Gefälle zu gering. Grundwasser, das in 5–12 m Tiefe steht, wurde früher nur zu Trinkzwecken verwendet. Seit den 60er Jahren ist es zunehmend auch mit Hilfe von Dieselpumpen zur Bewässerung genutzt worden. Infolge der geringen Kapazität der Irrigationsanlagen, aber auch wegen Mangels an Arbeitskräften durch Abwanderung konnte nur ein kleiner Teil der bewässerbaren Fläche genutzt werden. Im Süden der Provinz war es rund ein Fünftel, wobei Weizen und Gerste über 80 %, Hirse und Melonen je 7–8 % der Erntefläche einnahmen (IECO 1973). Daneben spielte die Rinder- und Schafhaltung, meist in Form der Transhumanz an den schilf- und grasreichen Hamunufern betrieben, eine große Rolle.

Die agrarsoziale Struktur von Nimroz war bis 1978 durch geradezu extremen Großgrundbesitz gekennzeichnet. So gehörte die Ackerfläche des Bezirks Chahar Burjak fünf Eigentümern. Hier vereinigte allein die Familie der Belutsch-Sardare rund 7500 ha steuerlich deklarierten Landes auf sich (d. h. drei Viertel der Gesamtfläche), ein Paschtune bei Kang (nördlich Zaranj) fast 2000 ha. Dementsprechend groß war die Zahl der Pächter, die meist in geschlossenen, den Grundherren gehörenden Dörfern wohnten (ORYWAL 1982).

Hauptstadt von Nimroz ist seit etwa 1970 *Zaranj*, das als Neugründung hart an der iranischen Grenze – mit dem Namen der mittelalterlichen Hauptstadt Sistans – die Nachfolge von Kang und Chakhansur antrat. Die Stadt hatte 6500 Ew. (1979) und einen Basar von rund 500 Läden, eine moderne Wohnsiedlung und einen kleinen Flugplatz. Durch ihn sollte die Außenverbindung der Region auch in der Zeit der Frühjahrshochwässer gewährleistet werden, wenn die Straßen – insbesondere jene entlang dem Khash Rod nach Dilaram – unpassierbar sind. Die übrigen städtischen Siedlungen in Nimroz sind kleine Basarorte von nur lokaler Bedeutung.

Um die überaus prekären landwirtschaftlichen Grundlagen Sistans zu verbessern, waren eine Anzahl wasserbaulicher Maßnahmen geplant, wofür der Abschluß des Helmand-Wasservertrages zwischen Afghanistan und Iran 1973 die internationale Rechtsgrundlage bot. Darin verpflichtete sich Afghanistan, in einem „Normalabflußjahr" 26 cbm/sec Wasser des Helmand an Iran abzugeben. Der Siebenjahresplan sah mehrere Damm- und Kanalbauten vor, als größten den Kamalkhan-Damm am Austritt des Helmand in das Delta. An fast derselben Stelle stand vor Jahrhunderten schon der Band-i-Rustam zum selben Zweck: Wasser in einen rechtsseitigen Bewässerungskanal einzuspeisen und Hochwässer linksseitig durch den Rod-i-Biyaban (einen alten, trockengefallenen Helmandlauf) dem Gaud-i-Zirreh zuzuführen. Dadurch sollten die Flußläufe und Kanäle Sistans, deren Lauf durch Hochwässer immer wieder geändert bzw. zerstört wurde, stabilisiert werden (IECO 1973). Doch hat man kaum etwas von diesen und anderen Plänen verwirklicht. So ist Afghanisch-Sistan weiterhin ein Problemgebiet geblieben, ganz ähnlich seinem Gegenüber jenseits der iranischen Grenze (EHLERS 1980).

7.7 Das Hochland von Zentralafghanistan

Das Hochland von Zentralafghanistan (oder kurz „zentrales Hochland") nimmt ein Fünftel der Gesamtfläche Afghanistans ein und ist damit etwas größer als Süddeutschland. Seine Abgrenzung gegen die benachbarten Großlandschaften wurde bereits bei deren Darstellung erörtert, so daß sie hier nicht wiederholt zu werden braucht.

7.7.1 Das zentrale Hochland als peripherer Raum

Hauptmerkmal dieses ziemlich einförmigen Naturraumes ist die Höhenlage und erst in zweiter Linie das Relief. Das Hochland dacht generell von Nordosten nach Südwesten ab: von etwa 3000 m nördlich und südlich des Koh-i-Baba auf rund 2000 m im Westen und Südwesten. Darüber erheben sich die zentralafghanischen Gebirge, die von der Nahtstelle zum Hindu-

7.7 Das Hochland von Zentralafghanistan

kusch nach Westen und Südwesten ausstrahlen. Die meisten dieser vielfach gegliederten Gebirgszüge erreichen Höhen zwischen 3000 und 4000 m, einige, wie Koh-i-Hissar, Koh-i-Malmand und die Vulkanberge von Nawar, bis über 4000 m. Sie bleiben damit deutlich unter dem Koh-i-Baba, dem mit 5143 m höchsten Gebirge des zentralen Hochlandes. Der Koh-i-Baba bildet auch den wichtigsten hydrographischen Knoten Afghanistans. Hier haben die längsten Hochlandflüsse ihren Ursprung, nämlich Helmand, Hari Rod und Balkhab. Nur die randlich tief eingeschnittenen Täler unterschreiten die für das Hochland charakteristische Höhenmarke von 2000 m. Infolge der von Nordosten gegen Westen und Südwesten ausfächernden geologisch-tektonischen Strukturen ist der westliche und südliche Saum des Hochlandes stark aufgelöst. Am geschlossensten stellt sich der Nordrand mit dem Ost-West verlaufenden Band-i-Turkistan dar.

Ein weiteres Merkmal Zentralafghanistans liegt in dessen exzessiv kontinentalem Klima mit langen, kalten Wintern und relativ geringen Niederschlägen um 300 mm. Die Stationen Lal, Panjab und Shahrak mit ihren besonders tiefen Januarmitteln und einer etwa sieben Monate währenden Frostperiode sind hierfür extreme Beispiele (Tabellen 2,3). Die Niederschläge nehmen gegen den Nordrand des Hochlandes recht markant zu, gegen den West- und Südsaum nur wenig (Karte 3). Der Niederschlagsverteilung entspricht in etwa auch die Verbreitung der natürlichen Vegetation. Im Innern des Hochlandes bestimmen weithin baumlose Dornpolsterfluren das Landschaftsbild. Dagegen tragen die nördlichen Randgebirge (Band-i-Turkistan, Paropamisos) z. T. noch recht dichte Bestände von Baumwacholder, während am West- und Südrand nur mehr schüttere Reste von *Amygdalus*-Baumfluren vorkommen (Karte 5).

Die Höhenlage und die Ungunst von Relief und Klima machen das zentrale Hochland zu einem der unwirtlichsten Lebensräume Afghanistans. Dennoch zählte seine seßhafte Bevölkerung 1978 nicht weniger als 1,5 Mio., war die Bevölkerungsdichte, gemessen an den ökologischen Bedingungen, mit 12 Ew./qkm (1978) sogar relativ hoch. Sie zeigte allerdings beträchtliche räumliche Unterschiede, die von 50 bzw. 34 Ew./qkm in Jaghori und Behsud bis 4 bzw. 5 Ew./qkm in Purchaman und Shahrak reichten. Generell ist der Süden und Osten des Hochlandes dichter bevölkert als der Westen und Norden (Karte 6).

Die insgesamt recht hohe Bevölkerungszahl und -dichte läßt sich wohl nur aus der historischen Funktion und Entwicklung Zentralafghanistans erklären. Das unübersichtliche und schwer zugängliche Hochland diente immer wieder einzelnen Völkern, Volkssplittern oder Stämmen als Rückzugs- und Zufluchtsgebiet. Dieses Raumschicksal kommt bis heute in der ethnischen Struktur der Bevölkerung zum Ausdruck. Hazara nehmen das östliche Hochland (Hazarajat) ein, Firozkohi und Taimani, die zu den Chahar Aimaq zählen, den westlichen Teil (Ghor). Hinzu kommen Tadschiken im Südwesten (Purchaman), am oberen Murghab und nördlich von Bamyan, Moghol in Süd-Ghor, Tatar zwischen Bamyan und Aybak.

Trotz der Ungunst von Lage und Naturgegebenheiten erlangten Teile des zentralen Hochlandes im Laufe der Geschichte eine Bedeutung, die weit über diesen Raum hinausreichte. Dies galt für Bamyan, das unter den Kuschanen zum westlichsten Zentrum des Buddhismus wurde und auch nach der Islamisierung im 7./8. Jh. eine Stadt von hohem Rang blieb. Den anderen historischen Schauplatz bildete Ghor, von wo die Dynastie der Ghoriden in der zweiten Hälfte des 12. Jh. über ein Großreich herrschte. Nachdem Bamyan und Ghor dem Mongolensturm zum Opfer gefallen waren, versank das Hochland wieder im Dunkel der Geschichtslosigkeit. In den folgenden Jahrhunderten fanden hier die ethnogenetischen Prozesse statt, aus denen Hazara, Moghol und Chahar Aimaq hervorgegangen sind (JANATA 1983).

Jahrhundertelang waren große Teile des zentralen Hochlandes nur lose an die umgebenden Machtzentren angebunden. Im 18. Jh. begann unter Ahmed Schah Durrani die Paschtunisierung Zentralafghanistans, die erst Ende des 19. Jh. ihren Abschluß fand. Zunächst wurden die Hazara aus ihren südöstlichsten Siedlungsgebieten um Ghazni, Muqur und Qalat wie auch aus Dahla und Tirin nördlich von Kandahar verdrängt und ähnlich die Moghol aus Baghran und dem südlichsten Ghor (FERDINAND 1959a; SCHURMANN 1962). Paschtunische Nomaden nutzten schon zu Anfang des 19. Jh. die Sommerweiden von Behsud und Nawar im östlichen Hazarajat und jene der Taimani in Süd-Ghor. Die paschtunische Expansion erreichte nach den Aufständen der Firozkohi und vor allem der Hazara in den 1890er Jahren ihren Höhepunkt, als ein Teil der Hochlandbevölkerung deportiert worden oder geflohen war. Nunmehr traten auch in Oruzgan, Daychopan, Gizab, Chora usw. Paschtunen an die Stelle der Hazara. Gleichzeitig nahmen paschtunische Nomaden fast ganz Zentralafghanistan als Sommerweidegebiet in Besitz (Bild 15).

Diese späte Expansion des Nomadismus begünstigte nicht nur Paschtunen, sondern – in geringer Zahl – auch Belutschen, Araber und Turkmenen, die mit ihren Herden das Hochland als Sommerweide nutzten. Doch bildeten die paschtunischen Nomaden insofern ein besonderes Problem, als sie, stets bewaffnet und oft aggressiv auftretend, zu Konflikten mit der einheimischen Bevölkerung Anlaß gaben. Dies traf insbesondere auf das Hazarajat zu, wo die ethnische Verschiedenheit durch den konfessionellen Gegensatz noch verschärft wurde.

Der Zustrom vieler Tausender Nomaden und ihrer Viehherden hat die ohnedies schmale landwirtschaftliche Existenzgrundlage der Hochlandbevölkerung weiter eingeengt. Dies zeigte sich besonders in der einheimischen Viehhaltung, die, großenteils auf Rindern beruhend, enorme Futtervorräte für den langen Winter erfordert. Die Wildheugewinnung ist aber als Folge zunehmender Weidekonkurrenz und Überstockung schwieriger geworden. Deshalb haben Wässerwiesen und der Anbau von Futterpflanzen große Bedeutung erlangt. Dadurch wiederum werden bewässerte Flächen dem Getrei-

7.7 Das Hochland von Zentralafghanistan

deanbau entzogen, der die Ernährungsbasis der Hochlandbewohner bildet. Dies wiegt um so schwerer, als das zentrale Hochland seit langem ein agrarisches Defizitgebiet ist. Wenn SCHURMANN (1962, S. 299) im südlichen Ghor eine „chronische Unzulänglichkeit der landwirtschaftlichen Produktion" feststellte, so galt dies noch mehr für das höhergelegene Hazarajat. Hier wie im Hindukusch herrscht Übervölkerung, so daß die unzureichende Eigenversorgung durch auswärtigen Erwerb und Zukauf ausgeglichen werden mußte.

Größere zusammenhängende Anbauflächen trifft man nur auf den lößbedeckten Kalkplateaus am Murghab an, wo Regenfeldbau getrieben wird. Auch im übrigen Hochland gibt es *lalmi*, dessen Ertragsintensität mit den Niederschlägen von Nord nach Süd absinkt. Er nimmt meist unzusammenhängende Flächen an Berghängen ein und wird mitunter, wenn die Entfernung vom Hauptdorf zu groß ist, von Sommersiedlungen aus betrieben. Nicht minder aufgelöst stellt sich das Areal des Bewässerungsfeldbaus dar. Es begleitet in schmalen Streifen die Fluß- und Bachläufe in den unzähligen Tälern und ordnet sich in manchen Gebieten auch fleckenhaft um Quellen an. Größere Flächen bewässerten Landes beschränken sich auf Talweitungen wie jene von Bamyan, Yakaulang, Oruzgan-Ort, Taywara und Saghar, doch umfassen sie jeweils nur einige Quadratkilometer. In dieser vom Relief vorgezeichneten extremen Diskontinuität der Ackerfluren liegt ein Hauptgrund für die weite Streuung der Bevölkerung, die Entlegenheit vieler Dörfer, die Häufigkeit von Neben- bzw. Saisonsiedlungen und die Schwierigkeit der Verkehrserschließung.

Gleichwohl haben sich auch in Zentralafghanistan Veränderungen vollzogen, doch auf wenig spektakuläre Weise. Ein erster Schritt hierzu war die administrative Durchdringung des Hochlandes durch den afghanischen Staat seit Ende des 19. Jh. Dadurch verloren die alten feudalen Führungseliten, wie die Mire der Hazara und die Khanzada der Taimani, ihre politische Macht. Sie behielten aber in der Regel ihren Großgrundbesitz bei, der noch in den 70er Jahren in Teilen des Hazarajat wie Daykundi und Shahristan große Flächen umfaßte. Eine etwas ausgeglichenere Grundeigentumsstruktur zeigten das nördliche und östliche Hazarajat und Ghor.

Einen weiteren Schritt brachte die Erschließung des zentralen Hochlandes für den modernen Verkehr. Die Zentralroute von Kabul nach Herat, die in den 1880er Jahren ausgebaut und durch Karawansarays *(robat)* gesichert worden war, diente bis etwa 1930 als vielbenutzte Ost-West-Verbindung für den Karawanen-Fernverkehr. Zwar wurde auch sie bald für Kraftfahrzeuge ausgebaut, doch ist ihre Verkehrsbelastung sehr gering geblieben (Karte 16). Über mehrere 3000 m hohe Pässe führend und deshalb nur im Sommer und Herbst befahrbar, diente sie ebenso wie die von ihr abzweigenden Stichstraßen dazu, die neuen Verwaltungs- und Basarorte mit Kabul bzw. Herat zu verbinden. Anfang der 70er Jahre tauchten Pläne auf, die Zentralroute als Teilstück einer

Asiatischen Fernstraße *(Asian Highway)* auszubauen, doch erwiesen sie sich im Hinblick auf die riesigen Bau- und Instandhaltungskosten bald als unrealistisch (JENTSCH 1977).

Trotz einiger regionalpolitischer Ansätze (s. S. 187) ist das zentrale Hochland von moderner Entwicklung weitgehend unberührt geblieben, wie auch die Karten 14–20 verdeutlichen. Lediglich der Tourismus erlangte entlang der Zentralroute eine gewisse Bedeutung, namentlich in Bamyan, Band-i-Amir und Jam. Autostraßen und Fahrwege bildeten auch eine Voraussetzung für die Entstehung von Basarorten seit den 50er und 60er Jahren. Zuvor besaß das Hochland feste Basare nur an den Verwaltungssitzen Bamyan, Panjab und Taywara. Ein Großteil des damaligen, recht geringen Warenaustauschs wurde deshalb durch paschtunische Handelsnomaden abgewickelt, meist Ahmedzai. Ihre Geschäftspraktiken führten oft zur Verschuldung von Kleinbauern, die ihr Land an Wanderhändler verpfänden und schließlich völlig übereignen mußten und damit zu Pächtern herabsanken. Dieser Vorgang einer gewissermaßen schleichenden Paschtunisierung ist zuerst von FERDINAND (1959a) aus dem Hazarajat beschrieben worden. Ein Teil des Nomadenhandels spielte sich auf den sommerlichen Zeltbasaren im östlichen Ghor ab, die viel Publizität erfahren haben. Durch die Konkurrenz der neuen Basarorte hatte ihre Bedeutung aber schon abgenommen, als ein Regierungsdekret 1975 den schwer zu kontrollierenden Nomadenhandel verbot (FERDINAND 1962; GATTINARA 1970; JANATA 1975). Nach 1979 sind im zentralen Hochland, namentlich an dessen Nordrand, einige neue Basare entstanden, wozu der Zustrom von Binnenflüchtlingen und die Blockierung früherer Marktbeziehungen beigetragen haben.

Die paschtunische Vorherrschaft im zentralen Hochland endete 1979, als die Repräsentanten der kommunistischen Regierung durch mehrere Aufstände aus Ghor und dem Hazarajat vertrieben wurden. Danach ist das gesamte zentrale Hochland, mit Ausnahme einiger weniger Militärstützpunkte wie Bamyan (bis 1989) und Chaghcharan, die aus der Luft versorgt werden mußten, in der Hand verschiedener Widerstandsgruppen geblieben. Unter völlig anderen politisch-militärischen Verhältnissen wurde Zentralafghanistan damit wieder zu jenem nach außen weitgehend abgekapselten peripheren Raum, der es bis ins späte 19. Jh. gewesen war.

7.7.2 Das östliche zentrale Hochland (Hazarajat)

Das orographische Rückgrat des Hazarajat ist der Koh-i-Baba, der sich auf rund 100 km Länge vom Hajigakpaß (3520 m) im Osten bis zum Shatupaß (3380 m) im Westen erstreckt. Ostwärts setzt er sich in der Turkomankette und im Paghmangebirge (je über 4600 m) fort, welch letzteres entlang

7.7 Das Hochland von Zentralafghanistan

der Hauptstörungslinien zum Kabul-Panjsher-Becken und zum Ghorbandtal abfällt. Westlich des Shatupasses schließen niedrigere Gebirgszüge an (Band-i-Baian, Band-i-Sarjangal, Band-i-Astarlay), die sich gegen Südwesten auffächern. Dagegen erreicht der Koh-i-Hissar als die nordwestliche Fortsetzung des Koh-i-Baba 4555 m Höhe. Er trägt ebenso wie das Paghmangebirge nordseitig glaziale Reliefformen, die in Luftbildern deutlich zu erkennen sind.

Noch asymmetrischer ist der Koh-i-Baba geformt. Seinem schmalen Granitkamm sitzen schroffe Gipfel auf, die nach Süden in ungegliederten Glatthängen zum Helmandtal abfallen. Die Nordseite hingegen zeigt oberhalb etwa 3500 m ein ausgeprägtes Glazialrelief mit kleinen Wand- oder Kargletschern in Schattlagen. Dies sind Relikte mächtiger eiszeitlicher Talgletscher, die aber das Bamyantal nicht erreichten. So endete der 12 km lange jungpleistozäne Gletscher im Foladital bei 2950 oder 2800 m (GRÖTZBACH & RATHJENS 1969; BALLAND & LANG 1974). An die Endmoränen schließen glazifluviale Schotterterrassen unterschiedlicher Niveaus an, die den tiefsten Teil des Beckens von Bamyan auskleiden. Sie werden randlich von mächtigen neogenen Sedimenten überlagert, welche die Bildung des Beckens im Jungtertiär anzeigen.

Ein völlig anderer Relieftyp kennzeichnet den nordöstlichen Teil des Hochlandes. Flachlagernde mesozoische Sedimente – im Liegenden meist Sandsteine, darüber mächtige Kalke der Kreide – nehmen den größten Teil des Gebietes zwischen oberem Murghab und Surkhab ein. In diese Kreidetafel sind die Flüsse, namentlich Balkhab und Ajar samt ihren Zuflüssen, als Canyons bis über 1000 m tief eingeschnitten. Am Südrand der Kreidekalkplateaus liegen die Seen von Band-i-Amir, aus welchen der Balkhab hervorgeht.

Die Seentreppe von *Band-i-Amir* stellt einen der landschaftlichen Höhepunkte Afghanistans dar (vgl. Karte 45). Sie wird im Nordwesten vom fast 700 m hohen Abbruch der Kreidetafel überragt, der mit rötlichen und gelben Kalkwänden und unterlagernden grünlichen Mergeln in malerischem Gegensatz zum Blau der Seen steht. Südlich der Seen sind die kretazischen Sedimente von mächtigen neogenen Konglomeraten bedeckt, die den östlichen, noch kaum ausgeräumten Teil des Tertiärbeckens von Yakaulang markieren.

Die Seen sind auf natürliche Weise durch Dämme aus Travertin aufgestaut worden, der infolge erhöhter Turbulenz des kalkhaltigen Wassers an Gefällstufen des Tales abgelagert wurde. Von den fünf Seen ist der oberste, der Band-i-Panir (2971 m) mit 4,9 qkm am größten und tiefsten (28 m), gefolgt vom namengebenden Band-i-Amir (2916 m) mit 0,9 qkm. Der Band-i-Gholaman (2887 m) als unterster See ist weitgehend ausgelaufen. JUX & KEMPF (1971) zufolge sind die heutigen Dämme postglazial entstanden, doch handelt es sich dabei bereits um die dritte Generation. Fossile Travertine, Sinter und Seekreiden, die bis 125 m über den heutigen Seespiegeln am Talrand lagern, stellen Reste von Abdämmungen aus den beiden letzten Interglazialen dar [38].

---

[38] Travertindämme treten auch an anderen Stellen der Kreidekalktafel auf, doch haben sie nicht immer zur Seenbildung geführt. Ähnliche Seengruppen verzeichnen die topographischen Karten 1:250000 z. B. in mehreren Seitentälern des Balkhab.

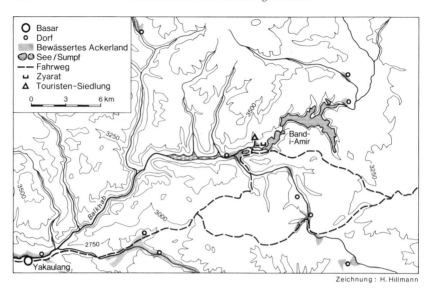

Karte 45: *Die Seengruppe von Band-i-Amir* (Grundlage: Topograph. Karte 1:100000).

Anders ist der Reliefcharakter des südlichen Koh-i-Baba-Vorlandes. Es entwässert größtenteils zum Helmand, der in Behsud ein breites, durch Terrassen gegliedertes Hochtal durchfließt und bei 2800 m in das Bergland von Dayzangi–Shahristan eintritt, das er nach einer 150 km langen Engtalstrecke oberhalb von Gizab verläßt. Terrassenreste 300 bzw. 400 m über dem heutigen Lauf des obersten Helmand deuten eine junge, durch Gebirgshebung bewirkte Eintiefung des Flusses an (LAPPARENT 1974).

Südlich von Behsud erstreckt sich eine der großzügigsten Flachlandschaften des zentralen Hochlandes: das Becken der *Dasht-i-Nawar*, das von Nord nach Süd etwa 80 km, von Ost nach West 30 km mißt. Während sein nördlicher Teil zum Logar entwässert, ist der größere südliche Teil abflußlos. Hier nimmt ein See jahreszeitlich wechselnder Größe (s. S. 40) den Beckenboden bei 3120 m ein, umgeben von Salzsümpfen, die gegen Ende des Sommers austrocknen. Die dichte Grasvegetation dieser Ebene zieht im Sommer eine große Zahl paschtunischer Nomaden an (BALLAND & KIEFFER 1979). Das Becken ist von Westen, Süden und Osten nur über 3300 bis 3800 m hohe Pässe zugänglich, zwischen denen sich einzelne hohe Gipfel und Gebirgszüge erheben, wie die isolierten Vulkanberge Zardkadah (4559 m) und Mamikala (4312 m). Diese jungen Stratovulkane mit seitlich offenen Kratern, mit kleineren Vulkanstielen, Lavaströmen und Aschenfeldern prägen den südlichen Rand des Beckens (BORDET 1972).

7.7 Das Hochland von Zentralafghanistan

Die Dasht-i-Nawar ist auch in klimatischer Sicht bemerkenswert, verzeichnet sie doch das extremste kontinentale Strahlungsklima des ganzen Landes. Hier meldete die Station Okak (3130 m) ein Januarmittel von − 15,4 °C und 255 Frosttage pro Jahr. Ähnliche Verhältnisse kennzeichnen die Stationen Lal und Panjab (über 2800 bzw. 2700 m), wogegen Bamyan (2550 m) deutlich höhere Wintertemperaturen und weit weniger Frosttage registriert. Das Bamyantal und die Dasht-i-Nawar stellen zudem mit 151 bzw. 192 mm pro Jahr regelrechte Trockenheitsinseln im östlichen zentralen Hochland dar.

In diesem ökologisch so karg ausgestatteten Raum lebten 1978 rund 1,1 Mio. Menschen, weit überwiegend Hazara. Deren Dominanz im größten Teil des östlichen zentralen Hochlandes erklärt die Landschaftsbezeichnung *Hazarajat*. Doch sei daran erinnert, daß der geschlossene Siedlungsraum der Hazara während der letzten zwei Jahrhunderte als Folge der paschtunischen Expansion erheblich geschrumpft ist, namentlich im Süden (s. S. 332).

Das Kerngebiet des Hazarajat bilden jene Bezirke südlich und westlich des Koh-i-Baba, die noch immer so gut wie vollzählig von Hazara bewohnt sind: Behsud (Provinz Wardak), Nawar, Jaghori, Malistan und Ajristan (Provinz Ghazni), Shahristan und Daykundi (Provinz Oruzgan), Lal-o-Sarjangal (Provinz Ghor), Panjab, Waras und Yakaulang (Provinz Bamyan). In Bamyan selbst und ähnlich in den Tälern nördlich davon (Sayghan, Kahmard, Surkhab) leben auch Tadschiken, in Ruy Doab tadschikisierte Tatar. Von diesen randlichen Gebieten völkischer Durchmischung abgesehen, stellt sich das Hazarajat als ein ethnisch einheitliches Gebiet dar[39].

Doch auch unter den Hazarajat-Hazara gibt es Unterschiede in Konfession, Lebensform und kultureller Tradition. So lebt im Gebiet des Shibarpasses und des Surkhabtales bis Doshi eine Anzahl ismaelitischer Sheikh Ali-Hazara in scharfer Segregation von der schiitischen Mehrheit (CANFIELD 1973). Die Hazara des nördlichen und nordöstlichen Hazarajat einschließlich Shibar und Ghorband zeigen halbseßhafte bis halbnomadische Züge, verwenden im Sommer Rundhütten *(chapari)* als Behausungen und behaupten z. T., türkischer Herkunft zu sein (FERDINAND 1959a; SCHURMANN 1962). Darin äußert sich jener türkische Kultureinfluß, der auch für die südlichen Randgebiete Qataghans charakteristisch ist.

Die westlich und südlich von Bamyan lebenden Hazara sind seßhafte Ackerbauern, bei denen die Viehwirtschaft unterschiedliches Gewicht hat. Wo natürliches Grasland reichlich zur Verfügung steht, bildet die Rinderhaltung einen wichtigen Betriebszweig: in Flußauen und auf Beckenböden mit hohem Grundwasserstand (bei Yakaulang und Malistan, in der Dasht-i-Nawar)

---

[39] Manche Autoren wie SCHURMANN (1962) verstehen unter dem Hazarajat nur das oben umrissene Kerngebiet der Hazara. Hier sei jedoch ihr gesamter heutiger Siedlungsraum im östlichen zentralen Hochland darunter verstanden.

und im Flachgelände der subalpinen und alpinen Stufe. Liegt letzteres hoch über den bewässerten Fluren der Täler, so wird eine Art Almwirtschaft getrieben ähnlich jener der Tadschiken und Nuristani im Hindukusch. Dies ist namentlich auf der Nordseite des Koh-i-Baba, in der Turkomankette (DENIZOT u. a. 1977), im Koh-i-Hissar und im tief zertalten Bergland von Dayzangi der Fall. Doch gerade in den besten Weidegebieten stehen die Hazara während des Sommers in Konkurrenz mit paschtunischen Nomaden, was zu häufigen Konflikten Anlaß gegeben hat. Wichtigste sommerliche Zielgebiete der *kuchi* waren die Dasht-i-Nawar, wo 1974 gegen 570 Zelte mit über 4000 Bewohnern gezählt wurden (BALLAND & KIEFFER 1979), und Dayzangi (Karte 9a).

Hauptzweig der Landwirtschaft ist der Bewässerungsfeldbau, dessen Fluren dem unübersichtlichen Geflecht der vielen Täler folgen. In einigen Gebieten, wie in Behsud und Jaghori, spielt auch die Quellbewässerung eine Rolle. Daneben kommt dem Regenfeldbau *(lalmi)* lediglich ergänzende Funktion zu. Regenfelder höchst unterschiedlichen Zuschnitts nehmen bevorzugt die höheren Nordhänge ein, wo die späte Schneeschmelze eine tiefere Durchfeuchtung des Bodens bewirkt. Die *lalmi*-Felder werden im Hazarajat in unregelmäßiger Folge nach mehreren Brachjahren angebaut und dienen zwischenzeitlich als Weideland (JENTSCH 1966, 1972).

Infolge der Höhenlage ist der Anbau überaus einförmig: Weizen und mit zunehmender Höhe Gerste sowie Hülsenfrüchte als Grundnahrungsmittel reichen bis zur oberen Anbaugrenze bei fast 3700 m (JENTSCH 1981), dazu gibt es jeweils einige Gemüse-, Klee- und Luzernefelder. Nur in tieferliegenden randlichen Tälern treten Mais, Obstbäume u. a. hinzu. Der geringe Spielraum für Fruchtfolgen hat vielerorts zu einer Erschöpfung der Böden und zum Rückgang der Erträge geführt, die nur durch höhere Düngergaben ausgeglichen werden könnten. Doch der im Winter reichlich anfallende Stallmist muß – neben Halb- und Zwergsträuchern, Polsterpflanzen usw. – wegen des Holzmangels als Heizmaterial verwendet werden. Chemischer Dünger hatte im Hazarajat bis 1978 noch kaum Verbreitung gefunden (Karte 12).

Die Modernisierung der Landwirtschaft wurde nicht nur durch die Entlegenheit weiter Gebiete erschwert, sondern auch durch die Agrarsozialstruktur. Vor allem im südwestlichen Hazarajat (Daykundi, Dayzangi und Shahristan) war Großgrundbesitz bis Anfang der 80er Jahre stark vertreten. Zwar erschien er in seiner absoluten Größe – meist 100 bis 200 ha – eher bescheiden, doch ist dieser Eindruck in einem Gebiet knapper Landressourcen zu relativieren; denn bei Pachtbetrieben von 1–2 ha Größe hatte ein solcher Grundherr immerhin rund 100 Pächter unter sich. Daneben gab (und gibt) es freilich auch viel bäuerlichen Mittel- und Kleinbesitz, wie TOEPFER (1972) für drei Dörfer in Yakaulang gezeigt hat. Diese unterschiedlichen Eigentumsverhältnisse ließen sich auch in der Anlage der Siedlungen erkennen: Großgrundbesitzer lebten in festungsartigen Qala, umgeben von den kleinen Häu-

7.7 Das Hochland von Zentralafghanistan

sern der Pächter; selbständige Bauern bewohnen kleinere, qalaartige Gehöfte, meist in Streulage am Rande der bewässerten Flur. In der obersten Siedlungsstufe, die bis gegen 3500 m reicht, kommen auch enggebaute Weiler und Dörfer vor (SCHURMANN 1962; JENTSCH 1980a, b; BERO 1981).

Unter den geschilderten Verhältnissen wurde die Lage der ländlichen Unterschicht von Kleinbauern, Pächtern und Landarbeitern bei zunehmendem Bevölkerungsdruck allmählich so schwierig, daß sich spätestens seit den 50er Jahren ein Ventil dafür öffnete: die völlige Abwanderung nach Kabul und Qataghan, der schon seit langem die Saisonarbeit im Winter vorangegangen war.

Die afghanischen Regierungen haben wenig getan, um die Entwicklung dieses hauptstadtnahen und dennoch marginalen Raumes zu fördern, abgesehen vom Bau von Straßen und Fahrwegen. Den besten Straßenanschluß erhielten die Verwaltungssitze und Basare nahe dem Ostrand des Hazarajat: Bamyan, Behsud und Jaghori. Dagegen ist das südliche Hazarajat mit den Bezirken Malistan, Ajristan, Shahristan, Daykundi und Waras infolge seiner starken Zertalung durch die Nebenflüsse des Helmand nach wie vor schwer zugänglich.

Ein weiteres Problem stellt die administrative Zuordnung des Hazarajat dar. So sind Shahristan und Daykundi, wo 1978 fast 190000 Menschen lebten, durch Stichstraßen nach Norden mit der Zentralroute verbunden und damit nach Kabul orientiert, gehören aber zur Provinz Oruzgan. Die 1964 erfolgte Aufsplitterung des Hazarajat auf nicht weniger als neun Provinzen ist mitunter als absichtliche politische Segmentierung der Hazara durch die paschtunisch dominierte Regierung in Kabul interpretiert worden. So zutreffend dies sein mag, erscheint andererseits die Schaffung einer Provinz Hazarajat, wie sie von Hazara-Abgeordneten im Kabuler Parlament seit 1949 gefordert wurde, aus geographischen Gründen wenig praktikabel. Denn dem Hazarajat fehlt ein Zentralraum von entsprechendem wirtschaftlichem und demographischem Gewicht, und zudem sind die Verbindungen zwischen Nord und Süd im Winter unterbrochen. Deshalb wurde von seiten der Hazara vorgeschlagen, Panjab zur Sommer- und Bamyan zur Winterhauptstadt einer solchen neuen Provinz zu erklären (BINDEMANN 1987). Panjab liegt zwar verkehrsgünstig an der Zentralroute, mit Abzweigungen nach Yakaulang–Bamyan und nach Shahristan, ist aber wegen seiner Lage in einem der engen Täler von Dayzangi für einen weiteren Ausbau kaum geeignet. So bleibt Bamyan als klimatisch und topographisch günstigste, von Kabul auch im Winter erreichbare Siedlungskammer. Hier wurde 1962 der Verwaltungssitz für die gleichnamige, den größten Teil des nördlichen Hazarajat umfassende Provinz eingerichtet.

Die Gunstlage von *Bamyan* ist schon vor nahezu zwei Jahrtausenden in Wert gesetzt worden. Seine Bedeutung für die buddhistische Welt der nachchristlichen Jahrhunderte bezeugen nicht nur die Berichte chinesischer Pilger wie Hsüan Tsang (um 632), sondern auch zahlreiche Tempelgrotten, Höhlenklöster, Felsplastiken und Reste von Wandmalereien. Die beiden aus den Sandsteinen und Konglomeraten der nördlichen Talwand gehauenen Buddhastatuen von 53 bzw. 35 m Höhe sind die zu Recht berühmtesten archäologischen Relikte ganz Afghanistans (Karte 46, Bild 16). Auch in frühislamischer Zeit blieb Bamyan ein bedeutender Ort, wie die Ruinenstädte Shahr-i-Gholghola und Shahr-i-Zohak belegen. Beide fielen 1222 dem Mongolensturm zum Opfer.

Bamyans frühe Bedeutung resultierte aus seiner Lage an der alten Karawanenroute zwischen Kabul und Turkistan, die über Hajigak- bzw. Irakpaß oder Shibarpaß und weiter durch Sayghan und Kahmard nach Balkh bzw. Tashqurghan führte. Dieser gut ausgebaute Handels- und Heerweg ist nach der Eröffnung der Shibarstraße (1933) verfallen; seitdem geht der Verkehrsstrom zwischen Kabul und den Nordprovinzen an Bamyan vorbei (Karte 16).

Die Bevölkerung des Bamyantales besteht, seit dem 19. Jh. zunehmend, vornehmlich aus Tadschiken im Gegensatz zu den schiitischen Hazara der umgebenden Täler und Hochflächen (CANFIELD 1973). Erstere führten die Pappelkultur ein, die das Bild der Kulturlandschaft völlig verändert hat (Karte 46). Bamyan ist dadurch zu einem wichtigen Lieferanten für den Bauholzmarkt in Kabul geworden. In den 60er Jahren folgte, gefördert durch die Landwirtschaftsbehörden, die Einführung des Kartoffelanbaus. Die Kartoffel, die binnen weniger Jahre die Pferdebohne völlig verdrängte, nahm 1976 bereits ein Viertel der Anbaufläche im Tal ein. Damit verfügte Bamyan über ein zweites Marktprodukt, das zum großen Teil nach Pakistan exportiert wurde.

Eine noch weitergehende Integration in die Außenwirtschaft brachte der Tourismus, wurde doch das Bamyantal in der zweiten Hälfte der 60er Jahre zum wichtigsten Standort des Ausländerfremdenverkehrs im ländlichen Raum Afghanistans. Diese Attraktivität verdankte es nicht nur seinen archäologischen Sehenswürdigkeiten, sondern auch seinem landschaftlichen Reiz. Der Nachfrage entsprechend wurde die touristische Infrastruktur Bamyans rasch erweitert. 1978 betrug die Beherbergungskapazität gegen 560 Betten, davon je die Hälfte im staatlichen Tourismuskomplex auf der „Hotelterrasse" über dem Südrand des Tales und in den 11 Hotels und Herbergen sehr unterschiedlicher Qualität im Basar (Karte 46); außerdem war ein großes staatliches Hotel im Bau. 1976 wurde die Zahl der Besucher Bamyans auf 30 000 geschätzt. Durch die Hotellerie, Andenkenläden, Pferde- und Fahrradverleih u. dgl. war der Ausländertourismus zu einem örtlichen Wirtschaftsfaktor geworden (GRÖTZBACH 1983).

Zeichenerklärung: 1 = Gebäude, Gehöfte; 2 = Basar-Ladenzeile; 3 = Öffentliche Einrichtungen (F = Versuchsfarm, K = Krankenhaus, P = Provinzverwaltung mit Postamt und Gefängnis, Sch = Schule, SB = Schulbehörde, S = Silo, T = Tankstelle); 4 = Staatlicher Tourismuskomplex; 5 = Buddhastatuen; 6 = Hauptstraße; 7 = Fahrweg; 8 = Bewässerungskanal; 9 = Moschee, Heiligengrab *(zyarat)*; 10 = Friedhof; 11 = Größere Baumbestände, meist Pappeln; 12 = Felswand; 13 = Terrassenkante.

7.7 Das Hochland von Zentralafghanistan

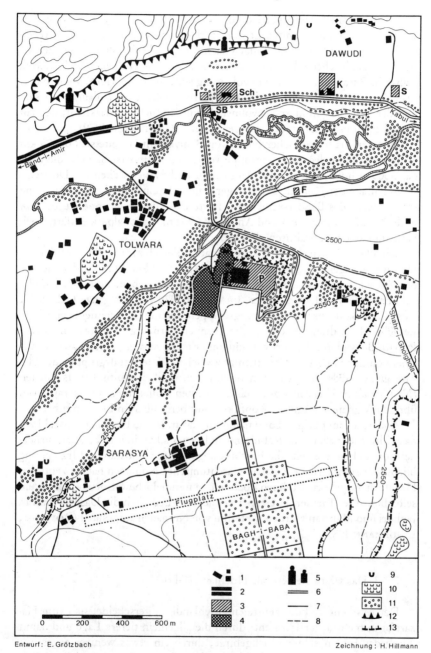

Karte 46: *Bamyan* (Grundlage: Amtl. Karte 1:10 000).

Bamyan war 1979 mit 7400 Ew. und über 300 Läden der größte Basar- und Verwaltungsort im gesamten zentralen Hochland und verfügte über regelmäßige Bus- und Flugverbindungen nach Kabul. Gleichwohl besaß es keinen eigentlich städtischen Charakter, fehlten ihm doch entsprechende Wohnviertel. Selbst die Basar- und Beamtenbevölkerung lebte in den Dörfern, Weilern und Qala der Umgebung. Die seit den 60er Jahren geplante Neuanlage des Basars und der Bau einer modernen Wohnstadt wurden nicht verwirklicht, da man sich über ihren Standort nicht einigen konnte (GRÖTZBACH 1979).

Zu einer Art touristischer Filiale von Bamyan entwickelte sich die 75 km weiter westlich gelegene Seengruppe von *Band-i-Amir* (s. S. 357), die über das 3000 m hohe Plateau von Qarghanatu leicht zu erreichen ist. Dort entstand Anfang der 70er Jahre eine ungeplante, sehr einfache Touristensiedlung etwas abseits des Band-i-Amir-Sees (Karte 45). Die Seengruppe wurde 1974 unter Naturschutz gestellt und Anfang 1979 zum Nationalpark erklärt, doch hatte dies keinerlei praktische Folgen.

Seit 1979 hat sich die politische Situation des Hazarajat völlig verändert. Durch eine allgemeine Volkserhebung im April und Mai 1979 wurden die Vertreter der kommunistischen *khalqi*-Regierung vertrieben, unter der die Hazara besonders zu leiden hatten. Im Herbst 1979 war das ganze Gebiet mit Ausnahme Bamyans von Regierungstruppen frei und ist es seitdem geblieben. Lediglich 1980 drangen sowjetische Truppen vorübergehend bis Yakaulang, Panjab, Behsud und Jaghori vor und hinterließen schwere Zerstörungen. Aus einem blutigen internen Machtkampf zwischen Widerstandsgruppen der Hazara gingen 1984 die nach Iran orientierten radikal-schiitischen Islamisten *(Nasr, Pasdaran)* hervor, was zu einer erneuten Isolierung des Hazarajat vom übrigen Afghanistan und zu Konflikten mit benachbarten Ethnien führte.

Anders als im übrigen Land nahm im Hazarajat die Bevölkerungszahl zu, da zahlreiche Hazara aus Kabul und anderen Städten in ihre Heimat zurückkehrten und andererseits die Fluchtbewegung nach Pakistan und Iran gering blieb. Der sommerliche Zustrom paschtunischer Nomaden hat im zentralen Hazarajat aufgehört, ist ihnen doch in den nunmehr bewaffneten Hazara ein selbstbewußter Partner, ja Gegner erwachsen. Lediglich die Dasht-i-Nawar, Jaghori und Malistan wurden weiterhin von Nomaden aufgesucht (ROY 1985; BINDEMANN 1987).

7.7.3 Das westliche zentrale Hochland (Ghor)

Der westliche Teil des zentralen Hochlandes unterscheidet sich vom Hazarajat in mehrfacher Hinsicht: durch die allgemein tiefere Lage und damit durch das Fehlen echter Hochgebirge; durch ein etwas weniger exzessives und trockeneres Klima; durch die vornehmlich nach Westen gerichtete Ent-

7.7 Das Hochland von Zentralafghanistan

wässerung, die Ghor gegen Herat, Shindand und Farah öffnet; durch eine deutlich geringere Bevölkerungsdichte und schließlich durch eine andere ethnische Struktur der Bevölkerung.

Im Norden begrenzen Band-i-Turkistan und Safed Koh das westliche Hochland gegen die Lößbergländer Turkistans; im Süden bilden der mächtige Koh-i-Malmand (oder Koh-i-Jahan Qala) und seine nordöstliche Fortsetzung eine Schranke gegen Zamin Dawar. Dazwischen wird das System von Hochflächen, Tälern und Becken, welche die Hauptlebensräume bilden, durch Gebirgszüge in Ost-West- bzw. Nordost-Südwest-Richtung mehr oder minder deutlich gegliedert, wie Band-i-Baian und Syah Koh. Zwar durchfließen die Flüsse jeweils eine Folge von Weitungen und petrographisch bedingten, kaum gangbaren Engtalstrecken, doch stehen die einzelnen Siedlungskammern über flache Wasserscheiden zwischen den Gebirgszügen miteinander in Verbindung. Ein Beispiel hierfür bietet das kleine Becken von Saghar, das von Bergen bis 3500 m Höhe umrahmt wird.

In den großen Tälern reicht das Wüstenklima West- und Südafghanistans tief ins Hochland hinein, namentlich am Hari Rod, wo sich um Chaghcharan (193 mm pro Jahr) eine ähnliche Trockenheitsinsel findet wie bei Bamyan. Deutlich höhere Niederschläge empfangen nur die weitläufigen, lößbedeckten Kreidekalktafeln zwischen Band-i-Turkistan und Safed Koh am mittleren Murghab, die mit ihrer dichten Gras- und Krautvegetation bereits dem turkistanischen Steppenraum zugehören (GLATZER 1977). Doch ist zumindest ihr östlicher Teil auf Grund seiner Höhenlage und seines Reliefs – verkarstete Hochplateaus mit bis zu 600 m tiefen Schluchten – dem zentralen Hochland zuzurechnen. Auch in Ghor äußert sich die Kontinentalität des Klimas in tiefen Wintertemperaturen, die allerdings – dank der geringeren Höhenlage – etwas weniger extrem sind als im Hazarajat (Tabelle 3). Nur randlich dringt in den tiefen, von Gebirgen abgeschirmten Tälern der *garmsir* mit wintermilden Temperaturen ins Hochland *(sardsir)* ein, wie in Purchaman (SCHURMANN 1962).

Der westliche Teil des zentralen Hochlandes umfaßt in seinem Kern die Provinz Ghor oder Ghorat (ohne den Bezirk Lal-o-Sarjangal) und deren Randgebiete im Norden, Westen und Süden mit den Bezirken Kohistanat (Provinz Jauzjan), Laulash (Faryab), Jawand (Badghis), Farsi (Herat) und Purchaman (Farah). Die Ostgrenze zum Hazarajat ist ethnisch definiert. Sie verläuft etwa von Sancharak südwärts zum großen Balkhabknie, von dort nach Südwesten zur Vereinigung von Lal- und Sarjangalfluß zum Hari Rod und weiter in etwa entlang der Wasserscheide zwischen Helmand und Farah Rod.

Der so abgegrenzte Raum zählte 1978 rund 430 000 seßhafte Bewohner, was 7 Ew./qkm entsprach (gegenüber 15 Ew./qkm im östlichen Hochland). Der am dichtesten bevölkerte Bezirk war jener von Taywara mit 17 Ew./qkm, der auch das breite Hochtal des Rod-i-Ghor einschließt. Diese geringen Dichtewerte zeigen die Unwirtlichkeit von Relief und Klima, die weitverbreitete Wasserknappheit und die Kleinheit und Isolierung der Siedlungsräume im westlichen Hochland an.

Die Bevölkerung dieses Raumes besteht größtenteils aus Firozkohi und Taimani, die den Chahar Aimaq angehören. Taimani nehmen den Süden von Ghor ein, von Tarbolagh und Taywara im Osten bis Farsi im Westen, Firozkohi einen Teil Gharjistans im Nordwesten und die Gegend um Chaghcharan und Daulatyar im Osten. Letztere mischen sich im Gebiet von oberem Murghab und Sar-i-Pul-Fluß (Chiras) mit Tadschiken, wobei die Abgrenzung zwischen beiden kulturell eng verwandten Gruppen freilich unscharf bleibt (BALLAND 1988a). Im Südwesten und Süden, in Saghar und Purchaman, leben Bergtadschiken, die in Siedlungsweise, Landwirtschaftssystem (mit strikten Fruchtfolgen und Zelgenbindung der Flur) und ihrem vielfältigen Handwerk den Tadschiken Badakhshans gleichen. Jene von Purchaman sind von SCHURMANN (1962) ebenso ausführlich beschrieben worden wie die Reste der Mogholbevölkerung nordöstlich davon. Die Moghol waren seit dem 19. Jh. dem Druck der Taimani (von Norden) und der Paschtunen (von Süden) ausgesetzt und wanderten größtenteils ab.

Das ganze westliche Hochland wurde seit Ende des 19. Jh. zum Sommerweidegebiet paschtunischer Nomaden, die es von Norden, Westen und Süden her aufsuchten (Karte 9a). Zwar praktizieren auch Firozkohi, Taimani und Moghol eine mobile Lebens- und Wirtschaftsform mit Zelten als Sommerbehausungen (SCHURMANN 1962; JANATA 1975), doch lassen sich ihre Wanderungen zu entlegenen Sommerweiden und Regenfeldern nur z. T. als halbnomadisch bezeichnen. Meist handelt es sich um lange Zeltaufenthalte auf den Außenfeldern der Fluren, wo der Weidegang des Viehs gleichzeitig der Düngung dient. Lockere Gruppen von Zelten unterschiedlichen Typs (s. S. 165) auf den Brachfeldern sind während des Sommers ein vertrauter Anblick in Ghor.

Wie im Hazarajat ist der Weizen die weitaus wichtigste Feldfrucht, dazu kommen einige Leguminosen, Klee, etwas Gerste und bis rund 2500 m Mais. In tieferen Lagen spielt auch Obst eine Rolle, besonders Maulbeeren und Aprikosen, wie um die Sommerdörfer der Firozkohi in den Schluchten am mittleren Murghab. Außer den bewässerten dorfnahen Fluren gibt es an Schattenhängen auch Regenfelder, die unregelmäßig mit Weizen oder Gerste bestellt werden. Nur auf den Kalkplateaus am mittleren Murghab herrscht ausschließlich Regenfeldbau. In den Dürrejahren 1970 und 1971 war dieser Raum von Gharjistan eines der am schwersten betroffenen Gebiete von ganz Afghanistan (BARRY 1972).

Das westliche zentrale Hochland war und ist noch mehr als das Hazarajat ein peripherer Raum, liegt es doch noch weiter entfernt von den alten städtischen Zentren und

7.7 Das Hochland von Zentralafghanistan

wurde wohl nie von einem wichtigen Handelsweg berührt. Trotz dieser Abseitslage trat Ghor um die Mitte des 12. Jh. plötzlich ins Licht der Geschichte, als eine der vielen lokalen Adelsfamilien die politische Vorherrschaft errang, unter Alauddin Jahansuz („der Weltverbrenner") Ghazni eroberte und die Nachfolge der Ghaznavidensultane antrat. Aus jener großen Zeit Ghors stammen die unzähligen Ruinen von Wachtürmen, Burgen und Palästen, die sich namentlich in der Umgebung von Taywara häufen (HERBERG 1984). Den kunsthistorischen Höhepunkt stellt allerdings das Minarett von Jam dar, eine 65 m hohe, reich verzierte Ruhmessäule zu Ehren des Sultans Ghiyath al-Din Mohammed von Ghor, die, im tiefen Engtal des Hari Rod verborgen, erst 1957 entdeckt wurde (MARICQ & WIET 1959)[40].

Erst am Ende des 19. Jh., nach der Pazifizierung der Firozkohi und der Murghabi- und Chiras-Tadschik, kam das Gebiet unter dauerhafte Verwaltung und Kontrolle des afghanischen Staates. Noch bis in die 50er Jahre gab es in ganz Ghor nur einen einzigen permanenten Basar in Taywara, dazu die saisonalen Zeltbasare paschtunischer Handelsnomaden im weiteren Umkreis von Chaghcharan. Erst ab 1963 entstand mit dem neuen Provinzhauptort *Chaghcharan* eine Siedlung, die das Prädikat „städtisch" verdient. Im weiten Hochtal des Hari Rod angelegt, geriet ihre Entwicklung aber bald ins Stocken: 1979 zählte sie erst 3000 Ew., dazu einen Basar mit über 200 Läden, die aber größtenteils nur im Sommer geöffnet waren. In Chaghcharan trafen die kommerziellen Einflüsse von Kabul und Herat aufeinander, hatten sich doch hier Kaufleute aus beiden gleich weit entfernten Städten niedergelassen. Der Ort erhielt auch eine regelmäßige Flugverbindung mit Kabul und eine gewisse moderne Infrastruktur (Oberschule, Krankenstation, Dieselelektrizität). Dagegen sind die kleinen Basare von Shahrak und Tulak an der Zentralroute völlig nach Herat orientiert. Auch die Basar- und Verwaltungsorte in Süd-Ghor (Taywara, Pasaband) sowie Jam und Saghar wurden an die Zentralroute angeschlossen.

Nach 1978 verlief die Entwicklung in Ghor ähnlich wie im Hazarajat, doch unter anderen politisch-ideologischen Vorzeichen (ROY 1985). Im April 1979 begann die Erhebung gegen das kommunistische Regime und seine Landreform in Daulatyar, und binnen kurzer Zeit war fast das ganze westliche Hochland frei von Regierungstruppen, die sich nur in Farsi, Tulak und Chaghcharan halten konnten. Da Chaghcharan seit 1980 als sowjetischer bzw. Regierungs-Stützpunkt von seinem Umland völlig isoliert wurde, ist Ghor de facto ohne Hauptstadt und kommerzielles Zentrum. Deshalb verlagerten sich die Marktaktivitäten auf abgelegene Orte wie Taywara, Purchaman und Saghar.

---

[40] Die Frage, ob die Ruinen von Jam die Reste der Ghoridenhauptstadt Firoz Koh seien, ist höchst kontrovers diskutiert und erst jüngst aus geographischer Sicht bejaht worden (GRÖTZBACH 1988).

NACHWORT

(Ende März 1990)

Der Rückzug der sowjetischen Interventionstruppen aus Afghanistan, der am 15. Februar 1989 vertragsgemäß abgeschlossen wurde, hat dem Lande bislang keinen Frieden gebracht. Entgegen vieler Voraussagen ist das von der Sowjetunion abhängige Regime in Kabul bis heute nicht zusammengebrochen. Zwar mußte es sich in weiten Teilen des Landes auf Städte oder Verwaltungssitze zurückziehen und den ländlichen Raum samt wichtigen Verbindungsstraßen den Widerstandskämpfern überlassen; doch dank einer massiven sowjetischen Militärhilfe (schätzungsweise 3 Mrd. US-$ pro Jahr) konnte es seine Position halten und gebietsweise sogar stärken. Dies trifft auf das mittlere Nordafghanistan (Balkh, Jauzjan) ebenso zu wie auf Teile Westafghanistans (Herat), wo zusammenhängende, von der Sowjetunion unmittelbar zugängliche Gebiete in der Hand der Regierung sind, während die isolierten Stützpunkte im übrigen Lande, allen voran Kabul, großenteils aus der Luft versorgt werden müssen. Die stark geschrumpfte afghanische Armee wird durch Milizen ergänzt, die teils regierungsabhängigen Organisationen, teils Stammes- oder Söldnerführern unterstehen, welch letztere nur dem Präsidenten verantwortlich sind. Ihre Loyalität wird von der Regierung durch hohe Geldsummen erkauft. So gehören die Mitglieder dieser Milizen gegenwärtig zu den höchstbezahlten Bürgern Afghanistans, wobei sie ihre Einkommen durch Rauschgiftschmuggel (bei Herat nach Iran), durch willkürliche Erhebung von Straßenmautabgaben und selbst durch Plünderungen aufzubessern verstehen. Damit sind sie der seit 1988 galoppierenden Inflation weit weniger ausgesetzt als die Widerstandskämpfer, was deren Moral oft genug schwächt und zu Frontwechseln Anlaß gegeben hat.

Ein geringer Grad politisch-organisatorischer Integration kennzeichnet den ideologischen Kern des Regimes, die „Demokratische Volkspartei Afghanistans" (DVPA) unter dem Präsidenten Dr. Najibullah (der sich früher, als Kommunist, nur mehr Najib nannte, also „Gott" als Bestandteil seines Namens wegließ). Nicht nur ihre alten Fraktionen *khalq* und *parcham* rivalisieren weiterhin um Einfluß und Macht, sondern in ihnen auch unterschiedliche Gruppen, meist Klientelen heutiger oder früherer Führer, wie jene des Paschtunen Najibullah und des Hazara Sultan Ali Kishtmand innerhalb von *parcham*. Diese innerparteilichen Spannungen kamen Anfang März 1990 in einem gescheiterten Putschversuch zum Ausdruck, an dem Teile der von *khalqi* dominierten Armee unter Führung des Verteidigungsministers beteiligt waren.

Daß sich die DVPA nach dem Abzug der Sowjettruppen an der Macht halten konnte, verdankt sie nicht nur der sowjetischen Militärhilfe, sondern ebenso der Zerrissenheit der Widerstandsbewegung. In ihr spiegeln sich die traditionellen Antagonismen der afghanischen Gesellschaft noch drastischer wider als im Regierungslager, vor allem der konfessionelle Gegensatz. Während die sieben sunnitischen Parteien ihren Sitz in Peshawar haben, domizilieren die neun schiitischen Organisationen in Teheran. Erstere bildeten 1988 eine provisorische Regierung unter Ausschluß der Schiiten, die sich daraufhin mit dem Kabuler Regime weitgehend arrangierten.

Auch innerhalb der provisorischen Regierung in Peshawar gibt es tiefreichende Divergenzen, namentlich zwischen den fundamentalistisch-islamistischen Parteien einerseits (*Hezb-i-Islami*, gespalten in zwei Organisationen unter Gulbuddin Hekmatyar bzw. Yunus Khales; *Ittehad-i-Islami, Jamiat-i-Islami*) und den traditionalistischen Parteien (*Harakat-i-Enqelab-i-Islami, Mahaz-i-Islami, Jabha-i-ye-Nejat-i-Melli*) andererseits. Suchen die Fundamentalisten einen zentralistischen, rigoros islamischen Staat zu verwirklichen (in dem für westliche Ideen von Demokratie und Freiheit des Individuums wenig Raum bliebe), so vertreten die Traditionalisten ein eher regionalistisch orientiertes Konzept, in dem der frühere König Mohammed Zahir Schah, der im italienischen Exil lebt, eine wichtige Rolle spielt. Doch auch im sunnitschfundamentalistischen Lager herrscht eine scharfe Rivalität zwischen der paschtunisch dominierten *Hezb-i-Islami* und der vornehmlich Dari-Sprecher umfassenden *Jamiat*. An den blutigen Kämpfen zwischen Mujahedingruppen war fast stets Hekmatyars *Hezb-i-Islami* beteiligt – der man zahlreiche politische Morde, auch in Pakistan, anlastet –, auf der Gegenseite *Jamiat* und *Harakat* (so auch in Takhar, Koh Daman, Maydan, Arghandab, Helmand, Herat).

Darüber hinaus bestehen Spannungen zwischen den oft bürokratisch und realitätsfern handelnden Parteiführungen in Peshawar und den Kampfkommandanten in Afghanistan. Den Parteiführern werden nicht selten persönliche Macht- und Geldgier und Korruption vorgeworfen, also alte Grundübel der afghanischen Elite. Von ihnen ist auch ein Teil der Kommandanten nicht frei, namentlich jene, die ihre Parteizugehörigkeit je nach materiellem Vorteil wechseln oder sich mit Waffengewalt gegen konkurrierende Gruppen durchzusetzen suchen. Nur wenigen strategisch denkenden Kampfkommandanten ist es gelungen, militärische und administrative Strukturen in regionalem Rahmen aufzubauen, wie Ahmed Schah Massud, dem Verteidiger des Panjshertales, im Nordosten (Takhar, Badakhshan, Baghlan, Panjsher) und Ismael Khan im Westen des Landes, die beide der *Jamiat* angehören.

Mangelnde Zusammenarbeit, unzulängliche Ausrüstung und eine verfehlte Strategie waren die Gründe für den erfolglosen Angriff der Mujahedin auf Jalalabad im Frühjahr 1989, der auf beiden Seiten eine große Zahl von Opfern forderte und einen neuen Flüchtlingsschub nach Pakistan auslöste. Der militärische Mißerfolg, Plünderungen, die Ermordung gefangener Regierungssoldaten und die Vergewaltigung von Frauen (durch arabische Verbündete der *Hezb-i-Islami*) führten zu einem Prestigeverlust von Mujahedin und provisorischer Regierung. Deren Ziel, mit Jalalabad einen Sitz innerhalb Afghanistans zu gewinnen und dadurch mehr internationale Anerkennung zu finden, wurde nicht erreicht: Bislang haben erst vier islamische Staaten die provisorische Regierung Afghanistans in Peshawar anerkannt.

Seit dem Rückzug der Regierungstruppen auf isolierte Stützpunkte hat die Kampftätigkeit im ländlichen Raum nachgelassen, der dadurch ausländischen Hilfsorganisationen leichter zugänglich geworden ist. Auf diese Weise gelangten 1989 nicht nur mehr Hilfsgüter ins Land, sondern zunehmend auch bessere Informationen über die Situation innerhalb Afghanistans nach außen. Hieran war insbesondere die „Operation Salam" des UN-Koordinators für die Afghanistanhilfe, Prinz Sadruddin Aga Khan, beteiligt, der zusammen mit anderen UN-Organisationen eine Datenbank aufbaut. Die Berichte zeigen, daß vor allem das Umland größerer Städte verheert worden ist: Im Westen und Norden von Kabul (Paghman, Koh Daman), im Westen von Herat und Kandahar, in der Umgebung von Jalalabad und entlang wichtiger Straßen wurden ein Großteil der Dörfer zerstört, Gartenmauern abgetragen und Obstbäume gefällt, um den Mudjahedin jegliche Deckung zu nehmen. Ähnliche Verwüstungen werden aus dem Grenzgebiet zu Pakistan (Konar, Paktya) und aus Logar berichtet, während das zentrale Hochland und Nordafghanistan weit weniger Schäden erlitten haben. Fast überall ist die Lebensmittelversorgung angespannt, was sich in kaum mehr erschwinglichen Preisen selbst für Grundnahrungsmittel äußert. Im Norden des Landes hat sich die Situation durch Schädlingsbefall, besonders durch Heuschrecken, weiter verschlimmert, namentlich in jenen Provinzen, die schon 1970/1971 am stärksten unter der Dürre gelitten haben (Badakhshan, Jauzjan, Faryab und Badghis). In Badghis und angrenzenden Gebieten fiel 1989 die Ernte fast völlig aus, und ein Teil der Bevölkerung ist nach Iran abgewandert.

Hatte man in UN-Kreisen 1988 eine baldige Rückkehr der Flüchtlinge aus Pakistan und Iran erwartet, so hat sich inzwischen gezeigt, daß hierfür noch immer die wichtigsten Voraussetzungen fehlen: die Wiederherstellung der öffentlichen Ordnung und Sicherheit, die Bereitstellung der landwirtschaftlichen Produktionsmittel (Bewässerungssysteme, Saatgut, chemischer Dünger, Pflugochsen), die Räumung mehrerer Millionen Minen, die bereits Tausende von Opfern gefordert haben, und der Wiederaufbau der Grundinfrastruktur. Zu letzterem zählt neben der Reparatur schwer beschädigter Straßen und Brücken die Schaffung eines neuen Gesundheits- und Schulwesens.

Seit 1979 ist im ländlichen Afghanistan (und z. T. auch in Städten und Flüchtlingslagern) eine Generation von Analphabeten herangewachsen. Gerade die staatlichen Schulen als Stätten kommunistischer Indoktrination waren von den Mujahedin systematisch zerstört worden, die ihrerseits lediglich einige Koranschulen eröffneten. Das Bildungsdefizit wird noch dadurch verschärft, daß das Gros der akademisch gebildeten afghanischen Elite im westlichen Ausland im Exil lebt und kaum bereit sein dürfte, in ein fundamentalistisch regiertes Afghanistan zurückzukehren.

Andererseits stehen UN- und Nicht-Regierungsorganisationen aus verschiedensten Staaten bereit, bei der Rückkehr der Flüchtlinge und beim Wiederaufbau des Landes zu helfen. Der Aufruf der Vereinten Nationen von 1988 an die Staaten der Erde, für diesen Zweck Geld und Hilfsgüter bereitzustellen, hat allerdings nur mäßigen Erfolg gezeigt. Bis Ende August 1989 wurden zwar Hilfeleistungen in Höhe von 992 Mio. US-$ zugesagt, doch entfielen 70% davon auf Hilfsgüter und -leistungen und nur knapp 2% auf frei und sofort verfügbare Gelder (UNOCA: Operation Salem, Second Consolidated Report. – Genf, Oktober 1989). Paradoxerweise kam die größte Hilfszusage von der Sowjetunion, dem Hauptverantwortlichen für die Verwüstung des Landes; doch die 600 Mio. $ an sowjetischer Hilfe (in Gütern und Dienstleistungen) sind bereits großenteils zerronnen, da sie auf einem inzwischen überholten Kurs zum Rubel beruhten.

Solange der Bürgerkrieg durch ausländische Militärhilfe (der Sowjetunion bzw. der USA und Saudi-Arabiens) weiter genährt wird, sind die Aussichten auf die Rückkehr der Flüchtlinge, die Wiederherstellung der staatlichen Einheit und den Wiederaufbau Afghanistans ungewiß wie vor zehn Jahren, als die Rote Armee das Land besetzt hatte. So liegt der Schlüssel zum Frieden nicht nur bei den Afghanen selbst, sondern auch bei den indirekt am Krieg beteiligten ausländischen Mächten.

ANHANG

TABELLEN

Tab. 1: *Administrative Gliederung (1981/82), Fläche und seßhafte Bevölkerung der Provinzen (1978)*

Provinz (Rang) –velayat–	Hauptstadt	Zahl der Bezirke und Unterbezirke[1]	Fläche in qkm	Bevölkerung Zahl in 1000	Ew./qkm
Kabul (A)	Kabul	8– 3	4583	1372	299
Parwan (B)	Charikar	5– 6	5911	418	71
Kapisa (?)[2]	Mahmud-i-Raqi	3– 2	5358	366	68
Maydan/Wardak (C)	Maydanshahr	4– 3	9638	310	32
Logar (B)	Pul-i-Alam	3– 2	4411	224	51
Ghazni (A)	Ghazni	10– 5	32902	701	21
Paktya (A)	Gardez	12– 9	17528	706	40
Paktika (?)[3]	Sharan	4– 10	.	.	.
Nangarhar (A)	Jalalabad	11– 7	7614	786	103
Konar (?)[2]	Asadabad	7– 8	10477	323	31
Laghman (C)	Mehtarlam	4– 2	7209	387	54
Badakhshan (B)	Faydzabad	6– 6	48176	484	10
Takhar (B)	Taluqan	6– 5	12373	528	43
Baghlan (B)	Baghlan	5– 4	17106	486	28
Kunduz (B)	Kunduz	5– 1	7825	575	73
Samangan (C)	Aybak	3– 1	16220	275	17
Balkh (A)	Mazar-i-Sharif	7– 4	11833	570	48
Jauzjan (B)	Sheberghan	6– 4	25548	642	25
Faryab (B)	Maymana	7– 4	22274	547	25
Badghis (C)	Qala-i-Nau	4– 1	21854	247	11
Herat (A)	Herat	12– 2	50245	685	14
Farah (B)	Farah	7– 1	58834	356	6
Nimroz (C)	Zaranj	3– 1	41347	112	3
Helmand (B)	Lashkargah	9– 2	61816	570	9
Kandahar (A)	Kandahar	10– 2	49430	699	14
Zabul (C)	Qalat	5– 3	17289	181	10
Oruzgan (C)	Tirin	8– 1	28756	483	17
Ghor/Ghorat (C)	Chaghcharan	5– 1	38658	341	9
Bamyan (C)	Bamyan	4– 1	17411	285	16
Afghanistan	Kabul	183–101	652626	13659	21

[1] *waluswali (uluswali)* bzw. *alaqadari*. – [2] Vorübergehend zur Unterprovinz herabgestufte frühere Provinz, seit 1977 (Konar) bzw. 1979 (Kapisa) wieder Provinz. – [3] 1979 aus den früheren Unterprovinzen Katawaz (Ghazni) und Urgun (Paktya) neugebildete Provinz mit 245000 Ew. (1979).
Quellen: CSO 1978a, S. 139–149; CSO 1983, S. 40–41.

376 Tabellen

Tab. 2: *Variabilität und Ergiebigkeit der Niederschläge*
(in Stationen mit wenigstens 10 vollen Beobachtungsjahren bis 1979)

Station (Landesteil nach Himmelsrichtung)	Höhe in m ü. M.	volle Beob.- Jahre	Jahres- mittel in mm	Jahressummen in mm höchste (Jahr)	Jahressummen in mm niedrigste (Jahr)	Variabilität** V_1	Variabilität** V_2 (%)	Niederschlagstage pro Jahr gesamt	Niederschlagstage pro Jahr davon mit Schnee	Niederschlag pro Niederschlags- tag (mm)***	Maximale Tages- summe (mm)
Baghlan (NO)	550	21	313	413 (69)	200 (74)	2,1	13	62	13	5,0	37
Bamyan (Z)	2550	11	151	503 (72)*	49 (71)*	10,3	50	43	24	3,5	50
Chaghcharan (Z)	2230	11	193	246 (76)	143 (71)	1,7	14	55	31	3,5	33
Faydzabad (NO)	1200	16	494	703 (69)	290 (71)	2,4	14	88	27	5,6	56
Farah (SW)	700	19	100	203 (72)*	21 (73)*	9,7	33	20	0	5,0	65
Gardez (O)	2350	16	345	564 (72)	184 (70)	3,1	23	63	30	5,5	49
Ghazni (O)	2183	21	317	555 (65)	181 (71)	3,1	26	59	25	5,4	56
Ghelmin (Z)	2070	12	220	306 (75)	133 (70)	2,3	20	58	25	3,8	30
Herat (W)	964	20	242	406 (76)	131 (62)	3,1	27	45	7	5,4	49
Jabal-us-Saraj (O)	1630	18	474	791 (67)	125 (71)*	6,3	26	63	16	7,5	101
Jalalabad (O)	580	19	215	390 (65)	72 (71)*	5,4	33	40	0	5,4	67
Kabul (O)	1791	21	310	524 (59)	176 (70)	3,0	24	69	20	4,5	69
Kandahar (S)	1010	15	164	281 (76)	57 (71)*	4,9	32	30	0	5,5	51
Karez-i-Mir (O)	1905	21	405	618 (72)	255 (70)	2,4	21	68	20	6,0	78
Khost (O)	1146	15	468	731 (79)	185 (69)*	4,0	28	64	1	7,3	84
Kunduz (NO)	433	21	316	426 (69)	204 (70)	2,1	13	68	14	4,6	47
Laghman (O)	770	15	256	471 (65)	131 (71)	3,6	28	55	0	4,7	77
Lal (Z)	2866	12	294	365 (76)	173 (70)	2,1	16	74	51	4,0	43
Lashkargah/Bost (S)	780	18	105	195 (74)	44 (73)*	4,4	37	19	0	5,6	58
Logar (O)	1935	10	226	392 (72)	107 (70)*	3,7	23	52	23	4,3	47
Maymana (N)	815	21	356	482 (69)	214 (66)	2,3	21	68	18	5,2	70

Tabellen

Mazar-i-Sharif (N)	378	21	201	289 (68)	132 (70)	2,2	16	56	10	3,6	36
Moqor (O)	2000	13	262	455 (76)	129 (67)*	3,5	35	50	22	5,2	60
Paghman (O)	2114	11	409	663 (72)	286 (70)	2,3	16	69	28	5,9	75
Panjab (Z)	2710	11	327	503 (73)	166 (69)	3,0	28	70	47	4,0	43
Qades (NW)	1280	10	319	436 (76)	235 (70)	1,9	18	64	21	5,0	45
Qalat (SO)	1565	13	284	556 (72)	105 (71)*	5,3	34	48	11	5,9	54
Salang-Nord (NO)	3366	18	1012	1349 (64)	432 (71)*	3,1	23	122	101	8,3	88
Salang-Süd (O)	3172	18	1036	1438 (72)	699 (70)	2,1	18	103	79	10,1	90
Shahrak (Z)	2325	10	273	378 (72)	70 (71)*	5,4	24	60	37	4,6	40
Sheberghan (N)	360	16	223	355 (69)	110 (70)*	3,2	28	53	13	4,2	44
Zaranj (SW)	478	11	58	162 (75)*	5 (73)*	32,4	65	10	0	5,8	40

Z = Zentrales Hochland

* = Exzeptionell feuchtes bzw. trockenes Jahr (Maximum höher als das Doppelte. Minimum kleiner als die Hälfte des Jahresmittels)! – ** = V_1 = Verhältnis höchste zu niedrigster Jahressumme; V_2 = mittlere Abweichung vom Mittelwert in % des Mittelwertes. – *** = Jahresmittel durch Zahl der Niederschlagstage pro Jahr!

Quelle: Monatsberichte des Meteorologischen Instituts, Kabul.

Tab. 3: Lufttemperaturen
(in Stationen mit wenigstens 10 vollen Beobachtungsjahren bis 1979)

Station	\multicolumn{12}{c	}{Monatsmittel der Temperatur in °C}	Jahres-schwankung (°C)*	Zahl der Tage mit Temperatur >30°C pro Jahr	Zahl der Tage mit Temperatur <0°C pro Jahr
	J	F	M	A	M	J	J	A	S	O	N	D			
Baghlan	0,7	4,0	9,9	16,3	21,2	26,5	28,0	25,7	20,7	15,0	7,9	3,2	27,3	135	72
Bamyan	-6,8	-5,0	1,9	8,7	12,2	16,5	18,3	17,2	12,7	7,8	1,4	-3,3	25,1	5	157
Chaghcharan	-9,7	-8,9	1,8	9,1	12,7	17,3	19,4	17,9	12,5	6,9	1,8	-4,0	29,1	36	195
Faydzabad	-0,5	1,8	7,7	13,9	17,3	23,7	27,2	25,8	20,4	14,1	7,4	2,7	27,7	107	89
Farah	7,1	9,9	15,7	21,4	27,0	32,2	34,2	31,9	26,6	20,2	12,8	8,6	27,1	184	40
Gardez	-6,1	-4,8	3,2	10,1	15,2	20,6	22,0	21,0	16,8	10,5	3,6	-2,3	28,1	33	141
Ghazni	-6,0	-4,0	3,9	10,7	16,1	21,6	23,4	22,4	17,0	10,0	3,7	-1,8	29,4	63	143
Herat	1,9	4,9	10,1	16,3	21,6	27,2	29,5	27,6	22,6	16,0	8,6	4,2	27,6	133	76
Jabal-us-Saraj	1,4	2,5	9,2	14,7	19,6	25,2	27,2	26,3	22,7	17,4	10,6	4,6	25,8	71	51
Jalalabad	8,1	11,0	16,2	21,2	27,4	33,1	32,9	31,7	28,0	21,8	14,0	9,2	25,0	181	10
Kabul	-2,6	-0,8	6,5	12,5	17,2	22,9	25,0	24,1	19,6	13,1	5,6	0,3	27,6	82	122
Kandahar	5,0	7,8	14,1	20,2	25,3	30,0	31,8	29,1	23,7	17,5	11,0	7,1	26,8	170	52
Khost	4,7	7,1	12,4	17,4	22,2	28,1	27,5	26,9	23,3	17,9	11,0	6,4	23,4	129	55
Kunduz	1,8	4,2	10,3	17,0	22,7	29,3	31,5	29,2	23,9	16,9	9,3	4,2	29,7	136	55
Lal	-13,1	-10,9	-3,2	4,7	9,3	14,1	16,3	15,5	10,4	4,6	-1,5	-8,1	29,4	1	224
Lashkargah/Bost	6,2	9,5	15,6	21,5	27,0	31,5	32,6	29,9	24,7	18,6	11,8	7,6	26,5	184	46
Maymana	1,7	3,3	8,4	14,7	19,7	25,2	27,3	25,1	20,2	14,4	8,2	4,4	25,6	114	62
Mazar-i-Sharif	1,9	4,8	10,5	17,6	24,1	30,3	32,7	30,5	24,5	17,0	9,1	4,6	30,8	143	64
Paghman	-3,8	-3,4	4,5	11,0	14,6	19,5	20,6	20,8	16,5	11,7	5,5	0,3	24,6	35	124
Panjab	-14,4	-11,7	-3,2	5,1	10,7	15,8	18,0	17,0	12,1	5,8	-1,2	-8,7	32,7	6	209
Qades	0,3	3,3	7,0	13,0	17,3	21,7	23,6	21,6	17,3	12,6	7,4	4,7	23,3	66	76
Qalat	-0,4	1,0	9,3	15,6	22,6	26,0	27,9	25,8	20,3	14,7	7,5	3,5	28,3	129	95
Salang-Nord	-10,6	-9,5	-4,4	-0,2	2,6	7,4	9,6	8,5	4,5	0,7	-4,5	-8,1	20,2	0	239
Salang-Süd	-8,3	-7,4	-3,0	2,0	5,4	10,6	12,8	12,3	9,0	4,5	-1,3	-5,9	21,1	0	180
Shahrak	-11,5	-9,7	0,6	8,2	11,8	16,1	17,9	15,9	11,6	6,4	0,4	-6,3	29,4	17	218
Sheberghan	1,7	4,5	10,1	17,0	22,9	28,6	30,8	28,4	23,0	16,5	10,0	5,3	29,1	141	50
Zaranj	6,1	9,5	15,7	23,5	28,7	34,0	35,8	32,3	27,1	21,3	12,8	8,4	29,8	202	43

* Jahresschwankung: Differenz der Mittelwerte von wärmstem und kältestem Monat. Höhenlage der Stationen und Zahl der Beobachtungsjahre wie in Tabelle 2.

Tab. 4: *Abflußverhalten wichtiger Flüsse in Afghanistan*

Fluß (Pegelstation)	Einzugs-gebiet (qkm)	Meßperiode (19..–19..)	Jahre[1]	⌀ Abfluß i. d. Meßperiode (cbm/sec)	Variabilität[2]	Mittlere Jahresschwankung[3]	Extreme Abflüsse[4] (cbm/sec) Maximum	Minimum
Kabul-Gebiet:								
Kabul (Tang-i-Gharu)[5]	12900	59/60–66/67	8	21	2,4	35	175	0,1
Ghorband (Pul-i-Ashawa)	4020	59/60–66/67	8	27	1,8	8	161	6,0
Salang (Jabal-us-Saraj)	440	61/62–66/67	4–6	11	(1,2)	7,8	93	2,8
Panjsher (Gulbahar)	3570	59/60–66/67	8	60	1,6	27	584	6,0
Laghman (Pul-i-Qarghai)	6230	60/61–66/67	5–7	55	(1,7)	36	450	1,6
Darya Pech (Chagha Saray)	3780	59/60–66/67	7–8	58	2,0	27	515	3,6
Amu Darya-Gebiet, übriges Turan:								
Surkhab (Pul-i- Khumri)	17615	50–65	14–16	71	2,3	9	418	21
Khanabad (Pul-i-Chogha)	10050	59–69	?–11	71	.	14	1108	9,7
Kokcha (Khwaja Ghar)	21100	63/64–71/72	5–9	190	(1,8)	7	1370	55
Balkhab (Robat-i-Bala)	18730	64–72	8	50	.	2,9	330	32
Murghab (Bala Murghab)	.	68/69–72/73	4–5	45	(1,5)	2,7	(372)[6]	19
Hari Rod (Chaghcharan)	6090	61/62–67/68	7	30	2,1	33	693	1,0
Hari Rod (Herat)	26130	63/64–67/68	5	28	(6,6)	130	907	0,0

[Fortsetzung siehe S. 380]

Tab. 4 (Forts.)

Fluß (Pegelstation)	Einzugs-gebiet (qkm)	Meßperiode (19..–19..)	Jahre[1]	⌀ Abfluß i. d. Meßperiode (cbm/sec)	Varia-bilität[2]	Mittlere Jahres-schwan-kung[3]	Extreme Abflüsse[4] (cbm/sec) Maximum	Minimum
Sistan-Gebiet:								
Farah Rod (Farah)	30000	52/53–63/64	12	48	43	>1000	2210	0,0
Khash Rod (Delaram)	5400	52/53–66/67	15	16	37	158	1387	0,0
Helmand (Deh Rawud)[7]	35500	52/53–67/68	16	187	2,9	9,4	2290	43
Helmand (Kajakay)[8]	42200	53/54–67/68	15	202	2,9	4,2	1820	0,1
Helmand (Chahar Burjak)	170700	53/54–67/68	15	205	5,6	7,4	3310	10,6
Arghandab (ob. Stausee)[9]	17000	51/52–67/68	17	44	4,7	15,8	1010	2,0
Arghandab (unt. Staudamm)[9]	17800	52/53–67/68	16	43	4,5	6,7	671	0,2
Arghestan (bei Kandahar)	17150	52/53–67/68	12–13	4,8	28	–[10]	1191	0,0

[1] Die erstgenannte Zahl gibt jeweils die Jahre mit vollständigen Meßwerten an. – [2] Verhältnis der Abflußwerte von wasserreichstem zum wasserärmstem Jahr (für Reihen von weniger als 7 Jahren in Klammern!). – [3] Verhältnis der Abflußmittel der beiden Monate mit Extremwerten. – [4] Meist nach S. RADOJICIC (1977a), z. T. auf andere Meßperioden bezogen! – [5] Unterhalb der Logar-Einmündung. – [6] Mittlerer Maximalabfluß. – [7] Oberhalb des Kajakay-Stausees und der Einmündung des Tirinflusses. – [8] Unterhalb des Kajakay-Staudammes. Beginn des Einstaus 1953. – [9] Pegel oberhalb bzw. unterhalb von Arghandab-Stausee bzw. -Staudamm. Beginn des Einstaus 1952. – [10] Von September bis November mittlerer Abfluß = 0!

Quellen: BRIGHAM 1964; CHILDERS 1974; DWWGA 1967; RADOJICIC 1977; SOGREAH 1966; WSSA 1968.

Tab. 5: Die ethnischen Gruppen nach Stärke, Sprache und Konfession (bis 1978)

Bezeichnung	(Haupt-) Sprache	(Haupt-) Konfession bzw. Religion	Zahl (in 1000)	in % der gesamten Bevölkerung
Paschtunen	Paschtu	Sunniten	6000	ca. 43
Tadschiken und Farsiwan	Persisch (= Dari)	Sunniten (F. z. T. Schiiten)	4000	ca. 28,5
Usbeken und verwandte türkische Gruppen	Usbekisch u. ä.	Sunniten	1300	9,3
Hazara	Hazaragi (Dari)	Schiiten	1100	7,8
Aimaq	Dari	Sunniten	500	3,6
Turkmenen	Turkmenisch	Sunniten	400	2,9
Belutschen und Brahui	Belutschisch, Brahui	Sunniten	160	1,1
Araber	Dari	Sunniten	100	0,7
Nuristani	Nuristani-Sprachen	Sunniten	100	0,7
Pashai	Pashai	Sunniten	100	0,7
Tatar	Dari	Sunniten	60	0,4
Qizilbash	Dari	Schiiten	40	0,3
Hindus und Sikhs	Dari	Hinduismus, Sikhismus	30	0,2
Diverse (Kirgisen, Moghol, Jats u. a.)	diverse	diverse	110	0,8
Insgesamt etwa			14000	100 %

Quellen: L. DUPREE 1973; JANATA 1975; FRANZ 1981; ORYWAL 1986.

Tab. 6: *Zahl der grenzüberschreitenden paschtunischen Nomaden in Ostafghanistan 1877–1978*

Jahr	Zahl	Bemerkungen	Quelle
1877/78	76400 Pers.	„Powindahs"	ADAMEC (1985, S. 659)
1880/81	ca. 50000 Pers.	„Powindahs"	ADAMEC (1985, S. 659)
1932/34	über 20000 Fam. (über 120000 Pers.)	nach ROBINSON (1935)	BALLAND (1988b)
1972	ca. 80000 Pers.	Erhebung nur für Paktya	JANATA (1975)
1978	3080 Fam. (ca. 18500 Pers.)	Nomadenerhebung 1978	BALLAND (1982)

Tab. 7: *Beschäftigte und Nationaleinkommen nach Wirtschaftssektoren*

Wirtschaftssektor	Beschäftigte* 1979	Nationaleinkommen 1977/78
Landwirtschaft (mit Viehwirtschaft)	61 %	56 %
Produzierendes Gewerbe (mit Baugewerbe)	14 %	12 %
Öffentl. und private Dienstleistungen	25 %	17 %
Sonstiges	–	15 %**
Summe in %	100 %	100 %
Summe absolut	3,44 Mio.	96,7 Mrd. Afs. (= ca. 4,8 Mrd. DM)

* Nur Seßhafte, ab 8 Jahren! – ** Außenbeitrag (Außenhandel, Auslandshilfe). Quellen: CSO 1978a, S. 5; CSO 1983, S. 61f.

Tab. 8: *Landwirtschaftliche Grundeigentümer nach Größenklassen 1955 und 1978*

Größenklassen	1955	1978
unter 2 ha	} 85 %	67,1 } 80,5 %
2 – unter 4 ha		13,4
4 – unter 10 ha	9 %	15 %
10 – unter 40 ha	4,5 %	4 %
40 – unter 100 ha	1 %	0,3 %
über 100 ha	0,2 %	0,2 %
Summe in %	100 %	100 %
Zahl der Eigentümer	0,62 Mio.	1,2 Mio.

Quellen: DAVYDOV 1962, S. 147; 1984, S. 62.

Tab. 9: *Besitzrechtliche Struktur landwirtschaftlicher Betriebe nach verschiedenen Stichprobenerhebungen*
(*Gerundete Prozentzahlen!*)

Gebiete	Erfaßte Betriebe (=100%)	Eigentümer-Betriebe in %	Betriebe mit Zupacht in %	(Fix-)Pachtbetriebe in %	Teilpacht-Betriebe in %	Anteils- und Lohnarbeiter je landwirtsch. Betrieb
Helmand[1]	413	85	5			0,8
Kandahar-Arghandab[1]	307	88	6			1,9
Baghlan-Kunduz[2]	2291	78	6	8	8	.
Konar[3]	120	92				.
Parwan-Kabul[4]	ca. 350	94				0,1
Herat[5]	über 300	75				0,5
Verschieden[6]	244	65	10			0,5
Kapisa[7]	126	74	23	1	2	.

[1] Helmand-Arghandab-Projektgebiet, Provinzen Helmand und Kandahar (OWENS 1971, S. 9). – [2] CSO 1978b, Tab. 135. – [3] Unteres Konartal und kleinere Nebentäler (ELECTROWATT, 1977, Annex 2, Tab. 3.4 und 3.5). – [4] Provinzen Parwan und Kabul. VARGHESE 1970a, S. 11. Befragt wurden 705 Haushalte, davon etwa die Hälfte mit landw. Betrieb. – [5] VARGHESE 1970b, S. 34. Befragt wurden 674 Haushalte in der Oase von Herat, davon etwa die Hälfte mit landw. Betrieb. – Eigene Berechnungen! – [6] 17 Dörfer in den Provinzen Nangarhar, Ghazni, Bamyan, Kunduz, Jauzjan, Herat und Helmand (TOEPFER 1972, Tab. 2). – [7] Kohistan und unteres Panjshertal (GREENE & FAZL 1974, S. 28).

Tab. 10: *Flächennutzung 1977/78*

	Fläche in qkm	in % der Gesamtfläche
1. Landwirtschaftliche Flächen		
Bebaubares Land	79 100	12
(davon Anbaufläche)	(38 870)	(6)
(davon unkultiviert, Brache)	(40 230)	(6)
Weideland	ca. 547 000	84
2. Wald, Baumfluren	19 000	3
3. Sonstiges, meist ungenutztes Land	7 526	1
Gesamtfläche Afghanistans	652 626	100 %

Quelle: CSO 1978 b, S. 21.

Tab. 11: *Erntemengen wichtiger Feld- und Gartenfrüchte 1967–1981*
(amtliche Schätzwerte in 1000 t)

Frucht	1967/68	1971/72	1972/73	1976/77	1977/78	1981/82[4]
Weizen	2280	1915	2450	2936	2652	2850
Reis	396	350	400	448	400	475
Mais	768	670	720	800	760	798
Gerste	357	355	350	400	300	330
Sonstige Getreide[1]	.	.	.	40	35	38
Baumwolle	69	63	58	159	137	60
Zuckerrüben	67	60	63	91	97	20
Sonstige Industriepflanzen[2]	92	78	51	130	100	114
Weintrauben	} 826	} 650	} 820	471	430	500
Obst, sonstige Früchte[3]				429	262	413

[1] Vor allem Hirse. – [2] Zuckerrohr, Ölsaaten. – [3] U. a. Melonen, Nüsse, Zitrusfrüchte, Oliven. – [4] Angaben überhöht!

Quellen: CSO 1978 b, S. 38/39; CSO 1983, S. 91.

Tab. 12: Weizen-Einfuhren 1957–1983

Jahr[1]	Einfuhrmenge in t	
1957	40 000	
1958	40 000	
1959	88 000	
1960	50 000	
1961	32 000	
1962	6 800	
1963	80 000	(152 000)[3]
1964	89 000	(80 000)[3]
1965	108 000	(250 000)[3]
1966	103 000	
1967	134 000	
1968	40 000	
1969	116 000	
1970	60 000	
1971	239 000	
1972	138 000	
1973	25 000	
1974	5 000	
1975	2 500	
1976	2 500	
1977	50 000	
1978	(141 000)[2]	
1979	135 000	
1980	78 000	
1981	152 000	
1982	(240 000)[2]	
1983	(211 000)[2]	(280 000)[2, 3]

[1] Afghanische Jahre: 1957 = 21. März 1957 – 20. März 1958 usw. – [2] Abgeschlossene Lieferverträge, nur z. T. im selben Jahr geliefert! – [3] Anderweitige, weniger wahrscheinliche Angaben.

Quellen: SoP 1962–64, S. 126; RHEIN & GHAUSSY 1966, S. 104; ETIENNE 1972, S. 64; CSO 1978b, S. 89; CSO 1983, S. 98, 125.

Tabellen 387

Tab. 13: *Erzeugung von Rohbaumwolle nach Anbaugebieten 1937-1975*

Gebiet (Provinzen)	1937	1965	1975
Qataghan (Kunduz, Baghlan, Takhar)	81%	59%	51%
Nordafghanistan (Balkh, Jauzjan, Faryab)	18%	32%	20%
Westafghanistan (Herat, Badghis, Farah)	1%	3%	13%
Südafghanistan (Helmand, Kandahar, Nimroz)	–	6%	16%
Gesamterzeugung in 1000 t (= 100%)	17	79	160

Quelle: GRÖTZBACH 1972a, S. 151; MoP 1976, S. 156.

Tab. 14: *Viehbestände 1960-1981[1] (in 1000 Stück)*

	1960	1967	1971	1975	1981
Rinder und Büffel[2]	2700	3633	3400	3735	3750
Schafe[3]	20200	21455	12840	21200	18900
(davon Karakulschafe)	(4700)	(6492)	(3840)	(·)	(4600)
Ziegen[3]	1400	3187	2000	3000	2900
Pferde[4]	300	403	400	370	400
Esel[4]	1300	1328	1300	1277	1300
Kamele	300	299	300	290	265
Gesamtbestand	26200	30305	20240	29872	27515

[1] 1967 nach Landwirtschafts„zensus", sonst Schätzungen der Steuerbehörden. – [2] Etwa 33000 Wasserbüffel 1967 (meist in Ostafghanistan). – [3] Unsichere Zahlen, da Schafe und Ziegen oft zusammengefaßt werden! – [4] Mit unterschiedlicher Zuordnung von 30000-40000 Mulis.

Quellen: CSO 1978b, S. 126-127; CSO 1983, S. 93, u. a.

Tabellen

Tab. 15: Bergbauproduktion 1965–1985

	1965/66	1970/71	1975/76	1977/78	1981/82	1984/85
Kohle (1000 t)	144	167	150	173	125	170
Salz (1000 t)	38	38	62	78	30	53
Baryt (1000 t)	–	–	6,4	14,1	.	.
Erdgas (Mio. cbm)	–	2583	2959	2582	2675	2400
Lapislazuli (t)	8,6	10,0	8,1	6,3	.	.

Quelle: SoP 1967–68; DoS 1971/72; CSO 1978a; CSO 1983; MENA 1988.

Tab. 16: Kraftwerkskapazität und Stromerzeugung 1956–1987

Jahr	Installierte Leistung (1000 kW)	Stromerzeugung insgesamt (Mio. kWh)	davon entfielen auf		
			Hydro	Thermo	Diesel
1956/57	16,3	36	.	.	.
1957/58	38,6	47	41,8	1,0	4,3
1961/62	59,4	127	121	1,8	4,3
1965/66	59,9	236	215	13	8
1966/67	219,3	302	282	11	9
1971/72	.	423	400	9	14
1976/77	318	696	524	154	18
1977/78	313	764	549	207	8
1978/79	373	857	.	.	.
1979/80	.	908	.	.	.
1980/81	.	965	.	.	.
1981/82	.	1018	.	.	.
1982/83	.	976	.	.	.
1986/87	475	1311	.	.	.

Quellen: SoP 1962–64, S. 135–36; DoS 1971/72, S. 62; CSO 1978a, S. 68; CSO 1983, S. 103; KNT v. 14. 6. 87 u. a.

Tab. 17: *Installierte Leistung der Elektrizitätswerke nach Regionen und Energiequellen 1978*

Region/Zentrum	Installierte Leistung in 1000 kW (1978)					Desgl. 1961 in %
	Hydro	Thermal	Diesel	Gesamt	in %	
Kabul	196,5	48,0	2,5	247,0	67	57
Jalalabad	11,5	–	2,5	14,0	4	–
Qataghan	15,5	4,0	4,0	23,5	6	31
Nordafghanistan (Mazar-i-Sharif)	–	36,0*	3,0	39,0*	10	1
Westafghanistan (Herat)	0,8	–	7,8	8,6	2	2
Kandahar-Helmand	36,3	–	5,0	41,3	11	9
Afghanistan	260,6	88,0	24,8	373,4	100	100
in %	70 %	23 %	7 %	100 %		(= 59 400 kW)

* Kapazitätserweiterung des Erdgaskraftwerkes Mazar-i-Sharif um 12 000 kW und Bau einer weiteren Anlage in Jar Quduq bei Sheberghan (14 000 kW) im Gange.

Quelle: ADB 1977 und Ergänzungen nach verschiedenen Quellen, für 1961: RHEIN & GHAUSSY 1966, S. 76.

Tab. 18: Produktion ausgewählter Industriegüter 1960–1985

Produkt (Mengeneinheit)	1960/61	1965/66	1970/71	1975/76	1977/78	1981/82	1984/85
Entkernte Baumwolle (1000 t)	14,6	30	30,5	44	47	14	25
Baumwollgewebe (Mio. m)	23,5	55	57	60	77	26,5	45,3
Wollstoffe (Mio. m)	0,31	0,31	0,43	0,45	0,35	0,24	0,3
Kunstseidengewebe (Reyon) (Mio. m)	0,3	1,0	8,3	35	30	9,6	.
Lederschuhe (1000 Paar)	–	75	199	246	299	226	344
Plastikschuhe (Mio. Paar)	–	–	–	3,6	3,8	2,5	2,4
Zucker (1000 t)	4,5	7,4	8,6	13,6	11,2	1,8	.
Speiseöl (1000 t)	.	3,5	4,1	10,6	13,0	4,5	1
Weizenmehl (1000 t)	22	54	51	57	60	123	154
Alkohol. Getränke (1000 l)	–	–	–	65	78	179	262
Zement* (1000 t)	37	172	94	147	150	77	112
Chem. Dünger** (1000 t)	–	–	–	66	100	108	121
Kohlenbriketts (1000 t)	–	37	30	49	35	.	.

* Produktionsbeginn der Zementfabriken Jabal-us-Saraj 1957 und Ghori (Pul-i-Khumri) 1962. – ** Produktionsbeginn der Düngerfabrik Mazar-i-Sharif 1974.

Quellen: RHEIN & GHAUSSY 1966, S. 201; SoP 1966–67; DoS 1971/72, S. 53–54; CSO 1978a, S. 167–8; CSO 1983, S. 103–4; MENA 1988; KNT.

Tab. 19: *Beschäftigte und Produktionsleistung der Teppichknüpferei nach Provinzen*

Provinz	Beschäftigte in % (1975/76)	Produktion in qm (1965)	Hauptproduktionsgebiete
Herat	23	100 000	Herat, Karukh, Gulran, Adraskan
Faryab	21	275 000	Andkhoy, Daulatabad, Maymana, Qaysar
Jauzjan	17	200 000	Sheberghan, Aqcha
Balkh	14	75 000	Daulatabad
Badghis	12	} über 50 000	Qala-i-Nau, Marichaq
Farah	10		Farah, Shindand
Samangan	2		Kaldar
Kunduz	1		Chardarrah, Qala-i-Zal
Afghanistan	100 % (= 105 500)	über 700 000	

Quellen: MINER 1966; ILO 1977; PIKULIN u. a. 1976.

Tab. 20: *Im Rahmen der ersten zwei Fünfjahrespläne 1961–1971 fertiggestellte bzw. begonnene neue Fernstraßen*

Strecke (Anschluß im Ausland)	Länge in km	Eröffnungs- jahr	Hilfe- geberland
Kandahar–Spinboldak– (Quetta/Pakistan)	104	1961	USA
Kabul–Jalalabad–Torkham– (Peshawar/Pakistan)	232	1963	USA*
Kabul–Salangtunnel–Pul-i-Khumri	230	1964	UdSSR
Kandahar–Herat–Torghundi– (Kushk/UdSSR)	678	1964	UdSSR
Pul-i-Khumri–Kunduz–Qizil Qala– (Dushanbe/UdSSR)	167	1966	UdSSR
Kabul–Kandahar	490	1966	USA
Herat–Islam Qala–(Mashhad/Iran)	124	1967	USA
Pul-i-Khumri–Mazar-i-Sharif–Sheberghan	320	1971**	UdSSR

* Nur Asphaltierung mit Hilfe der USA, 1965 fertiggestellt. – ** Während des 2. Fünfjahresplans begonnen.

Quellen: FITTER 1973, S. 48; KLIMBURG 1966, S. 251 ff.; SoP 1964–65, S. 43, u. a.

Tab. 21: Passagieraufkommen der Fluggesellschaften Ariana und Bakhtar 1965–1987

Jahr	ARIANA		BAKHTAR	
	Flugpassagiere (in 1000)	Passagier-km (in Mio.)	Flugpassagiere (in 1000)	Passagier-km (in Mio.)
1960/61	42,5	36	–	–
1965/66	41,6	56	–	–
1969/70	51,4*	86*	.	.
1970/71	69,1*	105*	.	.
1975/76	82,7	274	19,3	5,4
1977/78	97,1	330	25,0	7,9
1981/82	68,2	165	87,7	25,0
1986/87	.	.	197,3**	.

* Einschließlich Passagieren von BAKHTAR. – ** Einschließlich Passagieren von ARIANA.

Quellen: SoP 1970–71, S. 40A; 1971–72, S. 45; CSO 1978a, S. 113; CSO 1983, S. 113; KNT v. 8. 4. 87.

Tab. 22: Exporte und Importe 1961–1984 nach Haupthandelspartnern (in Mio. US-$)

Jahr	Exporte	Importe Gesamt[1]	kommerz. Importe	Außenhandels- Saldo[2]	Anteile der Hauptpartner in % Exporte					Importe[3]				
					SU	I/P	BRD	J	USA	Rest	SU	I/P	BRD	J	USA	Rest
1961/62	53,4	99,1	(49,1)	− 46 (+ 4,3)	31	12	10	0	19	28	36	21	6	10	8	19
1965/66	67,2	131	(56,5)	− 64 (+10,7)	25	21	8	0	16	30	32	16	7	14	7	24
1970/71	85,6	133	(76,0)	− 47 (+ 9,6)	38	23	6	0	3	30	15	21	6	25	4	29
1975/76	223	350	(268)	−127 (−45)	39	25	10	0	4	22	16	18	.	25	2	.
1977/78	313	491	(321)	−178 (− 8)	38	20	6	0	4	32	14	11	9	31	4	31
1981/82	694	622	.	+ 72 .	59	15	6	.	1	19	59	5	3	13	1	19
1983/84	729	846	.	−117 .	55	28	4	.	.	(13)	62	5	2	13	1	17

SU = Sowjetunion, I/P = Indien und Pakistan, J = Japan. - 0 = deutlich unter 1 %!

[1] Gesamtimporte = kommerzielle I. + aus Krediten und Zuschüssen des Auslandes finanzierte I. – [2] Bezogen auf Gesamtimporte bzw. kommerzielle Importe (in Klammern). – [3] Bis 1977/78 Anteile in Prozent der kommerziellen Importe, danach der Gesamtimporte!

Quellen: SCHUMACHER 1979; CSO 1978a, S. 126ff.; CSO 1983, S. 119–20; BUCHERER & JENTSCH (Hrsg.) 1986, S. 374; MENA 1988, S. 260.

394 Tabellen

Tab. 23: Hauptexportgüter (ohne Erdgas) nach Hauptabnehmer-Ländern, Anteilen am Exportwert und Mengen 1976–1982

Exportgut/ Mengeneinheit Abnehmerland	1976/77 M	EW/Eg %	1977/78 M	EW/Eg %	1981/82 M	EW/Eg %
Frische Früchte, 1000 t	116,5	7,8	108,4	7,3	95,8	7,3
Pakistan		80		73		65
Indien		16		18		28
UdSSR		4		9		7
Trockenfrüchte, 1000 t	69,5	22,8	83,8	26,8	101,2	25,2
UdSSR		21		30		45
Indien		28		19		15
Pakistan		11		13		8
Großbritannien		8		14		8
BRD		3		4		1
Karakulfelle, 1000 St.	1116	7,0	947	5,0	1431	2,7
Großbritannien		91		90		92
BRD		1		–		5
UdSSR		8		10		2
Wolle, 1000 t	5,0	2,4	3,9	2,0	9,0	3,4
UdSSR		87		83		87
USA		11		17		10
Baumwolle, 1000 t	49,1	20,3	34,2	17,6	12,9	3,3
UdSSR		23		72		70
ČSSR		5		8		21
Großbritannien		43		9		–
BRD		11		2		–

Tabellen 395

	M	EW	M	EW	M	EW
Medizinalpflanzen, *1000 t*	*16,0*	*2,9*	*31,6*	*5,7*	*14,0*	*1,7*
USA		32		34		36
Pakistan		4		11		19
Indien		31		18		15
Großbritannien		0		5		5
Teppiche, *1000 m²*	*744*	*7,9*	*943*	*12,3*	*944*	*10,5*
BRD		25		26		41
Schweiz		22		19		10
UdSSR		1		1		9
Großbritannien		10		5		3

M = Menge; EW = Anteil des jeweiligen Gutes am Gesamtexportwert; Eg = Anteile der Hauptabnehmer-Länder am Gesamtwert des jeweiligen Exportgutes.

Quellen: CSO 1978a, S. 125ff.; CSO 1983, S. 130ff.

Tab. 24: Ankünfte von Auslandstouristen nach Nationalitäten 1963–1980

Jahr	Touristenankünfte in 1000	davon entfielen auf Touristen aus (%)						
		Pakistan	Indien	BRD	GB	Frankreich	N-Amerika	Sonstige
1963	3,6	.	.	.	.	.	.	.
1965	10,5	31	3	13	11	4	26	12
1969	63,1	42	1	6	13	8	14	16
1970	100,2	51	2	6	9	7	11	14
1971	113,1	46	1	7	9	7	13	17
1972	110,2	45	3	6	8	7	13	18
1973	91,7	31	4	8	10	7	17	23
1976	91,0	20	9	10	11	8	12	30
1977	117,1	29	9	8	10	6	10	28
1978	92,0	26	11	8	10	5	9	31
1979	30,2	33	14	6	6	4	4	33
1980	6,6	37	15	4	2	3	2	37

GB = Großbritannien
Quellen: GRÖTZBACH 1983; MENA 1988.

Tab. 25: *Städte mit mehr als 10000 Einwohnern (1979)*

Stadt	Provinz/ Verwaltungsfunktion		Einwohnerzahl gerundet (1979)	Zahl der Läden und Werkstätten (1971–74)
Kabul	Kabul	N, P	913 000	16 500
Kandahar	Kandahar	P	178 000	5 600
Herat	Herat	P	140 000	5 400
Mazar-i-Sharif	Balkh	P	103 000	2 350***
Jalalabad	Nangarhar	P	54 000	2 400
Kunduz	Kunduz	P	53 000	1 950
Baghlan	Baghlan	P	39 000*	1 000
Maymana	Faryab	P	38 000	1 037
Pul-i-Khumri	Baghlan	W	31 000	1 100
Ghazni	Ghazni	P	30 000	2 400
Khulm (Tashqurghan)	Samangan	W	28 000	1 085
Khanabad	Kunduz	W	27 000	1 400
Charikar	Parwan	P	22 500	1 200
Lashkargah (Bost)	Helmand	P	21 600	655
Taluqan	Takhar	P	20 000**	740
Sheberghan	Jauzjan	P	19 000	950
Farah	Farah	P	18 800	550
Sar-i-Pul	Jauzjan	W	15 700	900
Andkhoy	Faryab	W	13 100	1 100
Imam Sahib	Kunduz	W	12 700	663
Ghoryan	Herat	W	12 400	über 300
Qala-i-Zal	Kunduz	W	11 600	200
Chah-i-Ab	Takhar	W	10 800	230

N = Nationale Hauptstadt, P = Provinzhauptstadt, W = *waluswali*.
* Bestehend aus 3 Teilen (Shahr-i-Kohna, Shahr-i-Jadid, Sana'ati). – ** Vermutlich zu hoch (1971 ca. 8000 Einw.), evtl. unter Einschluß mehrerer Dörfer! – *** Noch im Ausbau, daher zu niedrig! Einige Jahre später wurden bereits 3413 Läden genannt.
Quellen: CSO 1983; Grötzbach 1979; Habib 1987.

Tab. 26: *Ausgabenverteilung der staatlichen Entwicklungspläne nach Sektoren*
(*Fünfjahrespläne, nur 1976–1983 Siebenjahresplan!*)

Sektor	1. Plan 1956–1962	2. Plan 1962–1967	3. Plan 1967–1972	4. Plan 1972–1977	7-J. Plan 1976–1983	1979–1984	1986–1991
Landwirtschaft u. Bewässerungswesen	13 %	18 %	33 %	35 %	25 %	25 %	12 %
Industrie, Bergbau und Energiewirtschaft	26 %	34 %	28 %	32 %	36 %	53 %	43 %
Verkehrs- und Nachrichtenwesen	49 %	38 %	16 %	9 %	31 %	9 %	14 %
Erziehungs- und Gesundheitswesen, sonstige soziale Infrastruktur	8 %	10 %	11 %	11 %	6 %	13 %	31 %
Sonstiges	4 %	–	4 %	3 %	2 %	–	–
Privatsektor	–	–	8 %	10 %	–	–	–
	100 %	100 %	100 %	100 %	100 %	100 %	100 %
Gesamtsumme Soll in Mrd. Afs	9,1	39,1	33,0	30,9	174,4	97–106	90*
Ist	10,3	25,0	20,7				
Ausgaben pro Jahr in Mrd. Afs	2	5	4,1	(6,8)	(25)	(ca. 20)	(18)

* Vorgesehene Gesamtinvestitionen 114,5 Mrd. Afs, davon 90 Mrd. für Entwicklungsprojekte.

Quellen: GHAUSSY 1975; MoP 1976, S. 45; MoP 1979; KNT v. 6. 9. 86; BUCHERER & JENTSCH (Hrsg.) 1986, S. 353.

Tab. 27: *Seßhafte Bevölkerung, Fläche und Bevölkerungsdichte der Großlandschaften (1978)*

Großlandschaft	Seßhafte Bev. in Mio.	%	Fläche in 1000 qkm	%	Ew./qkm
Ostafghanistan*	4,8	35	73	11	65
Hindukusch-Pamir-Nordbadakhshan	0,8	6	70	11	12
Nordostafghanistan*	1,7	12	33	5	52
Nordafghanistan	1,9	14	58	9	32
Westafghanistan	1,2	9	115	18	10
Südafghanistan	1,7	12	175	27	10
Zentralafghanistan	1,5	11	129	20	12
Afghanistan	13,7	100**	653	100**	21

* Ohne Hindukusch usw. – ** Die Summen ergeben infolge Rundung der Werte nicht genau 100%!
Quelle: CSO 1978a.

Tab. 28: *Ethnische Struktur der Bevölkerung in den Flußebenen Süd- und Mittelqataghans (1965)*

Bewäss.-gebiet bzw. Bezirk	Von der Bevölkerung waren in %				
	Paschtunen	Tadschiken	Usbeken	Hazara	Sonstige
Kunduz	41	42	12	3	2
Chardarrah	42	9	24	4	21*
Khanabad	45	36	6	10	3
Taluqan	10	10	60	10	10
Baghlan	56	30	10	0	4
Ghori	61	14	14	6	5

* Davon 18% Turkmenen, 3% Araber.
Quelle: SOGREAH 1966.

Tab. 29: *Bewässerte Anbauflächen in den Flußebenen Süd- und Mittelqataghans (1965/70)*

Flußebene	Vollbewässerte Fläche in ha (1970)	Fläche mit Anfangs- oder Flutbewässerung in ha (1965)
Kelagay	1 740	200
Ghori	16 560	9 000
Baghlan	25 230	4 000
Kunduz Süd**	3 410	–
Chardarrah	18 780	–
Khanabad***	46 950*	–
Taluqan	20 580*	500
Summe	133 250	13 700

* 1965 (nach SOGREAH). – ** Rechts des Kunduzflusses von Aliabad bis etwa Stadt Kunduz. – *** Beidseits des Khanabadflusses bis zur Vereinigung mit dem Kunduzfluß.
Quellen: SOGREAH 1966; ILACO 1971.

Tab. 30: *Flächennutzungs-Potentiale in der Baktrischen Ebene*

Fläche in qkm	Nutzungsmöglichkeit	Notwendige Maßnahmen
5500	Bereits bewässerte Bruttoanbaufläche (davon 2000 qkm jeweils tatsächlich bewässert)	Verbesserung der Be- und Entwässerung
1000	Noch bewässerbare Anbaufläche (unschwierige Melioration)	Be- und Entwässerung, z. T. Entsalzung
5500	Noch bewässerbare Anbaufläche (schwierige Melioration)	Be- und Entwässerung, Entsalzung
6600	Bewässertes Weideland (auf erodierten oder sandigen Wüstenböden)	Bewässerung
7000	Nicht nutzbare Sandflächen	Windschutz, Sandbefestigung
5000	Sonstige nicht nutzbare Flächen (Solontschak, Takyre, Fels)	–

Quelle: EZHOV 1969.

Tab. 31: *Anbaustruktur im Helmand-Arghandab-Projektgebiet (nach Teilgebieten 1970)*

Teilgebiet	Anbaufläche ha	Erntefläche ha	davon entfielen (in %) auf			Doppelernte-Fläche[4] in % der Anbaufläche
			Weizen	Obst, Wein, Gemüse	Sonstige	
Dand-Daman[1]	13500	14000	66	21	13	4
Arghandab	10980	11870	37	43	20	8
Panjwai	10500	10630	53	37	10	1
Kandahar-Oase[2]	**34980**	**36500**	**53**	**33**	**14**	**4**
Maywand	5090	5150	76	12	12	1
Musa Qala-Zamin Dawar	6370	6580	74	10	16	3
Nauzad	2910	2910	80	13	7	–
Karezbewäss. Gebiete[3]	**14370**	**14640**	**76**	**11**	**13**	**2**
Sangin-Kajakay	6130	8070	52	8	40	32
Girishk	9150	11910	51	9	41	30
Saraj	9400	9550	84	5	11	2
Nad-i-Ali	9150	10510	65	7	28	15
Marja	6310	7010	66	8	26	11
Shamalan	14800	16820	68	4	28	14
Darweshan	11440	12350	70	5	25	8
Khanneshin	14500	14980	94	1	5	3
Helmandgebiet	**80880**	**91200**	**70**	**5**	**25**	**13**
Gesamtes Projektgebiet ca.	**130000**	**142300**	**66**	**13**	**21**	**9**

[1] Kandahar und östlicher Teil der Oase. – [2] Mit Arghandab-Oase. – [3] Mit vorwiegender Karez- und Quellbewässerung. – [4] Differenz zwischen Anbau- und Erntefläche.

Quelle: OWENS 1971 (z. T. korrigiert).

LITERATUR

Vorbemerkung

Das folgende Literaturverzeichnis enthält jene Veröffentlichungen und unpublizierten Schriften, die bei der Niederschrift des Manuskriptes berücksichtigt wurden. Es stellt mithin nur eine kleine Auswahl aus der Fülle des Schrifttums über Afghanistan dar. Aufnahme fanden in erster Linie Veröffentlichungen mit geographisch-landeskundlichem Bezug, wobei originären Arbeiten der Vorzug vor der überbordenden Sekundärliteratur gegeben wurde. Sachgebiete, für welche hervorragende Übersichtsdarstellungen vorliegen – wie Geologie (WOLFART & WITTEKINDT 1980) oder Archäologie (ALLCHIN & HAMMOND 1978; BALL & GARDIN 1982) –, sind durch diese vertreten, dazu allenfalls durch wenige Regionalstudien.

Die überaus zahlreiche und oft schwer zugängliche „graue Literatur" ist noch lückenhafter vertreten. Die unter 2. (unveröffentlichte Arbeiten) genannten Durchführbarkeitsstudien, Projektberichte und Expertisen aller Art enthalten z. T. reichhaltiges, wichtiges Material (z. B. PTP 1972), z. T. jedoch ist ihr Inhalt, von Landeskenntnis ungetrübt, nur höchst selektiv verwertbar.

Eine weiterführende umfassende Dokumentation bieten mehrere Afghanistan-Bibliographien, insbesondere ARBEITSGEMEINSCHAFT AFGHANISTAN & DEUTSCHES ORIENT-INSTITUT (1968/69), MCLACHLAN & WHITTACKER (1983), NURSAI (1988) – leider alle drei nicht ohne Fehler – und die in Form von Karteikarten fortlaufend erscheinende Bibliographie der Stiftung Bibliotheca Afghanica in Liestal/Schweiz. Diese Stiftung verfügt auch über umfangreiche eigene Literaturbestände mit den Schwerpunkten Natur, Kultur, Geschichte und Gegenwart Afghanistans, während das Deutsche Afghanistan-Archiv am Institut für Entwicklungsforschung und Entwicklungspolitik der Ruhr-Universität Bochum die Sachgebiete Wirtschaft, Soziologie und Politik pflegt.

Das Kartenverzeichnis umfaßt nur jene Karten, die für dieses Buch unmittelbar Verwendung fanden. Noch immer bildet das amtliche topographische Kartenwerk 1:50000, 1:100000 und 1:250000 aus den 60er Jahren die wichtigste Grundlage geographischer Arbeit über Afghanistan, auch wenn es inzwischen in vielen Details überholt ist. Durch den verkleinerten Abdruck im „Historical and Political Gazetteer of Afghanistan" (ADAMEC 1972–1985) sind die Karten 1:250000 auch einem größeren Publikum zugänglich gemacht worden.

404 Literatur

Abkürzungen von Zeitschriften- und Reihentiteln:

ACAS = The Afghanistan Council, Asia Society, Occasional Papers (New York)
AJ = Afghanistan Journal (Graz)
AQ = Afghanistan Quarterly (Kabul)
ASt = Afghanische Studien (Meisenheim am Glan)
GR = Geographische Rundschau (Braunschweig)
RGE = Revue Géographique de l'Est (Nancy)
RGPGD = Revue de Géographie Physique et de Géologie Dynamique, 2e série (Paris)
SBA = Schriftenreihe der Stiftung Bibliotheca Afghanica (Liestal)
StI = Studia Iranica (Paris)
TAVO = Tübinger Atlas des Vorderen Orients (Wiesbaden)

(Zeitungen siehe unter Nr. 4)

1. Buch- und Zeitschriften-Veröffentlichungen

ADAMEC, L. W. (Hrsg.) 1972–1985: Historical and Political Gazetteer of Afghanistan,
Vol. 1: Badakhshan Province and Northeastern Afghanistan, 1972;
Vol. 2: Farah and Southwestern Afghanistan, 1973;
Vol. 3: Herat and Northwestern Afghanistan, 1975;
Vol. 4: Mazar-i-Sharif and North-Central Afghanistan, 1979;
Vol. 5: Kandahar and South-Central Afghanistan, 1980;
Vol. 6: Kabul and Southeastern Afghanistan, 1985. – Graz.

ALEKSEENKOV, P. 1933: Agrarnyj vopros v Afganskom Turkestane (Die Agrarfrage in Afghanisch-Turkestan). – Moskau.

ALLAN, N. J. R. 1974: The modernization of rural Afghanistan: A case study. – In: Afghanistan in the 1970s, hrsg. v. L. Dupree & L. Albert, S. 113–125. – New York.

ALLAN, N. J. R. 1976: Kuh Daman Periodic Markets: Cynosures for Rural Circulation and Potential Economic Development. – In: E. GRÖTZBACH (Hrsg.) 1976, S. 173–193.

ALLAN, N. J. R. 1985: Human Geo-ecological interactions in Kuh Daman. A South Asian mountain valley. – Applied Geography, Vol. 5, S. 13–27.

ALLCHIN, F. R., & N. HAMMOND 1978: The Archeology of Afghanistan from earliest times to the Timurid period. – London, New York, San Francisco.

AMAT, B. 1976: L'organisation paysanne pour la distribution de l'eau pour l'irrigation, dans les villages de la steppe: L'institution du Mirab. – AJ, Jg. 3, S. 86–90.

ANAM, S. A., u. a. 1976: L'étude de l'environnement et le développement régional en Afghanistan. – In: E. GRÖTZBACH (Hrsg.) 1976, S. 3–17.

ANDERSON, J. W. 1978: There are no Khāns anymore: Economic Development and Social Change in Tribal Afghanistan. – Middle East Journal, Vol. 32, S. 167–183.

ANDREEV, M. S. 1927: Po etnologii Afganistana. Dolina Pandzhshir. Materialy iz poezdki v Afganistan v 1926 g. (Zur Ethnologie von Afghanistan. Das Panjshir-Tal. Materialien von einer Reise in Afghanistan im Jahre 1926). – Taschkent.

ARBEITSGEMEINSCHAFT AFGHANISTAN & DEUTSCHES ORIENT-INSTITUT (Hrsg.) 1968/ 1969: Bibliographie der Afghanistan-Literatur 1945–1967. – Teil 1, Hamburg 1968. Teil 2, Hamburg 1969.

ARENS, H. J. 1974: Die Stellung der Energiewirtschaft im Entwicklungsprozeß Afghanistans (= ASt, Bd. 13).

ARENS, H. J. 1976: Zur Problematik der Regionalisierung in Entwicklungsländern, dargestellt am Beispiel Afghanistan. – In: E. GRÖTZBACH (Hrsg.) 1976, S. 54–74.

ARENS, H. J., u. a. 1974: Notwendigkeit und Problematik der Regionalplanung in Afghanistan, dargestellt am Beispiel des Raumes Herat. – In: Länderstudie Afghanistan, hrsg. v. d. Stiftung Studienkreis (= Spektrum der Dritten Welt, H. 12), S. 9–110. – Wentorf.

ASIEL, M. A., & G. SCHMITT-RINK (Hrsg.) 1979: Außenhandel und Terms of Trade Afghanistans 1961–1975 (= Beitr. zur Quantitativen Ökonomie, Bd. 1). – Bochum.

BABUR 1922/1979: Babur-Nama. – Transl. by A. S. Beveridge. Nachdruck der 1. Aufl. (London 1922). Lahore 1979.

BALL, W., & J.-C. GARDIN 1982: Archaeological Gazetteer of Afghanistan. Catalogue des sites archéologiques d'Afghanistan. Tome I et II. – Paris.

BALLAND, D. 1972: Une spéculation originale d'astrakhan en Afghanistan. – Hannon, Revue Libanaise de Géogr., vol. 7, S. 89–113.

BALLAND, D. 1973a: Le coton en Afghanistan. Essai d'analyse géographique et économique d'une culture industrielle dans un pays sous-industrialisé. – RGE, t. 13, S. 17–75.

BALLAND, D. 1973b: Une nouvelle génération d'industries en Afghanistan. Contribution à l'étude de l'industrialisation du Tiers-Monde. – Bull. de la Soc. Languedocienne de Géogr., 3e série, vol. 7, no. 1, S. 93–113.

BALLAND, D. 1974: Vieux sédentaires Tadjik et immigrants Pachtoun dans le sillon de Ghazni (Afghanistan Oriental). – Bull. de l'Assoc. des Géogr. Français, no. 417/418, S. 171–180.

BALLAND, D. 1976a: L'immigration des éthnies turques à Kabul. – In: E. GRÖTZBACH (Hrsg.) 1976, S. 210–224.

BALLAND, D. 1976b: Passé et présent d'une politique des barrages dans la région de Ghazni. – StI, t. 5, S. 239-253.

BALLAND, D. 1982: Contraintes écologiques et fluctuations historiques de l'organisation territoriale des nomades d'Afghanistan. – Production pastorale et société, no. 11, S. 55–67 (Paris).

BALLAND, D. 1988a: Contribution à l'étude du changement d'identité ethnique chez les nomades d'Afghanistan.– In: Le fait ethnique en Iran et en Afghanistan, S. 139–155. – Paris.

BALLAND, D. 1988b: Le déclin contemporain du nomadisme pastoral en Afghanistan. – In: E. GRÖTZBACH (Hrsg.) 1988, S. 175–198.

BALLAND, D. 1988c: Nomadic Pastoralists and Sedentary Hosts in the Central and Western Hindukush Mountains, Afghanistan. – In: Human Impact on Mountains, hrsg. v. N. J. R. Allan, G. W. Knapp & Ch. Stadel, S. 265–276. Totowa, N. J., USA.

BALLAND, D. 1988 ff: Diverse Stichwort-Artikel in „Encyclopaedia Iranica", hrsg. v. E. Yarshater. – London, New York.

BALLAND, D., & A. de BENOIST 1982: Nomades et semi-nomades Baluč d'Afghanistan. – RGE, t. 22, S. 117–144.
BALLAND, D., & Ch. M. KIEFFER 1979: Nomadisme et sécheresse en Afghanistan: l'exemple des nomades paštun du Dašt-e-Nāwor. – In: Pastoral Production and Society, S. 75–90. – Cambridge, Paris.
BALLAND, V., & J. LANG 1974: Les rapports géomorphologiques quaternaires et actuels du bassin de Bamyan et de ses bordures montagneuses (Afghanistan Central). – RGPGD, Vol. 16, S. 327–350.
BALSAN, F. 1972: Exploring the Registan Desert. – Asian Affairs, Vol. 59, S. 153–156 (London).
BARFIELD, Th. J. 1981: The Central Asian Arabs of Afghanistan. Pastoral Nomadism in Transition. – Austin, Texas.
BECHHOEFER, W. B. 1976: Lahori Serai – Traditional Housing in the Old City of Kabul. – AJ, Jg. 3, S. 3–15.
BECHHOEFER, W. B. 1977: The Role of Squatter Housing in the Urbanization of Kabul. – AJ, Jg. 4, S. 3–8.
BERNARD, P., & H.-P. FRANCFORT 1978: Etudes de Géographie historique sur la plaine d'Ai Khanoum (Afghanistan) (= CNRS – Centre de Recherches Archéol., Public. de l'URA no. 10, Mémoire no. 1). – Paris.
BERO, M. 1981: Zur traditionellen ländlichen Bauweise im Hasaradschat, östliches Zentralafghanistan. – Archiv für Völkerkunde, Jg. 35, S. 31–46 (Wien).
BINDEMANN, R. 1987: Religion und Politik bei den schi'itischen Hazâra in Afghanistan, Iran und Pakistan. – (= Ethnizität und Gesellschaft, Occasional Papers Nr. 7). Berlin.
BORDET, P. 1972: Le volcanisme récent du Dacht-e Nawar méridional (Afghanistan Central). – RGPGD, Vol. 14, S. 427–432.
BRANDENBURG, D. 1977: Herat. Eine timuridische Hauptstadt. – Graz.
BRECKLE, S.-W. 1981: Zum Stand der Erforschung von Flora und Vegetation Afghanistans. – In: C. RATHJENS (Hrsg.) 1981, S. 87–104.
BRECKLE, S.-W. 1983: Temperate Deserts and Semi-Deserts of Afghanistan and Iran. – In: Temperate Deserts and Semi-Deserts, hrsg. v. N. E. West (= Ecosystems of the World, 5), S. 271–319. – Amsterdam u. a. O.
BRECKLE, S.-W. 1988: Vegetation und Flora der nivalen Stufe im Hindukusch. – In: E. GRÖTZBACH (Hrsg.) 1988, S. 157–174.
BRECKLE, S.-W., & W. FREY 1974: Die Vegetationsstufen im Zentralen Hindukusch. – AJ, Jg. 1, S. 75–80.
BRECKLE, S.-W., & W. FREY 1976a: Die höchsten Berge im Zentralen Hindukusch. – AJ, Jg. 3, S. 91–94.
BRECKLE, S.-W., & W. FREY 1976b: Beobachtungen zur heutigen Vergletscherung der Hauptkette des Zentralen Hindukusch. – AJ, Jg. 3, S. 95–100.
BRECKLE, S.-W., & M. KOCH 1982: Afghanische Drogen und ihre Stammpflanzen (III). Haschisch und Hanf. – AJ, Jg. 9, S. 115–123.
BRECKLE, S.-W., & C. M. NAUMANN (Hrsg.) 1983: Forschungen in und über Afghanistan (= Mitteil. des Dt. Orient-Inst., Nr. 22). – Hamburg.
BRUK, C. I. 1960: Naseleniye Perednej Azii. Prilozhenie k karte narodov (Die Bevölkerung Vorderasiens. Erläuterungen zur ethnographischen Karte). – Moskau.

BUCHERER-DIETSCHI, P. (Hrsg.) 1988: Bauen und Wohnen am Hindukush (= SBA, Bd. 7).
BUCHERER-DIETSCHI, P., & Ch. JENTSCH (Hrsg.) 1986: Afghanistan. Ländermonographie (= SBA, Bd. 4). – Liestal.
BURNES, A. 1834/1975: Travels into Bokhara and a Voyage on the Indus, 3 Vols. – 2. Aufl. des Nachdrucks der 1. Aufl. (London 1834). Karachi 1975.
BURNES, A. 1842/1973: Cabool – being a personal narrative of a Journey to, and residence in that city, in the years 1836, 7, and 8 (= Quellen zur Entdeckungsgesch. und Geogr. Asiens, Bd. 4). – (Nachdruck der Ausgabe von 1842). Graz 1973.
BURNES, A., u. a. 1839: Reports and Papers, political, geographical and commercial, submitted to Government by Sir A. Burnes, Lieut. Leech, Dr. Lord, and Lieut. Wood. – Calcutta.
CANFIELD, R. L. 1973: Faction and Conversion in a Plural Society: Religious Alignments in the Hindu Kush (= Anthropol. Papers, Museum of Anthropology, Univ. of Michigan, No. 50). – Ann Arbor, Mich.
CASIMIR, M. J.; R. P. WINTER & B. GLATZER 1980: Nomadism and remote sensing: animal husbandry and the sagebrush community in a nomad winter area in western Afghanistan. – J. of Arid Environments, 3, S. 231–254 (London).
CASPANI, E., & E. CAGNACCI 1951: Afghanistan – Crocevia dell' Asia. – 2. Aufl. Mailand.
CENTLIVRES, P. 1972: Un bazar d'Asie Centrale. Forme et organisation du bazar de Tashqurghan (Afghanistan). – Wiesbaden (Beitr. zur Iranistik).
CENTLIVRES, P. 1975: Les Uzbeks du Qattaghan. – AJ, Jg. 2, S. 28–36.
CENTLIVRES, P. 1976a: Structure et évolution des bazars du Nord Afghan. – In: E. GRÖTZBACH (Hrsg.) 1976, S. 119–145.
CENTLIVRES, P. 1976b: L'Histoire récente de l'Afghanistan et la configuration éthnique des Provinces du Nord-Est. Quelques données. – StI, t. 5, S. 255–267.
CENTLIVRES, P., & M. CENTLIVRES-DEMONT 1977: Chemins d'Eté, Chemins d'Hiver entre Darwaz et Qataghan (Afghanistan du nord-est). – AJ, Jg. 4, S. 155–163.
CENTLIVRES, P., & M. CENTLIVRES-DEMONT 1983: Frontières et Phénomènes migratoires en Asie centrale: Le cas de l'Afghanistan de 1880 à nos jours. – In: M. CENTLIVRES-DEMONT (Hrsg.) 1983, S. 83–114.
CENTLIVRES-DEMONT, M. 1976: Types d'occupation et relations inter-ethniques dans le Nord-Est de l'Afghanistan. – StI, t. 5, S. 269–277.
CENTLIVRES-DEMONT, M. (Hrsg.) 1983: Migrationen in Asien. Abwanderung, Umsiedlung und Flucht (= Ethnologia Helvetica, 7). – Bern.
CENTLIVRES-DEMONT, M., u. a. 1984: Afghanistan – la colonisation impossible. – Paris.
CHARPENTIER, C.J. 1972: Bazaar-e Tashqurghan. Ethnographical studies in an Afghan traditional bazaar (= Studia Ethnographica Upsaliensia, 36). – Uppsala.
CHRISTENSEN, A. 1980: The Pashtuns of Kunar: Tribe, Class and Community Organization. – AJ, Jg. 7, S. 79–92.
COLLIN-DELAVAUD, C. 1958: Deux exemples de mise en valeur dans l'Afghanistan septentrional. – Bull. de l'Assoc. des Géogr. Français, No. 273–274, S. 38–48.
COLLIN-DELAVAUD, C. 1960: Khoadja Qendu: mise en valeur d'un piémont dans le Turkestan afghan, province de Maimana. – Annales de Géogr., 69, no. 372, S. 135–156.

DAVYDOV, A. D. 1962: Razvitie kapitalisticheskikh otnoshenij v zemledelii Afganistana (Die Entwicklung kapitalistischer Verhältnisse in der Landwirtschaft Afghanistans). – Moskau.
DAVYDOV, A. D. 1967a: Agrarnyj stroj Afganistana. Osnovnye etapy razvitija (Die Landwirtschaftsform Afghanistans. Hauptetappen der Entwicklung). – Moskau.
DAVYDOV, A. D. 1967b: Kjarisnoe oroshenie v jugovostochnom Afganistane – Dzhalalabadskij oazis (Karezbewässerung im südöstlichen Afghanistan – Oase von Jalalabad). – In: Vodnye resursy i vodokhozjaystvennye problemy stran Azii, S. 142–147, Moskau.
DAVYDOV, A. D. 1969: Afganskaya derevnja (Das afghanische Dorf). – Moskau.
DAVYDOV, A. D. 1984: Agrarnoe zakonodatelstvo Demokraticheskoj Respubliki Afganistan (Die Agrargesetzgebung in der Demokratischen Republik Afghanistan). – Moskau.
DAWLATY, K.; Z. SALEH & G. P. OWENS 1970: Wheat Farming in Afghanistan. Cost of Production and Returns (= Technical Bull. No. 17, Fac. of Agriculture, Univ. of Kabul). – Kabul.
DENIZOT, F.; H. HAIDER & X. de PLANHOL 1977: Peuplement et mise en valeur de la Vallée de Golak (Afghanistan central). – RGE, t. 17, S. 53–71.
DENKER, D. 1983: The Last Migrations of the Kirghiz of Afghanistan. – Central Asian Survey, Vol. 2, S. 89–98.
DESIO, A. (Hrsg.) 1975: Geology of Central Badakhshan (North-East Afghanistan) and Surrounding Countries. – Italian Expeditions to the Karakorum (K 2) and Hindu Kush, Scientific Reports, III. Geology – Petrology. – Leiden.
DOR, R., & C. D. NAUMANN 1978: Die Kirghisen des afghanischen Pamir. - Graz.
DUPAIGNE, B. 1968: Aperçus sur quelques techniques afghanes. – Objets et Mondes, t. 8, S. 41–84 (Paris).
DUPAIGNE, B. 1977: Du kârêz aux puits dans le Nord de l'Afghanistan. – RGE, t. 17, S. 27–36.
DUPAIGNE, B. 1984: Les peuples. – In: M. CENTLIVRES-DEMONT u. a. 1984, S. 27–55.
DUPAIGNE, B. 1985: Istalif. Ville des potiers d'art. – Les Nouvelles d'Afghanistan, no. 26, S. 24–25 (Paris).
DUPREE, L. 1963: The Green and the Black. Social and Economic Aspects of a Coal Mine in Afghanistan. – American Universities Field Staff, South Asia Series, Vol. VII, No. 5 (o. O.).
DUPREE, L. 1970: Aq Kupruk: A Town in North Afghanistan. – In: Peoples and Cultures of the Middle East, hrsg. v. L. E. Sweet, Vol. II: Life in the Cities, Towns and Countryside, S. 344–387. – New York.
DUPREE, L. 1973: Afghanistan. – Princeton, N. J.
DUPREE, L. 1975: Settlement and Migration Patterns in Afghanistan: A Tentative Statement. – Modern Asian Studies, Vol. 9, S. 397–413.
DUPREE, N. H. 1971: An Historical Guide to Afghanistan. – Kabul.
EBERHARD, W. 1967: Labour sources for industrialization: The case of Afghanistan. – In: Settlement and Social Change in Asia (= Collected Papers, Vol. 1), S. 415–438. – Hong Kong.
EDELBERG, L. 1984: Nuristani Buildings (= Jutland Archaeological Society Publ., 18). Aarhus.

EDELBERG, L., & S. JONES 1979: Nuristan. – Graz.
EHLERS, E. 1980: Iran (= Wissenschaftl. Länderkunden, Bd. 18). – Darmstadt.
EINZMANN, H. 1977: Religiöses Volksbrauchtum in Afghanistan. Islamische Heiligenverehrung und Wallfahrtswesen im Raum Kabul (= Beitr. zur Südasien-Forschg., Bd. 34). – Wiesbaden.
ELPHINSTONE, M. 1815/1969: An Account of the Kingdom of Caubul and its Dependencies in Persia, Tartary, and India. – London 1815, Nachdruck Graz 1969 (= Quellen zur Entdeckungsgesch. und Geogr. Asiens, Bd. 1).
ENGLISH, P. 1973: The Traditional City of Herat, Afghanistan. – In: From Madina to Metropolis, hrsg. v. L. C. Brown, S. 73–92. – Princeton, N. J.
ETIENNE, G. 1972: L'Afghanistan ou les aléas de la coopération. – Paris.
EZHOV, G. P. 1969: Vodnye resursy Afganistana i ich khozjajstvennoe ispolzovanie (Afghanistans Wasservorkommen und ihre wirtschaftliche Nutzung). – In: Vodokhozjajstvennye problemy stran Azii, S. 73–96. – Moskau.
FERDINAND, K. 1959a: Preliminary Notes on Hazara Culture (= Hist. Filos. Medd. Dan. Vid. Selsk 37, no. 5). Kopenhagen.
FERDINAND, K. 1959b: Les Nomades. – In: J. HUMLUM (1959), S. 277–289.
FERDINAND, K. 1959c: Rice – Aspects of Cultivation and Treatment in East Afghanistan. – Kuml, Arb. for jysk arkeol. Selskab, S. 222–232.
FERDINAND, K. 1962: Nomad Expansion and Commerce in Central Afghanistan. A Sketch of some Modern Trends. – Folk, Vol. 4, S. 123–159 (Kopenhagen).
FERDINAND, K. 1963: The Horizontal Windmills of Western Afghanistan. – Folk, Vol. 5, S. 71–89.
FERDINAND, K. 1964-65: Ethnographical Notes on Chahār Aimāq, Hazāra and Moghol. – In: Acta Orientalia, 28, S. 175–203 (Kopenhagen).
FERDINAND, K. 1969a: Nomadism in Afghanistan with an Appendix on Milk Products. – In: Viehwirtschaft und Hirtenkultur, hrsg. v. L. Földes, S. 127–160. – Budapest.
FERDINAND, K. 1969b: Ost-Afghanischer Nomadismus – ein Beitrag zur Anpassungsfähigkeit der Nomaden. – In: W. KRAUS u. a. (Hrsg.) 1969, S. 107–130.
FERRIER, J. P. 1857/1971: Caravan Journeys and Wanderings in Persia, Afghanistan, Turkistan, and Beloochistan (with historical Notices of the Countries lying between Russia and India). – 2. Aufl. London 1857, Nachdruck Westmead 1971.
FISCHER, D. 1970: Waldverbreitung im östlichen Afghanistan (= ASt, Bd. 2).
FISCHER, K.; D. MORGENSTERN & V. THEWALD (Hrsg.) 1974/76: Nimruz. Geländebegehungen in Sistan 1955–1973 und die Aufnahme von Dewal-i-Khodaydad 1970. – Bd. 1 Text, Bonn 1976, Bd. 2 Tafeln, Karten, Pläne, Bonn 1974.
FISCHER, L. 1968: Afghanistan. Eine geographisch-medizinische Landeskunde (= Medizinische Länderkunde, Bd. 2). – Berlin.
FISCHER, L., & G. HAUSER 1954: Untersuchungen über die Mineralquellen Afghanistans. – Archiv für physikalische Therapie, Jg. 6, S. 316–340 (Leipzig).
FISCHER, W. 1984: Periodische Märkte im Vorderen Orient, dargestellt an Beispielen aus Nordostanatolien (Türkei) und Nordafghanistan (= Mitteil. d. Dt. Orient-Inst., Nr. 24). – Hamburg.
FITTER, J. C. 1973: Der Einfluß der Verkehrsinvestitionen auf die wirtschaftliche Entwicklung Afghanistans (= ASt, Bd. 7).

FLOHN, H. 1969: Zum Klima und Wasserhaushalt des Hindukuschs und der benachbarten Hochgebirge. – Erdkunde, Bd. 23, S. 205–215.

FÖRSTNER, U. 1973: Petrographische und geochemische Untersuchungen an afghanischen Endseen. – Neues Jahrbuch für Mineralogie etc., Jg. 118, S. 268–312.

FÖRSTNER, U., & G. BARTSCH 1970: Die Seen von Band-i-Amir, Dasht-i-Nawar, Ab-i-Estada und Hamun-i-Puzak. – Science, Kabul University, 6, S. 19–22.

FRANKENBERG, P.; W. LAUER & M. D. RAFIQPOOR 1983: Zur geoökologischen Differenzierung Afghanistans. – In: Beiträge zur Geoökologie von Gebirgsräumen in Südamerika und Eurasien, hrsg. v. W. Lauer (= Akad. d. Wiss. u. d. Lit., Abh. Math.-Nat. Kl., Jg. 2), S. 52–71. – Mainz.

FRANZ, E. 1972a: Zur gegenwärtigen Verbreitung und Gruppierung der Turkmenen in Afghanistan. – Baessler-Archiv, Beitr. zur Völkerkunde, Bd. 20, S. 191–239.

FRANZ, E. 1972b: Ethnographische Skizzen zur Lage der Turkmenen in Afghanistan. – Orient, Jg. 13, S. 175–184.

FRASER-TYTLER, W. K. 1942: A great North Road. – Journal of the Royal Central Asian Soc., Vol. 29, S. 129–135.

FREITAG, H. 1971: Die natürliche Vegetation Afghanistans. Beiträge zur Flora und Vegetation Afghanistans I. – Vegetatio. Acta Geobotanica, 22, S. 285–349 (Den Haag).

FREY, W., & W. PROBST 1978: Vegetation und Flora des Zentralen Hindukuš (Afghanistan) (= Beihefte zum TAVO, Reihe A, Nr. 3). – Wiesbaden.

FRYE, M. J. 1974: The Afghan Economy – Money, Finance and the Critical Constraints to Economic Development. – Leiden.

GALET, P. 1969/70: Rapport sur la viticulture en Afghanistan. I. La viticulture en Afghanistan; II. Ampélographie. – Vitis. Berichte über Rebenforschung, 8 (1969), S. 114 bis 128; 9 (1970), S. 15–46.

GANKOVSKY, Yu. V., u. a. 1985: A History of Afghanistan. – Moskau (russ. Ausgabe 1982).

GARDIN, J.-C. 1980: L'archéologie du paysage bactrien. – C. R. de l'Académie des Inscriptions et Belles Lettres, S. 480–501 (Paris).

GARDIN, J.-C., & P. GENTELLE 1976: Irrigation et peuplement dans la plaine d'Ai Khanoum de l'époque achéménide à l'époque musulmane. – Bull. de l'Ecole Française d'Extrême-Orient, 63, S. 59–99.

GATTINARA, G. C. Castelli 1970: I nomadi kuci dell'Afghanistan. – Rom.

GENTELLE, P. 1969: L'oasis de Khulm. – Bull. de l'Assoc. des Géogr. Français, no. 370, S. 383–393.

GENTELLE, P. 1972: Le blé en Afghanistan. - StI, t. 1, S. 103–113.

GENTELLE, P. 1978: Etude géographique de la Plaine d'Ai Khanoum et de son irrigation depuis les temps antiques (= CNRS – Centre de Recherches Archéol., Publ. de l'URA no. 10, Mémoires no. 2). – Paris.

GENTELLE, P. 1980: Du non-développement au sous-développement. – Les Temps Modernes, 408–9, S. 282–307.

GENTELLE, P. 1981: Les rapports économiques entre l'Afghanistan, l'URSS et les démocraties populaires d'Europe. – Le Courier des Pays de l'Est, no. 256, S. 33–47.

GERKEN, E. 1974: Population, Agricultural Productivity, and Employment in the Rural Nonagricultural Sector: Interpreting Observations in Paktia/Afghanistan. – Internat. Asienforum, Jg. 5, S. 195–208.

GHAUSSI, M. A. 1954: Some Facts About Three Important Handicrafts of Afghanistan. – AQ, Vol. 9, S. 22–26.
GHAUSSY, A. G. 1975: Grundzüge des vierten Entwicklungsplanes in Afghanistan. – AJ, Jg. 2, S. 112–118.
GINESTRI, M. 1977: La Regione del Kafiristan. Contributo ad una geografia dell'Hindukush – Himalaya. – Bollettino Società Geograf. Italiana, Ser.X, Vol. 11, S. 431–468.
GIULIANI BALESTRINO, M. C. 1979: Aspetti e problemi geografici dell'Afghanistan. – Studie e Ricerche di Geografia, 2, no. 1, S. 17–99 (Genua).
GLATZER, B. 1977: Nomaden von Gharjistān. Aspekte der wirtschaftlichen, sozialen und politischen Organisation nomadischer Durrani-Paschtunen in Nordwestafghanistan (= Beitr. zur Südasien-Forschg., Bd. 22). – Wiesbaden.
GLATZER, B. 1982: Processes of Nomadization in West Afghanistan. – In: Contemporary Nomadic and Pastoral Peoples: Asia and the North, ed. by Ph. C. Salzman (= Studies in Third World Societies, No. 18), S. 61–86. – Williamsburg/Va.
GLATZER, B., & M. J. CASIMIR 1983: Herds and Households among Pashtun Pastoral Nomads: Limits of Growth. – Ethnology, Vol. 22, S. 307–325.
GLUCHODED, W. 1981: Ökonomik des unabhängigen Afghanistan. – In: Afghanistan, Vergangenheit und Gegenwart (= Sowjet. Orientalistik, Bd. 2), S. 239–264. – Moskau.
GOPALAKRISHNAN, R. 1982: The Geography and Politics of Afghanistan. – New Delhi.
GRATZL, K. (Hrsg.) 1972: Hindukusch. Österreichische Forschungsexpedition in den Wakhan 1970. – Graz.
GREENE, B. A., & F. K. FAZL 1974: Selected Socio-economic Characteristics of Kohistan and Panjsher Districts, Kapisa Province, Afghanistan (= Public. of the Faculty of Agricultural Science, 55). – Beirut.
GREGORIAN, V. 1969: The Emergence of Modern Afghanistan. Politics of Reform and Modernization 1880–1946. – Stanford, Calif.
GRENET, F.; J. LEE & R. PINDER-WILSON 1980: Les Monuments Anciens du Gorzivan (Afghanistan du nord-Ouest).– AQ, Vol. 33, No. 3, S. 17–51.
GREVEMEYER, J.-H. 1982: Herrschaft, Raub und Gegenseitigkeit. Die politische Geschichte Badakhshans 1500–1883. – Wiesbaden.
GREVEMEYER, J.-H. 1987: Afghanistan. Sozialer Wandel und Staat im 20. Jahrhundert. – Berlin.
(GRODEKOFF) 1880: Colonel Grodekoff's Ride from Samarcand to Herat through Balkh and the Uzbek States of Afghan Turkestan. – London (übers. v. Ch. Marvin).
GRÖNHAUG, R. 1978: Scale as a Variable in Analysis. Fields in Social Organization in Herat, Northwest Afghanistan. – In: Scale and Social Organization, hrsg. v. F. Barth, S. 78–121. – Oslo.
GRÖTZBACH, E. 1965a: Kulturgeographische Beobachtungen im Farkhār-Tal (Afghanischer Hindukusch). – Die Erde, Jg. 96, S. 279–300.
GRÖTZBACH, E. 1965b: Beobachtungen an Blockströmen im afghanischen Hindukusch und in den Ostalpen. – Mitteil. d. Geogr. Ges. München, Bd. 50, S. 175–201.
GRÖTZBACH, E. 1969: Junge sozialgeographische Wandlungen im afghanischen Hindukusch. – Mitteil. d. Geogr. Ges. München, Bd. 54, S. 115–134.

GRÖTZBACH, E. 1970: Formen des zelgengebundenen Feldbaus und dessen Auflösungserscheinungen im Hindukusch (Nordost-Afghanistan). – Die Erde, Jg. 101, S. 23–40.
GRÖTZBACH, E. 1972a: Kulturgeographischer Wandel in Nordost-Afghanistan seit dem 19.Jahrhundert (= ASt, Bd. 4).
GRÖTZBACH, E. 1972b: Staatliche Agrarpolitik und Bodennutzungsgefüge in Nordost-Afghanistan. – In: Tagungsbericht u. wiss. Abh. d. Dt. Geographentages Erlangen–Nürnberg 1971, S. 380–387. – Wiesbaden.
GRÖTZBACH, E. 1973: Formen bäuerlicher Wirtschaft an der Obergrenze der Dauersiedlung im Afghanischen Hindukusch. – In: RATHJENS, TROLL & UHLIG (Hrsg.) 1973, S. 52–61.
GRÖTZBACH, E. 1974: Anardarrah – das verborgene „Tal der Granatäpfel". – AJ, Jg. 1, S. 114–117.
GRÖTZBACH, E. 1975a: Zur jungen Entwicklung afghanischer Provinzstädte. Ghazni und Mazar-i-Sharif als Beispiele. – GR, Jg. 27, S. 416–424.
GRÖTZBACH, E. 1975b: Probleme der Stadtentwicklung und Stadtplanung in Afghanistan. – TU Hannover, Jg. 2, H. 1, S. 3–14.
GRÖTZBACH, E. 1976a: Zur regionalen Entwicklung der Landwirtschaft Afghanistans. – In: E. GRÖTZBACH (Hrsg.) 1976, S. 75–94.
GRÖTZBACH, E. 1976b: Verstädterung und Städtebau in Afghanistan. – In: E. GRÖTZBACH (Hrsg.) 1976, S. 225–244.
GRÖTZBACH, E. 1976c: Periodische Märkte in Afghanistan. – Erdkunde, Bd. 30, S. 15–19.
GRÖTZBACH, E. 1979: Städte und Basare in Afghanistan. Eine stadtgeographische Untersuchung (= Beihefte zum TAVO, Reihe B, Nr. 16). – Wiesbaden.
GRÖTZBACH, E. 1981a: Zur Geographie des Erholungsverhaltens in einer traditionellen orientalischen Gesellschaft: Afghanistan. – In: Freizeit und Erholung als Probleme der vergleichenden Kulturgeographie, hrsg. v. E. Grötzbach (= Eichstätter Beitr., Bd. 1), S. 159–193. – Regensburg.
GRÖTZBACH, E. 1981b: Fragestellungen und Ergebnisse geographischer Afghanistan-Forschung in den letzten zwei Jahrzehnten. – In: C. RATHJENS (Hrsg.) 1981, S. 135–147.
GRÖTZBACH, E. 1982a: Die afghanische Landreform von 1979 – Durchführung und Probleme in geographischer Sicht. – Orient, Jg. 23, S. 394–413.
GRÖTZBACH, E. 1982b: Naturpotential und Probleme seiner effektiveren Nutzung in Afghanistan. – Geoökodynamik, Bd. 3, S. 141–168.
GRÖTZBACH, E. 1983: Der Ausländertourismus in Afghanistan bis 1979. Entwicklung, Struktur und räumliche Problematik. – Erdkunde, Bd. 37, S. 146–158.
GRÖTZBACH, E. 1986: Bevölkerung, Städte und Raumorganisation in Afghanistan seit 1978. – In: Beiträge zur empirischen Wirtschaftsgeographie, Festschrift H. Hahn, hrsg. v. G. Aymans & K.-A. Boesler (= Colloquium Geographicum, Bd. 19), S. 73–87. – Bonn.
GRÖTZBACH, E. 1987: Afghanistan – 70 Jahre Gegenstand deutscher geographischer Forschung. – Mitteil. d. Geogr. Ges. München, Bd. 72, S. 271–282.
GRÖTZBACH, E. 1988: Das Problem Jam – Firozkoh. Bemerkungen aus geographischer Sicht. – In: E. GRÖTZBACH (Hrsg.) 1988, S. 209–219.

GRÖTZBACH, E. (Hrsg.) 1976: Aktuelle Probleme der Regionalentwicklung und Stadtgeographie Afghanistans (= ASt, Bd. 14).

GRÖTZBACH, E. (Hrsg.) 1988: Neue Beiträge zur Afghanistanforschung (= SBA, Bd. 6).

GRÖTZBACH, E., & C. RATHJENS 1969: Die heutige und die jungpleistozäne Vergletscherung des Afghanischen Hindukusch. – Zeitschr. für Geomorphologie, Suppl. Bd. 8, S. 58–75.

GUILLO, A.; J.-J. PUIG & O. ROY 1983: La guerre en Afghanistan: modifications des déplacements traditionnels de populations et émergence de nouveaux types de circulation. – In: M. CENTLIVRES-DEMONT (Hrsg.) 1983, S. 139–153.

HABIB, N. 1987: Stadtplanung, Architektur und Baupolitik in Afghanistan – Eine Betrachtung traditioneller und fremdkultureller Einflüsse von 1880–1980. – Bochum.

HAHN, H. 1964: Die Stadt Kabul (Afghanistan) und ihr Umland. I. Gestaltwandel einer orientalischen Stadt (= Bonner Geogr. Abh., H. 34). – Bonn.

HAHN, H. 1965: Die Stadt Kabul (Afghanistan) und ihr Umland. II. Sozialstruktur und wirtschaftliche Lage der Agrarbevölkerung im Stadtumland (= Bonner Geogr. Abh., H. 35). – Bonn.

HAHN, H. 1970: Ländliche Sozialstruktur und Entwicklungsmöglichkeiten in Afghanistan. – In: Argumenta Geographica, Festschr. C. Troll, hrsg. v. W. Lauer (= Colloquium Geographicum, Bd. 12), S. 271–285. – Bonn.

HAHN, H. 1972a: Wachstumsabläufe in einer orientalischen Stadt am Beispiel von Kabul/Afghanistan. – Erdkunde, Bd. 26, S. 16–32.

HAHN, H. 1972b: Die Agrarstruktur und ihr Einfluß auf die Produktion. – In: W. KRAUS (Hrsg.) 1972, S. 91–102.

HALLET, S. I., & R. SAMIZAY 1980: Traditional Architecture of Afghanistan. – New York, London.

HERBERG, W. 1984: Die Wehrbauten von Ghor (Afghanistan). – Die Welt des Islams, Jg. 22 (1982), S. 67–84.

HERBORDT, O. 1926: Eine Reise nach „Där-i-Nur" im Nordosten Afghanistans. – Petermanns Geogr. Mitteil., Bd. 72, S. 206–208.

HERMAN, N. M.; J. ZILLHARDT & P. LALANDE 1971: Recueil de données des stations météorologiques de l'Afghanistan (= Publications de l'Inst. de Météorol., No. 2). – Kabul.

HERRLICH, A. 1937: Beitrag zur Rassen- und Stammeskunde der Hindukusch-Kafiren. – In: A. SCHEIBE (Hrsg.), 1937, S. 168–219.

HERRLICH, A., u. a. 1937: Geographische Bemerkungen. – In: A. SCHEIBE (Hrsg.) 1937, S. 295–348.

HINZE, C. 1964: Die geologische Entwicklung der östlichen Hindukusch-Nordflanke (Nordost-Afghanistan). – In: Zur Geologie von Nordost- und Zentralafghanistan (= Beihefte z. Geolog. Jahrb., 70), S. 19–75. – Hannover.

HOFFMANN, W. 1963: Die Bedeutung wasserwirtschaftlicher Maßnahmen für die Entwicklung Afghanistans. – Die Wasserwirtschaft, Jg. 53, S. 184–191.

HOTTES, K. 1976: Raumwirksame Staatstätigkeit in Afghanistan. – In: Der Staat und sein Territorium, Festschrift M. Schwind, hrsg. v. W. Leupold & W. Rutz, S. 36–60. – Wiesbaden.

HUMLUM, J. 1959: La géographie de l'Afghanistan. – Kopenhagen.

IVEN, H.-E. 1933: Das Klima von Kabul (= Beiheft 5 zur Geogr. Wochenschrift). – Breslau.
IVEN, W. 1935: Vom Pändschir zum Pändsch. Bericht über eine Forschungsreise im Hindukusch in NO-Afghanistan. – Petermanns Geogr. Mitteil., Bd. 81, S. 113–117 und 157–161.
JANATA, A. 1962/63: Die Bevölkerung von Ghor. Beitrag zur Ethnographie und Ethnogenese der Chahar Aimaq. – Archiv für Völkerkunde, Bd. 17/18, S. 73–156 (Wien).
JANATA, A. 1975a: Beitrag zur Völkerkunde Afghanistans. – Archiv für Völkerkunde, Bd. 29, S. 7–36.
JANATA, A. 1975b: Kantholzexport nach Pakistan. – AJ, Jg. 2, S. 73.
JANATA, A. 1981: Notizen zur Bevölkerungskarte Afghanistans. – AJ, Jg. 8, S. 94–95.
JANATA, A. 1983: Ethnogenetische Prozesse in West- und Zentralafghanistan. – In: Ethnologie und Geschichte, Festschrift K. Jettmar (= Beitr. zur Südasien-Forschg., Bd. 86), S. 319–330. – Wiesbaden.
JARRING, G. 1937: The new Afghanistan. – Svenska Orientsällskapets aarsbok 1937, S. 131–145 (Stockholm).
JEBENS, A. 1983: Wirtschafts- und sozialgeographische Untersuchung über das Heimgewerbe in Nordafghanistan unter besonderer Berücksichtigung der Mittelstadt Sar-e-Pul (= Tübinger Geogr. Studien, H. 87). – Tübingen.
JENSCH, W. 1973: Die afghanischen Entwicklungspläne vom ersten bis zum dritten Plan (= ASt, Bd. 8).
JENTSCH, Ch. 1966: Typen der Agrarlandschaft im zentralen und östlichen Afghanistan. – In: Arb. aus dem Geogr. Inst. d. Univ. d. Saarlandes, Bd. 10, S. 23–73. – Saarbrücken.
JENTSCH, Ch. 1969: Luftbild Khwaja Kotgay (Wardak), Ost-Afghanistan. – Die Erde, Jg. 100, S. 1–4.
JENTSCH, Ch. 1970: Die Kareze in Afghanistan. – Erdkunde, Bd. 24, S. 112–120.
JENTSCH, Ch. 1972: Grundlagen und Möglichkeiten des Regenfeldbaus in Afghanistan. – In: Tagungsbericht u. wiss. Abh. d. Dt. Geographentages Erlangen – Nürnberg 1971, S. 371–379. – Wiesbaden.
JENTSCH, Ch. 1973: Das Nomadentum in Afghanistan. – Eine geographische Untersuchung zu Lebens- und Wirtschaftsformen im asiatischen Trockengebiet (= ASt, Bd. 9).
JENTSCH, Ch. 1977: Die afghanische Zentralroute. – AJ, Jg. 4, S. 9–19.
JENTSCH, Ch. 1980a: Die ländlichen Siedlungen in Afghanistan. Eine erste Bestandsaufnahme und ein Überblick. – In: Zur Geographie der ländlichen Siedlungen in Afghanistan (= Mannheimer Geogr. Arb., H. 6), S. 9–93. – Mannheim.
JENTSCH, Ch. 1980b: Zur Höhengrenze der Siedlung in afghanischen Hochgebirgen. – In: Höhengrenzen in Hochgebirgen, Festschrift C. Rathjens, hrsg. v. Ch. Jentsch & H. Liedtke (= Arb. aus dem Geogr. Inst. d. Univ. d. Saarlandes, Bd. 29), S. 353–365. – Saarbrücken.
JENTSCH, Ch. 1981: Die Nutzung der Hochgebirgsräume Afghanistans und ihre natur- und sozialräumlichen Grundlagen. – In: Wirtschaftliche Aspekte der Raumentwicklung in außereuropäischen Hochgebirgen (= Frankfurter Wirtschafts- u. Sozialgeogr. Studien, H. 36), S. 57–72. – Frankfurt.

JUNG, C. L. (o. J.): Some Observations on the Patterns and Processes of Rural-Urban Migrations to Kabul (= ACAS, No. 2). – New York.
JUX, U., & E. K. KEMPF 1971: Stauseen durch Travertinabsatz im Zentralafghanischen Hochgebirge. – Zeitschr. für Geomorphologie, Suppl. Bd. 12, S. 107–137.
KAKAR, H. K. 1979: Government and Society in Afghanistan. The Reign of Amir Abd al-Rahman Khan (= Modern Middle East Series, No. 5). – Austin, London.
KERR, G. B. 1977: Demographic Research in Afghanistan: A National Survey of the Settled Population (= ACAS, No. 13). – New York.
KERSTAN, G. 1937: Die Waldverteilung und Verbreitung der Baumarten in Ost-Afghanistan und in Chitral. – In: A. SCHEIBE (Hrsg.) 1937, S. 141–167.
KESHTIAR, G. A., u. a. 1969: A Dairy Survey of Thirteen Provinces in Afghanistan (= Technical Bulletin No. 13, Faculty of Agriculture, Kabul University). – Kabul.
KHAN, D. Shah 1986: Wakhan in Historical and Political Setting. – Regional Studies, Vol. 4, 2, S. 3–54 (Islamabad).
KLIMBURG, M. 1966: Afghanistan. Das Land im historischen Spannungsfeld Mittelasiens. – Wien.
KOSHKAKI, M. B. al-din Khan 1923/1979: Qataghan et Badakhshân, übers. v. M. REUT, 3 Bde. (= Publications de l'URA no. 10, Mémoire no. 3) (= Travaux de l'Inst. d'Etudes Iraniennes de l'Univ. de la Sorbonne Nouvelle 10. 1–3). – Paris. (Originalausgabe Kabul 1923.)
KRAUS, R. 1975: Siedlungspolitik und Erfolg, dargestellt an Siedlungen in den Provinzen Hilmend und Baghlan, Afghanistan (= ASt, Bd. 12).
KRAUS, W., u. a. (Hrsg.) 1969: Nomadismus als Entwicklungsproblem (= Bochumer Schr. zur Entwicklungsforschg. u. Entwicklungspolitik, Bd. 5). – Bielefeld.
KRAUS, W. (Hrsg.) 1972: Steigerung der landwirtschaftlichen Produktion und ihre Weiterverarbeitung in Afghanistan (= ASt, Bd. 6).
KRAUS, W. (Hrsg.) 1974: Afghanistan. Natur, Geschichte und Kultur, Staat, Gesellschaft und Wirtschaft (= Ländermonographien, Bd. 2). – 2. Aufl. Tübingen, Basel.
KULKE, H. 1976: Die Lapislazuli-Lagerstätte Sare Sang (Badakhshan). Geologie, Entstehung, Kulturgeschichte und Bergbau. – AJ, Jg. 3, S. 43–56.
KUSSMAUL, F. 1965a: Badaxšan und seine Tağiken. Vorläufiger Bericht über Reisen und Arbeiten der Stuttgarter Badaxšan-Expedition 1962/63. – Tribus, Veröff. d. Linden-Museums Stuttgart, Nr. 14, S. 11–99.
KUSSMAUL, F. 1965b: Siedlung und Gehöft bei den Tağiken in den Bergländern Afghanistans. – Anthropos, Bd. 60, S. 487–532.
LALANDE, P.; N. M. HERMAN & J. ZILLHARDT 1973/74: Cartes climatiques de l'Afghanistan (= Publications de l'Inst. de Météreologie, No. 4) Fasc. 1: Texte. Kabul 1974. Fasc. 2: Cartes. Kabul 1973.
LAMPE, K. J. 1972: Paktia – ein Modell angewandter landwirtschaftlicher Entwicklungspolitik in Afghanistan. – In: W. KRAUS (Hrsg.) 1972, S. 70–78.
LANG, H. D. 1971: Über das Jungtertiär und Quartär in Süd-Afghanistan. – In: Beihefte z. Geolog. Jahrb., 96, S. 167–208.
LAPPARENT, A. F. de 1971: Sur les très hautes surfaces des montagnes afghanes. Essai géomorphologique et stratigraphique. – Géologie alpine, 47, S. 171–179 (Grenoble).
LEE, J. L. 1987: The history of Maimana in northwestern Afghanistan. – Iran, Vol. 25, S. 107–124.

LENTZ, W. 1937: Sprachwissenschaftliche und völkerkundliche Studien in Nuristan. – In: A. SCHEIBE (Hrsg.) 1937, S. 247–284.

LE STRANGE, G. 1905/1966: The Lands of the Eastern Caliphate. Mesopotamia, Persia and Central Asia from the Moslem Conquest to the time of Timur. – Cambridge 1905, 3. Aufl. London 1966.

LIEBERMAN, S. S. 1980: Afghanistan: Population and Development in the „Land of Insolence". – Population Development Review, Vol. 6, S. 271–298 (New York).

LINDAUER, G. 1976: Das regionale Entwicklungsvorhaben Paktya. – In: E. GRÖTZBACH (Hrsg.) 1976, S. 95–115.

LOBASHEV, A. I. 1967: Selskoye naseleniye i selskoye khozjaystvo Afganistana v tsifrakh (Agrarbevölkerung und Landwirtschaft Afghanistans in Zahlen). – Moskau.

LÖBELL, E. 1972: Wälder und Forstwirtschaft in Afghanistan. – Der Forst- und Holzwirt, Jg. 27, S. 312–318.

LOOSE, R. 1980: Streifige Flurteilungssysteme als Kennzeichen binnenkolonisatorischer Vorgänge in Afghanistan. – In: Zur Geographie der ländlichen Siedlungen in Afghanistan (= Mannheimer Geogr. Arb., H. 6), S. 95–119. – Mannheim.

MAJROOH, S. B., & S. M. Y. ELMI 1986: The Sovietization of Afghanistan. – Peshawar.

MARICQ, A., & G. WIET 1959: Le Minaret de Djam. La découverte de la capitale des Sultans ghorides (XIIe-XIIIe siècles) (= Mémoires de la Délégation Archéol. Franç. en Afghanistan, t. 16). – Paris.

MARKOWSKI, B. 1932: Die materielle Kultur des Kabulgebietes (= Veröff. d. Geogr. Inst. d. Univ. Königsberg, N. F., Reihe Ethnographie, No. 2). – Leipzig.

MASSON, Ch. 1842/1975: Narrative of various Journeys in Balochistan, Afghanistan, and the Panjab including a residence in those countries from 1826 to 1838, 3 Vols. – London 1842, Nachdruck Graz 1975 (= Quellen zur Entdeckungsgesch. und Geogr. Asiens, Bd. 6).

MASSON, W. 1981: Archäologische Denkmäler Afghanistans und die Geschichte des Landes im Altertum. – In: Afghanistan, Vergangenheit und Gegenwart (= Sowjet. Orientalistik, Bd. 2), S. 9–31. – Moskau.

MCARTHUR, D.; S. SAYAD & M. NAWIM 1979: Rangeland livestock production in western Afghanistan. – Journal of Arid Environments, 2, S. 163–179 (London).

MCLACHLAN, K., & W. WHITTACKER 1983: A Bibliography of Afghanistan. – Cambridge.

MENNESSIER, G. 1963: Sur l'évolution du réseau hydrographique de la Province de Kaboul (Afghanistan) depuis le miocène. – Comptes rendus Societé géol. de France, H. 2, S. 29–31 (Paris).

MICHALSKI, E., & K.-J. MICHALSKI 1985: Die revolutionär-demokratische Umgestaltung der Agrarverhältnisse und die Entwicklung der landwirtschaftlichen Produktion in Afghanistan. – asien, afrika, lateinamerika, Jg. 13, 5, S. 809–822 (Berlin-Ost).

MOHAN LAL 1846/1977: Travel in the Punjab, Afghanistan and Turkistan to Balk, Bokhara and Herat. – Calcutta 1977 (Nachdruck der 1. Ausgabe London 1846).

MOORCROFT, W., & G. TREBECK 1841: Travels in the Himalayan Provinces of Hindustan and the Panjab; in Ladakh and Kashmir; in Peshawar, Kabul, Kunduz and Bokhara; from 1819–1825, 2 Vols. – London.

Moos, I. von 1980: Die wirtschaftlichen Verhältnisse im Munjan-Tal und der Opiumgebrauch der Bevölkerung (= SBA, Bd. 1).
Moos, I. von, & E. Huwyler 1983: Entvölkerung eines Bergtales in Nordostafghanistan. Geschichte des Munjantales: Entwicklung seit der sowjetischen Invasion. – In: M. Centlivres-Demont (Hrsg.) 1983, S. 115–137.
Morgenstierne, G. 1967: The Languages of Afghanistan. – AQ, Vol. 20, S. 81–90.
Najimi, A. W. 1988: Herat, the Islamic City. A Study in Urban Conservation (= Scandinavian Inst. of Asian Studies, Occas. Papers No. 2). London.
Naumann, C. 1974: Pamir and Wakhan – Kurzbericht zweier Expeditionen (1971 und 1972) nebst einigen allgemeinen Bemerkungen. – AJ, Jg. 1, S. 91–104.
Niedermayer, O. von 1937: Persien und Afghanistan. – In: Handbuch der geographischen Wissenschaft, hrsg. v. F. Klute, Bd. Vorder- und Südasien, S. 63–125. – Potsdam.
Niedermayer, O. von, & E. Diez 1924: Afganistan. – Leipzig.
Noorzoy, M. S. 1979: The First Afghan Seven Year Plan 1976/77–1982/83. – AJ, Jg. 6, S. 15–23.
Nuristani, A. Y. 1973: The Palae of Nuristan. A type of cooperative dairy and cattle farming. – In: Rathjens, Troll & Uhlig (Hrsg.) 1973, S. 177–181.
Olesen, A. 1982: The Musallis – the Graincleaners of East Afghanistan. – AJ, Jg. 9, S. 13–19.
Orywal, E. 1982: Die Baluč in Afghanisch-Sistan. Wirtschaft und sozio-politische Organisation in Nimruz, SW-Afghanistan (= Kölner Ethnolog. Studien, Bd. 4). – Berlin.
Orywal, E. (Hrsg.) 1986: Die ethnischen Gruppen Afghanistans. Fallstudien zu Gruppenidentität und Intergruppenbeziehungen (= Beihefte zum TAVO, Reihe B, Nr. 70). – Wiesbaden.
Patzelt, G. 1978: Gletscherkundliche Untersuchungen im „Großen Pamir". – In: Senarclens De Grancy & Kostka (Hrsg.), 1978, S. 131–150.
Perkins, D. C., & J. K. Culbertson 1970: Hydrographic and Sedimentation Survey of Kajakai Reservoir, Afghanistan (= Geological Survey, Water Supply Paper 1608-M). – Washington.
Pias, J. 1976: Formations superficielles et sols d'Afghanistan. – Travaux et Documents de l'O.R.S.T.O.M. – C.N.R.S., No. 55 (Paris).
Pikulin, M. G., u. a. 1976: Remeslo i melkaja promyshlennost'Afganistana (Handwerk und Kleinindustrie in Afghanistan). – Taschkent.
Pjatigorskij, A. A. 1970: Oroshenie v Afganistane (Die Bewässerung in Afghanistan). – Gidrotechnika i Melioracija, 21, S. 97–117 (Moskau).
Planhol, X. de 1973: Sur la frontière Turkmène de l'Afghanistan. – RGE, t. 13, S. 1–16.
Planhol, X. de 1975: Kulturgeographische Grundlagen der islamischen Geschichte. – Zürich und München.
Planhol, X. de 1976a: Le repeuplement de la Basse Vallée Afghane du Murghāb. – StI, t. 5, p. 279–290.
Planhol, X. de 1976b: Observations sur deux bazars du Badghis: Kala Nao et Bālā Mourghāb. – In: E. Grötzbach (Hrsg.) 1976, S. 146–151.
Poullada, L. B. 1973: Reform and Rebellion in Afghanistan, 1919–1929. – Ithaca, London.

POURHADI, I. V. 1976: Afghanistan's Newspapers, Magazines and Journals. – AJ, Jg. 3, S. 75–77.
PULJARKIN, V. A. 1964: Afganistan. Ekonomicheskaja Geografija (Afghanistan. Wirtschaftsgeographie). – Moskau.
RADERMACHER, H. 1975: Historische Bewässerungssysteme in Afghanisch-Sistan. Gründe für ihren Verfall und Möglichkeiten ihrer Reaktivierung. – Zeitschr. für Kulturtechnik und Flurbereinigung, Jg. 16, S. 65–77.
RAO, A. 1982: Les Ġorbat d'Afghanistan. Aspects économiques d'un groupe itinérant „Jat" (= Bibliothèque Iranienne, no. 27). – Paris.
RATHJENS, C. 1955: Der afghanische Hindukusch. – Jahrbuch des Österr. Alpenvereins 1955 (= Alpenvereinszeitschr., Bd. 80), S. 116–121.
RATHJENS, C. 1957a: Zur älteren geomorphologischen Entwicklung der Hochgebirge Afghanistans. – In: Geomorphologische Studien, Machatschek-Festschrift (= Petermanns Geogr. Mitteil., Erg.-Heft 262), S. 269–279. – Gotha.
RATHJENS, C. 1957b: Afghanistan. Ein Land junger Wirtschaftsentwicklung. – GR, Jg. 9, S. 463–472.
RATHJENS, C. 1957c: Geomorphologische Beobachtungen an Kalkgesteinen in Afghanistan. Ein Beitrag zur Karstmorphologie der Trockengebiete. – In: Festschrift H. Lautensach (= Stuttgarter Geogr. Studien, Bd. 69), S. 276–288. – Stuttgart.
RATHJENS, C. 1958: Mediterrane Beziehungen und Züge in der Landschaft Afghanistans. – Die Erde, Jg. 89, S. 257–265.
RATHJENS, C. 1962: Karawanenwege und Pässe im Kulturlandschaftswandel Afghanistans seit dem 19. Jahrhundert. – In: Festschrift H. v. Wissmann, S. 209–221. – Tübingen.
RATHJENS, C. 1965: Ein Beitrag zur Frage der Solifluktionsgrenze in den Gebirgen Vorderasiens. – Zeitschr. für Geomorphologie, Bd. 9, S. 35–49.
RATHJENS, C. 1969: Verbreitung, Nutzung und Zerstörung der Wälder und Gehölzfluren in Afghanistan. – Jahrbuch des Südasien-Inst. der Univ. Heidelberg, Bd. 3, 1968/69, S. 7–18. – Wiesbaden.
RATHJENS, C. 1972: Fragen der horizontalen und vertikalen Landschaftsgliederung im Hochgebirgssystem des Hindukusch. – In: Landschaftsökologie der Hochgebirge Eurasiens, hrsg. v. C. Troll (= Erdwiss. Forschg., Bd. 4), S. 205–220. – Wiesbaden.
RATHJENS, C. 1974a: Die Wälder von Nuristan und Paktia. Standortbedingungen und Nutzung der ostafghanischen Waldgebiete. – Geogr. Zeitschr., Jg. 62, S. 295–311.
RATHJENS, C. 1974b: Klimatische Jahreszeiten in Afghanistan. – AJ, Jg. 1, S. 13–18.
RATHJENS, C. 1975: Witterungsbedingte Schwankungen der Ernährungsbasis in Afghanistan. – Erdkunde, Bd. 29, S. 182–188.
RATHJENS, C. 1978a: Klimatische Bedingungen der Solifluktionsstufe im sommertrokkenen Hochgebirge, am Beispiel des afghanischen Hindukusch. – Zeitschr. für Geomorphologie, Suppl.-Bd. 30, S. 132–142.
RATHJENS, C. 1978b: Hohe Tagessummen des Niederschlags in Afghanistan. – AJ, Jg. 5, S. 22–25.
RATHJENS, C. 1983: Naturräumliche Elemente in der Territorialbildung im Raume Afghanistans. – In: Ethnologie und Geschichte, Festschrift K. Jettmar (= Beitr. zur Südasien-Forschg., Bd. 86), S. 486–495. – Wiesbaden.

RATHJENS, C. 1984: Anliegen und Aufgaben deutscher geographischer Forschung in Afghanistan. – Orient, Jg. 25, S. 551–560.
RATHJENS, C. 1988: Zum neuen Nationalatlas von Afghanistan. – In: E. GRÖTZBACH (Hrsg.) 1988, S. 129–136.
RATHJENS, C. (Hrsg.) 1981: Neue Forschungen in Afghanistan. – Opladen.
RATHJENS, C.; C. TROLL & H. UHLIG (Hrsg.) 1973: Vergleichende Kulturgeographie der Hochgebirge des südlichen Asien (= Erdwiss. Forschg., Bd. 5). – Wiesbaden.
RAUNIG, W. 1978: Einige Bemerkungen zu Verkehr und Handelstendenzen in der afghanischen Provinz Badakhshan. – In: Wirtschaftskräfte und Wirtschaftswege, Festschrift H. Kellenbenz, hrsg. v. J. Schneider, Bd. IV, S. 549–583. – Stuttgart.
REINER, E. 1966: Die Kartographie in Afghanistan. – Kartograph. Nachrichten, Jg. 16, S. 137–145.
REUT, M. 1983: La soie en Afghanistan. L'élevage du ver à soie en Afghanistan et l'artisanat de la soie à Herat (= Beitr. zur Iranistik, Bd. 11). – Wiesbaden.
RHEIN, E., u. A. G. GHAUSSY 1966: Die wirtschaftliche Entwicklung Afghanistans 1880–1965. – Opladen.
RIVES, G. 1963: Les problèmes fondamentaux du droit rural afghan. – Revue internat. du droit comparé, 15, S. 63–84 (Paris).
ROBERTSON, G. S. 1896/1970: The Káfirs of the Hindu-Kush. – London 1896. Nachdruck New York, London 1970.
ROEMER, W., & K. VON ROSENSTIEL 1937: Die landwirtschaftlichen Sammelarbeiten der Expedition und ihre Ergebnisse. – In: A. SCHEIBE (Hrsg.) 1937, S. 55–97.
ROY, O. 1985: L'Afghanistan. Islam et modernité politique. – Paris.
ROZANOV, A. N. 1945: Pochvy Afganistana (Die Böden Afghanistans). – In: Pochvovedenie, No. 3–4, S. 199–208 (Moskau).
RYCKE, C., DE & V. BALLAND 1986: Une région de contact climatique majeur: Les confins indo-afghans. – In: Etudes de Climatologie Tropicale, hrsg. v. P. Pagney & S. Nieuwolt, S. 103–119. – Paris, New York u. a.
SAMIMY, S. M. 1983: Hintergründe der sowjetischen Invasion in Afghanistan. – 2. Aufl. Bochum.
SAWEZ, Islam Uddin 1976: Sozialer Wandel im Gebiet von Koh-i-Daman am Beispiel einiger Kabul nahegelegener Dörfer. – In: E. GRÖTZBACH (Hrsg.) 1976, S. 194–209.
SCHÄFER, B. 1974: Schmuggel in Afghanistan. – AJ, Jg. 1, S. 27–31.
SCHEIBE, A. 1937: Die Landbauverhältnisse in Nuristan. – In: A. SCHEIBE (Hrsg.) 1937, S. 98–140.
SCHEIBE, A. (Hrsg.) 1937: Deutsche im Hindukusch. Bericht der Deutschen Hindukusch-Expedition 1935 der Deutschen Forschungsgemeinschaft (= Deutsche Forschung. Schr. d. Dt. Forschungsgemeinschaft, Neue Folge, Bd. 1). – Berlin.
SCHUMACHER, H. 1979: Außenhandel und Terms of Trade Afghanistans 1961–1975. – In: ASIEL & SCHMITT-RINK (Hrsg.), S. 12–72.
SCHURMANN, H. F. 1962: The Mongols of Afghanistan (= Central Asiatic Studies, IV). – 's-Gravenhage.
SCHWEIZER, G.; W. FISCHER & A. JEBENS 1981: Wirtschafts- und sozialgeographische Untersuchungen zum ländlichen Heimgewerbe in Nord-Afghanistan. – In: C. RATHJENS (Hrsg.) 1981, S. 65–83.

SCOTT, R. B. 1980: Tribal and Ethnic Groups in the Helmand Valley (= ACAS, No. 21).
SENARCLENS DE GRANCY, R., & R. KOSTKA (Hrsg.) 1978: Großer Pamir. Österreichisches Forschungsunternehmen 1975 in den Wakhan-Pamir/Afghanistan. – Graz.
SHAHRANI, M. N. 1978: The Retention of Pastoralism among the Kirghiz of the Afghan Pamirs. – In: Himalayan Anthropology, hrsg. v. J. E. Fisher, S. 233–249. – Den Haag, Paris.
SHAHRANI, M. N. 1979: The Kirghiz and Wakhi of Afghanistan: Adaptation to Closed Frontiers. – Seattle.
SHAHRANI, M. N., & R. L. CANFIELD (Hrsg.) 1984: Revolutions & Rebellions in Afghanistan. Anthropological Perspectives. – Berkeley.
SHRODER Jr., J. F., 1981: Physical Resources and the Development of Afghanistan. – Studies in Comparative International Development, Vol. 16, S. 36–63.
SHRODER Jr., J. F., 1983: The U.S.S.R. and Afghanistan Mineral Resources. – In: International Minerals, A National Perspective, hrsg. v. F. Agnew (= AAAS Selected Symposium, 90), S. 115–153. – Boulder, Colorado.
SHULC, V. L. 1968: Reki Afganistana (Die Flüsse Afghanistans). – Moskau.
SIVALL, T. I. 1977: Synoptic-climatological study of the Asian Summer Monsoon in Afghanistan. – Geografiska Annaler, Vol. 59 A, S. 67–87 (Stockholm).
SLIWINSKI, M. 1988: Afghanistan 1978–87. War, Demography and Society (= Central Asian Survey, Incidental Papers, No. 6). – London.
SMITH, G. I. 1974: Quaternary Deposits in Southwestern Afghanistan. – Quaternary Research, Vol. 4, S. 39–52.
SNEAD, R. E. 1978: Geomorphic History of the Mundigak Valley. – AJ, Jg. 5, S. 59–69.
SNOY, P. 1965: Nuristan und Mungǎn. – Tribus, Veröff. d. Linden-Museums Stuttgart, Nr. 14, S. 101–148.
STENZ, E. 1957: Precipitation, evaporation and aridity in Afghanistan. – Acta geophys. Polon., Bd. 5, S. 245–266 (Warschau).
STILZ, D. 1974: Entwicklung und Struktur der afghanischen Industrie (= ASt, Bd. 11).
STRAND, R. F. 1975: The Changing Herding Economy of the Kom Nuristani. – AJ, Jg. 2, S. 123–134.
STRATHMANN, H. 1980: Händler und Handwerker als soziales Segment in Afghanistan (= ASt, Bd. 19).
SYKES, P. 1940/1979: A History of Afghanistan, 2 Vols. – London 1940, Nachdruck Lahore 1979.
SZABO, A., & B. D. SZABO 1978: Preliminary Notes on the Indigenous Architecture of Afghanistan. – Harvard Graduate School of Design Publication Series in Architecture. – Cambridge, Mass.
TAPPER, N. 1973: The advent of Pashtun maldars in NW-Afghanistan. – Bull. of the School of Oriental and African Studies, Vol. 36, S. 55–79 (London).
TAPPER, N. 1983: Abd al-Rahman's North-West Frontier: The Pashtun Colonisation of Afghan Turkistan. – In: The Conflict of Tribe and State in Iran and Afghanistan, hrsg. v. R. Tapper, S. 233–261. – New York.
TAPPER, R. 1984: Ethnicity and Class: Dimensions of Intergroup Conflict in North-Central Afghanistan. – In: SHAHRANI & CANFIELD (Hrsg.) 1984, S. 230–246.
TARN, W. 1951: The Greeks in Bactria and India. – 2. Aufl., Cambridge.

TATE, G. P. 1910: Seistan. A Memoir on the History, Topography, Ruins, and People of the Country, Parts I to III. – Calcutta.

TAVAKOLIAN, B. 1982: A Cultural Analysis of Sheikhanzai Economic Behavior. – In: Culture and Ecology, Eclectic Perspectives, hrsg. v. J. G. Kennedy & R. B. Edgerton (= Special Publ. of the American Anthrop. Assoc., No. 15), S. 95–109. – Washington.

TOEPFER, H. 1972: Wirtschafts- und sozialgeographische Fallstudien in ländlichen Gebieten Afghanistans (= Bonner Geogr. Abh., H. 46). – Bonn.

TOEPFER, H. 1976: Untersuchungen zur Wirtschafts- und Sozialstruktur der Dorfbevölkerung der Provinz Baghlan (Afghanistan) (= ASt, Bd. 15).

TOYNBEE, A. 1960: Afghanistan as a Meeting-Place in History. – AQ, Vol. 15, S. 51–59.

TRINKLER, E. 1928: Afghanistan – Eine landeskundliche Studie (= Petermanns Geogr. Mitteil., Erg.-Heft 196). – Gotha.

TRUSSELL, J., & E. BROWN 1979: A close look at the demography of Afghanistan. – Demography, Vol. 16, S. 137–156.

TURRI, E. 1964: Villagi fortificati in Iran e Afghanistan. – Revista Geografica Italiana, 71, S. 28–34.

VOIGT, M. 1933: Kafiristan – Versuch einer Landeskunde auf Grund einer Reise im Jahre 1928 (= Beiheft 2 zur Geograph. Wochenschrift). – Diss. Univ. Halle-Wittenberg (Nat. Fak.).

VOLK, O. H. 1954: Klima und Pflanzenverbreitung in Afghanistan. – Vegetatio. Acta Geobotanica, Vol. 5–6, S. 422–433 (Den Haag).

VOPPEL, G. 1967: Afschar – Strukturgrundlagen und Wirtschaftsleben eines stadtnahen afghanischen Dorfes. – GR, Jg. 19, S. 251–260.

WALD, H.-J. 1969: Landnutzung und Siedlung der Pashtunen im Becken von Khost. – Opladen.

WALD, H.-J. 1971: Sturzwasser-Bewässerung in Khost (Afghanistan). – Zeitschr. für Bewässerungswirtschaft, H. 2/71, S. 174–184.

WALD, H.-J., u. a. 1986: Afghanistan. Afghanisch-deutsche Zusammenarbeit gestern – heute – morgen? – GTZ, Eschborn.

WALLER, P. P. 1967: Vorläufiger Bericht über eine Reise nach Afghanistan (Hilmend- und Nangahar-Bewässerungsprojekte). – Die Erde, Jg. 98, S. 61–70.

WIEBE, D. 1972: Zum Problem der Wirtschafts- und Raumplanung in Entwicklungsländern am Beispiel von Afghanistan. – Orient, Jg. 13, S. 138–146.

WIEBE, D. 1973: Struktur und Funktion eines Serais in der Altstadt von Kabul. – In: Kulturgeographische Untersuchungen im islamischen Orient, hrsg. v. R. Stewig & H. G. Wagner (= Schr. d. Geogr. Inst. d. Univ. Kiel, Bd. 38), S. 213–240. – Kiel.

WIEBE, D. 1975a: Zur Industriestruktur von Afghanistan. – In: Geogr. Taschenbuch 1975/76, hrsg. v. E. Meynen, S. 80–105. – Wiesbaden.

WIEBE, D. 1975b: Zum Problem stadtplanerischer Entscheidungsprozesse in Afghanistan. – AJ, Jg. 2, S. 135–147.

WIEBE, D. 1976a: Stadtentwicklung und Gewerbeleben in Südafghanistan. – In: E. GRÖTZBACH (Hrsg.) 1976, S. 152–172.

WIEBE, D. 1976b: Formen des ambulanten Gewerbes in Südafghanistan. – Erdkunde, Bd. 30, S. 31–44.

WIEBE, D. 1976c: Die räumliche Gestalt der Altstadt von Kandahar. Ein kulturgeographischer Beitrag zum Problem der partiellen Modernisierung. – AJ, Jg. 3, S. 132–146.
WIEBE, D. 1976d: Freizeitverhalten und Tourismus in Afghanistan. Ein Beitrag zur Fremdenverkehrsgeographie drittweltlicher Länder. – Orient, Jg. 17, S. 141–157.
WIEBE, D. 1978: Stadtstruktur und kulturgeographischer Wandel in Kandahar und Südafghanistan (= Kieler Geogr. Schr., Bd. 48). – Kiel.
WIEBE, D. 1979a: Strukturwandlungen afghanischer Mittelpunktsiedlungen unter dem Einfluß ausländischer Infrastrukturprojekte. – Erdkunde, Bd. 33, S. 204–215.
WIEBE, D. 1979b: Charikar – Entwicklungsprobleme eines großstadtnahen Regionszentrums in Afghanistan. – AJ, Jg. 6, S. 39–49.
WIEBE, D. 1979c: Die afghanischen Arbeitskräftewanderungen in die islamischen Staaten. – Orient, Jg. 20, S. 96–100.
WIEBE, D. 1979d: Zum Strukturwandel großstädtischer Geschäftszentren in Afghanistan, dargestellt an Beispielen aus Kabul und Kandahar. – In: Die Geographie an der Christian-Albrechts-Universität 1879–1979, hrsg. v. K. H. Paffen & R. Stewig (= Kieler Geogr. Schr., Bd. 50), S. 417–426. – Kiel.
WIEBE, D. 1981a: Probleme stadtgeographischer Forschung in Afghanistan – Wandel und Beharrung afghanischer Provinzstädte.– In: C. RATHJENS (Hrsg.) 1981, S. 149–162.
WIEBE, D. 1981b: Verkehrsausbau und Wirtschaftsentwicklung in Afghanistan. – AJ, Jg. 8, S. 43–54.
WIEBE, D. 1982: Zur sozioökonomischen Raumwirksamkeit von Minoritäten: Die Hindus in Afghanistan. – Die Erde, Jg. 113, S. 69–84.
WIEBE, D. 1983: Traditionelle Handelsbauten im Gefüge afghanischer Städte. – In: BRECKLE & NAUMANN (Hrsg.) 1983, S. 93–105.
WIEBE, D. 1984: Afghanistan. Ein mittelasiatisches Entwicklungsland im Umbruch. – Stuttgart (Reihe Länderprofile).
WIEBE, D. 1985: Afghanische Flüchtlingslager in Pakistan. Kulturgeographische Probleme einer Zwangsmigration im islamisch-orientalischen Raum. – Geogr. Zeitschr., Jg. 73, S. 222–244.
WIRTH, E. 1968: Strukturwandlungen und Entwicklungstendenzen der orientalischen Stadt. – Erdkunde, Bd. 22, S. 101–128.
WISSMANN, H. VON 1961: Bauer, Nomade und Stadt im islamischen Orient. – In: Die Welt des Islam und die Gegenwart, hrsg. v. R. Paret, S. 22–63. – Stuttgart.
WITTEKINDT, H. 1973: Erläuterungen zur Geologischen Karte von Zentral- und Süd-Afghanistan 1:500000. – Hannover.
WOLFART, R., & H. WITTEKINDT 1980: Geologie von Afghanistan (= Beitr. zur Regionalen Geologie der Erde, Bd. 14). – Berlin, Stuttgart.
WOLSKI, K. 1977: Traditional Agriculture in Afghanistan and its Modern Changes. – Ethnologia Polona, Vol. 3, S. 83–101.
WOOD, J. 1872/1971: A Journey to the Source of the River Oxus. – 2. Aufl. London 1872, Nachdruck Westmead 1971.
WUTT, K. 1981: Pashai. Landschaft – Menschen – Architektur. – Graz.
YATE, C. E. 1888: Northern Afghanistan or Letters from the Afghan Boundary Commission. – Edinburgh, London.

YULE, H. 1872: An Essay on the Geography and History of the Regions on the Upper Waters of the Oxus. – In: J. WOOD 1872/1971, S. XIX–CV. London.
ZIEMKE, K. 1939: Als deutscher Gesandter in Afghanistan. – Stuttgart, Berlin.
ZIPPER, K. 1975: Teppiche aus Afghanistan. – AJ, Jg. 2, S. 43–52.
ZURI, A. B. 1981: Surplus Labour in Afghanistans Landwirtschaft. Methoden und Strategiefragen zur Mobilisierung überschüssiger ländlicher Arbeitskräfte (= Bochumer Materialien zur Entwicklungsforschg. u. -politik, Bd. 15). – Tübingen.

2. Unveröffentlichte Arbeiten
(Dissertationen, Expertenberichte, Entwicklungspläne u. ä.)

ALLAN, N. J. R. 1978: Men and Crops in the Central Hindukush. – Diss. Syracuse University (Geography).
AREFI, A. Gh. 1975: Urban Policies, Planning and Implementation in Kabul, Afghanistan. – Diss. Indiana University (Urban & Regional Planning).
ADB (Asian Development Bank) 1970: Appraisal of Gawargan and Char Darrah Agricultural Development Project in Afghanistan. – o. O.
ADB (Asian Development Bank) 1974: Appraisal of Spillway Gates Installation at Kajakai Reservoir in Afghanistan. – o. O.
ADB (Asian Development Bank) 1977: Appraisal of the Khanabad Hydropower Project in Afghanistan. – o. O.
ASIEL, M. A. 1974: Economic Analysis of Water Resources Projects in Developing Countries: A Case Study of the Helmand-Arghandab Valleys Projects in Afghanistan. – Diss. University of Colorado (Economics).
BARON, L. Z. 1975: The Water Supply Constraint: An Evaluation of Irrigation Projects and their Role in the Development of Afghanistan. – Diss. McGill University Montreal/Canada (Economics).
BARRY, M. 1972: Western Afghanistan's Outback. – Kabul (USAID).
BoR (Bureau of Reclamation, US. Dept. of the Interior) 1970: Central Arghandab Valley Unit. Feasibility Report. – Washington.
CINAM 1973: Services for Children within Regional Development Zones (= Monographs, Vol. 2). – Kabul.
CLAPP-WINCEK, C., & E. BALDWIN 1983: The Helmand Valley Project in Afghanistan (A. I. D. Evaluation Special Study, No. 18). – Washington.
DFP (Deutsche Forstgruppe Paktia) 1971: Bericht über die Forst- und Holzwirtschaft in Afghanistan. – Kabul.
DRC (Development and Resources Corp.) 1971: Kunduz – Khan Abad Irrigation Feasibility Study, Afghanistan. Final Report. – New York.
ELECTROWATT (Electrowatt Engineering Services Ltd. & Norconsult AS) 1977: Konar River Basin Development. Master Plan Studies. – Zürich, Oslo.
ERMACORA, F. 1988: Situation of Human Rights in Afghanistan. – New York (UN).
FAO 1970: Survey of Irrigation Possibilities in the Hari Rud and Upper Kabul Basins, Afghanistan: Final Report (UNDP & FAO). – Rom.
FAO 1977: Draft Report of the Preparation Mission to Afghanistan on the Agricultural and Rural Development Project, 3 Vols. – Rom.

FINNCONSULT 1976: Sozio-Economic Survey of Badakhshan, 3 Vols. – Helsinki.
FOURNOT, J. L. 1971: Kunar Regional Development Project. Study of Crafts and Small Industry Development. Final Report. – Kabul (Ministry of Planning).
GUL, A., u. a. 1988: The Agricultural Survey of Afghanistan. – Stockholm.
HANDELSMINISTERIUM, 1971: Die Handelsentwicklung Afghanistans in 50 Jahren von 1297 bis 1347 (1919–1969) (Sonderausg. z. 50. afghan. Freiheitsfest, übers. a. d. Pers. von M. Y. Abawi). – Bochum.
HENDRIKSON, K. (Deutsche Wirtschaftsberatergruppe) 1968: Rekognoszierungs-Studie für die Regionalentwicklung der Provinz Laghman/Afghanistan 1967/68. – Kabul.
HENDRIKSON, K. H. (German Economic Advisory Group) 1971: Industrial Survey 1345–1348 (1966/67–1969/70). – Kabul (Ministry of Mines and Industry).
HEUCKROTH, L. E., & R. A. KARIM 1970: Earthquake History, Seismicity and Tectonics of the Regions of Afghanistan. – Kabul (Seismological Center, Kabul Univ.).
IBRD (Weltbank) 1972: Current Economic Position and Prospects of Afghanistan, 7 Vols. – New York.
IBRD (Weltbank) 1975: Opportunities for Agricultural and Rural Development in Afghanistan. Vol. I, The Main Report. – New York.
IBRD (Weltbank) 1978a: Afghanistan. The Journey to Economic Development. 2 Vols. – New York.
IBRD (Weltbank) 1978b: Appraisal of Khanabad II Irrigation Project, Afghanistan. – New York.
IECO (International Engineering Company, Inc.) 1973: Feasibility Study. Chakhansur Flood Control and Irrigation Project, Afghanistan. 2 Vols. – San Francisco.
ILACO (International Land Development Consultants) 1971: Small Scale Irrigation Projects. Appraisal of the water availability in the Kunduz Basin. Feasibility Study of the Gawargan and Char-Darrah Projects. 2 Vols. – Arnhem.
ISLAM UDDIN (SAWEZ) 1972: Agrargeographische Untersuchung in Guldara und Ghori als Beispiele für Alt- und Jungsiedelland im afghanischen Hindukusch. – Diss. Univ. Köln (Math.-Nat. Fak.).
JEC (Japan Engineering Consultants Co. Ltd.) 1973: Afghanistan. Balkh Irrigation Project, Feasibility Report, Vol. 1. – Tokyo.
KAMPSAX 1974: Highway Maintenance Programme – Stage 2, 1973–1977, Summary Report. – Kabul.
LOLL, P. 1929: Zustand und Entwicklungsvoraussetzungen der afghanischen Volkswirtschaft. – Diss. Landwirtsch. Hochschule Berlin.
LUNG, L. 1972: La planification du développement en Afghanistan. – Kabul (Ministère du Plan).
MCCHESNEY, R. D. 1973: Waqf at Balkh: A Study of the Endowments at the Shrine of Ali Ibn Abu Talib. – Ph. Diss. Princeton Univ. (Near Eastern Studies).
MINER, Th. H., & ASSOC., INC. 1965: A Survey of Tourism in Afghanistan, prepared for Ministry of Commerce RGA under USAID Mission to Afghanistan. – Chicago.
MINER, Th. H., & ASSOC., INC. 1966: Developing Afghanistan's Rug and Carpet Industry. – Kabul (USAID).
MINISTRY OF COMMERCE, UNCTAD/GATT 1979: Afghan Foreign Trade Directory 1979. – Kabul.

MoP (Ministry of Planning) 1963/64: Second Five Year Plan 1341–45 (1962–1967). – Kabul.

MoP (Ministry of Planning) 1967a: First Five Year Plan 1956/57 – 1961/62. – Nachdr. Bochum.

MoP (Ministry of Planning) 1967b: The Third Five Year Economic and Social Plan of Afghanistan 1967–1971. – Kabul.

MoP (Ministry of Planning) 1973: Programme of Regional Planning and Development during the 4th Five Year Plan (Draft). – Kabul.

MoP (Ministry of Planning) 1976: First Seven Year Economic and Social Development Plan 1355–1361 (March 76 – March 83). – Kabul.

MoP (Ministry of Planning) 1979: Basic Directives and Indicative Figures of the Five Year Economic and Social Development Plan of the Democratic Republic of Afghanistan during the Years 1358–1362 (1979–1984). – Kabul.

MITCHELL, L. L., & D. A. GARNER 1974: A Collaborative Survey of the Helmand-Arghandab Valley Region by HAVA Staff and USAID. – Kabul.

NICOLLET, S. 1972: L'élevage dans la province Afghane de Caboul. – Thèse, Ecole Nationale Vétérinaire d'Alfort.

NIEDERMAYER, R. 1929: Das afghanische Bewässerungswesen. – Diss. T. H. Danzig.

NORVELL, D. G. 1972: A Rural Bazaar in Afghanistan. – Kabul (USAID).

NURSAI, A. M. 1988: Bibliographie zur Afghanistan-Literatur 1960–1987. – Köln (Bundesinst. f. ostwiss. u. internat. Studien).

OWENS, G. P. 1971: 1970 Farm Economic Survey. Helmand and Arghandab Valleys of Afghanistan. – Kabul (USAID).

PTP (Planungsteam Paktia) 1972: Grundlagen und Empfehlungen für eine Perspektivplanung zum Regionalen Entwicklungsvorhaben Paktia/Afghanistan, 7 Bde.; insbesondere:

G. LINDAUER, Bd. 1: Hauptbericht;

H. LÜKEN u. a., Bd. 2: Boden;

P. K. H. KAMPE, Bd. 3: Oberflächenwasser;

W. WAGNER, Bd. 4: Grundwasser;

O. H. VOLK, Bd. 6: Viehweiden und ihre Ökologie;

E. GERKEN, Bd. 7/II: Sozialstruktur, Beschäftigung und Agrarverfassung;

H. OSTERKAMP, Bd. 7/III: Landwirtschaftliche Produktionsstruktur;

A. JANATA, Bd. 7/V: Nomadismus.

RADOJICIC, S. 1977: A Note on Water Resources of Afghanistan, prepared for Water Supply and Sanitation Sector Study. – Kabul (UNICEF/WHO).

REINDKE, G. 1976: Genese, Form und Funktion afghanischer Städte, dargestellt am Beispiel von Kandahar, Herat, Mazar-i-Sharif und Jalalabad. – Diss. F. U. Berlin (Geowiss.).

RELLECKE, W. C. 1977: Ethnologische Aspekte bei der Realisierung eines Entwicklungsprojektes in Herat (Westafghanistan). – Diss. Univ. Freiburg i. Br. (Geowiss.).

SAMMEL, E. A. 1971: Ground Water Reconnaissance in the Arghandab River Basin near Kandahar, Afghanistan. – Washington (US Geological Survey).

SHANK, C. C., & W. F. RODENBURG 1977: Management Plan for Ab-i-Estada and Dashte Nawar Flamingo and Waterfowl Sanctuaries (= National Parks and Utilization of Wildlife Resources, Afghanistan, Field Document 3). – Kabul.

SHRODER Jr., J. F. o. J.: Satellite Glacier Inventory of Afghanistan. – Mskr. (im Druck).
SNOY, P. 1962: Die Kafiren. Formen der Wirtschaft und geistigen Kultur. – Diss. Univ. Frankfurt a. M. (Phil. Fak.).
SOGREAH 1966: Kunduz Irrigation Study. 3 Vols. – Grenoble.
SRI RAM, K. V. 1970: Survey of Irrigation Possibilities . . . Hari Rud Basin, Technical Report 8B: Land Use. – Rom (FAO).
STACK, S. C. 1975: Herat: A political and social Study. – Ph. Diss. Univ. of California, Los Angeles (History).
STEVENS, I. M., & K. TARZI 1965: Economics of Agricultural Production in Helmand Valley. – Denver (U. S. Dept. of the Interior, Bureau of Reclamation).
TABIBI, L. 1981: Die afghanische Landreform von 1979. Ihre Vorgeschichte und Konsequenzen. – Diss. Freie Univ. Berlin (Polit. Wiss.).
TUDOR ENGINEERING COMPANY (Hrsg.) 1956: Report on Development of Helmand Valley, Afghanistan. – Washington.
UBEROI, J. P. S. 1964: Social organization of the Tajiks of Andarab valley, Afghanistan. – Diss. Australian Nat. Univ., Canberra.
UNDP (United Nations Development Programme) 1972: Groundwater Investigation Afghanistan. Technical Report. 2 Vols. – New York.
UNDP (United Nations Development Programme) 1977: Organization, Development and Promotion of Tourism, Afghanistan. Project findings and recommendations. – New York.
UNOCA (United Nations Co-ordinator für Humanitarian and Economic Assistance Programmes Relating to Afghanistan) 1988: First Consolidated Report. – Genf.
USAID 1975: Project Paper Central Helmand Drainage. – Kabul.
USAID 1976: Helmand River Basin Soil and Water Survey Study Report. – Kabul.
USAID/DP (1976): 1975 Farm Economic Survey of the Helmand Valley. – Kabul.
VARGHESE, T. C. 1970a: Survey of Irrigation Possibilities . . . Upper Kabul Basin, Technical Report 7A: Land Tenure – Rom (FAO).
VARGHESE, T. C. 1970b: Survey of Irrigation Possibilities . . . Hari Rud Basin, Technical Report 7B: Land Tenure – Rom (FAO).
YAKOUB, M. 1972: Etude hydrogéologique du Bassin de Parwan (Afghanistan). – Thèse, Univ. des Sciences et Techniques du Languedoc (Doctorat de 3e cycle en géologie appliquée, Montpellier II).
YODER, R. A. 1978: Class, Security, and Fertility: A Social Organizational/Social Justice Perspective on Fertility Behavior in Afghanistan. – Ph. Diss. Univ. of Pittsburgh (Public and International Affairs).

3. Statistiken, Jahresberichte u. ä.

ADS/CSO (Afghan Demographic Studies, Central Statistics Office) 1975: A Provisional Gazetteer of Afghanistan. 3 Vols. – Kabul.
ARA 1974: The Afghanistan Republic Annual 1974, ed. by A. A. Danishyar. – Kabul.
ARA 1975: Afghanistan Republic Annual 1975, ed. by A. A. Danishyar. – Kabul.
ARA 1976: Afghanistan Republic Annual 1976, ed. by A. A. Danishyar. – Kabul.

BRIGHAM, R. H. 1964: Compilation of Hydrologic Data, Helmand River Valley, Afghanistan, through September 1960. – Kabul (US Geological Survey).
CSO (Central Statistics Office) 1976: Statistical Information of Afghanistan (1975/ 1976). – Kabul (persisch).
CSO (Central Statistics Office) 1978a: Statistical Information of Afghanistan (1975/ 1978). – Kabul.
CSO (Central Statistics Office) 1978b: Afghan Agriculture in Figures. – Kabul.
CSO (Central Statistics Office) 1983: Statistical Year Book 1360 (1981/82). – Kabul.
CHILDERS, D. 1974: Compilation of Streamflow Records, Helmand River Valley and Adjacent Areas, Afghanistan, 1961/68. – o. O. (US Geological Survey).
DoS (Department of Statistics) 1971/72 Statistical Pocket Book of Afghanistan 1350. – Kabul.
DRAA 1981: Democratic Republic of Afghanistan Annual 1981, ed. by G. R. Yusufzai. – Kabul.
DWWGA (Deutsche Wasserwirtschaftsgruppe Afghanistan) 1967: Afghanisches Gewässerkundliches Jahrbuch – Gebiet des Kabul-Flusses – Abflußjahre 1960–1964. – Kabul.
EPD (Export Promotion Department, Ministry of Commerce) 1979: Afghan Foreign Trade Directory 1979. – Kabul.
HAKIMI, M. 1973/74: Price Situation Reports. – Kabul.
ILO (International Labour Office, Hrsg.) 1977: A Survey on Handicrafts and Handiworks, Translation from Statistical Information of Afghanistan 1975/76 (= Working Paper No. 6). – Kabul
KTA 1970: The Kabul Times Annual 1970, ed. by Shafie Rahel. – Kabul.
MD (Meteorological Department /Meteorological Authority) 1959–1979: Monthly Climatological Data. – Kabul.
MENA 1988: The Middle East and North Africa, 34th ed. – London 1987.
RAA 1977: Republic of Afghanistan Annual 1977, ed. by Ministry of Information and Culture. – Kabul.
RAA 1978: Republic of Afghanistan Annual 1978, ed. by A. M. Baryalai. – Kabul.
SoP (Survey of Progress), ed. by Ministry of Planning, Department of Statistics:
1960. – Kabul 1960.
1961/62. – Kabul 1963.
1962/64. – Kabul 1964.
1964/65. – Kabul 1965.
1966/67. – Kabul 1967.
1967/68. – Kabul 1968.
1968/69. – Kabul 1969.
1969/70. – Kabul 1970.
1970/71. – Kabul 1971.
1971/72. – Kabul 1972.
UNICEF 1978: Statistical Profile of Children and Mothers in Afghanistan. – Kabul.
WSSA (Water and Soil Survey Authority) 1968: Hydrological Yearbook, Kabul river basin, 1965–1967. – Kabul.

4. Aktuelle Informationsquellen
(Zeitungen, Zeitschriften, Informationsblätter)

Afghanica. The Afghanistan Studies Newsletter, Oxford/UK (seit 1987).
Afghan Information Centre, Monthly Bulletin, Peshawar/Pakistan (seit 1982).
Afghanistan Info, Sierre/Schweiz (seit 1980).
KT = Kabul Times (1962 bis 31. 12. 1979);
KNT = Kabul New Times (ab 1. 1. 1980). – Tageszeitung, Kabul.
Les Nouvelles d'Afghanistan, Paris (seit 1980).
Stiftung Bibliotheca Afghanica, Liestal/Schweiz: verschiedene Informationsschriften.
WUFA (Writers Union of Free Afghanistan), Peshawar/Pakistan (seit 1985).

5. Karten, Luft- und Satellitenbilder

ABDULLAH, Sh.; V. M. CHMYRIOV u. a.: Map of Mineral Resources of Afghanistan 1:500000 (19 Blätter). – Kabul und Moskau 1977.
Afghan Cartographic Institute, Kabul: Topographische Karten von Afghanistan 1:250000, 1:100000, 1:50000. – Moskau, Los Angeles und Kabul 1960–1969.
Afghan Cartographic Institute, Kabul:
– Physical and Political Map of Afghanistan 1:1,5 Mio. (1968);
– Afghanistan 1:2 Mio. (1975);
– Political Map of Afghanistan 1:2 Mio., (2. Ausg. 1976).
– Republik Afghanistan 1:3 Mio. (1988/89).
Afghan Cartographic Institute, Kabul:
– Stadtplan Kabul City 1:15000 (o. J.);
– Luftbildmosaik Kabul 1:15000 (1965), 1:25000 (1966);
– Stadtplan Kabul City 1:25000 (1972);
– Stadtplan City of Herat 1:5000 (1967);
– Bamyan 1:10000 (o. J.);
Afghan Cartographic Institute, Kabul: Map of Mineral Deposits and Occurrences 1:2 Mio. (6 Blätter). – o. J.
BALLAND, D. (TAVO 1989): Afghanistan. Nomadismus und Halbnomadismus, 1:2,5 Mio., Blatt A X 12. – Wiesbaden.
BEHNSTEDT, P., & Ch. M. KIEFFER (TAVO 1984): Afghanistan – Sprachen und Dialekte, 1:2,5 Mio., Blatt A VIII 11. – Wiesbaden.
FAO/UNESCO: Soil Map of the World 1:5 Mio., Blatt VII-1. – Rom 1974.
FREY, W., & W. PROBST (TAVO 1979): Zentraler Hindukusch (Afghanistan). Vegetation, 1:600000, Blatt A VI 7. – Wiesbaden.
GEOKART (Hrsg.): National Atlas of the Democratic Republic of Afghanistan. – Warschau o. J. (1985 und 1987).
GRÖTZBACH, E. (TAVO 1981): Afghanistan. Städte und Marktorte am Ende des 19. Jh. und um 1973, je 1:4 Mio., Blatt A IX 7/8. – Wiesbaden.
GRÖTZBACH, E. (TAVO 1987): Ġazni (Afghanistan) 1:13000, Blatt A IX 10. – Wiesbaden.

GUGK (Hauptverwaltung für Geodäsie und Kartographie SSSR): Topographische Übersichtskarte Afghanistan 1:2 Mio. – Moskau 1986.
ORYWAL, E. (TAVO 1983): Afghanistan – Ethnische Gruppen 1:2,5 Mio., Blatt A VIII 16. – Wiesbaden.
WITTEKINDT, H., & D. WEIPPERT: Geologische Karte von Zentral- und Südafghanistan 1:500000 (4 Blätter). – Hannover 1973.

Luftbilder sowjetischer, US-amerikanischer und deutscher Herkunft in unterschiedlichen Maßstäben.

Satellitenbilder: LANDSAT, ca. 1:250000 (1972–1980); – SPACELAB, ca. 1:400000 (1983).

ORTSNAMENREGISTER

Ab-i-Istada 40. 193. 218. 219. 222. 223
Ab-i-Nawar 40
Achin 235
Adraskan 83. 84. 328
Afghanisch-Turkistan 9. 15. 139. 172. 291
Ai Khanum 5. 278
Ainak 53. 125. 187. 218
Ajar 22. 357
Ajristan 359. 361
Aksu 256
Aliabad 271. 273
Alingar 231. 241. 247
Alishang 231. 233
Almar 288. 313. 314
Altamur (-kette, -paß) 214. 217. 218. 223. 229
Ambar Koh 275
Amu Darya (siehe auch: Oxus, Panj) 1. 5. 20. 26. 37. 41. 51. 55. 103. 125. 142. 145. 173. 255. 256. 259. 261. 263. 266. 277. 278. 279. 282. 283. 287. 288. 291. 292. 295
Amu Darya-Becken 37
Anardarrah 329. 330
Andarab (-tal) 53. 106. 107. 111. 139. 241. 242. 246. 248. 249. 250. 251. 252. 253. 254. 264. 282
Andkhoy 20. 41. 54. 91. 137. 140. 141. 147. 172. 175. 177. 178. 287. 289. 290. 291. 306. 307. 312. 313. 315
Angot 311
Anjoman (-fluß, -paß, -tal) 18. 241. 242. 245. 246. 248. 253. 254. 255
Aq Darya 311
Aqcha 5. 43. 63. 75. 89. 129. 133. 137. 147. 153. 172. 175. 177. 178. 289. 290. 291. 298. 299. 303. 304. 305. 306. 307
Aq Kupruk 287. 310

Aq Robat 139
Arachosien 4. 5
Aralsee 5. 37
Archi-Kanal (siehe auch: Dasht-i-Archi) 70. 278
Areia 4
Arghandab 18. 20. 37. 53. 55. 61. 84. 113. 114. 128. 130. 193. 331. 332. 333. 336. 337. 341. 342. 343. 344. 346
Arghandab-Staudamm 39
Arghestan 18. 38. 39. 336. 346
Argu 74. 280. 284
Asadabad (siehe auch: Chagha Saray) 122. 126. 140. 176. 233. 238. 239
Asmar 28. 30. 37. 79. 239
Asya Bad 308
Aybak (siehe auch: Samangan) 81. 91. 106. 124. 126. 139. 147. 175. 261. 287. 288. 289. 290. 291. 294. 308. 309. 354
Azrao 216. 217

Baba Sahib 128
Bactra 171. 287. 303
Badakhshan 2. 4. 5. 15. 18. 19. 22. 23. 27. 28. 29. 49. 63. 66. 72. 73. 74. 84. 89. 105. 109. 114. 118. 121. 122. 123. 124. 138. 139. 140. 167. 186. 187. 189. 245. 246. 249. 251. 254. 259. 262. 264. 265. 280. 282. 283. 287. 366
Badghis 60. 76. 81. 83. 104. 105. 109. 116. 118. 122. 123. 157. 162. 165. 314. 315. 316. 317. 318. 319. 320. 321. 365
Baghlan (Stadt, Provinz) 27. 66. 70. 84. 96. 97. 101. 103. 105. 106. 111. 112. 113. 121. 125. 128. 129. 133. 134. 141. 147. 160. 161. 168. 172. 173. 175. 191. 262. 263. 264. 265. 266. 268. 269. 270. 271. 274
Baghran 354

Bagram 4. 5. 208. 209
Baharak 255. 259. 260. 284. 285
Bajaur 79. 231
Bajgahpaß 241
Bakhshabad 329
Baktrien 4. 5. 6. 234. 255. 292
Baktrische Ebene, Baktrisches Tiefland 1. 4. 20. 25. 26. 43. 46. 170. 286. 287. 289. 291–307. 309. 313
Bakwa (siehe auch: Dasht-i-Bakwa) 26. 104. 105. 316. 328. 329
Bala Bagh 177. 237
Bala Baluk 328. 329
Bala Koran 170
Bala Murghab 87. 314. 320. 321
Balkh (Stadt, Provinz) 6. 7. 8. 16. 43. 45. 63. 65. 77. 88. 89. 100. 101. 103. 112. 118. 128. 129. 133. 136. 153. 162. 171. 172. 175. 274. 286. 287. 289. 290. 291. 296. 298. 299. 302. 362
Balkhab 22. 37. 38. 44. 126. 286. 287. 289. 292. 298. 303. 307. 309. 310. 353. 357. 365
Balkhab-Oase 43. 192. 298
Bamyan (Stadt, Provinz) 4. 6. 7. 18. 19. 25. 27. 28. 29. 33. 41. 45. 65. 66. 76. 84. 104. 106. 113. 116. 122. 126. 139. 142. 145. 146. 152. 156. 162. 165. 168. 171. 173. 176. 187. 189. 190. 212. 241. 242. 249. 308. 354. 355. 356. 359. 361. 362. 363. 364. 365
Band-i-Amir 22. 41. 142. 152. 356. 357. 358. 364
Band-i-Astarlay 357
Band-i-Baba 316
Band-i-Badghisat 316. 320
Band-i-Baian 316. 357. 365
Band-i-Farsi 316
Band-i-Rustam 351. 352
Band-i-Sarjangal 357
Band-i-Sultan 220
Band-i-Turkistan 21. 25. 310. 313. 316. 353. 365
Bangi 45. 251. 281. 282
Bannu (Pakistan) 226. 230
Banu 247. 251

Baraki Barak 216. 217. 218
Baraki Rajan 217. 218
Bargamatal 246
Barikab, Barikau 212
Barikot 230. 239. 247
Baroghilpaß 241. 256
Bashgal (-tal) 241. 246. 247
Becken von Jalalabad 72. 113. 193. 216
Behsud 28. 44. 104. 214. 233. 235. 353. 354. 358. 359. 360. 361. 364
Belcheragh 289. 311. 312. 313
Belutschistan 4. 26. 67. 77
Bengalen 84
Birmal 227
Birmazid 136
Boghra (-kanal) 126. 333. 335. 345. 346
Bolan 350
Bolanpaß 2
Bost (siehe auch: Lashkargah) 7. 153. 165. 171. 172. 348. 349
Boyni Qara (siehe auch: Sholgara) 288. 309. 310
Britisch-Indien 10. 111. 113. 138. 148. 256
Bukhara 8. 77. 118. 135. 178. 259. 276. 284. 289. 290. 295. 314
Bundesrepublik Deutschland 12. 149. 150. 157. 185
Burka 253. 281

Chagay Ghar 343
Chagha Saray (siehe auch: Asadabad) 239
Chaghcharan 25. 27. 28. 31. 145. 156. 172. 176. 190. 325. 356. 365. 366. 367
Chaharbagh 66
Chahar Burjak 350. 351
Chahardarpaß 240
Chahardeh (Ghorband) 247. 250
Chaharikar siehe: Charikar
Chaharkent (Charkent) 309. 310
Chahar Qariya 249
Chaharshamba 314
Chah-i-Anjir 350
Chah-i-Ab 277. 281. 282. 283
Chakhansur 350. 351. 352

Ortsnamenregister

Chak-i-Wardak 125. 215. 216
Chal 45. 281. 282
Chamkani 83. 224. 226. 227. 229. 230
Chamchamast 196
Chapryar 235
Chardarrah 271. 272. 273
Chardeh-Ebene 196
Charikar (Chaharikar) 114. 126. 130. 132. 136. 142. 153. 173. 207. 208. 209. 210. 211. 213. 295
Charkh 217
Chashma-i-Shafa 45. 126. 156. 292. 296. 309. 310
Chauki 239
Chauk-i-Arghandeh 214
Chechaktu 74. 289. 313. 314. 320
Chendawul 179. 198. 199
Chesht-i-Sharif 66. 156. 316. 321. 324. 325
China 2. 4. 5. 6. 12. 148. 186. 211. 256. 258. 259
Chiras 366. 367
Chitral 242. 244. 245. 255. 285
Chora 354
Chugha 273

Dahana-i-Ghori 269
Dahan-i-Tor 124. 309
Dahla 354
Daka 235
Daman 331. 333. 335. 341
Dand 341
Dandan Shikan-Paß 139
Darayem 284
Darqad 277
Darrah-i-Nur 239
Darrah-i-Hazara 249
Darrah-i-Pashai 251
Darrah-i-Shikari 139. 241. 250
Darrah-i-Suf (Darrah Yusuf) 54. 124. 289. 290. 309. 310
Darrah-i-Turkoman 250
Darulaman 198
Darunta 39. 126. 185. 231. 235. 236. 237. 238. 240
Darwaz 28. 30. 120. 145. 259. 260. 261

Darwaz-Gebirge 1. 21. 25. 33. 42. 191. 259
Darweshan 26. 334. 335. 345. 347. 348
Darya-i-Pamir 256. 259
Darya-i-Panj siehe: Panj
Darya-i-Safed 286. 287. 304. 311
Darya-i-Syah 286. 287. 304. 311
Darzab 312
Dasht-i-Altamur 216
Dasht-i-Archi 87. 103. 126. 263. 264. 278. 279
Dasht-i-Bagram 208. 210. 211. 212
Dasht-i-Bakwa 44. 329
Dasht-i-Daulat 218
Dasht-i-Eshantop oder Dasht-i-Aliabad 271. 273
Dasht-i-Ish (siehe auch: Ish) 84. 260
Dasht-i-Kelagay 266
Dasht-i-Laily 81. 307
Dasht-i-Margo 20. 331. 350
Dasht-i-Mehtarlam 238
Dasht-i-Mir Alam 291
Dasht-i-Nawar 18. 25. 33. 40. 83. 86. 170. 358. 359. 360. 364
Dasht-i-Qala 278. 283
Dasht-i-Shadyan 302
Dasht-i-Shirmahi 278
Dasht-i-Shiwa 84. 260
Daulatabad (Prov. Balkh) 129. 287. 289. 290. 291. 299. 303
Daulatabad (Prov. Faryab) 136. 140. 289. 306. 312. 313
Daulatyar 366. 367
Daychopan 342. 354
Daykundi 84. 355. 359. 360. 361
Daymirdad 215
Dayzangi 358. 360. 361
Dehdadi 145. 296. 298. 299. 302. 305. 306
Deh Rawud (Derawat) 344
Deh Sabz 194
Deh Salah 247. 251. 252
Dera Ismael Khan 83
Deshu (Deh-i-Shu) 26. 344
Deutsches Reich 11
Dewana Baba 247

Dilaram 39. 140. 352
Doab-i-Mekh-i-Zarin 250
Dorahpaß 241. 255
Doshi 66. 76. 250. 251. 266
Drangiana 4. 5
Duri Rod 336. 343
Dushanbe 280

Eshtivi 247

Farah (Stadt, Provinz) 26. 29. 30. 32. 34. 41. 44. 60. 65. 72. 77. 83. 103. 104. 105. 118. 137. 141. 148. 162. 163. 166. 171. 172. 175. 315. 316. 317. 318. 319. 328. 329. 330. 331. 365.
Farah Rod 37. 39. 40. 52. 126. 316. 317. 328. 329. 330. 350. 351. 365
Farkhar (Ort, -tal) 42. 137. 247. 253. 266. 275. 277
Farsi 84. 316. 365. 366. 367
Faryab 65. 73. 85. 109. 118. 136. 286. 289. 314. 365
Faydzabad 25. 27. 32. 104. 126. 142. 145. 147. 148. 156. 163. 173. 175. 190. 255. 259. 260. 283. 284. 285. 299
Ferghana 8
Firoz Koh 316. 367
Folol 282
Fondukistan 6

Gandhara 4. 5
Gandomak 235
Ghanikhel 235. 236
Gardez 28. 30. 33. 72. 83. 140. 147. 173. 175. 193. 218. 219. 221. 223. 224. 227. 228. 229. 230
Garmsir 346
Gaud-i-Zirreh 1. 20. 40. 41. 46. 350. 352
Gawragi 350
Gazergah 324
Gerdab 271
Gharan 259
Gharjistan 366
Ghaziabad 28. 101. 236
Ghazni (Stadt, Provinz, -fluß) 6. 7. 9. 18. 28. 30. 32. 33. 34. 40. 44. 63. 65. 70. 72. 84. 104. 106. 113. 118. 128. 136. 142. 146. 147. 153. 163. 168. 171. 172. 173. 175. 177. 178. 179. 187. 193. 198. 214. 217. 219–222. 223. 227. 229. 354. 359
Ghelmin 27
Ghor (Ghorat) 7. 27. 60. 72. 76. 83. 84. 89. 104. 105. 109. 116. 119. 120. 157. 161. 162. 165. 166. 187. 263. 316. 319. 354. 355. 356. 359. 364–367
Ghorband (-tal) 18. 28. 53. 63. 66. 139. 194. 206. 208. 211. 212. 240. 241. 242. 245. 246. 249. 250. 273. 357. 359
Ghori 84. 103. 111. 113. 133. 168. 261. 262. 263. 265. 266. 268. 269. 270
Ghormach 320. 321
Ghoryan 83. 84. 175. 318. 321. 327
Girishk 84. 85. 175. 331. 332. 333. 335. 336. 345. 346. 348
Gizab 22. 354. 358
Gomal (-route) 83. 84. 223. 224. 227
Großbritannien 10. 149. 150
Gulbahar 126. 130. 131. 132. 153. 176. 206. 207. 210. 211. 213. 248
Guldarrah 208. 209
Gulistan 316
Gulran 22. 45. 49. 75. 81. 104. 137. 315. 316. 317. 318. 320
Gurziwan 287. 288. 290. 312
Guzara 327

Hadda 6. 101. 152. 193. 234. 235. 236. 240
Haft Tagab 310. 312
Hairatan 129. 140. 142. 145. 280. 292. 294
Hajigak (-paß) 168. 212. 241. 356. 362
Hamun-i-Helmand 40
Hamun-i-Puzak 40
Hamun-i-Saberi 40
Hari Rod 1. 7. 18. 25. 28. 37. 55. 61. 84. 103. 111. 126. 128. 315. 316. 319. 320. 321–328. 353. 365. 367
Hari Rod-Oase 44. 72. 317. 318. 321–328
Hari Rod-Surkhab-Linie 63

Ortsnamenregister

Harut Rod 40. 317. 328. 330. 351
Hazarajat 28. 51. 65. 72. 75. 84. 89. 120.
137. 138. 165. 166. 167. 200. 215. 221.
234. 250. 305. 353. 354. 355. 356–364.
365. 366. 367
Hazar Bagh 276
Hazar Sum 287
Hazhdah Nahr 288. 292. 296. 298. 299.
300. 303. 304. 310
Hazrat-i-Imam Sahib siehe: Imam Sahib
Hazrat-i-Sultan 308
Helmand (-fluß, -gebiet, Provinz) 18.
20. 22. 26. 28. 37. 39. 40. 44. 55. 60.
61. 63. 84. 100. 105. 106. 112. 116. 126.
157. 165. 166. 168. 191. 193. 214. 292.
316. 331. 332. 333. 334. 335. 343. 344–
352. 353. 357. 358. 361. 365
Helmand-Arghandab-Gebiet 95
Herat 2. 4. 6. 7. 8. 9. 10. 12. 14. 15. 34.
36. 44. 45. 53. 54. 60. 61. 63. 65. 66.
70. 72. 74. 75. 76. 77. 81. 83. 88. 89.
93. 95. 97. 100. 101. 104. 105. 106. 107.
111. 112. 113. 115. 118. 120. 121. 126.
128. 131. 134. 136. 137. 139 140. 141.
142. 143. 144. 145. 146. 147. 152. 153.
156. 158. 159. 160. 162. 163. 171. 172.
173. 175. 179. 181. 188. 189. 198. 300.
304. 312. 314. 315. 316. 317. 318. 319.
320. 321–325. 326. 327. 328. 330. 336.
338. 341. 351. 365. 367
Hindukusch 1. 2. 5. 10. 13. 18. 20. 21.
22. 25. 28. 29. 33. 34. 35. 37. 38. 41.
42. 43. 49. 51. 54. 55. 63. 65. 67. 70.
78. 79. 81. 84. 87. 89. 93. 94. 107. 111.
114. 119. 120. 139. 140. 142. 153. 165.
166. 167. 168. 169. 170. 191. 192. 193.
194. 206. 212. 213. 231. 236. 240–255.
261. 265. 285. 352. 355. 360
Hissarkette 261

Imam Sahib 20. 27. 75. 125. 129. 156.
173. 175. 176. 260. 264. 277. 278. 279
Indien (Vorder-I., Hinter-I., Nordwest-
I., Nord-I.) 2. 3. 4. 5. 6. 7. 8. 9. 10.
31. 34. 67. 79. 107. 112. 113. 119. 123.
135. 141. 148. 149. 150. 151. 156. 186.
189. 198. 222. 226. 234. 236. 237. 284.
295. 323. 338
Indus (-becken, -ebene, -gebiet, -tief-
land) 4. 12. 37. 83. 84. 193. 223. 224
Injil 327
Irakpaß 362
Iran 6. 12. 13. 14. 26. 34. 37. 57. 59. 60.
65. 104. 109. 121. 148. 150. 151. 178.
184. 186. 220. 222. 318. 319. 323. 325.
352. 364
Iranisch-Afghanisches Hochland 1. 223
Ish (siehe auch: Dasht-i-Ish) 83. 260.
279. 283
Ishkamish 41. 44. 104. 242. 280. 281. 282
Ishkashim 27. 28. 29. 73. 255. 256. 259.
260
Ishpushta 54. 124
Islam Qala 142. 145. 318
Istalif 45. 86. 136. 153. 208. 210. 213

Jabal-us-Saraj 25. 29. 30. 31. 33. 34. 36.
55. 125. 129. 130. 132. 138. 194. 206.
207. 210. 211. 212. 213
Jabar Dagh 281
Jaghatu 215. 218
Jaghori 44. 104. 353. 359. 360. 361. 364
Jalalabad 1. 2. 4. 9. 18. 19. 25. 26. 28. 29.
30. 31. 32. 34. 35. 44. 61. 63. 70. 72.
78. 81. 84. 111. 121. 126. 128. 130. 134.
138. 140. 142. 143. 145. 146. 147. 152.
153. 158. 159. 160. 162. 163. 172. 173.
176. 177. 181. 188. 189. 192. 193. 230–
237. 238. 239. 240
Jaldak 332
Jalrez 215
Jam 7. 152. 356. 367
Jangali Kalan 306
Japan 149. 150
Jarkhana Ghar 218
Jar Quduq (Jarqduq) 126. 305. 306
Jawand 365
Jauzjan 16. 65. 73. 77. 85. 101. 113. 118.
136. 161. 286. 289. 303. 304. 312. 365
Jigdalik 54. 234
Jilga 39. 215. 218. 220. 221
Jurm 29. 247. 255. 284. 285. 286

436 Ortsnamenregister

Kabul (Stadt, Provinz) 4. 5. 6. 7. 8. 9. 12. 14. 15. 17. 19. 20. 23. 25. 27. 28. 29. 30. 32. 34. 37. 39. 44. 46. 52. 56. 60. 65. 66. 70. 72. 75. 78. 84. 87. 88. 89. 96. 101. 104. 105. 107. 109. 113. 114. 116. 121. 124. 125. 128. 129. 130. 131. 132. 133. 136. 137. 138. 139. 141. 142. 143. 144. 145. 146. 148. 152. 156. 157. 159. 161. 162. 163. 169. 171. 172. 173. 176. 178. 179. 180. 181. 182. 188. 189. 191. 193. 194. 196–206. 207. 209. 210. 212. 213. 214. 215. 219. 221. 223. 226. 227. 229. 233. 234. 237. 247. 248. 249. 262. 275. 284. 285. 288. 290. 295. 304. 305. 308. 312. 314. 321. 325. 329. 338. 361. 362. 364. 367
Kabulfluß 126. 194. 196. 203. 204. 230. 235. 236
Kabul-Logar-Becken 216
Kabul-Logar-Ebene 196. 204
Kabul-Panjsher-Becken 2. 18. 22. 25. 28. 30. 32. 34. 35. 36. 49. 55. 61. 84. 111. 132. 153. 193. 194–213. 214. 240. 241. 242. 263. 357
Kafiristan (siehe auch: Nuristan) 78. 246. 247
Kahmard 22. 359. 362
Kaja 237
Kajakay 39. 126. 128. 335. 340. 344. 346
Kajran 22. 344
Kalakan 209
Kaldar 295
Kama 138. 233. 235
Kamdesh 246. 247. 248. 255
Kandahar (Provinz, Stadt) 2. 4. 5. 8. 9. 10. 12. 14. 15. 32. 34. 35. 39. 44. 46. 53. 55. 61. 63. 65. 66. 70. 71. 72. 78. 88. 89. 96. 104. 105. 106. 107. 113. 114. 115. 118. 123. 128. 130. 131. 134. 137. 139. 140. 141. 142. 143. 144. 145. 146. 147. 152. 153. 156. 157. 158. 159. 160. 161. 162. 163. 172. 173. 175. 178. 179. 181. 188. 189. 193. 198. 221. 224. 312. 316. 318. 321. 328. 329. 330. 331. 332. 333. 334. 335. 336. 337. 338–341. 342. 343. 344. 351. 354

Kandahar-Arghandab-Oase 332. 335. 336. 341
Kang 350. 351. 352
Kapisa 4. 5. 16. 65. 95. 113. 118. 173. 193. 198. 206. 212. 213. 234
Karachi 340
Kara Kamar 287
Kara Kum 26
Karez-i-Mir 25. 29
Karkar 54. 124. 264. 269
Karukh 66. 156. 314. 325. 328
Kaschmir 78
Katawaz 15. 44. 50. 63. 70. 83. 84. 105. 186. 218. 219. 221. 224. 227. 276. 328. 343
Kawghan 325
Kayan 250
Kelagay (siehe auch: Dasht-i-Kelagay) 126. 266. 269. 280
Keleft 125. 292. 306
Khaiberpaß 2. 70. 142. 230. 234
Khairkhanapaß 194
Khakrez 156
Khalaj 348
Kham Ab 287. 292
Khanabad (-fluß, Stadt) 23. 37. 95. 103. 107. 110. 111. 114. 126. 128. 140. 147. 172. 173. 175. 253. 261. 262. 263. 264. 265. 266. 270. 271. 272. 273. 274. 275. 279. 280. 282. 287
Khandud 29
Khanneshin 53. 346. 347
Kharwar 216. 217
Khash 104. 285. 286
Khash Rod 20. 38. 39. 316. 317. 331. 350. 351. 352
Khawakpaß 84. 139. 241. 242. 251. 276
Khinjan (-tal, Bezirk, Ort) 50. 244. 251. 264
Khiva 178
Khorassan 2. 169
Khoshamand 219. 222
Khost 25. 28. 30. 31. 32. 33. 53. 70. 81. 83. 107. 121. 140. 145. 162. 163. 172. 193. 223. 224. 226. 227. 228. 229. 252
Khost-o-Fereng 246. 251. 252. 255

Ortsnamenregister

Khugyani 114. 235. 237
Khulm (-fluß, Stadt siehe auch: Tashqurghan) 37. 171. 172. 286. 287. 293. 295–298. 308. 309
Khurd Kabul 234
Khwabgah 350. 351
Khwaja Bulan 306
Khwaja Ghar 126. 264. 276. 277. 278
Khwaja Gogerdak 306
Khwaja Kinti 314
Khwaja Mohammed-Gebirge 242. 244. 245. 250. 251. 253. 280
Khwaja Rawash 53. 203
Khwahan 25. 28. 145. 259. 260. 261
Kishem (-fluß, Stadt) 29. 30. 140. 242. 253. 277. 283. 284. 285
Kishindeh 309. 310
Koh Daman 11. 63. 86. 113. 114. 115. 167. 168. 194. 206. 207. 208–211. 212. 213. 217. 234. 263. 264. 269. 276. 281. 288. 311
Koh-i-Alasang 215
Koh-i-Alburz 286. 309
Koh-i-Asmai 196
Koh-i-Baba 21. 42. 240. 241. 352. 353. 356. 357. 358. 359. 360
Koh-i-Bandaka 241. 253
Koh-i-Hissar 21. 42. 240. 353. 357. 360
Koh-i-Malmand 316. 353. 365
Koh-i-Mogholan 252
Koh-i-Safi 194. 206
Koh-i-Sher Darwaza 196
Kohistan 86. 107. 113. 194. 206. 207. 210. 212. 213. 245. 260. 263. 264. 269. 276. 288. 305. 311
Kohistanat 289. 365
Koh-i-Taresht 252. 253
Kokcha (-fluß, -tal) 5. 37. 41. 42. 126. 241. 242. 243. 245. 253. 259. 261. 275. 278. 280. 283. 284. 285
Kol-i-Chaqmaqtin 41. 256
Konar (-fluß, -tal, Provinz) 13. 37. 38. 41. 63. 65. 66. 70. 83. 84. 95. 111. 118. 121. 122. 126. 140. 142. 157. 159. 160. 173. 187. 230. 231. 232. 233. 234. 235. 237. 238–240. 242. 245

Konar-Bajaur-Bergland 231. 234. 235. 239
Koran 243. 244. 254
Koran-o-Munjan 246. 253. 255. 258. 285
Kota-i-Ashro 214. 215
Kotal-i-Mirza Wolang 311
Kotal-i-Takht 214
Kotgay 28. 226. 229
Kulab 282
Kunduz (-fluß, Provinz, Stadt) 18. 25. 27. 63. 65. 70. 72. 95. 97. 100. 103. 107. 109. 110. 111. 112. 114. 128. 129. 132. 134. 136. 137. 139. 140. 141. 142. 145. 147. 159. 166. 172. 173. 175. 177. 188. 189. 261. 262. 263. 264. 271. 272. 273. 274. 275. 277. 278. 279. 284. 287. 291. 292. 294
Kunduz-Khanabad-Ebene 271. 272. 274
Kurramtal 229
Kushk 320. 321

Laghman 18. 28. 30. 32. 34. 37. 38. 41. 63. 65. 66. 70. 84. 94. 100. 106. 107. 111. 113. 118. 161. 168. 173. 230. 231. 232. 233. 234. 237–238. 247. 272
Lake Victoria siehe: Zor Kol
Lal 27. 28. 32. 33. 353. 359
Lal-o-Sarjangal 359. 365
Langar 258
Lashkargah (siehe auch: Bost) 26. 31. 32. 63. 121. 128. 134. 153. 162. 172. 175. 176. 178. 189. 332. 335. 336. 348. 349
Lashkari Bazar 7. 348
Lash-o-Jowayn 316. 328. 329
Latabandpaß 20. 84. 194. 202
Laulash 365
Logar-Maydan-Bergland 196
Logar (-fluß, -tal, Provinz) 16. 28. 32. 33. 46. 53. 65. 66. 83. 84. 111. 113. 115. 142. 144. 157. 168. 169. 173. 194. 203. 214. 215. 216–218. 219. 223. 358

Mahipar 126. 185. 194. 203
Mahmud-i-Raqi 171. 176. 206. 211. 213
Malistan 28. 359. 361. 364

438 Ortsnamenregister

Mandahar (Forst) 122. 226. 229
Marichaq 136. 320
Marmol 298. 309
Marja 101. 106. 168. 333. 334. 335. 346. 347. 350
Marwa 325
Mashhad (-fluß, Ort) 253. 283. 284
Mashriqi 230
Mastujtal 242
Matun 230
Maydan 28. 88. 94. 111. 113. 194. 200. 214–215. 217. 219. 234
Maydanshahr 171. 172. 176. 215. 217
Maymana 15. 19. 25. 30. 32. 63. 66. 75. 77. 128. 136. 137. 139. 140. 142. 145. 147. 163. 171. 172. 175. 177. 288. 290. 291. 307. 311. 312. 313. 314. 315. 321
Maywand 331. 333
Mazar-i-Sharif 8. 18. 26. 28. 32. 43. 44. 45. 60. 66. 75. 77. 89. 109. 114. 121. 123. 124. 125. 126. 128. 129. 130. 131. 132. 133. 134. 136. 137. 139. 142. 143. 145. 146. 147. 152. 153. 158. 159. 166. 172. 175. 176. 177. 178. 181. 188. 189. 192. 253. 269. 289. 290. 291. 296. 298. 299. 300–302. 303. 306. 308. 309. 310. 311. 314. 315
Mehtarlam 156. 172. 176. 231. 233. 234. 238
Mekka 145
Mendrawar 238
Merv 314. 320
Miramshah 226. 230
Mir Samir 241
Mittelmeer (-gebiet, -klima, -raum) 4. 5. 6. 23. 49
Mizan 342
Mohmand-Bergland 231
Monsun-Afghanistan 35. 36
Motakhan 224
Mundigak 4. 332
Munjan 42. 43. 73. 123. 241. 242. 244. 245. 246. 253. 254. 255
Munjanpaß 242. 255
Muqur 18. 28. 32. 33. 53. 63. 70. 218. 219. 221. 222. 342. 354

Murghab 21. 22. 37. 44. 70. 86. 287. 289. 313. 314. 316. 320. 321. 354. 355. 357. 365. 366. 367
Musa Qala 22. 333. 344
Myanshahr 253

Nad-i-Ali 106. 168. 333. 334. 335. 346. 347. 351
Nadirshahkot 235
Naghlu 39. 126. 185. 203
Nahr-i-Aqcha 298. 303
Nahrin 45. 51. 242. 251. 252. 253. 264. 269. 274. 280. 281. 282
Nahr-i-Shahi 298. 302
Namakab 125. 282
Nangarhar 6. 8. 25. 63. 66. 70. 83. 84. 85. 94. 100. 101. 104. 107. 109. 113. 115. 118. 119. 120. 123. 146. 160. 161. 168. 169. 173. 192. 193. 233. 234. 238. 240. 250. 272. 279. 292
Nauzad 333. 344
Nawa 223
Nawar (siehe auch: Dasht-i-Nawar) 353. 354. 359
Nayibabad 140
Nejrab 194. 212. 213
Nerkh 214. 215
Neshagam 239
Nijrab 20
Nimla 234. 235
Nimroz 60. 63. 65. 77. 93. 94. 100. 103. 105. 109. 118. 119. 157. 162. 316. 319. 331. 344. 350. 351. 352
Nordafghanistan 2. 10. 17. 22. 25. 30. 43. 45. 46. 49. 50. 52. 54. 55. 63. 67. 72. 74. 77. 83. 93. 95. 105. 108. 112. 113. 118. 119. 122. 133. 147. 157. 165. 175. 178. 187. 188. 189. 191. 239. 286–315
Nordbadakhshan 41. 46. 53. 63. 70. 119. 255. 259. 260
Nordostafghanistan 22. 27. 29. 33. 79. 96. 105. 167. 189. 191. 261–286. 288
Nordqataghan 77. 120
Nord- und Nordostafghanistan 36. 106. 120. 139. 147
Nordwestafghanistan 81

Ortsnamenregister

Noshaq 242
Nuristan (siehe auch: Kafiristan) 13. 15.
 16. 28. 33. 34. 46. 50. 53. 55. 78. 79.
 84. 112. 118. 119. 121. 122. 123. 138.
 153. 156. 165. 166. 168. 191. 231. 241.
 244. 246. 247–248. 254

Obeh 45. 156. 316. 325
Okak 25. 28. 32. 33. 359
Omna 28
Oruzgan (Ort, Provinz) 104. 116. 145.
 157. 161. 162. 187. 331. 332. 344. 354.
 355. 359. 361
Oshnogan 242
Ostafghanistan 8. 15. 22. 23. 31. 33. 35.
 36. 44. 47. 49. 50. 51. 55. 63. 65. 85.
 88. 94. 95. 100. 106. 111. 116. 157. 168.
 173. 189. 191. 192–240. 330. 342
Ostbadakhshan 255. 257
Osthindukusch 256
Oxus (siehe auch: Amu Darya, Panj) 1.
 6. 304

Padkhwab 218
Paghman 25. 28. 29. 32. 153. 203. 206
Paghmangebirge 194. 196. 206. 208. 249.
 356. 357
Pakistan 1. 5. 12. 13. 14. 31. 37. 57. 60.
 65. 69. 70. 75. 81. 83. 85. 109. 113. 119.
 121. 122. 148. 149. 150. 151. 163. 178.
 222. 224. 226. 228. 230. 236. 237. 241.
 362. 364
Paktika 15. 50. 65. 71. 83. 121. 122. 173.
 193. 222. 223. 224
Paktya 15. 23. 25. 30. 47. 50. 52. 55. 63.
 65. 71. 83. 85. 102. 106. 112. 113. 115.
 118. 121. 122. 138. 140. 142. 157. 173. 187.
 191. 193. 214. 223–230. 239. 305. 343
Paltu 218
Pamir 1. 2. 17. 21. 42. 63. 75. 111. 118.
 170. 191. 240. 257. 258
Panj (siehe auch: Amu Darya, Oxus) 41.
 256. 259. 260
Panjab (Panjao) 28. 31. 32. 140. 353. 356.
 359. 361. 364
Panjwai 341

Parachinar 226. 230
Panjsher, Panjshir (-tal, -fluß) 18. 20. 37.
 41. 54. 63. 66. 73. 75. 84. 95. 106. 107.
 112. 126. 137. 139. 146. 194. 206. 210.
 211. 212. 213. 233. 241. 242. 245. 246.
 248. 249. 254. 255. 264. 283
Parian 170. 241. 242. 249
Paropamisadae 4
Paropamisos 25. 316. 320. 321. 353
Parunpaß 241
Parwan 44. 94. 104. 106. 113. 118. 137.
 157. 159. 173. 187. 206. 210. 212
Parwan-Kapisa-Ebene 194. 206. 207.
 211–212
Pasaband 367
Paschtunistan 12. 236
Pashtun Zarghun 327
Pech (-fluß, -tal) 37. 121. 231. 239. 241.
 247
Pengram 216
Persien 4. 10. 37. 93. 135. 318. 338
Peshawar 4. 14. 138. 143. 234. 239
Pir Nakhchir 308
Pul-i-Alam 172. 176. 217
Pul-i-Charkhi 132. 202
Pul-i-Khumri 5. 125. 126. 128. 129. 130.
 132. 134. 141. 147. 148. 160. 168. 172.
 173. 176. 178. 180. 182. 189. 264. 266.
 268. 269. 270. 308
Purchaman 66. 73. 107. 329. 353. 354.
 365. 366. 367
Pusht-i-Rod 348

Qachqari 311
Qades 316. 317
Qalafghan 125. 280. 282
Qala-i-Kah 83. 328. 329
Qala-i-Murad Beg 194. 210
Qala-i-Nau 25. 76. 139. 140. 142. 145.
 147. 148. 175. 316. 317. 318. 321
Qala-i-Panj 256. 259
Qala-i-Sarkari 309
Qala-i-Zal 264
Qalat (früher Qalat-i-Ghilzai) 28. 70.
 83. 162. 175. 331. 336. 342. 354
Qarabagh 208. 209. 211. 222

Qarqin 137
Qataghan 15. 22. 27. 44. 52. 63. 65. 74. 75. 76. 81. 84. 87. 89. 93. 96. 103. 106. 108. 112. 121. 128. 129. 130. 132. 133. 165. 166. 173. 183. 186. 189. 207. 242. 245. 248. 249. 251. 252. 253. 260. 261. 262. 283. 285. 287. 289. 290. 291. 299. 359. 361
Qaysar 288. 289. 290. 313. 314. 320
Qizilayak, Qizilayak Kalan 136. 289. 304
Qizil Qala 142. 277. 279

Ragh 259. 280. 283. 284
Rakhoy (-tal) 242. 253
Raqol 28
Raudza 86. 221
Registan 20. 35. 44. 46. 49. 63. 77. 145. 331. 332. 336. 343. 350
Robaghun 242. 254
Rod-i-Biyaban 352
Rod-i-Chal 251
Rod-i-Ghor 366
Rod-i-Shahrawan 275
Rod-i-Shela 40
Rokha 247. 249
Roshan 73. 259. 260
Russisch-Turkistan 73. 75. 283–284
Rußland 10. 138. 148. 256. 259
Rustaq 136. 137. 173. 177. 264. 281. 282. 283
Ruy Doab 359

Sabzakpaß 54. 124. 319. 321. 328
Sabzawar siehe: Shindand
Safed Koh (siehe auch: Spin Ghar) 223. 316. 320. 365
Saghar 355. 365. 366. 367
Salang (-fluß, -kette, -paß, -route, -straße, -tal) 25. 29. 30. 31. 32. 33. 34. 35. 42. 49. 139. 140. 142. 153. 165. 166. 168. 206. 211. 212. 241. 242. 245. 246. 249. 251. 254
Salma 126. 128. 131. 324
Samangan (Provinz, Fluß; Stadt siehe auch Aybak) 22. 44. 104. 105. 109.
116. 118. 123. 286. 287. 294. 295. 308
Samarkand 7. 77
Sancharak (Sangcharak) 113. 175. 289. 307. 310. 311. 365
Sangin 332. 335. 346. 347
Sanglan 31
Sanglich 73
Saraj 333. 334. 346. 347
Saray Khwaja 208. 209
Sarchashma 214. 215
Sardeh 28. 33. 39. 101. 218. 219. 222. 229
Sarhad 256. 258
Sar-i-Haudz 313
Sar-i-Pul (-fluß, Provinz, Stadt) 16. 37. 44. 54. 75. 77. 81. 91. 113. 136. 137. 147. 175. 176. 287. 288. 289. 290. 291. 304. 305. 306. 308. 311. 312
Sar-i-Sang 53
Sarobi 20. 39. 84. 126, 185. 203
Sate Kandau-Paß 229
Saudi-Arabien 14. 324. 325
Sayd Karam 224. 229
Sayghan 359. 362
Schweiz 150
Shabashak 309
Shadyan 298. 309
Shahjoy 342
Shahrak 31. 32. 325. 353. 367
Shahr-i-Buzurg 283
Shahr-i-Safa 332
Shahristan 29. 83. 355. 358. 359. 360. 361
Shakardarrah (-fluß, Ort) 194. 208. 209. 212
Shamalan 334. 335. 345. 346. 347. 348
Shamali 206
Sharan 176. 222. 223
Shashgau 214
Shatupaß 45. 356. 357
Sheberghan 31. 54. 89. 91. 108. 124. 125. 126. 130. 133. 137. 140. 147. 172. 175. 176. 178. 189. 287. 289. 290. 291. 298. 302. 304. 305. 306. 307. 311. 312. 315
Sheghnan 28. 73. 123. 145. 259. 260. 261
Sheghnan-Gebirge 259

Ortsnamenregister

Sheikhabad 214. 216
Sheikh Ali 246. 250
Sher Khan Bandar 279. 280
Shewa 238. 239
Shewaki 6
Shibar (-paß, -route, -straße, Bezirk) 76. 124. 139. 140. 241. 242. 246. 249. 250. 251. 263. 359. 362
Shikarpur 338
Shilgar 219
Shindand (Sabzawar) 52. 84. 85. 104. 145. 315. 316. 317. 318. 325. 328. 329. 330. 365
Shiniz 214. 215
Shinkay Ghar 223
Shinwar 235
Shirin Tagab (Fluß, Bezirk, Ort) 37. 44. 70. 77. 91. 286. 287. 288. 289. 306. 307. 312. 313. 314. 315
Shiwa (-fluß, -see; siehe auch: Dasht-i-Shiwa) 41. 83. 259. 260. 270
Sholgara (siehe auch: Boyni Qara) 308. 309. 310. 311
Shorab 311
Shorawak 44. 331. 332. 343
Shor Tapa 26
Shortugai 278
Shotur Gardan-Paß 84. 223. 227
Sinkiang 2. 5. 255. 284. 286
Sistan 1. 4. 5. 6. 7. 20. 26. 31. 37. 40. 44. 51. 63. 72. 104. 140. 145. 166. 170. 315. 316. 317. 318. 331. 332. 333. 344. 350. 351. 352
Solaimanketten 70. 223
Sowjetisch-Mittelasien 59. 118. 125. 129. 181. 198. 263. 268. 288
Sowjetunion (UdSSR) 11. 12. 13. 14. 37. 53. 55. 67. 75. 103. 109. 114. 125. 131. 140. 144. 145. 148. 149. 150. 157. 184. 185. 186. 198. 221. 236. 237. 259. 277. 278. 280. 292. 318
Spinboldak 142. 145. 223. 343
Spin Ghar (Safed Koh) 21. 25. 42. 50. 121. 122. 223. 231. 234
Südafghanistan 4. 29. 30. 44. 84. 175. 183. 186. 189. 191. 315. 330–352

Südostafghanistan 17
Süd- und Südwestafghanistan 36. 108
Südwestafghanistan 17. 26. 30
Sultani 227
Sultanpur 237
Surkhab 22. 28. 37. 38. 51. 54. 126. 128. 139. 141. 173. 241. 250. 251. 261. 262. 264. 266. 268. 269. 270. 271. 272. 273. 287. 357. 359
Surkhab-Kunduz-Gebiet 240
Surkhablinie, -route 265. 282
Surkh Kotal 5. 268
Surkhrod 84. 233. 234. 235. 237
Swat 234
Syahgerd 247. 250
Syah Koh 316. 365

Tadschikistan 18. 22. 72. 73
Tagab (Tagao) 66. 84. 114. 194. 206. 212. 213. 234
Takhar 1. 65. 66. 73. 93. 94. 96. 104. 105. 118. 137. 157. 265. 277
Takhtapul 290
Takht-i-Rustam 6. 153. 308
Taluqan 25. 27. 30. 31. 54. 74. 77. 107. 111. 124. 137. 140. 171. 172. 173. 175. 177. 178. 262. 264. 265. 266. 275. 276. 277
Tang-i-Badakhshan 285
Tang-i-Gharu 20. 84. 152. 194. 196
Tang-i-Tashqurghan 295
Tang-i-Wardak 216
Tapa Sardar 6
Taqcha Khana 282
Tarbolagh 366
Tarnak 18. 22. 84. 101. 222. 331. 332. 336. 342
Tarnakkanal 336. 341. 342
Taschkent 144. 181
Tash Guzar 293
Tashqurghan (siehe auch: Khulm) 19. 20. 44. 54. 91. 104. 114. 136. 139. 146. 153. 166. 172. 173. 175. 177. 178. 287. 289. 290. 291. 292. 293. 294. 295–298. 300. 304. 362
Taxila 5

Taywara 355. 356. 365. 366. 367
Tedzhen 37
Termez 26. 294
Teshkan 284
Thal 226
Tirgari 238
Tirich Mir 242
Tirin (Tarin, Tarin Kot) 22. 53. 145. 163. 175. 176. 190. 333. 336. 344. 354
Tizin 234
Tor Ghar (Syah Koh) 231
Torghundi 140. 142. 318. 321
Torkham 142
Tujg 329
Tukzar 290. 291. 310
Tul (Ort, -paß) 249. 251
Tulak 53. 316. 325. 367
Turan 1. 2. 4. 5. 8. 10. 37. 104. 118. 178. 198. 234. 261. 291
Türkei 11. 75. 258
Turkistan (siehe auch: Turan, Westturkistan) 10. 77. 84. 87. 111. 118. 141. 207. 210. 249. 250. 304. 362. 365
Turkomankette 241. 249. 356. 360

Unaipaß 84. 140. 214
Urgun 15. 28. 33. 72. 121. 123. 223. 224. 226. 227. 228. 229. 230
USA 14. 103. 140. 149. 150. 157. 185. 186. 334
Usbekistan 18. 22

Waghjan 216
Wakhan (-fluß, -korridor, -tal) 2. 18. 41. 42. 73. 123. 191. 242. 255. 256. 257. 258. 259. 260. 285. 286
Wakhan-Karakorum 256
Waras 359. 361
Wardak 16. 84. 88. 94. 104. 106. 111. 113. 157. 168. 169. 173. 187. 200. 215–216. 217. 219. 276. 359
Wardak-Logar-Bergland 214
Warduj (-fluß, -tal) 255. 285
Warsaj 73. 89. 137. 138. 244. 245. 246. 248. 252. 253. 255. 277

Waygal 247
Wazakhwa 223
Westafghanistan 34. 55. 66. 151. 169. 175. 189. 191. 315–330. 350
Westbadakhshan 25. 45. 261. 265. 266. 283
Westhimalaya 23
Westturkistan (siehe auch: Turkistan) 1. 77

Yaftal 280. 284
Yakaulang 18. 84. 106. 355. 357. 359. 360. 361. 364
Yaghistan 71. 193. 224
Yamgan 254. 285
Yangi Qala 277. 278. 283
Yaqubi 223. 224. 227. 228. 229
Yatim Tagh 306
Yosufkhel 222

Zabul (Provinz) 46. 71. 104. 109. 114. 118. 157. 193. 224. 331. 332. 333. 342
Zabul (Iranisch Sistan) 26
Zamin Dawar 22. 84. 85. 331. 332. 333. 344. 365
Zanakhan 220
Zaranj 26. 29. 31. 32. 33. 140. 145. 162. 171. 172. 175. 176. 336. 350. 351. 352
Zardeu 285
Zardkadah 358
Zarghunshahr 223
Zari 310
Zebak 246. 255
Zentralafghanistan, zentrales Hochland 2. 7. 10. 13. 20. 21. 22. 25. 28. 30. 31. 32. 35. 36. 37. 44. 49. 51. 63. 73. 81. 106. 111. 114. 116. 119. 139. 146. 169. 170. 172. 186. 191. 192. 199. 214. 218. 240. 241. 249. 286. 289. 308. 309. 310. 312. 315. 316. 329. 331. 342. 352–367
Zentralbadakhshan 45. 242. 245. 250. 254. 255. 262. 266. 280. 284
Zindajan 121. 327
Zor Kol (früher Lake Victoria) 41. 256
Zurmat 224. 227. 229

SACH- UND PERSONENREGISTER

Abdur Rahman Khan 10. 15. 78. 129.
138. 183. 198. 212. 237. 246. 262
Abholzung 23. 47. 51. 52. 121. 226
abi 102. 103. 228. 281. 310. 313
Absentismus 93. 207. 209. 215. 228. 327.
341
Abwanderer, Abwanderung 75. 207.
209. 215. 218. 248. 249. 341. 344. 346.
351. 361
Achakzai 70. 71. 329
Achämeniden 4. 6. 15. 273. 276. 278.
287. 303
Afridi 10. 70. 310
Ahmed Schah Durrani 9. 10. 300. 338.
340. 351. 354
Aimaq (siehe auch: Chahar Aimaq) 67.
72. 76. 77. 81. 87. 263. 270. 281. 288.
309. 311. 317. 320
Aimaq-Hazara (Hazara von Qala-i-Nau)
76. 77. 317. 320
alacha 135. 136. 137. 253. 277. 283. 300.
302. 303
alaqadari 16. 58
Alexander der Große 2. 4. 5. 78. 171
Alikozai 70. 332
Alizai 70. 329. 332
Almen, Almwirtschaft (-nutzung, -staffeln, -wanderung) 78. 87. 119. 169.
248. 249. 251. 253. 254. 360
Altrelief 22. 242
Amanullah Khan 11. 91. 138. 145. 146.
156. 172. 183. 198. 206. 210. 235. 262.
300
Anbaufläche 102. 325
Anfangsbewässerung 103. 106. 208. 217.
219. 227. 266. 269. 273
Aprikosen 207. 235. 248. 249. 254. 258.
295. 308. 341. 344. 366
Araber 6. 72. 74. 77. 81. 118. 119. 120.
165. 233. 235. 260. 262. 276. 278. 279.
281. 288. 289. 294. 310. 311. 317. 328.
354
arat 105. 329
Arbeitslosigkeit 61
Arghandab 335. 342
Asphaltstraße 12. 139. 140. 141. 175. 184.
194. 211. 214. 229. 275. 277. 294. 307.
309. 340. 342. 348
auswärtige Erwerbstätigkeit 59. 226.
227. 246. 247. 249. 330. 355
aylaq 170. 251

Babur Schah 8. 52. 152. 208. 210. 241
Bacha-i-Saqab 11. 96
Bakwa-Projekt 329
Balkhab-Projekt 103. 292
Barakzai 9. 70. 329. 332
Basartage 178. 270
Bauleitplan 180. 302. 340
Baumwolle 4. 41. 89. 107. 108. 110. 112.
113. 131. 134. 147. 149. 150. 211. 264.
265. 268. 270. 272. 276. 278. 279. 283.
288. 292. 299. 300. 303. 304. 308. 310.
311. 313. 318. 319. 321. 324. 325. 327.
329. 333. 335. 346. 348
Baumwollindustrie (-egrenierwerk, -fabrik, -spinnerei und -weberei) 129.
130. 131. 132. 133. 173. 202. 212. 213.
264. 269. 277. 289. 302. 303. 321. 340.
348
bazar 171. 176
Bebauungsplan 180. 181. 204. 205. 324
Belutschen 67. 77. 81. 137. 277. 281. 282.
283. 288. 314. 316. 317. 320. 328. 332.
343. 351. 354
Bergtadschiken 72. 73. 245. 253. 366
Betonstraße 12. 140. 141. 184. 318. 321.
330

Bewässerungsprojekte (-vorhaben) 87. 103. 186. 235. 250. 272. 277. 292. 333. 336
Bifurkation 275. 304. 311
Binnenkolonisation siehe: Kolonisation
Blockflur 106. 168. 216. 272
Blockströme 21. 41. 42. 43. 244
bozgor (bazgar) 96. 327. 347
Brahui 67. 77. 81. 332. 343
Buddhismus 5. 6. 196. 234. 308. 354. 361
buzkashi 118. 152

Chahar Aimaq (siehe auch: Aimaq) 76. 137. 165. 317. 353. 354. 366
chahar suq 177. 323. 338
Chaman-Muqur-Störung 17. 18. 19. 343
chapari 165. 359
Chardarrah-Projekt 103. 272
Chemischer Dünger 107. 108. 109. 112. 131. 229. 248. 264. 265. 295. 334. 360
chol 289. 307. 313. 320. 321

daghal 41. 315
Dari 67. 71. 73. 76. 77. 163. 245
dasht 21. 208. 211. 213. 215. 216. 217. 218. 220. 223. 233. 234. 236. 238. 261. 277. 285. 315. 316. 325. 328. 331. 332. 338. 340. 342. 343. 344
Daud (Mohammed Daud) 12. 98. 130. 151. 162. 183. 184. 347
Deflationswannen 20. 350
dehqan 96. 233. 235. 238
Dieselaggregate 125. 128. 222. 324. 367
Dieselpumpen 44. 105. 222. 227. 328. 329. 334. 351
Doppelernte 102. 107. 228. 233. 248. 272. 346
Dorfhandwerk (-gewerbe) 73. 138. 207. 209. 246. 253. 255
Dost Mohammed Khan 10. 323
Dschingis Khan 7. 8. 221
Düngemittelfabrik 125. 131. 133. 290. 302
Durand-Linie 10. 12. 69

Durrani 9. 70. 71. 77. 84. 199. 323. 329. 332. 343. 351
Dürre 12. 29. 65. 85. 104. 108. 109. 115. 184. 284. 342. 350. 366

Eisen (-erz) 53. 55. 184
Endsee 37. 40. 41. 350
Entwicklungshilfe 11. 184. 185. 186
Entwicklungspole 187. 189
Entwicklungsprojekte (-vorhaben) 11. 14. 122. 185. 208. 333
Epigenese 20. 194
Erdbeben 18. 19. 284
Erdgas 12. 53. 54. 55. 124. 125. 133. 149. 150. 175. 184. 185. 189. 289. 290. 302. 304. 305. 306
Erdöl 12. 54. 184. 185. 290. 305. 306. 311
Erntefläche 102. 108. 211. 327. 348
Erosion 22. 23. 193. 226
Erwerbstätige, Erwerbstätigkeit 61. 123. 226. 239
Export 112. 113. 114. 115. 120. 121. 122. 125. 134. 137. 146. 147. 148–151. 226. 237. 306. 319
Exposition 21. 22. 43. 50. 52. 308

Farah Rod-Projekt 103. 329
Farsifizierung (siehe auch: Tadschikisierung) 317
Farsiwan 66. 67. 71. 72. 137. 317. 323. 329. 338. 340. 344. 351
Fernhandel 4. 8. 11. 138. 282. 284. 291. 295
Firozkohi 76. 77. 353. 354. 366. 367
Flucht, Flüchtlinge 14. 57. 60. 65. 73. 75. 85. 89. 109. 115. 118. 159. 199. 205. 229. 258. 268. 288. 289. 295. 302. 315. 320. 356. 364
Flughafen, Flugplätze 140. 144. 145. 183. 185. 203. 218. 255. 260. 330
Frost, Frosttage, Frostwechsel 21. 32. 33. 35. 36. 38. 353. 359
Fruchtfolge 106–108. 251. 360. 366
Futterpflanzen 114. 211. 215. 219. 222. 250. 319. 354

Sach- und Personenregister

garmsir 35. 36. 365
Gawargan-Chardarrah-Projekt 266.
268. 272
Gawargan-Projekt 103. 268. 273
Gebirgsfußebene 265. 266. 280. 281. 313
Gemüse 107. 108. 113. 177. 211. 215. 217.
220. 233. 235. 265. 295. 299. 311. 313.
327. 329. 335. 338. 341. 360
Gerste 106. 107. 108. 111. 114. 119. 211.
219. 222. 228. 233. 236. 248. 254. 255.
265. 272. 273. 285. 289. 294. 299. 318.
325. 327. 351. 360. 366
Ghaznaviden 6. 7. 219. 220. 221. 348.
367
Ghilzai 9. 70. 71. 81. 199. 214. 217. 219.
223. 234. 238. 276. 332. 343
Ghorband-Projekt 186. 187. 250
Ghoriden 7. 153. 354. 367
Glazialformen (-relief) 21. 244. 357
Gletscher 21. 36. 38. 41. 42. 43. 244.
253. 259. 357
Granit (-massiv) 18. 242. 331
Großgrundbesitz 92. 93. 97. 99. 168.
169. 219. 220. 222. 228. 233. 264. 265.
268. 272. 276. 295. 299. 304. 307. 308.
314. 318. 323. 325. 327. 329. 341. 346.
347. 351. 355. 360
Großmoghuln siehe: Moghuln
Grundstückspreise 180. 182. 205. 207.
264
Grundwasser 36. 43. 44. 46. 196. 208.
219. 222. 227. 287. 295. 298. 299. 303.
306. 316. 317. 328. 329. 331. 332. 334.
335. 338. 341. 351
Gujars (Gujurs) 67. 79. 81. 248. 281

Habibullah Khan 11. 138. 156. 183
Halbseßhafte, Halbseßhaftigkeit 74. 76.
79. 80. 86. 87. 164. 165. 169. 172. 237.
284. 359
hamsaya 72. 93
Hamun 37. 40. 46. 350. 351
Handelsdünger siehe: Chemischer Dünger
Hari Rod-Störung 17. 18. 19. 45. 242
Haschisch 123. 151. 299

Hazara 7. 15. 66. 67. 69. 75. 76. 87. 89.
91. 137. 165. 168. 180. 199. 200. 214.
217. 219. 245. 249. 250. 251. 252. 263.
268. 269. 276. 277. 281. 284. 285. 288.
300. 309. 310. 311. 312. 332. 347. 353.
354. 355. 359. 360. 362. 364
Hazara von Qala-i-Nau siehe: Aimaq-Hazara
Hellenismus 4. 5. 278. 281
Helmand-Projekt (Helmand-Arghandab-Projekt, HAP) 11. 39. 85. 103.
107. 109. 183. 185. 186. 187. 189. 191.
235. 333–336. 345. 346. 347
Hindus 66. 67. 78. 151. 179. 180. 199.
200. 230. 233. 234. 237. 238. 314. 332.
338
Hirse 106. 112. 211. 212. 228. 247. 249.
285. 308. 313. 329. 351
Hochgebirge 1. 21. 34. 35. 42. 46. 51. 63.
86. 102. 153. 169. 191. 240–261. 282.
364
Hochwasser 23. 39. 40. 277. 287. 291.
298. 330. 335. 352
Hülsenfrüchte 106. 111. 114. 211. 228.
233. 248. 254. 255. 265. 299. 308. 327.
360

intramontane Becken 2. 18. 19. 21. 22.
44. 63
Ishakzai 70. 71. 329. 332
Islam, Islamisierung, Islamisten 3. 6. 10.
66. 90. 159. 247. 354. 364
Ismaeliten, Ismaelia 66. 73. 76. 123. 250.
254. 255. 256. 260. 359

Jadran 70. 224. 226. 227
Jaji 70. 224. 226. 227. 228
Jamshidi 76. 77. 165. 317. 320
Jat 67. 79. 164
Juden 179. 199. 314. 323

Kafiren 10. 15. 78. 246
Kalkplateaus (-tafeln) 22. 44. 355. 357.
365. 366
Kamele 116. 118. 258
kappa 165. 276

Kar (-see) 21. 41. 242. 244
Karakul (-felle, -schafe) 74. 75. 115. 116. 118. 119. 147. 148. 150. 289. 294. 300. 303. 304. 307. 311. 313. 318
Karawanenrouten (-wege, -verkehr) 2. 20. 138. 139. 141. 146. 193. 214. 234. 256. 264. 282. 311. 312. 323. 342. 355. 362
Karawansarays 138. 177. 178. 355
karez, Karezbewässerung 91. 104. 105. 169. 207. 208. 209. 216. 219. 222. 227. 234. 235. 311. 317. 325. 328. 329. 330. 331. 332. 333. 335. 341. 342. 343. 344. 346. 351
Karst 21. 22. 44. 170. 214. 266. 310. 365
Kartoffeln 113. 114. 215. 217. 228. 250. 362
Kasachen (Qasakh) 73. 263
kawir, kewir 20. 41
Kelagay-Projekt 103
Kelim 135. 136. 137. 147. 312
Khan 8. 74. 93
Khanabad-Projekt 103. 273
Khanat 8. 9. 290. 314
Kharoti 219. 224
khirgah 165. 313
Khosh Tepa-Projekt 103. 292
Khugyani 70. 235
Kirgisen 69. 73. 74. 75. 81. 165. 170. 256. 258
Kohle 54. 55. 124. 189. 262. 269. 289. 309. 319
Kokcha-Projekt 103. 278
Kolonisation, Kolonisten 11. 87. 106. 168. 263. 264. 268. 272. 276. 279. 281. 282. 308. 310. 346. 347
Konar-Projekt 187
Kontinentalität 23. 31. 32. 36. 353. 359. 365
kuchi 80. 360
Kunstdünger siehe: Chemischer Dünger
Kupfer (-erz) 53. 55. 125. 184. 185. 194. 218
Kuschanen, Kuschanzeit 5. 6. 229. 268. 282. 304. 354

lalmi (siehe auch: Regenfeldbau) 102. 103. 105. 108. 109. 219. 228. 265. 281. 308. 355. 360
Landwirtschaftsbank (= Landw. Entwicklungsbank) 98. 105. 109. 148
Lapislazuli (Lasurit) 4. 53. 124. 135. 254
Larkhabi 263. 270
Löß 22. 23. 45. 46. 49. 52. 105. 106. 217. 261. 317. 331. 355. 365
Lößbergland 4. 22. 47. 49. 74. 75. 81. 119. 170. 265. 266. 268. 270. 273. 274. 275. 277. 280–286. 287. 288. 289. 290. 298. 307–315. 316. 317. 318. 320. 365
Luftfeuchte 31. 34. 35. 36. 51

Mais 106. 107. 108. 111. 114. 211. 212. 217. 219. 222. 228. 233. 239. 247. 248. 249. 250. 265. 272. 285. 295. 308. 311. 313. 329. 335. 346. 360
Mangal 70. 224. 226. 227. 228
Marco Polo 124. 282
Marginalisierung, Marginalität 85. 200. 282. 284. 298
Markttage siehe: Basartage
Maulbeeren 114. 207. 213. 220. 233. 248. 249. 260. 308. 366
Melonen 86. 106. 108. 114. 147. 175. 219. 265. 268. 273. 279. 289. 294. 299. 307. 308. 311. 327. 329. 351
Mikrorayon 181. 198. 199. 202
Mir, Mirat 5. 8. 74. 93. 96. 355
Moghol 69. 74. 79. 260. 263. 270. 281. 284. 285. 317. 354. 366
Moghuln 8. 9. 172. 234. 237
mohajerin 73. 289
Mohammed Nadir Schah 11
Mohammed Zahir Schah 11
Mohammedzai 9. 11
Mohmand 10. 70. 219. 235. 310
Mongolen 7. 76. 172. 323. 348. 354. 362
Monsun 23. 28. 31. 33. 34. 35. 36. 43. 47. 51. 193. 231. 244
Moränen 21. 41. 42. 43. 244. 255. 285. 357

Sach- und Personenregister

mujahedin 14. 100. 159. 230. 240. 254. 255. 306. 315. 325. 340
Muqur-Paghman-Linie (-Störung) 18. 214
Musalla 8. 324

Nadir Khan 9. 75. 338
Nadir Schah 139. 172
namaksar 20. 40. 315
Nangarhar-Bewässerungsprojekt 103. 114. 150. 185. 186. 189. 232. 235-237
nawar 20. 104. 343
Nomaden 5. 6. 8. 35. 56. 57. 63. 71. 76. 77. 78. 79-86. 99. 118. 119. 120. 121. 164. 166. 170. 223. 224. 234. 249. 256. 260. 262. 265. 268. 271. 276. 279. 283. 313. 316. 318. 319. 320. 321. 327. 328. 329. 332. 343. 346. 354. 358. 360. 364. 366
Nomadenhandel 84. 85. 146. 356
Nuristani 10. 67. 78. 87. 166. 238. 245. 247. 360
Nurzai 70. 71. 329. 332

Obst, Obstbau 86. 108. 113. 114. 130. 132. 177. 206. 207. 210. 211. 213. 215. 217. 220. 235. 247. 248. 249. 260. 265. 272. 281. 282. 283. 289. 299. 304. 307. 308. 309. 310. 311. 313. 318. 324. 325. 329. 330. 333. 341. 344. 360. 366
Obstbaudörfer 86. 168. 207. 213. 246
Oliven 114. 150. 233. 236. 237
Ölfrüchte (-pflanzen, -saaten) 110. 113. 131. 147. 175. 277. 289
Opium 123. 151. 254. 256. 260. 286. 346
Ormur 79. 217

Pacht, Pächter 93-99. 209. 212. 215. 219. 228. 233. 264. 268. 272. 276. 318. 327. 329. 346. 347. 351. 360
Paktya-Projekt 122. 185. 186. 228. 229. 230. 235
Pamirtadschiken 66. 73. 255. 256. 260
Parwan-Projekt 103. 126. 186. 187. 210. 211. 212
Paschtu 66. 67. 77. 163
Paschtunen 8. 9. 10. 12. 66. 69-71. 72. 74. 78. 81. 87. 91. 118. 119. 120. 122. 137. 158. 164. 168. 193. 199. 206. 209. 214. 219. 220. 224. 233. 234. 235. 238. 239. 248. 249. 250. 251. 260. 262. 263. 266. 268. 269. 270. 271. 272. 277. 278. 279. 281. 284. 288. 294. 300. 308. 310. 311. 313. 314. 316. 317. 320. 323. 328. 329. 332. 338. 340. 343. 344. 351. 354. 358. 360. 366. 367
Paschtunisierung 10. 70. 77. 78. 87. 224. 354. 356
Pashai 67. 78. 168. 206. 212. 233. 238. 239. 245
Perser 323. 327. 351
Pferde 114. 116. 118. 119. 149
Pistazien 49. 102. 121. 122. 123. 147. 261. 277. 281. 282. 283. 309. 317. 321. 324
Popalzai 9. 70. 332
Polygamie 61
präindustrielle Stadt 175. 323. 338

qala 167. 168. 169. 209. 215. 217. 220. 222. 223. 230. 238. 239. 276. 317. 318. 327. 347. 360. 361. 364
qanat siehe: *karez*
Qarluq 263. 281. 282. 284
Qipchak 73. 288. 314. 317
Qizilbash 66. 75. 179. 198. 199. 332. 340
Quellen 22. 41. 44. 45. 104. 156. 170. 208. 214. 216. 266. 280. 281. 283. 308. 309. 310. 325. 329. 330. 331. 333. 342. 344. 355. 360

Regenfeldbau, -land, Regenfelder (siehe auch: *lalmi*) 25. 27. 30. 33. 49. 63. 74. 93. 95. 99. 102. 105. 106. 108. 110. 111. 113. 120. 167. 169. 208. 211. 217. 219. 220. 223. 227. 250. 251. 255. 261. 265. 273. 274. 276. 280. 281. 282. 283. 284. 285. 308. 309. 310. 311. 312. 313. 317. 320. 328. 331. 342. 355. 360. 366
Regionalzentrum, Regionszentrum 173. 189. 190. 191. 291. 342
Reis 4. 41. 89. 107. 108. 110. 111. 112. 147. 175. 177. 211. 215. 217. 228. 233. 235. 238. 249. 251. 264. 265. 266. 268.

(Reis [Forts.])
269. 270. 272. 273. 275. 276. 277. 285. 288. 310. 325. 327. 344. 346
Rentenkapitalismus 93. 96. 97. 209. 323. 327
Rückzugsgebiet (-lage) 73. 353

Sadozai 9. 10
Safawiden 8. 9. 172. 320. 323
Safi 70. 206. 207. 238. 239. 279
Saisonarbeit(er) (-wanderung) 89. 251. 252. 253. 254. 260. 265. 282. 283. 361
Salma-Projekt 103. 319. 324
Salz 20. 40. 41. 43. 44. 46. 47. 54. 124. 125. 249. 262. 282. 298. 304. 315. 316. 320. 341. 346. 358
Sanddünen 20. 35. 46. 287. 343. 350
Sandsturm 34. 35. 317
Sang-i-Mehr-Projekt 285
saray 148. 176. 178. 181. 205. 272. 302. 303. 307. 323. 324
Sardeh-Projekt 40. 103. 220
sardsir 35. 365
Sassaniden 6. 350
Schia, Schiiten (Zwölferschiiten) 8. 13. 14. 66. 72. 75. 76. 250. 312. 317. 323. 329. 340. 359. 362. 364
Schmuggel, Schmuggler 151. 222. 237. 319. 330
Schnee 21. 30. 35. 36. 38. 41. 119. 280
Schneegrenze 21. 42. 244. 259
Segregation 179. 233. 263. 288. 317. 338
Seide, Seidenraupenzucht 121. 289. 303. 323. 327
Seidenstraße 2. 4. 255
Sheikh Ali-Hazara 250. 273. 359
Sher Ali Khan 10. 11. 15. 268
Shinwari 10. 70. 235. 238. 250
Sikhs 66. 67. 78. 151. 179. 199. 200. 230. 233. 234. 237. 238. 332. 338
Soleimankhel 70. 71. 219. 222
Sommersitz 206. 209
Staatsgüter, Staatsfarmen 101. 114. 221. 236. 270. 350
Starkregen 22. 23. 28. 30. 284
Staubsturm 22. 33. 34. 35. 36. 317

Staudamm (-see) 39. 217. 220. 229. 236. 266. 278. 292. 310. 313. 324. 329. 333. 334. 342
Steppe 1. 25. 45. 49. 81. 105. 261. 280. 317. 320. 328. 365
Streifenflur 106. 168. 308

Tadschiken 59. 66. 67. 69. 71–73. 76. 86. 87. 107. 137. 165. 199. 206. 212. 215. 217. 219. 220. 224. 230. 233. 235. 238. 249. 250. 251. 252. 260. 262. 263. 269. 270. 274. 276. 281. 282. 283. 284. 285. 288. 294. 308. 309. 310. 311. 312. 317. 329. 332. 347. 351. 354. 359. 360. 362. 366. 367
Tadschikisierung (siehe auch: Farsifizierung) 66. 207
Taimani 76. 77. 165. 353. 354. 355. 366
Taimuri (Timuri) 76. 81. 137. 165. 317. 320
takyr 20. 46. 287. 298. 315
Tamerlan siehe: Timur
Taraki 70. 71. 219. 223
Tatar 354. 359
Teilbewässerung 103. 106. 108. 111. 169. 217. 238. 266. 269. 318
Teppiche 74. 75. 76. 135. 136. 137. 147. 149. 150. 210. 289. 300. 303. 304. 307. 313. 324
Thermalkraftwerk 126. 128. 203. 302. 306
Tiefbrunnen 203. 215. 229. 295. 302. 324. 348
Timur, Timur Leng, Tamerlan 7. 8. 77. 170. 172. 323. 351
Timuriden 7. 153. 294. 300. 323
Tourismus, Touristen 135. 142. 144. 151–156. 175. 202. 210. 221. 258. 295. 302. 303. 324. 356. 362. 364
traditionelle Wohnweise 179. 180. 198
Tragfähigkeit 65. 253. 318
Transhumanz 86. 119. 248. 289. 351
Transit (-handel, -verkehr, -funktion) 12. 138. 146. 249. 256. 340
Türken 6. 72. 73. 74. 77
Turkmenen 59. 67. 73–75. 81. 118. 119.

Sach- und Personenregister

136. 165. 200. 263. 279. 288. 289. 292.
294. 303. 304. 307. 309. 313. 314. 317.
320. 354

Übervölkerung 65. 89. 227. 235. 239.
246. 248. 260. 355
Usbeken 8. 9. 59. 67. 69. 73–75. 77. 81.
86. 118. 119. 165. 172. 200. 260. 262.
263. 268. 270. 272. 273. 274. 276. 277.
278. 279. 280. 281. 282. 284. 285. 288.
289. 294. 307. 308. 309. 310. 311. 312.
314. 320. 347

Variabilität 29. 39
Versalzung 95. 287. 334. 343. 346
Viehzuchtprojekt Herat 120. 121. 187.
319. 324. 319. 324
Vulkane, Vulkanismus 18. 358

Wallfahrtsort (-stätte, -ziel) 66. 153. 176.
238. 279. 300. 325. 328. 340
waluswali, uluswali 15. 58. 175
Wanderarbeit 251. 256
Wanderhandel (-händler) 146. 254. 356
waqf 91. 300
Wasserkraftwerk 125. 126. 128. 138. 194.
203. 211. 212. 216. 236. 239. 250. 266.
273. 278. 292. 329. 334
Waziri 10. 70. 224
Weber, Webereihandwerk 89. 135–138.
207. 210. 249. 253. 283. 324
Weidegesetz 91. 120. 122
Wein (-bau, -gärten, -trauben) 113. 114.
131. 200. 207. 208. 209. 210. 211. 217.
220. 235. 248. 283. 289. 299. 300.
303. 310. 313. 318. 325. 327. 333. 335.
341
Weizen 106. 107. 108–111. 112. 147. 150.
175. 207. 211. 212. 215. 217. 219. 220.
228. 233. 236. 239. 248. 249. 254. 255.
264. 265. 268. 270. 272. 273. 277. 279.
281. 284. 285. 289. 294. 299. 300. 308.

309. 311. 318. 321. 325. 327. 333. 335.
341. 342. 344. 346. 351. 360. 366
Widerstandsgruppen (-kämpfer, -organisationen; siehe auch: *mujahedin*) 14.
66. 123. 128. 144. 159. 161. 254. 356.
364
Wind der 120 Tage 34. 55. 166. 317
Windmühlen 55. 327
Wohnblock 180. 181. 198
Wolkenwälder 51. 245
Wüste, Halbwüste 1. 20. 30. 40. 44. 46.
47. 49. 63. 81. 102. 116. 234. 245. 261.
266. 291. 294. 298. 306. 315. 316. 317.
318. 328. 330. 331. 332. 336. 346. 365
Wüstungen 170. 280

Yaks 118. 258

zamindar 93. 295
Zelgen 107. 251
Zelte 76. 77. 80. 86. 164. 165. 169. 256.
276. 366
Zementfabrik (-industrie) 130. 131. 132.
133. 212. 269. 324
Zentralroute 139. 142. 152. 325. 355.
356. 361. 367
Zitrus (-früchte) 114. 150. 233. 236
Zuckerfabrik 113. 129. 132. 133. 134.
237. 264. 270
Zuckerrohr 4. 107. 113. 233. 235
Zuckerrübe 113. 131. 134. 264. 265. 268.
270. 308
Zuri 76. 81. 165. 317. 329
Zusatzbewässerung 103. 111
Zuwanderung, Zuwanderer, Zuzug 73.
87. 88. 89. 200. 213. 215. 262. 276. 278.
279. 300. 323
Zwangsumsiedlung 70. 75. 87
Zweitfrüchte 102. 107. 108. 110. 111. 114.
211. 228. 249. 250. 265. 272. 299. 308.
313. 325. 329. 335. 347
zyarat 47. 66. 153. 156. 200. 311. 324